诗教经典　传世育人

中华成语诗 六百首

【上集】

赵德顺 著

作家出版社

图书在版编目（CIP）数据

中华成语诗六百首 / 赵德顺 著. -- 北京 ：作家出版社，2018.6（2024.6重印）

ISBN 978-7-5212-0073-7

Ⅰ. ①中… Ⅱ. ①赵… Ⅲ. ①诗集 - 中国 - 当代 ②汉语 - 成语 - 通俗读物 Ⅳ. ①I227 ②H136.31-49

中国版本图书馆CIP数据核字（2018）第124936号

中华成语诗六百首

作　　者：赵德顺
责任编辑：杨兵兵
装帧设计：意匠文化·丁奔亮
出版发行：作家出版社有限公司
社　　址：北京农展馆南里10号　　邮　　编：100125
电话传真：86-10-65067186（发行中心及邮购部）
　　　　　86-10-65004079（总编室）
E-mail:zuojia@zuojia.net.cn
http://www.zuojiachubanshe.com
印　　刷：三河市紫恒印装有限公司
成品尺寸：145×210
字　　数：720千
印　　张：24.875
印　　数：3999-5000
版　　次：2019年7月第1版
印　　次：2024年6月第5次印刷
ISBN　978-7-5212-0073-7
定　　价：168.00元

成语诗教颂

成语诗教育人贤，
综合素质竞相攀。
品格端正刚柔具，
心灵净化思无偏。
通晓典故明世理，
尽握成语达意全。
一奉拿下诗六百，
才子行洁创新天。

赵振顺诗书
2017.6.6

作者简介

　　赵德顺（满族）：成语诗人。中国成语诗文体开创者，中华成语诗教创始人。1938年10月生于黑龙江省呼兰县（今哈尔滨市呼兰区），1959年毕业于哈尔滨航空工业学校，1966年函授毕业于东北师范大学中文系本科。原为江西省景德镇市昌河中学高级语文教师，语文教研组长，中国教育学会会员。现为中华诗词学会会员，江西省作家协会会员。任职期间，教学业绩卓著，所教学生的高考语文成绩和所带班级学生考入高等院校，均名列景德镇市前茅。并培养出语文高考与他人并列全省第一名、理科高考总分全市第一名和第二名的拔尖学生。1989年评为市级优秀班主任。教研成果突出，诗作成就斐然。发表及获奖论文数篇，尤其是开创了中国成语诗这一史无前例的诗歌文体，并取得重要创作成果，先后分阶段增加新作累计出版了四部成语诗集。1998年1月由中央民族大学出版社出版了《中学生成语歌诀200首》，共写标题成语故事叙事诗215首，共用成语1713个（无重复），获由全国中学语文教学研究会历史名城语文教研中心评出的"十年优秀教研成果一等奖"。2006年3月由中国文联出版社出版了《成语诗三百首》，共写标题成语故事叙事诗327首，共用成语2605个（无重复）。这两部成语诗集是中国成语诗出版时间最早的诗集，为中国首创，并且在使用成语数量上也是当时最多的。2015年又出版了《中华成语诗五百首》，共写标题成语故事叙事诗503首，共用成语4005个（无重复）。而今出版的这部《中华成语诗六百首》，共写标题成语故事叙事诗603首，共用成语4802个（无重复），登上了中国成语诗的最高峰，是中国成语应用上的重大发展和创新。2009年，作者入选《中华六十年诗人大典》，获"中华诗词六十年诗人创作成就奖"。其所著《成语诗三百首》《中华成语诗五百首》和这部《中华成语诗六百首》已被国家图书馆、中国现代文学馆、全国各省图书馆、全国各大中城市如北京、上海等市图书馆，以及全国大部分高等院校如北京大学、复旦大学等图书馆所收藏，共计一千余家，多有收藏证书于作者手中保存。另外，《中华成语诗六百首》还被中国当代作家签名版图书珍藏馆和全国各大中城市一千五百多所重点中学图书馆所收藏。可以相信这些书一定能发挥其社会作用，使公众受益。

作 者 像

（2004 年 10 月）

1959年作者于哈尔滨航空工业学校毕业照

成语综合诗教育高才

（自　序）

　　《中华成语诗六百首》，是在本人所著《中华成语诗五百首》基础上，经过精心修改并增加百首新作而成集的。

　　这是一部以中华成语故事为纲，以句句都用上成语而创作成的七言八句成语故事叙事诗专集。全集立足于总体设计，共写标题成语故事叙事诗603首，共用成语4802个，是现行小学到高中语文课本成语总量的六倍左右，几乎相当于一个小成语辞典的用词量；并且除标题成语外无重复使用者，即一个成语在整本诗集正文中只出现一次。另外，还有【说明】与【串讲】，以点明标题成语故事之出处和对全诗作逐句而连贯讲解，八句内容讲完即为一个完整的成语故事。它将成语运用、成语解释与成语故事融为一体，是一部典型的在读诗欣赏中实施思想教化、集中学习成语和成语典故知识并培养对其应用能力和古文阅读能力的成语综合诗教读本，是中国成语应用上的重大发展和创新。其宗旨是：诗教成语经典，掌握汉语精华；传播传统文化，弘扬华夏文明；为培养和造就高素质创新人才来发挥其社会作用。不妨引其中一首为例，便可见其体例特点之全貌和它的重大社会价值。

高　山　流　水

琴心相挑古伯牙①，扣人心弦声色佳②。

茫茫人海知音遇③，**弦外之意子期达**④。

高山流水曲二首⑤，**心领神悟答无差**⑥。

游山玩景多曲奏⑦，**同符合契意无瑕**⑧。

【说明】　成语"高山流水"，见于《列子·汤问》中的一个成语故事。

【串讲】　①琴心相挑——指以琴声传情达意。古伯牙——古时候有一个叫伯牙的人（即如此）。②扣人心弦——指诗文、表演等打动人心，使人产生共鸣。扣：通"叩"，敲打。此指琴声"扣人心弦"。声色佳——（因为）琴声的音色太优美了。③茫茫人海——比喻广大人间。知音遇——（在其中）遇上了知音者。④弦外之意——音乐的余音。比喻言外之意。子期达——钟子期（对此）完全明白。⑤高山流水——原指古琴曲中暗含的两种喻义。比喻知音或知己难遇。也比喻乐曲演奏得美妙。此为原义。曲二首——（这就是伯牙所演奏）的两首琴曲（表现出来的内容）。⑥心领神悟——内心领悟明白。答无差——（所以钟子期）回答琴曲的含义毫无差错，完全正确。⑦游山玩景——游览、观赏风景。据载，有一天，伯牙、钟子期一同去游泰山。多曲奏——（休息时，伯牙）演奏了好几首琴曲。⑧同符合契——比喻完全相合，完全相同。意无瑕——（这便是钟子期对琴曲）含义的理解没有一点缺失。瑕：玉上面的斑痕。比喻缺点、过失。据载："伯牙善鼓琴，钟子期善听。伯牙鼓琴，志在高山。钟子期曰：'善哉，峨峨兮若泰山！'志在流水，钟子期曰：'善哉，洋洋兮若江河！'伯牙所念，钟子期必得之。"成语"高山流水"即由此而形成。

　　显然，这是一首《高山流水》成语故事叙事诗。标题成语"高山流水"即是由这一成语故事而来。本诗正是对这一成语故事内容所作的形象概述。全诗为七言八句，每句句首均选用一个四字成语，共选用上"琴心相挑、扣人心弦、茫茫人海、弦外之意、高山流水（由故事而来）、心领神悟、游山玩景、同符合契"八个恰当成语，并与其他准确词语相搭配而创作出这首七言八句成语故事叙事诗。这样，便使得诗的语言精炼而形象，人物性格鲜明突出，故事梗概完整，韵律和谐整齐，生动地再现了原成语故事《高山流水》的内容与主旨。通过【说明】，知道了"高山流水"这个标题成语是来自《列子·汤问》中的一个成语故事。通过【串讲】，既明白了这八个成语的本义，又懂得了它们在诗句中的实际意义与作用。这样，便自然而然地学会了这八个成语及其应用。由于是从第一句到第八句作了连贯一气的仔细讲解，因而对诗的内容便有了深刻而完整的理解与掌握。伯牙高超的善鼓琴形象和钟子期具有超人悟性善听琴的形象则跃然纸上。这不仅让人感悟到"知音或知己之难遇"，而且还自然而然地掌握了这个成语故事和标题成语"高山流水"的由来。同时，由于在串讲中恰如其分地引用故事原文加以说明，就很容易地理解出诗中选用这些成语是符合故事之内容的。这样，便自然而然地提高了对这些成语的运用能力和古文阅读能力。如此有趣地读诗学成语，轻而易举地增长知识和能力，提高思想，开阔境界，何乐而不为呢？

　　读《高山流水》成语诗是这样，读整本成语诗集603首也都首首是这样。毋庸讳言，若能通读《中华成语诗六百首》，便可在读诗欣赏中学会4802个成语和增长603个成语故事知识，并切实提高对其运用能力和古文阅读能力。同时，由于知识面广，视野宽阔，使人在读诗欣赏的潜移默化中而受到教育。灵魂得到净化，情操得到陶冶，人格得到塑造；思想端正，境界高远，增长智慧才干，富有创新精神。真可谓一读而多得矣。

因此，《中华成语诗六百首》适合于社会各界人士阅读，尤其适合那些求知若渴、急于大幅度扩充成语和成语典故知识占有量并希望能立竿见影而速成的人，其中的主体当然是奋力进取的大中学生、中小学幼儿园教师以及小学生等。

为何要诗教成语经典呢？

众所周知，成语是汉语的语言精华，主要来自于中国古代文化典籍或诗词歌赋。它准确、凝炼、形象而生动，是千百年来中华文化的结晶，可谓一语千金，珍若明珠。而成语故事又是中华历史文化的知识经典，体现着悠久灿烂的中华文明，充满哲理，充满智慧，给人启迪，是宝贵的中华精神财富，历来被人们所广泛传承而应用。往往引用上一个成语典故，或者是妙语连珠画龙点睛地恰当使用成语，便可使文章或讲话立即生辉，光彩夺目而有力，事理明晰而突出；一言九鼎，文炳雕龙，令人叹服。这一点，毛泽东同志已为我们树立了光辉榜样。一篇《愚公移山》坚定了中国人民一定能挖掉帝国主义封建主义这两座大山的信心和决心，"全国人民大众一齐起来和我们一道挖这两座山，有什么挖不平呢？"把这么深刻的革命道理，通过形象逼真的类比，说得如此明白，真可谓鞭辟入里，深入浅出。谁能想到一则成语故事竟然有这么大的革命作用，这能说不是毛主席对成语典故的创新应用吗？又如，毛主席在《改造我们的学习》一文中批评主观主义的态度时指出："或作讲演，则甲乙丙丁、一二三四的一大串；或作文章，则<u>夸夸其谈</u>一大篇。无<u>实事求是</u>之意，有<u>哗众取宠</u>之心。<u>华而不实，脆而不坚</u>。<u>自以为是</u>，老子天下第一，'<u>钦差大臣</u>'满天飞。这就是我们队伍中若干同志的作风（画横线者为成语，笔者所加）。"在不足百字的简短描述中，恰切地用上七个成语，把主观主义的态度刻画得淋漓尽致，入木三分。试想一下，如果去掉这些成语而用别的语言替代，能写得如此言简意赅、形象而生动吗？那恐怕要出现毛主席所列的"语言无味，象个瘪三"、"懒婆娘的裹脚，又臭又长"的党八股罪状了。毛主席是运用成语的大师，也是创造性应用成语典故的大师。在《毛泽东选集》一至五卷中，所引用成语典故达数百个之多，所用成语更是随处可见，称其为伟大而不朽之论著，应该说与此不无关系。可见，学习并掌握大量成语和成语典故知识对于每个人来说是何等的重要啊！尤其对那些正在成长中的一心想成为高素质创新人才的在校大中学生来说，那就更是格外的重要了。比如就以升学考试来说吧，中考、高考，成语必考。无论是直接的成语选择题、填空题、归纳题，还是测试阅读能力的现代文题、古文题，以及测试写作能力的作文题，成语和成语典故知识掌握的多少，都直接关系到他们各题得分的高低和总分的优劣。它是衡量一个人语文素质和知识能力的极其重要标准。为什么青年歌手大奖赛、相声大赛在测试综合素质时也要考成语和成语典故知识呢？为什么中央电视台于2014年还开设了一个"成语大会"的专栏节目呢？其重要之程度则不言而喻。

既然如此，那应该怎样来学习和掌握呢？去背《成语词典》吗？显然这是不行的。因为成语不在一定的语言环境里去死记硬背，往往是一看就懂，一放就忘，难以致用。如此地学习成语，势必事倍功半，收效甚微。当然，查《成语词典》是必要的，但必须是在具体语言环境里遇上意思不明之成语，通过查《成语词典》先弄懂其本义，进而明确该成语于所在之处使用的实际意义与作用，这样，才能真正地理解和掌握这个成语。这么说，就应该大量地阅读书报了？是的。因为广泛阅读，既可扩充知识，又可全面提高语言素质，自然会学到许多成语和成语典故知识，并提高对它们的应用能力。然而，现在人们学习、工作都很忙，尤其是在校大中学生，课业负担很重，广泛阅读实在是心有余而时不足，难以做到。那怎么办呢？最好是有一本既能激发人们的学习兴趣，又能省时省力，在最短时间内在具体语言环境里快速高效地集中学习成语和成语典故知识的书供人们阅读。而《中华成语诗六百首》正是适应这种社会需要而诞生的，为广大读者，为大中学生开辟了一条兴会淋漓、有效而速成的学习捷径，在轻松愉快的读诗欣赏中稳操胜券地直达预期之目标。这就叫成语综合诗教育高才。

　　应该明确，成语综合诗教是符合孔子诗教理论和当代诗教观的。子曰："入其国其教可知也，温柔敦厚，诗教也"（《礼记·经解》）。又曰："诗三百，一言以蔽之，曰'思无邪'"（《论语·为政》）。强调诗教可以端正人的思想，塑造好的人格。同时，孔子也说："不学诗，无以言"（《论语·季氏》），"言之不文，行而不远"。强调要想会说话，就必须要学诗，并把话说得有文采。可见，诗教不仅有思想教化功能，还有丰富语言、增长知识、启迪智慧和提高能力等功能。而成语综合诗教则正是体现了这些基本功能而有所发展。并且，成语综合诗教也符合当代诗教观。中华诗教委常务副主任梁东先生在评介中科院院士诗教委主任杨叔子先生的当代诗教观指出："当代诗教观，是继承先哲的智慧，踏着历史脚印，同今天的生活和未来的使命联结到一起的"（《居高声自远，非是藉秋风——"槛外"诗文催生当代诗教观》）。而以历史文化知识的经典成语故事为内容，以中华民族智慧的结晶成语为主要语言材料所实施的成语综合诗教，应该说正是这一诗教观的具体实践和具体体现。所以，大力倡导和推广成语综合诗教，是有其充分理论依据的。

尽管如此，但成语综合诗教还是有别于传统诗教的。就内容而言，传统诗教是以《诗经》或古典诗词来施教，内容广泛。而成语综合诗教则是以成语故事为内容，虽然较多，但是有限，均在成语典故范围之内。就诗教的语言而论，传统诗教固然文词精美，但范围很广，没有强制性要求。而成语综合诗教则不然，其所用语言的主体则必须是成语。所以，无论是语言还是内容，成语综合诗教都具有鲜明的专题性质，目标明确。可见，成语综合诗教乃是对传统诗教的创新和发展，是落实《教育规划纲要》提出的"创新人才培养模式""优化育人方式，提升办学效益"的重要科研成果。它将丰厚的教育内容与高雅的诗歌艺术完美地融为一体，可谓是匠心独运、独树一帜的创作，为广大读者，为大中学生早日成为高素质创新人才开辟了一条卓有成效且能立竿见影的新路。今以诗颂之，切记而勿忘。

中 华 成 语 诗 教 颂

成语诗教育人贤，综合素质竞高攀。
品格端正刚柔具，心灵净化思无偏。
通晓典故明世理，尽握成语达意全。
一举拿下诗六百，才高行洁创新天。

［注］诗六百指《中华成语诗六百首》。

　　成语和成语故事，是千百年来中华历史文化所锤炼成的。过去人们应用它，现在人们应用它，将来人们也必然应用它，它将永远与世长存。因此，《中华成语诗六百首》是不会过时的，其成语综合诗教之价值以及由此而产生的成语工具书价值和收藏价值也必然与世长存。所以，一书在手，终生受益；传之后代，永不过时。但愿永不过时的《中华成语诗六百首》能发挥其社会作用而光照于世，光照千秋。

赵德顺

2017年6月6日于景德镇

　　［注］《教育规划纲要》指《国家中长期教育改革和发展规划纲要（2010—2020）》。

中华成语诗教颂

（歌　谱）

赵德顺　词曲

激昂明快　优美振奋

1 = ♭E　2/4

10	05	6	5	16	12	3	—
成	语 诗		教	育	人	贤	

5　6｜5　3｜21　23｜2　—｜
综　合　素　质　竞　高　攀

3·　3｜5　3｜21　65｜6　—｜
品　格　端　正　刚　柔　具

35　6｜5　35｜2　—｜2　—｜
心灵　净　化　思无　偏

5·　5｜6　5｜21　23｜5·　0｜
通　晓　典　故　明　世　理

2.3　21｜6.5　61｜1　1｜0｜
尽握　成语　达　意　全

5·　5｜6　5｜21　23｜55·｜
一　举　拿　下　诗　六　百呀

23　25｜65　67｜1　—｜1　0｜
才高　行洁　创　新　天

［注］关于本曲谱创作的有关情况，已于《中华成语诗五百首》中作过注释说明，不再赘述。而今出版的《中华成语诗六百首》歌谱则由路永信帮助修改而定。

· 9 ·

几 点 说 明

1. 本诗集排列是以标题成语笔画多少为序，笔画少者在前，笔画相同者按第二字，以此类推。

2. 为方便读者检索，书后列有《成语总表词目索引》，排列顺序从上述原则。

3. 本诗集所用成语见于《中国成语大辞典》(上海辞书出版社1987年8月版)、《汉语成语大全》(商务印书馆国际有限公司2011年8月第二版)、《汉语成语大辞典》(河南人民出版社1985年7月版)和《汉语成语辞典》修订本（上海教育出版社1987年9月第三版）等成语辞典工具书和相关成语典故书。如对其中个别成语的成立持有异议，可作学术讨论而存之。

4. 不同版本的成语典故书，如《成语故事选》(江西师院中文系1979年编)、《成语典故故事选》上下集(刘元福编)、《成语典故》（袁林、沈同衡编）和《中国成语》（徐尚衡编）等十余种，均为本诗集创作提供了资料索引和素材方便，在此向诸编者一并致以谢意。

目　录

【上　集】

一　画

二　画

三　画

四 画

五 画

六 画

七 画

【下　集】

八　画

九　画

十三画

十四画以上

一 日 千 里

楚河汉界邦击破[①]，大败亏输羽到乌[②]。
江东父老亭长救[③]，执意不从感语出[④]：
天夺之魄救何用[⑤]？满面羞惭何王图[⑥]？
一日千里乌骓马[⑦]，生离死别赠于夫[⑧]。

【说明】　成语"一日千里"，见于西汉司马迁《史记·项羽本纪》中的一个成语故事。

【串讲】　①楚河汉界——楚（项羽）、汉（刘邦）相争中双方控制地区之间的地界与河流。后比喻一般战争中的前线。此指原意。邦击破——被刘邦一方所打破，即刘邦一方攻占了项羽的地区。②大败亏输——指打大败仗，吃了大亏。羽到乌——项羽（被汉军追赶）逃到乌江。羽：指项羽；乌：指乌江。③江东父老——原指项羽失败而无颜相见的故乡老人。后泛指故乡年长辈高的人。此指原意。父老：父兄辈，乡亲。亭长救——（这便是乌江）亭长来救项羽。据载，乌江亭长把船停泊在江边等待项羽过江，并对项羽说："江东虽小，地方千里，人民十万，也够你去称王了，请大王赶快渡江！现只有我一人有船，如汉军赶到就渡不过去了。"④执意不从——坚持自己的意见，不肯依从。此指项羽坚持不渡江，不肯听从亭长劝告。感语出——（并有）感慨的话说出：⑤天夺之魄——迷信说法，指天夺去了他的灵魂。意指将死。此指项羽自认为天将亡他。之：他；魄：灵魂。救何用——救（我）有什么用？据载，项羽对亭长说："天要亡我，我渡江干什么？"⑥满面羞惭——满脸现出羞愧的表情。此指项羽感到特别羞愧。何王图——还希图当什么王呢？据载，项羽接着对亭长说："我率领八千江东弟子渡江向西征战，如今无一人生还，纵然江东父老同情我，还让我当王，可我有什么脸面去见他们呢？即使他们不责怪我，难道我心里就不感到羞愧吗？"⑦一日千里——原形容马跑得很快。后形容进步或发展得迅速。此指原意。乌骓（zhuī）马——（这便是项羽骑的）乌骓马。⑧生离死别——指难以再见或永远离别。此指项羽将要自杀，与亭长永远诀别。赠予夫——（临死前将这匹乌骓马）送给了乌江亭长。夫：旧时男子成年后的统称，此指亭长。据载，项羽最后指着马对亭长说："吾骑此马五岁，所当无敌，尝一日行千里，不忍杀之，以赐公。"成语"一日千里"即由此而来。

一 毛 不 拔

自私自利人杨朱①，爱人利物点滴无②。
顺藤摸瓜禽试问③，国利民福拔毛不④？
有损无益朱不愿⑤，事到临头语不出⑥。
自有公论孟子议⑦：一毛不拔为己独⑧。

【说明】　成语"一毛不拔"，见于《孟子·尽心上》中的一个成语故事。

【串讲】　①自私自利——私心重，凡事谋求个人利益。人杨朱——（春秋末年）有个（主张一切为"我"的）杨朱（就是这样）的人。②爱人利物——爱护人民，力求有利于人民。物：自己以外的人或环境，泛指众人。点滴无——（他）一点一滴都没有。③顺藤摸瓜——比喻沿着发现的线索进一步调查研究，追究根底。此指沿着杨朱特别"自私自利"的线索进一步验证他是否真是这样。禽试问——（于是）禽滑厘试探地问（杨朱）。禽：指禽滑厘（人名），他是墨子的学生，主张互相友爱。④国利民福——利国福民。指有利于国家，造福于人民。拔毛不——（拔一根汗毛就能办到）你拔不拔毛？据载，禽滑厘问杨朱："拔你身上的一根汗毛，能对整个天下都有利，你肯拔吗？"⑤有损无益——只有害处，没有益处。此指杨朱觉得就是拔一根汗毛对自己也是"有损无益"。朱不愿——（所以）杨朱不愿意（这样做）。朱：指杨朱。据载，杨朱则否定有这样事说："天下的问题，绝不是拔一根汗毛能解救得了的。"⑥事到临头——事情落到头上。指事情紧逼上来。此指让杨朱拔毛的事紧逼上来。据载，禽滑厘继续追问："如果能解救得了，那你肯拔吗？"语不出——（杨朱）则不说话了（还是不愿拔）。⑦自有公论——指是非曲直自然会有公众来评论。此指杨朱的做法和为人"自有公论"。孟子议——孟子（就曾对杨朱做过）评论：⑧一毛不拔——一根汗毛也不肯拔。形容极端吝啬自私。为己独——（杨朱）只为他自己。据载，孟子评论杨朱说："杨子（指杨朱）为我，拔一毛而利天下，不为也。"这便是成语"一毛不拔"之来源。

一 目 十 行

才气过人幼萧纲①，一目十行读书忙②。
过目成诵久不忘③，博览群书作文强④。
循名责实御前试⑤，文不加点立成章⑥。
清新俊逸武帝赏⑦，独当一面理事良⑧。

【说明】　成语"一目十行（háng）"，见于《梁书·简文帝纪》中的一个成语故事。

【串讲】　①才气过人——才能超过一般人。才气：表现于外的才能。幼萧纲——（南朝时梁国开国皇帝梁武帝的）年纪很小的（儿子）萧纲（便是这样）。②一目十行——形容看书速度很快。十行：指十行书，表示行数多。读书忙——（萧纲）在抓紧时间读书。③过目成诵——看过一遍就能背诵下来。形容记忆力特别好。久不忘——（他所读之书）长时间都不忘记。④博览群书——广泛地阅览各种书籍。作文强——文章写得又快又好。据载："太宗（指萧纲）幼而敏睿（ruì），识悟过人……读书十行俱下。九流百氏经目必记，篇章辞赋，操笔立就。"⑤循名责实——按照名称、名义来考察实际内容，以求名实相符。此指按照萧纲"作文强"的名声来考察他的实际。循：按照；责：求。御前试——在皇帝（梁武帝）面前进行测验（以观其真伪）。御：旧指与皇帝有关的。⑥文不加点——文章一气写成，无须修改。形容文思敏捷，写作技巧纯熟。点：涂改。立成章——（萧纲）立即把文章写好。⑦清新俊逸——形容诗文清朗新鲜，俊秀不群。武帝赏——（所以）梁武帝（对萧纲的文才大加）赞赏。据载，梁武帝感叹地说："这个孩子，真是我们家的东阿（曹植）呀！"意思是，这孩子的才气过人真像当年七步成诗的曹植呀！东阿：指曹植，因曹植被封为东阿地方的王，故以"东阿"代指曹植。⑧独当一面——一个人担当或领导一个方面的工作。此指萧纲（十一岁）能独自担当一方面的工作。理事良——（并能）把事情处理得很好。成语"一目十行"即由此故事"读书十行俱下"演化而来。

一 丘 之 貉

急公好义汉杨恽①，谈古论今讽王君②：

借题发挥匈首死③，拒谏饰非是亡因④。
古今一辙秦王灭⑤，万世之业顷刻沦⑥。
一丘之貉同下场⑦，以人为鉴利当今⑧。

【说明】 成语"一丘之貉"，见于《汉书·杨恽（yùn）传》中的一个成语故事。

【串讲】 ①急公好义——热心公益，慷慨仗义。汉杨恽——西汉时一个叫杨恽的大臣（便是这样）。汉：指西汉。据载，杨恽因有功被封为平通侯，他能克己奉公，敢于同各种有损公益的人和事做斗争，就连皇帝也不放过。②谈古论今——指品评古今的人和事。讽王君——（杨恽借此）来劝告皇帝（汉宣帝）。③借题发挥——借谈论另外的题目来表达内心真意。匈首死——（这便是借）匈奴王被杀死一事来表达他内心的真实见解。匈：指匈奴；首：头，指国王。④拒谏饰非——拒绝直言规劝，掩饰自己的错误。是亡因——（这）是（匈奴王）被杀死的根本原因。据载，有一次，杨恽听说匈奴王被杀死了，便发表议论说："这种无德的国王，不采纳大臣的忠言善计，是他自己找死。"并接着议论说：⑤古今一辙——从古到今情况是一样的。辙：车轮碾过的痕迹。秦王灭——（比如说）秦王（胡亥也是因为拒谏饰非，重用奸臣、杀害忠良导致秦朝灭亡）而使他自己也亡灭了。⑥万世之业——传之万世的不朽功业。此指秦王朝的帝王功业。顷刻沦——在顷刻之间就垮台了。沦：沉没，陷落。⑦一丘之貉——同一山丘的貉。原比喻是同类，没差别。现比喻都是一样的坏人。此指前者，即指古今不肖君王（包括匈奴王和秦二世）都是同类的蠢家伙。同下场——（因此他们都有）相同的灭亡下场。据载，杨恽做了上述议论后得出结论说："古与今如一丘之貉。"⑧以人为鉴——比喻以别人的经验教训作为自己的借鉴。此指用匈奴王和秦二世的灭亡教训作为当今皇帝的借鉴。利当今——（这是）有利于现在（国家的长治久安的）。成语"一丘之貉"即由此而来。

一 丝 不 苟

言出法随禁宰牛①，食不甘味回人愁②。
万不得已送肉贿③，一本正经令不收④。
大张旗鼓严惩办⑤，披枷戴锁上街游⑥。
一丝不苟为闻上⑦，飞黄腾达指日有⑧。

【说明】　成语"一丝不苟"，见于《儒林外史·第四回：见世叔一丝不苟，升迁就在指日》中的一个成语故事。

【串讲】　①言出法随——话说出来，法律就跟在后面。意思是法律一经公布，就严格执行，如果有人违犯，就按公布的惩办条文惩处。禁宰牛——（明朝法令）禁止宰杀耕牛。据载，明朝时法律规定，不准宰杀耕牛，就是吃牛肉的回教徒也一律禁止宰吃。②食不甘味——吃饭也吃不出个美味来。形容心中有事，吃东西都不知道滋味。此指原意，即指信奉回教的人，因吃不着牛肉而"食不甘味"。甘：美好。回人愁——回族人（正为此）而发愁。③万不得已——意指没有任何办法，才不得不这样。送肉贿——（于是则）送牛肉去贿赂（县令）。据载，当时有几个回教徒为了能吃上牛肉，便请一个人把他们凑集的五十斤牛肉送给县官汤奉进行贿赂。④一本正经——形容态度很庄重、很严肃。有时指做作的正经，带有讽刺意味。此指后者，即指县令故意装出"一本正经"的样子。正经：庄重，正派。令不收——县令不接收（这个贿赂）。令：指县令。据载，县令汤奉也是回民，也很想吃牛肉，对送来的牛肉真想收下；但法令有禁，则不敢接收。于是，则摆出"一本正经"的面孔，拒收贿赂。并听从另一官员张静斋的意见，做出如下处治。⑤大张旗鼓——大规模地摆开旗鼓。比喻声势和规模很大。严惩办——（对行贿者）严加惩治。⑥披枷戴锁——颈上套着木枷，身上戴着锁链。上街游——（把行贿者）拉到街上游行（示众）。据载，按张静斋的主意，先把送牛肉的那个人打了几十大板，然后押他"披枷戴锁"游街示众，并把牛肉堆在枷上。还在旁边贴一张告示，说他们大胆妄为，竟敢知法犯法。⑦一丝不苟——形容做事认真、仔细，一点也不马虎。此指县令在处治给他送牛肉这件事上表现出"一丝不苟"。苟：苟且，马虎。为闻上——为了让上司知道。⑧飞黄腾达——旧时比喻很快发迹升官。飞黄：传说中的神马；腾达：马飞驰的样子。指日有——（这是）指日可待的。据载，张静斋在出完上边的主意后说："如果上司知道你办事这样一丝不苟，那么你升官发财就指日可待了。"这便是成语"一丝不苟"之来源。

一叶障目，（不见泰山）

穷则思变读书郎①，字里行间得主张②。
一叶障目身能隐③，从心所欲窃四方④。
无了无休拾叶试⑤，心烦意乱妻胡讲⑥。
信以为真偷于市⑦，手到拿来人被绑⑧。

【说明】　成语"一叶障目，不见泰山"，见于《笑林广记》中的一个成语故事。

【串讲】 ①穷则思变——指人处于十分穷困无路可走的境地时就会努力改变现状。读书郎——（古代楚地就有这么一个）读书的年轻男子。郎：年轻男子。②字里行间——指字句之间，也指文章的某种意思或感情在字句中间隐约地透露出来。此指前者。得主张——（此人就是从书的字句之间）获得一种见解。什么见解呢？③一叶障目——一片树叶挡住了眼睛。身能隐——身体便能隐藏起来。④从心所欲——本指在礼教法度范围内，顺遂着心意自由地行动处世。后指任凭自己的意愿想要怎样就怎样。此指后者。窃四方——（这样便可以）到各处去偷窃。据载，这个读书人家境贫苦，他在读《淮南子》一书时，知道螳螂捕蝉是以一片树叶隐藏自己的身体的。于是便大发奇想，认为能找到一片隐身的树叶，便可偷窃于四方而不被别人发现。⑤无了无休——没有结束之时。拾叶试——（此人从外边）捡来许多树叶（回到家里）无了无休地做试验。据载，他逐叶地挡住自己的眼睛问妻子，能看见我吗？⑥心烦意乱——心情烦躁，思绪纷扰。此指由于他"无了无休"地试验，弄得妻子"心烦意乱"。妻胡讲——（于是）他妻子便胡乱地把能看见他说成"看不见"。⑦信以为真——完全相信，认为真是这样。偷于市——（于是此人便拿着这片认为真能隐身的树叶）到市场上去偷窃。⑧手到拿来——一伸手就将敌人捉住。比喻做事毫不费力。此指偷东西手到拿来。拿：擒捉。人被绑——（结果）这个人则被他人捉住而捆绑起来（送到县衙）。据载，县官审问他原委，他则说："我用这片树叶遮住眼睛，就什么也看不见了。"惹得县官大笑，认为他是个呆子便放了他。于是演化出"一叶障目，不见泰山"这个成语，比喻被局部或暂时的现象所迷惑，不能看清事物的主流和本质。成语上下句要放在一起用。

一 字 之 师

涉笔成趣唐齐己①，神清气爽写诗忙②。
即景生情《早梅》作③，刻意求工会友商④。
点石成金数改一⑤，诗情画意早字扬⑥。
一字之师为郑谷⑦，虚往实归谢友帮⑧。

【说明】　成语"一字之师"，见于宋代陶岳《五代史补》中的一个成语故事。

【串讲】　①涉笔成趣——形容一动笔就能写出很有意味的作品。涉笔：动笔或着笔；趣：意趣、意味。唐齐己——唐朝有位叫齐己的人（就能做到这样）。唐：指唐朝。据载，齐己是个和尚，很喜欢写诗，诗作也很有意味。②神清气爽——形容人头脑清醒，精神爽快。神、气：精神状态；清、爽：清醒，爽快。写诗忙——（他）在忙着作诗。③即景生情——因眼前的景象而产生一种感情。即景：眼前的景物。《早梅》作——作了一首名叫《早梅》的诗。④刻意求工——用尽心思使诗文或工艺品更精巧。此指对自己写的《早梅》诗"刻意求工"。刻意：用尽心思；工：精致。会友商——（于是）去会见他的朋友（郑谷）一起研讨（这首诗），即征求郑谷的意见，让他帮助修改。⑤点石成金——比喻把别人不好的文章改为好文章。此指郑谷把《早梅》诗中用字不贴切的改成贴切的。数改一——把"数"字改换成"一"字。据载，《早梅》诗中有这样两句："前村深雪里，昨夜数枝开。"郑谷看了后，经过推敲，认为"数枝"不足以点明"早"字，不如改为"一枝"好。⑥诗情画意——形容文艺作品情景交融，意境优美。此指只改一个字，就使《早梅》这首诗更贴切题意了，意境更优美了。早字扬——把"早"字突出出来。扬：向上升。因梅花"数枝"开，就不是早梅了；一枝开才体现早梅的意境。⑦一字之师——指改好一个字的老师。为郑谷——是郑谷。⑧虚往实归——指虚心地去学习，学得了道理，心里很充实地回来。此指齐己虚心地去征求意见，改好一个字便觉得很充实地回来。谢友帮——非常感谢朋友（郑谷）的帮助。据载，齐己对郑谷这一改动非常佩服，当时就称其为"一字师"。成语"一字之师"即由此而来。

一 字 千 金

富商大贾吕不韦①，煞费苦心丞相当②。
著书立说《春秋》写③，锦上添花门客帮④。
炫奇争胜城门放⑤，人所共知通告详⑥。
各显身手增删字⑦，一字千金予重赏⑧。

【说明】 成语"一字千金"，见于西汉司马迁《史记·吕不韦传》中的一个成语故事。

【串讲】 ①富商大贾（gǔ）——钱财极多的大商人。贾：商人。古时特指坐商，与行商相对而言。吕不韦——（秦朝时的）吕不韦（便是这样）。②煞（shà）费苦心——形容费尽了心思。煞：极，很。丞相当——（吕不韦）当上了（秦国）丞相。据载，吕不韦曾去赵国经商，在那里遇见做人质的秦国公子异人，经过他的精心策划，巧妙安排，花费千金，打通关节，将异人召回秦国立为太子。后来异人做了国君，即秦庄襄王，吕不韦则当上了秦国丞相。③著书立说——著书写文章，创立自己的学说。《春秋》写——（于是）撰写了一部《吕氏春秋》。《春秋》：此指的是《吕氏春秋》。④锦上添花——在美丽的锦上再绣上花。比喻美上加美，好上加好。此指把《吕氏春秋》这部书写得好上又好。门客帮——（这是因为）有门客们帮（他写的缘故）。据载，吕不韦当上丞相后，广招学者名士作为门客，一时竟达三千人之多，让这些人帮他分头去写书，最后辑成一部巨著，长达二十余万字，定名为《吕氏春秋》。吕不韦十分得意。⑤炫（xuàn）奇争胜——夸耀新奇，竞争胜负。这里形容吕不韦夸耀这部书写得最好，无与伦比。城门放——（并把书）放（在秦国首都咸阳）城门上。⑥人所共知——人人都知道。通告详——（因为）通告（国人说得很）详尽。⑦各显身手——每个人都充分显示自己的本领。显：表现；身手：本领。增删字——（给《吕氏春秋》）加字或减字。⑧一字千金——一个字值千金。后常用来称赞诗文价值极高或文词极其精炼。此指谁能给《吕氏春秋》这部书增加一字或删减一字，便赏给他千金。予重赏——给予（这样）重重的奖赏。据载，吕不韦将《吕氏春秋》"布咸阳市门，悬千金其上，延诸侯游士宾客有能增损一字者予千金"。这便是成语"一字千金"之来源。

一 饭 千 金

功高盖世汉楚王①，孤苦伶仃少饥肠②。
自食其力河边钓③，食不糊口老妇帮④。
世异时移今得势⑤，富贵显荣返故乡⑥。
知恩必报老妇赏⑦：一饭千金予重偿⑧。

【说明】 成语"一饭千金",见于《史记·淮阴侯列传》中的一个成语故事。

【串讲】 ①功高盖世——功劳极大,当代没人能比。汉楚王——汉朝(建国后)被封为楚王的(韩信即是如此)。②孤苦伶仃——困苦孤单,没有依靠。伶仃:孤独无依靠。少饥肠——(韩信)少年时(因父母双亡便过着这样)饥肠辘辘的苦日子。③自食其力——依靠自己的劳动维持生活。河边钓——(于是韩信则去淮阴城北)淮水河边钓鱼谋生。④食不糊口——不能吃饱肚子。形容生活艰难穷困。老妇帮——(这河边有一个漂絮)的老妇人(便连续数十天)给他饭吃。据载,韩信对老妇人的帮助很是感激,"谓漂母曰:'吾必有以重报母。'母怒曰:'大丈夫不能自食,吾哀王孙公子而进食,岂望报乎!'"⑤世异时移——社会变化了,时代不同了。世、时:社会,时代。异、移:不同,变化。今得势——而今的(韩信已经是新建的汉朝)有权势的楚王了。⑥富贵显荣——财多位高,显赫荣耀。返故乡——(韩信就是这样)回到家乡。⑦知恩必报——受人恩惠一定报答。老妇赏——(于是韩信)则赏赐(曾对自己有恩)的老太太。⑧一饭千金——韩信以千金来报答老妇人给饭吃的恩德。后比喻受恩厚报。此指原意。予重偿——给予重重的补偿。据载:"汉五年正月,徙(迁移)齐王信为楚王,都下邳。信至国,召所以食漂母,赐千金。"成语"一饭千金"即由此成语故事而来。

一 衣 带 水

长江天堑周陈隔[①],篡位夺权隋替周[②]。
敦睦邦交隋之意[③],事与愿违陈不友[④]。

穷奢极欲主害民⑤，一衣带水岂不救⑥？
磨砺以须隋发兵⑦，塞北江南统一处⑧。

【说明】　成语"一衣带水"，见于南朝李延寿《南史·陈后主传》中的一个成语故事。

【串讲】　①长江天堑（qiàn）——长江是天然的壕堑。旧时形容长江地势险要，不易逾越。堑：壕沟。周陈隔——（它把北方的）北周和（南方的）陈国隔开。周：指北周；陈：指陈国。据载，南北朝时，到公元五七七年以后，北周与陈国就以长江为界了。②篡位夺权——夺取君主的位置及其权柄。此指后来北周的大臣杨坚篡夺了北周政权，做了皇帝。篡：夺取，特指臣子夺取君位。隋替周——（于是建立了）隋朝，替代了北周。③敦睦邦交——促使国家之间的关系诚挚友好。此指促使江北的隋朝和江南的陈国之间的关系诚挚友好。敦：诚恳；睦（mù）：和好。隋之意——（这）是隋朝的愿望。据载，隋文帝杨坚为了和陈国友好相处，曾多次向陈国表示让步。④事与愿违——事情的发展跟愿望相反。陈不友——陈国（表现得）很不友好。⑤穷奢极欲——指任意地挥霍浪费，荒淫腐化。穷：极，尽，极端。奢：奢侈，浪费。主害民——陈后主（过着这种生活）来残害百姓。主：指陈后主。据载，陈后主（陈叔宝）大建宫室，生活奢侈，每天与妃嫔、文臣游宴，制作艳词，不问朝政，搞得政局混乱，刑法酷滥，牢狱常满，民不聊生。⑥一衣带水——像一条衣带那样窄的水面。泛指江河之窄，不足为阻。现常用来比喻一水之隔，极其邻近。此指隋朝与陈国只隔一条像衣带那样窄的长江。岂不救——（我隋文帝）怎能不去解救（那里的百姓）呢？据载，隋文帝对仆射（官名）高颎（jiǒng）说："我为百姓父母，岂可限一衣带水不拯之乎？"⑦磨砺以须——磨快了刀等待着。比喻做好准备，等待时机行动。此指隋文帝做好讨伐陈国的准备，待机进攻。磨砺：指把刀磨快；须：等待。隋发兵——（当一切准备就绪，）隋朝（便大举向陈国）进军。⑧塞北江南——泛指我国的北方和南方。塞：边塞；塞北：旧指长城以北。统一处——统辖在一个国土里，即灭掉了陈国，隋朝统一了全国。处：地方，引为国土。成语"一衣带水"即由此而来。

一 场 春 梦

博大精深苏东坡①，**桑榆暮景昌化谪**②。
优哉游哉田间逛③，**抚掌击节小曲和**④。
老妪能解老妪遇⑤，**触景生情老妪说**⑥：
安富尊荣成过去⑦，**一场春梦空吟哦**⑧。

【说明】　成语"一场春梦"，见于宋代学者赵令畤（zhì）《侯鲭（qīng）录》中的一个成语故事。

【串讲】　①博大精深——指学识广博精当，思想丰富高深。苏东坡——（宋代大文学家）苏东坡（就是这样一位学者）。②桑榆暮景——比喻人的晚年。此指苏东坡晚年的时候。桑榆：指日落时余光所在的地方；暮景：黄昏的景象。昌化谪——（苏东坡此时）被降职调到（海南岛）昌化。谪：封建时代官吏被降职调到边远地方。③优哉游哉——形容从容不迫，悠闲自得的样子。优、游：悠闲；哉：文言语气词，表感叹。田间逛——（苏东坡就是这样）在田间闲游。④抚掌击节——拍着手，为乐曲打拍子。抚掌：拍手；击节：打拍子。小曲和——（与口里哼的）小曲相配相和。⑤老妪能解——老婆婆能理解，指作品通俗易懂。此指苏东坡哼的小曲通俗易懂，

· 14 ·

连老婆婆都能理解。老妪遇——（苏东坡真的）遇上一个老太太。据载，有一次，苏东坡在田间闲逛，抚掌击节，边走边唱，遇上一位年逾七十的老太太。⑥触景生情——接触眼前景物而引起某种感情。此指老妪接触到苏东坡这番境况而引起她的伤感。老妪说——（于是）老太太（大有感慨地）说：⑦安富尊荣——旧指达官显宦身安、家富、位尊、名荣的高居人上的地位。此说苏东坡"安富尊荣"的地位。成过去——（不过这些）已经成为过去的事了。⑧一场春梦——一场春宵好梦。后比喻世事无常，转眼成空。此指后者。空吟哦——（只能是）白白地吟咏了。据载，老妪对苏东坡大发感慨地说："昔日的安富尊荣，只不过像一场春梦罢了。"这便是成语"一场春梦"之来源。

一 言 九 鼎

负山戴岳胜使楚①，礼贤下士毛遂跟②。
利口捷给楚王说③，因人成事归国门④。
真情实意将遂赞⑤：一言九鼎胜万军⑥。
自怨自艾不识士⑦，爱才好士尊上宾⑧。

【说明】　成语"一言九鼎"，见于《史记·平原君虞卿列传》中的一个成语故事。

【串讲】　①负山戴岳——背负高大的山岳。比喻担负重任。胜使楚——（战国时赵国的）赵胜（号称平原君）出使楚国（即如此）。胜：指赵胜。据载，赵惠文王九年，秦国攻打赵国，都城邯郸被围，赵王派平原君出使楚国请求出兵救援，并约楚合纵抗秦。可谓肩负重任。②礼贤下士——尊重有才德的人，屈己延聘有识之士。毛遂跟——（于是平原君手下）一个名叫毛遂的食客也跟他一起去了。据载，当时平原君准备挑选二十名能文能武的食客一同前往楚国。已经选了十九人，但却没有选到毛遂头上。于是毛遂则自荐，一同去到楚国。③利口捷给（jǐ）——指能说会道，言辞敏捷，善于应变。捷给：言辞敏捷，善于应变。楚王说（shuì）——（毛遂就是这样）来说服楚王。④因人成事——依靠别人的力量办成事情。此指依靠楚国的力量办成合纵抗秦之事。归国门——（然后）回到赵国。据载，平原君与楚王谈合纵时，"日出而言之，日中不决"。于是，"毛遂则按剑历阶而上"，以其利口捷给之本事直言利害而打动了楚王，使其当即答应与赵国合纵抗秦，并歃血发誓为盟而后回国。⑤真情实意——心意真实恳切。将遂赞——（平原君回国后就是这样）把毛遂大加称赞。遂：指毛遂。⑥一言九鼎——形容一句话能起到重要作用。此指毛遂说话分量之重。胜万军——简直胜过上万的军队。据载，回国后平原君赞赏毛遂说："先生一至楚，而使赵重于九鼎大吕（国家宝器）。毛先生以三寸之舌，强于百万之师。"⑦自怨自艾——原为自己怨恨自己的错误，并加以改正。后单有悔恨之义。此指原意。不识士——（这是因为我平原君过去）不能识别像您这样有才能的人。⑧爱才好士——爱护、重视人才。尊上宾——（所以平原君从这开始把毛遂）尊为上等客人对待。成语"一言九鼎"即由此而形成。

一 国 三 公

君命无二士苡听①，心知肚明去筑城②。
草率从事墙不固③，气鼓气胀吾告公④。

劈头盖脸遭责备⑤，饮气吞声怨憋胸⑥。
无言以对写诗表⑦：一国三公谁适从⑧？

【说明】　成语"一国三公"，见于《左传·僖公五年》中的一个成语故事。

【串讲】　①君命无二——指君主的命令不可更改。形容君命有绝对的权威性。士蒍（wěi）听——（所以大臣）士蒍必须听从（晋献公的命令）。据载，春秋时，晋献公伐骊戎国得美女骊姬立为夫人并生有一子名叫奚齐。为立其为太子，则把原有的三个儿子申生、重耳、夷吾分别打发到曲沃、蒲、屈三个地方驻守，其用意在于疏远他们。②心知肚明——指心里早已明白。去筑城——（于是士蒍则奉晋献公之命）去蒲、屈两地建造城池。③草率从事——形容做事不认真，敷衍了事。城不固——（因此）城墙建造得很不牢固。④气鼓气胀——形容气鼓鼓的样子。吾告公——（这便是）夷吾（把此事）报告给晋献公。⑤劈头盖脸——正冲着头和脸而来。形容来势猛而急。遭责备——（士蒍）则遭到这样的指责。⑥饮气吞声——把愤恨藏在心里，强忍住悲声，不能表露出来。怨憋胸——（只能把）怨恨之气憋闷在心里。⑦无言以对——指没有话来回复对方。写诗表——（所以士蒍只好）作诗来表达自己的感想。⑧一国三公——一个国家有三个君主。比喻政令出于多头。谁适从——（我）去听从谁的呢？据载，在士蒍所作诗中有"一国三公，吾谁适从？"之句。成语"一国三公"即由此成语故事而来。

一　鸣　惊　人

荒淫无度齐威王①，内忧外患国土伤②。

国将不国于髡谏③，比物此志谜语藏④。
心知其意威王讲⑤：一鸣惊人鸟高翔⑥。
赏罚分明兵马治⑦，声威大震齐国昌⑧。

【说明】 成语"一鸣惊人"，见于西汉司马迁《史记·滑稽列传》中的一个成语故事。

【串讲】 ①荒淫无度——生活糜烂，没有限度。荒淫：贪酒好色。据载，齐威王不理朝政，整日饮酒作乐，常常通宵达旦，还不准别人劝他。②内忧外患——指国家内部的祸患和外来的侵略。国土伤——使国土遭到侵占。据载，由于齐威王如此荒淫，弄得国内混乱，诸侯侵伐，国土丧失不少。③国将不国——国家将不成其为国家了。指国家局势很糟，即将亡国。于髡（kūn）谏——（于是）有一个叫淳（chún）于髡的人（向齐威王）进谏。④比物此志——用某一种事物比拟某种意向。此用大鸟不飞不鸣比拟齐威王不理朝政。谜语藏——（把这个意思）隐藏在讲的谜语里。据载，淳于髡知道齐威王爱猜谜语，便说："我们国内有只大鸟，栖息在大王的庭院里，三年不飞不鸣。大王，你知道这是什么鸟吗？"⑤心知其意——心中领会了其中的旨意。即指威王心中领会了这个谜语的含义。威王讲——（于是）威王说：⑥一鸣惊人——大鸟一叫就使人震惊。比喻人平常不露声色，突然做出惊人的事情。鸟高翔——鸟（冲上天）高高飞翔。据载，威王说："此鸟不飞则已，一飞冲天；不鸣则已，一鸣惊人。"⑦赏罚分明——该赏的赏，该罚的罚，清清楚楚，毫不含糊。兵马治——（齐威王则如此地）整治军队。据载，齐威王说了此话之后，变化很大，召见各县长官七十二人，赏一人，杀一人；还整治兵马，加强国防，抵抗侵略。⑧声威大震——名声和威望广泛传扬，使人大为震惊。齐国昌——（这是因为）齐国（从此）兴盛起来了。据载，这时各诸侯国都很畏惧齐国，纷纷把侵夺的土地还回去。成语

"一鸣惊人"即由此而来。

一 相 情 愿

自不量力一愚人①，朝思暮想公主身②。
面黄肌瘦已成病③，寻根究底亲友询④。
从头至尾全了解⑤，易如反掌慰其心⑥。
煞有介事拖几日⑦，一相情愿告不允⑧。

【说明】　成语"一相情愿"，见于《百喻经》中的一个成语故事。

【串讲】　①自不量力——不衡量自己的能力。形容对自己估计太高。量：衡量，估计。一愚人——（古代）就有一个（这样）愚蠢的人。②朝思暮想——从早到晚都在思索想念。形容思念殷切。公主身——（思念）公主这个人。据载，有一次，这个愚人到城里去玩，偶然看见了国王的女儿，回家后，对公主的美丽形象日夜不忘，整天想和公主结婚。③面黄肌瘦——面色蜡黄，肌体消瘦。已成病——（此愚人）已经（思虑）成病，即害了相思病。④寻根究底——寻找事情发生的根源。此指寻找有病的原因。亲友询——（他的）亲戚朋友（都来）打听。询：打听。⑤从头至尾——指事情发展的整个过程。此指得病的整个过程。全了解——（亲友们）全都弄得很清楚。据载，这个愚人把他得病的原因从头至尾都告诉了亲友，最后还说："要是娶不到公主，我的性命恐怕难保！"⑥易如反掌——容易得像翻转手掌一样。此指亲友哄骗这个愚人，说想娶公主为妻很容易办到。慰其心——（用这话）来安慰他的心灵。据载，亲友说："别愁，这件事很容易办，我们可以替你出点力。"⑦煞有介事——好像真有那回事似的。此指亲友好像真的去帮忙办一样。拖几日——（故意）拖了几天。⑧一相情愿——只单方面愿望，不考虑另一方是否愿意或客观条件是否许可。此指愚人想和公主结婚只是他一方的愿望。告不允——（亲友们来）告诉（他），（说公主）不答应。据载，亲友们故意拖几天后，又来探望他说："我们给你问了，公主不答应。"愚人一听，反倒高兴地说："这下可好办了，先是一相情愿，我再去一趟，就是两相情愿了，她就会答应。"真是弄得人哭笑不得。成语"一相情愿"即由此而来。

一语为重百金轻

革故图新鞅法行①，推诚布信树标兵②。
公诸于众移木柱③，功成行满重金赠④。
诚如所言即兑现⑤，顺水顺风政令通⑥。
钦佩莫名安石赏⑦：一语为重百金轻⑧。

【说明】　成语"一语为重百金轻"，见于宋代王安石《商鞅》诗中的一句，它涉及一个成语故事。

【串讲】　①革故图新——革除旧的，建立新的。多指朝政变革或改朝换代。此指前者。鞅法行——（这便是战国时秦国）在推行商鞅变法。②推诚布信——拿出真心，广布信义。即以真心和信义待人。树标兵——（于是商鞅为了让人们相信新法便）树立起一个榜样。③公诸于众——指把事情或政策在广大人民群众中公开，使人人都知晓。移木柱——（这即是）搬移一根木柱子。④功成行满——旧指出家修炼成佛成仙。也指学佛、学道进入高深的境界。也比喻事情圆满结束。此指后者比喻义，即把木柱真的搬到规定地点。重金赠——（这样就以）重金相赠（予以奖赏）。⑤诚如所言——确实如所说的那样。即兑现——（商鞅）立即实现诺言（给完成搬移木柱者以重金奖赏）。据载，商鞅变法"令既具，未布，恐民之不信，已乃立三丈之木于国都市南门，募（广泛征集）民有能徙置北门者予十金。民怪之，莫敢徙。复曰'能徙者予五十金'。有一人徙之，辄予五十金，以明不欺。卒下令。"因而商鞅新法得到民众信赖而实行。⑥顺水顺风——形容办事顺利。政令通——（因此推行新法）政令通畅无阻。⑦钦佩莫名——心中的钦敬、佩服无法言喻。形容非常敬佩。名：说出。安石赏——（这便）是王安石（对商鞅非常敬佩）而大加赞赏：⑧一语为重百金轻——指言行一致，言必信，行必果。据载，王安石《商鞅》诗写道："自古驱民在信诚，一语为重百金轻。今人未可非商鞅，商鞅能令政必行。"成语"一语为重百金轻"即由此而来。

一 登 龙 门

才华横溢唐李白①，济世安邦壮志怀②。
经天纬地欲高就③，直上青云借风来④。
胸怀坦白与韩信⑤：称功颂德请荐抬⑥。
一登龙门龙腾舞⑦，声誉十倍展雄才⑧。

【说明】 成语"一登龙门"，见于唐代李白《与韩荆州书》涉及的一个成语故事。

【串讲】 ①才华横溢——指才华充分显露出来。唐李白——唐代大诗人李白（即是如此）。唐：唐朝。②济世安邦——为当世谋利，安定邦国。壮志怀——（李白）就怀有（这样的）雄心壮志。③经天纬地——规划和治理天下。经、纬：织物的直线叫"经"，横线叫"纬"，比喻规划、治理。欲高就——（李白）想要担任国家更高官职。④直上青云——旧时比喻高的地位。现多指迅速地升到显要的地位。此指前者。青云：指青天、高空。借风来——（这就要）凭借强劲的外力推动来实现。怎么做呢？⑤胸怀坦白——胸襟坦荡、纯洁。与韩信——（这便是李白在三十岁刚出头时）给（当时享有盛名）的韩朝宗写了一封信。韩：指韩朝宗，在开元年间任荆州大都督府长史等要职，权力很大，对推荐和提拔人才非常热心。⑥称功颂德——夸耀功德。请荐抬——请求韩朝宗能推荐抬举自己。⑦一登龙门——相传鲤鱼一旦跳过龙门，就化为龙。旧时指会试得中，其荣誉地位随之提高。也指一经名家引荐提携，其名声就大大提高。此指后者。龙腾舞——（那就如同鲤鱼化龙一样）腾空起舞。⑧声誉十倍——形容声誉和地位大大提高。展雄才——来施展自己的杰出才能。据载，李白在信中写道："白闻天下谈士相聚而言曰：'生不用封万户侯，但愿一识韩荆州（韩朝宗）。'……一登龙门，则声誉十倍。"这便是成语"一登龙门""声誉十倍"之来源。

一 傅 众 咻

望子成龙楚大夫①，择善而从齐语读②。
耳提面命师心用③，事倍功半难教徒④。
触目皆是楚人在⑤，千言万语楚语出⑥。
大打出手逼生记⑦，一傅众咻果仍无⑧。

【说明】 成语"一傅众咻",见于《孟子·滕文公下》中的一个成语故事。

【串讲】 ①望子成龙——盼望儿子成为出类拔萃的显耀人物。龙:比喻高贵的人物。楚大夫——(战国时)楚国就有这么一个大夫。②择善而从——选择好的依从他。指人也指事。此指这个楚大夫选择一个好的齐国人做孩子的老师,听从他的教诲。齐语读——来(向他)学习齐国方言。③耳提面命——不但当面指教,而且提着耳朵叮嘱,希望他牢牢记住。形容教诲殷切。师心用——(这位齐人)老师(就是这样)用心地教这个孩子。④事倍功半——形容费力大,收效小。此指尽管老师费了很大气力,但收效甚微,这个孩子仍是学不会齐语。难教徒——这个学生实在难教。徒:徒弟,学生。为什么呢?⑤触目皆是——满眼看去都是。形容很多。楚人在——所见到的都是楚国人。⑥千言万语——极言言语很多。楚语出——(而这极多的言语)说出来的又都是楚国方言(想教会这个孩子说齐语实在太难)。⑦大打出手——形容逞凶或相互殴斗。此指前者。逼生记——(这个老师就是这样)逼着这个学生去硬记(齐国方言)。⑧一傅众咻——一个人教,许多人扰乱。表示环境对人的干扰。比喻做事不能有所成就。傅:教;咻:喧嚷。果仍无——(所以)仍然没有什么效果(那个孩子还是学不会齐语)。据载:"有楚大夫于此,欲其子之齐语也……一齐人傅之,众楚人咻之,虽日挞(用鞭子打)而求其齐也,不可得矣。"成语"一傅众咻"便由此而形成。

一 薰 一 莸

道貌岸然晋献公①,恋新忘旧主意生②。

天香国艳夫人立③，吉凶祸福以卜明④。
一薰一莸无法定⑤，先入之见执意成⑥。
凶多吉少卜人讲⑦：萧墙之危余臭兴⑧。

【说明】 成语"一薰一莸"，见于《左传·僖公四年》中的一个成语故事。

【串讲】 ①道貌岸然——原指神态严肃庄重。常形容假装正经、表里不一的神态。此指后者。晋献公——（春秋时的）晋献公（便是这样一个国君）。②恋新忘旧——爱恋新的，忘了旧的。指爱情不专一。主意生——（于是晋献公）则产生一个主意。③天香国艳——指色香俱美的牡丹花。多用来形容女子容貌极美。此指貌美的骊姬。夫人立——（晋献公想把她）立为夫人。④吉凶祸福——指吉祥、不幸、灾祸、幸福。泛指人间祸福。此指立骊姬为夫人是吉是凶。以卜明——（这要）用占卜的结果来表明。⑤一薰（xūn）一莸（yóu）——一棵香草同一棵臭草混在一起，只闻其臭，不闻其香。比喻恶常将善掩盖住。此指凶将掩盖吉。薰：香草，比喻美的。莸：臭草，比喻恶的。据载，本来先占一卦为凶卦，就已经告之立骊姬为夫人不吉利，但晋献公不甘心，又让占一卦则为吉卦，这就成为"一薰一莸"的状况。无法定——（所以立与不立）则无法确定。⑥先入之见——指把先接受的观点或看法放在重要位置。此指将骊姬立为夫人是晋献公的"先入之见"。执意成——坚持要把她立成夫人。其结果会怎样呢？⑦凶多吉少——形容情况不妙，形势不利。卜人讲——（这是）占卜的人说的：⑧萧墙之危——指因内部问题引起的危机。此指因立骊姬为夫人引起的危机。萧墙：古代宫室内当门的小墙，即照壁，比喻内部。余臭兴——剩余的臭味一定会发作，即立骊姬为夫人所造成的社会动荡一定会产生。据载，卜人说："一薰一莸，十年尚有余臭。"由于晋献公执意立骊姬为夫人，后来在立太子问题上果然造成晋国十多年的社会动荡。成语"一薰一莸"即由此成语故事而来。

一 鼓 作 气

赤心报国刿见公①，出谋划策抗齐兵②。
兵戎相见亲辅佐③，稳操胜算长勺迎④。
一鼓作气敌正勇⑤，再衰三竭勇无踪⑥。
彼竭我盈擂鼓进⑦，克敌制胜刿之功⑧。

【说明】 成语"一鼓作气"，见于《左传·庄公十年》中的一个成语故事。

【串讲】 ①赤心报国——忠心耿耿为国效力。赤心：忠心；报：报效。刿（guì）见公——曹刿去拜见鲁庄公。刿：指曹刿；公：指鲁庄公。据载，公元前六八四年，齐国出兵侵犯鲁国，鲁庄公准备出兵迎战。有一个叫曹刿的人，听到消息后，便不顾乡亲们的阻拦，去拜见鲁庄公。②出谋划策——出主意，筹划策略。此指曹刿见到鲁庄公便帮他"出谋划策"。谋：计策，主意；划策：谋划策略。抗齐兵——抗击齐国的军队。据载，曹刿通过问鲁庄公依靠什么去打败齐国，让鲁庄公明白只有尽心竭力为人民才能取胜，并请求在打仗的时候跟随鲁庄公一同作战。③兵戎相见——指双方发生武装冲突。也指以武力解决问题。此指前者，即鲁、齐双方交战。兵戎：武器、军队。亲辅佐——（曹刿）亲自辅助（鲁庄公指挥作战）。④稳操胜算——稳稳地把握住可以制胜的谋略。长勺迎——在长勺地方迎战（齐军）。⑤一鼓作气——打仗开始，擂第一通鼓，勇气振作起来。指战斗开始便鼓足勇气。现指趁锐气足时，一举成事。此指前者，即齐军在战斗开始就擂鼓冲锋。鼓：敲战鼓；作：振作；气：指勇气。敌正勇——敌人（齐军）正勇气十足。⑥再衰三竭——原指士兵的勇气到第二次擂鼓冲锋时已经衰减，到第三次擂鼓冲锋时锐气耗尽。后指力量一再消耗，渐趋衰竭。此指前者，即齐军"再衰三竭"。再：第二次；竭：尽。勇无踪——（齐军）勇气则没有踪迹了，即一点勇气也没有了。⑦彼竭我盈——对方士气衰竭，我方士气旺盛。盈：充足，旺盛。擂鼓进——（鲁军）擂鼓冲锋。⑧克敌制胜——战胜敌人，取得胜利。此指鲁国打败了齐军，取得了胜利。刿之功——（这）是曹刿的功劳。据载，齐、鲁双方交战开始，鲁庄公就想擂鼓冲锋，曹刿不让。等齐军击过三次鼓，曹刿才说可以擂鼓冲锋了，于是把齐军打得大败。等战斗结束，鲁庄公问曹刿打胜的缘故，曹刿说："夫战，勇气也。一鼓作气，再而衰，三而竭。彼竭我盈，故克之。"这便是成语"一鼓作气""再衰三竭""彼竭我盈"之来源。

一　暴　十　寒

能言善辩士孟轲①，左右逢源说诸国②。
耳闻目睹齐王弊③，朝令夕改信谗多④。
责无旁贷孟进谏⑤：水晶灯笼为君则⑥。
持之以恒成大事⑦，一暴十寒无良果⑧。

【说明】　成语"一暴（pù）十寒"，见于《孟子·告子上》中的一个成语故事。

【串讲】 ①能言善辩——很会讲话，擅长说理。士孟轲——（游说shuì）之士孟轲（就是这样一个人）。②左右逢源——原来是说功夫到家之后，自然取之不尽，用之不竭。后来比喻做事得心应手，顺利无碍。此指后者，即指孟轲游说时能够"左右逢源"，讲得头头是道。逢：遇到；源：水源。说诸国——（孟轲就是这样）去游说（齐、宋、滕、魏等）各国。据载，孟轲在齐国游说时，还当过齐宣王的客卿。"一暴十寒"这个成语故事，就发生在孟轲当齐国客卿的时候。③耳闻目睹——亲自听说，亲眼看见。齐王弊——齐宣王（在政治上）的弊病。④朝（zhāo）令夕改——早晨下的命令，晚上又改变了。形容政令时常更改，使人无所适从。信谗多——（这是由于齐宣王）多信谗言（所致）。⑤责无旁贷——自己应尽的责任，不能推卸给旁人。此指孟轲身为齐国客卿就应该这样做。责：责任；贷：推卸。孟进谏——（于是）孟轲则前去规劝（齐宣王）。孟：指孟轲。⑥水晶灯笼——比喻头脑清晰，眼光敏锐，对事物了解得非常清楚。水晶：是无色透明的结晶石英，一种贵重的矿石。为君则——（这是您）做国君（应遵循）的准则。⑦持之以恒——有恒心地坚持下去。持：保持；恒：恒心。成大事——（这样做才能）成就大的事业。⑧一暴十寒——晒上一天，再冻上十天。比喻做事时而勤奋，时而懈怠，没有恒心。暴：晒。无良果——（这样）就不会有好的结果。据载，孟轲劝齐王"应该明智一些"时说："天下虽有容易生长的东西，但是'一日暴之，十日寒之'，它还是不能生长。"成语"一暴十寒"即由此而形成。

一 箭 双 雕

射石饮羽长孙晟①，奉命唯谨使突厥②。

同声相应与王猎③，箭不虚发马不歇④。

你争我夺雕抢肉⑤，难解难分空中过⑥。

跃马弯弓遵王旨⑦，一箭双雕自天落⑧。

【说明】　成语"一箭双雕"，见于唐朝李延寿《北史·长孙晟（shèng）传》中的一个成语故事。

【串讲】　①射石饮羽——箭射进石头里，连箭尾的羽毛也隐没了。形容射箭的力量很强，射入很深。后形容武艺十分高强。此指后者。饮：隐没；羽：箭尾上的羽毛。长孙晟——（南北朝时北周的）长孙晟（就是这样一个射箭能手）。据载，长孙晟很聪明，懂军事，武艺很好，尤善于骑马射箭。②奉命唯谨——形容服从命令，小心翼翼。此指长孙晟服从（北周宣帝的）命令，小心翼翼地（护送公主）。使突厥——出使（西北的）突厥国。据载，长孙晟是护送千金公主与突厥国王摄图通婚去突厥的。摄图很敬重他，留他住了一年。③同声相应——相近的声音互相应和。比喻志趣相同的人互相呼应，自然结合。此指长孙晟与突厥王都喜欢射箭、打猎，因而志趣相同而互相呼应，自然结合。应：应和。与王猎——（有一次长孙晟）和突厥王（一起出去）打猎。④箭不虚发——形容射箭技术高超，每射必中。虚：空。马不歇——（长孙晟骑的）马不停歇，形容不停地射获猎物。⑤你争我夺——指互相争夺。雕抢肉——（有两只）大雕在抢夺一块肉。⑥难解难分——形容双方争夺激烈，相持不下。此指两雕争夺肉块争得"难解难分"。空中过——（两雕）在空中（边争夺）边飞过。据载，这时摄图递给长孙晟两支箭，请他把这两只雕射下来。⑦跃马弯弓——快马前行，搭箭拉弓。形容准备射击的姿态。也常用来形容准备马上交战杀敌的姿态。此指原义。跃：跳，快速。遵王旨——（这是长孙晟）遵照突厥王的旨意（去射雕的）。⑧一箭双雕——发一箭就射中两只雕。

后常比喻做一件事达到两个目的。此指前者，即指长孙晟只射一箭，就把两只雕都射中了。自天落——（两只雕）从天空坠落下来。据载："尝有二雕飞而争肉，（摄图）因以箭两只与晟请射取之，晟驰往，遇雕相攫（jué用爪疾取），遂一发相贯焉。"这便是成语"一箭双雕"之来源。

九 牛 一 毛

胸无城府司马迁①，祸从口生苦不堪②。
犯颜极谏为陵辩③，陷身囹圄腐刑残④。
痛不欲生想自尽⑤，九牛一毛何足谈⑥？
负重吞污活下去⑦，千古绝唱《史记》完⑧。

【说明】　成语"九牛一毛"，见于西汉司马迁《报任少卿书》中的一个成语故事。

【串讲】　①胸无城府——比喻胸怀坦荡，没有什么隐藏。城府：城市和官府，指难于测度的心机。司马迁——（我国汉代伟大史学家和文学家）司马迁（就是这样一个人）。②祸从口生——灾祸是从口里产生的。指由于言语不慎，因而招来了灾祸。苦不堪——（司马迁因此弄得）痛苦不能忍受。③犯颜极谏——敢于冒犯君上或尊长的威严而极力规劝其改正错误。此指司马迁敢于冒犯汉武帝的威严极力规劝他改变对大将李陵的看法。犯颜：旧指敢于冒犯君上或尊长的颜面。为陵辩——（这便是）替李陵辩护。陵：指李陵。据载，汉武帝时，派大将李陵深入匈奴境内作战。开始得胜，后因兵少粮绝箭尽而被迫投降。汉武帝很生气，一些大臣也骂李陵无用和不忠。

为此，司马迁为李陵辩护，触怒了汉武帝。④陷身囹圄——被关进监狱。囹圄：监狱。腐刑残——（同时，司马迁又遭受）"腐刑"的残害。腐刑：即宫刑。⑤痛不欲生——悲痛至极，以致不想活下去。想自尽——（司马迁）想要自杀。⑥九牛一毛——从九头牛身上拔出一根毛来。比喻极为渺小轻微。此指司马迁就是自杀了，在权贵们看来也是极渺小轻微的。何足谈——有什么值得一提的。据载，司马迁在给他的好友任少卿的信中写道：如果我真的死了，在有权势的人看来，"若九牛亡一毛，与蝼蚁何以异？"⑦负重吞污——忍受屈辱，承担重任。据载，这时司马迁已着手《史记》的写作。为完成这部著作，他忍受屈辱而活下去。⑧千古绝唱——指自古以来最好的作品。绝唱：诗文创作的最高造诣，也指最好的作品。《史记》完——完成了《史记》（这部伟大的历史著作）。成语"九牛一毛"即由此而来。

八 斗 之 才

聪明透顶魏曹植①，**才思敏捷善作诗**②。
七步成章名千古③，**艺高胆大照永时**④。
才艺卓绝世仰慕⑤，**文人墨客皆赞之**⑥。
自视甚高灵运赏⑦，**八斗之才为喻词**⑧。

【说明】　成语"八斗之才"，见于《南史·谢灵运传》中的一个成语故事。

【串讲】　①聪明透顶——形容聪明到了极点，聪明得不能再聪明了。魏曹植——（三国时）北魏（曹操之三子）曹植（便是这样一位诗人）。②才思敏捷——才思迅速而灵敏，或指反应很快。此指前者。才思：多指文艺创作的能力。善作诗——（所以他）最擅长写诗。③七步成章——七步之内就能作出诗来，形容才思敏捷。名千古——（因此曹植）的名声则流传千古。据载，曹植曾作《七步诗》，见成语诗《煮豆燃萁》。④艺高胆大——形容大胆的手法来自高超的技艺。照永时——（所以曹植所创作的诗歌）则能永远照耀后世。⑤才艺卓绝——才能和技艺高超无比。世仰慕——（因此世人对曹植）非常敬慕。⑥文人墨客——泛指文人。皆赞之——都称赞他的才能。⑦自视甚高——把自己看得很高。多指身份、学识、才能等。灵运赏——（把自己才能看得很高的）谢灵运也（对曹植的才能）大加赞赏。⑧八斗之才——形容人极有才华。八斗：言其量多。才：才华。为喻词——（把这个作为对曹植才高的）比喻之词。据载，灵运曰："天下才共一石，曹子建（曹植的字）独得八斗，我得一斗，自古及今共用一斗。"成语"八斗之才"即由此而来。

入 木 三 分

举世闻名王羲之①，万古流芳不尽时②。
龙蛇飞动书法好③，铁画银钩显风姿④。
力透纸背字字是⑤，入木三分渗墨汁⑥。
独树一帜成一体⑦，震古烁今人赞之⑧。

【说明】 成语"入木三分"，见于唐朝张怀瓘（guàn）《书断·王羲之》中的一个成语故事。

【串讲】 ①举世闻名——全世界都知道。形容非常著名。王羲之——（晋朝大书法家）王羲之（就是这样的人）。②万古流芳——好名声永远流传。芳：香，指好名声。不尽时——没有穷尽的时候。③龙蛇飞动——形容书法笔势的劲健生动。书法好——（他的汉字）书写艺术造诣很高。④铁画银钩——形容书法又刚劲又漂亮。画：笔画；钩：勾勒。显风姿——显示出字的风采和姿容。⑤力透纸背——形容书法遒劲有力。后也形容诗文立意深刻，造语精炼。此指前者。字字是——每个字（的字迹）都是这样。⑥入木三分——墨汁渗入木板有三分深。形容书法笔力强劲。后来比喻见解、议论深刻。此指原意。渗墨汁——（这从）渗入木板的墨汁（可以看出来）。据载："王羲之书祝版，工人削之，笔入木三分。"⑦独树一帜——单独打起一面旗帜。比喻自成一家。此指王羲之的书法自成一家。成一体——已形成一种独有的书法风格。⑧震古烁（shuò）今——形容事业伟大或功绩卓著，震动古代，照耀当代。此指王羲之的书法成就"震古烁今"。烁：光明照耀。人赞之——人们都称赞他（王羲之）。成语"入木三分"即由此而来。

入 室 操 戈

饱学之士汉郑玄①，移樽就教马融前②。
满载而归回故里③，钩深致远见解尖④。
仰屋著书驳何论⑤，有的放矢整三篇⑥。
触目惊心何有感⑦：入室操戈将我歼⑧。

【说明】 成语"入室操戈"，见于《后汉书·郑玄传》中的一个成语故事。

【串讲】　①饱学之士——指学识丰富的人。饱学：学识丰富。汉郑玄——东汉时有一个叫郑玄（的人即如此）。汉：东汉。郑玄：字康成，曾入太学读书，学了些经学。②移樽就教——带着酒杯移坐到别人面前一同喝酒，就近请教。比喻主动向别人请教。樽：酒杯。马融前——（郑玄就这样主动到知名人士）马融门下（学习）。③满载而归——装得满满地回来。比喻收获很大。此指学到的知识很多。载：装。回故里——（郑玄）回到故乡。④钩深致远——钩取深处的，使远处的到来。比喻探索深奥的道理。此指郑玄（回乡后专心）研究深奥的学问。钩：钩取；致：招致。见解尖——（因而）对事物的认识和看法非常敏锐。据载，郑玄这时和一个研究经学名叫何休的人交了朋友。⑤仰屋著书——凝视屋顶苦想，专心著书。形容勤苦地从事著述。后也用以形容著述的勤劳。此指前者。驳何论——（郑玄）驳斥何休的理论。何：指何休，他著有《公羊墨守》《左氏膏肓》《谷梁废疾》三篇文章。⑥有的放矢——对准靶子放箭。比喻言论、行动有目标或有针对性。此指郑玄的驳论正对准何休的理论而发。整三篇——（这样的文章）总共写三篇。据载，郑玄写了《发"墨守"》《针"膏肓"》《起"废疾"》三篇文章针锋相对地驳斥何休的三篇文章。⑦触目惊心——眼睛一看到，就使内心受到很大震动。现也形容事态严重。此指前者。何有感——何休（对此大有）感慨。何：指何休。⑧入室操戈——何休说："康成（郑玄）入吾室，操吾矛，以伐我乎？"后来比喻就对方的论点来反驳对方。将我歼——（目的是）把我（的理论）消灭。成语"入室操戈"即由此而来。

入 幕 之 宾

才识非凡晋郗超①，洞彻事理见地高②。

广结良缘桓温赏③，盛情难却做幕僚④。

谈议风生谢安到⑤，听篱察壁隐帐包⑥。

风驰云卷帘掀显⑦，入幕之宾安语嘲⑧。

【说明】　成语"入幕之宾"，见于《晋书·郗（xī，旧读chī）超传》中的一个成语故事。

【串讲】　①才识非凡——才能和见识非同一般。晋郗超——晋朝（有一个）叫郗超的人（便是如此）。晋：晋朝。②洞彻事理——深入透彻地了解事物的道理。见地高——（所以他对事物的）见解很是高明。③广结良缘——佛教用语。广泛地结成良好的因缘。指多行善事。据载，郗超经常拿出钱财接济亲友。桓温赏——（因此大将军）桓温很赏识（他的才智和为人，并请他做参谋）。④盛情难却——深厚的情意难以拒绝。做幕僚——（于是郗超）则当上了桓温的幕僚。⑤谈议风生——形容谈话风趣，气氛活跃。谢安到——（有一天）谢安（与王坦之）来到桓温军中（谈论国家大事即是如此）。⑥听篱察壁——偷听他人秘密谈话。隐帐包——（这便是桓温让郗超）隐藏在帐幕中偷听。⑦风驰云卷——形容迅速席卷。帘掀显——（这就是）帐帘（在风的吹动下）迅速掀起而（使郗超）显露出来（被谢安看到）。⑧入幕之宾——指参与机要的人。也泛指亲近的人或幕僚。此为兼而有之。安语嘲——（这是）谢安（对郗超）说的取笑的话。据载："谢安与王坦之尝诣温（桓温）论事，温令超帐中卧听之，风动帐开，安笑曰：'郗生可谓入幕之宾矣！'"成语"入幕之宾"即由此而来。

人 人 自 危

谋图不轨秦二世①，心辣手狠篡位成②。

急三火四制峻法③，大开杀戒动严刑④。
心腹之患旧臣灭⑤，惨绝人寰屠姊兄⑥。
灭门绝户九族斩⑦，人人自危众叛生⑧。

【说明】 成语"人人自危"，见于《史记·李斯列传》中的一个成语故事。

【串讲】 ①谋图不轨——指暗中谋划叛逆活动。不轨：超越常轨，违反法纪。秦二世——（秦始皇小儿子胡亥）秦二世（即如此）。②心辣手狠——心肠毒辣，手段凶狠。篡位成——（于是）篡夺帝位成功。据载，公元210年，秦始皇出巡会稽，第二年返回途中病故，遗诏让长子扶苏继位。然而，赵高与胡亥密谋策划，假造遗诏，说由胡亥继位。并另伪造诏书斥责扶苏、蒙恬，赐他们自尽。于是秦二世篡位成功。③急三火四——指急急忙忙。制峻法——制定严厉的刑法。④大开杀戒——打破禁止杀生的戒律。指杀人很多。杀戒：佛教禁止杀生的戒律。动严刑——动用严酷的刑法。⑤心腹之患——指体内致命的疾病。比喻严重的隐患。旧臣灭——（这便是）杀掉一批原有的大臣。⑥惨绝人寰——人世上再也没有比这更残酷、更狠毒的了。形容残酷到了极点。惨：残酷，狠毒。绝：穷尽。人寰：人世。屠姊兄——（这就是）屠杀了他的（十个）姐姐和（十几个）哥哥。⑦灭门绝户——全家死得不留一人。九族斩——将受株连的各家斩尽杀绝。⑧人人自危——所有的人都认为自己有危险而感到不安。众叛生——（于是）酿成人民群众的反叛（起来推翻秦王朝）。据载："法令诛罚日益深刻，群臣人人自危，欲畔者众。"畔：同"叛"。成语"人人自危"即由此而来。

人为刀俎，我为鱼肉

身寄虎吻公赴宴①，命若悬丝借故出②。
时不可失欲速返③，不辞而行其何如④？
急不容缓哙应对⑤：繁文缛节无须逐⑥。
人为刀俎任意宰⑦，我为鱼肉何礼图⑧？

【说明】　成语"人为刀俎（zǔ），我为鱼肉"，见于《史记·项羽本纪》中的一个成语故事。

【串讲】　①身寄虎吻——把身子置于老虎的嘴边。比喻处境极其危险。公赴宴——（楚汉相争时）沛公刘邦前去参加（项羽所设的）鸿门宴（即是如此）。据载，刘邦先攻入秦都咸阳，项羽怒，欲灭之。当时刘邦势弱，则从张良计，去项羽驻地鸿门求情。宴上，项羽谋士范增已布置好让项庄舞剑刺死沛公。刘邦处境极其危险。②命若悬丝——性命就像悬空下垂的丝线，随时可断。形容生命十分危险。借故出——（于是刘邦）则借（上厕所）之故而出来。③时不可失——时机不可错过。欲速返——（刘邦）想要快速返回自己的军营。④不辞而行——没有告辞就走了。其何如——（刘邦说）那可怎么办呢？⑤急不容缓——形势紧急，容不得延迟。哙应对——（于是）樊哙回应说：⑥繁文缛节——过分繁琐的仪式和礼节。也比喻繁琐多余之事。此指告辞的礼节。文：仪式。节：礼节。缛：繁琐。无须逐——（这）没必要去追随。⑦人为刀俎——人家好比是切肉的刀和垫刀板。任意宰——可以随意宰割⑧我为鱼肉——我们好比是垫刀板上的鱼和肉，随时都会遭到宰割。何礼图——还图谋什么礼节呢？"人为刀俎，我为鱼肉"为一个成语，要放在一起使用。比喻生杀之权操在他人手里，自己处于被宰割的地位。据载：沛公已出，张良、樊哙劝他赶快逃走，"沛公曰：'今者出，未辞也，为之奈何？'樊哙曰：'大行不顾细谨，大礼不辞小让。如今人方为刀俎，我为鱼肉，何辞为？'于是遂去。"成语"人为刀俎，我为鱼肉"即由此而来。

人 自 为 战

虎略龙韬信用神①，背水为阵败赵军②。
迷惑不解问其故③，词清义明答意深④：
势不并立死地置⑤，奋不顾生方可存⑥。
生死攸关无退路⑦，人自为战胜自临⑧。

【说明】 成语"人自为战"，见于《史记·淮阴侯列传》中的一个成语故事。

【串讲】 ①虎略龙韬——泛指用兵的谋略。《六韬》《三略》是古代的兵书。信用神——（楚汉相争时汉将）韩信（将其）运用到很神奇的地步。信：韩信。②背水为阵——背靠着河流列阵，断绝自己的后路与敌人作战。后比喻坚定信心与敌人决一死战。此为原意。败赵军——（韩信就这样）打败了赵国的军队。据载，汉将韩信将兵攻赵，命士卒背水列阵，前临大敌，后无退路，拼死作战，结果大破赵军。③迷惑不解——指感到奇怪、糊涂、不理解。问其故——（所以人们）问韩信那样布阵作战是什么缘故。④词清义明——词句清楚，语义明确。答意深——（韩信）回答的语意很深刻：⑤势不并立——敌对双方矛盾尖锐，其势不能并存。也比喻矛盾不可调和。此指原意。死地置——（在这种态势下）把军队放置在无活路的境地。⑥奋不顾生——奋勇直前，不顾虑个人安危。方可存——（只有这样）人才可以存活下来。⑦生死攸关——关系到人的生存或死亡。形容事关重大。无退路——（这已经）没有后退的（求生）之路。⑧人自为战——指每个人都主动拼死作战。也指每个人都能独立作战。此指前者。胜自临——（所以）胜利也就自然地来临了。据载，韩信回答说："此所谓驱市人而战之，其势非置之死地，使人人自为战。"成语"人自为战"即由此而来。

人 死 留 名

武艺超群梁彦章①，力挽狂澜御后唐②。
拼死拼活兖州战③，寡众不敌俘不降④。
为国捐躯无所惧⑤，忠贞不渝信仰强⑥：
豹死留皮人珍爱⑦，人死留名美誉扬⑧。

【说明】　成语"人死留名"，见于《新五代史·王彦章传》中的一个成语故事。

【串讲】　①武艺超群——形容武艺高强，超过众人。梁彦章——（五代时）后梁战将王彦章（即是如此）。梁：后梁（国号）。据载，王彦章骁勇善战，武艺高强，作战时使用两杆铁枪，军中称其为"王铁枪"。②力挽狂澜——原意是阻止异端邪说的横行。后比喻尽力挽回危险的局势。此指后者。狂澜：大浪，比喻异端邪说或危险的局势。御后唐——（这便是）抵抗后唐（的入侵）。③拼死拼活——不顾一切地用尽全力去做。兖州战——（这就是）在兖州地区（与后唐军队）所进行的决战。④寡众不敌——少数人抵挡不住多数人。俘不降——（所以王彦章无奈被后唐）所俘，但绝不投降。据载，当后唐进犯兖州时，后梁则派王彦章去抵抗。由于只给他五百多名新兵，虽奋力拼杀，终因寡不敌众而失败被俘，但他绝不投降。⑤为国捐躯——为国家献出生命。无所惧——（他）没有什么畏惧。⑥忠贞不渝（yú）——忠诚而坚定不移。渝：改变。信仰强——（因为王彦章）有崇高的信仰：⑦豹死留皮——豹子死了，皮留下来。比喻人死后留美名于后世。人珍爱——（这是）人们所珍惜和喜爱的。⑧人死留名——人生时建立功勋并保持气节，死后可留美名于后世。意为人应该珍惜自己的荣誉。美誉扬——（这样）美好的名声就可以传播出去。据载："彦章武人不知书，常为俚语谓人曰：'豹死留皮，人死留名。'其于忠义，盖天性也。"成语"豹死留皮，人死留名"即由此而来。

人 面 桃 花

词人才子唐崔护①，悠然自得城南游②。
花红柳绿清明日③，心旷神怡渴暂休④。
彬彬有礼村讨水⑤，脉脉含情女子瞅⑥。
物换星移期年去⑦，人面桃花两分手⑧。

【说明】　成语"人面桃花"，见于唐朝孟棨（qǐ）《本事诗·情感》中的一个成语故事。

【串讲】　①词人才子——旧时泛指有才华的文人。词人：工于文辞的人。唐崔护——唐朝有个叫崔护的（便是这样的文人）。唐：指唐朝。②悠然自得——形容态度从容，心情舒适。悠然：闲暇舒适的样子；自得：内心得意而舒适。城南游——（崔护就是这样）到长安城南去游玩。③花红柳绿——形容春光明媚，景色宜人。也形容颜色鲜艳多彩。此指前者。清明日——（这正是）清明节那天。清明：二十四节气之一。④心旷（kuàng）神怡——心境开阔，精神畅快。旷：开朗；怡：愉快。渴暂休——因口渴而暂时休息一下。⑤彬彬有礼——形容举止文雅，对人有礼貌。村讨水——（崔护）则到村里（一人家）要点水喝。据载，这家有个女子给他端碗水来。⑥脉脉含情——形容眼神中包含着缠绵、深长的情意。脉脉：凝视，后表示情意深长。女子瞅——此女子（独自倚着桃树这样地）看（他）。⑦物换星移——星斗移动了位置。指时间的推移和季节、年代的变迁。期（jī）年去——第二年的清明（崔护）又去（那里游玩）。期年：一整年。⑧人面桃花——原指女子的面容与桃花相辉映。后来泛指所爱慕而不能再见的女子，也形容由此而产生的怅惘心情。此指原意。两分手——她俩（人面和桃花）已分别而不同在了，即桃花依在，而女子不见。据载，崔护第二年清明又去那里游玩，只见那家桃花依在，但已人去门锁。于是崔护在门上题诗一首："去年今日此门中，人面桃花相映红。人面只今（一作不知）何处去，桃花依旧笑春风。"成语"人面桃花"即由此而来。

人 微 权 轻

文武全才齐穰苴①，尊贤使能晏婴举②。
保家卫国封为将③，大局为重条件提④。
人微权轻监军请⑤，傲慢无礼越约期⑥。
军法从事下令斩⑦，威振天下赢全局⑧。

【说明】 成语"人微权轻",见于《史记·司马穰苴（ráng jū）传》中的一个成语故事。

【串讲】 ①文武全才——文才武功样样具备。指才能全面而杰出。齐穰苴——（春秋时）齐国（有一个）叫穰苴的人（即是如此）。据载，当时燕、晋两国夹攻齐国，齐国大败，齐景公急需选拔一名有能力的统帅。②尊贤使能——尊重并使用有道德、有才能的人。晏婴举——（于是齐相）晏婴（则把穰苴）推荐给景公。③保家卫国——保卫自己的家园和祖国。封为将——（齐景公将穰苴）封为统领三军的大将。④大局为重——以整体全局利益为重。此指以国家利益取得战争胜利为重。条件提——（于是穰苴）提出一个（当统帅的）条件。⑤人微权轻——形容资历浅，威望低，权力不足以使大家信服。监军请——（所以我）请求景公给派一位监军来。据载，穰苴对景公说："臣素卑贱，君擢之闾伍之中，加之大夫之上，士卒未附，百姓不信，人微权轻，愿得君之宠臣，国之所尊，以监军，乃可。"于是景公则派了他最宠信的大夫庄贾做监军，穰苴和他约好第二天中午于军门相会。⑥傲慢无礼——待人态度傲慢，没有礼节。越约期——（这便是庄贾在第二天日头偏西时才来）超过了约定的时间。⑦军法从事——按着军中的法规处理。下令斩——（于是穰苴）则下达命令（将庄贾）斩首。⑧威振天下——威名振动天下。赢全局——（所以穰苴）赢得了全部胜利。据载，三军见穰苴执法严明，都震服了。燕、晋将领听说此事也都悄悄罢兵而去。成语"人微权轻"即由此成语故事而来。

三 人 成 虎

忧心忡忡人质离①，绝域殊方邯郸抵②。

有备无患临行问③，**三人成虎王不疑**④。
同条共贯以之比⑤，**空穴来风请王稽**⑥。
未雨绸缪仍无用⑦，**合浦珠还王不理**⑧。

【说明】　成语"三人成虎"，见于《韩非子·内储（chǔ）说上》中的一个成语故事。

【串讲】　①忧心忡忡（chōng chōng）——忧愁得心情不能安宁。忡忡：忧虑不安的样子。人质离——（因为）做人质的（魏国臣子庞恭和太子）将离开（魏国去到赵国）。人质：以人作为抵押。②绝域殊方——泛指遥远的异乡。绝域：极遥远的地方；殊方：他乡，异域。邯郸抵——到达（赵国都城）邯郸。抵：到达。③有备无患——事先有所准备，就可以免除祸患。患：祸患，灾难。临行问——（他们）将要出发时（向魏王）问（一个问题）。④三人成虎——有三个人谎报市上有虎，听者就信以为真。比喻谣言或讹传一再反复，就有使人信以为真的可能。王不疑——（就连）魏王都不怀疑。据载，庞恭问魏王说："现在有一个人讲街上有老虎，您相信吗？"魏王回答："不相信。"庞恭又问："两个人讲街上有老虎，您相信吗？"魏王表示有点怀疑。庞恭又问："三个人说街上有老虎，您相信吗？"魏王说："我相信。"⑤同条共贯——长在一根枝条上，穿在同一钱串上。比喻事理相通。条：枝条；贯：钱串。以之比——（庞恭便）拿这件事（作为）类比。⑥空穴来风——比喻流言乘隙而入。此指乘庞恭不在国内而向魏王进他谗言。穴：洞；来：招致。请王稽（jī）——请魏王您（可要好好）查考啊!稽：查考。据载，庞恭接着又说："'夫市之无虎明矣!然而三人言而成虎。'现在邯郸离我们比街上更遥远，而背后议论我的人不止三个，希望魏王您可要加以考察呀！"⑦未雨绸缪（móu）——没有下雨，就要把门窗捆绑牢固。比喻事前做好准备工作。此指庞恭在未发生他走之后会有人给他进谗言的情况之前，就在魏王面前已做好了防备工作。绸缪：用绳索缠捆。仍无用——（但）仍然是不起作用。⑧合浦珠还——比喻人去而复回或物失而复得。这里比喻庞恭去了邯郸，后来又返回魏国。合浦：汉代郡名，在今广西合浦县东北。《汉书·孟尝传》记载，合浦原出产珍珠，但由于官吏滥采，珍珠蚌便迁到其他地方去了。后来孟尝来到合浦做太守，革除旧弊，珍珠蚌又回来了。王不理——（等庞恭回到了魏国），魏王却不理睬（他）。据载，庞恭返回魏国，魏王竟然不接见他。成语"三人成虎"即由此而来。

大 义 灭 亲

忠君爱国卫石碏①，疾恶若仇计谋精②。
贼子乱臣儿求助③，设言托意使其行④。
同恶相济与吁往⑤，欢喜若狂求桓公⑥。
瓮中捉鳖派人斩⑦，大义灭亲留美名⑧。

【说明】　成语"大义灭亲"，见于《左传·隐公四年》中的一个成语故事。

【串讲】　①忠君爱国——忠于国君，热爱祖国。卫石碏（què）——（春秋时）卫国大夫石碏（便是这样一位官员）。卫：卫国。②疾恶若仇——恨坏人坏事如同仇敌。此指石碏对贼臣州吁与其子石厚杀害国君卫桓公"疾恶若仇"。疾：同"嫉"，憎恨。计谋精——并且有精明的计策和谋略对付他们。据载，隐公四年，州吁伙同石碏之子石厚杀死卫桓公，州吁当上国君。对此百姓极为不满，为寻求篡位的合法性，则让石厚请其父帮忙。③贼子乱臣——指心怀异志的人。贼子：叛乱之子。乱臣：忤逆之臣。儿求助——（这便是石碏的）儿子石厚来向他请求帮助。石碏怎么做的呢？④设言托意——用言语寄寓心意。使其行——让他的儿子照此话去做。据载，石碏对其子说，诸侯国君继位须得到周王许可方为合法，而陈桓公受宠于周王，又与我们关系良好，你去求他到周王面前说些好话准成。⑤同恶相济——互相勾结，共同作恶。与吁往——（于是石厚）和州吁一同前往。⑥欢喜若狂——形容高兴到了极点。求桓公——（就是这样）去寻求陈桓公帮忙。⑦瓮中捉鳖——比喻捕捉的对象已在掌握之中，探手可得。此指州吁与石厚已在石碏的掌控之中，伸手可捉。派人斩——（于是）安排人前去陈桓公那里将两个贼臣杀掉。⑧大义灭亲——对犯罪亲属不徇私情，使其受到国法制裁。此指石碏杀掉逆臣其子石厚。留美名——（因而石碏）留下"大义灭亲"之美名。据《左传》载："君子曰：'石碏，纯臣也，恶州吁而厚与焉。大义灭亲，其是之谓乎？'"成语"大义灭亲"即由此成语故事而来。

万 马 齐 喑

忧国爱民龚自珍①，长路漫漫愁思深②。
夜不成寐离京远③，国是日非倍伤心④。
日暮途穷清无望⑤，万马齐喑作诗云⑥。
改天换地人才降⑦，风驰霆击旧变新⑧。

【说明】 成语"万马齐喑"，见于清代龚自珍《己亥杂诗》中，它涉及一个成语故事。

【串讲】　①忧国爱民——为国担忧，爱护百姓。龚自珍——（清代思想家和文学家）龚自珍（即是如此）。②长路漫漫——形容路很长很远，十分艰辛。愁思深——（1839年龚自珍在从北京到杭州的路上对国家命运和前途）十分忧愁而深入地思考。③夜不成寐——因心中有事，晚上怎么也睡不着觉。寐：睡觉。离京远——（龚自珍）离开北京已经很远了。④国是日非——国家局势一天比一天坏。国是：国家大计。倍伤心——（对此）龚自珍格外地伤心。⑤日暮途穷——天色已晚，路已到头。比喻力竭计穷，接近死亡。清无望——（这就是）清朝政府已经腐败得没有希望了。清：指清朝政府。⑥万马齐喑（yīn）——群马都沉默无声。形容人们沉默不语，不发表意见。喑：哑。作诗云——（这是龚自珍路过镇江）所作诗中描绘的（当时社会现实）。同时在诗中也表达出他对社会变革的渴望和对光明未来的追求。⑦改天换地——比喻彻底改造社会或大自然，使其面目焕然一新。此指改造社会。人才降——（这就要）产生（大量的杰出）人才。⑧风驰霆击——形容迅速出击。旧变新——把这个旧社会改变为新社会。据载，这首祭神诗写道："九州生气恃风雷，万马齐喑究可哀。我劝天公重抖擞，不拘一格降人材。"成语"万马齐喑"即由此而来。

大 公 无 私

正人君子祁黄羊①，心中有数识贤良②。
量才录用仇人举③，人尽其才荐其郎④。
各得其所多善政⑤，治国安民百姓康⑥。
德高望重人人仰⑦，大公无私美名扬⑧。

【说明】　成语"大公无私"，见于《吕氏春秋·去私》中的一个成语故事。

【串讲】　①正人君子——旧指品行端正、道德高尚的人。祁（qí）黄羊——（晋国大夫）祁黄羊（就是这样一个人）。②心中有数——心里对具体实际情况已经掌握，或对事情处理已有准备。此指祁黄羊对人才的了解和使用都已"心中有数"。识贤良——（因为他）能辨识出有德行有才能的人。③量才录用——按照才能的大小和特长安排适合的工作。仇人举——（祁黄羊）推举他的仇人（解狐为县令）。据载，有一次，晋平公问祁黄羊："南阳县缺个县令，你看谁能胜任？"祁黄羊说："解狐合适。"晋平公惊奇地问："解狐不是你的仇人吗？"祁黄羊回答说："你问的是谁能当县令，没问谁是我的仇人。"于是晋平公就派解狐当了南阳县令。④人尽其才——每个人都能充分发挥他的才能。荐其郎——（祁黄羊）推荐他的儿子（做法官）。据载，祁黄羊推荐解狐为县令没过几天，晋平公又问他："现在朝廷里缺个法官，你看谁能胜任？"祁黄羊说："祁午能行。"晋平公又觉得奇怪，问："祁午不是你的儿子吗？"祁黄羊回答："你问的是谁能当法官，没问祁午是不是我的儿子。"于是晋平公又命祁午当法官。⑤各得其所——原指各如其所愿。后表示各自得到适当的安置。此指后者，即指解狐和祁午各自得到适当的官职。多善政——（各自创建）许多好的政绩。⑥治国安民——治理国家，使人民安定。百姓康——老百姓（过着）康乐的生活。⑦德高望重——品德高尚，声望很高。人人仰——每个人都敬仰（祁黄羊）。⑧大公无私——秉公办事，无偏私。美名扬——（祁黄羊）的好名声便传播开了。据载，孔子赞扬祁黄羊说："善哉，祁黄羊之论也！外举不避仇，内举不避子，祁黄羊可谓公矣。"成语"大公无私"即由此而形成。

大 逆 无 道

逐鹿中原邦伐羽①，深得人心须立名②。
老练通达董公谏③，借风使船邦认同④。
声势浩大王丧举⑤，辞严气正通告清⑥：
大逆无道羽罪重⑦，齐心协力共讨征⑧。

【说明】　成语"大逆无道"，见于《史记·高祖本纪》中的一个成语故事。

【串讲】　①逐鹿中原——比喻群雄角逐，争夺天下。邦伐羽——（秦朝末年）刘邦讨伐项羽（正是这样）。②深得人心——得到众人的热烈拥护。须立名——（那就）必须树起一个讨伐的名目。③老练通达——经验丰富，办事干练，明白人情事理。董公谏——（这便是有一个被人称为）董公的老者（向刘邦）进谏。④借风使船——凭借风力行船。比喻见势行事。邦认同——（对这样的建议）刘邦表示认可同意。怎么做呢？⑤声势浩大——声威和气势非常盛大。王丧举——（为义帝）楚王举办丧事。⑥辞严气正——措辞严肃，道理正当。通告清——（以此向各路诸侯）通知得很清楚：⑦大逆无道——旧指犯上作乱的重大罪行。也有罪大恶极之意。此指前者。羽罪重——（可见）项羽罪恶深重。⑧齐心协力——指思想一致，共同努力。共讨征——（大家）共同讨伐攻打项羽。据载，通告说："天下共立义帝（楚王），北面事之。今项羽放杀义帝于江南，大逆无道。"成语"大逆无道"即由此而来。

大 谬 不 然

堂堂正正司马迁^①，至公无私做史官^②。

堂堂正正司马迁①，至公无私做史官②。

堂堂正正司马迁①，至公无私做史官②。
逆耳忠言替陵辩③，惹祸招灾受刑煎④。
衔悲茹恨无倾处⑤，推诚置腹与任函⑥：
赤心奉国君恩报⑦，大谬不然反被残⑧。

【说明】　成语"大谬不然"，见于司马迁《报任少卿书》中的一个成语故事。

【串讲】　①堂堂正正——形容光明正大。司马迁——（我国著名史学家）司马迁（便是这样一个人）。②至公无私——非常公正，不存私心。做史官——（就这样）来当他的汉代史官太史令。③逆耳忠言——忠告的话，听不进耳里。即规谏的话刺耳，不易被接受。替陵辩——（这表现在司马迁）为大将李陵辩护（而不被汉武帝所接受上）。陵：李陵（人名）。据载，公元前九十九年，司马迁曾在汉武帝面前为投降匈奴的李陵辩护过。④惹祸招灾——给自己引来灾祸。受刑煎——（使司马迁）遭受到腐刑的煎熬。⑤衔悲茹恨——胸中藏有悲痛和仇恨。衔：含。茹：吃。无倾处——（然而）却没有地方去倾诉。⑥推诚置腹——推出自己的诚心，放置在人家的腹中。比喻赤诚对人。与任函——（这便是司马迁）给他的好友任少卿写信倾诉：⑦赤心奉国——赤胆忠心，报效国家。君恩报——（我凭借为李陵辩护）来报答皇上汉武帝的知遇之恩。然而，其结果却相反。⑧大谬不然——谓大错而特错，与实际完全不符合。反被残——（我司马迁）反而遭受到摧残。据载，信中写道："仆以为戴盆何以望天？故绝宾客之知，无室家之业，日夜思竭其不肖之才力，务一心营职，以求亲媚于主上，而事乃有大谬不然者。"成语"大谬不然"即由此成语故事而来。

门 可 罗 雀

权尊势重翟廷尉[①]，**宾客盈门推不开**[②]。
官场如戏职被免[③]，**门可罗雀无人来**[④]。
官复原职客欲至[⑤]，**世态炎凉感胸怀**[⑥]。
言近旨远门题字[⑦]，**晨钟暮鼓永不衰**[⑧]。

【说明】　成语"门可罗雀"，见于《史记·汲（jī）郑列传》中的一个成语故事。

【串讲】　①权尊势重——权力高，势力大。翟（zhái）廷尉——（这便是汉代一个姓）翟（名公）任廷尉之职（的人）。廷尉：中央掌管司法的长官。②宾客盈门——宾客满门。形容客人非常多。盈：满。推不开——（向外）推都推不出去。③官场如戏——旧时慨叹官场像演戏一样变化无常。官场：旧指官吏阶层的活动及其场所。职被免——（后来翟公的）官职被罢去。④门可罗雀——门口可以张网捕捉鸟雀。形容门庭冷落。罗雀：用网捕雀。无人来——（再也）没有客人前来了。据载："始翟公为廷尉，宾客阗（tián，充满）门；及废，门外可设雀罗。"⑤官复原职——被罢去官职的人恢复了原来的官职。此指翟公后来又恢复了廷尉的官职。客欲至——（又有）宾客要到（他家来）。⑥世态炎凉——指一些人在别人得势时便百般亲热，失势时就十分冷淡。世态：社会上人们的态度；炎：热，指亲热；凉：指冷淡。感胸怀——有感于心，即指心里很有感触。⑦言近旨远——语言浅近而含义深远。旨：含义。门题字——在门上题写了（这样的）文字。据载，翟公在门上用大字写道："一死一生，乃知交情；一贫一富，乃知交态；一贵一贱，交情乃见。"见同

"现"，显现。⑧晨钟暮鼓——寺庙中早晚用以报时的钟鼓。形容僧尼的孤寂生活。也用以比喻令人警悟的语言。此指后者，即翟公在门上的题词则是警示性的语言。永不衰——（这样警示性的语言）是永远都不会衰败的。成语"门可罗雀"即由此故事而来。

三 令 五 申

六韬三略王阅过①，**奉令承教武练兵**②。
规矩准绳全交代③，**令行禁止女不听**④。
前仰后合哈哈笑⑤，**重整旗鼓再说清**⑥。
三令五申仍不改⑦，**杀一儆百兵练成**⑧。

【说明】　成语"三令五申"，见于《史记·孙子吴起列传》中的一个成语故事。

【串讲】　①六韬（tāo）三略——泛指兵法、兵书。此指《孙子兵法》。韬：用兵的计谋；《六韬》《三略》：是古代兵书。王看过——吴王（阖闾 hé lǘ）已经（把《孙子兵法》）读完。据载，春秋时齐国有个著名军事家叫孙武，他把写好的兵书《孙子兵法》送给吴王阖闾，吴王则认真地把它看了。②奉令承教——奉行命令，遵从指示。此指奉行吴王的命令和指示。承教：接受指示。武练兵——孙武（则按吴王的要求）训练军队（女兵）。武：指孙武。据载，吴王对孙武说："兵法我已看过了，你可以拿我的军队试一试吗？"孙武说："可以。"吴王又说："可以拿宫女来试吗？"孙武又回答："可以。"于是吴王召集了一百八十名宫女交给了孙武，孙武则把这些宫女分成两队，并命吴王的两名宠姬为队长进行训练。③规矩准绳——比喻标准、法度。此指训练的标准、要求。规、矩：校正圆形、方形的两种工具；准、绳：水准和绳墨，测定平、直的工具。全交代——（孙武把这些）都先（向女兵们）说明白。④令行禁止——命令一下立即执行，禁令一下立即停止。形容法纪严肃不苟。此指军令严肃不苟。女不听——（可是这些）宫女却不听从（指挥）。据载，孙武击鼓发出向右转的命令，可宫女们并不依令而行。⑤前仰后合——形容笑得很厉害。也形容打瞌睡的样子。此指前者。哈哈笑——（这些宫女）放声大笑。⑥重整旗鼓——比喻失败或受挫后重新组织力量再干。此指第一次下令训练失败后再重新训练。再说清——又一次（把训练标准、要求）说明白。⑦三令五申——再三地命令告诫。申：表达，说明。仍不改——（可是女兵）仍然不改正。据载："（孙子）复三令五申而鼓之左，妇人复大笑。"⑧杀一儆百——杀一个人来警戒很多人。此指每一个队杀一个队长来警戒每个队的其他人。共杀两个队长。据载，孙武说："解释不清，交代不明，责任在将官；但交代清楚而不听令，就是队长和士兵的过错了。"说完便命令把两个队长拉出来斩首，又命两个排头的为队长。兵练成——（于是）女兵则训练成功了。据载，自从杀了两个队长之后，这些女兵不但向左右转等简单动作能做，就是跪下等复杂动作也能做上来。成语"三令五申"即由此而来。

万 死 不 辞

跋扈自恣汉董卓①，挟主行令作恶多②。
除恶务本王允意③，计将安出连环谋④。
意切言尽对蝉讲⑤，万死不辞蝉应合⑥。

巧言令色吸吕布⑦，借刀杀人布斩卓⑧。

【说明】　成语"万死不辞"，见于《三国演义》第八回中的一个成语故事。

【串讲】　①跋扈自恣（zì）——形容专横霸道，为所欲为，无所忌惮。跋扈：专横霸道；自恣：自己随心所欲。汉董卓——东汉时（大军阀）董卓（便是如此）。汉：指东汉。②挟主行令——挟持君主，发布命令。作恶多——（董卓如此地）做了很多坏事。据载，东汉末年，董卓率大军进入京城，废除汉少帝，立起汉献帝，并自封为相国。他独揽朝政，跋扈自恣，作恶多多。③除恶务本——从根本上消除邪恶。此指将邪恶的根本董卓杀掉。王允意——（这是司徒）王允的心愿。司徒：官名。④计将安出——计谋将如何制定呢？此指用什么计谋杀死董卓呢？连环谋——（王允决定用）连环计。据载，王允知道董卓和他的义子吕布都是好色之徒。于是想用美人计、离间计、借刀杀人计将董卓一举铲除。恰好王允府内有一歌女，名叫貂蝉，长得花容月貌，平时王允待她如亲生女儿。王允打算先将貂蝉献给吕布，然后再献给董卓，让他俩为此而相互争斗，借吕布之手杀掉董卓。⑤意切言尽——意思恳切，言辞毫无保留。对蝉讲——（王允就是这样把他的计谋意图）对貂蝉说得清楚明白（看她是否愿意）。蝉：指貂蝉。⑥万死不辞——死一万次也不推辞。表示愿意拼死效力。蝉应合——（这是）貂蝉所作的答复和配合。据载，貂蝉回答王允说："但有使令，万死不辞。"于是王允和貂蝉则依计行事。董卓和吕布果然上钩中计。⑦巧言令色——花言巧语，伪装和善，讨好于人。令色：讨好的表情。吸吕布——（貂蝉就以此种美人手段）将吕布牢牢吸引住。据载，因董卓势大，又是吕布的义父，自然独霸貂蝉不放，使吕布恨之入骨，自有杀董卓之心。⑧借刀杀人——自己不露头面，利用别人去害人。布斩卓——（这便是王允通过貂蝉利用）吕布杀死了董卓。布：指吕布；卓：指董卓。成语"万死不辞"也便由此而来。

上 下 其 手

气势磅礴楚伐郑①，乘胜追击皇颉捉②。
无可置疑穿之力③，冒功请赏围欲夺④。
相持不下由伯定⑤，貌似公正听囚说⑥。
上下其手作暗示⑦，通同一气颉迎合⑧。

【说明】　成语"上下其手"，见于《左传·襄公二十六年》中的一个成语故事。

【串讲】　①气势磅礴——形容气势雄壮的样子。楚伐郑——（春秋时）楚国进攻郑国（即是如此）。②乘胜追击——趁着胜利的形势继续追击敌人，扩大战果。皇颉（jié）捉——（于是楚国大将穿封戌）则把（郑国大夫）皇颉活捉。③无可置疑——没有什么可以怀疑的。穿之力——（这）是靠穿封戌的能力将其俘虏。穿：穿封戌（人名）。④冒功请赏——冒充有功，请求奖赏。围欲夺——（这便是楚王的弟弟）公子围想要夺取这个功劳而领赏。⑤相持不下——指力量相当的双方都坚持对抗，谁也压不倒谁。此指两人都说皇颉是自己俘获的，相持不下。由伯定——（所以他们）请伯州犁（作公证人）由他来决定。伯：指伯州犁（人名）。⑥貌似公正——表面上好像很公平正直，没有偏私，实际上并不公正。听囚说——（这就是伯州犁所主张的）听囚徒（皇颉）说是谁俘获的他那就是谁。⑦上下其手——比喻玩弄手法，串通作弊。作暗示——（这是伯州犁）通过作暗示（来完成的）。⑧通同一气——串通一气，勾结在一起。颉迎合——皇颉（由于恨穿封戌俘虏自己）就故意迎合伯州犁说是围俘获的他。据载，伯州犁命人将囚徒皇颉带来，向他说明事情原委，并伸出代表两个人的上下两个手指:"上其手,曰:'夫子为王子围,寡君之贵介弟也。'下其手,曰:'此子为穿封戍,方城外之县尹也。谁获子?'囚曰:'颉遇王子,弱焉。'"成语"上下其手"即由此成语故事而形成。

之 乎 者 也

开基创业赵匡胤①,开疆拓土朱雀临②。
举首戴目门额览③,疑似之迹之字询④。
一板正经赵普应⑤,空言虚语语助申⑥。
仰天大笑匡胤讲⑦:之乎者也助个甚⑧?

【说明】 成语"之乎者也",见于宋代释文莹《湘山野录》中的一个成语故事。

【串讲】 ①开基创业——创立国家根基,建立功业。过去多指开国君主建立新的朝代。赵匡胤(yìn)——(这便是公元960年)赵匡胤(通过陈桥兵变当上皇帝建立了宋朝)。②开疆拓土——指开拓、扩展国土。现也泛指拓展某项事业。此指后者。朱雀临——(这就是赵匡胤要拓展都城外城)而来到朱雀(这个地方察看地势等情况)。③举首戴目——抬头仰望的样子。多指对某事殷切地期待着。此为原意。门额览——(于是)看到门额上(写着"朱雀之门"四个大字)。④疑似之迹——指似乎对又似乎不对的地方。之字询——(这便是对"朱雀之门"的)之字(向跟随他来的赵普)探询(它的作用)。⑤一板正经——形容态度严肃、庄重。有时含有讽刺意味。此为原意。赵普应——赵普(就以这种态度对皇上）作了回答。⑥空言虚语——指不实在的话语。语助申——（以此）来说明"之"字只是起语助作用。⑦仰天大笑——仰头朝天大笑。匡胤讲——（然后）赵匡胤（不以为然）地说：⑧之乎者也——此四字都是古汉语语助词，起语助作用。多用以讥讽文人咬文嚼字，不讲实际。此为原意。助个甚（shén）——（它们）能助个什么事？据载："上（宋太祖赵匡胤）指门额问普曰：'何不只书朱雀门，须著"之"字安用？'普对曰：'语助。'太祖笑曰：'之乎者也，助得甚事？'"成语"之乎者也"即由此而来。

亡 羊 补 牢

知过必改养羊人①，**晨光熹微开圈门**②。
一目了然一羊少③，**半夜三更被狼吞**④。
年深月久圈出洞⑤，**故伎重演狼又临**⑥。
亡羊补牢犹未晚⑦，**平安无事羊自存**⑧。

【说明】　成语"亡羊补牢"，见于《战国策·楚策四》中的一个成语故事。

【串讲】　①知过必改——知道了自己的过错就一定改正。养羊人——（从前就有一个这样的）养羊人。②晨光熹（xī）微——早上天色微明。熹微：天色微明。开圈（juàn）门——（养羊人便起来）打开羊圈的门。③一目了然——一眼就看得清清楚楚。了然：清楚，明白。一羊少——少了一只羊。④半夜三更（gēng）——形容夜很深。更：旧时一夜分成五更，每更大约两小时。被狼吞——（少的羊）是被狼（叼走）而吃掉了。⑤年深月久——指时间经历久远。此指羊圈用得时间太长了。圈出洞——羊圈破出一个窟窿（kū long），（因而狼就从这窟窿里钻进去把羊叼走了）。据载，街坊都劝养羊人把羊圈修一修，把窟窿堵上，可他却说："羊已经丢了，还修羊圈干什么？"⑥故伎重演——老花招再耍一次。此指狼用老办法又叼走一只羊。伎：伎俩，花招。据载，养羊人第二天早晨照例去开圈门，又发现少了一只羊。原来狼又是半夜从这窟窿钻进来，把羊叼走了。他很后悔，不该不听街坊的劝告，认识到了自己的错误并坚决改正。⑦亡羊补牢——羊丢了，赶紧修补羊圈。比喻出了差错后及时补救。此指原意。亡：丢失；牢：牲口圈。犹未晚——还不算晚。据载，养羊人知错必改，这回立即把窟窿堵住，把羊圈修得结结实实。⑧平安无事——平平安安，没有出什么事故。此指再没发生狼叼羊的事。羊自存——（这样）羊就自然保存下来了。成语"亡羊补牢"即由此成语故事而来。

飞 鸟 依 人

圣主垂衣唐太宗①，明公正道起居行②。
照章办事选人记③，得意自鸣对忌称④：
百里挑一遂良好⑤，直节劲气学问增⑥。
飞鸟依人甚可爱⑦，忠于职守舍人封⑧。

【说明】 成语"飞鸟依人"，也作"小鸟依人"，见于《旧唐书·长孙无忌传》中的一个成语故事。

【串讲】 ①圣主垂衣——天下太平，天子无为而治。唐太宗——

（明君）唐太宗（李世民即如此）。②明公正道——指正式、公开，堂堂正正。起居行——（这便是唐太宗的）日常生活。③照章办事——按着规定办理事情。选人记——（这是需要）选择人（把皇帝的日常生活）都记录下来。据载，封建时代对皇帝都要写《起居注》，这是日记体史册，所以唐太宗也不例外，要选一个他满意的人给他记录，照章办事。选谁好呢？④得意自鸣——表示自己很得意。对忌称——（于是）对（开国第一功臣、宰相）长孙无忌说：⑤百里挑一——从一百个里面挑出一个。形容极为优秀、难得的人或物。此指人。遂良好——（这便是）褚遂良这个年轻人很好。⑥直节劲气——气节正直，操守刚劲。学问增——学问也有增进。⑦飞鸟依人——比喻可亲可爱的情态。依：依恋。甚可爱——（此人）很是可爱。据载，唐太宗对长孙无忌说："褚遂良学问稍长，性亦坚正，既写忠诚，甚亲附于朕，譬如飞鸟依人，自加怜爱。"于是选中了褚遂良来写《起居注》。⑧忠于职守——形容对本职工作一丝不苟。职守：工作岗位。舍人封——（褚遂良）被封为起居舍人（官名）。成语"飞鸟依人""小鸟依人"即由此成语故事而来。

飞扬跋扈

通时达务齐高祖①，目光如镜善察人②。
闷闷不乐儿忧虑③，言短情长指其因④：
飞扬跋扈侯景傲⑤，独立王国旨不遵⑥。
诚心实意能臣倚⑦，可操胜券制其身⑧。

【说明】 成语"飞扬跋扈",见于《北史·齐高祖纪》中的一个成语故事。

【串讲】 ①通时达务——指了解客观形势。齐高祖——（南北朝）时的北齐齐高祖高欢（即是如此）。②目光如镜——眼光如镜子般明亮。善察人——（所以他）很善于观察人。③闷闷不乐——心里烦闷，不快活的样子。儿忧虑——（这是他的）儿子高澄在忧愁思虑。④言短情长——言语简短，情意深长。指其因——（高欢）指出他儿子忧虑的原因：⑤飞扬跋扈——原指意气举动超越常规，不受约束。后指放纵专横。此为前者。侯景傲——（这便是）侯景傲慢无礼。⑥独立王国——比喻不服从上级，自搞一套的地区、部门或单位。旨不遵——（侯景就是这样占据河南）对皇上的圣旨不遵照执行。据载，有一次，高欢的儿子代父起草一份诏书，召侯景进见，侯景不来，并乘高欢有病之机在河南屯兵自固，因而闷闷不乐。于是高欢对其儿曰："景（侯景）专制河南（指今甘肃省西南部黄河以南地区）十四年矣，常有飞扬跋扈之志。"并安慰他。⑦诚心实意——形容十分真挚诚恳。能臣倚——（要以此种态度）去依靠那些有能力的大臣。⑧可操胜券——比喻有充分的把握取胜。券：凭证。制其身——来制伏侯景这个人。据载，侯景后来因惧怕高澄杀他，便投降了梁国。成语"飞扬跋扈"即由此成语故事而来。

尸 位 素 餐

胸怀磊落汉朱云[①]，直言切谏上书陈[②]：
尸位素餐相张禹[③]，饱食终日不用心[④]。

尚方宝剑与我斩⑤，杀鸡儆猴厉众臣⑥。
居下讪上成帝怒⑦，忠心贯日恕其贞⑧。

【说明】　成语"尸位素餐"，见于《汉书·朱云传》中的一个成语故事。

【串讲】　①胸怀磊落——心地光明正大。汉朱云——西汉时（有一位）叫朱云的大臣（即是如此）。②直言切谏——指以正直的话极力规谏。上书陈——（这便是朱云给汉成帝）上书来陈述自己的意见。③尸位素餐——本指官吏空占职位，白受俸禄而不尽职。后亦用作谦词，表示未尽职守。此指原意。相张禹——（这即是）丞相（安昌侯）张禹。④饱食终日——整天吃饱了饭，什么事也不做。不用心——（对国事）不做专注认真地思考。⑤尚方宝剑——皇帝用的宝剑。持有皇帝所赐尚方宝剑的大臣，具有先斩后奏的权力。后用来比喻来自上级的指示。此指原意。与我斩——（请把它）交给我来斩杀他（张禹）。⑥杀鸡儆猴——比喻严惩一人以儆告其他的人。厉众臣——以此使众臣能严格要求自己而（尽职尽责）。据载："云上书求见，公卿在前。云曰：'今朝廷大臣上不能匡主，下亡（无）以益民，皆尸位素餐……臣愿赐尚方斩马剑，断佞（nìng）臣一人以厉其余。'上问：'谁也？'对曰：'安昌侯张禹。'"⑦居下讪上——指下属背地里讥笑毁谤上级。成帝怒——（于是）汉成帝很是愤怒。⑧忠心贯日——忠诚之心可以上通白日。形容无限地忠诚。恕其贞——（这便是朱云他对皇上的一片忠贞）而得到宽恕。据载："上大怒，曰：'小臣居下讪上，廷辱师傅，罪死不赦。'"后经大臣们求情，看在朱云对皇上的一片忠心上，宽恕了他。成语"尸位素餐"即由此成语故事而来。

千　金　买　骨

重整乾坤燕昭王①，胸有成略欲国强②。
求贤若渴人才找③，冥思苦想无良方④。
谦恭下士郭隗问⑤，千金买骨故事讲⑥。
言听谋决隗起用⑦，人才辈出国力昌⑧。

【说明】　成语"千金买骨"，见于《国策·燕策一》中的一个成语故事。

【串讲】　①重整乾坤——重新治理天地（指国家）或整顿局面。此指前者。燕昭王——（战国时）燕昭王继位后（即是如此）。②胸有成略——指胸有已成的策略。欲国强——想要使国家强盛。③求贤若渴——寻求贤德之人就像口渴了要喝水一样迫切。形容求贤心切。④冥思苦想——绞尽脑汁，苦苦思索。冥：深沉地。无良方——（也想不出）一个良好的方法。⑤谦恭下士——谦虚有礼貌，尊重有才学的人。下士：降低身份，与地位比自己低的人交往。郭隗问——（于是向一个）叫郭隗的人请教。⑥千金买骨——花费千金，买千里马的骨头。比喻诚心和迫切地招揽人才。故事讲——（郭隗向燕昭王）讲了（这样一个千金买骨）的故事。据载，郭隗曰："臣闻古之君人，有以千金求千里马者，三年不能得。涓人（近侍）言于君曰：'请求之。'君遣之，三月得千里马，马已死，买其首五百金，反以报君。君怒曰：'所求者生马，安事死马而捐五百金？'涓人对曰：'死马且买之五百金，况生马乎？天下必以王为能市马，马今至矣！'于是不能期年，千里之马至者三。今王诚欲致士，先从隗始，隗且见事，况贤于隗者乎？岂远千里哉？"⑦言听谋决——指说的话听从照办，出的主意采纳实行。隗起用——（于是燕昭王）则开始重用郭隗。据载，此消息一经传开，果然有不少智勇贤士纷纷来到燕国都城。⑧人才辈出——有才能的人不断地大量涌现。国力昌——（使燕国）国家昌盛，力量强大。据载，燕昭王就是依靠这些人才把国家治理很好，并把过去被齐国侵占的土地收复回来，国威大振。成语"千金买骨"，也作"千金市骨"，即由此成语故事而来。

千 变 万 化

赏心乐事王西狩①，天缘奇遇巧偃师②。
一技之长回王问③，眼见为实明日施④。
清歌妙舞假人动⑤，使臂使指似有知⑥。
千变万化应节律⑦，不可思议王眼直⑧。

【说明】　成语"千变万化"，见于《列子·周穆王》中的一个成语故事。

【串讲】　①赏心乐事——指欢畅的心情和快乐的事情。此指周穆王怀着欢畅的心情去做使他快乐的事情。王西狩——（这便是西周时）周穆王（有一次）到西边去打猎。王：指周穆王；狩：古代帝王冬季打猎，也泛指打猎。②天缘奇遇——天赐的机缘，意外地巧遇。巧偃（yān）师——（碰上一位）巧（工匠）名叫偃师。③一技之长——指有某种特长。技：技能，本领；长：专长。回王问——（偃师）回答（周穆王的）问话。据载，周穆王问他："你有什么本领？"偃师回答说："君王让我造什么我就能造什么。我已造出一些东西，请您先来看看。"穆王说："改日我和你一起看吧！"④眼见为

61

实——取"耳听是虚，眼见为实"之意。即听到的还不足为信，亲眼见到的才是真实可靠的。明日施——（所以等到）第二天来做表演（给周穆王看）。施：实行，引申为表演。⑤清歌妙舞——声音清越的歌唱，姿态美妙的舞蹈。假人动——（偃师所造的）假人活动起来了。⑥使臂使指——就像身体支配胳膊，胳膊支配手指那样灵活。比喻指挥自如。此指偃师操纵假人非常自如。似有知——（假人）好像有了知觉。⑦千变万化——形容变化极多。此指假人能歌善舞，"千变万化"。应节律——完全合乎歌的节拍和舞的旋律。⑧不可思议——本佛教用语，意思是思维所不能达到的境界。后形容不可想象或难以理解。此指后者，即指周穆王对假人能歌舞"不可思议"。王眼直——周穆王的眼睛都看直了，即已看得目不转睛了。据载，假人能歌善舞，"千变万化，不可穷极"。这便是成语"千变万化"之来源。

千 载 难 逢

文宗学府唐韩愈①，命途多舛潮州抵②。
走马赴任担刺史③，为臣要忠贬不移④。
感激涕泗《谢上表》⑤，颂德歌功尽无余⑥。
声名赫奕封禅劝⑦，千载难逢好时机⑧。

【说明】　成语"千载难逢"，也作"千载一时"，见于唐代韩愈《潮州刺史谢上表》，它涉及一个成语故事。
【串讲】　①文宗学府——文章的宗师，学问的宰府。形容学问高深的人。唐韩愈——唐代（大文学家）韩愈（便是这样一位精通六经百家之学的大师）。②命途多舛（chuǎn）——命运乖蹇，不顺。舛：不顺，不幸。潮州抵——（因而被贬谪）而到达潮州。③走马赴任——旧指官吏到任。现比喻接任某项工作。此指原义。走马：骑马奔驰。担刺史——（韩愈）担当（潮州）刺史。据载，韩愈二十五岁中进士，官至吏部侍郎；但仕途不顺，中间几次被贬。唐宪宗元和十四年（公元819年），因上表反对皇上迎佛骨而被贬为潮州刺史。④为臣要忠——做臣子的要忠于自己的君主。贬不移——（韩愈）虽被贬但对此绝不改变。据载，韩愈被贬不但无怨，而且还非常感激皇上对自己的宽恕。⑤感激涕泗——感激得流下眼泪和鼻涕。形容非常感动。涕：眼泪。泗：鼻涕。《谢上表》——（这表现在韩愈到任后给唐宪宗）所上的《潮州刺史谢上表》里。⑥颂德歌功——歌颂恩德和功绩。尽无余——（这一点在《谢上表》里则）表达得完全而无遗漏。⑦声名赫奕——指名声、权势盛大。赫奕：光辉炫耀、显赫。封禅劝——（为此，韩愈还在《谢上表》里劝说（唐宪宗要到泰山）举行封禅仪式。封禅：是古代帝王祭天地的盛典，可借此抬高身价。⑧千载难逢——一千年也难碰到一次。形容机会非常难得。好时机——（说现在去封禅）则是最好的时候。据《潮州刺史谢上表》载："当此之际，所谓千载一时不可逢之嘉会。"成语"千载难逢"，也作"千载一时"即由此而来。

万事俱备，只欠东风

雄心勃勃帅周瑜①，施谋设计火攻敌②。
地平天成无风起③，急人之急亮解疑④：
万事俱备少一样⑤，只欠东风我助你⑥。

神工妙力将法作⑦，风起水涌火势急⑧。

【说明】 成语"万事俱备，只欠东风"，见于罗贯中《三国演义》中的一个成语故事。

【串讲】 ①雄心勃勃——形容理想和抱负非常远大。帅周瑜——（东吴三军）统帅（都督）周瑜（便是这样）。②施谋设计——运用策略计谋。火攻敌——（打算）以火进攻（江北曹操）强敌。③地平天成——形容一切就绪。即火攻曹营的一切准备就绪。据载，东汉末年，曹操率百万大军南下，屯兵长江北岸赤壁。这时，东吴孙权与西蜀刘备联合抗曹。东吴利用曹军不习水战的弱点，欲以火攻之，于是派庞统巧献连环计。曹操果然中计，便把大小船只用铁索连在一起；同时，东吴已做好了火攻的人力及物资准备，可谓"地平天成"了。无风起——（然而，）却没有大风刮起，（火攻难以实现）。④急人之急——热心助人，使人解除患难。急：急难，患难。亮解疑——诸葛亮前来为周瑜解决这个疑难问题。他是怎么说的呢？⑤万事俱备——比喻一切都已齐备。即火攻做好了一切准备。少一样——但缺少一个重要条件。什么条件呢？⑥只欠东风——只是未刮东风，（不能点火进攻）。"万事俱备，只欠东风"是一个成语，要放在一起使用。比喻一切都准备好了，只差最后一个重要条件。据载，诸葛亮当着周瑜的面密书十六字："欲破曹公，宜用火攻；万事俱备，只欠东风。"我助你——（这个难题）我可以帮助你解决。⑦神工妙力——谓功夫极其高超，几非人力所能为。此指诸葛亮有这种功力。将法作——（于是便设坛）作法术（借东风）。⑧风起水涌——大风吹起，水波汹涌。也比喻事物相继兴起，声势浩大。此指原意，即诸葛亮作法奏效，借来东风，"风起水涌"。火势急——（东吴十只柴船驶近曹营，）点火攻敌，火势猛烈，（烧得曹军大败）。成语"万事俱备，只欠东风"便由此而来。

与 狐 谋 皮

想入非非一周人①，以冰致蝇特天真②。
与狐谋皮裘衣做③，闻风远扬狐匿深④。
告朔饩羊谋羊肉⑤，闻风而逃羊入林⑥。
损人利己谋其利⑦，海中捞月空费神⑧。

【说明】 成语"与狐谋皮"，也作"与虎谋皮"，见于《太平御览》卷二〇八引《符子》中的一个成语故事。

【串讲】 ①想入非非——形容胡思乱想，不切实际。非非：佛教语，指一般人所达不到的玄妙境界。一周人——周朝时就有这么一个人。周：周朝。②以冰致蝇——用冰来招引苍蝇。比喻做事违背事理，不可能实现。特天真——（其想法和做法）特别幼稚（可笑）。怎见得呢？③与狐谋皮——同狐狸商量，要剥下它的皮。比喻跟所谋求的对象有利害冲突，绝不能成功。后多指跟恶人商量，要他牺牲自己的利益，一定办不到。此指原意。裘（qiú）衣做——（因为此人想用狐狸皮）做（一件价值千金的）皮衣。裘：皮衣。④闻风远扬——一听到风声就跑到很远的地方去。狐匿深——狐狸（一听此人说要剥它们身上的皮就相互带领着跑到很远的深山幽谷里）隐藏得很深。⑤告（gào）朔饩（xì）羊——周制，天子上一年向诸侯颁发下一年历书，诸侯把历书藏在宗庙里，每月初一杀一只羊致祭告朔，然后听政。告朔：指这个祭礼；饩羊：祭礼上做祭品的羊。后来鲁侯只在初一杀一只羊了事，也不祭庙。所以，后来用"告朔饩羊"比喻应付差事，徒存形式。此指原意，即杀羊做祭礼上的祭品。谋羊肉——（于是这个人）又去和羊商量要割它身上的肉。谋：商议。⑥闻风而逃——一听到风声就立即逃跑。此指羊一听到要割它身上的肉就立即逃跑。羊入林——羊（互相呼唤着）跑进深林里。这给人们什么启示呢？⑦损人利己——损害别人，以利自己。谋其利——（去同他）商量要他的利益。其结果会怎样呢？⑧海中捞月——比喻白费力气，根本达不到目的。空费神——（所以那样做只能是）白白地耗费精神。据载，周朝时，有人"欲为千金之裘而与狐谋其皮，欲具少牢（祭祀用的羊）之珍而与羊谋其羞（同馐，美味的食品），言未卒，狐相率逃于重丘之下，羊相呼藏于深林之中"。成语"与狐谋皮"即由此而来。

口 若 悬 河

博学多才晋郭象①，去伪存真物象清②。
如饥似渴学庄老③，探赜索隐集大成④。
自得其乐官不做⑤，侃侃而谈哲理明⑥。
顽石点头王衍赞⑦：口若悬河永无终⑧。

【说明】　成语"口若悬河"，见于《晋书·郭象传》中的一个成语故事。

【串讲】　①博学多才——具有广博的学问和多方面的才能。晋郭象——晋朝时（有个叫）郭象的人（就是这样一位大学问家）。晋：指晋朝。②去伪存真——去掉虚假的，留下真实的。物象清——对世间存在的客观现象，都看得很清楚。据载，郭象年轻时就很有才学，对世间存在的各种现象，无论是自然的，还是社会生活中的，他都肯下功夫思考，从中悟出道理。③如饥似渴——比喻要求很迫切，就像饿了渴了急需饮食那样。学庄老——学习庄子、老子的学说。④探赜（zé）索隐——指探索深奥的道理或深入搜索隐秘的事迹。此指前者，即探索庄子、老子学说中的深奥道理。赜：深奥，玄妙。隐：秘密。集大成——（因而）聚集了大的成就。⑤自得其乐——自己能够得到其中的乐趣。此指郭象从研究庄、老学说中得到乐趣。官不做——（但他并）不出去做官。据载，当时有人请郭象出来做官，都被他拒绝了。⑥侃侃（kǎn kǎn）而谈——从容不迫，理直气壮地直抒己见。此指对庄、老学说，郭象从容不迫，理直气壮地发表自己的见解。侃侃：理直气壮，从容不迫的样子。哲理明——对宇宙和人生的原理阐述得很清楚。⑦顽石点头——能使无知觉的石头点头称是。形容道理讲得透彻，使人心服。王衍赞——有一个叫王衍的人（也是一位研究庄、老玄学的学者）对郭象大加赞赏说：⑧口若悬河——说话滔滔不绝，像河水倾泻下来一样。形容能言善辩。永无终——永远没有终结。据载，王衍称赞郭象说："听象（郭象）语，如悬河泻水，注而不竭。"这便是"口若悬河"成语之来源。

马 革 裹 尸

班师得胜汉马援①，劳苦功高人自谦②。
礼士亲贤对骥讲③：声闻过情赏过宽④。
安不忘危胡人扰⑤，保境息民我应担⑥。
选兵秣马自请战⑦，马革裹尸好儿男⑧。

【说明】 成语"马革裹尸"，见于《后汉书·马援传》中的一个成语故事。

【串讲】 ①班师得胜——军队出征，得胜归来。班：还。汉马援——

东汉时（能征惯战的大将军）马援（一次在外作战得胜而回京）。汉：指东汉。②劳苦功高——出了力，吃了苦，立下了大功劳。人自谦——（可是马援）这个人自己却非常谦虚。③礼士亲贤——尊礼有知识的人，亲近有才德者。对骥讲——（马援就以这种态度）对（前来欢迎慰劳他的）一个叫孟骥的贤士说话。都说了些什么呢？④声闻过情——名声超过了实际情况。此指马援自谦的意思。声闻：名誉。赏过宽——（我马援的功劳不大）可受到的赏赐却过多了。据载，马援得胜回京，前来欢迎慰劳的人很多，马援对其中一位名叫孟骥的贤士谦虚地说："以前武帝时，伏波将军路博德开拓了七郡之地，才封了几百户侯；而今对我却封了这么大的地盘，实在是'功薄赏厚'，何以能长久乎？"⑤安不忘危——太平或平安时，不忘记可能有危险或灾难。此指马援处于太平时不忘记国家还有危难。胡人扰——（因为北方还有）胡人在骚扰边界。胡人：指匈奴、乌桓等北方少数民族。⑥保境息民——保卫国境使人民得以安宁。我应担——（这是）我马援应该承担的责任。⑦选兵秣马——选好兵器，喂饱战马。指做好战前准备。自请战——我将亲自（向皇帝）请求出战（击退胡人）。⑧马革裹尸——战死沙场后，用马皮把尸体包裹起来。形容英勇作战，献身疆场。好儿男——（这样做）才是好的男子汉大丈夫。据载，马援还对孟骥说："方今匈奴、乌桓尚扰北边，欲自请击之。男儿要当死于边野，以马革裹尸还葬耳，何能卧床上，在儿女子手中邪？"成语"马革裹尸"也便由此而来。

门 庭 若 市

高高在上齐威王①，两豆塞耳国不昌②。

巧发奇中忌讽喻③，从谏如流王令张④。

推诚相见听众议⑤，以类相从予嘉奖⑥。

举国上下皆知晓⑦，门庭若市进谏忙⑧。

【说明】　成语"门庭若市"，见于《战国策·齐策一》中的一个成语故事。

【串讲】　①高高在上——指地位很高，居于人民头上。也形容不深入下层。此指齐威王身居国君高位而不了解下情。②两豆塞耳——两颗豆子塞住了耳朵，就听不到声音了。比喻受谗言邪说的蒙蔽，就听不到一切。此指齐威王受各方谗言假话的蒙蔽，就听不到正确的意见了。国不昌——（因而弄得）国家不兴盛。昌：兴盛。③巧发奇中（zhòng）——形容善于发言而能应验说中。此指邹忌进谏，巧妙发言而说中，威王接受意见。发：射箭，比喻发言；中：正对上。忌讽喻——邹忌用含蓄的话通过作比喻（来劝说齐威王的）。忌：邹忌，齐国谋臣。据载，一天，邹忌上朝进谏说："我原以为自己长得很美，经过观察、比较，才知道自己没有齐国有名的美男子徐公长得漂亮。可是，我的妻子偏爱我，我的妾惧怕我，我的客人有求于我，都说我比徐公长得美。如今齐国的土地方圆有千里，有一百二十座城池，宫里的妇女，左右侍臣，没有不偏爱大王的；朝廷中的臣子没有不怕大王的；全国的人，没有不有求于大王的。由此看来，大王受蒙蔽一定很深了。"④从谏如流——听从善意的规劝，就像水从高处流下一样地迅速自然。形容乐意接受别人的意见。此指齐威王乐意接受邹忌的劝谏。王令张——（于是）齐威王发布（鼓励进谏的）命令。张：开，引为发布。⑤推诚相见——拿出真心诚意相待。听众议——听取广大臣民的意见。⑥以类相从——指按照类别把事物加以排列、归并。此指按不同的进谏方式归类。予嘉奖——分别予以奖励。据载，齐威王下令说："凡是能当面指责我的过错的，受上等奖

69

赏；上书劝诫我的，受中等奖赏；能在公共场所议论我的过失，传到我耳中的，受下等奖赏。"⑦举国上下——指全国上下，从上面当官的到下面老百姓。皆知晓——都知道明白（齐威王这道命令）。⑧门庭若市——门前和院子里好像集市一样。形容来的人很多，非常热闹。进谏忙——（这些人）都忙于（向齐威王）进谏。据载，"令初下，群臣进谏，门庭若市。"这便是成语"门庭若市"之来源。

三　顾　茅　庐

足智多谋汉孔明①，超然物外隐隆中②。
三顾茅庐刘备请③，羽扇纶巾显神通④。
擘肌分理形势透⑤，运筹帷幄大计成⑥。
鞠躬尽瘁为圣主⑦，死而后已留芳名⑧。

【说明】　成语"三顾茅庐"，见于元末罗贯中《三国演义》中的一个成语故事。

【串讲】　①足智多谋——指见解高明，计谋很多。汉孔明——汉朝（一个名叫诸葛亮）字为孔明（的人便是这样）。②超然物外——超脱于世俗之外。旧时形容人清高，不参与世事。隐隆中——（诸葛亮便是这样）隐居在隆中（今湖北襄阳附近）。③三顾茅庐——三次到诸葛亮住的草房去拜请。比喻诚心诚意邀请人家。此为原意。刘备请——（这便是）刘备去请（诸葛亮）。据载，刘备为了恢复汉室，广招人才，听说很有才干的诸葛亮隐居隆中，便和他的拜把兄弟关羽、张飞一起去拜访他。第一次去时，正赶上诸葛亮外出，刘备等三人失望而归；第二次去时，诸葛亮和几个朋友游览去了，又不在家，刘备等三人又失望而归；第三次去时，诸葛亮正睡午觉，刘备等不敢惊动，恭敬地站在台阶下等候，直到诸葛亮醒来，才进屋说明来意。④羽扇纶（guān）巾——头上戴着丝带头巾，手中拿着羽毛扇子。形容诸葛亮出山后的装束。也用以形容谋士镇定自若的潇洒风度。此处二者含义兼而有之，表明诸葛亮已经答应刘备的请求而出山，并正辅佐他恢复汉室。纶巾：古时用丝带做的一种头巾。显神通——（诸葛亮）显示出非凡的手段和本领。⑤擘（bò）肌分理——比喻分析事理细密。擘：分开，分析；理：肌肤的纹理。形势透——（因此诸葛亮对当时天下）形势（的分析很）透彻。⑥运筹帷幄（wéi wò）——策划于帐幕之内。也泛指善于筹划、指挥。此指后者，即指诸葛亮善于筹划、指挥。运：运用；筹：算筹，引申为策划；帷幄：军队的帐幕。大计成——（所以西蜀对外斗争的）总体策略便形成了。计：主意，策略。据载，诸葛亮辅佐刘备后，制定了联合孙权，共抗曹操，最后统一全国的战略计划。⑦鞠躬尽瘁（cuì）——恭敬勤勉，尽心竭力。鞠躬：表示恭敬、谨慎；瘁：劳苦；尽瘁：竭尽劳苦。为圣主——（诸葛亮就是这样）为皇帝（刘备）效力。圣主：旧指皇帝。⑧死而后已——到死为止。已：完结。留芳名——（诸葛亮）留下好的名声。据载，诸葛亮在《后出师表》中写道："臣鞠躬尽力（后作瘁），死而后已。"成语"三顾茅庐"即由此故事而形成。

三　纸　无　驴

博士买驴集市寻①，独家经营只一头②。
讨价还价驴价定③，空口无凭立约收④。

连篇累牍士写好⑤，**一锤定音画押求**⑥。
三纸无驴卖者问⑦，**哑口无声博士羞**⑧。

【说明】 成语"三纸无驴"，见于北齐·颜之推《颜氏家训·勉学》中的一个成语故事。

【串讲】 ①博士买驴——比喻写文章废话连篇。此为原意。博士：古代学官名。集市寻——（这便是博士）进入到集市来寻求。②独家经营——指独自一家经营，没有其他经营者或不与其他经营者合作。此指前者。只一头——而且只有一头驴。③讨价还价——卖者讨价，买者还价。旧指交易中卖者和买者争议价格的现象。现多比喻在事前或谈判中讲条件，计较得失。此指前者。讨：索取。驴价定——（就这样）将驴的买卖价格定了下来。④空口无凭——口头说话，没有凭据。立约收——要写一份买卖契约保存。⑤连篇累牍（dú）——形容文章字句冗长而繁杂。牍：古代书写用的木简。士写好——博士（将这样的契约）写完了。⑥一锤定音——铜锣的制造，其音色，由最后一锤定音。比喻做出最后决定。画押求——（博士）请求（卖驴者在契约上）摁手指印。据载，博士写完驴的买卖契约便念了一遍，然后让卖驴者在契约上画押，而卖驴者则有疑问而未画。⑦三纸无驴——书写买卖驴子的契约，写了三张纸却没"驴"字。形容写文章废话连篇，不得要领。卖者问——卖驴者提出疑问"这是为什么"。⑧哑口无声——像哑巴一样张口说不出话来，形容无话可说，理屈词穷。博士羞——（这便是）博士感到很羞愧。据载："博士买驴，书券三纸，未有驴字。"成语"三纸无驴"即由此而来。

下 笔 成 章

七步之才魏曹植[①]，下笔成章不费时[②]。
诗以言志构思美[③]，文以载道美其辞[④]。
超群绝伦父不信[⑤]，疑云满腹人代之[⑥]。
毋庸置疑植回对[⑦]：当场出彩可试实[⑧]。

【说明】　成语"下笔成章"，见于西晋·陈寿《三国志·魏志·陈思王传》中的一个成语故事。

【串讲】　①七步之才——七步之内就能做成诗的才能。形容才思敏捷。魏曹植——（三国时）北魏（曹操之子）曹植（便有此才）。魏：指北魏。据载，魏文帝曹丕曾命东阿王曹植在七步之内作诗一首，作不成则处以死刑，曹植则应声作出一首《七步诗》。②下笔成章——一下笔就写成了文章。形容写文章很快。不费时——（根本）不用消耗多的时间。③诗以言志——用诗歌表达作者的思想和志趣。构思美——（曹植写的诗）构思（都很）优美。即诗的主题确定、题材选取、谋篇布局、表现形式都很好。④文以载道——用文章来表达思想，阐明道理。美其辞——（曹植也能）把它的文辞写得华美。美：使……美，使动用法。⑤超群绝伦——超出众人，同辈中谁也比不上他。此指曹植的诗文写得"超群绝伦"。超：超出；绝：尽；伦：类，同辈。父不信——（曹植的）父亲（对此很）不相信。⑥疑云满腹——形容心中充满了疑虑。疑云：怀疑像聚在心头的乌云，义同"疑团"。人代之——（怀疑曹植那么好的诗文是请）别人代写的。据载，有一次，曹植的父亲曹操看了他的文章，很不相信是他自己写的，便问道："是不是请别人代你写的呀？"⑦毋庸置疑——指不必怀疑。毋庸：无须。置疑：怀疑。植回对——（于是）曹植（则慷慨地）回答（他父亲）说：⑧当场出彩——本指戏剧表演杀伤时，用红水涂抹，装作流血的样子。比喻当着众人的面表现出色的技艺。此指当着父亲的面，曹植写出出色的文章。可试实——（以此）可以试验出（是否是）真实。据载，曹植回答他父亲说："（吾能）言出为论，下笔成章，顾当面试，奈何倩（qiàn）人（怎么能说是请别人代写的文章呢)?"这便是成语"下笔成章"之来源。

土 崩 瓦 解

独夫民贼秦始皇①，敲骨吸髓民遭殃②。
严刑峻法徭役重③，官逼民反起泽乡④。
栋折榱崩秦覆灭⑤，穷源竟委因何方⑥?
言简意赅司马断⑦：土崩瓦解积衰亡⑧。

【说明】 成语"土崩瓦解"，见于西汉司马迁《史记·秦始皇本纪》，它涉及秦覆灭的历史故事。

【串讲】 ①独夫民贼——指暴虐无道、祸国殃民的统治者。独夫：旧指残暴无道、众叛亲离的君主；民贼：残害人民的人。秦始皇——（这便是）秦始皇。②敲骨吸髓——敲击骨头，吸取骨髓。比喻残酷地剥削榨取。民遭殃——（因而）百姓遭受祸害。③严刑峻法——指严酷的刑法。严刑：指古时杀、割、刖（yuè）、刺、箠（chuí）等酷刑；峻法：法律条文峻刻无情。徭役重——（并有）繁重的徭役。④官逼民反——指旧日官府的残酷压榨逼得人民只有起来反抗。此指秦王朝逼得人民起来反抗。起泽乡——（首先）从大泽乡起来反抗。泽乡：指大泽乡。据载，陈胜、吴广首先在大泽乡领导农民起义。⑤栋折榱（cuī）崩——栋梁和椽子都折断崩坏。指大厦倒塌。比喻国家或政权被颠覆。榱：椽子。秦覆灭——秦王朝（在农民起义军打击下）而灭亡。据载，秦始皇在公元前二一〇年死后，传位给秦二世胡亥，在农民起义军打击下，仅两年时间，秦王朝便被摧垮了。⑥穷源竟委——比喻推究事物的始末。此指推究秦王朝是怎样从兴盛走向灭亡的。穷、竟：根究，推寻到底；源、委：水流的发源和归宿。因何方——原因在什么地方？⑦言简意赅（gāi）——语言简练，意思完备而深刻。形容说话、写文章简明扼要。此指司马迁在《史记》中对秦王朝灭亡原因的论断"言简意赅"。赅：完备。⑧土崩瓦解——土崩塌，瓦破碎。比喻彻底崩溃，不可收拾。此指秦王朝彻底崩溃。积衰亡——（这是从秦始皇以来长期）积累衰败而（造成的）灭亡。据载，司马迁论断说："秦之积衰，天下土崩瓦解。"这便是成语"土崩瓦解"之来源。

大 腹 便 便

心广体胖汉孝先①，鼾声如雷睡白天②。
窃窃私语生嘲笑③：大腹便便读书懒④。
睡眼惺忪韶听见⑤，伶牙俐齿诡辩全⑥：
四书五经装腹内⑦，梦见周公子意添⑧。

【说明】 成语"大腹便便（pián pián）"，见于《后汉书·边韶传》中的一个成语故事。

【串讲】 ①心广体胖——本指胸襟开阔，身体自然安适舒泰。后转指心情开朗或无所用心，则身体肥胖。此指懒于用心读书，身体养得肥胖。汉孝先——东汉时（有一个以文学知名，教了几百个学生，很有口才姓边名韶）字为孝先的人（便是这样）。汉：指东汉。②鼾声如雷——形容熟睡时鼾声很大。睡白天——（这是孝先）在白天睡大觉。③窃窃私语——指私下小声谈话或议论。此指私下小声议论。生嘲笑——（这是孝先的）学生们在嘲笑他。④大腹便便——肚子肥大。腹：肚子。读书懒——（老师这样"大腹便便"是因为）他懒于读书（只想贪睡所致）。据载，学生们嘲笑议论孝先说："边孝先，腹便便，懒读书，但（只）欲眠。"⑤睡眼惺忪（xīng sōng）——形容方才睡醒，眼神尚迟钝模糊。惺忪：刚醒的样子。韶听见——（所以学生们的议论）则被边韶（孝先）听见了。孝先会怎样呢？⑥伶牙俐齿——口齿犀利，能说会道。伶、俐：灵活，乖巧。诡辩全——（孝先）用似是而非的论证进行强辩，而且说得很周全。⑦四书五经——泛指儒家的经典著作。四书：指《论语》《孟子》《中庸》《大学》；五经：指《周易》《尚书》《诗经》《礼记》《春秋》。装腹内——（这些经书）都装在（我孝先的）肚子里。⑧梦见周公——在梦里见到了周公。原为孔子哀叹其体衰年老之词。后多为瞌睡的代称。此指本意，即做梦见到了周公。子意添——（而且醒后安静时）便增添了孔子的心意（而与之相同）。据载，孝先回答诸生说：边为姓，孝为字。腹便便是装着四书五经的竹箱子。只想睡，是思考以往的事。"寐与周公通梦，静与孔子同意。师而可嘲，出何典记？"成语"大腹便便"即由此故事而形成。

大 器 晚 成

绳枢之子汉马援①，风云之志立少年②。
好学不倦人欠慧③，相形失色愧难堪④。

灰心丧气欲从牧⑤，**大器晚成听兄言**⑥。
奋发图强成良将⑦，**功高望重老益坚**⑧。

【说明】　成语"大器晚成"，见于《后汉书·马援传》中的一个成语故事。

【串讲】　①绳枢之子——指贫家子弟。枢：门上的转轴。绳枢：用绳子系转枢轴，形容贫穷。汉马援——东汉时一个名叫马援的人（便是这样的子弟）。汉：指东汉。②风云之志——雄大高远的心志。立少年——（他）从少年起就立下了（这样的）志向。据载，马援十二岁便失去父母，家境贫困，靠其兄马况抚养成长。但他少有大志。③好学不倦——喜欢学习，不知疲倦。人欠慧——（可是马援）这个人有点欠聪明。④相形失色——相比之下，大大不如。失色：失去光彩。愧难堪——（因此马援感到）羞愧，难以承受。据载，当时有一个少年叫朱勃，十二岁便能口诵《诗》《书》。相比之下，马援感到差距很大，羞愧难堪。⑤灰心丧气——心意灰冷丧失。欲从牧——（马援因此一度）想去边疆从事放牧。⑥大器晚成——指大的器物需要长时间的加工才能做成。后比喻大才之人，其成就晚。此指后者。听兄言——（马援）听信了他哥哥（这样的）劝言。据载，马援之兄勉励他说：像朱勃这样的人，是"小器速成"，而"汝大才，当晚成"。不要自卑，要继续努力。马援听信了他哥哥的话。⑦奋发图强——振奋精神，努力自强。成良将——（马援终于）成为一名好的大将。⑧功高望重——功劳大，名望重。老益坚——虽然年龄已高，但意志更加坚强。据载，由于马援的不懈努力，曾先后任过汉中太守、陇西太守等职，多次率兵南征北伐，为东汉王朝的建立与巩固立下了汗马功劳。他五十五岁时被封为伏波将军，真可谓"大器晚成"的名将。成语"大器晚成"也便由此而形成。

口 蜜 腹 剑

佛口蛇心李林甫①，阿谀逢迎事玄宗②。
排斥异己把朝政③，明争暗斗十九冬④。
装模作样言和善⑤，阴谋诡计暗地生⑥。
两面三刀手段耍⑦，口蜜腹剑害贤能⑧。

【说明】 成语"口蜜腹剑"，见于《资治通鉴·唐玄宗天宝元年》中的一个成语故事。

【串讲】 ①佛口蛇心——比喻嘴上说得好听，存心极为恶毒。李林甫——（唐玄宗时宰相）李林甫（就是这样一个人）。②阿谀逢迎——谄媚、迎合。事玄宗——（以此种态度）侍奉唐玄宗。③排斥异己——指排挤、清除与自己意见不同的人。把朝政——（李林甫）把持着朝廷政治大权。④明争暗斗——明里暗里都在进行争斗。形容内部钩心斗角的争斗情况。十九冬——（李林甫就这样与他人争斗了）十九个年头。⑤装模作样——故意做样子给人看。言和善——（李林甫表面上）言语温和善良。据载，李林甫平时总装出忠厚和善的样子，说起话来娓娓动听。⑥阴谋诡计——指背地里策划干坏事。此指李林甫背地里策划害人。暗地生——在暗处产生。⑦两面三刀——比喻阴险狡猾，当面一套，背后一套。手段耍——（李林甫如此地）玩弄权术。⑧口蜜腹剑——嘴上说得很甜，肚子里却打着坏主意。比喻嘴甜心毒，狡诈阴险。害贤能——来陷害有德有才的人。据载："李林甫为相，凡才望功业出己右，及为上所厚，势位将逼己者，必百计去之。尤忌文学之士。或阳与之善，啖（dàn，拿利益引诱）以甘言，而阴陷之。世谓李林甫口有蜜，腹有剑。"这便是成语"口蜜腹剑"之来源。

木 人 石 心

学优才赡晋夏统①，洞鉴古今不为官②。
纡青拖紫贾太尉③，想方设法请出山④。
权豪势要他不睬⑤，色艺双绝他不贪⑥。
费尽心机仍无用⑦，木人石心充之言⑧。

【说明】 成语"木人石心"，见于《晋书·夏统传》中的一个成语故事。

【串讲】 ①学优才赡（shàn）——学问好，又很有才气。赡：富足，充足。晋夏统——晋朝时一个叫夏统的人（便是这样）。晋：晋朝。②洞鉴古今——指透彻了解古今世事。洞：明察。不为官——（所以他决心）不出来做官。据载，夏统是江南吴地一位很有才学的人，通晓古今，深知官场之黑暗，抱定主意不涉入官场。但有一次，他去到当时的京都洛阳，却有人想请他出来做官。③纡青拖紫——系结佩戴青绶或紫绶的官印。比喻高官或显贵。此指高官。纡：系结；拖：佩；紫：指汉制公侯之印紫绶；青：指九卿之印青绶。贾太尉——（这便是当时洛阳一个）叫贾充的太尉。④想方设法——积极动脑筋，想尽各种办法。请出山——（贾充就是这样地）请夏统出来做官。据载，贾充看中了夏统的才学，为扩充自己的私人势力，便亲自去请他出来做官，但被夏统拒绝了。于是，则想方设法引诱他。⑤权豪势要——有权力的豪门，有势力的要人。他不睬——夏统（对此）毫不理睬。据载，贾充首先让跟从的士兵列队成伍，大吹大擂，让夏统检阅。并对他说，如肯出来做官，这些军队则归你指挥，这多威风!然而，夏统对此却视而不见，充耳不闻，不愿做这"权豪势要"之官。于是，贾充又想出第二个招法。⑥色艺双绝——姿色和技艺都绝无仅有，非常美妙。他不贪——（对这样的美女），他（夏统）也毫不贪爱。据载，贾充接着集合一些"色艺双绝"的女子，又歌又舞，围着夏统转了三圈，并对他说："你看，这些美女多可爱呀!如果你肯做官，这些美人全归你了。"然而，"统危坐如故，若无所闻"，毫无贪要之意。⑦费尽心机——用尽心思，想尽办法。此指贾充"费尽心机"请夏统出来做官。仍无用——（可是）仍然没有什么作用。⑧木人石心——比喻人意志坚定，不受外物诱惑。充之言——充言之。贾充等人（就是这样）评说他（夏统）的。充：指贾充（人名）；之：他，代词，作宾语前置。据载，贾充等人散去后议论说："此吴儿（指夏统）是木人石心也。"成语"木人石心"便由此而来。

木 鸡 养 到

身手不凡纪渚子①，受人之托训斗鸡②。
连二并三齐王问③：成龙变凤可有期④?
心平气和子回语⑤：训练有素不必急⑥。
功行圆满四旬后⑦，木鸡养到斗无敌⑧。

【说明】 成语"木鸡养到"，见于《庄子·达生》中的一个成语故事。

【串讲】 ①身手不凡——指技艺、本领非常高超，很不一般。身手：技艺、本领。纪渻（shěng）子——（古代有个叫）纪渻子的人（就是这样一位有名的斗鸡专家）。②受人之托——表示做某事是受了他人的请托，替人帮忙。训斗鸡——（这便是纪渻子受齐王之请托替他）训养斗鸡。③连二并三——一个接着一个，形容连续不断。齐王问——齐王（就是这样一次又一次地向纪渻子）发问：④成龙变凤——比喻成为有作为或出人头地的人。此处则是比喻将一般的鸡训练成善斗的鸡。可有期——这能有个期限吗？⑤心平气和——心情平定，态度温和。指不急躁，不生气。子回语——纪渻子（如此地）回答齐王说：⑥训练有素——平时一直进行严格的训练。素：平时，素来。不必急——（请齐王您）不必着急。⑦功行圆满——佛教、道教用语。功德成就，善行圆满。指出家修炼成佛成仙。也指学佛、学道进入高深的境界。也比喻事情圆满结束。此指后者比喻义，即指训练斗鸡圆满结束。四旬后——（这是训练）四十天后才成功的。旬：十天为一旬。⑧木鸡养到——把斗鸡训练成像木鸡一样。后形容功夫已到炉火纯青的地步。此为原意。斗无敌——于是与其他鸡相斗，没有一个能斗过它的。据载："纪渻子为王养斗鸡，十日而问：'鸡已乎？'曰：'未也，方虚憍而恃气。'十日又问，曰：'未也，犹应向景。'十日又问，曰：'未也，犹疾视而盛气。'十日又问，曰：'几矣。鸡虽有鸣者，已无变矣；望之似木鸡矣，其德全矣；异鸡无敢应者，反走矣。'"成语"木鸡养到"即由此成语故事而来。

不入虎穴，不得虎子

英姿迈往汉班超[①]，负任蒙劳鄯国交[②]。

风云变色处境险③，胆大心雄见地高④：
不入虎穴无活路⑤，不得虎子命将抛⑥。
杀伐决断火攻虏⑦，一网无遗全灭消⑧。

【说明】　成语"不入虎穴，不得虎子"，也作"不入虎穴，焉得虎子"，见于《后汉书·班超传》中的一个成语故事。

【串讲】　①英姿迈往——形容英俊威武，一往无前。汉班超——东汉（有一位屡建战功）名叫班超的人（即是如此）。②负任蒙劳——身负重任，备受劳苦。鄯（shàn）国交——（这便是班超出使西域）首先进入鄯善国与之交往（劝其归顺汉朝）。③风云变色——形容风云骤起，变化莫测。比喻政治局势发生巨大变化。处境险——（因此使班超一行人）处于危险的境地。据载，班超一行三十六人，初到鄯善国时，国王很热情，待他们为上宾。但过了一段时间，国王则突然怠慢起来，经打听是匈奴来人了，使国王拿不定主意。如果要归顺匈奴，则班超等人就有被绑被杀的危险。怎么办呢？④胆大心雄——形容胆子大，有雄心，做事无所畏惧。见地高——（这便是班超对此事）有高明的见解：⑤不入虎穴——不进入老虎洞。比喻不亲身进入险境。无活路——（那我们）就没有生的出路。⑥不得虎子——不能捉到小老虎。比喻不能得到成功。命将抛——（那我们的）性命将会扔掉。"不入虎穴，不得虎子"，这里虽分在两句，但它是一个成语，要放在一起使用。比喻不亲身进入险境，就不能取得成功。⑦杀伐决断——指处事有做出决断的能力。火攻虏——（于是班超做出决定）以火来攻杀敌人。虏：敌人。⑧一网无遗——形容全部肃清，毫无遗漏。全灭消——（把匈奴来的人）全部消灭了。据载，班超对其手下人说："不入虎穴，不得虎子。当今之计，独有因夜以火攻虏，使彼不知我多少，必大震怖，可殄（tiǎn）尽也。"事实果如其言，当夜行动，尽杀匈奴来使。鄯善国也很快归顺。成语"不入虎穴，不得虎子"即由此而来。

天 下 第 一

渔经猎史汉胡广^①，才学出众任郡官^②。
知人料事法真鉴^③，称贤使能为孝廉^④。
考名责实京师试^⑤，文理俱惬章奏端^⑥。
赞叹不已安帝赏^⑦：天下第一尚书迁^⑧。

【说明】　成语"天下第一"，见于《后汉书·胡广传》中的一个成语故事。

【串讲】　①渔经猎史——泛览群书，博涉诸史。形容浏览群书，知识广博。渔、猎：涉猎。汉胡广——东汉时（有一个）叫胡广的人（即是如此）。②才学出众——才能和学识非同一般。任郡官——（于是）在南郡地区做了一名官史。③知人料事——能识别人才，预料事情的变化。法真鉴——（这便是太守法雄的儿子）法真由他来鉴别。④称贤使能——指举贤才，用能人。为孝廉——于是将胡广推举做孝廉（升高官的必由之路）。⑤考名责实——考核名称与实际是否相符。京师试——（于是让胡广）去到京城参加（由皇帝主持）的孝廉会考。⑥文理俱惬（qiè）——文章的形式和内容都令人满意。文、理：指文辞表达和思考内容。惬：满足，满意。章奏端——（因为胡广考试所写）的章奏都很端正。⑦赞叹不已——不停地称赞。形容极度赞赏。已：止，停。安帝赏——（这便是）汉安帝（对胡广文章）大加赞赏。⑧天下第一——天下最突出的一个。形容再没有能比得上的了。尚书迁——（这是安帝称赞胡广为天下第一）

并给他升迁为尚书官职。据载："太守法雄之子真，从家来省其父。真颇知人。会岁终应举，雄勑（chì 同敕）真助（其）求才。雄因大会诸吏，真自于牖（yǒu）间密占察之，乃指广以白雄，遂察孝廉。既到京师，试以章奏，安帝以广为天下第一。旬月拜尚书郎，五迁尚书仆射。"成语"天下第一"即由此而来。

方 寸 已 乱

高才远识汉徐庶^①，赤胆忠心佐玄德^②。
逆天背理曹扣母^③，身不由己去魏国^④。
临别赠言于刘备^⑤，肝胆相照掏心窝^⑥：
方寸已乱只能走^⑦，立国安邦请诸葛^⑧。

【说明】 成语"方寸已乱"，见于《三国志·蜀志·诸葛亮传》中的一个成语故事。

【串讲】 ①高才远识——才能高超，见识深远。汉徐庶——东汉末年一位叫徐庶的人（便是这样）。汉：指东汉。②赤胆忠心——形容忠诚不二。赤：赤诚。佐玄德——（徐庶就是这样地）辅佐（一心想光复汉室建立王霸之业的）刘备。玄德即刘备（字玄德）。③逆天背理——违背天道常理。曹扣母——曹操（将徐庶之母接到曹营）扣押（做人质），（并扬言，如徐庶不来，则杀其母。）曹：指曹操（人名）。④身不由己——身体不能由自己支配。形容失去自主。由：听从。去魏国——（徐庶不得不）去到（曹操统治的）魏国。⑤临别赠言——分别时赠送一些勉励的话或进一些忠告。此指后者。于刘备——（以此）说给刘备听。⑥肝胆相照——比喻赤诚相待。掏心窝——（徐庶说的都是）掏心窝子的话。什么话呢？⑦方寸已乱——心绪很乱。方寸：指心。只能走——（我徐庶）只能（离开你）而走了。⑧立国安邦——建立国家，安定天下。请诸葛——那就去请诸葛亮吧！诸葛：指诸葛亮。据载，徐庶临走时，指着自己的心对刘备说："本欲与将军共图王霸之业者，以此方寸之地也。今已失老母，方寸乱矣。"并忠言相告，请诸葛亮出山，定能立国安邦，成就大业。成语"方寸已乱"则由此而来。

月 下 老 人

少年气盛唐韦固①，自在逍遥观宋城②。
月下老人婚簿检③，赤绳系足夫妻明④。
语出月胁童女指⑤：成双成对配君生⑥。
日月如梭十年后⑦，媒妁之言果验灵⑧。

【说明】　成语"月下老人"，见于唐代李复言《续幽怪录》中的一个成语故事。

【串讲】　①少年气盛——少年血气方刚，其气旺盛。唐韦固——唐朝（有一个）叫韦固的人（即是这样）。②自在逍遥——形容自由自在，无拘无束。观宋城——（韦固就是这样在月夜里）游览观赏宋城。③月下老人——主管男女婚姻的神。婚簿检——（韦固见他）正在翻查婚姻簿。④赤绳系足——指男女结成婚姻。夫妻明——（这就）表明他们是夫妻。据载，韦固夜经宋城，遇一老人依囊而坐，向月检书，固问所检何书？回答说是天下的婚姻簿。又问他囊中何物？回答说是赤绳，用来系夫妻之足。虽仇家异域，此绳一系，终不可避。

⑤语出月胁——语出惊人，非同寻常。童女指——（这便是月下老人）指着小女孩说：⑥成双成对——配成一对。多指夫妻或情侣。此指夫妻。配君生——（她是为和你韦固）配成夫妻而生的。即这小女童就是你未来的妻子。据载，韦固与老人问答之后，便一同去到街市，见一盲眼老妇抱一个三岁女童，老人便指这女童对韦固说："她就是你未来的妻子。"韦固以为是老人戏弄他，很生气，则用刀点了女童一下，刺在眉间。⑦日月如梭——太阳和月亮像穿梭一样来去。形容时间飞逝。梭：一种织布工具，用以来回穿线。十年后——（就这样）过了十年以后。⑧媒妁（shuò）之言——媒人的话。此指月下老人的话。媒妁：说合婚姻的人。果验灵——果然灵验，即那个女童果然成为韦固的妻子。据载，韦固遇女童过了十四年，相州刺史王泰将女儿许配给韦固为妻，其长相很美，但眉间有一小伤疤。韦固问其原委，方知妻子就是当年之女童，感到很惊奇。成语"月下老人"即由此神话故事而来。

开 门 揖 盗

少年老成孙权主①，哀痛欲绝父兄亡②。
晓以利害张昭劝③：经纶济世勿悲伤④。
豺狼塞路如不剿⑤，开门揖盗无仁祥⑥。
聪明有为权听谏⑦，发奋图强理政良⑧。

【说明】 成语"开门揖（yī）盗"，见于《三国志·吴志·孙权传》中的一个成语故事。

【串讲】 ①少年老成——指人年纪虽轻，但为人处事却稳重、老练。孙权主——（三国时）吴主孙权（刚继位时即是如此）。②哀痛欲绝——形容极其悲痛。绝：气绝。父兄亡——（这是因为）孙权的父亲和兄长先后身亡。据载，东汉末年，天下大乱，军阀混战。占据江东一带的孙坚在与刘表交战中被射死，其子孙策继而又遇刺身亡，于是东吴政权则落在孙坚另一儿子孙权之手。由于孙权沉浸在亡父亡兄的悲痛守礼之中而影响理政，所以大臣们都很着急而规劝他。③晓以利害——把事物的利害关系给人讲清楚。晓：使人知道。张昭劝——（这便是长史）张昭对孙权加以劝说：④经纶济世——指处理国事，挽救时局。经纶：整理丝缕，引申指治理国家。勿悲伤——（所以请主上孙权）不要再悲痛伤心（按礼制去做了）。⑤豺狼塞路——比喻坏人充塞道路，当权而得势。如不剿——如果不把（这些人）剿灭，就等于是：⑥开门揖盗——打开大门迎接强盗。比喻引进坏人，自取祸殃。揖：作揖，打拱，表示欢迎。无仁祥——（这根本）就没有什么仁德和吉祥可言。据载，张昭劝孙权说："况今奸宄（guǐ 犯法作乱的人）竞逐，豺狼满道，乃欲哀亲戚，顾礼制，是犹开门而揖盗，未可以为仁也。"⑦聪明有为——指人有智慧、有能力、有作为。权听谏——（这便是）孙权听从了张昭的劝告。⑧发奋图强——下决心谋求强盛。理政良——（所以）把国家治理得很好。成语"开门揖盗"即由此成语故事而来。

五 日 京 兆

高才捷足汉张敞①，嘉谋善政贼抓光②。
昆弟之好杨恽罪③，祸不旋踵将连伤④。
尽诚竭节仍办案⑤，桀骜不驯舜语狂⑥。
五日京兆拒不办⑦，自取其咎被敞戕⑧。

【说明】　成语"五日京兆"，见于《汉书·张敞传》中的一个成语故事。

【串讲】　①高才捷足——指才能高超，行动敏捷。汉张敞——西汉（宣帝年间新上任的京兆尹）张敞（即如此）。京兆尹：相当于现在的首都市长。②嘉谋善政——好的计策和政绩。贼抓光——（张敞一到任就很快地把长期猖狂作案的京城）盗贼抓得一干二净。据载，当时京城长安盗贼很多，疯狂作案，换了几任京兆尹都办案不力，民不安生。张敞上任后，先在民间调查研究，摸清贼底，知道这是一个有组织的盗窃集团。于是则收买了其中主要成员，设计将全城盗贼一网打尽。③昆弟之好——情好如兄弟。昆弟：兄弟。杨恽（yùn）罪——（张敞的好朋友）杨恽犯了罪。罪：犯罪，用作动词。④祸不旋踵——祸事马上就要来临。旋踵：转足之间，形容迅速。将连伤——（张敞）将要被杨恽牵连而受到伤害。⑤尽诚竭节——竭尽忠诚义节。仍办案——（张敞）仍然坚持工作，办理案件。⑥桀骜（jié ào）不驯——比喻性格凶暴倔强，或态度傲慢不顺从。此指后者。舜语狂——（而且）絮舜还口出狂言。舜：指絮舜（人名）。絮舜都说了些什么呢？⑦五日京兆——张敞做不了几天京兆尹了，即将被削职。后比喻任职时间短或即将去职。此指原意。拒不办——（于是絮舜）拒绝接受张敞的指示，不去办理案件。据载，絮舜说："吾为是公（指张敞）尽力多矣，今五日京兆耳，安能复案事（怎能再为他去办案呢）？"⑧自取其咎——自己招来罪过，祸害。咎：罪过，祸害。被敞戕——（结果絮舜）被张敞给杀害了。戕：杀害。据载，张敞对口出狂言、拒不办案的絮舜极为气愤，便加罪于他而下狱，用刑而致其死。这便是成语"五日京兆"之来源。

火 中 取 栗

欢蹦乱跳猫猴玩①，馋涎欲滴栗烤干②。
心术不正猴行骗③，火中取栗猫中奸④。
自诒伊戚烧毛爪⑤，痛入骨髓用嘴舔⑥。
乘虚而入猴得栗⑦，两手空空猫傻眼⑧。

【说明】　成语"火中取栗"，见于法国寓言诗人拉·封登《猴子和猫》这则寓言故事。

【串讲】　①欢蹦乱跳——形容活泼、健康。也形容欢乐至极。此指后者。猫猴玩——（一只）猫和（一只）猴子（在一起）玩耍。②馋涎欲滴——馋得口水要掉下来。栗烤干——（因为炉火）烤干了栗子，（猫、猴闻到了香味）。③心术不正——指存心不端正。心术：居心。猴行骗——猴子（对猫）做欺骗的事，即骗猫去偷栗子。④火中取栗——（猫）从火里取出栗子。比喻被别人利用去干冒险的事而自己却得不到好处。猫中奸——猫中了（猴子的）奸计。⑤自诒（yí）伊戚——自己留下这烦恼和忧愁。指自招烦恼，自招祸殃。此指猫自讨苦吃。诒：遗留；伊：此，这；戚：忧愁，悲哀。烧毛爪——（火苗）烧了（猫）带毛的爪子。⑥痛入骨髓——痛到骨子里头。形容极度疼痛。用嘴舔——（猫）用嘴去舔（被烧的毛爪以止痛，于是取出的栗子扔到地上）。⑦乘虚而入——乘着某些虚弱的地方而进入。此指猴子乘猫爪里没有栗子而上前去捡栗子。猴得栗——猴子得到了栗子（而吃掉）。⑧两手空空——表示手里什么也没有。此指猫冒了险，受了苦，却没得到果子吃。猫傻眼——猫则一点办法也没有了。成语"火中取栗"即由此故事而形成。

开 天 辟 地

漆黑一团混沌气①，**千秋万岁盘古育**②。
南柯一梦终于醒③，**一挥而就大斧劈**④。
开天辟地天地长⑤，**同功一体巨人立**⑥。
撑天柱地为盘古⑦，**日丽风和物茂密**⑧。

【说明】 成语"开天辟地"，见于《艺文类聚》卷一引徐整《三五历记》中的一个神话故事。

【串讲】 ①漆黑一团——形容非常黑暗，没有一点光明。或对人对事一无所知。此指前者。混沌气——（指远古时代天地没有分开时的宇宙）混沌气团。据载，其外表如同一个大鸡蛋。②千秋万岁——一千年，一万岁，即言时间久长。盘古育——盘古氏（就是这样长久地在这个大鸡蛋似的气团里沉睡）孕育。③南柯一梦——唐·李公佐《南柯太守传》载：淳于棼（fén）梦入大槐安国当了南柯太守，享尽荣华富贵，醒来发现大槐安国就是他家大槐树下的蚁穴。后用"南柯一梦"指睡觉做梦或比喻一场空欢喜。此指盘古氏沉睡做梦。终于醒——终于睡梦初醒。据载，盘古氏经过一万八千年沉睡、孕育，突然有一天大梦初醒，睁眼一看，周围漆黑一团，便很生气。怎么办呢？④一挥而就——原意指一动笔就写成。形容写字、画画、作文很快就完成。此处引申为一动斧就把气团砍开。就：成功，完成。大斧劈——（这是因为他是用）大斧头来劈的。⑤开天辟地——开辟了天，开辟了地。表示以前从未有过，有史以来第一次。天地长（zhǎng）——（并且）天在增高，地在增厚。据载，混沌气团被砍破后，一些轻而清亮的东西，上升变成了天；一些重而混浊的东西，下降变成了地。从此宇宙才有了天和地的分别。并且天日增高一丈，地日增厚一丈。⑥同功一体——功绩与地位相同。此指天、地与盘古氏在增长上"同功一体"。据载，盘古氏也同天和地一样，每日长高一丈。如此，又经过了一万八千年。巨人立——（已经长成有几万里高的）巨人（盘古氏巍然）屹立。⑦撑天柱地——上顶着天，下及于地。形容极其高大。为盘古——这便是盘古氏（立于地来支撑着天）。其结果如何呢？⑧日丽风和——阳光明丽，微风和煦。形容天气晴好。物茂密——（所以）万物生长，茂盛而繁密。自此以后，宇宙再也不是漆黑一团的混沌气了。成语"开天辟地"也便由此神话故事而产生。

开 卷 有 益

远瞩高瞻宋太宗①，**发号出令书编成**②。
日往月来读《御览》③，**不辞辛苦劳其形**④。
关怀备至人规劝⑤，**听而不闻照例行**⑥。
读书得间回言语⑦：**开卷有益无累生**⑧。

【说明】 成语"开卷有益"，见于宋代王辟之《渑（miǎn）水燕谈录·文儒》中的一个成语故事。

【串讲】 ①远瞩高瞻——站得高，看得远。形容目光远大，有远见。瞩：注视。瞻：往上或往前看。宋太宗——（宋朝皇帝）宋太宗（赵光义即如此）。②发号出令——发布命令，下达指示。书编成——（于是将《太平御览》）这部书编撰成功。据载，宋朝初年，宋太宗命李昉（fǎng）等编写一部书，共一千卷，原名叫《太平编类》，后改名为《太平御览》。③日往月来——日子一天天、一月月地过去。形容时光过得很快。读《御览》——（宋太宗就这样）来阅读《太平御览》。④不辞辛苦——不逃避辛苦。劳其形——使他的身体受到劳累。形：形体。⑤关怀备至——关怀得极其周到。人规劝——有人郑重地劝告他（不要这样辛劳）。⑥听而不闻——尽管在听，却没有听见。指不重视，不注意。照例行——（宋太宗）仍然按照惯例（每天三卷的速度）去阅读。⑦读书得间——读书得到了窍门。形容读书能寻求窍门，心领神会。也比喻读书能读懂字里行间的意思，领会弦外之音。此为二者兼而有之。间：间隙，比喻窍门。回言语——（于是宋太宗）回答劝他的人说：⑧开卷有益——只要读书就会有收益。开卷：打开书卷，指读书。无累生——（所以我）不觉得有劳累产生。据载："太宗日阅《御览》三卷，因事有阙（同缺），暇日追补之，尝曰：'开卷有益，朕不以为劳也。'"成语"开卷有益"即由此而来。

太公钓鱼，愿者上钩

锥处囊中姜子牙①，太公钓鱼待人拔②。
愿者上钩钓法特③，愚妄无知人笑他④。
念念有词公自解⑤，脱颖而出王请牙⑥。
万流景仰丞相做⑦，左辅右弼商朝垮⑧。

【说明】　成语"太公钓鱼，愿者上钩"，见于《武王伐纣平话》中的一个成语故事。

【串讲】　①锥处（chǔ）囊中——锥子放在口袋里，锥尖马上会露出来。旧时比喻有才能的人随时都可以显露出锋芒。处：处于，放置在。姜子牙——（商末周初有个被人们称为太公）姓姜（名尚）字子牙（的人正是这样）。②太公钓鱼——姜子牙钓鱼。待人拔——（目的是）等待有人能选取重用（他）。③愿者上钩——愿意上钩的鱼就上钩。比喻心甘情愿地上圈套。此指心甘情愿地请他为官。"太公钓鱼，愿者上钩"要连在一起使用。钓法特——（他）钓鱼的方法很特殊。据载，姜太公钓鱼时，用直钩系线，不用鱼饵，钩悬在距水面三尺之上。④愚妄无知——愚蠢荒谬，不通事理。此指这种钓法"愚妄无知"。妄：荒谬。人笑他——（过路）人（看见）都嘲笑他。⑤念念有词——旧时迷信的人祈神时不停地念咒语。后指嘴里连续地说着什么。此指后者。公自解——姜太公自我解释（为什么这样钓鱼）。公：指姜太公。据载，姜太公"念念有词"地说："短竿长线守磻（pán）溪（钓鱼地点），这个机关哪个知。只钓当朝君与臣，何尝意在水中鱼？"⑥脱颖而出——锥尖穿过布袋露了出来。比喻才能全部显示出来。王请牙——（于是周文王）则请姜子牙（出山）。牙：指姜子牙。⑦万流景仰——天下人都尊敬，仰慕。万流：指各方面的人。丞相做——（姜子牙）当上了（西周的）丞相。⑧左辅右弼（bì）——本指古代辅助帝王或太子的官。后引申为左右辅助的意思。此指引申义，即指姜太公辅佐周文王、周武王打天下。商朝垮——把商朝击垮，即灭掉了商朝，建立了周朝。成语"太公钓鱼，愿者上钩"即由此而来。

专 心 致 志

大方之家名弈秋①，诲人不倦两生收②。

聚精会神一听讲③，炉火纯青刻意求④。
心不在焉另一位⑤，宝山空回无所有⑥。
一叶知秋孟子议⑦：专心致志成绩留⑧。

【说明】　成语"专心致志"，见于《孟子·告子上》中的一个成语故事。

【串讲】　①大方之家——指称学识渊博或专精于某种技艺的人。此指专精于下棋技艺的人。大方：大道理，引申为见识广博。名弈秋——（春秋时的）弈秋便是很闻名的（下棋能手）。②诲人不倦——教人时不嫌疲劳。形容教导特别耐心。此指弈秋教学生下棋特别耐心。诲：教导。两生收——收了两个学生。③聚精会神——全部精神集中在一起。形容注意力集中。一听讲——一个学生（是这样）听讲。④炉火纯青——本指道家炼丹成功时的火候。后比喻技术或学问达到成熟、完美的境界。此指下棋的技艺达到了"炉火纯青"的地步。纯青：炉火的温度达到最高点，火焰从红色转成青色。刻意求——（这）是专心一意探求的（结果）。⑤心不在焉——心思不在这里。指思想不集中。此指另一位学生心思不在听讲上。据载，另一学生，表面上似乎也在听讲，但心里老是想着用箭射雕的事。⑥宝山空回——比喻本来会有很大收获，结果一无所获。此指另一学生跟弈秋学下棋本来可以学好棋艺，结果却一无所得。宝山：聚藏宝物的山。无所有——什么也没学到。⑦一叶知秋——从一片树叶的凋落，知道秋天将要到来。比喻由细微的迹象看出形势的变化，由现象或部分推知本质或全体。此指由两个学生不同的学习态度而得到不同结果的现象，看到了事物的本质。孟子议——孟子（对此）发表了意见：⑧专心致志——一心一意，聚精会神。致：尽，极；志：心意。成绩留——（这样）在学习上才会有收获。据载，孟子说："今夫弈（yì）之为数，小数也。不专心致志，则不得也。"成语"专心致志"即由此而来。

不 可 救 药

荒淫无道周厉王^①，人神共愤骂他娘^②。
光明正大凡伯谏^③，文过饰非佞臣狂^④。
戟指怒目讥笑骂^⑤，为所欲为任意伤^⑥。
反唇相稽《板》诗作^⑦，不可救药警王帮^⑧。

【说明】 成语"不可救药"，见于《诗·大雅·板》中的一个成语故事。

【串讲】 ①荒淫无道——多指君主迷恋酒色，重用奸佞，杀害忠良，暴虐百姓。周厉王——（周朝时）周厉王（即是如此）。②人神共愤——形容罪恶深重，使人和神都感到愤怒。骂他娘——（人人都）痛骂周厉王。据载，当时人们对周厉王恨之入骨，老百姓都咒骂他，就连正直的大臣对他也极为不满。③光明正大——心地坦荡光明，言行正派无私。凡伯谏——（有一个这样的大臣）叫凡伯则（向周厉王）进谏。谏：规劝。④文过饰非——用虚假的话掩饰自己的过失、错误。此指厉王"文过饰非"。文、饰：掩饰；过、非：错误。佞（nìng）臣狂——那些惯于用花言巧语拍马奉承厉王的权贵，一听到凡伯向厉王进谏，就像发了疯一样。佞：惯于用花言巧语拍马奉承的人。⑤戟（jǐ）指怒目——手指着人，眼睛瞪得大大的。形容怒骂时的样子。戟指：竖起食指、中指指着人。讥笑骂——（佞臣们对凡伯）讥讽、嘲笑、谩骂。⑥为所欲为——想做什么就做什么（多指干坏事）。此指佞臣们对凡伯想怎样做就怎样做。任意伤——随意加以伤害。⑦反唇相稽（jī）——反过口来责问对方。反唇：反过口来顶嘴；稽：计较。《板》诗作——（凡伯）写了一首叫《板》

的诗。⑧不可救药——病重得无法医治。比喻坏到无法挽救的地步。警王帮——（凡伯用这样的话）警告周厉王及（追随他的）那一伙佞臣。王：指周厉王；帮：伙。据载，《诗·大雅·板》中说："多将熇熇（hè hè，极坏的事做得太多了），不可救药。"熇熇：火势很盛的样子。成语"不可救药"即由此而来。

车 水 马 龙

成算在心马太后①，不徇私情反加封②：
戒奢宁俭我率下③，依然如旧戚不明④。
门庭赫奕日前过⑤，车水马龙访客盈⑥。
忧国忘家全无有⑦，萧墙祸起岂可重⑧？

【说明】　成语"车水马龙"，见于《后汉书·明德马皇后纪》中的一个成语故事。

【串讲】　①成算在心——心中早已经算计好了如何应付的办法。马太后——（东汉章帝之母）马太后（在面对给自己娘家兄弟封爵事情上即是如此）。②不徇（xùn）私情——不屈从私人的交情。指秉公办事。徇：曲从。反加封——（所以她）反对（章帝提出的给其诸舅）封爵（并做出说明）：③戒奢宁俭——宁愿节俭，也要戒除侈。戒：戒除。宁：宁可，宁愿。我率下——我已经率先带领手下人（这样做了）。而其娘家人怎样呢？④依然如旧——仍旧和过去一个样子。戚不明——（我的娘家）亲属却不懂得我的用意。⑤门庭赫奕——家门光荣显耀。日前过——（这是）我前几天路过（其家所见到的）。⑥车水马龙——车如流水，马如游龙。形容车马往来繁华的情景。访客盈——拜访（马家的）客人充满街道门庭。⑦忧国忘家——一心忧劳国事，把家庭置之度外。全无有——（这方面娘家人）都不存在。⑧萧墙祸起——祸害起于内部。萧墙：古代宫室内当门的小墙，比喻为内部。岂可重——（这种事）怎么可以再一次发生呢？据载，马太后下诏反对外戚加封，在列举封外戚的害处和自身节俭率下之后，指出娘家人的奢华说："前过濯（zhuó）龙（太后娘家住地）门上，见外家问起居者，车如流水，马如游龙……无忧国忘家之虑。知臣者莫若君，况亲属乎？吾岂可上负先帝之旨，下亏先人之德，重袭西京败亡之祸（指先前窦婴等外戚因封爵引起内乱而被杀之祸）哉？"固不许。成语"车水马龙""忧国忘家"即由此成语故事而来。

天 衣 无 缝

辗转反侧人郭翰①，**挥汗如雨夜热烦**②。
移船就岸室外睡③，**星月交辉洒人间**④。
仙姿佚貌织女下⑤，**细针密缕衣不见**⑥。
桴鼓相应仙女答⑦：**天衣无缝不用线**⑧。

【说明】 成语"天衣无缝"，见于唐朝牛峤（jiào）《灵怪录》中的一个成语故事。

【串讲】 ①辗转反侧——形容翻来覆去地不能入睡。辗转：翻来覆去；反侧：反复。人郭翰（hàn）——有个叫郭翰的人（即是如此）。②挥汗如雨——形容出汗很多。挥：抹去，刷掉。夜热烦——（夏天）夜晚（在屋里睡觉）闷热而又烦躁。③移船就岸——比喻自己顺势解决问题。此指郭翰觉得屋里闷热无法入睡而想办法解决睡觉的问题。室外睡——（便搬到）屋外（庭院中）去睡。④星月交辉——指星星和月亮一齐照耀，分外明亮。洒人间——洒落在大地上。⑤仙姿佚（yì）貌——仙女的姿色，美人的容貌。形容女子姿容秀丽。此指织女姿容秀丽。佚：美，指美女。织女下——织女（从空中慢慢地）飘落下来。⑥细针密缕（lǚ）——指针线活做得十分细致。比喻思考、写作或处理事情严密精细。此指原意。缕：线。衣不见——（这在织女的）衣服上却看不到。⑦枹（fú）鼓相应——用枹击鼓，鼓就发声。比喻反应极快，配合紧密。此指郭翰向织女问话，织女就立即回答。枹：鼓槌。据载，郭翰看仙女的衣服感到非常奇怪，全身衣裳，竟看不出一丝线缝，不禁问道："您的衣服怎么没有一点线缝（fèng）呢？"仙女答——仙女（明确）告诉了（他无缝的原因）：⑧天衣无缝——天仙的衣服没有缝。后来常比喻诗文浑然天成，没有雕琢的痕迹。也比喻事物完美自然，没有一点破绽和缺点。此指原意。不用线——（因为）不是拿线来缝制的。据载："（郭翰）徐视其（织女）衣并无缝，翰问之，曰：'天衣本非针线为也。'"成语"天衣无缝"即由此而形成。

牛 衣 对 泣

手不释卷汉王章①，积劳成疾卧于床②。
家贫如洗无被盖③，凄风冷雨牛衣藏④。
贫病交攻章哭涕⑤，怒形于色妻斥郎⑥。
牛衣对泣共奋勉⑦，功成名就官位扬⑧。

【说明】 成语"牛衣对泣"，见于《汉书·王章传》中的一个成语故事。

【串讲】 ①手不释卷——手中不肯放下书籍。形容勤勉好学或读书入迷。此指前者。释：放下。卷：指书籍。汉王章——西汉时有个叫王章的穷书生（在长安读书时便是这样地勤勉好学）。②积劳成疾——长期劳累过度而得病。此指长期刻苦攻读而得病。卧于床——（因此王章）则病倒而躺在床上。③家贫如洗——家里穷得像水洗过，一无所有。形容贫穷到极点。无被盖——（因此王章）穷得连一条盖的被子都没有。④凄风冷雨——形容天气恶劣。也比喻处境悲惨凄凉。此指前者。牛衣藏——（所以王章只好钻进）牛衣里躲藏而卧。牛衣：牛御寒、避雨之物，用草或麻编成。⑤贫病交攻——贫穷和疾病一起压在身上。章哭涕——（此时）王章（感到绝望）而哭泣流泪。据载："初，章为诸生学长安，独与妻居。章疾病，无被，卧牛衣中，与妻决（辞决），涕泣。"他的妻子是什么态度呢？⑥怒形于色——内心的愤怒显露于脸色上。形：显露。色：脸色。妻斥郎——（这便是王章的）妻子（看到他这个样子而愤怒地）斥责她的丈夫。据载："其妻呵怒之曰：'仲卿（王章的字）!京师尊贵在朝廷人谁瑜（同逾，超过）仲卿者？今疾病困厄，不自激卬（同昂），乃反涕泣，何鄙（多么让人看不起）也！'"于是，王章则振作起来。⑦牛衣对泣——睡在牛衣中，相对哭泣。形容贫贱夫妻同过艰苦生活。共奋勉——（王章夫妻就这样）一起振作努力。⑧功成名就——功业建立了，名声也有了。官位扬——（王章的）官职不断提升。据载，王章在妻子的激励下，重振精神，克服困难，刻苦攻读而一举成名。由谏大夫升至中郎将，后又提升为京兆尹。成语"牛衣对泣"也即由此故事而形成。

乐 此 不 疲

造天立极光武帝①，百废待兴日夜忙②。

强干弱枝体制建③，民生国计定朝章④。

父严子孝太子劝⑤：颐神养寿勿劳伤⑥。

精神百倍帝回语⑦：乐此不疲我体强⑧。

【说明】　成语"乐此不疲"，见于《后汉书·光武帝纪》中的一个成语故事。

【串讲】　①造天立极——指君王登上帝位，确立纲纪。光武帝——（东汉开国皇帝刘秀）光武帝（在推翻王莽新朝之后即是如此）。②百废待兴——许多被废置的事情等着要兴办。日夜忙——（所以光武帝）日以继夜地忙碌。③强干弱枝——增强树干，削弱枝叶。比喻加强中央权力，削弱地方势力。体制建——建立（这样的中央集权政治）体制。④民生国计——指国家的财政经济和人民的生活。定朝章——（对这样的国家大事）制定各种朝廷规章。据载，东汉王朝建立，光武帝刘秀日夜操劳，重新制定法律、法令和各种规章制度，并组织官员讲解《论语》等，来振兴经济，改善民生。同时，精简官吏，取消掌握军权的地方都尉，加强中央集权。对皇帝如此勤政辛劳，大臣们和太子都为之感动。⑤父严子孝——父亲严格管教子女，子女也依顺孝敬父亲。太子劝——（于是）太子则劝父皇说：⑥颐神养寿——指保养精神元气。勿劳伤——（请父皇能够这样做）不要过度劳累而伤了身体。⑦精神百倍——形容特别精神。帝回语——（这便是）光武帝回答太子说：⑧乐此不疲——我自乐此，不为疲也。后泛指对某事特别爱好而沉浸其中，不觉疲劳。此为原意。我体强——（因为）我的身体很强壮。据载："（光武帝）每旦视朝，日仄而罢，数引公卿、郎、将讲论经理，夜分乃寐。皇太子见帝勤劳不息，承间谏曰：'……愿颐爱精神，优游自宁。'帝曰：'我自乐此，不为疲也。'"成语"乐此不疲"即由此而来。

见 利 忘 义

忠不避危臣周勃①，匡国济时大事谋②。
奸臣贼子禄须铲③，引蛇出洞用计捉④。
威迫利诱以寄骗⑤，大功毕成禄命夺⑥。
同声一辞寄卖友⑦，见利忘义班固说⑧。

【说明】　成语"见利忘义"，见于《汉书·樊哙郦商传赞》中的一个成语故事。

【串讲】　①忠不避危——忠于职守，不回避危险。臣周勃——（西汉）大臣（太尉）周勃（即是如此）。②匡国济时——匡正国家，挽救时局。时：时局，现状。大事谋——（周勃与另一大臣陈平）则密谋这样的国家大事。据载，汉高祖刘邦死后，大权逐渐落入野心家吕后手中，其侄子吕产、吕禄被封为王，而吕禄又掌握北军。吕后死时并无皇帝，为防止吕氏篡权，大臣周勃与陈平则密谋灭掉吕氏家族。③奸臣贼子——泛指心怀异志的人。禄须铲——（所以对掌握军权的奸臣）吕禄必须首先铲掉（以灭其全族）。怎么做呢？④引蛇出洞——比喻引诱坏人出来活动以灭之，或者引诱人暴露其错误观点以批判。此为前者。用计捉——（这便是）使用计策（将吕禄引出来）把他抓住（杀掉）。⑤威迫利诱——既用威力强迫，又用名利引诱。指软硬兼施，使别人顺从自己。以寄骗——（这就是劫持郦商）利用他儿子郦寄（与吕禄关系友善）把吕禄骗出（游玩来杀他）。⑥大功毕成——大工程、大事业宣告完成。此指完成大事业。禄命夺——（因为）吕禄中计而把他杀掉（同时周勃乘机进入北军诛灭了吕氏家族）。⑦同声一辞——指众口一词，大家说的都一样。寄卖友——（这就是天下人都说）郦寄出卖了朋友（吕禄）。⑧见利忘义——看到有利可图就忘掉了道义。班固说——（这是）班固在其所著《汉书》中如此评说（郦寄的）。据载，赞曰：“当孝文时，天下以郦寄为卖友。夫卖友者，谓见利而忘义也。”成语“见利忘义”即由此而来。

见 卵 求 鸡

好高骛远瞿鹊子①，称颂备至言师高②：
信口开合即为道③，受益匪浅请多教④。
切中要害梧子指⑤：急于事功汝过早⑥。
见卵求鸡不可待⑦，见弹求鸮实难着⑧。

【说明】 成语“见卵求鸡”，见于《庄子·齐物论》中的一个成语故事。
【串讲】 ①好高骛（wù）远——比喻不切实际地追求过高或过远的目标。骛：马快跑，引申为追求。瞿鹊子——（古时候有一个叫）瞿鹊子（的学生即如此）。②称颂备至——称赞和颂扬到了极点。备至：面面俱到。言师高——说他的老师（长梧子）特别高明：③信口开合——指随便乱说一气。即为道——（老师这样的话）也能成为道理。④受益匪浅——得到的好处不少。此指受到的教益很大。益：好处。匪：不。请多教——（所以还是）请老师多教我一些吧！⑤切中要害——指批评、议论恰好击中事物的紧要处。梧子指——长梧子（就是这样）指出（学生瞿鹊子的毛病）说：⑥急于事功——急于取得成功或成就。事：事情，事业。功：功效，功绩。汝过早——你要求得有点太早。⑦见卵求鸡——看到鸡蛋，就希求蛋化为鸡而来司晨报晓。比喻言之过早。不可待——这是不能够等待的。⑧见弹求鸮（xiān）——看到弹丸，就想得到鸟的炙肉。比喻计算得过早，急于求成。鸮：类似斑鸠的鸟。实难着——实在难以有着落。据载，长梧子指出瞿鹊子要求过早的毛病时作比喻说："且女（同汝）亦大早计，见卵而求时夜，见弹而求鸮炙。"时夜：指鸡。成语"见卵求鸡""见弹求鸮"即由此而来。

见 猎 心 喜

硕学名儒宋程颢①，研精钩深返故乡②。
水秀山明一路赏③，触目如故回忆长④。
兴致淋漓年少事⑤，记忆犹新脑海装⑥。
暮色苍茫睹猎者⑦，见猎心喜欲重尝⑧。

【说明】 成语"见猎心喜"，见于宋代周敦颐《周子遗事》中的一个成语故事。

【串讲】 ①硕学名儒——指有名气的大学者。硕：大。儒：读书人。宋程颢（hào）——宋朝（被尊为明道先生的）程颢（即是这样一位推崇儒学的大学者）。宋：宋朝。②研精钩深——研讨精微的道理，探求深奥的学问。钩深：探取深沉的东西。返故乡——

（于是程颢则辞官）返回故乡（继续治学，从事著作）。③水秀山明——形容山水明净秀丽，风景优美。一路赏——（在回家的路上）欣赏（一路这样的风景）。④触目如故——一眼看去仍然是过去的样子。回忆长——（于是引起程颢对自己往事）长长的回忆。⑤兴致淋漓——形容兴致很高，精神舒畅。年少事——（回忆起）年轻时的往事。⑥记忆犹新——过去的事情至今还记得很清楚，就像新发生的一样。犹：还，仍然。脑海装——（都一一地）装在脑子里。⑦暮色苍茫——指傍晚天色渐暗，景色模糊不清。睹猎者——（程颢）看见（在田野里）有打猎的人。⑧见猎心喜——看见别人打猎，自己也感到高兴。比喻旧有的习惯、爱好难以忘怀，一旦被触动了便跃跃欲试。欲重尝——想重新尝试一下（这打猎的乐趣）。据载，明道先生（程颢）十六七岁时好田猎。"后十二年，暮归，在田间见猎者，不觉有喜心。"成语"见猎心喜"即由此而来。

以 邻 为 壑

洪水横流汪无际①，泛滥成灾须治理②。
自命不凡白丹治③，以邻为壑洪水驱④。
男耕女织魏无恙⑤，家破人亡邻国泣⑥。
愤愤不平孟轲指⑦：嫁祸于人实不义⑧。

【说明】 成语"以邻为壑（hè）"，出自《孟子·告子上》。它涉及一个成语故事。

【串讲】 ①洪水横流——大水暴涨，溢出河道到处乱流。汪无际——

水停积的地方，无边无际。汪：水停积处。②泛滥成灾——河水横溢漫流，造成灾害。可以比喻某种不良现象或有害的思想、言行一时到处都是，成为灾祸。此指原意。须治理——（对洪水）必须很好地整治。③自命不凡——自己认为自己不平凡。白丹治——（这便是由魏国有个）叫白丹的（这样的大臣）来治水。④以邻为壑——拿邻国当水沟，把本国的洪水排泄到那里去。比喻把困难或灾祸转嫁给别人。此指原意。壑：沟。洪水驱——（就这样）把洪水驱逐出（国境）。⑤男耕女织——男人耕田，女人纺织。旧时指男女分工进行劳动生产。此指魏国照常进行生产活动。魏无恙（yàng）——（这是因为）魏国没有受到水灾的伤害。恙：疾病，伤害。⑥家破人亡——家园被毁，亲人死亡。此指白丹"以邻为壑"给邻国造成水灾而出现的凄惨景象。邻国泣——相邻国家的（人们）陷于悲哀哭泣中。⑦愤愤不平——因不公平的事而愤怒或不满。此指孟轲对白丹如此治水"愤愤不平"。孟轲指——（于是）孟轲明确指出：⑧嫁祸于人——将自身的祸患转嫁给别人。此指白丹将魏国的水灾转嫁给邻国。实不义——（这）实在是不合乎正义和公益的。据载，孟轲指责白丹说：夏禹治水是顺着河道流向因势利导，因此夏禹是把四海当作沟壑（来排水），而"吾子（指白丹）以邻国为壑"，实属不义。成语"以邻为壑"即由此而来。

长 驱 径 入

大智大勇将徐晃①，战无不胜屡建功②。
严阵以待玄德拒③，出其不意交战赢④。
兼程并进关羽讨⑤，锐不可当败敌兵⑥。

长驱径入曹操赞⑦：千古独步大英雄⑧。

【说明】　成语"长驱径入"，见于曹操《劳徐晃令》中的一个成语故事。

【串讲】　①大智大勇——智慧很高，胆量很大。将徐晃——（曹操手下精通军事的）大将徐晃（即是如此智勇过人）。②战无不胜——谓百战百胜，无往而不胜。屡建功——（所以徐晃）一次又一次地建立战功。③严阵以待——指做好充分准备，等待着来犯者。严阵：使阵势整齐严肃。玄德拒——（这便是徐晃）抵抗刘备（对阳平）的来犯。玄德：为刘备（字玄德）。④出其不意——指行动出乎人意料。交战赢——（所以与刘备的军队）一交手打仗就取得了胜利。⑤兼程并进——以加倍的速度赶路前进。关羽讨——（这便是徐晃又奉命助曹仁）去讨伐汉将关羽。⑥锐不可当——比喻来势凶猛，不可抵挡。败敌兵——（就这样）把敌人（关羽）的军队打得大败。⑦长驱径入——指军队以不可阻挡之势向前挺进。曹操赞——（对徐晃如此的作战能力）曹操大加赞赏：⑧千古独步——形容古往今来绝无仅有，独一无二。大英雄——（称其为这样）大大的英雄。据载，徐晃大败关羽后，曹操给他写信称赞说："吾用兵三十余年，及所闻古之善用兵者，未有长驱径入敌围者也。"并说此次大胜，其功劳超过了古之良将孙武和穰苴。成语"长驱径入"即由此成语故事而来。

风　声　鹤　唳

审曲面势将谢玄①，冠冕堂皇说苻坚②。

智小谋大坚中计③，狼奔豕突败淝边④。
号令如山晋军勇⑤，乘胜逐北把敌歼⑥。
风声鹤唳秦兵惧⑦，昼夜兼行死万千⑧。

【说明】　成语"风声鹤唳（lì）"，见于《晋书·谢玄传》中的一个成语故事。

【串讲】　①审曲面势——指工匠做器物要仔细察看曲直，根据不同情况处理材料。也指察看地形曲直形势。此指后者。将谢玄——（晋国）大将谢玄（在淝水与前秦王符坚决战时就是这样做的）。据载，公元三八三年，秦军逼近淝水摆开阵势，晋军不能渡河作战。怎么办？②冠冕堂皇——形容表面庄严体面、光明正大的样子。冠冕：古代帝王、官吏的帽子。堂皇：很有气魄的样子。说（shuì）符坚——（谢玄就以这种姿态）来说服符坚（后退一点让晋军渡河决战）。③智小谋大——能力低下，计划却很大。坚中计——（这就使）符坚中了谢玄的计谋。据载，谢玄让秦军后退一点使晋军渡河决战，意在乘势进攻打败秦军。而符坚却没看出来，自以为秦军兵多，后退一点决战也能取胜。结果符坚中计，由后退一点变成晋军追杀而败退。④狼奔豕突——如狼和猪那样奔跑乱窜。形容坏人乱冲乱撞，恣意破坏，或形容敌人仓皇逃跑的景象。此指后者。败淝边——（秦军就这样）在淝水岸边向后败退。⑤号令如山——发出的军令像山那样不可更移。形容军纪森严。晋军勇——（因而）晋军作战特别英勇。⑥乘胜逐北——趁着胜利追击溃败的敌兵。北：指败逃者。把敌歼——把敌军（秦兵）歼灭。⑦风声鹤唳——听到风声和鹤叫声就害怕。形容极度惊慌疑惧或自相惊扰。此指前者。鹤唳：鹤叫。秦兵惧——（这是因为）秦军极度恐惧所致。⑧昼夜兼行——日夜不停地赶路。死万千——（秦军）死亡的人数达成千上万。据载："玄等乘胜追击，至于青冈，秦兵大败，自相蹈藉（践踏）而死者，蔽野塞川

（遮蔽田野，阻塞河流）。其走（逃跑）者闻风声鹤唳，皆以为晋兵且（将）至。昼夜不敢息，草行露宿，重（加上）以饥冻，死者什七八（十分之七八）。"成语"风声鹤唳"即由此故事而来。

不 求 甚 解

文人墨士晋陶潜①，志洁行芳爱读书②。
手不辍卷方法好③，全神贯注渐进读④。
不求甚解粗略看⑤，行间字里文义出⑥。
融汇贯通每会意⑦，欣然自乐忘食乎⑧！

【说明】　成语"不求甚解"，见于晋朝陶潜《五柳先生传》中的一个成语故事。

【串讲】　①文人墨士——泛指文人。晋陶潜——晋朝有一位名叫陶潜（字渊明）的人（即是一位能诗善文，为当时人们所景仰的文人）。②志洁行芳——志向高洁，品行端正。据载，陶潜在做彭泽县令时，郡里派来的督邮让他端正衣冠去见，他说，"我岂能为五斗米折腰向乡里小儿"，于是辞官回乡。爱读书——（并且）他还非常喜爱读书。③手不辍卷——书本不离手，形容读书勤奋。辍：停止。方法好——（而且）又有好的学习方法。④全神贯注——形容精神高度集中。贯注：集中在一点。渐进读——（对书）是一步一步地阅读。⑤不求甚解——原指读书只领会其要旨，并不刻意研究字句。现指不求深入理解，并不认真对待。此为原意。粗略看——（所以对那些意义难明之处）只是粗略看过。⑥行间字里——一行行文字之中。文义出——文句所表达的含义自然体现出来。⑦融汇贯通——融会贯穿各方面的道理或知识，从而获得全面透彻的理解。每会意——每当有这样会心的领悟。怎么样呢？⑧欣然自乐——非常高兴、欢乐。忘食乎——（陶潜）就连吃饭都忘了啊!据载，陶潜在此文中谈到自己的读书体会说："好读书，不求甚解。每有会意，便欣然忘食。"成语"不求甚解"即由此而来。

不 学 无 术

当轴处中汉霍光①，负图之托重任当②。
益国利民拥立主③，势倾朝野乱臣戕④。
赫赫之功头昏聩⑤，独断独行众臣伤⑥。
不学无术女立后⑦，过盛必衰族诛亡⑧。

【说明】 成语"不学无术"，见于《汉书·霍光传》中的一个成语故事。

【串讲】 ①当轴处中——正处在车轴、车辆中心要害的位置。比喻官居要位。汉霍光——西汉时的霍光（便是这样任大司马大将军）。汉：指西汉。②负图之托——承受辅佐幼主的嘱托。重任当——（这个）重要任务（则由霍光）来担当。据载，霍光与桑弘羊等人奉汉武帝遗诏之命，为辅佐幼主昭帝的辅政大臣。③益国利民——有益于国家，有利于人民。拥立主——（霍光则）拥戴昭帝迎立宣帝。主：指皇帝。据载，昭帝在位，霍光则辅佐其执政；昭帝死后，霍光先迎立昌邑王刘贺为帝。后视其无能而废之，又迎立宣帝。④势倾朝野——势力压倒在朝在野的一切人。乱臣戕——（霍光凭借这样的权势把燕王、上官等）作乱之臣一并杀掉（巩固了西汉王朝政权）。戕：杀害。据载，《汉书》作者班固赞扬霍光"拥昭立宣"、

"匡国家、安社稷"，是立了大功的。⑤赫赫之功——显赫的功业。头昏聩——（霍光因此被冲得）头脑糊涂。昏聩：眼花耳聋，比喻糊涂。⑥独断独行——行事不考虑别人的意见，只按自己的意见办。众臣伤——（霍光因此）而损害、得罪了不少的大臣。⑦不学无术——没有学问，没有能力。女立后——（霍光）又把他的女儿立为（宣帝的）皇后。⑧过盛必衰——过分的兴盛必定会向衰弱转化。族诛亡——（结果，霍光的）宗族（在他死后仅三年）就被杀害而灭亡了。据载，《汉书》作者班固在大加赞赏霍光的功绩后感叹道："然光不学无术，暗于大理，阴妻邪谋，立女为后，湛溺盈溢之欲，以增颠覆之祸，死财（同才）三年，宗族诛夷，哀哉!"成语"不学无术"则由此而来。

不 屈 不 挠

凛然正气相王商①，明鉴万里性直刚②。
水漫金山谣不信③，独排众议反逃亡④。
天灾人祸求情拒⑤，秉公办理高压扛⑥。
不屈不挠遭诬陷⑦，削职为民官场伤⑧。

【说明】　成语"不屈不挠"，见于《汉书·叙传下》中的一个成语故事。

【串讲】　①凛然正气——令人敬畏的刚正气节。相王商——（西汉时）丞相王商（即有如此之气节）。②明鉴万里——形容对远方或外面的情况十分了解。此指后者。性直刚——（并且）性格直率而刚强。③水漫金山——原指白娘子水漫金山的故事。现多形容水流淌

110

得到处都是。此指后者。谣不信——（对这样的）谣言王商并不相信。④独排众议——一个人推翻众多人的意见或主张。反逃亡——（这便是王商）坚决反对（让成帝和太后等）躲灾逃跑。据载，有一天，突然有传言，说大水就要冲进京城。于是老百姓纷纷逃跑，而国舅、大将军王凤等大臣不调查真相就让皇帝皇后逃跑，但王商不信，坚决反对。⑤天灾人祸——自然灾害和人为的祸乱。求情拒——（对王凤这方面的）求情（王商）也予以拒绝。⑥秉公办理——掌握公正的原则办理事情。高压扛——抵抗住强大的压力。据载，王凤有一个亲家叫杨肜（róng），在琅邪当太守，由于治理不当而使该地遭灾荒，要受到惩处。于是王凤去向王商求情，但被拒绝，王商依法奏免了杨肜的官职，更加得罪了王凤。⑦不屈不挠——形容坚强不屈。挠：弯曲，比喻屈服。遭诬陷——（因此王商）遭到（王凤等人的）诬陷。⑧削职为民——革除官职，降为平民。官场伤——（这是）官场（对王商）的伤害。据载，《汉书》作者班固在评论王商时说："乐昌笃实，不挠（同挠）不诎（同屈），遘闵（gòu mǐn，遭遇祸患）既多，是用废黜。"成语"不屈不挠"即由此成语故事而来。

不 知 所 终

安贫守道汉向长①**，好学深思才能强**②**。**
看破红尘官不做③**，逍遥自得隐居享**④**。**
男婚女嫁家无累⑤**，轻装上阵走四方**⑥**。**
山遥路远游五岳⑦**，不知所终迹不详**⑧**。**

【说明】 成语"不知所终"，见于《后汉书·逸民列传·向长传》中的一个成语故事。

【串讲】 ①安贫守道——安于贫寒的境遇，乐于遵奉正道。汉向长——东汉（朝歌地区）有一个叫向长的人（即是如此）。②好学深思——喜欢学习而又能深入思考。才能强——（所以向长）很有才能。③看破红尘——指看破人生，不留恋世间一切。红尘：佛家称人世间。官不做——（因此）他并不出来做官。据载，向长好读《老子》和《周易》，很有学识；但他不愿做官，王莽的大司空王邑想把他推荐给王莽，被他拒绝了，而过起隐居生活。④逍遥自得——形容无拘无束、安闲得意的样子。隐居享——（就这样）享受他的隐居生活。⑤男婚女嫁——指儿女婚娶成家。家无累——（所以向长）家里已没有什么事再拖累他了。⑥轻装上阵——原指古代战士不披铁甲，轻装作战。现也用以比喻放下各种思想包袱去做事。此指后者。走四方——（这便是与好友禽庆）一起到各地游览。⑦山遥路远——形容路途遥远。游五岳——（这就是）游览（东岳泰山、南岳衡山、西岳华山、北岳恒山、中岳嵩山）这五座名山。⑧不知所终——不知道结局或下落。此指不知下落。迹不详——（因为向长与禽庆游览五岳的）踪迹不清楚。据载："（向长）与同好北海禽庆俱游五岳名山，竟不知所终。"成语"不知所终"即由此而来。

比 肩 继 踵

五短身材齐晏婴①，**负衡据鼎楚国行**②。
世俗之见遭羞辱③，**妙语惊人楚王抨**④：

闾阎扑地临人众⑤，张袂成阴遮日明⑥。
比肩继踵充街走⑦，无人之境何可称⑧？

【说明】 成语"比肩继踵"，见于《晏子春秋·杂下》中的一个成语故事。

【串讲】 ①五短身材——四肢、躯干都短小，指矮小之人。齐晏婴——齐国（国相）晏婴（即是这样一个小矮子）。②负衡据鼎——指身居高位，肩负重任。楚国行——（这便是晏婴有一次）出使楚国。③世俗之见——世人的庸俗见解。遭羞辱——（使晏婴）遭受到羞辱（认为矮子都是无能之人）。据载："楚人以晏子短，为小门于大门之侧而延（请）晏子。晏子不入，曰：'使狗国者从狗门入，今臣使楚，不当从此门入。'傧（bīn）者更道，从大门入。见楚王，王曰：'齐无人耶？使子为使。'"于是晏子作了如下回答：④妙语惊人——绝妙动听的语言令人吃惊。楚王抨——（晏子就用这样的话）来抨击楚王说：⑤闾阎扑地——里巷遍地。形容房屋众多，市集繁华。临人众——（这便是我们齐国都城）临淄的人口很多。⑥张袂（mèi）成阴——张开袖子能遮掩天日，成为阴天。形容人多。遮日明——（可以）遮住太阳的光亮。⑦比肩继踵——肩并肩、后脚尖紧接着前脚跟地向前走。原形容接连不断的样子，后多形容人非常多，十分拥挤。此指原意。充街走——（这里的人们就是这样）充满街巷行走。⑧无人之境——无人所至的境地。指无人存在的地方。何可称——怎么可以这样说（齐国）没人了呢？据载："晏子对曰：'齐之临淄三百闾，张袂成阴，挥汗如雨，比肩继踵而在，何为无人？'王曰：'然则何为使子？'晏子对曰：'齐命使，各有所主。其贤者使使贤主，不肖者使使不肖主。婴最不肖，故宜使楚矣。'"楚王自找没趣而作罢。成语"张袂成阴""挥汗如雨""比肩继踵"皆由此而来。

为 人 作 嫁

文人学士秦韬玉①，思若涌泉善作诗②。
体物入微《贫女》写③，出自肺腑同情之④：
心灵手巧人姣俏⑤，陋巷蓬门媒不施⑥。
飞针走线年年苦⑦，为人作嫁尽其时⑧。

【说明】 成语"为人作嫁"，见于唐·秦韬玉《贫女》诗所写的一个成语故事。

【串讲】 ①文人学士——泛指文人，文士。秦韬玉——（唐代诗人）秦韬玉（即如此）。②思若涌泉——才思像奔腾的泉水。形容才思敏捷。善作诗——（所以他）很擅长写诗。③体物入微——观察事物，入于细微。《贫女》写——（于是）创作出《贫女》这首诗来。④出自肺腑——发自内心的真诚话。肺腑：内心。同情之——（这便是写出了深深）同情这位贫家女郎的话：⑤心灵手巧——心思灵敏，手艺精巧。人姣俏——人还长得娇美俊俏。⑥陋巷蓬门——形容住所简陋，家中贫寒。媒不施——（所以）没有媒人前来给她介绍郎君（因为当时人们所爱的是财势）。施：实行。⑦飞针走线——形容缝纫刺绣的技巧娴熟，手法敏捷。年年苦——（贫女就这样）一年又一年的劳累辛苦。⑧为人作嫁——替别人缝制出嫁的衣裳。后比喻为别人忙碌。此为原意。尽其时——（贫女就这样）耗尽了她青春时光（却无份为自己作嫁）。据载，《贫女》诗原文写道："蓬门未识绮罗香，拟托良媒亦自伤。谁爱风流高格调，共怜时世俭梳妆；敢将十指夸针巧，不把双眉斗画长。苦恨年年压金线，为他人作嫁衣裳！"成语"为人作嫁"即由此而来。

为 人 说 项

儒雅风流唐项斯①，思如泉涌赋佳诗②。
登门拜访携新作③，不吝赐教请敬之④。
锦囊佳句敬之赏⑤，兴会神到赠赞诗⑥：
才气纵横德艺善⑦，为人说项逢人时⑧。

【说明】 成语"为人说项"，见于《全唐诗话》中的一个成语故事。

【串讲】 ①儒雅风流——文雅而飘逸。也指风雅纯正。此为后者。唐项斯——唐朝时（有个叫）项斯的人（即如此）。②思如泉涌——才思像奔腾的泉水。形容才思敏捷。赋佳诗——（因此）能创作出好的诗歌。③登门拜访——指到所在处拜望访问。携新作——并带上新创作的诗。④不吝赐教——不吝惜给予教导。赐教：请赐予教言。请敬之——（这便是项斯向当时有地位的文士身为"祭酒"的高官）杨敬之请教。⑤锦囊佳句——把写好的诗稿放在用锦做成的袋子里。指写得好的诗文，此指项斯写的好诗。敬之赏——杨敬之（对此）很赏识。⑥兴会神到——指写诗作画时，一时有了灵感而产生了创作欲望，就能把它淋漓尽致地表现出来。赠赞诗——（于是杨敬之）作了一首称赞诗赠给（项斯）：⑦才气纵横——指人有才华而外露。才气：才华，才能。纵横——奔放无阻。德艺善——（可以看出你的）品德和作诗才艺都很好。⑧为人说项——替人宣传项斯诗作与人品之好。指替别人说好话，为别人讲情。逢人时——凡是遇见别人时（都要这样做）。据载，赠诗写道："几度见诗诗尽好，及观标格过于诗；平生不解藏人善，到处逢人说项斯。"成语"为人说项"即由此而来。

户 限 为 穿

佛性禅心陈智永①，名闻天下书法高②。
惊蛇入草人皆爱③，字字珠玉视为宝④。
继踵比肩求诸寺⑤，门庭如市入如潮⑥。
户限为穿槛陷洞⑦，想方设计铁皮包⑧。

【说明】 成语"户限为穿"，见于宋·李昉（fǎng）《太平广记》第207卷引唐·李绰《尚书故实》中的一个成语故事。

【串讲】 ①佛性禅心——指佛教徒一意修行、清净寂定的心性。陈智永——（南北朝）陈朝有个名叫智永的（和尚即有此心性）。陈：陈朝。②名闻天下——名声遍传天下。形容名声极大，声望很高。天下：旧指全中国。书法高——（这是因为智永和尚的）书法技艺特别高超。③惊蛇入草——比喻草书的笔势矫健、迅捷。人皆爱——（所以）人们（对智永这样的草书）都非常喜爱。④字字珠玉——每一个字都像珍珠、宝玉那样珍贵值钱。一般指诗文写得好，声价高。此指书法好，声价高。视为宝——（人人都把智永写的字）看作是墨宝。⑤继踵比肩——原形容接连不断的样子。后多形容人非常多，十分拥挤。此指后者。继踵：后边的脚尖紧接着前边的脚跟。求诸寺——（人们就这样）到（浙江吴兴的）永欣寺来请求智永禅师给写墨宝。诸：之于合音字。

⑥门庭如市——门前和庭院中好像集市一样。形容来人众多，热闹非常。入如潮——（人们）进入庭院像潮水一样涌动。⑦户限为穿——门槛被踩坏了。形容来往的人很多。户限：门槛。穿：透，破。槛陷洞——门槛被踩得凹陷出洞。据载："（智永禅师）积（年）学书，后有秃笔头十瓮，每瓮皆数千。人来觅书，并请题额者如市，所居户限为（之）穿穴。"⑧想方设计——积极开动脑筋，想尽各种办法解决问题。铁皮包——（于是将门槛）用铁皮包起来（就踩不坏了）。成语"户限为穿"即由此成语故事而来。

为 法 自 弊

革故鼎新鞅变法①，纲纪四方国力强②。
绳趋尺步依新令③，违法乱纪必遭殃④。
风云突变鞅被陷⑤，狼狈不堪关下藏⑥。
奉公守法客店拒⑦，为法自弊魏国亡⑧。

【说明】 成语"为法自弊"，也作"作法自毙"，见于《史记·商君列传》中的一个成语故事。

【串讲】 ①革故鼎（dǐng）新——破除旧的，建立新的。革：除去；鼎：更新。鞅变法——（这就是秦孝公时令丞相）商鞅所搞的废除旧法、制定新法的商鞅变法。鞅：指商鞅。②纲纪四方——按照法纪治理好天下。此指按着商鞅制定的新法治理好天下。纲纪：指方针法纪。国力强——（因而）秦国的综合国力强大起来。③绳趋尺步——指举止言行合乎法度。绳、尺：原为木匠校、量的工具，引申为准则、法度。依新令——（人们都必须）按照新的法令规定行事。④违法乱纪——违犯法令，破坏纪律。此指违背新法的规定和要求。必遭殃——那就一定会遭受祸殃，即必然受到法律惩处。⑤风云突变——比喻局势像风云那样突起动荡。鞅被陷——（秦孝公一死，原来反对变法的那些贵族便兴风作浪起来）使商鞅遭受诬陷（说他谋反）。据载，秦孝公死后，秦惠王即位，他先前就与商鞅不和，这回借有人告他谋反，便下令捉拿他，商鞅因此四处逃窜。⑥狼狈不堪——比喻处境非常艰难、窘迫。狼狈：旧说为两种野兽，狈前脚极短，必须趴在狼身上才能行动；不堪：不能忍受，表示程度深。关下藏——（于是商鞅则逃到）关下这个地方躲藏（想找个旅店住下）。关下：地名。那么，客店收留他了吗？⑦奉公守法——遵守国家规定的法令制度。此指遵守商鞅制定的新法。客店拒——（因而）客店主人则拒绝收留（不能验明身份的商鞅住店）。据载，客店主人并不知来要住宿者是商鞅，便说："依据商鞅法令，凡客店主人不验明客人身份而收留者，要处以死刑。"于是，将不敢暴露身份的商鞅拒之门外。⑧为法自弊——自己作法，自受弊害。魏国亡——（商鞅"为法自弊"而不得不）逃到魏国去了。亡：逃跑。据载，商鞅听了客店主人拒收他住店的话后，感叹地说："嗟乎!为法之敝，一至此哉!"成语"为法自弊""作法自毙"即由此而来。

文武之道，一张一弛

万世师表圣孔丘①，解疑释惑子贡求②：
拜鬼求神人祭祀③，狂歌痛饮是何由④？
穷理尽性孔子讲⑤：有劳有逸无止休⑥。
文武之道国能治⑦，一张一弛方略周⑧。

【说明】 成语"文武之道，一张一弛"，见于《礼记·杂记下》中的一个成语故事。

【串讲】 ①万世师表——世世代代为人表率。圣孔丘——（这便是）圣人孔子。②解疑释惑——解决疑难问题，消除困惑。释：消除。子贡求——（为此）子贡则向孔子求教：③拜鬼求神——向鬼神叩拜祈祷，求其保佑。人祭祀——（这是子贡在年底刚看到的）人们的祭祀活动。④狂歌痛饮——纵情地歌唱，痛快地饮酒。狂：纵情去做，毫无约束。是何由——（他们这样高兴，又叫又跳的）不知是什么原因？⑤穷理尽性——原指彻底推究事物的道理和人的本性。后泛指推究事理。此指后者，即推究到年底人们尽情欢乐搞祭祀活动的道理。孔子讲——（于是）孔子说：⑥有劳有逸——劳动与休息有规律，二者都不可偏废。无止休——（这就是周文王、周武王在让人们既有一年的劳动又有到年底的娱乐休息）而且（循环往复）永不停止。⑦文武之道——原指周文王、周武王的治国之道。后也泛指治理国家要宽严相济。此指原意。文：周文王。武：周武王。国能治——（以此治国）国家就能治理好。⑧一张一弛——指治国要宽严结合。也指生活工作要劳逸结合。此为后者。张：拉紧弓弦。弛：放松弓弦。方略周——（这就是文武之道）周全的治国方略。据载，孔子对子贡讲："张而不弛，文武弗能也。弛而不张，文武弗为也。一张一弛，文武之道也。"成语"文武之道，一张一弛"即由此成语故事而来。

为 虎 作 伥

虎视眈眈食物寻①，深山幽谷遇一人②。

痛快淋漓餐一顿③，贪得无厌控其魂④。

竭智尽力魂导引⑤，漫山遍野他人擒⑥。

为虎作伥解衣带⑦，狼吞虎咽虎省神⑧。

【说明】 成语"为虎作伥（chāng）"，来源于古代的一则寓言故事。

【串讲】 ①虎视眈眈（dān dān）——老虎瞪着眼睛看着。后用来形容贪婪而凶狠地注视着要攫（jué）取的对象。此指原意。眈眈：注视的样子。食物寻——在寻找吃的东西。②深山幽谷——深邃（suì）的山野和幽深的山谷。遇一人——（老虎）碰上一个人。③痛快淋漓——形容尽兴尽情，极其痛快。餐一顿——（老虎）饱吃一顿（把这个人吃掉）。④贪得无厌——贪求得到的欲望，没有满足的时候。此指老虎吃人的欲望没有满足的时候，吃了一个还想吃第二个。控其魂——（于是老虎）便控制（已经被吃掉的）那个人的"灵魂"。据载，老虎吃完那个人后，还不满足，便控制那个人的"灵魂"不准离开它，一定让"灵魂"帮它再吃一个人。⑤竭智尽力——用尽所有的智慧，竭尽全部力量。竭：尽。魂导引——（被吃的那个人的）"灵魂"（给老虎）引路。⑥漫山遍野——布满了山岭和田野。形容范围很广。此指"灵魂"给老虎做向导的足迹布满了山岭和田野。他人擒——（去帮助老虎）捉拿其他的人。据载，"灵魂"经过千辛万苦，走遍山岭田野，终于找到了第二个人，老虎便张着大口准备去吃。⑦为虎作伥——给老虎做伥鬼。即指被老虎吃掉的那个人的"灵魂"又去引诱别人给老虎吃。后用来比喻给坏人做帮凶。此指原意。解衣带——（伥鬼还亲自为老虎）解开（第二个被吃的人的）衣服和带子。⑧狼吞虎咽——形容吃东西又猛又急的样子，也形容大口吞吃的样子。此指后者，即指老虎大口地吞吃第二个人。虎省神——老虎（吃起来）毫不费精神，即毫不费事地把此人吃掉。据《渔樵闲话》载："猎者曰：此伥鬼也，昔为虎食之人，既已鬼矣，遂为虎之役。"又据《听雨记谈》载："人遇虎，衣带自解，皆伥所为。"这便是成语"为虎作伥"之来源。

六 神 不 安

开科取士赵温中①，**名声大噪为举人**②。
光耀门楣全家喜③，**大操大办庆宴频**④。
奉为至宝写亲供⑤，**黄道吉日省城临**⑥。
手忙脚乱做准备⑦，**六神不安父祖心**⑧。

【说明】 成语"六神不安"，见于清代李宝嘉著的《官场现形记》第二回中的一个成语故事。

【串讲】 ①开科取士——指旧时科举时代，以举行考试来录用士人。赵温中——（在清代有一个）叫赵温的人（在科举考试中）考中了。②名声大噪——形容名声传扬得很响。噪：传扬得响。为举人——（因为赵温一下子）成为举人。③光耀门楣——指为家族争光，为祖先添荣耀。门楣：门上的横木，引申为门第。全家喜——（这是）全家的大喜事。④大操大办——极其铺张地操持、办理。庆宴频——（这便是赵家）喜庆的宴请连续多次。⑤奉为至宝——指把某种事物尊奉为最珍贵的宝物。写亲供——（这就是让赵温赴省）填写亲供（指秀才中举后，要在一定期限里到学台官署去填写亲供，写明年龄、籍贯、三代和身貌，并由所属的教官出具保证，证明属实）。⑥黄道吉日——旧时迷信星象之说，认为青龙、明堂、金匮、天德、玉堂、司命六位吉神值日的那一天，诸事皆宜，可以不避凶忌，称为"黄道吉日"。泛指好日子。省城临——（赵温之祖父选择这样的吉日）让他去省城。⑦手忙脚乱——形容惊慌不安的样子。做准备——（这是赵温的家人在给他）做去省城的准备。⑧六神不安——形容人心慌意乱。六神：道教以为人之心、肺、肝、肾、脾、胆各有神灵主宰，称六神，后用以指人的精神。父祖心——（这是赵温的）父亲、祖父忙乱之心神。据小说描写，赵温在临行的前一天，"（其祖父、父亲）这一天更不曾睡觉，替他弄这样弄那样，忙了个六神不安"。成语"六神不安"即由此而来。

不 逞 之 徒

贼臣乱子相子驷①，逆天无道弑其君②。
血肉模糊权贵斩③，不容分说封地分④。
深仇大恨贵族怒⑤，不逞之徒聚同心⑥。
恶有恶报子驷宰⑦，雪耻报仇正义伸⑧。

【说明】 成语"不逞之徒"，见于《左传·襄公十年》中的一个成语故事。

【串讲】 ①贼臣乱子——儒家指不忠不孝的人。后指破坏统治秩序扰乱社会的人。此指原意。相子驷——（春秋时）郑国宰相子驷（即是如此之人）。②逆天无道——违逆天理，太没道德。弑其君——（子驷于公元前五六五年）杀死了他的国君（郑僖公）。据载，此事激起郑国贵族的不满，准备起兵讨伐，杀死子驷。然而，尚未起兵则被子驷发觉而先下手。③血肉模糊——形容死亡或受伤的惨状。此指前者。权贵斩——（这是子驷）斩杀那些权贵（所造成的）。④不容分说——不容辩解。封地分——（并把贵族们）的封地重新划分（使他们的土地减少很多）。⑤深仇大恨——极深、极大的仇恨。贵族怒——（这便使丧失土地的）贵族们非常愤怒。⑥不逞之徒——指心怀不满而捣乱闹事的人。不逞：欲望未得到满足。聚同心——（贵族们就和这些人）聚结在一起并同心协力（闯进宫中）。⑦恶有恶报——做坏事的人会得到不好的报应。指因办坏事而自食其果。子驷宰——（于是）把子驷杀死。⑧雪耻报仇——报冤仇以洗刷耻辱。正义伸——使正义得到伸张。据载："初，子驷为田洫（xù），司氏、堵氏、侯氏、子师氏皆丧田焉，故五族聚群不逞之人，因公子之徒以作乱。"将子驷杀死于宫中。成语"不逞之徒"即由此而来。

车 载 斗 量

纵横捭阖魏曹丕[1]，貌合神离孙权随[2]。
虚应故事遣使谢[3]，掩人耳目诏不违[4]。
鉴貌辨色丕发问[5]，应付裕如赵咨回[6]：
能文善武人近百[7]，车载斗量如我辈[8]。

【说明】 成语"车载斗量"，见于《三国志·吴志·吴主孙权传》中的一个成语故事。

【串讲】 ①纵横捭阖（bǎi hé）——形容在政治上、外交上运用手段进行分化或争取。也形容文章大开大合，不受拘束。此指前者，即曹丕在政治上、外交上运用手段对吴、蜀两国进行分化，争取吴国，孤立蜀国。纵横：即"合纵连横"的简称，原指战国时代一些诸侯国在外交上根据当时的利害结成不同的集团，南北六国联合抗秦叫合纵，六国服从秦国叫连横；捭阖：开合。魏曹丕——（三国时）

魏王曹丕（就是这样做的）。据载，魏王曹丕为了统一天下，便极力孤立蜀国，拉拢吴国，发诏书封吴主孙权为吴王。②貌合神离——表面上合得来，实际上不同心。此指孙权与曹丕是"貌合神离"。貌：外表；神：内心。孙权随——孙权（只是表面上）跟从他。据载，孙权收到诏书后，心里虽不愿接受这个封号，但表面上还得装出愿意接受的样子。③虚应故事——照例应付，敷衍了事。故事：成例。遣使谢——（孙权）派使者（赵咨前往魏国）回谢。④掩人耳目——遮掩别人的耳朵和眼睛。比喻以假象欺骗别人。此指孙权以回谢这一假象来欺骗曹丕。诏不违——（以表示）不违背诏书（的任命），即表示同意接受曹丕对自己的封号。⑤鉴（jiàn）貌辨色——观察对方的表情，看清对方的脸色。形容根据对方的心理决定相应的行动。此指曹丕对前来的使者赵咨"鉴貌辨色"。鉴：看；色：指脸色。丕发问——曹丕（向赵咨）问话。据载，曹丕问赵咨："在吴国像你这样的人有多少？"⑥应付裕如——从容应付，不费气力。裕如：充裕地。赵咨回——赵咨回答（曹丕的问话）说：⑦能文善武——既有文才，又通武艺。人近百——（这样的人）将近有一百个。⑧车载斗量——用车装，用斗量。形容数量很多。如我辈——像我这样一类的人。辈：等，类（指人）。据载，赵咨回答说：我国能文善武的人，不下八九十个；"如臣之比，车载斗量，不可胜数"。这便是成语"车载斗量"之来源。

水 深 火 热

大获全胜齐攻燕①，不知利害欲久盘②。

恭而有礼王问孟③，开门见山孟回言④：
比物连类燕不弱⑤，溃不成军因民艰⑥。
水深火热如不救⑦，鹊巢鸠占不久远⑧。

【说明】 成语"水深火热"，见于《孟子·梁惠王下》中的一个成语故事。

【串讲】 ①大获全胜——杀伤和俘获大批敌兵，夺得大批军用物资，取得完全胜利。获：擒获俘虏，夺取敌方辎（zī）重。齐攻燕——（战国时）齐国攻打燕国（就取得了这样的战果）。②不知利害——不知道事情对自己有利还是有害。欲久盘——（齐国）想要长期盘踞燕国。据载，齐国攻打燕国大获全胜后，有人劝齐宣王长期占领燕国，也有人劝他不要占领燕国。齐宣王对此拿不定主意。③恭而有礼——对人恭敬而又合乎礼法，即恭敬而又不超出礼法规定的范围。王问孟——齐宣王（就是这样）去请教孟子。王：指齐宣王；孟：指孟子。④开门见山——比喻说话、写文章一开头就谈本题，不拐弯抹角。此指说话"开门见山"。孟回言——孟子回答（齐宣王）说：⑤比物连类——联系相类似的事物进行比较。此指把燕国和齐国进行比较。燕不弱——（孟子说）燕国并不（比齐国）弱小。⑥溃不成军——形容军队被彻底打垮，四处逃散。因民艰——（这）是因为（燕国的）百姓太困苦了。⑦水深火热——如沉入水中，越来越深；如掉进火坑，越来越热。比喻人民生活极端痛苦。此指燕国人民陷于"水深火热"之中。如不救——如果不（把他们）拯救出来。⑧鹊巢鸠占——喜鹊的巢被斑鸠占住。本比喻女子出嫁，住在夫家。后比喻强占别人家园或位置。此指齐国强占燕国。不久远——（这）是不会长远的。据载，孟子回答齐宣王说："燕国并不比齐国弱小。它所以被齐国打败，是因为燕国人民想摆脱'水深火热'的苦难，所以才送酒送饭，欢迎你们的正义之师。如果齐国并吞燕国而不把燕国人民从水火似的暴政下解救出来，反而加重他们的苦难，'如水益深，如火益热'。这样，燕国人民必将转而攻齐，你们想长期占据也是办不到的。"成语"水深火热"即由此演化而形成。

分 崩 离 析

磨刀霍霍鲁季孙①，扩而充之颛臾吞②。
是非曲直求疑惑③，事关重大于子询④。
发奸摘伏子怒斥⑤：别有用心欲欺君⑥。
分崩离析国不顾⑦，祸起萧墙无他因⑧。

【说明】 成语"分崩离析"，见于《论语·季氏》中的一个成语故事。

【串讲】 ①磨刀霍霍——形容准备宰杀。此指准备进攻。霍霍：磨刀的声音。鲁季孙——鲁国（大夫）季孙（正在这样做）。鲁：指春秋时鲁国。②扩而充之——扩大范围，充实内容。此指扩大领土范围，充实自己的权力。颛臾（zhuān yǔ）吞——（想把鲁国的附属小国）颛臾灭掉。③是非曲直——正确与错误，无理和有理。此指季孙要吞并颛臾究竟是对的还是错的，是有道理还是没道理。曲直：指无道理和有道理。求疑惑——（在季孙手下干事的孔子的学生）冉求（对此）弄不明白。求：指冉求。④事关重大——指事情关系着根本和全局。此指季孙要攻打颛臾这件事关系到鲁国的根本和全局。于子询——（冉求则向他的老师）孔子去请教。于：向。子：指孔子。询：征求意见。⑤发奸摘（tī）伏——揭发未暴露的坏人坏事。此指揭露季孙想吞并颛臾这件事的实质。摘：揭发。子怒斥——孔子（对季孙给以）愤怒的谴责。斥：责骂。⑥别有用心——另有打算，心里打着坏主意。欲欺君——（季孙的目的是）想要欺负国君（有不轨之图）。⑦分崩离析——形容国家或集团分裂瓦解，不可收拾。此指鲁国不统一，已被季孙、孟孙、叔孙三家分割，而且不时有据城叛鲁的大夫。国不顾——（季孙）对鲁国（这种"分崩离析"的局面）毫不关照。⑧祸起萧墙——事端或祸端发生在照墙里面。比喻祸患产生于内部。萧墙：照墙。无他因——（这）是没有其他什么原因的（意在欺君）。据载，冉求请教孔子时，孔子谴责季孙说："国家已'分崩离析'却不去保全，反而在国内大动干戈。我恐怕季孙的忧虑不在颛臾，而在萧墙里边的国君（鲁哀公）吧。"这便是成语"分崩离析"之来源。

韦 编 三 绝

博采众长圣孔丘①，**孜孜不懈学无休**②。
乐以忘忧晚年至③，**专精覃思《易经》求**④。
学以致用善思考⑤，**独具慧眼精髓收**⑥。
高深莫测反复阅⑦，**韦编三绝灼见留**⑧。

【说明】 成语"韦编三绝"，见于《史记·孔子世家》中的一个成语故事。

【串讲】 ①博采众长——广泛地吸取各家的长处。圣孔丘——圣人孔子（即是如此）。②孜孜不懈——勤勉努力，毫不懈怠。学无休——（所以孔子对各种知识的）学习从不停止。据载，孔子曾向老子学过礼，向苌弘学过乐，向师襄学过琴，总在不断地学习。③乐以忘忧——因快乐而忘记了忧愁。晚年至——（因而在不知不觉中）到了老年。④专精覃思——指专心致志，深入研讨。《易经》求——（这便是）研究探求《易经》的道理。⑤学以致用——学习要能应用于实际。善思考——（所以孔子）很擅长思考。⑥独具慧眼——指具有别人没有的见解。慧：聪明，有才智。精髓收——（因此孔子）能吸收掌握《易经》中的精华。⑦高深莫测——高深的程度让人无法揣测。反复阅——（所以孔子对《易经》）则是反复地研读。⑧韦编三绝——致使编连《易经》竹简的皮绳多次断绝。后用以形容读书刻苦勤奋。韦：鞣制的皮绳。绝：断。灼见留——（因而孔子）留下了（对《易经》的）透彻见解。据载："孔子晚而喜《易》……读易，韦编三绝。"成语"韦编三绝"即由此而来。

水 落 石 出

颠沛流离几弟兄①，衣衫褴褛无人缝②。
大发慈悲女主补③，适逢其会丈夫盯④。
疑神疑鬼疑妻子⑤，暧昧之情可产生⑥？
问心无愧妻忠告⑦：水落石出自然明⑧。

【说明】 成语"水落石出"，见于《乐府诗集·古艳歌行》中的一个成语故事。

【串讲】 ①颠沛流离——形容生活困苦而到处流浪。颠沛：困顿。流离：转徙离散。几弟兄——（有这样）几个弟兄。②衣衫褴褛——形容身上的衣服破破烂烂。褴褛（lán lǚ）：衣服破烂。无人缝——没有人给缝补。③大发慈悲——对人格外慈悲怜悯。慈：仁爱；悲：怜悯。女主补——（房东家的）女主人给（他们）缝补（破衣服）。④适逢其会——恰巧碰上那个机会。会：时机，机会。丈夫盯——

128

（被她）丈夫看见了。⑤疑神疑鬼——形容疑心很重。疑妻子——怀疑（他的）妻子。⑥暧昧之情——指行为不光明，内有不可告人的隐情。也指男女互相爱悦可能有的私事。此指后者。可产生——（这种私事在他妻子和流浪汉间）是否已经产生。⑦问心无愧——摸着心口自问，觉得没有什么惭愧的。妻忠告——（他的）妻子忠言相告：⑧水落石出——水落下去，水中的石头就显露出来。比喻事情的真相完全显露。自然明——（你）自然就明白了。据载，妻子对丈夫说："语卿且勿盼，水清石自见。"意思是，我告诉你不要乱怀疑，事情的真相总有一天会明白的。后来将"水清石自见"演化成"水落石出"成语。

不 寒 而 栗

官虎吏狼汉义纵①，穷凶极恶滥用刑②。
走马上任为太守③，草菅人命因牢空④。
赶尽杀绝无辜戮⑤，朋坐族诛亲友坑⑥。
杀人如麻不眨眼⑦，不寒而栗遍城中⑧。

【说明】 成语"不寒而栗"，见于西汉司马迁《史记·酷吏列传》中的一个成语故事。

【串讲】 ①官虎吏狼——官如虎，吏如狼。形容官吏贪暴。汉义纵——西汉有个叫义纵的（就是这样的官）。汉：指西汉。②穷凶极恶——形容极端凶恶。穷：极端。滥用刑——（对人）不加区别任意动用刑法。③走马上任——指官吏到职视事。为太守——（义纵）做了（定襄）太守。④草菅（jiān）人命——把人命看得跟野草一样。

指轻视人命，任意杀害。草菅：野草。因牢空——整个狱中都没有犯人了，即因犯已全部被杀掉。据载，义纵做定襄太守，一到任就把监狱中的二百多名罪犯全部处以死刑。⑤赶尽杀绝——杀得一个不留。也比喻逼人太甚。此指前者。无辜戮——把无辜的人也给杀害了。⑥朋坐族诛——有点朋友关系的被判罪，整个家族被杀掉。指株连治罪，残酷镇压。朋：成群；坐：坐罪，判以罪名并给以惩罚。亲友坑——（把探视犯人的）亲友也杀害了。坑：古代一种刑法，活埋，即坑杀。此引为杀害。据载，有二百多名前来探视犯人的亲友（无罪百姓）也被杀害。⑦杀人如麻——杀死的人像乱麻一样，多得数不清。不眨眼——（尽管如此）连眼睛都不眨一下。形容极其残忍。⑧不寒而栗——身上不寒冷，却打战发抖。形容恐惧到了极点。栗：打颤，发抖。遍城中——（这种恐惧情绪）遍布整个定襄城（的人们）之中。据载："是日皆报杀四百余人，其后郡中不寒而栗。"这便是"不寒而栗"成语之来源。

不 辨 菽 麦

王公贵戚晋栾书①，争权攘利心狠毒②。
势如水火胥童戮③，势不两存厉公诛④。
操纵自如悼公立⑤，自圆其说说人服⑥：
长幼有序其兄蠢⑦，不辨菽麦无立足⑧。

【说明】 成语"不辨菽（shū）麦"，见于《左传·成公十八年》中的一个成语故事。

【串讲】 ①王公贵戚——泛指皇亲国戚。晋栾书——（春秋时）晋国的栾书（即为当时的上层贵族）。②争权攘（rǎng）利——争夺权力和利益。攘：侵夺。心狠毒——内心凶狠毒辣。③势如水火——形容双方就像水火一样互相对立，不能相容。胥童戮——（于是栾书伙同另一贵族中行偃首先）杀掉（受国君重用掌握国家大权的）胥童。④势不两存——指双方处于尖锐矛盾态势，不可调和，不能并存。厉公诛——（于是又把国君）晋厉公杀死。诛：把罪人杀死。⑤操纵自如——控制或驾驶完全如人意。此指前者。悼公立——（于是）立（晋襄公之曾孙周子做国君）为悼公。据载，周子当时才十四岁，完全听命于栾书、中行偃等贵族，栾书等掌握了国家政权。周子有长兄，为什么不立他为国君呢？⑥自圆其说——把自己的说法表达得周全圆满。说人服——（以此）来说服他人认可：⑦长幼有序——指年长者和年幼者之间的先后尊卑。其兄蠢——（所以本应立周子之兄为国君）但他的这位哥哥太愚笨（当不了国君）。怎见得呢？⑧不辨菽麦——分不清豆子和麦子。原形容愚笨无知。后形容缺乏实际生产知识。此为原意。无立足——（若立这样愚笨者为国君）是无法立起来的。立足：站住脚。据载，栾书做解释说："周子有兄而无慧，不能辨菽麦，故不可立。"成语"不辨菽麦"即由此而来。

毛 遂 自 荐

兵临城下赵求援①，责重山岳平原担②。
毛遂自荐同去楚③，初露锋芒胆识观④。
利口巧辞楚王说⑤，遂心如意结盟完⑥。
有口皆碑随者赞⑦，敬如上宾胜心甘⑧。

【说明】 成语"毛遂自荐"，见于《史记·平原君列传》中的一个成语故事。

【串讲】 ①兵临城下——敌军开到城下。形容形势危急。此指战国时秦国军队开到赵国都城邯郸城下进行围攻。临：到达。赵求援——（于是）赵国（危急则派使者向楚国）请求出兵救援。赵：指赵国。②责重山岳——责任之重如山岳。形容责任重大。平原担——（这个出使的重大责任）则由平原君来承担。平原：指平原君（赵国公子赵胜）。据载，平原君出使楚国，准备在门客中挑选二十名能文能武的人作为随员，但只选中了十九个，还少一人。③毛遂自荐——（于是）毛遂自己推荐自己。后作自告奋勇、自我推荐的典故。此为原意。同去楚——（毛遂得到允许则跟随平原君）一同去到了楚国。据载，毛遂上前对平原君自荐说："遂闻君将合纵于楚，约与食客门下二十人偕（同往），不外索。今少一人，愿君即以遂备员而行矣。"平原君则答应了他的请求。④初露锋芒——比喻刚刚显露出某种才能和力量。此指毛遂到楚国则刚刚显露出他的外交才能。锋芒：刀剑等兵器的刃口和尖端，引申为人的锐气。胆识观——（这）从他的有胆有识的表现可以看出来。⑤利口巧辞——形容能言善辩。利口：会说话；巧辞：善于说话。楚王说（shuì）——（毛遂就是这样）说服了楚王。⑥遂心如意——称心满意。此指平原君等一行都非常称心满意。结盟完——（因为已经）完成了（与楚国）结盟（合纵抗秦）的任务。据载："平原君与楚合纵，言其利害，日出而言之，日中不决。"于是"毛遂按剑历阶而上"，以他的利口巧辞陈述利害，终使楚王同意与赵结盟，合纵抗秦，出兵救邯郸。毛遂立了大功。⑦有口皆碑——所有的人都称颂。碑：记功的石碑，引申为称颂。随者赞——随同平原君去的那十九人（对毛遂都大加）称赞。⑧敬如上宾——像对待尊贵的客人那样对待对方。此指自此以后平原君待毛遂"敬如上宾"。胜心甘——（这是）赵胜（平原君）

132

心里乐意做的。胜：指赵胜，即平原君。据载，自此以后，"遂以为上客"。成语"毛遂自荐"即由此故事而形成。

今朝有酒今朝醉

发愤为雄唐罗隐①，废寝忘食苦读书②。
满怀希望考进士③，屡试不第榜上无④。
悲痛欲绝心沮丧⑤，愁山闷海无处输⑥。
今朝有酒今朝醉⑦，醉生梦死以诗出⑧。

【说明】　成语"今朝有酒今朝醉"，见于唐·罗隐《罗昭谏集·自遣》诗中的一句，它涉及一个成语故事。

【串讲】　①发愤为雄——发奋努力，使自己成为杰出人才。唐罗隐——唐朝时（有一个）叫罗隐的读书人（即是如此）。唐：唐朝。②废寝忘食——顾不上睡觉，忘记了吃饭。苦读书——（罗隐就是这样）刻苦攻读经书。③满怀希望——指心中充满希望。考进士——（能够）考中进士。④屡试不第——一次又一次地参加科举考试都没有考中。榜上无——（因为在公布的）皇榜上没有他罗隐的名字。⑤悲痛欲绝——伤心得快要断气了。形容伤心到了极点。心沮丧——非常灰心失望。⑥愁山闷海——形容愁闷像山一样大，像海一样深。无处输——没有地方可运送排遣。⑦今朝有酒今朝醉——今天有酒今天喝醉了再说。比喻追求享乐或及时行乐，不管其他。也比喻只顾眼前，不做长远打算。此指罗隐及时行乐，不管其他。⑧醉生梦死——像喝醉酒和做梦一样糊涂地过日子。形容生活无目标，意志消沉颓废。以诗出——（罗隐把他这样的情绪）用诗表达出来。

据载，罗隐连连落考后写了一首《自遣》诗："得即高歌失即休，多愁多恨亦悠悠。今朝有酒今朝醉，明日愁来明日愁。"成语"今朝有酒今朝醉"即由此而来。

分 庭 抗 礼

优游不迫子弹琴①，声入心通遇知音②。
打躬作揖渔父问③，惊诧莫名弟子询④：
分庭抗礼与君主⑤，何至于此渔父尊⑥。
敬老尊贤子回对⑦：通幽洞微其道深⑧。

【说明】成语"分庭抗礼"，见于《庄子·渔父》中的一个成语故事。

【串讲】①优游不迫——形容从容闲适的样子。优游：悠闲自得。不迫：不紧不急的样子。子弹琴——（这便是）孔子（坐在杏坛上）弹琴。据载，孔子领着他的学生到处推行他的"仁政"，弄得疲惫不堪，于是到缁（zī）林散心，兴起而弹琴。②声入心通——指一闻圣人之言，即能领悟其微旨。此指一听到孔子的琴声，即能领悟其含义。遇知音——（这是孔子）遇上了知音者（渔父）。据载，孔子弹琴时，有一位须眉皆白的渔父坐在不远处倾听，并向子路、子贡了解孔子的情况，然后离开自语说："孔子仁倒是仁，只怕他难免受苦受难。"孔子听了子路、子贡的转述，便追赶上渔父。③打躬作揖——旧时男子见面恭敬行礼。渔父问——（孔子就这样恭敬地）向渔父请教。据载，渔父见孔子态度诚恳，便向他讲了许多道理，孔子受益匪浅。④惊诧莫名——惊讶诧异，

· 134 ·

无法形容。形容十分惊讶。弟子询——（这便是孔子的弟子对其举动十分惊讶）而向他询问原因：⑤分庭抗礼——宾主分处庭中两边，相对行礼，以示双方平等。比喻地位平等，互相对立。也比喻互不相让，或相对抗、闹独立。此为原意。与君主——（这表现在老师）与千乘之君、万乘之主的交往上。据载，子路问孔子曰："万乘之主，千乘之君，见夫子未尝不分庭伉（抗）礼。"⑥何至于此——哪里就会到了如此的地步。渔父尊——（老师竟然这样）尊敬渔父呢？⑦敬老尊贤——尊敬年老的和有德行有才能的人。子回对——（这是）孔子对子路的回答。并说：⑧通幽洞微——通晓幽深之理，洞察细微事故。其道深——他（渔父）的道行很深（我怎能不尊敬他呢）。成语"分庭抗礼"即由此成语故事而来。

分　道　扬　镳

心高气傲魏元志①，乘坚策肥街上旋②。
狭路相逢李彪遇③，寸步不让停路间④。
各不相下文帝找⑤，进退维谷帝为难⑥。
不偏不倚折中断⑦：分道扬镳各自前⑧。

【说明】　成语"分道扬镳（biāo）"，见于《魏书·河间公齐传》中的一个成语故事。

【串讲】　①心高气傲——自视很高，傲气很盛。魏元志——（南北朝时）北魏（京都长官洛阳京兆尹）元志（就是这样一个人）。魏：指北魏。②乘坚策肥——乘着坚车，打着肥马。形容高官、富商的豪华生活。此指原意，即指元志乘着豪华马车上街。坚：指坚固的车子；肥：指肥壮的马。街上旋——（元志）在大街上转游。旋：转动。③狭路相逢——在狭窄的路上碰到一起。多指碰上了自己不愿见的人。李彪遇——（元志）遇上了（官位比他高的御史中尉）李彪。④寸步不让——形容丝毫不肯让步。此指元志丝毫不肯给李彪让路。停路间——（把马车）停在道路中间。据载，按封建礼节，元志官小，该给李彪让路，可他执意不让。⑤各不相下——双方相峙，分不出胜负。此指元志和李彪谁都不肯让路，二人相持不下。文帝找——（于是两人一同）去找孝文帝（评理）。⑥进退维谷——进退都陷于困难境地。此指文帝评谁有理和无理都使自己陷于困境。据载，这二人都是孝文帝的宠臣，不好说谁有理谁无理。维：文言虚词；谷：比喻困难。帝为难——孝文帝很不好办。⑦不偏不倚——不偏向于任何一方。此指孝文帝既不偏向元志，也不偏向李彪，取折中态度。倚：偏近一边。折中断——（于是）用折中的办法予以裁定。⑧分道扬镳——分路而行。后比喻各自向不同的目标前进。此指原意。镳：马勒口；扬镳：指驱马前进。各自前——（元志、李彪）各自向前，走自己的路。据载，孝文帝最后对二位说："洛阳，我之丰沛（帝王的故乡），自应分路扬镳；自今以后，可分路而行。"这便是成语"分道扬镳"之来源。

以 卵 投 石

兼爱无私宋墨翟①，四海为家往于齐②。
意出望外卦人阻③，快步如飞志不移④。

天违人愿遇水涨⑤，无计奈何回头趋⑥。
自卖自夸卦人傲⑦，以卵投石翟猛批⑧。

【说明】 成语"以卵投石"，也作"以卵击石"，见于《墨子·贵义》中的一个成语故事。

【串讲】 ①兼爱无私——爱大众，对人没有私心。宋墨翟（墨子）——（战国初期）宋国人墨翟（即如此）。宋：宋国。②四海为家——原指帝王占有天下，统治全国。现指志在四方，以各处为家。此指后者。往于齐——（墨子）前去到齐国。③意出望外——出于意料以外。卦人阻——（这就是在路上）受到一个算卦人的拦阻。据载，算卦人阻止墨子说："天帝今天在北方杀黑龙，你的皮肤也很黑，去了有危险。"墨子不信，继续前行。④快步如飞——形容步伐有力，走得很快。志不移——（去往齐国的）志向不改变。⑤天违人愿——天意和人的愿望相违背。比喻事不遂心。遇水涨——（这便是墨子走到淄水边）正遇上河水上涨（泛滥而无法渡河）。⑥无计奈何——想不出什么办法。回头趋——（所以墨子只好）转过身来原路快步返回。⑦自卖自夸——形容自我夸耀。卦人傲——（这便是算卦人见墨子回来在其面前自夸其能）而显得很傲慢。⑧以卵投石——用蛋去碰石头。比喻不自量力，自取灭亡。翟猛批——（算卦人的言论）遭到墨翟如此猛烈地批判。据载，墨子以河水泛滥，什么人都受阻，来批判算卦人的谬论，指出这和皮肤黑白无关。并进一步说："以其言非吾言者，是犹以卵投石也，尽天下之卵，其石犹是也，不可毁也。"成语"以卵投石"即由此而来。

以 貌 取 人

至圣先师孔夫子①，因材施教亦有失②。
仪表堂堂看重予③，朽木难雕反叛施④。
其貌不扬轻视羽⑤，硕学通儒却成师⑥。
自以为非孔子悟⑦，以貌取人应弃之⑧。

【说明】 成语"以貌取人"，见于《史记·仲尼弟子列传》中的一个成语故事。

【串讲】 ①至圣先师——故去的最神圣的老师。孔夫子——（这便是圣人）孔子老师。夫子：旧称老师。②因材施教——依据人的不同素质来实行教育。亦有失——（对孔子自己提出的这一教育原则他在实践中）也是有失误的。比如对两个相貌各异的学生的判断即是如此。③仪表堂堂——形容人外表端正，姿态威严。看重予——（对这样一个）名叫宰予的学生孔子把他看得很重（认为他有出息）。而实际呢？④朽木难雕——比喻人不可造就或局势已到不可挽回的地步。此指前者，即指宰予是一个不可造就之人。据载，此人性情懒惰，不用功读书。反叛施——（并且后来）实施了反对朝廷的叛乱。⑤其貌不扬——形容人的外貌长得不好看。轻视羽——（对这样一个相貌丑陋的）名叫子羽的学生孔子很不重视（但他却勤奋好学）。⑥硕学通儒——精通儒学的大学者。硕：大。却成师——（因此子羽）却成为（青年人求教的）老师。⑦自以为非——自己以为错了。孔子悟——（这是）孔子自己醒悟了。⑧以貌取人——只凭外表来判断人的品质和能力。应弃之——（这种做法）应该丢弃它。据载："孔子闻之，曰：'吾以言取人，失之宰予；以貌取人，失之子羽。'"成语"以貌取人"即由此成语故事而来。

水 滴 石 穿

监守自盗一库吏①，**中饱私囊窃铜币**②。
蹈常袭故衣袋装③，**作奸犯科令巧遇**④。
铁面无私归案理⑤，**明正典刑县令批**⑥：
绳锯木断害菲浅⑦，**水滴石穿日月积**⑧。

【说明】 成语"水滴石穿"，见于宋代罗大经《鹤林玉露》中的一个成语故事。

【串讲】 ①监守自盗——盗窃自己所经营的财物。一库吏——（宋朝时崇阳县就有这样）一个管仓库的小官吏。②中饱私囊——从中得利归己。指经手钱财时从中贪污。中饱：从中得利。窃铜币——（他经常）偷窃（仓库中的）铜钱。③蹈常袭故——形容按着老办法做事。蹈、袭：因袭，沿用；常：平常的；故：旧的。衣袋装——（他把偷来的铜钱）装进（自己）衣服的口袋里。④作奸犯科——为非作歹，触犯法纪。此指库吏盗窃仓库铜钱，触犯法律。令巧遇——恰巧被县令碰上。令：指县令。据载，有一天，县令看见这个库吏从仓库里出来时，顺手将一文铜钱放进自己的口袋。⑤铁面无私——形容办事严明公正，不讲情面，不徇私情。此指县令"铁面无私"。归案理——（把库吏窃币）归属于案件来处理。⑥明正典刑——依法公开处刑。明：公开；正：治罪；典刑：法律。县令批——（这是）县令批准的。据载，县令判库吏死刑，库吏不服，于是县令提笔批了十六个字。⑦绳锯木断——拉绳当锯子，也能把木头锯断。常用来比喻力量虽小，只要坚持不懈，就能做出看来很难办到的事情。此指原比喻义，即指一次偷得少，长期偷下去，就会造成大祸。害非浅——（其）危害是很大的。⑧水滴石穿——水不住地滴下去，就能把石头滴穿。其常用的比喻义与"绳锯木断"相同。此处比喻义也与其原比喻义相同。日月积——（这）是日积月累的（结果）。据载，县令批道："一日一钱，千日一千。绳锯木断，水滴石穿。"这便是成语"水滴石穿"之来源。

双 管 齐 下

画中有诗唐张璪①，挥洒自如绘岩松②。
双管齐下一手握③，目送手挥两树成④。
苍翠欲滴一管显⑤，枯木朽株另管生⑥。
侔色揣称如真树⑦，金题玉躞有芳名⑧。

【说明】　成语"双管齐下"，见于郭若虚《图画见闻志·卷五》中的一个成语故事。

【串讲】　①画中有诗——画里富有诗意。唐张璪（zǎo）——唐朝有个叫张璪的（绘画大师所画的画就具有这样高的艺术造诣）。唐：指唐朝。②挥洒自如——本指作文、写字或作画时笔墨的运用不受拘束。后也形容处理事情干练、娴熟。此指原意，即张璪作画运笔"挥洒自如"。绘岩松——画岩石和松树。据载，张璪最擅长画山水树石，尤工于松树。③双管齐下——原指两管笔同时并用作画。后比喻两件事同时进行。此指原意。一手握——是由一只手来握着的。④目送手挥——原指眼睛追着天空的飞鸟，手挥动着弹琴。后来比喻作文、作画得心应手，笔墨娴熟。此指后者，即张璪作画笔墨娴熟，得心应手。两树成——（于是）两棵松树（便很快地）画好了。⑤苍翠欲滴——翠绿的颜色，简直像要滴下来。形容草木茂盛，充满生气。此指其中一棵松树画得"苍翠欲滴"。一管显——（这）是由一管笔把它活画出来的。⑥枯木朽株——枯朽的树木。比喻老人、病人或衰弱的力量。此指原意，即画的另一棵松树则是一棵"枯木朽株"。木：树木；株：露出地面的树桩。另管生——（这）是由另外一管笔画出来的。⑦侔（móu）色揣称——描摹物色，恰到好处。侔：等同；揣：估量；称：好。如真树——（这两棵树画得）像真的松树一样。⑧金题玉躞（xiè）——精美的书画或书籍装潢。此指张璪画的这幅《两松图》已成为画中精品。金题：泥金书写的题签；玉躞：系缚卷轴用的带上的玉别子。有芳名——（因而张璪）则有美好的名声（流传）。据载，张璪善画松，"能手握双管，一时齐下，一为生枝，一为枯干……经营两足，气韵双高"。成语"双管齐下"即由此而形成。

以 暴 易 暴

同胞共气夷与齐①，互相推诿王位离②。
仁人君子姬昌奔③，时移世变伐纣急④。
竭尽全力阻无效⑤，不食周粟腹忍饥⑥。
以暴易暴写诗表⑦，顽梗不化愚昧极⑧。

【说明】　成语"以暴易暴"，见于《史记·伯夷列传》中的一个成语故事。

【串讲】　①同胞共气——比喻亲兄弟。夷与齐——（商朝末年有一个很小的叫孤竹国国君的两个儿子）伯夷与叔齐（即是如此）。②互相推诿——彼此之间互相推诿，谁也不愿意承担责任。王位离——（于是长子伯夷和次子叔齐）都不继承王位而离开。③仁人君子——指有仁爱之心，热心助人的人。姬昌奔——（这就是二人）都去投奔（周族领袖）姬昌（周文王）。④时移世变——时光推移，世事随之改变。伐纣急——（这便是姬昌已死，其子周武王正载着其神位）急速地（去东面）讨伐商纣王。⑤竭尽全力——用尽全部的力量。竭：尽。阻无效——（伯夷和叔齐如此）去阻止武王伐纣却毫无效果。据载，姬发（周武王）很快灭掉商朝，建立了西周王朝。⑥不食周粟——不吃周朝的粮食。形容忠于故国，不事二主。腹忍饥——（伯夷和叔齐就是这样）宁可让肚子忍饥挨饿。据载："武王已平殷乱，天下宗周，而伯夷、叔齐耻之，义不食周粟，隐于首阳山，采薇而食之。"⑦以暴易暴——用残暴势力替代残暴势力。以诗表——（伯夷、叔齐在临近饿死时）用这样的诗句来表达（他们的不满）。⑧顽梗不化——指思想保守，顽固而不知改变。愚昧极——（这种想法和做法）真是愚昧到顶点了。据载，伯夷、叔齐在所作诗中写道："登彼西山兮，采其薇矣。以暴易暴，不知其非矣。"成语"以暴易暴"即由此而来。

日 暮 途 远

报仇雪恨伍子胥①，大动干戈伐楚敌②。
屡战屡捷平王找③，化为异物鞭尸体④。
过为己甚友责备⑤，前因后果回话奇⑥：
日暮途远忿难忍⑦，倒行逆施不得已⑧。

【说明】 成语"日暮途远"，见于《史记·伍子胥列传》中的一个成语故事。

【串讲】 ①报仇雪恨——报冤仇，解怨恨。雪：洗除。伍子胥——（春秋时吴国大夫）伍子胥（就是这样做的）。据载，伍子胥父兄均被楚平王所杀。为报仇雪恨，他投靠了吴国，用十年时间帮助吴王阖闾夺得了王位，自己做了副将。②大动干戈——原指进行战争。现多比喻大张声势地行事。此指原意，即伍子胥发动战争。干、戈：古代两种兵器。伐楚敌——（于公元前五〇六年，伍子胥领兵）去攻打楚国这个仇敌。③屡战屡捷——指屡次打仗屡次都胜利。捷：战胜。平王找——去（所到之处）寻找（捉拿）楚平王。据载，经过五战五胜，吴国军队攻占了楚国都城郢，到处寻找捉拿楚平王。④化为异物——旧指人死了。此指楚平王这时已经死了。鞭尸体——（于是伍子胥）则用鞭子抽打（楚平王的）尸体。据载，伍子胥掘墓开棺，拖出楚平王尸体，亲自用鞭子狠狠打了三百下。⑤过为已甚——做得太过分了。友责备——（这是伍子胥的）朋友（申包胥对他）的责备。据载，伍子胥老友申包胥知道此事后，则派人送信责备他做得太过分了。那么伍子胥是什么态度呢？⑥前因后果——佛教指"先前种什么因，后来就结什么果"。现也指事情的起因和结果。此指后者，即指"鞭尸体"的起因与结果。回话奇——（伍子胥让送信人转告申包胥的）回话很特殊（是用比喻来说明的）。⑦日暮途远——日景已暮而行程尚远。比喻力竭计穷，无可奈何。忿难忍——（而我对楚平王的）愤恨又实在难以忍住。⑧倒行逆施——形容做事违背常理。后多指违背社会正义与时代进步的罪恶行径。此指原意。不得已——（这完全是出于）不得不这样做呀！据载，伍子胥让送信人转告申包胥说："吾（我）日暮途远，吾故倒行而逆施之。"成语"日暮途远"即从此而来。

专横跋扈

苦心经营汉梁冀①，得意非凡为将军②。
临朝称制妹政主③，恣无忌惮专权狠④。
怨气冲天质帝忿⑤，一语中的臣前云⑥：
专横跋扈将军叫⑦，淋漓尽致揭本真⑧。

【说明】 成语"专横跋扈"，见于《后汉书·梁冀传》中的一个成语故事。

【串讲】 ①苦心经营——用尽心思筹划安排。经营：筹划，管理。汉梁冀——东汉（大将军梁商之子）梁冀（即是如此）。据载，梁冀为了篡权，把两个妹妹送入宫中，做了汉顺帝（刘保）和汉桓帝（刘志）的皇后。②得意非凡——形容非常得意。非凡：不同于一般的。为将军——（因为梁冀之父刚死他就被汉顺帝）封为大将军。③临朝称制——古时皇帝年幼由母后代行皇帝职权或命令。制：帝王的命令。妹政主——（这便是顺帝死后所立的冲帝、质帝太小）则由梁冀之妹主持朝政。④恣无忌惮——无所忌讳，为所欲为。专权狠——（梁冀兄妹就是这样）独揽大权，特别凶狠。⑤怨气冲天——怨愤之气冲向天空。形容怀有强烈的怨恨情绪。质帝忿——（这就是）质帝（对梁冀专权）极度忿恨。⑥一语中的——一句话击中要害。中的：射中箭靶。臣前云——（质帝）曾在大臣面前说过这样的话：⑦专横跋扈——指独断专行，任意妄为，蛮不讲理。专横：专断强横。跋扈：霸道，不讲理。将军叫——（质帝）曾呼叫（梁冀）为这样的将军。⑧淋漓尽致——形容文章或说话表达充分、透彻，也指暴露得很彻底。此为二者兼而有之。淋漓：酣畅，尽情。尽致：达到极点。揭本真——（因为质帝一语）就揭露出梁冀的本质和真实面目。据载："帝（质帝）少而聪慧，知冀骄横，尝朝群臣，目冀曰：'此跋扈将军也。'"成语"专横跋扈"即由此而来。

日 薄 西 山

才华出众晋李密[①]，　德隆望重征为官[②]。
孝思不匮拒邀请[③]，　倾心吐胆上表言[④]：
耄耋之年祖母病[⑤]，　日薄西山气奄奄[⑥]。
人命危浅不能去[⑦]，　朝不虑夕须在前[⑧]。

【说明】　成语"日薄西山"，见于晋代李密《陈请表》中的一个成语故事。

【串讲】　①才华出众——才能超出一般人。晋李密——晋朝有一个叫李密的人（即是如此）。②德隆望重——道德高尚，声望很高。征为官——（因此晋武帝司马炎）则特别征调他出来做（太子洗马）之官。据载，李密曾在蜀后主时做过尚书郎，蜀亡后，司马炎由于爱慕他的才华，所以请他出来为官。③孝思不匮（kuì）——指对父母等长辈行孝道的心思时刻不忘。匮：缺乏。拒邀请——（所以李密）拒绝这种邀请（不出来做官）。④倾心吐胆——比喻对人以诚相见，毫无保留地说出心里话。上表言——（这便是李密给晋武帝）上《陈请表》来说明自己不能应邀的原因：⑤耄耋（mào dié）之年——形容年纪很老。耄：八九十岁。耋：七八十岁。祖母病——（这就是）老祖母有重病在床。⑥日薄西山——太阳快要落山。比喻人到老年或事物接近

145

衰亡。此为前一比喻义。薄：逼近。气奄奄——（老祖母）已经是呼吸极其微弱。⑦人命危浅——指寿命不长，即将死亡或覆灭。此为前者。危：危险。浅：时间短。不能去——（所以我）不能接任前往。⑧朝不虑夕——早晨不能为晚上的事预做打算。形容处境窘迫，只能顾及眼前，难做长远打算。须在前——（所以我李密）必须时刻守候在老祖母跟前。据载，李密在《陈请表》中陈述自己不能接任的原因写道："但以刘（指祖母）日薄西山，气息奄奄，人命危浅，朝不虑夕。"成语"日薄西山""人命危浅""朝不虑夕"即由此而来。

毋 翼 而 飞

旷日经久稽攻郸①，无计可生庄献言②：
关心备至三军赏③，以礼相待士志坚④。
专权跋扈如不改⑤，毋翼而飞祸临前⑥。
傲气凌人稽拒劝⑦，孤行一意命遭歼⑧。

【说明】 成语"毋翼而飞"，也作"无翼而飞""不翼而飞"，见于《国策·秦策三》中的一个成语故事。

【串讲】 ①旷日经久——经历的时间很长。旷：迁延。稽攻郸——（战国时，秦国大将）王稽（受秦王指令）去攻打（赵国都城）邯郸（就是这样历经十七个月没有攻下）。稽：王稽。郸：指邯郸。②无计可生——想不出什么办法。庄献言——（这时）有一个叫庄的人（向王稽）献计说：③关心备至——关怀得极其周到。三军赏——（这便是）犒赏你手下的军队。④以礼相待——用相应的礼节对待。

士志坚——（这样）战士的作战意志就会坚强（才能打胜仗）。⑤专权跋扈——形容独断专行，蛮不讲理。如不改——如果（你仍坚持用这种态度对待下属）而不知改正。那么，其结果必然是：⑥毋翼而飞——没有翼子就会飞走。形容流传迅速。祸临前——（那时）大祸就会降临到你的跟前。据载，庄劝王稽说："闻三人成虎，十夫揉（róu）椎，众口所移，毋翼而飞，故曰，不如赐军吏而礼之。"⑦傲气凌人——用自高自大的作风欺压人。凌：欺凌。稽拒劝——（这便是）王稽拒绝庄的善意劝告。⑧孤行一意——固执地依照个人的意愿去行动而不听劝告。命遭奸——（其结果是王稽的）性命遭到灭杀。据载，由于王稽不善待部下而酿成军队作乱，对战事更加不利。消息传到秦王之耳，秦王恼怒，将其杀死。成语"毋翼而飞"即由此成语故事而来。

天 翻 地 覆

名门闺秀蔡文姬①，博学多能音律悉②。
连天烽火匈奴掳③，逆来顺受为王妻④。
饱经辛酸心痛切⑤，寄兴寓情写诗移⑥：
天翻地覆谁知晓⑦，昼思夜想家国趋⑧。

【说明】 成语"天翻地覆"，见于唐代刘商作的《胡笳十八拍》中的一个成语故事。

【串讲】 ①名门闺秀——指有名望有权势人家的女儿。名门：有名望的家族。闺秀：女儿。蔡文姬——（东汉末年，左中郎将蔡邕之女）蔡文姬（即是如此）。②博学多能——学识广博，有多种才能。音律悉——（尤其是）懂得音律。③连天烽火——形容战火到处燃烧，接连不断。烽火：古时边防报警点的烟火，比喻战争或战火。匈奴掳——（这便是当时匈奴入侵）蔡文姬被匈奴人所掳获。④逆来顺受——对恶劣的环境和不合理的待遇采取顺从忍受的态度。为王妻——（就这样蔡文姬极不情愿地）做了南匈奴左贤王的妻子（王后）。⑤饱经辛酸——形容经历很多辛酸。心痛切——（所以）她心里实在是非常悲痛。⑥寄兴寓情——指作品中寄托了作者的兴致与情怀。寓：含。写诗移——（这就是蔡文姬）以作诗来转移自己的辛酸与悲痛：⑦天翻地覆——形容变化非常大。也形容闹得非常厉害，秩序大乱。此为前者。覆：翻转。谁知晓——（这样大的变化）谁能知道呢。⑧昼思夜想——日夜想念。形容思念极深。也指苦苦思索。此为前者。家国趋——（这就是）想尽快回到自己的祖国和家里。趋：快走，趋向。据载，诗中对蔡文姬到匈奴后的遭遇和心情写道："天翻地覆谁得知，如今正南看北斗。"成语"天翻地覆"即由此而来。

令 人 发 指

侠肝义胆燕荆轲[①]，毅然决然赴秦国[②]。
任重道远秦王刺[③]，性命交关太子托[④]。
视死如饴别易水[⑤]，慷慨激扬轲高歌[⑥]。
令人发指声悲壮[⑦]，气冲霄汉震山河[⑧]。

【说明】　成语"令人发指"，见于《史记·刺客列传》中的一个成语故事。

【串讲】　①侠肝义胆——指讲义气、有勇气、肯舍己助人的气概和行为。燕荆轲——（战国末期）燕国有一个名叫荆轲的人（即是如此）。燕：燕国。②毅然决然——形容意志坚强，做事坚决果断。赴秦国——（荆轲就是这样）前去秦国。③任重道远——担子很重而道路遥远。比喻责任重大，需要不懈努力。秦王刺——（这便是去到秦国）刺杀秦王（嬴政）。④性命交关——形容事情关系重大，十分重要。交关：相关。太子托——（因为这是）燕太子丹所委托的事。据载，秦为了统一中国，各个击破。当大军压境于燕易水河边时，燕太子丹非常害怕，便请来武士荆轲以假装割让土地献地图为名去刺杀秦王。荆轲此去，凶多吉少，太子丹带众官员穿素服相送。⑤视死如饴——指甘心死去。别易水——（于是荆轲）在易水河畔（与太子丹）告别。⑥慷慨激扬——形容情绪激动，精神振奋，充满正气。轲高歌——（这便是）荆轲在高声地唱歌。⑦令人发指——形容愤怒到极点。发指：头发竖起。声悲壮——（因为荆轲）唱的歌声悲哀而雄壮。⑧气冲霄汉——气势高昂，直上云天。形容气势昂扬，势不可挡。也形容怒气极盛。此为二者兼而有之。霄汉：云霄与银河，指天空。震山河——（这悲壮之歌声）震动着高山大河，回荡在大地上。据载："（荆轲临别时）又前而为歌曰：'风萧萧兮易水寒，壮士一去兮不复还！'复羽声慷（同慷）慨，士皆瞋（chěn）目，发尽上指冠。"成语"令人发指"即由此成语故事而形成。

付 之 一 炬

沉湎淫逸唐敬宗①，劳民伤财建华宫②。
为国为民杜牧谏③，以古为镜赋写成④：
闳宇崇楼阿房美⑤，民变蜂起随秦倾⑥。

付之一炬化焦土⑦，前车之鉴敲警钟⑧。

【说明】 成语"付之一炬"，见于唐·杜牧《樊川文集·阿房宫赋》中的一个成语故事。

【串讲】 ①沉湎（miǎn）淫逸——沉迷酒色，荒淫无度。沉湎：沉溺。唐敬宗——（诗人杜牧生活的唐代）唐敬宗（即是如此）。②劳民伤财——既使人民劳苦，又耗费财物。建华宫——来建造华丽的宫殿。③为国为民——为了国家和人民。杜牧谏——（所以）杜牧（则向唐敬宗）进谏。④以古为镜——以历史上的兴衰成败作为借鉴。赋写成——（杜牧）则写成了《阿房宫赋》：⑤闳（hóng）宇崇楼——指大屋高楼。阿房美——阿房宫（就是这样）壮美。但其结果如何呢？⑥民变蜂起——民众的起义、反抗运动像蜜蜂一样成群地起来。形容民众反抗、起义很多。随秦倾——（秦朝末年陈胜、吴广、刘邦、项羽等这样的农民大起义把秦朝推翻）阿房宫也就随之而倾倒。⑦付之一炬——指把东西全部烧掉。炬：火把。化焦土——（阿房宫就这样在项羽占领秦都咸阳后一把火）把它烧化成一片焦土。⑧前车之鉴——前面的车子翻了，后面的车子可引为鉴戒。比喻先前的失败，可作其后的教训。敲警钟——（以此给唐敬宗）敲响警钟（不要步秦朝灭亡的后尘）。据载，赋中对阿房宫被烧写道："戍卒叫，函谷举，楚人（指项羽）一炬，可怜焦土!"成语"付之一炬"即由此演化而形成。

皮之不存，毛将焉附

哀鸿遍野秦求晋①，饥附饱扬晋不允②。

忧深思远庆持异③，**将错就错虢射陈**④：
皮之不存早成怨⑤，**毛将焉附必为真**⑥；
无补于时何须做⑦，**置之不理倒省心**⑧。

【说明】　成语"皮之不存，毛将焉附"，原作"皮之不存，毛将安傅"，见于《左传·僖公十四年》中的一个成语故事。

【串讲】　①哀鸿遍野——比喻呻吟呼号、流离失所的灾民到处都是。哀鸿：哀鸣的大雁，比喻悲哀呼号的灾民。秦求晋——（春秋时有一年受灾的秦国）向晋国求援买粮。②饥附饱扬——饥饿时来依附，食饱后则飞去。比喻为人贪婪势利，忘恩负义。附：归附；扬：飞扬。晋不允——晋（惠公）不答应（秦国的买粮要求）。据载，晋国公子夷吾为了取得秦国支持他回国做国君，曾答应事成后割五城于秦，可是后来他真的当上了国君（即晋惠公）却背信弃义，不割城于秦了。而后晋国受灾，向秦国买粮，秦国也答应了。然而，现在秦国发生饥荒，向晋国买粮，晋惠公不但不卖，还想乘人之危进攻秦国。对此，各位大臣都是什么意见呢？③忧深思远——胸有大局，凡事想得深，思虑得远。庆持异——（有一个）叫庆郑的大夫（对晋惠公的做法）持有不同意见。庆：指庆郑（人名）。据载，庆郑劝晋惠公不要这样做时说："背施无亲，幸灾不仁，贪爱不祥，怒邻不义，四德皆失，何以守国？"可另一大臣虢射却仍然坚持不卖给秦国粮食。④将错就错——事情已经错了，索性顺着错误做下去。虢射陈——（这是）虢射陈述（他的观点）。据载，虢射认为，既然晋国已经违背了诺言，没割五城于秦，秦对晋已经怨恨很深了，即使现在卖粮于秦，秦仍是不满意的，还不如不答应。⑤皮之不存——皮都不存在了。比喻事物失其根本。此指晋国失去割五城于秦这个根本。早成怨——（这）早就构成了秦国对晋国的怨恨。⑥毛将焉附——毛还能依附在哪里呢？比喻就是答应卖给秦国粮食还有什么用呢？必为真——（这）必定会成为真实。据载，虢射曰："皮之不存，毛将安傅？"⑦无补于时——对时事形势没有什么帮助。此指即使卖粮于秦也"无补于时"。何须做——那何必要去做呢？⑧置之不理——搁在一边，不予理睬过问。此指对秦国买粮之事"置之不理"。倒省心——（这样做）倒不费心劳神。据载，虢射在申辩不卖粮于秦的理由时又说："无损于怨，而厚于寇，不如勿与。"由于晋真的没卖粮于秦，结果招致秦的进攻。成语"皮之不存，毛将焉附"便由此而来。

东 山 再 起

雅人深致晋谢安①，风华正茂曾为官②。
名缰利锁心不愿③，降贵纡尊隐东山④。
烟霞痼疾溺山水⑤，赏心悦目赋诗篇⑥。
乐在其中国不忘⑦，东山再起巨任肩⑧。

【说明】 成语"东山再起"，见于《晋书·谢安传》中的一个成语故事。

【串讲】 ①雅人深致——本指《诗经·大雅》作者见解深刻。后用以形容人的言谈举止高雅，不庸俗。此指后者。雅：雅正，高尚；雅人：原指《诗经·大雅》的作者，后转指高雅的人；致：意态情趣。晋谢安——晋朝有个叫谢安的（就是这样一个人）。晋：晋朝。据载，谢安的举止言谈，颇有雅士的修养和风度。②风华正茂——形容朝气蓬勃、富有才华。此指谢安年轻时就是一个才华横溢的人。风华：风采，才华；茂：旺盛。曾为官——（年轻时）曾经做过官。③名缰（jiāng）利锁——比喻名、利像缰绳和锁链一样给人的束缚很大。此指官场的名、利给谢安的束缚很大。心不愿——（谢安）心里是很不乐意（受这种束缚的）。④降贵纡（yū）尊——旧指地位高的人自动降低身份。此指谢安辞官不做。纡：屈抑，委屈；尊：地位高。隐东山——隐居在（今浙江绍兴）的东山。⑤烟霞痼（gù）疾——爱好山水成为不可改变的癖好。烟霞：烟雾和云霞；痼疾：久治不愈的病。溺山水——（这就是谢安）沉溺于游山玩水之中。⑥赏心悦目——指看到美好的景色而心情愉快。赏心：心情欢畅。赋诗篇——（于是）作诗吟诵。⑦乐在其中——快乐就在这中间。国不忘——但并没有忘记国家。⑧东山再起——（谢安）又应诏重新做官。后来比喻再度任职。也比喻失败后，重新兴起。此指原意。巨任肩——担负起（国家的）大任。据载，谢安到了四十岁时，应诏又重新出来做官，晋武帝时升为尚书仆射，位同宰相。这便是成语"东山再起"之来源。

东 涂 西 抹

龙钟老态唐薛逢①，马瘦毛长上朝行②。
鱼贯而出进士遇③，鸣锣开道遭呵轰④。
忍尤含垢路边躲⑤，今非昔比感慨生⑥。
虎落平阳派人告⑦：东涂西抹亦曾经⑧。

【说明】 成语"东涂西抹"，见于五代·王定保《唐摭（zhí）言》卷三中的一个成语故事。

【串讲】 ①龙钟老态——形容人年老体弱，行动迟缓，不灵活。龙钟：衰老、行动不灵便的样子。唐薛逢——唐朝（诗人曾任尚书郎后被贬为蓬州刺史）的薛逢（晚年时即如此）。②瘦马毛长——马一瘦，身上的毛就显得更长。比喻境遇穷困时，就会显得精神不振。此为原义。上朝行——（有一天，薛逢就骑着这样的瘦马）行走在上朝路上。③鱼贯而出——如鱼头尾相接般连续而出。鱼贯：像游鱼一样，一个紧挨着一个。进士遇——（薛逢正好）遇上（这列队鱼贯而出的新科）进士。④鸣锣开道——旧时官员出行，轿前有人敲锣清道。现多用以比喻为新鲜事物造舆论，开辟道路。此指原义。遭呵轰——（于是薛逢）则遭到呵斥而被轰走。⑤忍尤含垢——指忍受指责和污辱。路边躲——（薛逢就这样）躲在道路一旁。⑥今非昔比——现在不是过去所能比得上的。形容变化很大。感慨生——（于是）有所感触而慨叹。⑦虎落平阳——老虎离开藏身的深山，落在平地里。比喻有势者一旦失势。此指薛逢自感失势（已不是原来的尚书郎了）。派人告——（于是）派随从人员（把随即写好的字条送出）告知（新科进士）。⑧东涂西抹——（a）随意下笔作文。多用作自谦之词。（b）形容胡乱删改他人文章。（c）形容到处乱写乱画。此指（a）种情况。亦曾经——（我薛逢）也曾经（参加科举考试作文中进士）啊！据载："薛监（逢），晚年厄于宦途，尝策羸（léi，指瘦马）赴朝，值新进士榜下，缀行而出。时进士团所由辈数十人，见逢行李萧条，前导曰：'回避新郎君！'逢哂（chǎn，笑的样子）然，即遣一介语之曰：'报道莫贫相，阿婆三五少年时，也会东涂西抹也。'"成语"东涂西抹"即由此而来。

四 分 五 裂

大敌当前六国弱[①]，同舟而济共抗秦[②]。

见兔顾犬仪连横③，各个击破合纵分④。
假仁假义魏王说⑤：四战之地君将临⑥。
四分五裂国不国⑦，傍人门户反安身⑧。

【说明】 成语"四分五裂"，见于《国策·魏策一》中的一个成语故事。

【串讲】 ①大敌当前——强大的敌人正在面前。此指强大的秦国（六国大敌）正在六国的面前。六国弱——（这样）六国（各自的力量）就显得很弱小。那怎么办呢？②同舟而济——坐同一条船渡过河去。比喻同心合力共同渡过困难。济：渡，过河。共抗秦——（这便是六国联合起来）共同抗击秦国。据载，当时有个叫苏秦的人，游说齐、楚、燕、韩、赵、魏六国，提出"合纵"的策略，即主张把六国联合起来，共抗秦国。六国采纳了他的主张。③见兔顾犬——看到了野兔才回头唤狗去追捕。比喻事情虽紧急，但如及时想办法还来得及。此指秦国看到六国搞"合纵"，情况虽紧急，但及时采取措施对付"合纵"还来得及。仪连横——（于是）张仪（则提出）"连横"的策略，即主张让六国跟秦国和好。仪：指张仪（人名），秦惠王时宰相。④各个击破——一个一个地攻破。合纵分——（这样六国的）"合纵"策略则被瓦解了。分：分开。据载，由于张仪提出"连横"策略而游说六国，威逼利诱、软硬兼施终于把六国分化，"合纵"则解体。⑤假仁假义——伪装仁义慈善。魏王说（shuì）——（张仪就是这样）去游说（魏国国君）魏王。⑥四战之地——四面受敌之地。此指魏国将因被他国包围而成为四面受敌之地。君将临——（这是）大王您将要面临的形势。⑦四分五裂——形容国土被瓜分，政权不统一的局面。国不国——（等到那种局面来临）魏国将不成其为国家了。⑧傍（bàng）人门户——依附在别人的大门上。比喻依赖别人，不能自主。此指张仪劝魏王依附于秦国。傍：依靠，依附。

反安身——（这样）反而能使自身安全，即使魏国安全。据载，张仪游说魏王时说：魏国地处楚、齐、赵、韩四国之间，如果和这些国家的关系搞得不好，便会四面受敌而丧失领土。"此所谓四分五裂之道也。"还不如依附秦国，反而能保障魏国安全。成语"四分五裂"则由此而来。

叶 公 好 龙

有名无实古叶公①，貌似心非喜欢龙②。
张牙舞爪龙衣冠③，雕梁画栋龙盘空④。
不胫而走真龙晓⑤，腾云驾雾拜叶公⑥。
魂飞魄散公逃走⑦，叶公好龙空其名⑧。

【说明】 成语"叶（旧读 shè）公好龙"，见于西汉刘向《新序·杂事》中的一个成语故事。

【串讲】 ①有名无实——徒有虚名，并无实际。古叶公——古代有个叫叶公的（就是这样一个人）。②貌似心非——表面上好像是这样，而内心实际上不是这样。此指表面上好像喜欢龙，而内心实际上并不是真的喜欢龙。③张牙舞爪——形容猛兽凶猛的样子。此指龙的样子。龙衣冠——（此人）在衣服上绣着（这样的）龙，在帽子上镶着（这样的）龙。龙：作动词用，绣龙，镶龙。④雕梁画栋——在屋子的梁和栋上都有雕刻和绘画。龙盘空——（雕、画的）龙回旋盘绕，就像腾空而起（在云里雾里一样）。⑤不胫而走——没有腿却跑得很快。比喻事物不待推行，就迅速地传播、流行。此指叶公好龙的事不待推行，就传播、流行开来。胫：小腿；走：快跑。真龙晓——（天上的）真龙听到了（这件事）。⑥腾云驾雾——传说中指利用法术乘云雾飞行。也形容奔驰迅速或晕头转向。此指真龙乘云雾快速飞行。拜叶公——来拜访叶公。据载，真龙飞到叶公的家，把头伸进了窗子，尾巴拖在客堂里。⑦魂飞魄散——吓得魂魄都飞散了。形容惊恐万状，不知如何是好。此指叶公被吓得"魂飞魄散"。魂、魄：统称所谓精神、灵气。公逃走——（于是）叶公急忙逃跑。公：叶公；走：跑。⑧叶公好龙——叶公喜欢龙。比喻口头上说爱好某事物，但实际上并不是真爱。空其名——（叶公好龙）也只是空有那个名声。空：作动词，空有。据载，作者最后评论说："是叶公非好龙也，好夫似龙而非龙者也。"这便是成语"叶公好龙"之来源。

乐 不 可 支

文经武略汉张堪①，功若丘山太守担②。
身当其境匈奴抗③，指麾可定渔阳安④。
发财致富励耕垦⑤，地尽其利开稻田⑥。
物阜民丰百姓爱⑦，乐不可支歌谣编⑧。

【说明】 成语"乐不可支"，见于《后汉书·张堪传》中的一个成语故事。

【串讲】 ①文经武略——指有文、武两方面的治国才能和谋略。经：筹划。汉张堪——东汉（名臣）张堪（即如此）。②功若丘山——功绩像山一样高。比喻功绩非常大。太守担——（于是张堪于公元三十九年）便当上了（渔阳）太守。据载，张堪跟随刘秀四处

157

征战，为东汉王朝的建立，立下汗马功劳。刘秀称帝后，派他做渔阳（今北京一带）太守。③身当其境——亲自到了那个境地。匈奴抗——（这便是张堪亲自率军）抗击匈奴。④指麾可定——指一经调度安排，不用多久，局势即可平定。渔阳安——使渔阳地区很快安定下来。据载，张堪到任后，对内清除奸佞，对外抗击匈奴，很快稳定了渔阳局势，并大力发展农业生产。⑤发财致富——获得大量财物而富裕起来。励耕垦——（因为刘堪）鼓励人们耕作和开垦土地。⑥地尽其利——让土地山水等自然环境充分发挥它的作用。开稻田——（这便是引导农民）开垦稻田。⑦物阜民丰——物产丰富，人民安乐。阜：盛、大。百姓爱——（所以）老百姓（对张堪这位太守）非常爱戴。⑧乐不可支——指快乐到极点。支：支持、承受。歌谣编——（于是老百姓）编出歌谣（来颂扬张堪的功绩）。据载，张堪任渔阳太守八年，百姓安居乐业，编歌谣颂扬他说："桑无附枝，麦穗两歧。张君为政，乐不可支。"成语"乐不可支"即由此而来。

乐 不 思 蜀

路人皆知司马昭①，招降纳叛为改朝②。
觥筹交错请禅饮③，轻歌曼舞蜀技高④。
触目伤心从者泪⑤，无动于衷禅自陶⑥。
厚颜无耻回昭问⑦：乐不思蜀这里好⑧。

【说明】 成语"乐不思蜀"，见于《三国志·蜀志·后主禅传》中的一个成语故事。

【串讲】 ①路人皆知——比喻人所共知。司马昭——（这就是）司马昭之心（在于篡位夺权）。常以"司马昭之心，路人皆知"放在一起运用。比喻人所共知的阴谋、野心。据载，司马昭是三国时魏国权臣，他处心积虑地想夺取曹魏政权。②招降纳叛——原指招收、接纳敌方归降和叛变过来的人。现也形容反动势力搜罗坏人。此指原意。为改朝——（目的是）为了改换曹魏政权，建立新朝。据载，蜀国汉后主刘禅（刘备的儿子）于公元二六三年向司马昭投降，司马昭则招收、接纳了他及其随从人员。③觥（gōng）筹交错——酒器和酒筹交互错杂。形容相聚宴饮的欢乐。觥：古代的一种酒器；筹：行酒令的筹码。请禅饮——（这是司马昭）请刘禅（在一起）饮酒的情况。禅：刘禅。④轻歌曼舞——轻快的音乐，柔和的舞蹈。此指司马昭在酒宴上让演出的蜀国娱乐节目。轻：轻快；曼舞：动作柔软的舞蹈。蜀技高——演出的蜀国娱乐节目，技艺高超。⑤触目伤心——看到眼前的景物而引起内心悲伤。此指看到了这些蜀国的娱乐节目而引起内心的悲伤。从者泪——（这时）跟随（刘禅降魏）的人，（触目伤心）而落下泪来。泪：落泪，作动词。⑥无动于衷——内心一点也没有被触动。衷：内心。禅自陶——刘禅自己却在喜悦。⑦厚颜无耻——厚脸皮，不知羞耻。颜：脸面。回昭问——刘禅回答了（司马昭的）问话。据载，酒宴过后，司马昭问刘禅是否很怀念蜀国，刘禅则"厚颜无耻"地回答了他。⑧乐不思蜀——刘禅说："此间乐，不思蜀。"后来比喻乐而忘返或乐而忘本。这里好——（因为）这地方（处处）都很好。这便是成语"乐不思蜀"之来源。

民 不 聊 生

攻城略地武渡河^①，力不从心士不多^②。
招兵买马就地扩^③，大义凛然斥秦恶^④：
头会箕赋徭役重^⑤，民不聊生坐等何^⑥？
群山四应争入伍^⑦，兵多将广势磅礴^⑧。

【说明】　成语"民不聊生"，见于《史记·张耳陈余列传》中的一个成语故事。

【串讲】　①攻城略地——攻克城镇，夺取地盘。略：夺取。武渡河——（秦末陈胜、吴广起义军中著名将领）武臣（率领三千人马）北渡黄河（去攻打河北的秦军）。武：指武臣（人名）；河：指黄河。②力不从心——心里想做而力量不够。此指武臣想大规模进攻秦军而军力不足。士不多——（因为）士兵太少了。③招兵买马——指组织武装，扩充力量。就地扩——就在靠近他们所到之地（黄河北）扩充（兵力）。④大义凛然——正义之气令人敬畏的样子。凛然：形容令人敬畏的神态。斥秦恶——（武臣在召集有关人士参加的动员会上愤怒）斥责秦朝的罪恶。据载，武臣一渡黄河，便将各方人士召集起来进行扩兵动员。在会上，武臣首先斥责了秦朝的罪恶。⑤头会箕赋——按着人头征税，用畚箕装取所征的谷物。指赋税苛刻繁重。会：总计，计算。徭役重——劳役繁重。⑥民不聊生——人民已无法活下去。聊：依赖。坐等何——还坐着等待干什么？意思是号召大家赶快起来参加推翻秦朝的战斗以自救。据载，武臣在动员大会上说："秦朝的残酷统治已经很多年了。他们接连不断地派徭役，苛捐杂税多如牛毛，使得老百姓家家穷困，户户无劳力，真是'民不聊生'啊！"⑦群山四

160

应——许多山峰从四面八方发出回音。比喻一声号召，广大的人群一齐响应。争入伍——（人们）争着抢着地加入（起义军的）队伍。⑧兵多将广——形容军力雄厚。势磅礴——气势盛大。据载，武臣扩充兵力后，接二连三占领十几座城市，使陈胜起义军在河北一带取得重大胜利，气势磅礴。成语"民不聊生"即由此而来。

叹 为 观 止

学富才高相季札①，信使往还使天涯②。
风尘仆仆鲁国至③，和睦相处善意达④。
兴味盎然观乐舞⑤，心醉神迷目不暇⑥。
叹为观止《韶箾》毕⑦，识多才广鲁人夸⑧。

【说明】 成语"叹为观止"，见于《左传·襄公二十九年》中的一个成语故事。

【串讲】 ①学富才高——学识渊博，才能高强。相季札——（春秋时吴国）宰相季札（即是如此）。②信使往还——双方互派使者来来往往。使天涯——（因而季札）则出使到很远的地方。③风尘仆仆——形容长途奔波，辛苦劳累。风尘：谓行旅艰辛。仆仆：疲累的样子。鲁国至——（季札就这样）来到鲁国。④和睦相处——彼此友好相处。善意达——（向鲁国）表达了（吴国这样的）好意。⑤兴味盎然——形容兴致很高，兴趣浓厚。盎然：充满、洋溢的样子。观乐舞——（季札接着）观看鲁国的乐舞。⑥心醉神迷——形容内心极为倾倒仰慕。醉：沉迷。目不暇——（所以）目不转睛地观看而无空闲。⑦叹为观止——赞叹所看到的事物美好到极点。观止：看到这里就可以不再看了。《韶箾（shuò）》毕——（这是季札）看完《韶箾》乐舞之后发出的赞叹。据载，鲁国是周公长子的封邑，素用天子礼乐，但只用四代，而非五代。当演奏完《周南》等乐之后，则演奏的是舜乐《韶箾》，从周上推至舜正是四代。于是季札赞叹一番说："……观止矣！若有他乐，吾不敢请已。"⑧识多才广——具有广博的知识和多方面的才能。鲁人夸——（这是）鲁国的君臣（对季札的赞佩和）夸奖。成语"叹为观止"即由此而形成。

宁为玉碎，不为瓦全

杀气腾腾帝如阳①，斩草除根元姓伤②。
贪生怕死令改姓③，刚直不阿兄开腔④：
宁为玉碎杀身死⑤，不为瓦全求苟康⑥。
卖身投靠令告密⑦，安忍无亲兄命亡⑧。

【说明】　成语"宁为玉碎，不为瓦全"，见于《资治通鉴·陈记》中的一个成语故事。

【串讲】　①杀气腾腾——充满要杀人的凶狠气氛。杀气：凶恶的气势；腾腾：气势旺盛的样子。帝如阳——（北齐）皇帝（齐显祖，姓高名洋）到晋阳去。如：往，到……去；阳：晋阳（今太原）。②斩草除根——比喻彻底除去祸根，以免留下后患。元姓伤——把姓元的（贵族）全部伤害，即把元姓（贵族）"斩草除根"。据载，齐显祖怕原为鲜卑族拓跋氏后改为元姓的贵族日后造反，就把元姓贵族全部诛杀。有些人是他祖父、父亲封过王的，有些人是自身做过大官的，都被斩于刑场。③贪生怕死——贪恋生存，害怕死亡。贪：贪恋，

· 162 ·

舍不得。令改姓——（定襄）县令（元景安）要改姓高，不姓"元"了。令：县令。④刚直不阿（ē）——刚强正直，不徇私迎合。兄开腔——（元景安的）堂兄（元景皓）说话了。⑤宁为玉碎——宁做玉器被打碎，表示宁愿为正义牺牲。杀身死——（哪怕）自身遭杀害而死。⑥不为瓦全——不做陶器以保全。比喻不愿苟全性命。求苟康——求得暂且之安宁。据载，县令的堂兄景皓说："哪有抛弃自己祖宗而跟别人姓的！'丈夫宁为玉碎，何能瓦全（怎能做瓦片以求保全）！'"⑦卖身投靠——无耻出卖自己，投靠于有钱有势者门下，为其效劳。此指县令元景安出卖自己，认可改姓，也投靠到齐显祖门下，并为他效力。令告密——（于是）县令（元景安）则告发了他堂兄说的话。⑧安忍无亲——安心于做残忍的事，因而无所谓亲人。兄命亡——（致使县令元景安的）堂兄元景皓（被皇帝）杀死了。据载，皇帝逮捕了景皓，把他杀了；赐给景安姓高。成语"宁为玉碎，不为瓦全"即由此而来。

宁 为 鸡 口 ， 无 为 牛 后

争强斗狠战国时①，**卓立不群秦威施**②。
逼不得已韩欲靠③，**辱国殃民权将失**④。
高谈雄辩苏秦劝⑤：**精诚团结可抗之**⑥。
宁为鸡口能自主⑦，**无为牛后受人支**⑧。

【说明】 成语"宁为鸡口，无为牛后"，见于《国策·韩策一》中的一个成语故事。

【串讲】 ①争强斗狠——指争强好胜。战国时——（我国）战国时代的

（秦、齐、楚、燕、韩、赵、魏七国之间即是这样）。②卓立不群——形容超越常人，不同于众。秦威施——（这便是）秦国（强大超越其他六国）而大施淫威进行吞并。③逼不得已——被逼无奈，不得不如此。韩欲靠——（于是弱小的）韩国则打算投靠秦国。④辱国殃民——使国家受辱，人民遭殃。权将失——（国君的）权力将会丧失。⑤高谈雄辩——言辞豪放不羁，辩论充分有力。形容能言善辩。苏秦劝——（这就是当时的纵横家）苏秦来劝说韩王：⑥精诚团结——真心真意地搞好团结。可抗之——（六国这样地联合在一起）可以共同抗击秦国。⑦宁为鸡口——宁做进食的鸡口，小而洁。能自主——（这样）能够自作主张。⑧无为牛后——不做出粪的牛后，大而臭。受人支——（否则）必受他人支配。"宁为鸡口，无为牛后"为一个成语，要放在一起使用。旧时比喻宁可做小国的主人，也不做大国的仆从。后比喻宁愿在局面小的地方自主，也不愿在局面大的地方听人支配。此指前者。据载，苏秦劝韩王说："臣闻鄙谚曰：'宁为鸡口，无为牛后。'今大王西面交臂而臣事秦，何以异于牛后乎？"成语"宁为鸡口，无为牛后"即由此而来。

瓜　田　李　下

洁己奉公袁聿修①，**考绩幽明视诸州**②。
鞍马劳顿兖州过③，**心腹之交刺史留**④。
情深意切白绸送⑤，**婉言谢绝袁不收**⑥。
依依惜别书其理⑦：**瓜田李下慎谨求**⑧。

【说明】　成语"瓜田李下"，见于《北史·袁聿修传》中的一个成语

164

故事。

【串讲】 ①洁己奉公——保持自身廉洁，一心奉行公事。袁聿（yù）修——（南北朝时北齐尚书郎）袁聿修（即是如此）。②考绩幽明——考核官吏政绩得失。幽：昏暗，比喻缺点错误。明：明亮，比喻优点，功绩。视诸州——（于是奉命到各省）各州去视察。③鞍马劳顿——长时间骑马跋涉，使身体劳累困乏。顿：困乏，疲惫。兖州过——（袁聿修就这样）路过兖州。④心腹之交——指最知心的好友。刺史留——（这便是兖州）刺史邢邵将他挽留。⑤情深意切——情谊深厚，真切。白绸送——（并在袁聿修要离开兖州时）赠送给他一些白绸子。⑥婉言谢绝——用婉转的话推辞。袁不收——袁聿修不收留这礼物。⑦依依惜别——离别时，恋恋不舍，不忍离开。书其理——并写了（一封信给邢邵）说明拒收礼物的道理。⑧瓜田李下——在瓜田中不穿鞋，在李树下不整冠，以防被人怀疑是偷瓜偷李。慎谨求——（我袁聿修）主要是追求小心谨慎（以防被人怀疑是行贿受贿）。据载："（聿修）与邢邵书云：'今日倾过，有异常行，瓜田李下，古人所慎，愿得此心，不贻厚责。'"成语"瓜田李下"即由此而来。

去 住 两 难

战火纷飞匈掳姬①，**身不自主为王妻**②。
久而久之汉使至③，**难分难舍与子离**④。
梦想不到南归汉⑤，**挂肚牵肠思子郁**⑥。
排忧解难作琴曲⑦，**去住两难诉哀凄**⑧。

【说明】 成语"去住两难"，见于汉·蔡文姬《胡笳（jiā）十八拍》中涉及的一个成语故事。

【串讲】 ①战火纷飞——形容战斗十分激烈。匈掳姬——（汉献帝时北方）匈奴（入侵东汉）将（著名文学家和音乐家蔡邕（yōng）之女一个通晓音律的）蔡文姬给抢掳去了。匈：匈奴。姬：指蔡文姬。②身不自主——身体不听从自己支配。指行动不能由自己做主。也指思想不能支配身体，失去控制。此指前者。为王妻——（蔡文姬因此）做了匈奴左贤王的王后。③久而久之——指经过了相当长的时间。汉使至——（这便是蔡文姬在匈奴那里住过了十二年之久）汉朝的使臣才来到这里（接她回去）。④难分难舍——形容双方感情深厚，难以分离。与子离——（这就是）难以与她的两个孩子分离。⑤梦想不到——做梦也想不到。比喻出乎意料。南归汉——（这就是）能够回归到南边的汉朝。⑥挂肚牵肠——形容心中挂念，放心不下。思子郁——（蔡文姬就是这样）思念她的两个孩子而心情抑郁。⑦排忧解难——排除忧愁，解除危难。作琴曲——（于是蔡文姬）则创作了（《胡笳十八拍》）琴曲。⑧去住两难——离去或留下都困难。形容左右为难。去：离开。住：停留。诉哀凄——（在琴曲里）来倾诉（这种）哀痛和悲伤。据载，胡笳是匈奴一种民间乐器，蔡文姬的琴曲，是摹拟胡笳的音调制成，共十八曲，故称《胡笳十八拍》。第十二曲描述她离开匈奴回国时的心情。歌词道："……十有二拍兮哀乐均，去住两难兮难俱陈。"成语"去住两难"即由此而来。

灭 此 朝 食

狂妄自大齐顷公①，贪婪无厌发重兵②。

恃强凌弱侵鲁卫③，只争朝夕次日行④。
心浮气盛晨起晚⑤，口出大言饭暂停⑥。
灭此朝食匆上阵⑦，败兵折将溃逃生⑧。

【说明】　成语"灭此朝食"，见于《左传·成公二年》中的一个成语故事。

【串讲】　①狂妄自大——形容不知天高地厚，极端地自高自大。齐顷公——（春秋时齐国国君）齐顷公（即是如此）。②贪婪无厌——形容贪心没有满足的时候。发重兵——（于是）出动大规模军队（征伐扩张）。③恃强凌弱——依仗自己强大，欺压弱小。侵鲁卫——（这便是）侵略鲁国和卫国。据载，当时战争开始，晋国就派大将郤克带兵出援，发生了"齐鞍之战"。④只争朝夕——力争在最短的时间里达到目的。次日行——（齐顷公）决定在第二天开战。⑤心浮气盛——形容人性情浮躁，态度傲慢。晨起晚——（所以开战这天）齐顷公早晨起床很晚。⑥口出大言——夸下海口，说出大话。饭暂停——（齐顷公说）早饭先停止不吃。⑦灭此朝食——等消灭了敌人再吃早饭。形容斗志坚决，急于求取胜利。匆上阵——（于是）齐顷公匆忙地（跨上还没有准备好的战马）便命令部队冲上阵地。其结果是：⑧败兵折将——损失许多兵士、将领。形容作战失利，损失惨重。溃逃生——齐军溃败，各自逃命。据载，开战那天，部下请齐顷公用早饭，"齐侯曰：'余姑翦（同剪）灭此而朝食'，不介马而驰之。"成语"灭此朝食"即由此而来。

对 牛 弹 琴

名士风流公明仪①，轻拢慢捻善琴技②。

怡然自得牛吃草③，兴致勃勃弹一曲④。

动人心弦琴声美⑤，置若罔闻牛不理⑥。

对牛弹琴有何用⑦，劳而无功空费力⑧。

【说明】　成语"对牛弹琴"，见于《弘明集·理惑论》中的一个成语故事。

【串讲】　①名士风流——知名之士的风度和气息。名士：有名气有才学的人；风流：一时的风气。公明仪——（我国古代著名音乐家）公明仪（便具有这种风度和气息）。②轻拢慢捻（niǎn）——形容轻巧从容地弹奏弦乐器。拢：用手指在弦乐器的弦上按捺；捻：弹奏弦乐器的另一种指法。善琴技——（他）擅长弹琴这种技艺。③怡（yí）然自得——形容愉快而满足的神情。此指牛的这种神情。怡然：快乐的样子。牛吃草——（一头）老牛（正这样地）吃草。④兴致勃勃——形容兴趣很浓厚。勃勃：旺盛的样子。弹一曲——（于是公明仪则为牛）弹奏一首（高雅的）曲子。⑤动人心弦——形容使人十分激动。此指听了弹奏的这首琴曲会使人十分激动。心弦：指受感动而引起的共鸣。琴声美——（因为弹奏的）琴弦声音太优美了。⑥置若罔（wǎng）闻——放在一边不管，好像没有听见。此指牛听了美妙的琴声，无动于衷，好像没听到一样。置：搁开；若：好像；罔：没有。牛不理——老牛（对此）毫不理睬（仍在低头吃草）。⑦对牛弹琴——对着老牛弹琴，琴声再美牛也听不懂。后常用来比喻对蠢人讲大道理是白费口舌。也用来讥笑说话人不看对象。此指原意。有何用——（这样做）有什么用，即毫无作用。⑧劳而无功——花了力气却没有功效。此指公明仪劳神劳力弹出美妙的琴声，而牛却没有一点反应。空费力——白白地耗费精力。空：白白地。据载："公明仪为牛弹清角之操，伏食如故。非牛不闻，不合其耳矣。"成语"对牛弹琴"即由此而来。

辽 东 白 豕

位尊权重将朱浮①，施号发令彭宠阻②。
怒火冲天浮告状③，矜功负气宠反朱④。
以理服人浮致信⑤，言酸刻薄脱口出⑥：
相去天渊尔功小⑦，辽东白豕无异乎⑧!

【说明】　成语"辽东白豕"，见于《后汉书·朱浮传》中的一个成语故事。

【串讲】　①位尊权重——地位尊贵，权势很大。将朱浮——（东汉幽州牧）大将军朱浮（即是如此）。②施号发令——发布命令，下达指示。彭宠阻——（作为朱浮的下属）彭宠却加以拦阻（拒不执行）。③怒火冲天——怒火直冲天际，形容十分愤怒的样子。浮告状——（于是）朱浮（则向光武帝刘秀）密告了彭宠。④矜（jīn）功负气——自夸有功，意气用事。矜：自夸。宠反朱——（这便是）彭宠（知道告密之事）就发兵反叛攻打朱浮。朱：朱浮。⑤以理服人——用道理说服人。浮致信——（于是）朱浮就给彭宠写了一封责备性长信送去。⑥言酸刻薄——言辞尖酸，语意刻薄。脱口出——（这样的话语在信中）则脱口而写出：⑦相去天渊——比喻两者相隔极远，差距极大。天渊：高天和深渊。尔功小——你的功劳（和朝廷中的其他官员相比就是这样地）微不足道。⑧辽东白豕——比喻见识浅薄，少见多怪。无异乎——（你彭宠和这辽东白猪）没有什么不同啊!据载，信中写道："伯通（彭宠的字）自伐（夸），以为功高天下。往时辽东有豕，生子白头，异而献之。行至河东，见群豕皆白，怀惭而还。若以子之功论于朝廷，则为辽东豕也。"成语"辽东白豕"即由此而来。

世 外 桃 源

沿波讨源一渔夫①，水尽山穷穿洞出②。
豁然开朗新天地③，无边风月满目睹④。
热情洋溢人好客⑤，怡然自乐日日舒⑥。
世外桃源无战乱⑦，改朝换代知者无⑧。

【说明】　成语"世外桃源"，见于晋朝陶潜《桃花源记》这个故事。

【串讲】　①沿波讨源——沿着水流寻找发源地。比喻根据线索探讨事物的根源。此指渔夫划船沿溪水前行，忽逢桃花林，感到特别奇异，又继续划行，探求这个地方奇异的根源。一渔夫——（这便是晋朝时武陵地区的）一个打鱼人。②水尽山穷——水和山都到了尽头，没路可走了。后常比喻陷入绝境。此指原意。据载，渔人行至桃花林尽头，是溪水发源地，且有一座山挡住去路，只在山脚下有一小洞。穿洞出——（渔人）则穿过山洞（从另一边）出来。③豁然开朗——一下子现出开阔明朗的境界。新天地——（一个与世不同的）崭新天地。④无边风月——形容风景极其美好。此指这里的景象极其美好。风月：清风明月，指美好的景色。满目睹——所有的景象都看到了。据载，这里土地平坦宽广，房屋整齐，有肥沃的田野、幽美的池塘和桑竹之类。田间小路四通八达，村落间鸡鸣狗叫的声音到处可以听到。人们来来往往，耕种操作，男男女女的服装，完全和外面的人一样。老人和孩子都无忧无虑，欢乐自得。呈现出一派美丽、和平、幸福的景象。⑤热情洋溢——热烈的感情充分地流露出来。洋溢：盛大、充沛而流露于外。人好客——（这里的）人很喜爱客人。据载，有人请渔人到家中做客，渔人受到热情款待，摆酒、杀鸡、做饭给他吃。⑥怡然自乐——形容和悦而自乐的样子。日日舒——（人们）天天都过着舒畅的日子。⑦世外桃源——与世隔绝、没有遭受祸乱和没有"王税"的社会。比喻理想中的生活安乐而环境幽美的世界。现在也比喻一种空想的脱离现实的境地。此为原意。无战乱——（这里）没有战争祸乱。据载，这里的人自己说："先世避秦时乱，率妻子邑人，来此绝境，不复出焉，遂与外人间隔。"从此便世世代代在这里耕作，不纳税，无徭役，过着无忧无虑的安乐生活。⑧改朝换代——指王朝或统治集团的更替。此指朝代的更替。知者无——（对此）则没有人知道。据载，渔人问他们现在是什么朝代，桃花源中人居然不知道有汉朝，更不用说魏和晋了。成语"世外桃源"即由此故事而形成。

目 不 识 丁

狗仗官势韦与张①，骄奢放逸特猖狂②。
花天酒地夜夜饮③，前呵后拥路横强④。
口出不逊士兵骂⑤：目不识丁饭桶郎⑥。
贪财无义激众反⑦，群情鼎沸将其戕⑧。

【说明】 成语"目不识丁"，见于《旧唐书·张弘靖传》中的一个成语故事。

【串讲】 ①狗仗官势——比喻坏人倚仗当官者的威势来欺压人。韦与张——（唐宪宗时"幽州节度使"张弘靖手下的两个"从事"）韦雍和张宗厚（即如此）。②骄奢放逸——指生活放纵奢侈，荒淫无度。逸：放荡。特猖狂——特别狂妄而放肆。③花天酒地——

泛指吃喝嫖赌、荒淫腐化的生活。花：旧时指娼妓。夜夜欣——天天晚上都饮酒作乐（夜深而散）。④前呵后拥——前面有人吆喝开路，后面有人簇拥保护。形容达官显贵外出时声势显赫的排场。路横强——（韦、张二人就这样）在马路上要横逞强。⑤口出不逊——说话不礼貌，态度傲慢。逊：谦让。士兵骂——（经常这样）辱骂他手下的士兵道：⑥目不识丁——连"丁"这样简单的字都不认识。形容一字不识。饭桶郎——（你们这些人）简直就是一个个年轻力壮的饭桶。据载，有一次夜晚在路上，韦、张二人又拿士兵出气骂道："今天下无事，汝辈挽得两石力弓，不如识一丁字。"士兵受到如此侮辱，非常气愤，恨之入骨。⑦贪财无义——贪求财利，毫无道义。激众反——（韦、张这样肆意贪污）更激起众士兵造反。⑧群情鼎沸——形容群众的情绪异常激动，平静不下来。将其戕（qiāng）——（于是）把他二人（韦、张）杀死了。据载，韦、张二人骂完士兵后，恰巧收到一笔犒赏士兵的经费，二人贪污私分了其中一部分。于是激怒众士兵起来造反，将二人杀死。朝廷对此也无能为力，只好把张弘靖降职调走了事。成语"目不识丁"即由此成语故事而来。

目 光 如 炬

智勇兼备将道济①，南征北讨立卓功②。
名扬天下声威重③，功高震主主嫉生④。
无中生有借口找⑤，冷酷无情动杀刑⑥。
目光如炬济怒斥⑦：自相残害毁长城⑧。

【说明】 成语"目光如炬",见于《南史·檀(tán)道济传》中的一个成语故事。

【串讲】 ①智勇兼备——形容人既有智谋,又很勇敢,二者兼备。将道济——(南北朝时宋国)名将檀道济(即是如此)。②南征北讨——形容转战各地,经历了许多战斗。立卓功——(道济为宋国)立下了卓越的功勋。据载,道济曾随宋武帝攻打后秦,后又领兵伐魏,屡建战功。③名扬天下——名声遍传天下。形容名声极大,声望很高。声威重——(所以道济的)名声和威势很大。据载,宋国老百姓对道济十分敬重,其他国家很是惧怕他,时间不长便升任为司空。④功高震主——功劳太大,使君主受到震动而心有疑虑。主嫉生——(于是)君主宋文帝则(对道济)产生了嫉恨。⑤无中生有——形容本无其事,凭空捏造。借口找——(这就是)寻找借口以治罪。⑥冷酷无情——冷淡苛刻,毫无情义。动杀刑——(竟然)动用斩杀的刑法(将道济逮捕)。⑦目光如炬——眼光明亮,如同火把。形容眼光锐利逼人。济怒斥——(这便是)道济(面对前来逮捕他的人)愤怒斥责说:⑧自相残害——自己人之间互相伤害。毁长城——毁掉(宋国)坚强雄厚的力量。据载:"道济见收(被捕),愤怒气盛,目光如炬。"并大声斥责说"乃坏汝万里长城"。成语"目光如炬"即由此而来。

四体不勤,五谷不分

圣人之徒子路贤①,求知若渴伴师前②。
步其后尘随丘往③,迷途失偶问人言④:
耆德硕老师可见⑤?鄙夷不屑回言酸⑥:
四体不勤为人懒⑦,五谷不分何师焉⑧?

【说明】 成语"四体不勤，五谷不分"，见于《论语·微子》中的一个成语故事。

【串讲】 ①圣人之徒——圣人的门徒。多指传孔子之道的人。子路贤——（这便是）有德行有才能的子路。②求知若渴——追求知识像干渴希望喝水一样急切。伴师前——（所以子路）则经常陪伴在老师（孔子）的跟前。③步其后尘——跟在他的后面走。比喻追随、模仿。此指原意。随丘往——（子路就是这样）有一次跟随孔丘出去（办事）。④迷途失偶——迷失了道路，丢失了伴侣。比喻遭到不幸或陷入孤独。此指原意，即子路与孔丘走散了。问人言——（于是子路）便向别人打听说：⑤耆（qí）德硕老——指年高德圣的人。此为对人尊称。师可见——（请问您老）可看到我的老师孔子吗？⑥鄙夷不屑——形容极端轻视或看不起。此指后者。鄙夷：轻视，看不起。不屑：轻视。回言酸——（老人）回答的话（带有讽刺挖苦）的酸味：⑦四体不勤——不参加劳动。四体：四肢。不勤：不劳动。为人懒——（孔丘）做人懒惰。⑧五谷不分——分不清五谷。何师焉——哪里是什么老师呢？"四体不勤，五谷不分"为一个成语，多放在一起使用。据载："子路从（孔子）而后，遇丈人，以杖荷（扛着）条。子路问曰：'子见夫子乎？'丈人曰：'四体不勤，五谷不分，孰为夫子？'植其杖而芸。"成语"四体不勤，五谷不分"即由此而来。

生 吞 活 剥

无耻之尤张怀庆[1]，沽名钓誉抄人诗[2]。
诗中有画李义府[3]，改头换面五作七[4]。

清词丽句王郭文⑤，如出一手窃为己⑥。
拾人涕唾脸不要⑦，生吞活剥人讽讥⑧。

【说明】 成语"生吞活剥"，见于唐朝刘肃《大唐新语·谐谑（xuè）》中的一个成语故事。

【串讲】 ①无耻之尤——无耻到了极点。尤：特别突出的。张怀庆——（唐朝时河北枣强县县尉）张怀庆（就是这样的人）。②沽名钓誉——指用种种不正当的手段极力谋取好名誉。沽：买。抄人诗——（他）抄袭别人的诗歌。③诗中有画——形容诗写得形象逼真、意境优美。李义府——（唐代诗人）李义府（的诗即是如此）。④改头换面——原指化装改扮，后比喻只换形式，不变内容。此指只改变李义府诗的形式而不改变其诗内容。五作七——（把他的）五言诗改作成七言诗。五：指五言诗；七：指七言诗。据载，有一次，李义府写了一首五言诗："镂（lòu）月成歌扇，裁云作舞衣；自怜回雪影，好取洛川归。"不久，张怀庆则抄作一首："生情镂月成歌扇，出性裁云作舞衣；照镜自怜回雪影，来时好取洛川归。"张怀庆的诗只是在李义府诗的每一句前边加两个字，其余全是照抄。⑤清词丽句——清新美丽的词句。王郭文——（这）便是王昌龄、郭正一诗文的（特点）。王：王昌龄；郭：郭正一。据载，这两位诗人，在当时都以文辞清新美丽出名。⑥如出一手——就像出自同一人之手。形容笔法、风格等极其相似。此指张怀庆的诗文与王昌龄、郭正一的诗文"如出一手"。窃为己——（这是因为张怀庆）偷了（人家的）归为自己所致。⑦拾人涕唾——比喻抄袭、重复别人的言论或意见。此指张怀庆抄袭别人的诗文。脸不要——不要脸面，即不知羞耻。⑧生吞活剥——活剥皮生吃肉。比喻生硬地搬用别人的言论或文辞。此指张怀庆惊人的抄袭手段。人讽讥——（当时）人（用这样的话）来讽刺和挖苦（他）。据载："有枣强县尉张怀庆好偷名士文章，人为之谚曰：'活剥王昌龄，生吞郭正一。'"后简缩为成语"生吞活剥"。

生 灵 涂 炭

临危受命相王永①，誓死不屈抗外敌②。
悲愤填膺檄文写③，国仇家恨形势析④：
帝辇之下君遭害⑤，生灵涂炭民被欺⑥。
发号布令兵相结⑦，毕力同心共反击⑧。

【说明】 成语"生灵涂炭"，见于《晋书·符丕载记》中的一个成语故事。

【串讲】 ①临危受命——指在危难之时接受任命。相王永——（十六国时期前秦的幽州刺史）王永（便是在这种情况下）接受了做左丞相的任命。②誓死不屈——立誓宁可死也不屈服。形容很有气节。抗外敌——（王永就是这样决心）抗击外部入侵的敌人（后秦）。据载，前秦建元二十一年（公元三八五年），后秦进攻前秦，国都沦陷，秦王符坚被俘缢死。其子符丕继位，封王永为左丞相，率军抗击后秦。③悲愤填膺——悲痛和愤怒充满胸中。膺：胸。檄文写——（于是王永）写了一篇讨伐后秦的战斗檄文。④国仇家恨——国家被侵略之仇，家园被破坏之恨。形势析——（把这种严重的）形势做了分析：⑤帝辇（niǎn）之下——皇帝所在的地方。指京都。君遭害——国君（符坚在那里）已经遭到杀害。⑥生灵涂炭——老百姓如陷于泥潭，坠于火坑。形容百姓处于极其痛苦的境地。生灵：百姓。涂：烂泥。炭：炭火。民被欺——（因为）人民正在被入侵的后秦军队所欺凌。⑦发号布令——发布命令，下达指示。兵相结——（全国各地）都派兵前来集结相聚。⑧毕力同心——共同努力，齐心一致。共反击——（大家）共同来反击（后秦）。据载，檄文中写道："先帝晏驾（帝王死亡）贼庭，京师鞠为戎穴，神州萧条，生灵涂炭。"命各地派兵会师，反击后秦。但终因势弱而亡国。成语"生灵涂炭"即由此而来。

白 云 孤 飞

为民父母狄仁杰①，**忙里偷闲游太行**②。
登高望远抬手指③，**白云孤飞在河阳**④。
兴致勃发言左右⑤：**白云亲舍于其方**⑥。
目不转视云移散⑦，**怅然若失离而往**⑧。

【说明】　成语"白云孤飞"，也作"白云亲舍"，见于宋·欧阳修《新唐书·狄仁杰传》中的一个成语故事。

【串讲】　①为民父母——做百姓的父母官。旧时对地方官的称呼，多指县令。狄仁杰——（唐代名臣历任大理丞、河南巡抚、豫州刺史、后为宰相的）狄仁杰（年轻时即为主管司法的"并州法曹参军"这样的父母官）。②忙里偷闲——在繁忙中抽出一点空闲时间。偷闲：挤出空闲的时间。游太行——（这便是狄仁杰）去游太行山。③登高望远——登上高的地方，可以看得更远。也比喻高瞻远瞩。此为原意。抬手指——（狄仁杰登上山顶）抬起手向远方指去。④白云孤飞——那边有一朵白云，孤零零地飘浮在寂寞的天空里，其下则是亲人所居之地。指客居他乡思念亲人。在河阳——（那亲人所居之地就是）河阳（今河南孟县附近）。⑤兴致勃发——指兴致高涨，情绪饱满。言左右——（于是狄仁杰）对左右同行的人说：⑥白云亲舍——白云飘浮，亲人居其下。比喻客居他乡怀念亲人。于其方——就在那个遥远的地方。⑦目不转视——形容凝神注视。云移散——（狄仁杰一直这样望着）那白云移动消散为止。⑧怅然若失——心情不如意，好像失去了什么。怅然：不如意，不痛快的样子。离而往——（狄仁杰就这样）离去了。据载："荐授并州法曹参军，亲在河阳。仁杰登太行山，反顾，见白云孤飞，谓左右曰：'吾亲舍其下。'瞻怅久之。云移，乃得去。"成语"白云孤飞""白云亲舍"即由此而来。

白 龙 鱼 服

放浪无羁白神龙①，摇身一变现鱼形②。
自由自在泠渊戏③，乐尽哀生遭箭攻④。
痛之入骨伤一眼⑤，申冤吐气告帝明⑥。
询事考言天帝断⑦：白龙鱼服尔错清⑧。

【说明】 成语"白龙鱼服"，见于汉·刘向《说苑·正谏》中的一个神话故事。

【串讲】 ①放浪无羁（jī）——指行为放纵随意，不受约束。羁：约束。白神龙——（古老神话传说有一条）白色的神龙（即如此）。②摇身一变——把身体摇一摇，就变成了另外的样子。原指神怪小说中神仙或妖怪神通广大，变化快。现多形容人的态度、言行、身份等一下子来个大改变。此指神龙变得快。现鱼形——立即就显现出鱼的形状。③自由自在——安适随意而不受约束。自在：安闲舒适。泠（líng）渊戏——在清凉的深潭里游玩。④乐尽哀生——高兴到了极点，就会招来悲哀。遭箭攻——（这便是白龙）遭到（渔人豫且）放箭射击。⑤痛之入骨——伤痛之感，深入骨髓。形容极度疼痛或痛心。此指前者。伤一眼——（因为白龙被箭）射伤一只眼睛。⑥申冤吐气——洗雪冤屈，发泄怨恨。告帝明——（这便是白龙）去向天帝告状（把豫且射伤自己眼睛的事）说得很明白（并要求惩治豫且）。⑦询事考言——查询他所做的事，考察他所说的话。天帝断——（于是）天帝作出裁定说：⑧白龙鱼服——原指白龙因变成鱼而受伤。后比喻贵人微服出行而遇险。此为原意。尔错清——这是你的错误，已经很清楚了。据载："昔白龙下清泠之渊，化为鱼，渔者豫且射中其目。白龙上诉天帝，天帝曰：'当是之时，若安置而形？'白龙对曰：'我下清泠之渊化为鱼。'天帝曰：'鱼固人之所射也。若是，豫且何罪？'"成语"白龙鱼服"即由此成语故事而形成。

白 衣 苍 狗

方正之士王季友①，好学不厌写诗久②。
冷窗冻壁妻难过③，弃旧迎新离异走④。
不明底细时人议⑤，众口同声丑化友⑥。
抱打不平杜甫叹⑦：白衣苍狗美作丑⑧。

【说明】 成语"白衣苍狗"，也作"白云苍狗"，见于唐·杜甫《可叹》诗中所涉及的一个成语故事。
【串讲】 ①方正之士——指品行正直、不阿谀奉承的读书人。王季友——（唐代诗人）王季友（即如此）。②好学不厌——爱好学习，不知厌倦。写诗久——（并且）从事诗歌创作已有很长时间了。③冷窗冻壁——形容十分贫寒。妻难过——（他的）妻子难以过（这种苦日子）。④弃旧迎新——抛弃旧人，迎接新人。指爱情不专一。离异走——（于是他的妻子便与王季友）离婚而出走。⑤不明底细——不明白或不了解人或事的根源、内情。此指不了解王季友与妻子离异的内情是其妻主动出走。时人议——当时人们却发出（与事实相反的）议论。⑥众口同声——大家都发出同样的声音。形容意见一致。丑化友——来丑化王季友（说他弃妻品德不好）。友：王季友。⑦抱打不平——主动站出来为受欺侮或被冤屈的人说话或出力，助弱打强。杜甫叹——（这便是了解事件内情的）杜甫站出来为此事发出感叹说：⑧白衣苍狗——天上的白云本来像一件清白的衣服，一会儿却变成灰毛狗的样子了。比喻世事变幻无常。美作丑——把美的东西化作丑的东西。言外之意是说把作风正派的王季友突然之间就说成是品德低下的人。据载，《可叹》诗的开头就大有感慨地写道："天上浮云似白衣，斯须变幻为苍狗；古往今来共一时，人生万事无不有。"成语"白衣苍狗""白云苍狗"即由此成语故事而来。

乐 极 则 悲

保国卫民淳于髡①，不辱使命搬赵军②。
闻风破胆楚军退③，立功立事齐王尊④。
开怀畅饮摆酒贺⑤，借景生情髡理云⑥：
酒后无德须少饮⑦，乐极则悲王感心⑧。

【说明】　成语"乐极则悲"，见于《史记·滑稽列传》中的一个成语故事。

【串讲】　①保国卫民——保卫国家领土，使百姓安居乐业。淳于髡（kún）——（战国时齐国有一个）叫淳于髡的人（即担此重任出使赵国）。据载，齐威王八年，即公元前三四九年，楚国出兵进攻齐国，齐威王则派淳于髡去赵国求援。②不辱使命——没有辱没出使的任务。指出色地完成了使命。搬赵军——（这便是）搬来了赵国的军队。据载："赵王与之精兵十万，革车千乘。"③闻风破胆——听到风声，就吓破了胆。形容极其恐惧。楚军退——（于是）楚国的军队则（连夜）退回楚国。④立功立事——建立了功勋与事业。齐王尊——（因此淳于髡）受到齐王的尊重。⑤开怀畅饮——无所拘束地尽情喝酒。开怀：心情无所拘束，十分畅快。摆酒贺——（这是齐威王为淳于髡班师取胜）而摆酒设宴庆贺。⑥借景生情——借着某种景物而引发某种情感。髡理云——（这便是）淳于髡（借喝酒之景而生情）悟出了其中的道理说：⑦酒后无德——指醉酒之后胡言乱语或行为出轨。须少饮——（所以）喝酒一定要少喝（不可过量）。⑧乐极则悲——高兴得到了极点，就会招来悲哀。比喻物极必反。王感心——（对淳于髡讲的这番道理）齐王则有感于心（认为他说得对，并改正自身长夜饮酒的毛病）。据载，淳于髡说："故曰酒极则乱，乐极则悲，万事尽然。"成语"乐极则悲"即由此而来。

片 言 折 狱

魁梧奇伟仲由憨①，如影随形护师前②。
力可拔山无敢碰③，令人瞩目子开颜④。

和容悦色孝慈母^⑤，诚恳笃实守信言^⑥。

举世无伦孔子赞^⑦：片言折狱其由焉^⑧。

【说明】　成语"片言折狱"，见于《论语·颜渊》中所涉及的一个成语故事。

【串讲】　①魁梧奇伟——形容身材健壮高大。魁梧：壮实高大的样子。奇伟：非常高大。仲由憨（hān）——朴实的（孔子的学生，人们都管他叫子路的）仲由（即如此）。憨：朴实。②如影随形——好像影子伴随着实物一样。形容关系密切，从不分开。护师前——（仲由就是这样）在老师（孔子）跟前保护他。③力可拔山——力气大得可以把山拔起来。形容勇力过人。无敢碰——（所以）无人敢冲撞孔子（说他坏话）。据载，孔子说："自我得由，恶言不闻于耳（就没有人敢当面对我说一句无礼的话）。"④令人瞩目——指引起别人的重视或关注。此指重视。瞩：注视。子开颜——（所以）孔子脸上现出高兴的样子。据载，仲由不但身强力壮，而且还有好的品格。⑤和容悦色——温和的面容，喜悦的脸色。形容人态度温和可亲。孝慈母——（仲由就以此种态度）来孝敬和善的母亲。⑥诚恳笃实——形容为人诚实恳切，忠诚不欺，实实在在。笃实：忠诚老实。守信言——坚守他所说的讲信用的话。⑦举世无伦——人世间没有可类比的。形容稀有少见。伦：类比。孔子赞——（于是）孔子赞赏仲由说：⑧片言折狱——指以简练的言辞，把案子断得一清二楚。后泛指用简单的几句话就能分清是非。此为原意。其由焉——那只有听仲由的话才可以办到啊！据载，子曰："片言可以折狱者，其由（子路）也与（听了一面之词就可以判决的，恐怕只有仲由吧）？"成语"片言折狱"即由此而来。

出 人 头 地

泰山北斗欧阳修①**，老成持重虑事周**②**。**
学贯古今担主考③**，文章魁首降次收**④**。**
开云见日为苏卷⑤**，悔之晚矣赞不休**⑥**：**
盖世之才将越我⑦**，出人头地让他求**⑧**。**

【说明】 成语"出人头地"，见于《宋史·苏轼传》中的一个成语故事。

【串讲】 ①泰山北斗——古时认为泰山为五岳之首，北斗星在众星中最明。用以比喻名望很高、众所敬仰的人物。欧阳修——（北宋初期文坛）欧阳修（即如此）。②老成持重——老练成熟，办事谨慎隐重。虑事周——（他）考虑事情很周到。③学贯古今——学问渊博，通晓古今知识。贯：通。担主考——（因此，公元一〇五七年，朝廷举行科举考试，皇上则指定欧阳修）担任主考官（阅卷取士）。④文章魁首——文章写得最好，名列第一。降次收——（然而却将此文）降为第二名录取。次：第二。据载，欧阳修以为此文为曾巩所写，而曾巩是欧阳修的弟子，为了避嫌，则降次录取。⑤开云见日——拨开云雾，现出太阳。比喻误会消除或黑暗过去，光明到来。此为消除误会。指出榜前开封试卷，现出真相。为苏卷——（结果是本应为第一名而降为第二名的试卷不是曾巩的）而是苏轼的试卷。⑥悔之晚矣——虽是后悔也来不及了。赞不休——（不过，对苏轼的文章）则赞不绝口：⑦盖世之才——指超出当代、无与伦比的才能。将越我——（苏轼的文学成就）将超过我。⑧出人头地——指高人一等，超出一般人。让他求——让给他（苏轼）来追求吧！据载："苏轼后以书见修，修语梅圣俞曰：'吾当避路此人，出人头地。'"成语"出人头地"即由此而来。

出 奇 制 胜

大智若愚齐田单①，釜底抽薪使毅还②。
明修栈道投降假③，暗度陈仓准备全④。
尺蠖之屈黄金送⑤，出奇制胜火牛歼⑥。
落花流水燕军败⑦，光复旧物齐复原⑧。

【说明】 成语"出奇制胜"，见于《史记·田单列传》中的一个成语故事。

【串讲】 ①大智若愚——形容很聪明的人在表面上好像很愚笨。齐田单——齐国（镇守即墨城的统帅）田单（就是这样一位将领）。据载，战国时，燕国大将乐毅联合秦、赵、魏、韩四国进攻齐国，齐国连吃败仗，最后只剩下莒（jǔ）城和即墨两座城。不久，镇守即墨城的主将阵亡，守城军民则推举田单为统帅。②釜底抽薪——从锅底下抽掉柴火。比喻从根本上解决问题。釜：锅；薪：柴。使毅还——（田单用计）使（燕国大将）乐毅被调回国。毅：指乐毅。据载，田单做了守城统帅后，首先派人去和燕王说，齐国最怕的是骑劫，而不是乐毅。燕王信以为真，便派骑劫把乐毅换回，中了田单的"釜底抽薪"之计。③明修栈道——表面上派人修复栈道，迷惑对方。比喻表面上佯装做某件事情。此指表面上田单是向燕国投降。栈道：在悬崖峭壁间傍山凿石架木而成的道路。投降假——（不过这

· 184 ·

种）投降是假的。④暗度陈仓——（实际上）暗中绕道奔袭陈仓，取得大捷。比喻实际上却乘对方不备暗中搞别的活动。此指田单实际上在暗中做好了歼敌准备。陈仓：古县名，在今陕西宝鸡市东，古代是汉中、关中两地的必经之路。准备全——（而且）准备得很完备。"明修栈道，暗度陈仓"，一般都是连在一起用的。⑤尺蠖（huò）之屈——尺蠖蛾的幼虫，行动时身体一屈一伸地前进。比喻人为了达到某种目的，先屈后伸或以屈为伸。此指田单为了取胜，先对燕军表示屈从、投降而后击败它。黄金送——（于是派人给燕军）送去黄金（来麻痹它）。⑥出奇制胜——用别人意想不到的策略来取胜。此指田单用燕军意想不到的计策击败燕军。火牛歼——（这便是）用火牛阵来歼灭（燕军）。据载，当田单派人给燕军送黄金时，"火牛阵"已经准备好了。弄来一千多头牛，牛背上披彩衣，牛角上绑尖刀，牛尾上扎着浇油的芦苇。到了晚上，让战士们把牛赶出城，把牛尾上的芦苇点着。牛受惊，便发疯似的吼叫着，奔跑着，直往燕军阵地冲去，齐军随之杀入敌营。⑦落花流水——落下的花被流水冲走。原来形容残春的景象。后多形容残败零落。也比喻敌人被打得大败。此指后者。燕军败——燕军（被田单的火牛阵打得）大败。据载，燕军以为田单真的投降，毫无准备。当火牛冲来，燕军被戳（chuō）死的，被踩死的，被牛后边的齐兵砍死的，不计其数。燕军大败。⑧光复旧物——收复一切曾被敌人占据的国土及财富。光复：恢复，收回。齐复原——齐国又恢复到先前的状态。据载，司马迁称赞田单说："兵以正合，以奇胜。善之者，出奇无穷。"成语"出奇制胜"即由此故事及其评论演化而形成。

司 空 见 惯

文采风流刘禹锡①，名满天下诗文奇②。
慕名而来李请宴③，诗朋酒友畅饮急④。
兴会淋漓刘诗作⑤，情文并茂无可比⑥。
司空见惯句更佳⑦，流芳后世化成语⑧。

【说明】 成语"司空见惯"，见于唐代诗人刘禹锡《赠李司空妓》中的诗句，它涉及一个成语故事。

【串讲】 ①文采风流——形容人富于才华，文雅而有风致。文采：才华；风流：流风遗韵。刘禹锡——（唐代诗人）刘禹锡（便是这样）。②名满天下——名声传遍天下，形容名声极大。诗文奇——（因为）他写的诗歌和文章都很有特色，非同一般。③慕名而来——仰慕盛名而来。李请宴——李绅请刘禹锡赴宴。李：指李绅（人名）。据载，刘禹锡中过进士，原在京城长安做监察御史。后因与柳宗元等人搞政治改革失败而被贬，做过几个地方官。当他任和州刺史被罢官回京后，有一个名叫李绅的司空（官名）请他前去赴宴。④诗朋酒友——在一起写诗喝酒的朋友。畅饮急——痛快地饮酒，喝得很急。⑤兴会淋漓——形容兴趣很高，精神舒畅。兴：兴致；淋漓：酣畅。刘诗作——（于是）刘禹锡（当场）作了（一首）诗。刘：指刘禹锡。据载，宴席间，还请了几个歌伎作陪劝酒，刘禹锡见了后，则诗兴大发，即席赋诗："高髻云鬟新样妆，春风一曲杜韦娘。司空见惯浑闲事，断尽江南刺史肠。"⑥情文并茂——指文章的思想感情丰富，文辞也很美盛。此指这首诗写得"情文并茂"。无可比——（在场的）没有什么诗可以与之相比。⑦司空见惯——李司空对饮酒作乐这样的事，已经见惯了，不觉得稀奇。形容经常看到，不足为奇。句更佳——这句诗写得更好。⑧流芳后世——好的名声永远流传于后世。此指这句诗写得好的名声，永远流传于后世。化成语——（因而）演化出"司空见惯"这个成语。

功 败 垂 成

知名当世晋谢玄①，捷报频传战北边②。
光复旧京指日待③，茫然不解令其还④。
水远山长病于路⑤，壮志未酬死英年⑥。
遗恨千古房有感⑦：功败垂成怪苍天⑧。

【说明】 成语"功败垂成"，见于《晋书·谢玄传论》中的一个成语故事。

【串讲】 ①知名当世——当代极有名声。晋谢玄——东晋时（著名将领）谢玄（即是如此）。晋：指东晋。②捷报频传——胜利的消息不断传来。捷报：打胜仗的信息；频：接连。战北边——（这是因为谢玄率兵）在北方与前秦作战（节节胜利所致）。③光复旧京——收复国土或恢复国家原有的典章、制度。此指前者，即收复北方领土。指日待——（这将是）指日可待。④茫然不解——指对某事迷糊不理解。令其还——（在谢玄顺利进军的情况下）朝廷却命令他回师（南下镇守淮阴）。据载，晋太元八年（公元三八三年）前秦苻坚率兵南侵，谢玄被命为北伐先锋，挥军抗敌。淝水之战大获全胜，并收复徐、兖、青、豫等州。正当谢玄整顿兵马，准备收复全部北方失地之际，朝廷却以"征役既久"为名，令其回师镇守淮阴。这使

187

谢玄茫然不解，气愤不已。他哪里知道这是当时皇族司马道子嫉妒他的功业所为。不得已，谢玄只好回师南下。⑤水远山长——形容路途遥远，关山阻隔。病于路——（谢玄）就在（如此的回师）路上得了重病。⑥壮志未酬——大的志愿没有实现。此指谢玄收复北方领土的志愿没有实现。死英年——（这是因为他病重医治无效）而英年早逝了。据载，谢玄去世时年仅四十五岁。他平生最大的志向就是收复北方失地，可惜壮志未酬身先死了。⑦遗恨千古——留下的怨恨永远存在。房有感——（这使得《晋书》的编撰者）房玄龄都为之感叹。感叹什么呢？⑧功败垂成——事情在将要成功的时候失败了。此指谢玄将要收复全部北方领土时却遭到了失败。怪苍天——（这要）怪罪苍天（给他的年龄太短促了）。据载，房玄龄感叹谢玄时说："庙算有遗，良图未果，降龄（年龄）何促，功败垂成。"这便是成语"功败垂成"之来源。

巧 取 豪 夺

家学渊源米友仁①，敏而好学画功深②。
精妙如神古画仿③，真伪莫辨起歪心④。
挖空心思借而画⑤，指日成功还主人⑥。
以假乱真主自选⑦，巧取豪夺真品存⑧。

【说明】 成语"巧取豪夺"，原作"巧偷豪夺"，见于宋·周辉《清波杂志》中的一个成语故事。

【串讲】 ①家学渊源——家门相传的学问，有根底。形容人学问好，有家学根底。家学：家传之学。渊源：水源，泛指根源。米友仁——

［宋朝大书法家、大画家米芾（fú）之子］米友仁（即是如此）。②敏而好学——聪明而又好学。敏：聪明，机智。画功深——（因此他的）绘画本领很高。③精妙如神——精彩绝妙而达到神妙的境界。古画仿——（这便是米友仁）仿作的古画（与真迹相比简直别无二致）。④真伪莫辨——真的与假的不能分辨清楚。伪：假。莫：不。起歪心——（于是他）便产生了不正当的想法。⑤挖空心思——形容费尽心机，想方设法。多用于贬义。借而画——（米友仁就是这样）把他人的古画借来临摹作画。⑥指日成功——指定日期可以成功。指不久便可成功。还主人——（然后将赝本与真本）一起还到主人那里。⑦以假乱真——把假的当作真的，以混乱视听。此指把假画当成真画收下。主自选——（不过这是）由主人自己来选定的。⑧巧取豪夺——指用巧妙的手段骗取，或凭武力强夺他人的财物。此指前者。真品存——（米友仁就是用这种手法）将真迹古画留在自己手里。据载："老米酷嗜（shì）书画，尝从人借古画自临揭（tà）。揭竟，并与真赝本归之，俾（bǐ）自择而莫辨也。巧偷豪夺，故所得为多。"成语"巧偷豪夺"，也作"巧取豪夺"，即由此成语故事而来。

半 面 之 交

聪明绝世汉应奉①，无可比伦记力强②。
繁枝细节所经事③，历历可数陈述详④。
过目不忘车匠脸⑤，鲜眉亮目脑海装⑥。
年久日深再相遇⑦，半面之交呼如常⑧。

【说明】 成语"半面之交"，见于《后汉书·应奉传》李贤注引谢承

《后汉书》所记载的一个成语故事。

【串讲】 ①聪明绝世——指人聪明到了极点，无人能与之相比。汉应奉——东汉时（有一个）叫应奉的人（即是如此）。②无可比伦——没有可以与之相比的。比伦：相比。记力强——（这便是应奉）记忆力极强。③繁枝细节——繁多且细小的枝节。比喻事物的琐细部分。所经事——（应奉）所经历的（这样）琐细事。④历历可数——形容清清楚楚，可以数得过来。历历：非常清晰分明。陈述详——（对所经事情）都能做有条有理的详细叙述。据载，应奉在郡里做小官吏时，曾到过四十二个县，记录了成百上千的在押囚犯的情况。回来后，太守问到这些人的情况，他都能一一顺口说出这些罪犯的姓名及其定罪轻重，无一遗漏，大家都很惊奇。⑤过目不忘——看过一遍就不会遗忘。车匠脸——（这便是有一次有一个）造车匠（曾于门中）露半个脸看他（仍能记得住）。⑥鲜眉亮目——形容眉目明亮美丽。脑海装——（车匠这样的眉目形象）已经装在应奉的脑子里。⑦年久日深——时间长久。再相遇——（应奉与那个车匠在路上）再次相见。⑧半面之交——指只见过一面的人。此指车匠。呼如常——（应奉）仍如平常一样能认出他来并和他打招呼。据载："造车匠于内开扇出半面视奉，奉即委去。后数十年于路见车匠，识而呼之。"成语"半面之交"即由此而来。

东 食 西 宿

闭月羞花齐美女①，掌上明珠父母怜②。
左邻右舍求婚至③，各有所长看不真④。
万贯家财东郎丑⑤，美如冠玉西子贫⑥。

无所适从由女定⑦，东食西宿她都允⑧。

【说明】 成语"东食西宿"，见于《艺文类聚》卷四十引《风俗通》中的一个成语故事。

【串讲】 ①闭月羞花——使月亮见了躲避，使花见了含羞。形容女子容貌极美。闭：藏。齐美女——（战国时）齐国（就有这样一位）美丽的少女。②掌上明珠——比喻珍贵。原指极钟爱的人，后转指极受父母疼爱的儿女，特别是女儿。此指后者，即父母把这位美女视为"掌上明珠"。父母怜——父母（特别）疼爱（她）。怜：爱。③左邻右舍——指住在左右的近邻。求婚至——求婚来到（她家）。据载，有两家近邻同时到她家提亲，一家在她家的东边住，一家在她家的西边住。④各有所长——各有各的长处。此指求婚者"各有所长"。看不真——（美女的父母对此）看不清楚。真：清楚，确实。⑤万贯家财——一万贯的家财。形容家庭非常富有。贯：旧时的铜钱用绳子穿起来，每一千个叫一贯。东郎丑——（但是这个）住在东边的财主的儿子长得却丑陋。⑥美如冠玉——美好得像帽子上缀的珠玉一样。形容男子美貌。冠：帽子。西子贫——（可是这个）住在西边的美男子（家里却特别）贫穷。⑦无所适从——不知依从谁好。不知怎样办才好。此指父母不知选择哪个做女婿才好，即拿不定主意。由女定——（还是）由女儿自己来选定吧。⑧东食西宿——在东家吃饭，在西家住宿。比喻贪利的人企图兼有两利。她都允——（对这两家求婚者）她都答应了。据载，父母问女儿到底喜欢哪一家，女儿回答说："东家那人富而丑，西家那人贫而俊，我愿嫁到东家吃，嫁到西家宿。"成语"东食西宿"即由此而来。

甘 拜 下 风

忿火中烧秦穆公①，兴师见罪抗晋兵②。
不堪一击晋公虏③，威风扫地押途中④。
垂头丧气晋臣惧⑤，从宽发落穆公称⑥。
甘拜下风晋臣讲⑦：皇天后土君言听⑧。

【说明】 成语"甘拜下风"，见于《左传·僖公十五年》中的一个成语故事。

【串讲】 ①忿火中烧——愤怒的火焰在心中燃烧。形容愤怒至极。秦穆公——（春秋时面对忘恩负义的晋国入侵）秦穆公（就是如此地愤怒）。据载，有一年晋国发生灾荒，秦国卖给晋国粮食帮助其渡过难关。而后来秦国受灾，晋国不但不卖给粮食，反而乘人之危大举入侵秦国，秦穆公愤怒至极。②兴师见罪——举兵讨伐，责问罪状。抗晋兵——（秦穆公就是这样亲率大军）抗击晋军的入侵。③不堪一击——力量薄弱，经不起一打。晋公虏——（于是晋军大败）晋惠公（和大将韩简）都被俘虏。④威风扫地——令人敬畏的声势、气派全部丧失。押途中——（晋惠公就是这个样子）被押解在（回秦）的路上。⑤垂头丧气——形容失意懊丧的样子。丧气：失去志气，情绪低落。晋臣惧——（这些）晋国大臣感到异常恐惧。⑥从宽发落——处罚从宽，轻予放过。发落：发放，放过。穆公称——（这是）秦穆公（对他们）说的。⑦甘拜下风——真心佩服别人，自认不如，甘居下列。晋臣讲——（这是）晋国大臣（对秦穆公）说的。⑧皇天后土——谓天地神祇。古人认为天地能主持公道，主宰万物。故多用于祝告宣誓。皇天：古代指天。后土：古代指地。君言听——（天和地）都听到了您（秦穆公）说的话了（可要说话算数）。据载，晋大夫对秦穆公说："君履后土而戴皇天，皇天后土，实闻君之言，群臣敢在下风。"成语"甘拜下风"即由此成语故事而形成。

四 面 楚 歌

一败如水羽退军①，残兵败将垓下屯②。
四面楚歌深夜起③，闻风丧胆羽惊心④。
以酒浇愁愁更烈⑤，慷慨悲歌寄诗魂⑥。
泪如雨下人同泣⑦，无计可施怨何人⑧？

【说明】 成语"四面楚歌"，见于《史记·项羽本纪》中的一个成语故事。

【串讲】 ①一败如水——形容军队打了败仗，就像水泼到地上那样不可收拾。此指楚汉相争时项羽被刘邦打得"一败如水"。羽退军——项羽把军队撤下来。羽：指项羽。②残兵败将——溃败残伤的军队和打败仗的将领。此指项羽的"残兵败将"。垓（gāi）下屯——在垓下这个地方驻扎下来。垓下：地名，在今安徽灵璧县东南；屯：驻扎。③四面楚歌——四面传出楚国的歌声。比喻孤立无援，四面受敌。深夜起——在深夜时刻唱起。④闻风丧胆——听到风声就吓破了胆。形容极端害怕。此指项羽听到"四面楚歌"就非常害怕。羽惊心——使项羽心里大吃一惊。惊心：使心惊，使动用法。据载："项王军壁垓下，兵少食尽，汉军及诸侯兵围之数重，夜闻四面皆楚歌，项王乃大惊曰：'汉皆已得楚乎？是何楚人之多也！'"⑤以酒浇愁——用酒来排遣心中的悲愁。愁更烈——悲愁更加厉害。烈：猛，盛。据载，项羽深夜起来，在营帐中饮酒消愁，心情更加悲哀。⑥慷慨悲歌——以悲壮的歌唱抒发内心激动的情感。形容英雄末路或壮士不得志的情景。此指项羽末路的情景。寄诗魂——（将此情）寄托在他写的诗意里。诗魂：诗的灵魂，即诗意。据载，项羽悲哀激昂地唱着歌，自己作了一首诗："力量能拔山哪，勇气盖过世；时运不顺呀！骓（zhuī）不前进。骓不前进那怎么办！虞呀！虞呀！我把你怎么安排！"骓：项羽骑的青白杂色好马；虞：项羽身边的美人。⑦泪如雨下——眼泪如雨水直往下淌。形容悲痛万分。人同泣——（随从）的人同（项羽）一起哭泣。据载，项羽唱了几遍自作的诗，美人也跟他同唱。项羽眼泪直往下淌，旁边随从的人也跟着哭泣。⑧无计可施——一点办法也没有。计：计策，方法；施：施展。怨何人——（项羽弄到这个地步）能去怨哪一个人呢？意为谁也不能怨，只能怨他自己了。成语"四面楚歌"即由此故事而来。

出 类 拔 萃

踵事增华圣孟轲①，空前绝后立新说②。
孔孟之道为一体③，顶礼膜拜弟子多④。
恭恭敬敬丑问孟⑤，古圣先贤最者何⑥？
各有千秋孟析对⑦：出类拔萃丘自得⑧。

【说明】 成语"出类拔萃（cuì）"，见于《孟子·公孙丑上》中的一个成语故事。

【串讲】 ①踵（zhǒng）事增华——在前人创造的基础上再增加一些光

彩。指继承前人的事业并加以发展。此指继承了孔子儒家学说并加以发展。踵：因袭；华：光彩。圣孟轲——（这便是）圣人孟轲。②空前绝后——填补了前人所没有的，做出了后人所难为的。此指孟轲在发展孔子学说上具体表现为扩充了孔子学说中所未涉及的内容和领域，并且是后人很难达到的。空：没有；绝：断绝，难继续。立新说——创立了新的学说《孟子》。③孔孟之道——指儒家学说。孔：孔子；孟：孟子。为一体——成为一个整体。④顶礼膜拜——比喻对人特别崇拜。此指对孔子、孟子特别崇拜。顶礼：旧指两手伏地，头顶佛脚行跪拜礼。弟子多——（所以孔孟的）弟子很多。⑤恭恭敬敬——形容恭敬到极点。丑问孟——（学生）公孙丑（便是这样）向孟子请教。问：请教；孟：孟轲。⑥古圣先贤——古时的圣人和贤人。圣：道德智能极高；贤：有德有才。最者何——顶好的是谁？据载，有一次，公孙丑请教孟子，问古代的伯夷、伊尹和孔丘这三位"古圣先贤"究竟谁最为突出？⑦各有千秋——各人都有流传久远的专长。比喻各有专长，各有优点。千秋：千年，这里指流传久远。孟析对——孟子（通过这样的）分析（之后），做了（如下）回答：⑧出类拔萃——形容品德、才能超出一般人。出、拔：超出；类：同类；萃：草丛生的样子，比喻聚集在一起的人或物。丘自得——（这）自然应该是属于孔丘了。丘：孔丘。据载，孟子借用了他的学生有若的话回答了公孙丑，说孔子是"出乎其类，拔乎其萃，自有生民以来，未有盛于孔子也"。成语"出类拔萃"即由此而形成。

东 施 效 颦

眉头不展病西施①，瑕不掩瑜美其时②。

心向往之丑女效③，面目狰狞人怕之④。

挈妇将雏穷人跑⑤，关门闭户富人辞⑥。

不分好歹瞎模拟⑦，东施效颦丑增值⑧。

【说明】　成语"东施效颦（pín）"，见于《庄子·天运》中的一个成语故事。

【串讲】　①眉头不展——紧皱着眉头。形容疼痛难受或愁闷不乐的样子。此指前者，即指心痛难受而紧皱眉头。病西施——（患有心痛）病的西施（正是这个样子）。西施：春秋时越国的美女。据载，西施患心痛病，住在村里总是皱着眉头。②瑕不掩瑜（yú）——玉上的斑点掩盖不了玉的光彩。比喻缺点掩盖不了优点。此指西施虽皱着眉头，但仍掩盖不了她天生的美丽。瑕：玉上的斑点；掩：掩盖；瑜：玉的光彩。美其时——在（皱眉时）仍然显得很美。③心向往之——形容内心十分仰慕这样。此指丑女（东施）心里特别仰慕西施这个样子。向往：想望；之：这样，代词。丑女效——（于是）丑女（东施）便仿效（西施的模样）。据载，西施村里有个丑女人（东施），看到西施的模样觉得很美，回来就在村里捧住心口，皱着眉头。④面目狰狞——形容相貌凶恶可怕。此指丑女本来很丑，再皱着眉头，便现出面目凶恶可怕的样子。狰狞：样子凶恶。人怕之——人们都很害怕她。之：她，指丑女，代词。⑤挈（qiè）妇将雏（chú）——带着妻子和小孩。挈、将：带领；雏：幼小的鸟，也指小孩。穷人跑——穷人（见了她就赶快）逃离。⑥关门闭户——把门户都关闭起来。户：本指单扇门，后泛指出入的门户。富人辞——有钱人（见了她便这样在家）躲避。辞：躲避。⑦不分好歹——分辨不清什么是好的，什么是坏的。此指丑女分辨不清什么样是美，什么样是丑。瞎模拟——胡乱地模仿。⑧东施效颦——丑女仿效皱眉头。比喻不知人家好在哪里，自己又没条件而胡乱学样。此指原意。颦：皱眉头。

丑增值——丑增大了数值，即变得更丑。据载："故西施痛心而矉（通颦，皱眉）其里，其里之丑人见而美之，归亦捧心而矉其里。其里之富人见之，坚闭门而不出；贫人见之，挈妻子而去亡走。彼知矉美，而不知矉之所以美。"成语"东施效颦"即由此故事而形成。

打 草 惊 蛇

横征暴敛唐王鲁[①]，**贪赃枉法私弊舞**[②]。
上行下效有主簿[③]，**贪贿无艺似狼虎**[④]。
忍无可忍百姓告[⑤]，**罪孽深重如县主**[⑥]。
心惊胆战主无魂[⑦]，**打草惊蛇状子署**[⑧]。

【说明】 成语"打草惊蛇"，见于《酉阳杂俎（zǔ）》中的一个成语故事。

【串讲】 ①横征暴敛（liǎn）——强征捐税，残酷地搜刮民财。横：强横；征、敛：征税，搜刮。唐王鲁——唐朝（当涂县县令）王鲁（即如此）。②贪赃枉法——贪财受贿，违法乱纪。赃：盗窃、抢劫、贪污来的财物；枉法：歪曲法令，破坏纪律。私弊舞——（王鲁）为私利而舞弊。舞：耍弄。③上行下效——在上者怎样做，在下者就跟着学。效：仿效，模仿。有主簿——（这样做的）就有（县令手下的小官）主簿。④贪贿无艺——贪污受贿没有限度，搜刮民财没有止境。贿：财物；艺：准则，引申为限度。似狼虎——（主簿所为）如狼似虎，即贪婪凶残。⑤忍无可忍——再也不能忍受下去了。百姓告——老百姓（去县衙）控告他。⑥罪孽（niè）深重——罪恶极重。如县主——（主簿的罪行）像县令（王鲁）一样，即状子上列举主簿的犯罪事实与王鲁的违法行为几乎一样。县主：县令。⑦心惊胆战——形容惊慌害怕到极点。主无魂——县令王鲁（看完状子）魂都吓没了。⑧打草惊蛇——指告的是主簿，而受惊动的却是县令。比喻惩治一个人，以警告另一个人。后多用来比喻行动不缜密，致使对方有了防备。此指原意。状子署——（县令）在状子上（做了如此的）题字。署：签名，题字。据载，县令王鲁看状子，便不由自主地在状子上批道："汝（你）虽打草，吾已惊蛇。"后简作成语"打草惊蛇"。

扑 朔 迷 离

班师回府花木兰①，解甲释兵归农田②。
红装素裹女衣罩③，出水芙蓉展娇颜④。
亭亭玉立战友惑⑤，理固当然兔比言⑥：
安然不动分雄雌⑦，扑朔迷离驰辨难⑧。

【说明】　成语"扑朔迷离"，见于《乐府诗集·木兰诗》中的一个成语故事。

【串讲】　①班师回府——指出征的军队胜利返回朝廷。班：回，还。花木兰——（南北朝时有位替父从军的农家姑娘）花木兰（即是这样率军返朝）。②解甲释兵——卸掉盔甲，放下兵器。比喻不再战斗。归农田——（这便是）木兰回到家乡务农。③红装素裹——指妇女衣着淡雅，也形容雪后天晴红日白雪互相映照的艳丽景色。此为前者。女衣罩——（花木兰）则穿上这样的女人衣装。④出水芙蓉——露出水面刚刚开放的荷花。原比喻诗文字画等清新可爱。后也用来形容女子清秀美丽。此为后者。芙蓉：荷花。展娇颜——展现出（花木兰）娇嫩的容颜。⑤亭亭玉立——形容女子身材修长而秀美。也形容花木形体挺拔秀美。此为前者。战友惑——（对花木兰竟然是如此美丽的姑娘）她的战友则感到迷惑不解（在一起作战十二年却没有认出她是女的）。⑥理固当然——从道理上讲本来应当如此。兔比言——（于是）就拿兔子做比喻说：⑦安然不动——形容安稳，不为所动。或无动于衷。此指前者。分雄雌——（在这种静态下）兔子能分出雄性和雌性。据载，兔静止时，雄兔爱动，雌兔爱眯眼，能分出雄雌。⑧扑朔迷离——比喻事物错综复杂，难以辨别。扑朔：乱动。迷离：眼睛半闭。驰辨难——（这是因为）兔子跑起来就难以辨别雌雄了。据载，《木兰诗》最后写道："雄兔脚扑朔，雌兔眼迷离。双兔傍地走，安能辨我是雄雌？"成语"扑朔迷离"即由此而来。

对 症 下 药

妙手回春汉华佗①，神通广大除病魔②。
望闻问切穷病理③，推本溯源断因果④。
殊途同归治一病⑤，对症下药灵如佛⑥。
起死回生寻常事⑦，癣疥之疾又算何⑧？

【说明】 成语"对症下药"，见于《三国志·魏志·华佗传》中的一个成语故事。
【串讲】 ①妙手回春——称赞医生医术高明，能使病危的人痊愈。妙手：技能高明的人；回春：使春天重又回来，比喻把快要死的人救活。汉华佗——东汉（末年）的华佗（就是这样一位名医）。汉：指东汉。②神通广大——形容本领极大。神通：古印度各宗教相信修行有成就的人，能具备各种神秘莫测的能力，叫作神通。除病魔——（华佗）能治好（各种）疾病。除：去掉；病魔：疾病。③望闻问切——中医诊病的四种途径。此指华佗诊病。望：指观气色；闻：指听声息；问：指询症状；切：指摸脉象。穷病理——寻究病的原理，直到弄清楚为止。穷：追究到底，动词。④推本溯源——推求根本，追溯来源。此指寻找病的根源。断因果——诊断得病的前因后果。⑤殊途同归——从不同的道路走到同一目的地。比喻采取不同的方法可以得到相同的结果。此指用不同的药方可以治好症状相同的病。殊：不同；归：归宿，结局。治一病——（华佗往往就是这样）来治疗同一种疾病的。⑥对症下药——医生针对病症决定用药。后比喻针对具体情况、问题，制定具体的解决办法。此指原意。灵如佛——（华佗这样做）灵验得像有神力一样，形容非常见效。据载，有一次，倪寻和李延同患头痛发烧病，华佗诊断后，却给两人开了不同的药方。倪寻吃的是泻药，李延吃的却是发药。二人不解，华佗说："倪寻的病是伤食引起的，病在内部；李延的病是受寒引起的，病在外部。所以用药的方法也就不同。"结果二人的病都治好了。⑦起死回生——把将要死的人治活。寻常事——（这）是很平常的事。寻常：平常。⑧癣疥之疾——比喻危害不大的小病或小问题。此指前者。癣疥：两种皮肤病。又算何——（这）又算得了什么呢？即治这种小病就更不在话下了。成语"对症下药"即由此故事而形成。

龙蛇混杂

杀身之祸降子胥①，不顾一切楚国离②。
对天发誓父仇报③，吃辛受苦吴国趋④。
一五一十对王讲⑤：暴虐肆行楚王逼⑥。
龙蛇混杂遭杀戮⑦，血海深仇要血抵⑧。

【说明】 成语"龙蛇混杂"，也作"鱼龙混杂"，见于《敦煌变文集·伍子胥变文》中的一个成语故事。

【串讲】 ①杀身之祸——能够使自己丧失性命的祸患。降子胥——（它突然）降落在（战国时楚国）伍子胥的头上。据载，由于楚平王听信谗言，就要杀大臣伍奢及其二子伍尚和伍员（即伍子胥）。伍子胥听说后立即出逃，其父兄被杀。②不顾一切——决心做一件事，排除一切顾虑。楚国离——（这就是）尽快离开楚国。③对天发誓——面对苍天发出誓言。形容所发誓言极其郑重、庄严。父仇报——决心报这杀父（杀兄）之仇。④吃辛受苦——形容饱尝艰辛劳苦。吴国趋——（伍子胥就这样）急速地跑到吴国。⑤一五一十——比喻原原本本、如实地叙述。对王讲——（伍子胥如此这般）对吴王（阖闾）说：⑥暴虐肆行——凶恶残酷，任意胡作非为。楚王逼——楚平王（就是这样）逼迫我（才来到您吴国）。⑦龙蛇混杂——比喻才俊之士与平庸之人、好人与坏人混在一起。据载，伍子胥对吴王说：楚平王昏庸残暴，大臣们也胡作非为，在楚国是"皂白难分，龙蛇混杂"。遭杀戮（lù）——（所以我父兄这样的好人）则遭到杀害。戮：杀。⑧血海深仇——指深仇大恨。要血抵——（这一定要让楚平王）用血来抵偿。据载，过了十年，伍子胥帮助吴国打到楚国都城。这时，楚平王已死，于是伍子胥则掘坟开棺，拖出楚王尸体，用鞭子打了三百下，以泄心中之恨。成语"龙蛇混杂"即由此故事而来。

市 道 之 交

正直无邪将廉颇①，大起大落感慨多②。
负屈含冤昔免职③，虎落平川客尽脱④。
重振雄风今复位⑤，趋炎附势来客博⑥。
板起面孔令逐客⑦，市道之交客反驳⑧。

【说明】　成语"市道之交"，见于《史记·廉颇蔺相如列传》中的一个成语故事。

【串讲】　①正直无邪——公正而无私心。将廉颇——（战国时赵国）名将廉颇（即是如此）。②大起大落——形容起伏变化极快极大。有时也指人的情绪波动极大。此指前者，即指廉颇的地位变化极快极大。③负屈含冤——指心里藏着所蒙受的冤枉、委屈。昔免职——（这便是）昔日（赵孝成王时由于中了秦国的反间之计）将廉颇免去了秦赵长平之战的统帅（由赵括替代）。④虎落平川——老虎离开藏身的深山，落在平地里。比喻有势者一旦失势。客尽脱——（所以廉颇一旦失去地位）所有的客人就都离开而不来了。据载，因为赵括只会"纸上谈兵"，不会指挥作战，因而遭到惨败。于是又改用廉颇为将。⑤重振雄风——重新振作起昔日的威风。今复位——（因为廉颇）而今又恢复了原来的职位。⑥趋炎附势——指迎合、投靠有权势的人。来客博——（所以）来廉颇这做客的人又多了起来。

⑦板起面孔——脸上做出严厉、不高兴或凶狠等表情。此为前者。令逐客——（这便是廉颇）命令驱逐这些客人。⑧市道之交——指买卖双方之间的关系。比喻人与人之间以利害关系为转移的交情。客反驳——（其中有一个）客人（就用这样的比喻）来反驳（廉颇逐客的做法和想法）。据载："廉颇之免长平归也，失势之时，故客尽去。及复用为将，客又复来。廉颇曰：'客退矣！'客曰：'吁！君何见之晚也？夫天下以市道交，君有势，我则从君，君无势则去，此固其理也，有何怨乎？'"成语"市道之交"即由此而来。

东 道 主 人

报怨雪耻晋联秦①，金鼓齐鸣郑国侵②。
坐立不安公遣使③，趋利避害烛说秦④：
设身处地替秦想⑤，为人提刀害自身⑥；
东道主人郑愿做⑦，有求必应秦退军⑧。

【说明】　成语"东道主人"，见于《左传·僖公三十年》中的一个成语故事。

【串讲】　①报怨雪耻——报怨恨，洗刷耻辱。雪：洗刷掉。晋联秦——（为此）晋国联合了秦国。干什么呢？②金鼓齐鸣——金钲和战鼓一起响起。形容军容盛大或战斗激烈。此指后者。金鼓：金钲和战鼓，古代作战时用以发号令，助军威。郑国侵——（晋秦联军便这样大举）向郑国进攻。据载，晋文公重耳为公子时曾逃亡在外，经过郑国时，郑国却关上城门不让他进去，为报此怨，雪此耻，晋国则联合秦国去攻打郑国。在这种情况下，郑文公怎么办呢？③坐立不安——

坐也不是，站也不是。形容心情不安或烦躁的神态。此指前者，即郑文公对晋秦联军入侵而"坐立不安"。公遣使——（于是）郑文公则派使者（烛之武前去劝说秦穆公退兵）。公：指郑文公。④趋利避害——趋向有利的一面，避开有害的一面。烛说（shuì）秦——烛之武（就是用这样的道理）去说服秦穆公的。烛：指烛之武（人名）。他都说了些什么呢？⑤设身处地——设想自己处于别人那种境地。指替别人的处境着想。替秦想——（我这是在）替你们秦国的处境着想。⑥为人提刀——为别人拿刀。比喻为别人去打仗。此指秦国现在是在为晋国打仗。害自身——（这样做）必然害了你秦国自己。据载，烛之武对秦穆公说："郑国在晋国的东边，秦国在晋国的西边，郑国灭亡，就使晋国更强大了，而秦就显得弱了。帮助人家去攻打别国，反倒削弱了自己的国力，聪明人能这样做吗？"秦穆公听了认为他说得很对而高兴起来。⑦东道主人——指东路上的主人。后称款待宾客的主人。此指原意。郑愿做——（这是我们）郑国愿意担当的。⑧有求必应——只要有要求提出，就一定答应。此指秦国外交使节来往中，如缺乏什么东西，郑国对其是"有求必应"。据载，烛之武又对秦穆公说："若舍（同拾）郑以为东道主，行李（指外交使节）之往来，共（同供）其乏用，君亦无所害。"秦退军——（于是秦穆公权衡利弊后）则下令撤回攻打郑国的秦军。据载，秦国退兵，迫使晋国也不得不退兵，郑国解围。成语"东道主人"也便由此而来。

饥 寒 交 迫

爱民如子唐李渊①，以德服人盗案观②。
正色直言将贼审③，偷东摸西是何缘④？

面红耳赤甘罗对⑤：饥寒交迫实难堪⑥。
责躬省过渊心软⑦，既往不咎放其还⑧。

【说明】 成语"饥寒交迫"，原作"饥寒交切（逼迫）"，见于宋代王谠（dǎng）《唐语林卷一·政事上》中的一个成语故事。

【串讲】 ①爱民如子——爱护百姓，就像父母对子女一样尽心。唐李渊——唐代（开国皇帝高祖）李渊（便是如此）。唐：唐朝。②以德服人——以德行使人信服。盗案观——（李渊就是用这种态度）去看待盗窃案的。观：看。据载，当时有一个叫严甘罗的人，因为偷窃被官吏捉住带到李渊面前。③正色直言——态度严肃，语言正直，能使人望而生畏。将贼审——（李渊就是这样）把盗贼严甘罗审问。④偷东摸西——小偷小摸。是何缘——（这是）什么原因呢？缘：原因。⑤面红耳赤——形容羞愧、着急时的样子。此指严甘罗因问到他偷东西而感到羞愧时的样子。甘罗对——（同时）严甘罗也做了回答。⑥饥寒交迫——饥饿与寒冷交相逼迫。实难堪——（这使得我甘罗）实在难以忍受。堪：忍受。据载，李渊问："汝（你）何为做贼？"对曰："饥寒交切（逼迫），所以为盗。"⑦责躬（gōng）省过——责问自身的所作所为，反省过失。躬：自身。渊心软——（所以）李渊（听了甘罗的回话）心里被感动了。⑧既往不咎——对已成过去的错误，不加责难追究。咎：责备。放其还——（李渊）则把他（甘罗）放回去了。据载，李渊听了甘罗的回话后想了想说："我是你们的君主，本应为你们造福，但现在却使你们如此贫困，这是我的罪过呀！"说完，便把严甘罗放走了。这便是成语"饥寒交迫"的来源。

东 窗 事 发

大奸似忠秦桧贼①，**卖国求荣害岳飞**②。
鬼鬼祟祟东窗议③，**夫唱妇随阴谋为**④。
精忠报国飞冤死⑤，**千夫所指桧命摧**⑥。
皮开肉绽阴刑受⑦，**东窗事发信传回**⑧。

【说明】 成语"东窗事发"，见于明代田汝成《西湖游览志余》中的一个成语故事。

【串讲】 ①大奸似忠——内心奸恶，貌似忠厚。秦桧贼——（南宋时主张投降金国的）奸贼秦桧（做宰相时即如此）。②卖国求荣——出卖国家利益，以谋求个人的荣华富贵。害岳飞——（为此，秦桧则处心积虑地）陷害（抗金名将）岳飞。据载，秦桧原为南宋御史中丞（官名，主管监察、执法等事），后被金人俘虏，成为金太宗弟挞懒的亲信。而后被遣送归宋，谎称夺船逃回。他力主降金，得到宋高宗的宠信，官升至宰相。于是，对力主抗金的名将岳飞则欲害其死。③鬼鬼祟祟——形容行动诡秘，怕人发现的样子。东窗议——（这是秦桧与其妻王氏）于他家东窗之下在秘密商议（如何害死岳飞的事）。④夫唱妇随——丈夫说什么，妻子就要附和。即妻子必须顺从丈夫的。此指鬼主意还得由秦桧来拿，王氏只能附和。阴谋为——（于是）策划出陷害岳飞的阴谋诡计。为：策划。据载，秦桧以抗旨不遵，反叛朝廷等"莫须有"的罪名加害于岳飞而治其死。⑤精忠报国——竭尽忠诚，报效国家。飞冤死——（这样一个爱国名将）岳飞则（因被陷害）而含冤死去。飞：指岳飞。⑥千夫所指——形容触犯众怒。此指秦桧害死岳飞触犯了众怒。桧命摧——

秦桧（便在这样的千夫所指中后来）死掉了。桧：指秦桧；摧：折断。⑦皮开肉绽——皮肉都裂开。形容被打得伤势很重。阴刑受——（这是因为秦桧）在阴间受到酷刑所致。为什么会受刑呢？⑧东窗事发——秦桧夫妇在东窗下商议陷害岳飞的事被揭发了。后比喻阴谋或罪恶败露。信传回——（因为有这样的）信息（从阴间）传回来。据载，秦桧死后，其妻请方士为他招魂，方士见秦桧正在阴间受刑。秦桧托方士说："可烦传语夫人，东窗事发矣！"这便是成语"东窗事发"之来源。

外 强 中 干

忘恩负义晋惠公①，自食其言负秦城②。
勃然变色秦动武③，哀兵必胜败晋兵④。
仓皇失措公迎战⑤，外强中干郑马行⑥。
跋前踬后泥坑陷⑦，束手就擒悔不成⑧。

【说明】　成语"外强中干"，见于《左传·僖公十五年》中的一个成语故事。

【串讲】　①忘恩负义——忘记恩德，背弃信义。指忘掉别人对自己的好处，做出对不起别人的事。晋惠公——（春秋时）晋惠公（忘记了秦国对他的恩德做出了对不起秦国的事情）。怎见得呢？②自食其言——不讲信用，说话不算数。负秦城——（晋惠公因此）欠下秦国（五座）城池。据载，晋惠公为公子时曾流亡秦国，在秦国帮助下回国做了国君（即晋惠公），当时他许诺事成后割五城于秦作为报答。可是他做了国君却自食其言，不割城于秦了。不仅如此，晋国曾两次发生灾荒，向秦国买粮，秦国都卖粮救急。可是后来秦国发生饥荒向晋国买粮，晋惠公居然忘恩负义，不卖粮于秦。其后果会怎样呢？③勃然变色——因恼怒或惊怕而忽然脸色大变。此指秦国因恼恨晋国而态度突然大变。秦动武——（于是）秦国（对晋国）动用了武力。④哀兵必胜——满腔悲愤的军队必定胜利。此指秦军必胜。哀兵：因国家民族横遭欺凌、残害而悲愤满腔的军队。败晋兵——把晋国军队打得大败。败：打败，动词。据载，晋兵连吃三次败仗。⑤仓皇失措——匆促慌张，不知如何是好。此指晋惠公被秦军进攻吓得"仓皇失措"。仓皇：匆促慌张；失措：举止失常。公迎战——晋惠公（只好亲自）去抗敌。公：晋惠公。⑥外强中干——原指马的外貌虽然强壮，但体内已气虚力竭。后形容外表强壮，内部虚弱，此指原意。郑马行——（晋惠公就用这）郑国输入的马（拉战车）出战。郑马：郑国输入的马。据载，晋国大夫庆郑不愿意让晋惠公用郑国输入的马去作战。劝他说，用外来的马去作战，战场上马一紧张，就可能"血管膨胀，呼吸急促，'外强中干'，进退不可，周旋不能"，不如用本国出产的马好。可是晋惠公不听，仍用郑马拉战车出战。⑦跋前踬（zhì）后——比喻进退两难。跋：踩，践踏；踬：被绊倒。泥坑陷——（郑马果然）陷在泥坑里（而拔不出来）。⑧束手就擒——捆起手来准备当俘虏。形容无力反抗或脱身。此指晋惠公无法脱身。悔不成——后悔（没听庆郑的话）也来不及了。成语"外强中干"即由此而来。

尔 虞 我 诈

天长日久攻宋都①，师老兵疲城不除②。

锦囊妙计申叔献③，筑室反耕王用熟④。
惶恐不安宋遣使⑤，软硬兼施楚返途⑥。
两相情愿和约订⑦，尔虞我诈都要无⑧。

【说明】　成语"尔虞我诈"，见于《左传·宣公十五年》中的一个成语故事。

【串讲】　①天长日久——时间长，日子久。攻宋都——（春秋时楚国）围攻宋国国都（长达九个月之久）。②师老兵疲——用兵的时间太长，兵士都劳累不堪了。老：衰，指军队长期在外，疲惫已极；疲：累乏，懈怠。城不除——（而宋国）都城（仍是）攻不下来。③锦囊妙计——封在锦囊中的神机妙算。比喻能及时解决紧急问题的办法。此指能及时解决久攻不下的办法。申叔献——（这是由一个叫）申叔（的人）献给（楚庄王的）。④筑室反耕——建筑营房，分兵归田。表示作为长期屯兵之计。反：同"返"。王用熟——楚庄王（对此计）用得很熟练，即做得很像。王：指楚庄王。据载，楚庄王久攻宋都不下，打算撤兵。这时给楚庄王驾车的申叔献计说："如果我们在阵地上建房子。派人去种地，做长久打下去的样子；那么，宋国必然会听我们的命令。"庄王认为此计很好，则照计行事，而且做得很像。⑤惶恐不安——惊慌害怕的样子。此指宋国知道楚国这样做感到很害怕。宋遣使——（于是）宋国派使臣（华元去到楚军军营找到战将子反）。⑥软硬兼施——软的和硬的手段都用上了。兼施：同时施展。据载，华元对子反说："我们的柴、粮虽然都用没了，但绝不投降。如果楚军能后退三十里。那么一切都好办。"楚返途——楚军（将领子反对此表示同意）原路返回（退兵三十里）。⑦两相情愿——双方都愿意。和约订——（于是宋国和楚国便）签订（一个）讲和条约。⑧尔虞我诈——你欺骗我，我欺骗你。尔：你；虞：欺骗。都要无——（两国）都不要（这样做）。据载，和约中说:"吾无尔诈,尔无我虞。"即我们不欺骗你们,你们也不要欺骗我们。后演化出成语"尔虞我诈"。

包 藏 祸 心

兵不厌权围往郑①,兴戎动众去迎亲②。
别有心肠借机袭③,露出马脚遭闭门④。
包藏祸心郑人指⑤,自我解嘲弃歹心⑥。
赤手空拳刀枪放⑦,正经八板入城婚⑧。

【说明】 成语"包藏祸心",见于《左传·昭公元年》中的一个成语故事。

【串讲】 ①兵不厌权——作战时允许尽多地使用欺诈的战术。权:权谋。围往郑——(春秋时楚国公子)围前往郑国(即是如此)。②兴戎动众——原指出动大队兵马。后也指动用很多人力。此指原意。去迎亲——(表面上这是公子围)去郑国迎接新娘(因为围与郑国一位姑娘有婚约)。③别有心肠——指动机不良,另有打算。借机袭——(这就是)公子围想借迎亲之机袭击郑国。④露出马脚——比喻真相暴露。据载,郑国人识破了公子围这一阴谋。遭闭门——(因而楚国的迎亲队伍)遭到郑国关闭城门的阻拦(不准入内)。⑤包藏祸心——隐藏害人之心。郑人指——(这是)郑国人(对公子围)的揭露。据载,郑人指出:"小国无罪,恃实其罪;将恃大国之安靖己,无乃包藏祸心以图之。"⑥自我解嘲——指自己用言语或动作来替自己解除尴尬的局面。弃歹心——(于是公子围)则放弃了借机袭郑的坏心。⑦赤手空拳——手里什么东西也没拿。刀枪放——(因为迎亲队伍)把刀枪等武器都放在城外了。⑧正经八板——正经的、严肃认真的。入城婚——（公子围就这样带着队伍）进入城中迎亲成婚。成语"包藏祸心"即由此成语故事而来。

协 力 同 心

家道中落刘玄德①，乱世之秋雄心勃②。
义气相投交豪友③，发愤图强天下夺④。
桃园之拜三结义⑤，誓同生死张飞说⑥：
协力同心为兄弟⑦，风雨同舟大事谋⑧。

【说明】 成语"协力同心"，见于《三国演义》中的一个成语故事。

【串讲】 ①家道中落——家业衰败，境况没有从前富裕。刘玄德——（东汉末年有一个没落贵族靠卖鞋、编席为生）名叫刘备字玄德的人（即是如此）。②乱世之秋——指社会混乱的时候。据载，当时阶级矛盾激化，暴发了黄巾起义，社会处于动荡混乱之中。雄心勃——（于是刘备）便产生了雄心勃勃的壮志（欲趁乱起事）。③义气相投——志趣性格很合得来。交豪友——（刘备就有意）结交这样才能突出的人为朋友。④发愤图强——下定决心以谋求强盛。天下夺——来夺取国家统治权。⑤桃园之拜——刘备、关羽、张飞三人在桃园结拜为兄弟。后用以指异姓兄弟结义。此为原意。三结义——（这便是刘、关、张桃园）三结义。⑥誓同生死——发誓同生死，共命运。张飞说——（于是）张飞说道：⑦协力同心——思想一致，共同努力。为兄弟——（因为我们三人）已经结拜为生死兄弟。⑧风雨同舟——在风雨中同船渡河。比喻互相支持、帮助，共同渡过困难。大事谋——

来图谋（夺取天下）的大事。据载，张飞说："我三人结为兄弟，协力同心，然后可图大事。"成语"协力同心"即由此而来。

任 人 唯 贤

仁民爱物管仲囚①，饥渴交攻齐国投②。
施而不费边官助③，贪名逐利当场求④。
光明磊落管仲对⑤：任人唯贤别无有⑥。
能者多劳定重用⑦，赏不逾时论功酬⑧。

【说明】　成语"任人唯贤"，见于《韩非子·外储说左下》中的一个成语故事。

【串讲】　①仁民爱物——对人亲善，进而对生物爱护。旧指官吏仁爱贤能。管仲囚——（具有这种人品的）管仲已经被囚禁。囚：监禁。据载，公元前六八六年，齐襄公被杀，齐国内乱。他的两个弟弟公子纠和公子小白分别从鲁、莒（jǔ）两国奔回齐国争位，结果小白取胜，立为国君，即齐桓公。他迫使鲁国杀死公子纠，同时把曾跟随公子纠争位的管仲在鲁国囚禁起来，然后把他押送回齐国。②饥渴交攻——饥渴一起袭来，形容又饥又渴。齐国投——（管仲就这样被捆绑着由人押送）投奔去齐国。③施而不费——给人以恩惠利益，而自己又耗费不多。边官助——（在边境上）守边官员（给管仲）的帮助（便是这样）。据载，管仲在路上又饥又渴，便向守边的官员讨点饭吃，守边官员则跪着端饭给管仲吃，样子很恭敬。④贪名逐利——贪图好的名声，追逐个人私利。当场求——（边官就在管仲吃饭的）现场当面提出这种要求。据载，边官乘管仲吃饭之机暗暗地对管仲说："如果你到齐国后幸而不被杀而得到重用的话，你将怎样报答我呢？"⑤光明磊落——形容胸怀坦白，光明正大。管仲对——管仲做了如下之回答：⑥任人唯贤——只凭德才来任用人。别无有——没有其他条件。⑦能者多劳——能力强的人多劳累多干事。定重用——（这样的人）一定委以重任。⑧赏不逾时——行赏及时，不拖延时日。论功酬——按功劳大小给予奖励。酬：偿付。据载，管仲答道："要是照你说的那样，我将要任用贤者，使用能者，评赏有功者。我能拿什么报答你呢？"那个边官听了很不满意。成语"任人唯贤"也便由此而形成。

仰 人 鼻 息

威逼利诱绍施计①，大兵压境袭冀州②。
保泰持盈馥欲让③，拒之门外部下求④：
仰人鼻息绍依我⑤，拱手而降为何由⑥？
权衡利弊馥定予⑦，礼让为国战可休⑧。

【说明】　成语"仰人鼻息"，见于《后汉书·袁绍传》中的一个成语故事。

【串讲】　①威逼利诱——用强力逼迫，用利益引诱。指软硬兼施。绍施计——（这是）袁绍（为得到冀州）所采用的计策。②大兵压境——强大的军队逼近边境。压境：逼近边境。袭冀州——（这是袁绍让公孙瓒）突然进攻冀州。据载，袁绍为得到冀州来反对董卓专权，便让北平太守公孙瓒以征讨董卓为名攻打冀州，自己则趁机东进。然后派人晓以利害劝说冀州牧韩馥让出冀州给他袁绍。③保泰持盈——保持环境的安定和已成的功业。泰：平安。盈：满。馥欲让——（于是）韩馥打算（把冀州）让出。可是他手下人却不同意。④拒之门外——把人挡在门外。形容拒绝协商或共事。此指前者，即拒绝让出冀州。部下求——（这是韩馥）手下将领们的请求。其理由是：⑤仰人鼻息——比喻依赖别人，看人脸色行事。鼻息：呼吸。绍依我——袁绍是依靠我们（供给粮草的）。⑥拱手而降——俯首投降。拱手：两手在胸前作揖行礼。为何由——（这）是什么道理呢？⑦权衡利弊——比较一下哪一个有利，哪一个有害。馥定予——韩馥决定（将冀州）给予（袁绍）。⑧礼让为国——以礼所提倡的谦让精神来治理国家。为：治理。战可休——（这样做）就可以停止争战了。据载，韩馥欲让冀州，其长史耿武等谏曰："冀州虽鄙，带甲百万，谷支十年。袁绍孤客穷军，仰我鼻息，譬如婴儿在股掌之上，绝其哺乳，立可饿杀。奈何欲以州与之？"尽管群臣主张拒之，但韩馥不听，决计让出冀州。成语"仰人鼻息"即由此而来。

危 于 累 卵

穷奢极侈晋灵公①，劳民费财欲台成②。
生死无贰荀息谏③，摆开阵势累卵明④。
疾声大呼公说险⑤，言归正传息作声⑥：
危于累卵国临难⑦，如梦初醒公叫停⑧。

【说明】 成语"危于累卵"，见于《史记·范雎蔡泽列传》中，在唐朝人张守节为范雎说"秦王之国危于累卵，得臣则安"作注时引

《说苑》说到这个成语故事。

【串讲】　①穷奢极侈——非常浪费，没有节制地挥霍。穷、极：极端，非常。晋灵公——（春秋时晋国国君）晋灵公（即是如此）。②劳民费财——使广大民众烦劳，使财力白白地损耗。指乱用人力、物力，造成浪费。欲台成——（晋灵公）想要把（一座九层）高台建成。据载，由于工程巨大，三年未成，弄得民穷财尽，怨声载道。然而晋灵公不准提意见，下令违者一律杀头。③生死无贰——在生与死中，一以贯之，绝无二意。形容意志坚强。荀息谏——（这便是）有一个叫荀息的官员前来进谏。④摆开阵势——形容做事拉好架势。累卵明——（这就是）以把鸡蛋累起来表明自己的进谏用意。据载，荀息很认真地先把十二个棋子堆起来，然后一个一个地往上累鸡蛋。⑤疾声大呼——提高声音大声呼喊。公说险——（这时）晋灵公高声说"太危险"了。⑥言归正传——把话转入正题。息作声——（这时）荀息则发声说道：⑦危于累卵——危险得像垒起来的蛋。形容危险到了极点。国临难——（这就是）我们晋国正面临这样大的灾难。据载，荀息对晋灵公说："九层之台三年不成，男不耕，女不织，国用空虚，临国谋议将兴，社稷亡灭，君欲何望？"⑧如梦初醒——像是刚刚从睡梦中醒来。比喻从迷惑或错误中刚刚觉醒。公叫停——（于是）晋灵公则下令（让建九层高台之工程）立即停下来。成语"危于累卵"即由此成语故事而来。

异 口 同 音

安国富民宋文帝①，使贤任能派郡官②。
慎重其事求意见③，直来直去尚之言④：

才短气粗庾迹劣⑤，异口同音任难担⑥。
公事公办帝采纳⑦，无所顾惮免其权⑧。

【说明】 成语"异口同音"，见于《宋书·庾炳之传》中的一个成语故事。

【串讲】 ①安国富民——使国家安定，使人民富裕。宋文帝——（东晋末年掌握军政大权的刘裕所建的宋朝传到）宋文帝时（即是以此为目标来治理国家）。②使贤任能——任用贤德而有才能的人。派郡官——（于是）则派遣（与自己关系密切的庾炳之）出任丹阳郡太守。据载，庾炳之曾任尚书吏部郎、吏部尚书等职，但其性情暴躁，加上缺少真才实学和高明手段，所以大家都有些不服。③慎重其事——指对事情的态度严肃认真。求意见——（所以文帝则向行使宰相之职的尚书右仆射何尚之）征求（对此任用）的意见。④直来直去——形容爽直、痛快、不拐弯抹角。尚之言——（这便是）何尚之说道：⑤才短气粗——形容人才学浅薄，气质粗俗。庾迹劣——（因而造成）庾炳之的事迹低劣。⑥异口同音——不同人的口里说出同样的话。形容众人说法一致。任难担——（这就是大家都说庾炳之）难以担当此太守之重任。据载，何尚之说："（庾炳之）今之事迹，异口同音，便是彰著，政未测得物之数耳！"⑦公事公办——指按公行制度办事，不讲私人情面。帝采纳——（于是）宋文帝（放弃了与庾炳之关系好的私情）而接受了何尚之的意见。⑧无所顾惮——没有任何顾虑。免其权——免除了庾炳之的职权（将其罢官返乡）。成语"异口同音"即由此成语故事而来。

老 马 识 途

一诺千金兵出齐①，师直为壮连却敌②。
春暖花开发兵早③，得胜回朝雪路迷④。
老马识途前边走⑤，千军万马随后趋⑥。
转弯抹角路不差⑦，一帆风顺直到齐⑧。

【说明】 成语"老马识途"，见于《韩非子·说林上》中的一个成语故事。

【串讲】 ①一诺千金——一许诺下来就价值千金。比喻说话算数，有信用。此指齐国答应燕国的救援请求说话算数。诺：许诺。兵出齐——（于是）齐国出兵（去救助燕国）。据载，春秋时代，燕国受到山戎国侵略，向齐求救。齐国应诺，立即出兵救援。②师直为壮——指出兵理由正当，因而斗志旺盛，战斗力强。直：理由正直；壮：壮盛，有力量。连却敌——（于是）接连打退敌人。却：击退。据载，齐军先打败了山戎国军队，接着又打败了山戎国请来的孤竹国军队。③春暖花开——春天天气温暖，百花开放。形容春景美好。发兵早——（齐国）派出军队的时间很早（正是这春暖花开的春季）。④得胜回朝——军队取得胜利，返回朝廷。此指齐军得胜，返回齐国。雪路迷——路被大雪掩盖而找不到。迷：分辨不清。据载，齐军得胜回国已是冬天，到处积雪，无法找到回国之路。⑤老马识途——老马能够认识路。后比喻富有经验的人在工作中熟悉情况，容易做好。此指原意。前边走——（让老马）在前面领路。据载，这主意是宰相管仲提出的。他说："老马走过的路它都记得，我们就让老马带路吧！"⑥千军万马——形容兵马很多。此指齐军大队人马。随后趋——跟随在（老马）之后（向齐国）快速行进。趋：快走。⑦转弯抹角——形容道路多曲折，或沿着曲折的道路走。也比喻说话不直爽，绕弯子。此指沿着曲折的道路走。路不差——（老马带的）路一点不错。⑧一帆风顺——比喻做事、工作非常顺利，没有阻碍。此指行军顺利，没有阻碍。直到齐——（齐国军队）毫不停顿地回到齐国。直：一直，不停地。据载："管仲、隰（xí）朋从桓公伐孤竹，春往冬返，迷惑失道。管仲曰：'老马之智可用也。'乃放老马而随之，遂得道。"这便是成语"老马识途"之来源。

齐 大 非 偶

出奇取胜太子忽①，一表人才尚无偶②。
贵人眼高公主配③，严于律己拒之求④。
不明就里问其故⑤，言简意深答其由⑥：
门当户对不匹美⑦，齐大非偶自当休⑧。

【说明】　成语"齐大非偶"，原作"齐大非耦"，见于《左传·桓公六年》中的一个成语故事。

【串讲】　①出奇取胜——指用奇兵奇计，制伏敌人，取得胜利。太子忽——（春秋时郑国）太子忽（在一次救援齐国攻打山戎国的入侵即是如此）。②一表人才——形容人的相貌俊秀端正，风度潇洒。尚无偶——（这便是太子忽）还没有配偶。③贵人眼高——贵人的眼光很高。多用以讽刺那些自视高贵而轻蔑、瞧不起普通事物的人。此为原意。公主配——（这就是齐僖公看好了太子忽）想把公主文姜许配给他。④严于律己——严格地管束自己。拒之求——（所以太子忽）则拒绝齐僖公的求婚。⑤不明就里——不明白内情。就里：内情。问其故——就问他（太子忽）这是什么缘故。⑥言简意深——言辞简练，含意深刻。答其由——（太子忽就用这样的言辞）回答了他拒之求婚的理由：⑦门当户对——指结亲的男女两家社会地位和经济状况相当。不匹美——（结亲本应该是这样的，但我太子忽）却比不上文姜公主那么好。⑧齐大非偶——齐是大国，郑为小国，所以不是对偶。辞婚者常用以表示自己门第或势位卑微，不敢高攀。自当休——（所以这门婚事）自然应当停止。据载："齐侯欲以文姜妻郑太子忽，太子忽辞。人问其故，太子曰：'人各有耦（偶），齐大，非吾耦也。'"成语"齐大非偶"即由此而来。

百尺竿头，更进一步

参禅悟道师景岑①，讲经说法造诣深②。
名德重望众僧请③，玄关妙理真经寻④。
侃然正色岑回对⑤，佛眼佛心作偈云⑥：
百尺竿头高道入⑦，更进一步方全身⑧。

【说明】 成语"百尺竿头，更进一步"，见于宋·释道原《景德传灯录·长沙景岑禅师》中的一个成语故事。

【串讲】 ①参禅悟道——指佛家及一般修行佛学者参悟禅理而入玄妙境界。参禅：佛教用语，静虑冥思，探究玄理。悟道：指佛家参悟人道。师景岑——（长沙和尚）景岑禅师（正是这样做的）。②讲经说法——讲解古典经义，现身述说佛法。造诣深——（因为他这方面的学问）造诣很深。③名德重望——道德高尚，名望很大。众僧请——（所以）众和尚都向景岑禅师请教。④玄关妙理——指佛门深奥微妙的道理。玄关：佛教称入道之门。真经寻——（向景岑禅师）寻求这样真正的经理。据载，有一座佛寺请景岑传道，其中一个和尚向他请教"十方世界"的问题。"十方世界"是佛家的最高境界，绝非三言两语能讲清的，即使明其理，仍需自己去参悟。而景岑如何做呢？⑤侃然正色——形容既平易又严肃的样子。岑回对——景岑（就以此种态度）来回答那个和尚的询问。⑥佛眼佛心——佛的超凡眼力和大慈大悲之心。形容以慈心善意看待他人。作偈（jì）云——（于是）作偈语（佛家唱词）说：⑦百尺竿头——高竿的顶端。佛教比喻道行达到极高的境界。也比喻事业、学问等有很高的成就。此指前者。高道入——（这就是）进入了道的高境界。⑧更进一步——佛家指在百尺竿头仍需再向上走一步，到了十方空灵世界才是最高境界。也比喻学问、事业虽然取得很大成绩，但仍需继续努力，争取更大的进步。此指前者。方全身——（这）才是修成正果，得到了真谛。"百尺竿头，更进一步"为一个成语，要放在一起使用。据载，景岑作偈云："百尺竿头不动人，虽然得入未为真；百尺竿头须进步，十方世界是全身。"成语"百尺竿头，更进一步"即由此而来。

全 无 心 肝

宏图大志隋文帝①，大举进攻灭陈国②。
易如拾芥后主虏③，宽仁大度优待多④。
不知羞耻官号要⑤，元元本本臣奏说⑥。
气愤填膺帝回语⑦：全无心肝予以驳⑧。

【说明】　成语"全无心肝"，见于《南史·陈后主纪》中的一个成语故事。

【串讲】　①宏图大志——宏伟的计划，远大的志向。隋文帝——（这就是）隋文帝（杨坚要统一全中国）。据载，隋朝建国初期，只占据了长江以北广大地区，江南陈朝仍在陈后主（叔宝）的残酷统治之下，隋文帝决心消灭它，统一全国。②大举进攻——大规模地发动进攻。灭陈国——（以此）灭掉了陈国。③易如拾芥——容易得如同从地上捡起芥菜一样。形容事情很容易办成功。后主虏——（这便是很容易地）将陈后主俘虏。据载，祯明二年（公元五八八年），隋文帝率五十一万大军，分八路挺进，水陆并发，于第二年一举攻下陈国首都建康（今南京），陈后主被俘，陈国灭亡。④宽仁大度——宽厚仁慈，有度量，能容人。优待多——（这便是隋文帝）给予陈后主很多良好的待遇和照顾。然而，陈叔宝并不满足。⑤不知羞耻——不知道什么是羞耻。形容无耻。官号要——（陈叔宝）还想要一个具体的官名。⑥元元本本——形容叙事详细，一点不漏。臣奏说——（这是监守陈叔宝的）官员上奏时这样说的。⑦气愤填膺（yīng）——愤慨、怒气填满了胸膛。形容非常气愤的样子。膺：胸膛。帝回语——（于是）隋文帝回答说：⑧全无心肝——指毫无羞耻之心。也指心地狠毒。此指前者。予以驳——（隋文帝就用这样的话）给以驳回。据载："隋文帝给赐（叔宝）甚厚，数得引见，班同三品。每预宴，恐致伤心，为不奏吴音。后监守者奏言：'叔宝云，既无秩位，每预朝集，愿得一官号。'隋文帝曰：'叔宝全无心肝。'"成语"全无心肝"即由此而来。

舟 中 敌 国

君仁臣直侯与起①，同舟共济至中流②。
寓情于景侯顾讲③：山明水秀固国遒④。
独出己见起否定⑤：铁桶江山以德修⑥。
肆意妄为非如此⑦，舟中敌国国必丢⑧。

【说明】 成语"舟中敌国"，见于《史记·孙子吴起列传》中的一个成语故事。

【串讲】 ①君仁臣直——君主仁爱，群臣直言不讳。侯与起——（战国时）魏武侯与（著名军事家）吴起（即是如此）。②同舟共济——大家同坐一条船过河。比喻同心协力共同渡过困难。此为原意。至中流——（此船）行驶到河中间。③寓情于景——把情感寄托在景物描写之中。寓：寄托。侯顾讲——（这便是）武侯回过头（对吴起）说：④山明水秀——形容山水明净秀丽，风景优美。固国遒（qiú）——（这大好河山）使国家巩固而强健有力。⑤独出己见——提出自己的见解或主张与众不同。起否定——（这就是）吴起否定（武侯）的看法：⑥铁桶江山——形容政权巩固，坚不可破。以德修——（这是）要用国君修德来实现的。⑦肆意妄为——毫无顾忌地胡作非为。非如此——（国君）不是这样地修德。⑧舟中敌国——同船的人都成了敌人。形容众叛亲离。国必丢——（那样）国家必然失掉而灭亡。据载："武侯浮西河而下，中流，顾而谓吴起曰：'美哉乎山河之国，此魏国之宝也！'起对曰：'在德不在险……若君不修德，舟中之人尽为敌国也。'武侯曰：'善。'"成语"舟中敌国"即由此而来。

汗 牛 充 栋

文以明道柳宗元①，烘云托月《墓表》言②：
今来古往《春秋》论③，见智见仁千百年④。
是是非非研书累⑤，汗牛充栋计无完⑥。
洞隐烛微质独见⑦，彪炳日月映宇寰⑧。

【说明】 成语"汗牛充栋"，见于唐·柳宗元《陆文通先生墓表》中的一个成语故事。

【串讲】 ①文以明道——文章是用来说明道理、表达思想的。柳宗元——（唐代文学大家）柳宗元（在这方面就做得很出色）。②烘云托月——原指绘画时渲染云彩以衬托月亮。后比喻文艺作品不是从正面描绘，而是从侧面加以点染以烘托所描绘的事物。此为后者比喻义。《墓表》言——（这体现在柳宗元为当时著名学者陆质所写的）《墓表》之言辞上：③今来古往——从古到今。《春秋》论——（写出很多）评论（孔子所著）《春秋》的（著作）。④见智见仁——指各人对事物的观察角度不同，因而所得出的结论也不同。千百年——（所以）千百年来（评论不断，观点各异）。⑤是是非非——肯定正确的，否定错误的。指根据实际情况评定是非。后也指口舌、流言飞语。此为前者，指历来对《春秋》的评论观点都是不一致的，有的认为正确，有的认为有错误。研书累——（所以）研究《春秋》的书积累得（很多）。⑥汗牛充栋——形容书非常多，外运时牛马累得出汗，收藏时充满房间，高达房梁。计无完——（可以说这样的书多得）统计不完。据载，柳宗元在文中述说历代对《春秋》的评论指出："其为书，处则充栋宇，出则汗牛马。"⑦洞隐烛微——洞晓深远，烛见微末。形容观察力强，所得见解深刻细致。洞：洞晓，十分明白。烛：照亮。微：微末，精细处。质独见——（所以）陆质（在如此众多的《春秋》研究中）具有独到见解（与众不同）。⑧彪炳日月——如日月照耀。形容业绩光耀千古。彪炳：照耀。映宇寰——（这便是陆质对《春秋》的研究成果）光照天下。据载，陆质编著有《春秋集注》《春秋辨疑》《春秋微旨》等书。成语"汗牛充栋"即由此成语故事而来。

庆父不死，鲁难未已

凶神恶煞仲庆父①，作恶多端鲁难临②。
天年不遂庄公死③，心狠手辣杀继君④。
四海鼎沸仲逃跑⑤，身临其境齐使云⑥：
庆父不死国难泰⑦，鲁难未已民难存⑧。

【说明】 成语"庆父不死，鲁难未已"，见于《左传·闵公元年》中的一个成语故事。

【串讲】 ①凶神恶煞——指非常凶恶的人。仲庆父——（春秋时鲁国公子鲁庄公庶兄）仲庆父（便是这样一个人）。②作恶多端——坏事做得很多。鲁难临——（所以）灾难也就在鲁国降临了。③天年不遂——人没有活到自然寿数。指早死。天年：人的自然寿命；遂：成。庄公死——（这便是）鲁庄公早死。④心狠手辣——心肠凶狠，手段毒辣。杀继君——（仲庆父接连）杀掉（两个）继位的国君。据载，鲁庄公死后，子般继位，庆父则派人杀掉了他；子般死后闵公即位，仅一年，庆父又派人杀死了闵公。⑤四海鼎沸——比喻局势动荡，天下大乱。此指由于庆父接连杀死两个国君造成鲁国国内局势动荡，陷入一片混乱。四海：指全国；鼎沸：鼎水沸腾。仲逃跑——仲庆父也不得不逃离（鲁国）跑到（齐国）。仲：指仲庆父（人名）。据载，齐桓公知道此事后，为了弄清鲁国国内的真实情况，则派使者仲孙去往鲁国察看。⑥身临其境——亲自到了那个境地。此指齐使仲孙亲临"四海鼎沸"的鲁国。齐使云——齐国使者（仲孙回来向齐桓公）说：⑦庆父不死——不除掉庆父。国难泰——鲁国就难以安宁。泰：安宁。⑧鲁难未已——鲁国的灾难不止息。民难存——百姓就难以生存。"庆父不死，鲁难未已"为一个成语，要连在一起使用。比喻首恶不除，祸乱不止。据载，仲孙归，曰："不去庆父，鲁难未已。"后演化为成语"庆父不死，鲁难未已"。

网 开 三 面

仁者能仁商汤王①，**经邦纬国巡视忙**②。
荒郊旷野见张网③，**四面八方禽兽装**④。
网开三面亲手撤⑤，**慈悲为怀令其昌**⑥。
乐天知命网者祝⑦，**感人肺肝诸侯降**⑧。

【说明】 成语"网开三面"，也作"网开一面"，见于《史记·殷本纪》中的一个成语故事。

【串讲】 ①仁者能仁——旧指有身份的人所做的事总是有理。商汤王——（商朝国君）商汤王（即如此）。②经邦纬国——治理国家。经、纬：原指织物的纵线和横线，引申指治理、规划。巡视忙——（所以外出）巡视很忙。③荒郊旷野——空旷荒凉的郊野。见张网——（这便是商汤王走到这个地方）看见有人张网（四面）。④四面八方——泛指各处或各个方面。此指后者。禽兽装——（把各个方面路过的）飞禽和走兽都装进网里。⑤网开三面——将网鸟兽的四面网撤走三面。后比喻刑法宽大。此为原意。亲手撤——（这是商汤王）亲手把它撤掉的。⑥慈悲为怀——指心怀慈悲，富于同情。慈悲：佛教用语，指佛有使广大众生得到安乐的慈心，有使广大众生脱离苦难的悲心。令其昌——让那些鸟兽能昌盛起来。⑦乐天知命——顺应天道，安于命运的安排。后用以指顺其自然，安于现状。此为后者。乐：乐于接受。网者祝——设网的人也同样发出祝愿。⑧感人肺肝——形容使人深受感动。诸侯降——（这便是商汤王的仁慈）使各诸侯国（深受感动）而纷纷来归顺。据载："汤出，见野张网四面，祝曰：'自天下四方皆入吾网。'汤曰：'嘻，尽之矣！'乃去其三面，祝曰：'欲左，左。欲右，右。不用命，乃入吾网。'诸侯闻之，曰：'汤德至矣，乃禽兽。'"成语"网开三面"即由此成语故事而来。

夸 父 追 日

夸父追日无坦途①，一决雌雄日中逐②。
口干舌燥河渭饮③，一饮而尽渴不除④。
翻山越岭北潭去⑤，气喘吁吁死于路⑥。
呜呼哀哉手杖弃⑦，郁郁葱葱化林木⑧。

【说明】 成语"夸父追日"，见于《山海经·海外北经》中的一个成语故事。

【串讲】 ①夸父追日——夸父追赶太阳，与太阳赛跑。这是我国古代的一个神话，表现了古代人民征服自然的愿望和决心。后也比喻不自量力。此指原意。无坦途——没有平坦的路（可走），即战胜太阳是有很大困难的。②一决雌雄——决定胜负、高低。此指夸父与太阳赛跑，决心比个胜负、高低。雌雄：比喻胜负、高低。日中逐——（于是夸父追到）太阳里面去角逐。③口干舌燥——形容非常干渴。河渭饮——（夸父因此先后跑到）黄河、渭河喝水。河：指黄河；渭：指渭河。④一饮而尽——一口就喝完了。常用于喝酒。此处形容一下就把黄河、渭河的水喝干了。渴不除——口渴（仍然）不能解除，即水喝得还不够。⑤翻山越岭——爬过一座又一座山岭。形容行进非常辛苦。北潭去——（夸父）又朝北方的大潭跑去（想到那里喝水）。⑥气喘吁吁（xū xū）——张着嘴巴吁吁地直喘气。此处形容又渴又累的样子。死于路——（夸父便这样）渴死在（去北潭的）路上。⑦呜呼哀哉——表示哀痛的感叹语。常用于哀悼死者的祭文中。此处是哀叹夸父之死。手杖弃——（夸父的）手杖丢弃（在大地上）。⑧郁郁葱葱——形容草木苍翠茂盛。也比喻气象旺盛美好。此指原意。化林木——（因为手杖）已经化作（一片"郁郁葱葱"的）森林。这便是成语"夸父追日"之来源。

衣 不 解 带

贤人君子殷仲堪①，忠孝两全太守担②。
难以预料父病重③，全力以赴护其前④。
悉心竭虑研医术⑤，躬体力行把药煎⑥。

日复一日熏瞎眼⑦，衣不解带侍长眠⑧。

【说明】 成语"衣不解带"，见于《晋书·殷仲堪传》中的一个成语故事。

【串讲】 ①贤人君子——指有道德有才能的人。殷仲堪——（晋代儒将）殷仲堪（即为此）。②忠孝两全——对国家的忠诚和对父母的孝道，两者都全。太守担——（因此朝廷任命殷仲堪）担当晋陵（今江苏镇江）太守。③难以预料——很难预先料想到。父病重——他的父亲病得很重。据载，有一天，来人报告殷仲堪其父病重，他便辞去官职，急忙回到家中。④全力以赴——使出全部力量，投入到某项事业中去。护其前——（这便是殷仲堪在其病重父亲）跟前全力护理。⑤悉心竭虑——竭尽精力和思虑。悉：尽，全。竭：尽，用尽。虑：思考。研医术——（找来各种医书）钻研医病良方。⑥躬体力行——亲身体验，尽力实行。把药煎——（这就是殷仲堪亲自开药方亲手给父亲）熬药。⑦日复一日——过了一天又一天。形容时光流逝。也形容时间长，日子久。此指后者。熏瞎眼——（殷仲堪由于这样长期煎药并用手擦眼泪）结果把眼睛熏瞎（一只）。⑧衣不解带——不脱衣服睡觉。带：束腰的衣带。侍长眠——（殷仲堪就这样把其父）侍奉到（于地下）长眠。据载："父病积年，仲堪衣不解带，躬学医术，究其精妙，执药挥泪，遂眇一目。"成语"衣不解带"即由此而来。

如 火 如 荼

龙战于野夫差胜①，耀武扬威会诸雄②。
坚甲利兵率三万③，行兵布阵左右中④。

三位一体色各异⑤，如火如荼抖威风⑥。
鼓噪而进诸侯恐⑦，威震四海盟主称⑧。

【说明】　成语"如火如荼（tú）"，见于《国语·吴语》中的一个成语故事。

【串讲】　①龙战于野——群龙在郊野大战。旧时比喻群雄角逐。夫差（chāi）胜——（春秋时）吴王夫差（在与越国、齐国角逐中）取得了胜利。②耀武扬威——炫耀武力，大显威风。会诸雄——（为此夫差）与各称雄诸侯（于黄池）相会。据载，吴王夫差打败越国、齐国之后，为当盟主，称霸诸侯，于公元前四八二年夏，亲自带领大军到卫国黄池大会诸侯，"耀武扬威"。③坚甲利兵——坚韧的盔甲，锐利的刀枪。指装备精良、战斗力强的军队。甲：护身衣，用皮革或金属做成；兵：武器。率三万——（夫差）率领三万（这样的军队）。④行兵布阵——指挥军队行动，布置阵势。左右中——（把军队分为）左、右、中（三军）。据载，夫差为显示自己的军事力量，把带来的军队分为左、右、中三军，各摆成一个正方形的阵。⑤三位一体——比喻三个内容或三个方面结合成为不可分割的整体。此指三个方阵结为一个整体。色各异——（不过）各军（穿戴的）颜色（却完全）不同。⑥如火如荼——像红色的火焰，像白色的荼花。比喻军容盛大。现也常用来表示旺盛、热烈。此指前者，即指夫差的军容盛大。据载，夫差的左军全部红衣红旗和缠有红色羽毛的短箭，一眼望去，恰如燃烧的火焰；中军，白衣白甲，加上白色旗帜和缠有白色羽毛的短箭，远处望去，就像盛开的荼花；右军，黑衣黑旗，好似浓云密布。抖威风——（夫差的军队）威风大振。⑦鼓噪而进——擂鼓呐喊，大张声势向前冲去。据载，第二天清晨，吴王夫差亲自擂鼓操练，那三万军士，齐声呐喊而进，惊呆了在场的诸侯。诸侯恐——（各个）诸侯（都很）害怕。⑧威震四海——威势震动天下。盟主称——（于是各诸侯）都称（夫差）为盟主。成语"如火如荼"即由此故事而来。

如 出 一 辙

**才识过人宋洪迈①，暮史朝经览群书②。
鸿篇巨制《随笔》写③，思深忧远见地独④：
威震天下古名将⑤，居功自恃晚年输⑥。
张三李四一一指⑦，如出一辙轻敌诛⑧。**

【说明】　成语"如出一辙"，见于宋·洪迈《容斋续笔·卷十一·名将晚谬》中的一个成语故事。

【串讲】　①才识过人——才能和见识超过一般人。宋洪迈——宋朝（有一个）叫洪迈的人（即是如此）。②暮史朝经——晚上读史书，早上看经书。形容钻研学问专心致志。览群书——（洪迈就这样）来博览群书。③鸿篇巨制——指内容丰富、篇幅很长的著作。鸿、巨：大。制：著作。《随笔》写——（这便是洪迈读书有所得）而撰写成五集《容斋随笔》。④思深忧远——指思虑深远。忧：忧虑。见地独——（因而对所读之经史）则有独到的见解。何以见得呢？有例可证：⑤威震天下——威名震动天下。古名将——（这就是那些）古代著名将领。⑥居功自恃——自以为有功而骄傲自大。晚年输——（所以这些名将）到了晚年都失败了。输：失败。⑦张三李四——泛指某人或某些人。此指某些人。一一指——（把他们的姓名）一个一个地指出来（如汉将关羽、南北朝时西魏名将王思政、北齐名将慕容绍宗、南朝陈名将吴明彻四人皆是）。⑧如出一辙——好像是出

230

自同一车辙。比喻非常相似。轻敌诛——（这些名将）都是因为自傲轻敌才遭到失败而被杀的。据载，洪迈指出："自古威名之将，立盖世之勋，而晚谬不克终者，多失于恃功矜能而轻敌也……此四人（指关羽等四人）之过，如出一辙。"成语"如出一辙"即由此而来。

老 生 常 谈

百无一失算卦人①，八面玲珑无隙痕②。
久闻大名何晏请③，诚心诚意疑难询④。
装腔作势管格对⑤，无懈可击好似真⑥。
不屑一顾邓飏议⑦：老生常谈不可闻⑧。

【说明】 成语"老生常谈"，见于西晋陈寿《三国志·魏志·管格传》中的一个成语故事。

【串讲】 ①百无一失——形容绝对不会出差错。失：差错。算卦人——（三国时魏国有个）算卦人（管格，据说他算卦如此）。②八面玲珑——原指窗户宽敞明亮。后多用来形容人处世十分圆滑，面面俱到。此指管格算卦说得非常圆滑，面面俱到。玲珑：明澈的样子，此处指人机灵、灵巧。无隙痕——没有裂缝的痕迹，即说得没有漏洞。隙：裂缝。③久闻大名——早就听到盛名。此指早就听到管格的大名。何晏请——（于是）何晏（把他）请来（算卦）。何晏：魏国吏部尚书。④诚心诚意——形容十分真诚。疑难询——（向管格）问疑难问题（让他给算）。询：问。据载，何晏问："你看看我的官能否升到三公（指太尉、司徒、司空）？再算算我连续梦见十只青蝇扑在我鼻子上，赶也赶不走，这是什么原因？"⑤装腔作势——形容故意装出一种腔调，摆出一种姿态。管辂对——（这是）管辂在回答。⑥无懈可击——叫人找不到破绽。此指管辂说得"无懈可击"。懈：松懈，破绽，漏洞。好似真——好像是很确实。据载，管辂说："你现在地位高，权势显赫，可是感怀你德行的人少，畏惧你权势的人多，这是不良之象。鼻子在天中，青蝇贴面，主危。但只要你虚心学习古圣先贤，自我修身养德，言行谨慎，那么，官至三公可望，青蝇也可赶走了。"⑦不屑一顾——不值得一看。形容对某一事物看不起，极端轻视。此指在一旁的另一位尚书邓飏（yàng）对管辂算卦说的话极端轻视，认为不值得一听。邓飏议——（于是）邓飏则发表议论：⑧老生常谈——老书生常讲的话。指听惯了的老话。此指管辂算卦时说的话。不可闻——（邓飏认为）没有什么可听的。据载，邓飏在旁极端蔑视地说："此老生之常谭（同谈）。"这便是成语"老生常谈"之来源。

后 生 可 畏

孔席不适踏新程①，**车驰马骤沿途行**②。
停滞不前车受阻③，**相逢狭路遇玩童**④。
言和心顺请让路⑤，**据义履方童不应**⑥。
惊喜交加子赞赏⑦：**后生可畏超先生**⑧。

【说明】 成语"后生可畏"，见于《论语·子罕》中的一个成语故事。

【串讲】 ①孔席不适——孔子急于推行其仁道，四处奔走呼号，每到一处，坐席未暖，又急急匆匆地赶往下一处。比喻匆匆忙忙，繁忙。此指原意。踏新程——（于是孔子）又踏上新的路程。②车驰马骤——形容车马奔驰迅猛。沿途行——沿路前行。③停滞不前——停下来，不向前走。车受阻——（这是因为）车子受到阻碍。④相逢狭路——道路狭窄，相遇时不易避让。遇玩童——（孔子）遇上（一个坐在路上用砂石泥土堆城堡）玩的小孩（挡住去路）。⑤言和心顺——形容说话和气，心情也很舒畅。请让路——（孔子就这样）请求小孩把路让开。⑥据义履方——依据义理，遵循礼法。方：礼法。童不应——（这个）小孩不答应，即不给让路。据载，小孩一本正经地说："只听说车子绕城走，没听说城得让车子呀。"⑦惊喜交加——指又惊又喜。子赞赏——（这便是）孔子（听了小孩的话惊喜交集）而赞美欣赏说：⑧后生可畏——指年轻人可以超过前辈，他们是值得敬畏的。现在常用来称赞少年聪明努力，前途远大。此为原义。后生：晚出生的人，即晚辈、年轻人。超先生——可以超过先出生的人。据载："子曰：'后生可畏，焉知来者之不如今也！四十五十而无闻焉，斯亦不足畏也已。'"成语"后生可畏"即由此而来。

竹 头 木 屑

勤勤恳恳将陶侃①，事无大小监造船②。
左顾右盼见弃物③，立时三刻令收全④。
莫明其妙人照办⑤，用心良苦事后观⑥。
竹头木屑皆用上⑦，令人起敬成美谈⑧。

【说明】 成语"竹头木屑"，见于《晋书·陶侃传》中的一个成语故事。

【串讲】 ①勤勤恳恳——勤劳而踏实。将陶侃——（东晋有一个学问很好的）征西大将军陶侃（即是如此）。②事无大小——事情不分大小。形容什么事都管。监造船——（有一次）陶侃监督造船（就是这样做的）。③左顾右盼——形容左右打量、察看的样子。见弃物——看到丢弃的废物（竹头和木屑）。④立时三刻——立刻，马上。令收全——就命令手下人（把这些竹头和木屑）全部收集起来。⑤莫明其妙——不能说出其中的奥妙。形容事情奇特，使人无法理解。人照办——（但）人们照样（按陶侃的命令）去收拾竹头和木屑。⑥用心良苦——很费心思地反复思考。事后观——（这要在）此事之后才能看出来。⑦竹头木屑——陶侃造船留下的竹子碎片和木头碎片。后比喻可以利用的废物。此为原意。皆用上——（这两种废物）后来都派上了用处。据载："（陶侃）时造船，木屑及竹头，悉令举掌之，咸不解所以。后正会（元旦庆典），积雪始晴，厅事前余雪犹湿，于是以屑布地，及桓温伐蜀，又以侃所贮竹头，作丁（钉）装船。"⑧令人起敬——使人产生敬意。成美谈——（这便是陶侃将竹头和木屑都利用上）成为人们乐于称道的好事情。成语"竹头木屑"即由此而来。

百 发 百 中

百步穿杨养由基①，百发百中射箭奇②。
赞不绝口齐叫好③，突如其来一人疑④：
孺子可教听我训⑤，功成名遂别延期⑥。
精疲力竭时间久⑦，失之毫厘前功弃⑧。

【说明】 成语"百发百中"，见于《战国策·西周策》中的一个成语故事。

【串讲】 ①百步穿杨——能在百步以外射穿选定的某一片杨柳叶子。形容射箭或射击的技术很高明。养由基——（楚国的）养由基（便是这样的射箭能手）。②百发百中——形容射箭或射击准确，每一次都命中目标。射箭奇——（养由基的）射箭（本领）很不一般。奇：特殊的，罕见的。据载："楚有养由基者，善射者也。去柳叶百步而射之，百发而百中之。"③赞不绝口——赞美得不住口。赞：称赞；绝：断。齐叫好——（在场的人）一致（为养由基）叫好。④突如其来——出人意料之外的突然到来。一人疑——（这便是）有一个路过的人（却对此）表示怀疑。⑤孺（rú）子可教——赞扬年轻人有培养前途。此指过路人赞扬养由基有培养前途。听我训——（不过）得听从我（过路人）的教导。⑥功成名遂——功绩和声名都已经取得了。此指过路人说养由基已经取得了"百发百中"的成绩和名声。遂：成就。别延期——（不过）可不要再延长时间（射下去了）。为什么呢？⑦精疲力竭——形容精神非常疲惫，没有一点力气。精：精神；竭：尽。时间久——（如果射箭的）时间长了（就会这样）。⑧失之毫厘——取"失之毫厘，差之千里"之意。比喻开头时错了一点点，结果就造成很大错误。此指由于射箭时间久了，弄得"精疲力竭"，在射箭瞄准时只差一点点，就会射不中目标。失：失误；毫、厘：重量和长度的小单位。前功弃——（这样）就把以前（所创建的百发百中的）功绩全部抛掉了。弃：抛去，丢开。成语"百发百中"即由此故事而来。

先 发 制 人

篝火狐鸣陈吴联[①]，龙腾虎跃荡中原[②]。

云谲波诡守疑惧③，**何去何从请梁谈**④。
深识远虑项梁议⑤：**在劫难逃秦必完**⑥。
先发制人成大事⑦，**失之交臂将被歼**⑧。

【说明】 成语"先发制人"，见于《汉书·项梁传》中的一个成语故事。

【串讲】 ①篝（gōu）火狐鸣——据《史记·陈涉世家》载，陈胜准备和吴广一同起义，让吴广在祠中"夜篝火，狐鸣呼曰：'大楚兴，陈胜王。'"即在夜晚点火于笼中，火苗隐隐约约像磷火一样，同时还学狐叫。这是假托狐鬼之事以发动起义，后以此比喻筹划起事。此指原意。篝：笼子。陈吴联——（这便是）陈胜与吴广联合起义。陈：指陈胜；吴：指吴广。②龙腾虎跃——形容威武雄壮，非常活跃的战斗姿态。腾、跃：跳跃。荡中原——（起义军就是这样）在中原地区扫荡（秦军）。③云谲（jué）波诡——如云彩、波浪一样千态万状，原形容房屋构造，后泛用以形容事态的变幻莫测。此指后者，即秦末的社会政治形势变幻莫测。谲、诡：怪异，变化。守疑惧——（对此，会稽）太守（殷通）心里很疑惑，也很害怕。守：指太守殷通。④何去何从——离开哪里，去到哪里。即在重大问题上采取什么态度。此指在秦末社会动荡的重大问题上会稽太守殷通不知"何去何从"。请梁谈——（于是殷通则）把项梁请来商谈（听听他的高见）。梁：指项梁，项羽之叔父。⑤深识远虑——指有深广的见识，长远的考虑。项梁议——项梁发表了对时局的议论。⑥在劫难逃——原指命中注定要遭受灾祸，想逃也逃不了。现在有时借指不可避免的灾害。此指原意，即秦的暴政统治注定了它被推翻的命运。秦必完——秦朝必然灭亡。⑦先发制人——先下手争取主动，制胜对方。成大事——（这样做）定能成就帝王大业。⑧失之交臂——指当面失掉机会。交臂：胳膊碰胳膊，指擦肩而过。将被歼——（这后起事的）将被他人消灭。据载，项梁曰："方今江西皆反秦，此亦天亡秦时也。先发制人，后发制于人。"成语"先发制人"即由此而来。

华 而 不 实

辎轩之使处父返①，轻车简从经宁城②。
心血来潮嬴投靠③，不辞而别回家中④。
茫然费解妻问故⑤，皮里春秋嬴说清⑥：
华而不实阳遭怨⑦，城门失火我难生⑧。

【说明】 成语"华而不实"，见于《左传·文公五年》中的一个成语故事。

【串讲】 ①辎（yóu）轩之使——指帝王的使臣。辎轩：轻车，古代的使臣多乘坐这种车。处父返——（春秋时晋国使臣）阳处父（去卫国访问结束后）回国。处父：指阳处父（人名）。②轻车简从——车上所带的行李物品很少，跟从人员也不多。从：随从人员。经宁城——（阳处父在回国的路上）经过（鲁国的）宁城。③心血来潮——比喻心里突然产生一种想法。来潮：潮水上涨。嬴（yíng）投靠——（宁城地方有一个）叫宁嬴的人投靠了（阳处父）。嬴：指宁嬴（人名）。④不辞而别——没有告辞就离开了。回家中——（宁嬴在阳处父那里没待几天）就跑回家里。⑤茫然费解——无所知道，很难理解。茫然：无所知。妻问故——（宁嬴的）妻子问他是什么缘故（这么快就回来了）。⑥皮里春秋——指藏在内心的对人对事的褒贬评论。嬴说清——（于是）宁嬴（把他内心对阳处父的不好看法向他妻子）

说得很清楚。⑦华而不实——花开得好看，却不结果实。比喻外表好看，内容空虚。华：开花。阳遭怨——阳处父遭受到（很多人的）怨恨。阳：指阳处父（人名）。⑧城门失火——取"城门失火，殃及池鱼"之意。即城门着了火，人们用护城河里的水救火，水干了，鱼也就死了。比喻无辜受连累。我难生——（可见跟着阳处父这样的人，一旦他以后出了祸事）我就（会受牵连）而难以活着了（所以必须早点离开他）。据载，宁嬴对其妻说："'（阳处父）且华而不实，怨之所聚也。'岂能随他受连累而遭殃？"这便是成语"华而不实"之来源。

死 有 余 辜

目光远大汉温舒①，安邦治国而上书②：
以古为鉴秦覆灭③，峻法严刑狱吏毒④。
深文周纳今更烈⑤，死有余辜咎舛服⑥。
民怨沸腾须正法⑦，长治久安酷吏诛⑧。

【说明】 成语"死有余辜"，见于《汉书·路温舒传》中的一个成语故事。

【串讲】 ①目光远大——见识广，看得远。形容具有远见卓识。汉温舒——西汉（宣帝时有一个）叫路温舒的人（便是这样）。②安邦治国——使国家安宁、稳定。邦：国家。而上书——（为此，路温舒）则给宣帝上书（阐明当今应"尚德缓刑"）。③以古为鉴——以历史上的兴衰成败作为借鉴。鉴：借鉴。秦覆灭——（所以要借鉴）秦朝倾倒灭亡的教训。什么教训呢？④峻法严刑——严酷的刑法。峻：

严酷。狱吏毒——（加上）狱吏的毒辣、凶狠（就造成秦朝的灭亡）。⑤深文周纳——苛刻、周密地援用法律条文，陷人于罪。后也形容给人强加罪名。此指前者。今更烈——当今（这样做）更为严重。烈：猛，盛。⑥死有余辜——罪大恶极，虽死仍不能抵偿罪恶。辜：罪恶。咎繇（yáo）服——（对所罗织的罪状就是善听狱讼的舜的大臣）咎繇（皋陶）听了也会（这样）信服。据载，路温舒上书中指出："夫人情安则乐生，痛则思死。棰楚之下，何求而不得？故囚人不胜痛，则饰辞以视之；吏治者利其然，则指道以明之；上奏畏却，则锻练而周内之。盖奏当之成，虽咎繇听之，犹以为死有余辜。""是以死人之血流离于市，被刑之徒比肩而立，大辟之计岁以万数，此仁圣之所以伤也。"⑦民怨沸腾——百姓的怨怒之情达到顶点。须正法——（所以）必须端正刑法。⑧长治久安——国家社会长期太平，永久安宁。酷吏诛——（为此）就必须把那些凶残的狱吏统统杀掉。成语"死有余辜"即由此故事而来。

此地无银三百两

患得患失一富翁[①]，提心吊胆苦经营[②]。
防患未然银入土[③]，弄巧成拙标分明[④]。
此地无银三百两[⑤]，不打自招现原形[⑥]。
顺手牵羊邻王二[⑦]，重蹈覆辙露偷名[⑧]。

【说明】　成语"此地无银三百两"，见于一则民间成语故事。
【串讲】　①患得患失——生怕得不到，得到后又生怕失掉。患：忧愁，生怕。一富翁——（传说古代就有这样）一个有钱的人。②提心吊胆——形容十分担心害怕。苦经营——（此富翁）费尽心思地筹划和管理着（他的钱财）。③防患未然——在事故或灾害发生之前就加以防备。此指富翁在他的银子未被偷之前就加以防备。防：防备；患：灾祸；然：这样，如此；未然：没有这样，指没有形成。银入土——（于是）把银子埋在地下。④弄巧成拙——本想要弄聪明，结果却做了蠢事。标分明——用文字（在他埋银子的地方）标明得很清楚。据传说，此人把银子埋在地里还怕人偷，便写个字条放在上面。⑤此地无银三百两——（字条上清楚地写道）这个地方没有三百两银子。后来比喻想要隐瞒、掩饰，结果反倒越加暴露。此指原意。⑥不打自招——原指没有用刑，自己就招认了罪行。现比喻无意中透露出自己的罪过或图谋。此指这个字条恰恰暴露和招认了此地埋有三百两银子。现原形——暴露出埋银子的本来面目。⑦顺手牵羊——顺手把人家的羊牵走。比喻乘便拿走人家的东西。此指因看了字条而乘便偷走了富翁埋的这三百两银子。邻王二——（这是富翁的）邻居（一个）叫王二的人（偷的）。⑧重蹈覆辙——走上翻车的老路。比喻不吸取前边失败的教训，又走上失败的老路。此指王二不吸取富翁丢银子的教训，又重走他不打自招的老路。据传说，王二怕别人知道银子是他偷的，便也写了一个字条："隔壁王二不曾偷。"露偷名——（于是）暴露了偷者姓名。成语"此地无银三百两"即由此而来。

多行不义必自毙

谋逆不轨共叔段①，缮甲治兵物资积②。
诚惶诚恐臣谏主③：辟恶除患早为宜④。
韬晦待时庄公对⑤：多行不义必自毙⑥。

劣迹昭著共欲反⑦，直捣黄龙共逃离⑧。

【说明】 成语"多行不义必自毙"，见于《左传·隐公元年》中的一个成语故事。

【串讲】 ①谋逆不轨——计划做叛逆不法的事。共叔段——（春秋时郑国国君庄公之弟）共叔段（便是如此）。②缮甲治兵——修治铠甲，制造兵器。即做军事准备。物资积——（同时还极力）积蓄作战物资。据载，共叔段在自己的封地之外，不断扩充地盘，并招兵买马，缮甲治兵，积累物资，为叛乱夺取君位做准备。③诚惶诚恐——十分惶恐不安。此指大臣们对共叔段的谋逆不轨行为感到"诚惶诚恐"。惶：害怕。臣谏主——［于是有一位叫祭（zhài）仲的大臣劝谏郑庄公。主：指国君，即郑庄公。祭仲是怎么说的呢？④辟恶除患——祛除邪恶与祸患。此指除掉共叔段。辟：祛除。早为宜——（这）要以动手早为适宜。⑤韬晦待时——暂时掩藏锋芒，隐匿踪迹，等待时机而动。庄公对——（这是）庄公回对大臣祭仲时说的。⑥多行不义必自毙——（并还说）坏事干多了，必定自取灭亡。据载，庄公对祭仲说："多行不义必自毙，子姑待之。"⑦劣迹昭著——罪恶的事迹已很显著。劣迹：恶劣的行迹。共欲反——共叔段打算发动反叛了。共：指共叔段。据载，共叔段已经做好了一切反叛准备，并有其母武姜做内应，答应反叛时给开城门，里应外合推翻郑庄公。一场向都城进攻的反叛行动即将开始。庄公看到铲除共叔段的时机已经成熟，于是下令发兵剿灭他。⑧直捣黄龙——谓直冲敌人巢穴。此指直冲共叔段的封地。黄龙：黄龙府，金人腹地。后泛指敌巢。共逃离——共叔段大败而逃跑，离开郑国，逃到共国避难。成语"多行不义必自毙"便由此而来。

各 自 为 政

发踪指示郑攻宋①，同仇敌忾元抗郑②。
犒赏三军漏车夫③，恨之入骨待机应④。
各自为政战幕开⑤，疾如雷电驶郑营⑥。
不攻自破元被虏⑦，祸国殃民夫造成⑧。

【说明】 成语"各自为政"，见于《左传·宣公二年》中的一个成语故事。

【串讲】 ①发踪指示——发现野兽踪迹，指示猎狗追逐。比喻指挥操纵。郑攻宋——（公元前六〇七年）郑国（在楚国的指使下）去攻打宋国。②同仇敌忾（kài）——怀着共同的仇恨抵抗敌人。同仇：共同对敌；敌：对抗；忾：愤怒，恨。元抗郑——（宋国主帅）华元领兵抵抗郑国的入侵。元：指华元（人名）。③犒赏三军——慰劳、赏赐部队。犒：用财物或酒食慰劳；三军：指全军，古时军队建制分为左、中、右三军。漏车夫——（华元在这样做的时候）却把（给他赶车的）车夫羊斟遗落了。据载，主帅华元为激励将士能在战斗中英勇杀敌，于战前杀羊犒劳全军，却把给他赶车的车夫羊斟漏下了。对此，车夫是什么态度呢？④恨之入骨——形容恨到了极点。此指车夫羊斟因没得到赏赐的羊肉而对华元恨到了极点。待机应——（所以羊斟）在等待机会（对华元）进行报复。应：回应。⑤各自为政——各人按自己的主张办事，不顾整体，也不与别人合作。此指车夫羊斟为报个人私仇，不顾宋国利益，自作主张，自行其是。战幕开——在与郑军刚一开始交战时（就发生了）。⑥疾如雷电——快得犹如雷鸣电闪。形容动作极快。驶郑营——（羊斟就是这样驾着车载着主帅华元）飞快地跑入郑军营地。据载，交战刚开始，羊斟便对主帅华元说："畴（chóu）昔之羊，子为政；今日之事，我为政。"意思是说，日前分羊肉，给谁不给谁，是由你做主；今天驾车，是进是退，是由我做主。于是刚与郑军交战，羊斟就把主帅的车子飞快地赶进郑营。其结果会怎样呢？⑦不攻自破——不用攻击，自己就破灭或站不住脚。此指宋军不用郑军进攻，自己就破败了。元被虏——（这是因为）主帅华元已被郑军擒获（使宋军顿时败乱）。⑧祸国殃民——使国家受害，人民遭殃。夫造成——（这全是）车夫（羊斟）一手所造成的。夫：指车夫（羊斟）。"各自为政"成语也便由此演化而形成。

夸 夸 其 谈

大吹法螺尊卢沙①，**夸夸其谈无边涯**②。
招摇撞骗说于楚③，**富国强兵言自达**④。
危言耸听上卿要⑤，**蒙在鼓里王应他**⑥。
国难当头尊无法⑦，**严惩不贷吹牛家**⑧。

【说明】 成语"夸夸其谈"，见于明朝《宋濂（lián）集》中的一个成语故事。

【串讲】 ①大吹法螺——佛教把讲经说法叫"吹大法螺"，比喻佛的讲经说法普及大众。现多用以比喻空口说大话。此指后者。法螺：海螺壳，可做号角，因僧道祭鬼神时用作乐器，故称法螺。尊卢沙——（战国时秦国有个叫）尊卢沙的（就是这样一个人）。②夸夸其谈——指说话或写文章，不做调查研究，滔滔不绝地乱说一顿。

此指尊卢沙毫无根据地滔滔不绝地瞎说一通。无边涯——（他说的话）无边无际。③招摇撞骗——借用名义，到处炫耀，进行欺诈、蒙骗。说（shuì）于楚——（尊卢沙就是这样）到楚国进行游说。他是怎么说的呢？④富国强兵——使国家富足，兵力强大。言自达——说他自己（能使楚国）做到这样。⑤危言耸听——故意说些惊人的话，让人听了害怕。危言：使人吃惊的话；耸听：使听话的人吃惊。上卿要——（然后向楚王）要上卿的官职。据载，尊卢沙首先对楚王说自己有富国强兵之术，然后恐吓楚王说："你们楚国现在的处境非常危险。北有齐、晋，东有吴、越，西有强秦，都想灭掉你们。这次我从秦国来，路经晋国，亲眼看到晋国正约集诸侯结盟，并发誓说：'不灭楚国不相见'。"楚王听了这些危言耸听的话非常害怕，问这可怎么办呢？尊卢沙说只要给他个上卿做，定叫楚国富国强兵，万无一失。⑥蒙在鼓里——比喻被隐瞒、蒙蔽，不知道一点情况。王应他——（于是）楚王答应了他（尊卢沙）的要求（封他为上卿）。王：楚王。⑦国难当头——国家正遭遇着大灾难。据载，事情巧合，不久，晋侯真的率领诸侯联军来进攻楚国。尊无法——（可是）尊卢沙却没有办法（抵御）。尊：指尊卢沙。据载，尊卢沙说："晋军强大，别无他法，只能割地求和。"⑧严惩不贷——严厉惩办，不加宽容。吹牛家——（这个）吹大牛的（尊卢沙）。据载，楚王见尊卢沙如此无能，纯属上当受骗，便把他关进监狱三年，然后割掉他的鼻子，驱出国境。尊卢沙常对人说："夸夸其谈是会惹祸的。"成语"夸夸其谈"即由此故事而来。

安 如 泰 山

独霸一方汉吴王①，腹有鳞甲欲反邦②。

买马招军势力扩③，积草屯粮铸钱忙④。
盛食厉兵即欲反⑤，正言直谏乘开腔⑥：
孤行己意如累卵⑦，安如泰山须更张⑧。

【说明】　成语"安如泰山"，原作"安于泰山"，见于《文选·枚乘（上书谏吴王）》中的一个成语故事。

【串讲】　①独霸一方——在一个地方或一个方面称霸。此指前者。汉吴王——西汉时吴王［刘濞（bì）］即如此。汉：指西汉。据载，西汉初年，汉高祖刘邦分封一些同姓诸侯王。刘濞是刘邦的侄子，被封为吴王，后来独霸一方。②腹有鳞甲——比喻居心险恶。欲反邦——（吴王）想要反叛刘邦（自己做皇帝）。邦：指刘邦。③买马招军——购置战马，招募士兵。势力扩——（吴王极力）扩大自己的势力。④积草屯粮——储存粮草，做好战争准备。铸钱忙——（同时，吴王）还忙着铸造钱币。据载，吴王经过这样的充分准备之后，势力与野心越来越大。⑤盛食厉兵——吃饱饭，磨快兵器。形容做好战斗准备。即欲反——（吴王）立即就要起兵反叛朝廷。⑥正言直谏——用正义的话，忠直地向皇帝进谏。此指向吴王进谏。乘开腔——（吴王手下的一个官员）名叫枚乘的开口说话了。乘：指枚乘。枚乘都说了些什么呢？⑦孤行己意——只按自己的意愿办事。此指吴王只按自己谋反的意愿办事。即反叛付诸实施。如累卵——（那样做）就像垒起来的蛋一样危险（肯定要破灭的）。⑧安如泰山——像泰山一样安稳，不可动摇。形容十分稳固。须更张——（如果吴王你想这样安稳）就必须立即改变谋反的主意。更张：改变、调整乐器上的弦。此处比喻改变谋反的主意。据载，正在吴王准备起兵反叛朝廷时，其手下一个郎中（官名）枚乘则上书进谏说：（欲谋反）的想法危如累卵，难于上天；如果"变所欲为，易于反掌，安于泰山"。成语"安如泰山"即从此而来。

因 地 制 宜

争长黄池王问计^①，大政方针子胥回^②：
金城汤池防御固^③，刀枪剑戟多而锐^④。
五谷丰登粮满囤^⑤，兵强马壮谁不归^⑥？
拍案叫绝吴王嘱^⑦：因地制宜切实为^⑧。

【说明】　成语"因地制宜"，见于《吴越春秋·阖闾内传》中的一个成语故事。

【串讲】　①争长（zhǎng）黄池——争盟长于黄池（地名，今河南省封丘西南）。原指吴王与晋定公在黄池相会，争做盟长（霸主）。后来引申为比较高低，力争占上风。此指后者，即吴王阖闾（hé lǘ）想要和其他诸侯比个高低，力争占上风，以当霸主。王问计——（于是）吴王（则向他的大臣伍子胥）问用什么办法才能做到。据载，吴王问伍子胥："我想把吴国搞得强盛，好争当霸主，不知你有什么好办法？"②大政方针——重大的政策与措施，引导事业前进的方向和指南。子胥回——伍子胥（抓住了这个根本性问题）做了回答。子胥：指伍子胥（人名）。③金城汤池——像金属铸造的城墙，像开水翻滚的护城河。形容城防坚固严密，不易攻破。防御固——（只有做到这样）才能防御坚固。④刀枪剑戟（jǐ）——古代用于砍、刺的四种常用兵器。也泛指各种兵器。此指后者。多而锐——（对这些兵器要造得）既多又锋利。锐：锋利。⑤五谷丰登——各种粮食丰收上场。泛指粮食丰收。丰登：丰收上场。粮满囤——把粮食装满仓库。⑥兵强马壮——士兵强悍，马匹强壮，指装备精良。形容军队实力雄厚，富有战斗力。谁不归——（如能做到这些）哪一个诸侯敢不（向吴国）靠拢呢？即吴国自然成为霸主。⑦拍案叫绝——手拍桌案，说好极了。形容特别赞赏，情不自禁地叫好。绝：指极好。吴王嘱——（于是）吴王（对他手下的大臣们）嘱咐说：⑧因地制宜——根据不同地区的具体情况来制定相应的妥善办法。此指实现上述目标都要"因地制宜"。切实为——（对此）大家都要切切实实地做好。据载，吴王称赞后说："筑城郭（造城防工事），立仓库，因地制宜。"成语"因地制宜"即由此而来。

死 灰 复 燃

法不阿贵韩入监①，猢狲入袋苦不堪②。
落井下石田甲辱③，死灰复燃重做官④。
心胆俱裂甲逃走⑤，虚声恫吓令其还⑥。
不念旧恶安国恕⑦，始终如一善待田⑧。

【说明】 成语"死灰复燃"，见于《史记·韩长孺列传》中的一个成语故事。

【串讲】 ①法不阿（ē）贵——法律不偏袒贵族。指秉公执法，对权贵也不例外。阿：偏袒。韩入监——（所以汉景帝时代在梁国任中大夫的）韩安国（因犯法）而被抓进监狱。韩：指韩安国。②猢狲入袋——猴子进了布袋。比喻行动不自由。此指韩安国入狱后失去自由。猢狲：猴子。苦不堪——痛苦得不能忍受。③落井下石——对落在井里的人，不但不救，反而向井里投石头。比喻乘人危难时加以打击或陷害。此指乘韩安国坐牢而加以打击。田甲辱——有个叫田甲的（狱吏）污辱（韩安国）。据载："安国坐法抵罪，蒙（蒙县）

狱吏田甲辱安国。安国曰：'死灰独不复燃乎？'田甲曰：'燃即溺之。'"④死灰复燃——原比喻失势的人重新得势。后也比喻已经停歇了的事物又重新活动起来（多指坏事）。此指前者。死灰：燃烧后余下的灰烬。重做官——（韩安国）又重新当上官。据载，韩安国入狱不久，梁国内史出缺，汉王朝则任命他做梁国内史，从罪犯起用为官。⑤心胆俱裂——形容极度惊恐。甲逃走——（这便是）田甲（因怕韩安国报复）而逃跑了。甲：指田甲。⑥虚声恫吓（dòng hè）——虚张声势来吓唬人。恫吓：恐吓。令其还——（韩安国）命令他（田甲）回来。据载，韩安国说："田甲不就职，我就灭他的宗族。"于是田甲则回来向韩安国请罪。⑦不念旧恶——不记别人过去的错误或仇怨。此指韩安国不记田甲过去对他的污辱。安国恕——韩安国原谅了（田甲）。恕：原谅。据载，韩安国笑着对田甲说："可以拉尿了吧！我用得着同你们作对吗？"⑧始终如一——从始到终都一样。形容能坚持到底。善待田——（韩安国都是）很好地对待田甲。田：指田甲。成语"死灰复燃"即由此故事而来。

老 当 益 壮

志冲斗牛汉马援①，恻隐之心伴为官②。
胆大如斗放重犯③，趋吉避凶到北边④。
勤俭持家成富户⑤，助人为乐发豪言⑥：
穷当益坚志不改⑦，老当益壮勇力添⑧。

【说明】　成语"老当益壮"，见于南朝范晔（yè）《后汉书·马援传》中的一个成语故事。

【串讲】　①志冲斗牛——形容志气很高，上冲星空。斗、牛：北斗星、牵牛星。泛指星空。汉马援——东汉（初年一个叫）马援的人（即是如此）。汉：东汉。②恻隐之心——见人遭遇不幸所引起的同情怜悯之心。伴为官——（它）伴随着（马援）做官的生涯。③胆大如斗——形容人的胆量很大。放重犯——（马援曾）放走重罪犯人。据载，马援在做郡里督邮小官时，曾押送一批重犯到上级机关去，路上把这批犯人全部放走。④趋吉避凶——趋向吉祥，避开凶险。此指马援逃避官府的追捕，去到一个安全地方。到北边——逃到北方的边境上。边：指边境。据载，马援的祖先是北方人，并做过官，北方有不少亲戚朋友，于是马援则逃到那里。⑤勤俭持家——本着勤劳节俭的精神操持家务。成富户——（马援）成了富裕的人家。⑥助人为乐——把帮助别人作为快乐。据载，马援经常把财物分赠给亲戚朋友，而自己仍过着艰苦朴素的生活。发豪言——并说出气魄很大的言论：⑦穷当益坚——处境越困难，意志应当越坚定。穷：困苦；益：更加。志不改——（为人的）志向仍不能改。⑧老当益壮——年纪大了，志气应该更壮。勇力添——增强勇气和力量。据载，马援常对朋友们说："丈夫为志，穷当益坚，老当益壮。"成语"老当益壮"即由此而来。

多 多 益 善

胸中甲兵汉刘邦①，南征北战平四方②。

一齐天下疑信反③，声东击西擒楚王④。

赦过宥罪与论将⑤，各抒己见评短长⑥。

多多益善信自信⑦，知人善任高祖强⑧。

249

【说明】 成语"多多益善",见于《史记·淮阴侯列传》中的一个成语故事。

【串讲】 ①胸中甲兵——比喻人有谋略。甲兵:披甲的士兵。汉刘邦——西汉(开国皇帝)刘邦(便是如此)。汉:西汉。②南征北战——形容转战南北,经历了许多战斗。平四方——(刘邦终于战胜项羽)平定了各地(的敌对势力)。③一齐天下——统一全国。疑信反——(刘邦建立了汉朝)而怀疑韩信谋反。信:指韩信。据载,韩信原投奔的是项羽,因不受重用而投靠了刘邦,被封为大将军。他率兵南征北战,为西汉王朝的建立立下了汗马功劳,又先后被封为齐王、楚王。因他功高盖主,加上有人告他谋反,引起刘邦对韩信的怀疑,决心用计除掉他。④声东击西——表面上装着攻打东方,实际上却攻打西方。指一种迷惑敌人出奇制胜的战术。擒楚王——(刘邦就是用这样的计谋)把楚王(韩信)捉住。据载:"汉六年,人有上书告楚王信反。高帝以陈平计,天子巡狩会诸侯,南方有云梦,发使告诸侯会陈:'吾将游云梦。'实欲袭信,信弗知。"于是,韩信则到陈地去拜谒刘邦,刘邦则命令武士将韩信捉拿捆绑起来。⑤赦过宥(yòu)罪——赦免过错,宽恕罪行。宥:宽容,饶恕。与论将——(这便是刘邦随后又对韩信"赦过宥罪"封其为淮阴侯)并与他经常谈论各位将领的能力及其差别。⑥各抒己见——各人充分说出自己的见解。抒:表达,发表。评短长——(刘邦和韩信各自)评说(诸将的)长处和短处。⑦多多益善——愈多愈好。此指率兵"多多益善"。益:更加。信自信——(这是)韩信自己相信自己(有这个能力)。⑧知人善任——了解部下而且善于使用他们。知:知道,了解;任:任用,使用。高祖强——(在这方面)汉高祖(刘邦)比其他人都好。据载,刘邦在与韩信论诸将能带兵多少时问之曰:"如我能将(率领)几何?"信曰:"陛下不过能将十万。"上曰:"于君何如?"曰:"臣多多而益善耳。"上笑曰:"多多益善,何为为我所

250

禽（同擒）？"信曰："陛下不能将兵，而善将将，此乃信之所以为陛下禽也。"成语"多多益善"即由此而来。

妄 自 尊 大

势单力薄汉隗嚣^①，孤立无援靠山找^②。
折冲尊俎马援派^③，观貌察色公孙交^④。
出人意表述傲慢^⑤，羞与为伍援回早^⑥。
妄自尊大禀于隗^⑦，献可替否光武靠^⑧。

【说明】 成语"妄自尊大"，见于《后汉书·马援传》中的一个成语故事。

【串讲】 ①势单力薄——势力孤单，力量薄弱。汉隗（kuí）嚣——东汉（初年割据于甘肃一带的军阀）隗嚣（即是如此）。汉：指东汉。②孤立无援——处于十分孤立的状态，没有外力的援助。靠山找——（于是隗嚣）则想找一个可以依靠的势力。据载，东汉初年，刘秀做了皇帝，称光武帝。当时，全国尚未完全统一，残余豪强割据，各霸一方。其中势力最大的是占据四川的公孙述，自称成都王。而势力较小、孤立无援的则是隗嚣了，于是隗嚣则想寻找一个能依靠的势力。那去找谁呢？③折冲尊俎——原指在尊俎之间定下妙计，终于制胜对方。后来泛指外交谈判。此指后者。冲：古代用以冲击敌城的战车；折冲：挫败敌人；尊俎：酒器和放肉的祭器。马援派——（隗嚣）派（心腹之人）马援（前去公孙述那里进行外交谈判）。④观貌察色——观察形貌脸色以揣测对方的心意。公孙交——（以此来决定是否）与公孙述结交。公孙：指公孙述（人名）。据载，马援

251

和公孙述是同乡，关系很好，"以为既至当握手欢如平生"。而事实是怎样呢？⑤出人意表——出乎人的意料之外。此指出乎马援的意料之外。述傲慢——（因为）公孙述非常骄傲而又无礼地（对待他）。据载，马援去到公孙述那里，公孙述态度十分狂傲，大摆皇帝架子，高高坐在大殿之上见他。⑥羞与为伍——认为和某种人相处是耻辱。此指马援认为和公孙述这种人在一起相处是耻辱。援回早——（于是）马援便早早地回来了。援：指马援。⑦妄自尊大——狂妄地自高自大。此指公孙述"妄自尊大"。禀于隗——（马援把公孙述这种为人）向隗嚣作了报告。隗：指隗嚣。⑧献可替否——建议可行的方法，废止不可行的方法。光武靠——（马援建议）投靠汉光武帝（刘秀）而（废止与公孙述结交的念头）。据载，马援回来对隗嚣说："子阳（公孙述）井底蛙耳，而妄自尊大，不如专意东方（不如一心一意地投靠东边的汉光武帝刘秀）。"隗嚣采纳了他的建议。成语"妄自尊大"即由此而来。

亦 步 亦 趋

圣之时者多弟子①，称心如意数颜回②。
尊师重道回为最③，百依百顺听指挥④。
兼收并蓄从不漏⑤，依样葫芦从不违⑥。
一语道破颜回意⑦：亦步亦趋紧跟随⑧。

【说明】 成语"亦步亦趋"，见于《庄子·田子方》中的一个成语故事。

【串讲】 ①圣之时者——指圣人中能适应时势发展的人。旧时常用以称颂孔子。此指孔子。多弟子——（孔子教的）学生很多。据载，孔子共有弟子三千。②称心如意——指符合心愿，感到满意。数（shǔ）颜回——（在众多弟子中）数点起来只有颜回（最好）。③尊师重道——尊敬师长，重视老师传授的道理和知识技能。此指尊敬孔子，重视孔子传授的学说。回为最——颜回是最好的。回：指颜回。④百依百顺——一切都顺从对方。此指颜回一切都顺从孔子。听指挥——听从（孔子的）教诲。⑤兼收并蓄——把各种不同的东西一齐吸收进来，保存起来。此指对孔子讲的道理"兼收并蓄"。从不漏——（颜回）从来都不遗漏。⑥依样葫芦——照葫芦的样子画葫芦。比喻照现成的样子模仿，没有新意。此指颜回完全模仿孔子的样子去做，没有自己的任何见解。从不违——（颜回一贯如此）从来都不违背。⑦一语道破——一句话说破。此指颜回自己"一语道破"。颜回意——颜回的心思。⑧亦步亦趋——你慢走，我也慢走；你快走，我也快走。比喻事事模仿，追随他人。紧跟随——（颜回）紧紧地跟在（孔子的）后边。据载，颜回说："夫子步亦步，夫子趋亦趋，夫子驰亦驰。"意思是说：老师慢走，我也慢走；老师快走，我也快走；老师快跑，我也快跑。成语"亦步亦趋"即由此而来。

牝 牡 骊 黄

伯乐相马带徒行①，高足弟子皋荐公②。
日行千里马寻到③，是非不分公怨生④。
提要钩玄伯乐讲⑤：牝牡骊黄不必明⑥。
用心用意观马质⑦，稀世之宝马找成⑧。

【说明】 成语"牝牡骊黄",见于《列子·说符》中的一个成语故事。

【串讲】 ①伯乐相马——(春秋时,秦国有一个叫孙阳的人)人们称其为伯乐,他最善于识别好马。后来指发现、推荐、培养和使用人才的人。此为原意。带徒行——(并且)带着徒弟从事这一工作。②高足弟子——指才能出众的学生。高足:上等快马,汉代设快马三等,即高足、中足、下足,引申为高才。皋荐公——(这便是伯乐将一个)名叫九方皋的徒弟推荐给秦穆公(去访求良马)。③日行千里——一天能跑上千里之遥。马寻到——(这样的)好马(九方皋用了三个月时间终于把它)寻找到了。④是非不分——分辨不出正确与错误。此指分辨不出此马是否是好马。公怨生——(于是)秦穆公则产生了怨气。据载,秦穆公问九方皋"何马"?对曰"牝而黄"。取马人回来说"牡而骊"。穆公责备伯乐荐错了人。⑤提要钩玄——精辟而简明地提出主要内容。提要:提出纲要。钩玄:探索精微。伯乐讲——伯乐(就这样对秦穆公)说:⑥牝(pìn)牡骊黄——指是雌性还是雄性,是黑色还是黄色。比喻事物的表面现象。牝牡:雌雄。骊:黑色。不必明——(对马的这些表象在挑选良马时)没必要弄清楚。⑦用心用意——指把全部注意力都集中到从事某项活动上。观马质——(这就是)观察马的内在精神和真实本领。⑧稀世之宝——世上少有的珍宝。马找成——(这样的)宝马果然被九方皋给找到了。成语"牝牡骊黄"即由此成语故事而形成。

众 志 成 城

恣意妄为周景王①,移商换羽铸钟响②。
穿云裂石王称赞③,面折廷争鸠开腔④:

罗掘俱穷钱钟铸⑤，**怨声载道大祸藏**⑥。
众志成城江山保⑦，**众口铄金国必亡**⑧。

【说明】 成语"众志成城"，本作"众心成城"，见于《国语·周语下》中的一个成语故事。

【串讲】 ①恣（zì）意妄为——任意地胡作非为。恣意：任意，任性；妄为：胡作非为。周景王——周朝（国君）景王（即是这样）。周：周朝。②移商换羽——移动商调，换成羽调。原指乐曲换调。后也指事情的内容有所变更。此指后者。商、羽：我国古代五音名。铸钟响——（将铸大铜钱换成）铸大铜钟而发出洪响。据载，周景王十一年（公元前五二四年）时，他突然改变币制，铸行大铜钱代替当时通行的小钱，使百姓损失很大。到周景王二十三年时，他停止铸钱，却收集民间的铜铸成大钟，又使老百姓蒙受巨大经济损失。③穿云裂石——冲上云霄，震开石头。形容声音高亢嘹亮。此指钟声高亢嘹亮。王称赞——周景王称颂（这钟声好听）。④面折廷争——当面指责人的过错，在朝廷上同君王争辩。旧时形容大臣敢于直言劝谏君王。面折：当面批评、说服；廷争：在朝廷上争辩。鸠（jiū）开腔——（乐官）洲鸠则说话了。鸠：洲鸠（人名）。他是怎么说的呢？⑤罗掘俱穷——形容再也没有物资钱财可以搜罗。罗：张网捕雀；掘：掘鼠洞找粮食。钱钟铸——（这是因为）铸造大钱和大钟（搜刮民财所造成的）。⑥怨声载（zài）道——怨恨之声充满道路。形容人民的不满情绪十分普遍而强烈。载：充满。大祸藏——（这里边）有大的祸患在隐藏。⑦众志成城——众人同心协力，就成为坚固的城堡。比喻大家团结一致，力量就无比强大。江山保——（这样）国家政权就能保住。⑧众口铄金——众口一词，足能熔化金属。原指大家都反对的事情，就会把它摧毁。后来指谣言多，可以混淆是非。此指原意。国必亡——（那样）国家就一定要灭亡。据载，酒鸠最后对周景王说："俗话说得好，'众志成城，众口铄金。'"成语"众志成城"即由此而来。

后 来 居 上

尽忠竭力汉汲黯①，依流平进太尉迁②。
官卑职小公孙弘③，欺君罔上升大官④。
一步登天为丞相⑤，位极人臣黯不满⑥。
满腹牢骚向帝发⑦：后来居上如柴山⑧。

【说明】 成语"后来居上"，见于《史记·汲郑列传》中的一个成语故事。

【串讲】 ①尽忠竭力——竭尽心力，忠于国家或君王。此为二者兼而有之。汉汲（jí）黯——（这便是）西汉（武帝时）一个叫汲黯的大臣。②依流平进——指做官时按着资历循序渐进。太尉迁——（汲黯就是这样）升迁为（主爵）太尉（官位较高，在"九卿"之列）。③官卑职小——官位低，职位小。公孙弘（hóng）——（这便是与主爵太尉汲黯同时任职的抄写公文的小官）公孙弘。④欺君罔（wǎng）上——欺骗蒙蔽君主。升大官——（公孙弘用此种手段骗取皇帝信任）反倒晋升为更高的官位。⑤一步登天——比喻一下子超过必要的过程而达到极高的境界或程度。此指一下子超越必要的升官过程而达到最高的官位。为丞相——（公孙弘就是这样）当上了丞相。⑥位极人臣——居于最高官位。此指公孙弘"位极人臣（丞相）"。黯不满——（对此）汲黯很有意见。黯：指汲黯。⑦满腹牢骚——一肚子不满情绪。据载，不只是公孙弘官职升到汲黯之上，还有个叫张汤的抄写公文的小官也升到汲黯官职之上，为御史大夫。对此，汲黯极为不满，牢骚满腹。向帝发——（于是，汲黯则把这些牢骚）向汉武帝发泄。帝：指汉武帝。汲黯是怎么说的呢？⑧后来居上——原指资格浅的新官居资格老的旧臣之上，表示不以为然。后转用为称赞后来的人或事物胜过先前的。此指原意。如柴山——（这）就好像是柴草堆成山一样（后来居上）。据载，汲黯对汉武帝说："陛下用群臣如积薪耳，后来者居上。"这便是成语"后来居上"之来源。

安 步 当 车

才高识远齐颜斶①，神安气定见宣王②。
礼贤接士与之论③，贵贱无常争短长④。
拖紫垂青王欲赐⑤，婉言拒绝请归乡⑥：
粗茶淡饭以当肉⑦，安步当车清静享⑧。

【说明】 成语"安步当车"，见于《国策·齐策四》中的一个成语故事。

【串讲】 ①才高识远——才能出众，见识深远。齐颜斶（chù）——（战国时）齐国（有一个）叫颜斶的人（即是如此）。②神安气定——内心十分安定。见宣王——（颜斶就是这样）去见齐宣王。③礼贤接士——礼遇贤人，降低身份结交有识之士。与之论——（就这个观点）颜斶与宣王展开了辩论。据载，颜斶说"大王过来"可以落个礼贤接士的好名声。④贵贱无常——富贵卑贱不是永恒不变的。争短长——（就这个问题）颜斶又与宣王争论谁是谁非。据载，宣王很生气地又问："是国王高贵，还是贤士高贵？"颜斶说："我看还是贤士高贵。"宣王问他为什么？颜斶说："过去秦国攻打齐国，有个命令说：有敢在贤士柳下季的墓地伐一棵树者处死刑；有能得到齐王首级者封万户侯，赐千金。由此看来，君王的头还不如柳下季墓地上的一棵树。"宣王先是默然，后来明白了其中的道理，便想重用他。⑤拖紫垂青——指担任高官。拖：下垂。紫、青：古代高官系印用的绶带颜色。王欲赐——宣王想要把（这样的高官）封赐给颜斶。⑥婉言拒绝——用婉转的话拒绝别人。请归乡——（这便是颜斶婉言拒绝了宣王让他做官）并请求回归故乡：⑦粗茶淡饭——形容简单的饮食。以当肉——把它当作肉来吃。⑧安步当车——慢慢地走，当做坐车。清静享——（以此）来享受清静的生活。据载，颜斶说自己回乡要过这样的生活："晚食以当肉，安步以当车，无罪以当贵，清静贞正以自虞。"成语"安步当车"即由此而来。

安 贫 乐 道

先圣先师孔夫子①，得意门生赞颜回②：
家徒壁立居陋巷③，箪食瓢饮苦中归④。
苦不堪言人难忍⑤，等闲视之他能为⑥。
安贫乐道贤者最⑦，立身行事志不摧⑧。

【说明】成语"安贫乐道"，见于《论语·雍也》中的一个成语故事。
【串讲】①先圣先师——旧时尊称孔子。也称周公和孔子或孔子和颜回。此为前者。孔夫子——（这便是）孔子老师。夫子：旧称老师。②得意门生——指最欣赏最满意的学生。门生：学生。赞颜回——（这就是）特别赞赏颜回：③家徒壁立——家里只有立着的四面墙壁。形容家里非常穷困，一无所有。徒：仅，只。居陋巷——（并且颜回）还居住在狭小的巷子里。④箪食瓢饮——一箪饭，一瓢水。指清贫的生活。箪：盛饭的竹器。苦中归——（这就使颜回）并归于清苦之中，过着苦日子。⑤苦不堪言——痛苦或困苦到了极点，已经不能用言语来表达。此指困苦到极点。人难忍——（这是）一般人难以忍受的。然而，颜回却是：⑥等闲视之——把它看成平常的事而不加重视。等闲：平常。他能为——（因为）他颜回能做得到而不觉得苦。⑦安贫乐道——安于贫寒境遇，乐于尊奉正道。道：圣贤之道。贤者最——（所以说颜回）是贤人里最好的。⑧立身行事——指为人处世，所做所为。志不摧——其意志坚不可摧。据载，孔子称赞颜回说："贤哉，回也！一箪食，一瓢饮，在陋巷，人不堪其忧，回也不改其乐。"郑玄注："贫者人之所忧，而颜渊志道，自有所乐。"成语"安贫乐道"即由此成语故事而形成。

再 作 冯 妇

身强力壮晋冯妇①，行家里手善搏虎②。
弃旧图新善士做③，洗手不干杀生无④。
出乎意料见围虎⑤，不觉技痒又去逐⑥。
拳打脚踢伤虎缚⑦，再作冯妇大众服⑧。

【说明】成语"再作冯妇"，见于《孟子·尽心下》中的一个成语故事。

【串讲】①身强力壮——身体强壮，力气很大。晋冯妇——（春秋时）晋国有一个叫冯妇的人（即如此）。②行家里手——精通这行的人。里手：内行的人。善搏虎——（这便是冯妇）擅长打老虎。③弃旧图新——抛弃旧的、错误的，谋求新的、正确的。善士做——（这就是冯妇放弃了打虎行当）而做一个善良之人。④洗手不干——多指盗贼等改过自新，不再做坏事。也比喻不再从事以前的某种职业。此指不再打虎。杀生无——（所以冯妇）没再有打杀老虎的事情发生。⑤出乎意料——超出了人们预先的估计。见围虎——（这便是过了几年，有一天，冯妇驾着车，经过城外的一片山林）看见（一群人远远地）围观一只老虎（瞎嚷乱叫而无人敢上前）。⑥不觉技痒——形容不由自主地想表现一下的心情。技痒：指人擅长或爱好某种技艺，一有机会，就想表现，好像心里发痒不能忍耐。又去逐——（于是冯妇跳下车）又去追逐（那只老虎了）。⑦拳打脚踢——用拳头打，用脚踢。形容打得凶狠。伤虎缚——把老虎打伤并抓住它捆绑起来。⑧再作冯妇——比喻重操旧业。再作：第二次当上。大众服——（那些围观）群众（对冯妇又重新打着一只老虎）都非常佩服。据载："晋人有冯妇者，善搏虎，卒为善士，则之野，有众逐虎。虎负嵎，莫之敢撄（yīng），望见冯妇，趋而迎之。冯妇攘臂下车。众皆悦之，其为士者笑之。"成语"再作冯妇"即由此而来。

耳 视 目 听

修真养性亢仓子①，仙风道骨老聃徒②。
耳视目听人传诵③，敬贤重士鲁请出④。
卑辞厚礼虚实问⑤，斩钉截铁回答无⑥。
确切不移视听有⑦，耳聪目明皆排除⑧。

【说明】 成语"耳视目听",见于《列子·仲尼》中的一个成语故事。

【串讲】 ①修真养性——涵养性情,使本性归于淳朴。亢仓子——(古代有一个叫)亢仓子的人(就是这样做的)。②仙风道骨——指超脱世俗的气质。也形容人的风度神采不同凡俗。此指前者。仙:神仙,仙人。风:风度,气质。道:道家,得道之人。骨:仙骨。老聃(dān)徒——(这是因为亢仓子)是道家老子的徒弟。③耳视目听——用耳朵看,用眼睛听。古代道家所说的一种修养境界,以为视听可由精神主宰,不受生理器官限制。人传诵——(所以)人们都传播述说(亢仓子具有这种特异功能)。④敬贤重士——尊敬贤良、有名望的人,重视有文化、有能力的人。士:指有知识、有能力的人。鲁请出——(于是)鲁国(国君鲁侯便派人把亢仓子)请来与自己见面。⑤卑辞厚礼——说谦虚的话,送厚重的礼。卑:谦卑。虚实问——(借以)请问(亢仓子你耳视目听)是真是假。⑥斩钉截铁——比喻坚定不移,说话做事果断坚决。此指说话。回答无——(亢仓子就这样斩钉截铁地)回答说没有(耳视目听这种事)。⑦确切不移——非常真实可靠,不能改变。视听有——(我亢仓子确实)有(不用耳目)能视听的功能。⑧耳聪目明——听觉灵敏,视力敏锐。皆排除——(不过这种靠耳目的视听好)都要排除在外。据载:"老聃之弟子有亢仓子者,得聃之道,能以耳视而目听。鲁侯闻之大惊,使上卿厚礼而致之。亢仓子应聘而至。鲁侯卑辞请问之。亢仓子曰:'传之者妄,我能视听不用耳目,不能易耳目之用。'"成语"耳视目听"即由此而来。

芒 刺 在 背

辅弼之勋归霍光[1]，**擅作威福揽朝纲**[2]。
俯首帖耳群臣惧[3]，**谨小慎微帝紧张**[4]。
绳其祖武谒高庙[5]，**驷马高车光在旁**[6]。
坐不安席帝慌恐[7]，**芒刺在背似有伤**[8]。

【说明】 成语"芒刺在背"，见于《汉书·霍光传》中的一个成语故事。

【串讲】 ①辅弼之勋——辅助国家的功劳。此指辅助汉代国家的功劳。归霍光——（这要）归功于（大司马大将军）霍光。据载，奉汉武帝遗诏之命，霍光与桑弘羊等人为辅政大臣，拥戴昭帝，迎立宣帝，为汉王朝的巩固立了大功。同时，霍光也因此冲昏了头脑，独断专行起来。②擅作威福——擅自作威作福。擅：自作主张。揽朝纲——（霍光）则独揽朝政大权。纲：网上的大绳，比喻事物的最主要部分。③俯首帖耳——低着头，耷拉着耳朵。形容恭顺驯服的样子。群臣惧——文武百官都非常惧怕霍光。④谨小慎微——对细微的小事也采取谨慎小心的态度。形容待人处事非常审慎。此指宣帝在霍光面前显得非常审慎。帝紧张——宣帝（见到霍光）就精神紧张。据载，每当朝见时，宣帝见到霍光，就立即拘谨地收起笑容，显得十分小心谦恭。⑤绳其祖武——依祖先的足迹继续走下去。比喻继承祖辈事业。此指继承帝业。绳：继承；武：足迹。谒高庙——（于是，宣帝即位后不久便去）谒见高祖庙。高庙：指高祖庙。⑥驷马高车——驾四马的高盖车，多为显贵者所乘。此指汉宣帝所乘的车子。光在旁——霍光就在（汉宣帝）一旁陪坐。⑦坐不安席——在位子上坐不安稳。形容心绪不宁。席：座位。帝慌恐——宣帝（对霍光坐在他身边）心里慌张恐惧。⑧芒刺在背——芒刺扎在背上。比喻极度不安。芒刺：草木茎叶、果壳上的小刺。似有伤——（这便是宣帝的感觉）感到好像扎破了一样难受。据载："宣帝始立，谒见高庙，大将军光（霍光）从骖乘（古代乘车在右陪乘的人），上内严惮之（皇上心里非常怕他），若有芒刺在背。"这便是成语"芒刺在背"之来源。

如 坐 针 毡

高才饱学晋杜锡①**，官运亨通连升级**②**。**
直道而行舍人做③**，肺腑之言指子疾**④**：**
自暴自弃性怪僻⑤**，涤瑕荡秽才成器**⑥**。**
以怨报德子针插⑦**，如坐针毡血淋漓**⑧**。**

【说明】 成语"如坐针毡"，见于《晋书·杜锡传》中的一个成语故事。

【串讲】 ①高才饱学——才能很高，学识丰富。晋杜锡——晋朝时（大臣杜预的年轻儿子）杜锡（即是如此）。晋：指晋朝。②官运亨通——旧指做官十分顺利。运：机遇或所谓运气；亨（hēng）：通达，顺利。连升级——（杜锡就是这样）接连不断地升到高一级的官位。据载，杜锡从小就受到很好的教育，年轻时便学识渊博，才能很高，曾做长沙王的文学侍从，后来连续多次升官。③直道而行——形容办事正直公道，毫无偏私。舍人做——（最后杜锡）升为（太子）舍人（官名，负责给皇帝起草诏书，参与机密大事商定）。④肺腑之言——发自内心的真话。肺腑：内心。指子疾——（杜锡就是这样诚恳地）指出太子［愍（mǐn）怀］的毛病。子：指太子（愍怀）；疾：病，引申为毛病。太子有什么毛病呢？⑤自暴自弃——自甘落后，不求上进。暴：糟蹋，损害；弃：抛弃。性怪僻——（并且）性格、脾气古怪，和一般人不一样。⑥涤（dí）瑕荡秽——比喻清除旧的恶习。涤、荡：洗荡，引申为清除，廓清；瑕：玉上的红斑，比喻事物的缺点、毛病和人的过失；秽：污浊，肮脏。才成器——（太子只有这样做）才能成为有用的人才。⑦以怨报德——用仇恨报答恩惠。此指太子以仇恨报答杜锡的善意劝告。子针插——（于是）太子（因嫌杜锡多事）便（把许多）针插（在他平日坐的毡子里）。⑧如坐针毡——像坐在插了针的毡子上一样。比喻心神不安。血淋漓——（杜锡坐到毡子上被针刺得）鲜血直往外流滴。据载："（杜锡）屡谏愍怀太子，言辞恳切，太子患之，后置针著锡常所坐处毡中，刺之流血。"成语"如坐针毡"即由此演化而形成。

权 宜 之 计

密谋策划汉王允[①]**，借剑杀人董卓除**[②]**。**
目光短浅自误判[③]**：海晏河清忧患无**[④]**。**
冷心冷面威严显[⑤]**，众难群疑下不附**[⑥]**。**
权宜之计谋不虑[⑦]**，坐以待毙遭人诛**[⑧]**。**

【说明】 成语"权宜之计"，见于《后汉书·王允传》中的一个成语故事。

【串讲】 ①密谋策划——指秘密地策划。汉王允——东汉末年（汉献帝时）有一个司徒（官名）名叫王允的人（即是如此）。②借剑杀人——比喻自己不出面，利用别人去害人。董卓除——（王允就是这样以自己府内的歌女貂蝉先许配给董卓的义子吕布再许配给董卓作为美人计和离间计，然后利用吕布之手把专权窃国的）董卓杀死。③目光短浅——眼光不远，见识不深。形容只看到眼前的利益，没有远见。自误判——（因此王允对形势）自然作出错误判断：④海晏河清——大海波平浪静，黄河水清。比喻太平盛世。晏：平静。忧患无——（这便是王允错误地认为董卓一除天下太平）就再也没有忧虑和祸患了。⑤冷心冷面——从里到外都冰冷无情。指对人态度冷淡，毫无感情。威严显——（以此）来显示他王允的威严。⑥众难群疑——众人心中都有疑难。下不附——（所以王允的）下属也都不依附他了。⑦权宜之计——为应付某种需要而暂时采取的变通办法。权：暂且。宜：适宜。谋不虑——（这样的）计谋（王允）概不考虑。据载："卓既奸灭，（王允）自谓无复患难，及在际会，每乏温润之色，杖正持重，不循权宜之计，是以群下不甚附之。"⑧坐以待毙——坐着等死。毙：死。遭人诛——（王允后来）遭到他人（董卓部将）的杀害。成语"权宜之计"即由此成语故事而来。

杀 妻 求 将

选贤任能鲁抗齐①，文韬武略数吴起②。
委重投艰欲为将③，犹豫不决因其妻④。
闻风而起起决意⑤，杀妻求将消狐疑⑥。
胜任愉快起为帅⑦，扯鼓夺旗齐败离⑧。

【说明】 成语"杀妻求将",见于《史记·孙子吴起列传》中的一个成语故事。

【串讲】 ①选贤任能——选择贤才,任用能干的人。此指选择任用懂得兵法善于领兵打仗的人。鲁抗齐——(这是因为)鲁国要抵抗齐国的进攻。鲁:鲁国;齐:齐国。②文韬武略——谓用兵的谋略。韬:指古兵书《六韬》;略:指古兵书《三略》。数(shǔ)吴起——(对此)数点起来只有吴起最为能干。③委重投艰——委以重任,授予艰难使命。委:委托,托付。欲为将——想要(任命吴起)作为鲁国率兵大将。④犹豫不决——拿不定主意。犹豫:迟疑。因其妻——(这是)因为他(吴起)的妻子(是齐国人)。据载,吴起之妻为齐人。鲁国担心,如以吴起为将,怕他念夫妻之情,战场上心向齐国,所以犹豫不决。⑤闻风而起——听到风声就立即起来响应。此指吴起一听到怀疑他娶齐女为妻不予为将的消息就立即做出反应。起决意——吴起果断地拿定主意。起:指吴起。拿定了什么主意呢?⑥杀妻求将——(吴起)杀掉妻子以求得大将之任。后比喻忍心害理以追求功名利禄。消狐疑——(这样便能)消除鲁国对他(吴起)的怀疑。狐疑:怀疑,多疑。据载:"齐人攻鲁,鲁欲将吴起。吴起取(同娶)齐女为妻,而鲁疑之,吴起于是欲就名,遂杀其妻,以明不与齐也。"⑦胜任愉快——有能力担当某项任务,而且能完成得叫人满意。此指吴起有能力担当领兵抗齐的任务,而且能完成得很好。起为帅——(于是鲁国终于任命)吴起作为三军统帅。⑧扯鼓夺旗——抢夺和掳获敌方的战鼓与军旗。形容作战英勇,大获全胜。齐败离——(吴起就是这样率军抗敌)把齐军打得大败而逃离。据载:"鲁卒以(吴起)为将。将而攻齐,大破之。"成语"杀妻求将"也便由此而形成。

江 郎 才 尽

家无担石梁江淹①，朝经暮史正少年②。
思若泉涌诗文美③，誉满天下仰其贤④。
老态龙钟郭璞梦⑤，无所忌讳彩笔还⑥。
文不尽意诗不就⑦，江郎才尽非先前⑧。

【说明】 成语"江郎才尽"，见于《梁书·江淹传》中的一个成语故事。

【串讲】 ①家无担石——家无余粮，形容生活贫困。担：同"儋"，古代容量单位。梁江淹——（南北朝时）梁王朝（有一位著名的文学家）江淹（年轻时就是这样穷困）。②朝经暮史——早晨读经书，晚上看史书，形容研究学问专心致志。正少年——（那时江淹）还正年轻。③思若泉涌——才思犹如泉水一样喷涌。形容才思丰富敏捷。诗文美——（因此他的）诗词文章写得很优美。④誉满天下——好名声，天下皆知。仰其贤——（都）仰慕他的贤德和才能。可是到了晚年，江淹的才思却大大减退。什么原因呢？⑤老态龙钟——年老体衰而行动迟钝。龙钟：行动不便。郭璞梦——（传说此时江淹）梦见了（晋代文学家）郭璞（向他讨还一支笔）。⑥无所忌讳——没有什么顾虑。彩笔还——（于是）把五色笔还给了郭璞。自此以后，江淹则文思减退。⑦文不尽意——文章未能完全表达出心意。诗不就——作诗也写不成了。⑧江郎才尽——江淹的才能用尽。比喻才思减退。江郎：指江淹。非先前——已经不是从前（那个才思敏捷的江淹）了。据载："初，淹罢宣城郡，遂宿冶亭，梦一美丈夫，自称郭璞，谓淹曰：'我有笔在卿处多年矣，可以见还。'淹探怀中，得五色笔以授之。尔后为诗，不复成语，故世传江淹才尽。"成语"江郎才尽"即由此成语故事而来。

州 官 放 火

自高自大宋田登①，作福作威州官承②。
施命发号名禁叫③，蛮横无理音禁行④。
换柳移花灯字改⑤，千篇一律以火称⑥。
岁月如流灯节至⑦，州官放火时人抨⑧。

【说明】 成语"州官放火"，见于宋·陆游《老学庵笔记》第五卷中的一个成语故事。

【串讲】 ①自高自大——把自己看得很高大。形容自以为了不起。宋田登——宋朝时有个叫田登的人（即如此）。宋：宋朝。②作福作威——原指只有君王才能独揽大权，决定赏罚。后指妄自尊大，滥用权势，胡作非为。此指后者。作福：行赏，赐福。作威：独揽大权。州官承——（田登）当上州官（就是这样做的）。承：担当。③施命发号——发布命令，下达指示。施：实施、执行。发：发布、公布。号：号令、命令。名禁叫——（他田登的）名字禁止（下属和百姓）来称呼。④蛮横无理——野蛮粗暴，不讲道理。音禁行——（就连田登的"登"字之音）也禁止通用。⑤换柳移花——比喻暗中换人或事物。灯字改——（这便是不准念"登"字音的）灯字要改用别的字来表达。⑥千篇一律——指文章公式化，也泛指事物只有一种形式，毫无变化。此指后者。以火称——（这就是将"灯"字一律）用火字来代称，即凡是用"灯"字的，一律写成"火"字。⑦岁月如流——形容时光如流水一样转瞬即逝。灯节至——（于是正月十五）上元节，即灯节来到了。据载，依据当时惯例，上元节要放灯三日。事先衙门要发出布告，到处张贴，通知家家户户预作准备。写布告的官吏不敢写"灯"字，竟写成："本州依例放火三日……"人们看了不禁啼笑皆非，讽刺说"只许州官放火，不许百姓点灯"。⑧州官放火——是"只许州官放火，不许百姓点灯"的简化。比喻有权势者可以为所欲为，老百姓却连正常活动也要受到无理限制。时人抨——当时人们（就是这样）抨击（田登等当权者的）。成语"州官放火"即由此成语故事而来。

因 势 利 导

兴兵动众忌攻魏①，用计铺谋战马陵②。
以伪乱真日灶减③，佯输诈败连退兵④。
深信不疑敌跟入⑤，山高路险包歼成⑥。
一网打尽膑曾讲⑦：因势利导善战赢⑧。

【说明】　成语"因势利导"，见于《史记·孙子吴起列传》中的一个成语故事。

【串讲】　①兴兵动众——原指出动大队人马。后指动用很多人力。此为原意。忌攻魏——（这便是战国时齐国应韩国之求救派大将）田忌去攻打魏国。忌：田忌（人名）。据载，公元前三四二年，魏国进攻韩国，韩国向齐国求援，齐则派田忌为大将，孙膑为军师，起兵攻魏。②用计铺谋——运用计谋。战马陵——在马陵地方交战。③以伪乱真——把假的当做真的，以混乱视听。日灶减——（这就是）用逐日减灶（来制造齐军大量逃亡的假象迷惑敌人）。④佯输诈败——假装败下阵来，引人上当。佯、诈：假装。连退兵——（于是）军队连续后撤。⑤深信不疑——非常相信，没有一点怀疑。敌跟入——（所以）敌人（魏军）跟着齐军后退而深入。⑥山高路险——山势高峻，道路艰险。比喻前进道路上充满艰难险阻。此为原意。包歼成——（当魏军进入这个险要的马陵地区）则被齐军包围而成功地将其歼灭。⑦一网打尽——形容全部抓获或彻底消灭。此为后者。膑曾讲——（对能取得如此大胜的原因）孙膑曾（对田忌）讲过：⑧因势利导——顺着事物发展的趋势很好地加以引导。善战赢——（这样地）善于打仗肯定会取胜。据载，当时孙膑对田忌说："善战者，因其势而利导之。"成语"因势利导"即由此而来。

自 知 之 明

好谋善断齐邹忌①，**察言观色见真谛**②。
异口同声妻妾客③，**违心之论誉我丽**④。
自愧不如徐公美⑤，**何苦乃尔将我戏**⑥？
人之常情各有因⑦，**自知之明才不蔽**⑧。

【说明】　成语"自知之明"，见于《战国策·齐策》中的一个成语故事。
【串讲】　①好谋善断——勤于思考谋划，善于做出判断。齐邹忌——齐国的邹忌（就是这样一个人）。齐：指齐国。②察言观色——观察言语脸色来揣摸对方的心意。见真谛（dì）——（就能）看出（其中）真实的含义和道理。谛：意义，道理。③异口同声——不同的嘴说同样的话。形容众人的说法或见解完全相同。妻妾客——（我的）妻、妾、客说法一致。什么说法呢？④违心之论——违背自己本心的话。誉我丽——（他们）都称赞我（比徐公）长得美。誉：称赞。据载，有一天早晨，邹忌穿戴好衣帽，照着镜子对妻子说："我同城北徐公比，哪一个美？"妻子说："您美极了，徐公怎能比得上您呢？"徐公是齐国有名的美男子。邹忌不相信自己比徐公美，又问他的妾说："我同徐公比，谁美？"妾说："徐公怎能比得上您呢？"第二天，来了一位客人，邹忌又问客人："我和徐公相比谁美？"客人说："徐公不如您美啊！"⑤自愧不如——自己认为不如某人而感到惭愧。此指邹忌自愧不如徐公长得美。据载，第二天徐公来了，邹忌仔细端详他，又照镜子看看自己，更觉得远不如徐公美。⑥何苦乃尔——何必这样。乃：竟然；尔：如此，这样。将我戏——（妻妾客）把我嘲弄呢？⑦人之常情——人们通常有的心情。各有因——各有各的原因。据载，邹忌晚上躺下思考这件事，明白了其中的道理："吾妻之美我者，私我也；妾之美我者，畏我也；客之美我者，欲有求于我也。"⑧自知之明——能够正确认识自己。才不蔽——才不至于受蒙蔽。据《老子》载："知人者智，自知者明。"所以，后来人们称邹忌是有"自知之明"的人。

约 法 三 章

顺时施宜汉刘邦①，横扫千军入咸阳②。
虚怀若谷纳臣谏③，声色狗马不去享④。

发号施令封宫库⑤，回船转舵军霸上⑥。
约法三章军纪好⑦，鸡犬不惊百姓康⑧。

【说明】 成语"约法三章"，见于西汉司马迁《史记·高祖本纪》中的一个成语故事。

【串讲】 ①顺时施宜——顺应时代和人心，施行相适应的政策。施：施行。汉刘邦——汉（王）刘邦（就是这样做的）。②横扫千军——形容气势迅猛，一举歼灭大量敌军。入咸阳——（刘邦）攻入（秦国都城）咸阳。据载，秦末，起兵反秦的各地义军中，要算项羽和刘邦这两部分兵力最为强大。那时，以项羽为首的各地起义将领，在河北一带，彻底消灭了秦军主力；同时，刘邦则向西进兵，横扫千军，攻下秦都咸阳，摧毁了秦朝统治。③虚怀若谷——谦虚的胸怀像山谷一样空旷。形容非常虚心。谷：山谷。纳臣谏——（刘邦）采纳了他臣下的意见。④声色狗马——形容剥削阶级寻欢作乐、荒淫无耻的生活。此指帝王的享乐生活。声色：指歌舞和美色；狗马：指养狗和骑马。不去享——（刘邦）都不去（宫中）享受。⑤发号施令——发布命令，下达指示。此指刘邦"发号施令"。号：号令；施：发布。封宫库——封闭宫殿、宝库。⑥回船转舵——回过船头，转过舵来。常形容把话说出去，看情形不对，又把话收回来。此指刘邦进入咸阳又从咸阳原路出来。军霸上——驻军在霸上。军：驻军，作动词。据载，刘邦刚入咸阳，看宫室里应有尽有，很想住下享受。但武将樊哙和谋士张良则认为现在去享受这些，会失掉人心，劝刘邦不要贪图享乐。刘邦接受了他们的意见，便下令封闭宫殿、宝库，带领军队回到霸上。⑦约法三章——制定法律三条。后指约好或规定几点，大家遵守。此指原意。据载，刘邦为了安定民心，召集各县代表人物举行会议，对他们说：各位父老，你们被暴秦折磨苦了，我现在宣布废除秦的一切苛法。我们是为父老们服务的，请不要害怕。现在我"与父老约法三章耳"：第一，杀了人的要偿命；第二，伤害了人的要治罪；第三，抢劫了东西的要惩处。军纪好——（所以刘邦的）军队纪律严明。⑧鸡犬不惊——形容行军不扰民，所到之处，连老百姓的鸡狗都没被惊动。也指平安无事。此指前者。百姓康——老百姓（照样很）安宁。康：安宁。成语"约法三章"即由此而来。

百 废 俱 兴

雄伟壮观岳阳楼①，焕然一新刚重修②。
锦上铺花请题字③，一代文宗仲淹求④。
文情并茂《楼记》写⑤，脉络分明叙事周⑥：
政通人和时年记⑦，百废俱兴背景留⑧。

【说明】 成语"百废俱兴"，见于宋·范仲淹《岳阳楼记》中的一个成语故事。

【串讲】 ①雄伟壮观——雄壮伟大，气势不凡。岳阳楼——湖南岳阳面对洞庭湖的岳阳楼（即是如此）。②焕然一新——光彩夺目，给人一种全新的感觉。焕然：光明的样子。刚重修——（因为岳阳楼）刚刚重新修建完毕。③锦上铺花——在织锦上再绣花。比喻美上加美，好上加好。请题字——（这就是）请名人在岳阳楼上给题写文字。④一代文宗——指为一代人所景仰的文学大家。宗：宗师。仲淹求——（于是）则请求范仲淹来给作文题字。⑤文情并茂——指文章不仅文采焕然，而且感情也很丰富。茂：丰富精美。《楼记》写——（这就是范仲淹应岳州知州滕子京之邀）而写成的《岳阳楼记》。⑥脉络分明——指文章条理清楚。脉络：中医对动脉、静脉的统称，引申为条理或头绪。叙事周——（并且）文中对事情的叙述也很全面；⑦政通人和——政事畅达，人心和顺。形容国泰民安。时年记——（同时）记载了重修的时间年份。⑧百废俱兴——一切被废置的事情全都兴办起来。俱：同"具"。背景留——（文章把这样的）时代背景都记载下来。据载，《岳阳楼记》开头就写道："庆历四年春，滕子京谪守巴陵郡。越明年，政通人和，百废俱兴。乃重修岳阳楼……属予作文以记之。"成语"百废俱兴""政通人和"即由此而来。

如 鱼 得 水

兴灭继绝蜀刘备①，**招贤纳士人才萃**②。
万人之敌将虽有③，**尺寸之地却无份**④。
奇才异能诸葛请⑤，**如鱼得水宏图最**⑥。
不识大体关张怨⑦，**说长道短实不对**⑧。

【说明】 成语"如鱼得水"，见于西晋陈寿《三国志·蜀志·诸葛亮传》中的一个成语故事。

【串讲】 ①兴灭继绝——使灭亡的事物能够复兴并继续下去。蜀刘备——西蜀刘备（正在从事使灭亡的汉朝能够复兴并继续下去的事业）。②招贤纳士——招收和接纳有德有才的人。招：招致，招收；纳：接纳，收容；贤、士：分别指有道德有才智的人。人才萃——（使得）人才聚集。据载，刘备为了建立蜀汉政权，扩大自己政治、军事力量，则四处"招贤纳士"，使得人才荟萃。③万人之敌——指勇力可敌万人。也指统率军队的将才。此指后者。敌：对抗。将虽有——（这样的）大将虽然也有。④尺寸之地——指面积狭小的土地。却无份——却没有占据一块。据载，刘备手下虽然也有关羽、张飞等诸猛将，但因谋略不足，二十多年来未占据一块落脚的地方。⑤奇才异能——奇异杰出的才能。诸葛请——（刘备三顾茅庐把具有这种才能的）诸葛亮请出来。⑥如鱼得水——像鱼得到水一样。比喻有所依靠。此指刘备得到诸葛亮，"如鱼得水"，复兴汉室有了依靠。宏图最——（因而有了）最远大的计划。宏图：远大的计划。据载，诸葛亮辅佐刘备，提出联合孙权共抗曹操，最后统一全国的战略计划，深受刘备的敬佩和信任。⑦不识大体——不懂得大的道理，不明白整体的和长远的利益。关张怨——（和刘备结为兄弟的）关羽、张飞（看刘备对诸葛亮如此器重）常有怨言。关：指关羽；张：指张飞。⑧说长道短——随意评论是非优劣。实不对——（关羽、张飞这样对待孔明）确实不应该。据载，刘备对关羽、张飞解释说："吾得孔明（诸葛亮的字），犹鱼之得水也。两弟勿复多言。"成语"如鱼得水"即由此而来。

如 意 算 盘

位卑言高申守尧①，胡拉乱扯衙中聊②。

等米下锅保姆找③，囊中羞涩让脱袍④。

羞愧难当守尧怒⑤，大嚷大叫解雇了⑥。

如意算盘薪少付⑦，不依不饶保姆嚎⑧。

【说明】 成语"如意算盘"，见于清·李宝嘉《官场现形记》中的一个成语故事。

【串讲】　①位卑言高——旧指身居下位而高谈阔论。也指职位低的人议论职位高的人主持的政务。此指前者。申守尧——（这便是一个在官府里当差而家里很穷）名叫申守尧的人。据描写，此人虽然很穷，却雇一个老妈子。②胡拉乱扯——胡扯瞎说。衙中聊——（有一天）他正在衙门里（与其他差役这样在一起）闲谈。③等米下锅——家中无米，等买回米来下锅。形容生活上、钱财上都很紧迫。保姆找——（于是他家的）保姆（老妈子奉女主人之命便到衙中）找他。④囊中羞涩——形容经济困难，手中没钱。囊：口袋，指钱袋。羞涩：难为情。让脱袍——（让申守尧）把身上的长袍脱下来（去当钱买米）。⑤羞愧难当——羞愧得不能再承受。当：承担。守尧怒——（这使得）申守尧非常生气。⑥大嚷大叫——大声地喊叫。解雇了——（我）不雇用你了（赶快走）。⑦如意算盘——比喻脱离客观实际，只从好的方面替自己打算。算盘：比喻计划、打算。薪少付——（这便是）少付给老妈子工资。据描写，老妈子在申守尧家干了十三个半月，但只给三个月工资。⑧不依不饶——纠缠不已，一定要达到目的。此指一定要拿回十三个半月工资。保姆嚎——（这便是）老妈子大声哭喊着（要求给足工资）。据描写，老妈子说："便宜了你，你倒会打如意算盘，十三个半月工钱，只付三个月！你同我了事，我却不同你干休！……"成语"如意算盘"即由此而来。

如 椽 之 笔

文星高照晋王珣[①]，酣然入梦逢神人[②]。
慈眉善目与之笔[③]，大笔如椽直而沉[④]。

惊喜交集醒后道⑤：大手笔事将临身⑥。
言事若神哀册草⑦，如椽之笔书美文⑧。

【说明】 成语"如椽（chuán）之笔""大笔如椽""大手笔"，均见于《晋书·王珣（xún）传》中的一个成语故事。

【串讲】 ①文星高照——文昌星高高地照耀。指有文才的人，文运亨通。文星：即文昌星，又叫文曲星，据说主文才。晋王珣——晋朝有个叫王珣的人（即如此）。②酣然入梦——很舒适地进入梦乡。逢神人——（在梦中）遇上一位神人。③慈眉善目——形容满脸和善的样子。与之笔——（这位神人）给他（王珣）一支笔。④大笔如椽——大笔好像椽子一样又粗又大。比喻文笔气势磅礴。此为原意。椽：放在檩上架屋顶的木条。直而沉——既笔直又很重。⑤惊喜交集——又惊又喜。醒后道——梦醒之后（王珣）说：⑥大手笔——指名作家或名作家的作品。此指前者。事将临身——（这样成为名作家的）事将要降临到我的头上。⑦言事若神——预测事情像神仙一样灵验。哀册草——（这便是不久晋武帝逝世）像哀册（一类的文件全部由王珣来）起草。⑧如椽之笔——像椽子一样又粗又大的笔。比喻文笔气势磅礴。书美文——（王珣就以这样的文笔）书写出好的文章。据载："珣梦人以大笔如椽与之，既觉，语人云：'当此有大手笔事。'俄而帝崩，哀册谥议，皆珣所草。"成语"如椽之笔""大笔如椽""大手笔"均由此而来。

自 拔 来 归

择木而栖唐李勣①，忠贞不贰征战急②。

首当其冲建德讨③，出师不利反被击④。
败下阵去父为质⑤，威胁利诱职不离⑥。
与狼共舞三年过⑦，自拔来归举唐旗⑧。

【说明】　成语"自拔来归"，见于《新唐书·李勣（jī）传》中的一个成语故事。

【串讲】　①择木而栖——鸟儿选择合适的树木做巢。旧时比喻选择贤君明主，为其效命。唐李勣——唐朝初年（有一个）名叫李勣的人（即是如此）。据载，隋末农民大起义时李勣投奔了李密领导的瓦岗军，之后又投靠了唐高祖李渊。②忠贞不贰——忠诚坚定，一心一意。征战急——（所以李勣投靠李渊后）就急忙率部出兵作战。③首当其冲——比喻最先受到攻击。冲：要冲，要道。建德讨——（这便是）讨伐窦建德所领导的农民起义军。④出师不利——刚一出兵就不顺利。比喻做事一开始就受到挫折、失败。此为原意。反被击——（李勣）反而被起义军所攻击。⑤败下阵去——在阵地被打败而离去。父为质——（于是李勣的）父亲则被扣作人质。⑥威胁利诱——既用暴力威胁，又用名利引诱。职不离——（所以李勣顺从了窦建德）没让他离开驻守黎阳的职位。⑦与狼共舞——比喻与恶人合作、共事。三年过——（这便是李勣与窦建德合作共事）过去了三年。⑧自拔来归——自己主动摆脱邪恶势力归顺我方。指从敌方投奔我方。举唐旗——（这就是李勣摆脱了窦建德的控制来投奔李渊）举起了唐朝的旗帜。据载："（李勣）俄（不久）为窦建德所陷，质（扣押）其父，使复守黎阳，三年，自拔来归。"成语"自拔来归"即由此而来。

自 相 矛 盾

顾此失彼一古人①，振振有词卖矛盾②。
自吹自擂盾坚固③，牢不可破无刃进④。
大胆海口矛锋利⑤，无坚不陷穿物深⑥。
以毒攻毒问何解⑦，自相矛盾哑无音⑧。

【说明】 成语"自相矛盾"，见于《韩非子·难势》中的一个成语故事。

【串讲】 ①顾此失彼——顾了这，丢了那。一古人——古时候（就有这样）一个人。②振振有词——理直气壮地说个不停。卖矛盾——（此人就是这样地）叫卖长矛和盾牌。③自吹自擂——自己吹喇叭，自己打鼓。比喻自我吹嘘。擂：打鼓。盾坚固——（说他卖的）盾牌非常坚硬结实。④牢不可破——形容非常坚固，不可摧毁。无刃进——没有什么锋利的刃器可以刺进。⑤大胆海口——大着胆夸口。海口：夸口说大话。矛锋利——（说他卖的矛）矛锋很快。⑥无坚不陷——任何坚固之物都被毁陷。穿物深——能穿进物体很深。⑦以毒攻毒——用毒药治毒疮等病。比喻用对方使用的厉害手段制服对方。此指用这个人对矛和盾的夸口来制服这个人，即以子之矛攻子之盾。问何解——请问他如何来解释呢？⑧自相矛盾——卖矛和盾的人所说的话前后互相抵触。比喻语言、行动前后自相抵触。哑无音——（此人无法解释）只能哑口无言了。据载："客有鬻（卖）矛与楯（同盾）者，誉其楯之坚：'物莫能陷也。'俄而又誉其矛曰：'吾矛之利，物无不陷也。'人应之曰：'以子之矛，陷子之楯，何如？'其人弗能应也。"成语"自相矛盾"即由此而来。

有 勇 无 谋

一世之雄汉曹操①，南征北剿气势高②。
闻风而动兖州袭③，长驱深入吕布讨④。
不期而会曹仁告⑤：气焰熏天布难消⑥。
无所畏惧操回对⑦：有勇无谋布难逃⑧。

【说明】　成语"有勇无谋"，见于《三国演义》第十一回中的一个成语故事。

【串讲】　①一世之雄——指一个时代的英雄人物。汉曹操——东汉（末年）的曹操（即是如此）。②南征北剿——形容转战各地，经历了许多战斗。气势高——（因而）气势很盛。③闻风而动——听到风声或消息就立刻行动。兖州袭——（这便是曹操在去攻打徐州时听到吕布攻破兖州并占据濮阳的消息）就立即回军突然进攻兖州。④长驱深入——不停地策马快跑，一直向前。指军队以不可阻挡之势向前挺进。吕布讨——（这就是）去讨伐吕布。⑤不期而会——没有约定而意外遇见。曹仁告——（这就是曹操在进军途中意外遇见）曹仁并得到他的报告：⑥气焰熏天——形容人气势极盛，不可一世。布难消——（这样的）吕布，很难把他消灭。⑦无所畏惧——没有什么可怕的。形容勇敢，不怕任何困难和危险。操回对——（所以）曹操回答曹仁说：⑧有勇无谋——有勇力而缺少智谋。布难逃——（对付这样的）吕布他难以逃脱。据载，曹操对曹仁说："吾料吕布有勇无谋，不足虑也。"于是曹操决定先收复濮阳，因吕布势大，未能成功。吕布虽横行一时，但终因有勇无谋，于建安三年被曹操所杀。成语"有勇无谋"即由此而来。

有 恃 无 恐

贪求无厌齐孝公①，趁人之危鲁国攻②。
金鼓喧天将入境③，劝人为善展喜迎④。
盛气临人孝公问⑤：大难临头可惧惊⑥？
自信不疑喜回对⑦：有恃无恐先王诚⑧。

【说明】 成语"有恃无恐"，见于《左传·僖公二十六年》中的一个成语故事。

【串讲】 ①贪求无厌——贪图利益，没有满足的时候。齐孝公——（春秋时齐国国君）齐孝公（即是如此）。②趁人之危——乘人危难之时，去要挟或打击。此为打击。鲁国攻——（这便是有一年趁鲁国遭受灾荒）齐孝公领兵去攻打鲁国。③金鼓喧天——金钲和战鼓响彻云霄。形容军威甚盛或战斗激烈。此指军威甚盛。金鼓：金钲和战鼓，古代作战用以发号令、助军威。将入境——（此时齐军）将攻入鲁国边境。④劝人为善——劝导人做好事。展喜迎——（这就是鲁国所派的大臣）展喜在边境上迎阻齐军进入。⑤盛气临人——以骄横的气势欺负人。孝公问——（于是）齐孝公向展喜发问说：⑥大难临头——大的灾祸临到头上。可惧惊——（这就是鲁国很快就会被攻下）你们可担心害怕吗？⑦自信不疑——自己完全相信自己，毫不怀疑。喜回对——（于是）展喜回答说：⑧有恃无恐——有依靠，就没有什么可怕的。形容有所依仗而无所顾忌。恃：倚仗，依靠。先王诚——（因为我们齐鲁两国的）先君是讲诚信友好的（所以我相信您齐孝公肯定会继承齐桓公的睦邻友好传统）。据载："齐侯曰：'（王）室如悬磬（qìng，乐器），野无青草，何恃而不恐？'（展喜）对曰：'恃先王之命。'"成语"有恃无恐"即由此而形成。

负 荆 请 罪

功名盖世赵廉颇①，居功自傲牢骚多②。
出言不逊相如辱③，寻事生非准备妥④。
宽大为怀相如避⑤，顾全大局为赵国⑥。
翻然悔悟廉心痛⑦，负荆请罪将相和⑧。

【说明】　成语"负荆请罪"，见于西汉司马迁《史记·廉颇蔺相如列传》中的一个成语故事。

【串讲】　①功名盖世——功绩和名声都极大，当时的时代没有能相比的。赵廉颇——（战国时）赵国（大将）廉颇（就是这样的）。②居功自傲——自以为有功劳而骄傲自大。居功：自以为有功。牢骚多——（因而）抱怨不满的情绪很大。据载，因蔺相如在外交上与秦国斗争有功，被赵惠文王封为上卿，官位在廉颇之上。对此廉颇甚为不满，大发牢骚。③出言不逊——说话傲慢不客气。逊：谦让，恭顺。相如辱——污辱蔺相如。据载，廉颇发牢骚说："我做赵国大将，有攻占城池、战场杀敌的大功，而蔺相如只不过靠言辞立了一点功劳，官位却在我之上。况且蔺相如本来是地位卑贱的人，我感到羞耻，不甘心在他之下。"④寻事生非——形容有意制造事端。准备妥——准备停当。妥：停当。据载，廉颇公开扬言："我碰见相如，一定要羞辱他。"⑤宽大为怀——胸怀放宽大<u>些</u>。一般用于对待犯错误或犯罪的人从宽对待。此指蔺相如对待廉颇"宽大为怀"。相如避——蔺相如有意躲开（廉颇），即不愿与他发生冲突。据载，每逢上朝，相如都推说有病，不与廉颇争位次高下。相如外出，远远看见廉颇，就命令把车子引到另一方向，躲避开去。⑥顾全大局——一切为整体利益着想，不使它受到损失。此指相如顾全赵国大局。据载，相如在和他的门客们解释为什么躲避廉颇时说："我之所以避让廉颇，是因为要把国家的急难放在前头，把个人的仇怨放在后边啊！"⑦翻然悔悟——形容很快改悔醒悟。此指廉颇听到相如那番话后，则"翻然悔悟"。翻然：大转变的样子。廉心痛——廉颇心里很难过。廉：指廉颇。⑧负荆请罪——背着荆条请罪。表示主动向对方赔礼认错。此指廉颇主动向相如赔礼认错。负：背；荆：荆条，古时刑具。据载："廉颇闻之，肉袒负荆，因宾客至蔺相如门谢罪。"将相和——（于是）大将廉颇与宰相蔺相如终于和好，成为"刎颈之交"。成语"负荆请罪"即由此而来。

扬 眉 吐 气

胸怀大志少诗仙①，浪迹萍踪访山川②。
躬行实践看人世③，脍炙人口留名篇④。
满腹经纶欲大展⑤，穷鸟入怀与韩函⑥：
济世安民请爵赐⑦，扬眉吐气上云天⑧。

【说明】 成语"扬眉吐气"，见于唐朝李白《与韩荆州书》，它涉及李白人生的一个成语故事。

【串讲】 ①胸怀大志——抱有远大的志向。少诗仙——少年时期诗人李白（就有这样的志向）。诗仙：世称李白为诗仙。②浪迹萍踪——形容人行踪不定，到处漂泊。此指李白到处游历。浪迹：到处漂泊，没有固定住处；萍踪：行踪不定，像水上漂泊的浮萍。访山川——游览名山大川。据载，李白二十五岁时便离家出走，到祖国各地旅行，游历了许多名山大川。③躬行实践——亲身实地去做。此指李白到各处游历，亲自进行社会实践。看人世——观察了解社会，体验社会生活。④脍炙人口——比喻人人赞美和传颂（多指诗文）。此指李白因社会生活丰富而写的诗歌"脍炙人口"。脍：细切的肉；炙：烤肉。留名篇——留下很多著名的诗篇。⑤满腹经纶——比喻特别有学问和才能。腹：肚子；经纶：原意是把丝理出来又合起来，比喻政治才能。欲大展——（李白）想得到充分施展。⑥穷鸟入怀——无处容身的鸟投入人的怀抱。比喻处境困穷而投靠于人。此指李白在政治抱负不能实现、才能无处施展的困境中投靠于人。与韩函——（于是李白）给（荆州刺史）韩朝宗写了一封（表明自己远大心志的）信。韩：指韩朝宗（人名）；函：信件。那么，李白的信是怎么写的呢？⑦济世安民——为当世谋利益，使人民生活安定。形容有远大的政治抱负。请爵赐——（李白）请求（韩朝宗）给自己一个官做。爵：爵位。⑧扬眉吐气——扬起眉毛，吐出胸中郁闷之气。形容解脱压抑精神舒畅的样子。上云天——（若能如愿，便可）冲上云天，施展抱负了。据载，李白信中写道："今天下以君侯为文章司命，人物之权衡……而君侯何惜阶前盈尺之地，不使白扬眉吐气，激昂青云耶？"成语"扬眉吐气"即由此而来。

众 叛 亲 离

横行无忌卫州吁①，骨肉相残篡位成②。
危机四伏欲转嫁③，不择手段大用兵④。
不耻下问公问仲⑤，非常之谋能否通⑥？
言之凿凿众仲断⑦：众叛亲离难成功⑧。

【说明】　成语"众叛亲离"，见于《左传·隐公四年》中的一个成语故事。

【串讲】　①横行无忌——胡作非为，无所顾忌。卫州吁——（春秋时）卫国公子州吁（就是这样一个人）。②骨肉相残——近亲之间互相残害。篡位成——（州吁杀死其兄卫桓公）夺得了君位已经做成。③危机四伏——处处隐藏着危险的祸根。伏：隐藏。据载，因为州吁杀君篡位，大逆不道，所以百姓不满，诸侯反对，弄得"危机四伏"，江山不稳。欲转嫁——（于是）想（把这个危机）转嫁（给别的国家）。④不择手段——为了达到目的，什么手段都使得出来。大用兵——（于是州吁）大规模地动用武力。据载，州吁为了树立威信，巩固自己的统治地位，便"不择手段"拉拢宋国、陈国、蔡国等国联合攻打郑国。⑤不耻下问——不以向学问比自己差的或职位比自己低的人请教为可耻。此指后者。公问仲——鲁隐公（听说这件事以后）便去请教（他的大臣）众仲。公：指鲁隐公；仲：指众仲。⑥非常之谋——旧指阴谋篡夺帝位。此指州吁阴谋杀君篡位，当上国君。能否通——能不能行得通？即问最后能否巩固住帝位。⑦言之凿凿——说得非常确凿。凿凿：确实。众仲断——众仲做出判断。⑧众叛亲离——群众和亲人都背离他。形容不得人心，完全陷于孤立地位。叛：背叛；离：离开。难成功——（这）是很难巩固住他（州吁）的帝位的。据载，众仲回答鲁隐公说："阻兵无众（依仗兵力征伐不已就没有民众），安忍无亲（刑杀过度就没有亲人），众叛亲离，难以济矣（就难以成功）。"结果，不到一年，州吁被大臣石碏（què）用计所杀。成语"众叛亲离"即由此而来。

讳 莫 如 深

病在膏肓庄公死①，继天立极子般承②。
怒气填胸庆父戮③，遮人眼目立闵公④。
穷凶极逆继而斩⑤，十恶不赦齐逃生⑥。
隐约其辞《左传》记⑦，讳莫如深事不明⑧。

【说明】 成语"讳莫如深"，见于《穀（gǔ）梁传·庄公三十二年》中的一个成语故事。

【串讲】 ①病在膏肓——指病情极为严重，无法医治。也比喻事情严重，不可挽救。此为原意。膏肓：中医将心尖脂肪称为膏，心脏和隔膜之间叫肓，认为膏、肓是药力达不到的地方，极难治愈。庄公死——（春秋时，鲁国国君）鲁庄公（因此）则病重而死。②继天立极——继承帝位。天、极：指帝位。子般承——（这就由庄公之子）子般来继承。③怒气填胸——胸中充满了怒气。形容愤怒到极点。庆父戮——（这便是庄公之庶兄）庆父（因自己没继承着君位而非常愤怒）就把子般给杀了。④遮人眼目——遮盖别人的眼睛。比喻以假象蒙骗人。立闵（mǐn）公——（于是庆父）则立（庄公之另一儿子开为国君）闵公。⑤穷凶极逆——指极端凶恶暴虐。继而

· 286 ·

斩——（这就是庆父）接着又杀死了闵公。⑥十恶不赦——形容罪大恶极，不可饶恕。齐逃生——（于是庆父）就逃亡到齐国去求生。⑦隐约其辞——形容说话、写文章躲躲闪闪，不明说。隐约：不明显，不清楚。《左传》记——《左传》（就是这样）记载（庆父杀二君之事的）。⑧讳莫如深——所隐瞒之事，没有什么比这件事更重大了。原意为事件重大，因而隐瞒不说。后指把事情瞒得很紧，生怕别人知道。此为前者。讳：避讳、隐瞒。莫：没有什么事。事不明——（所以庆父杀君）之事写得不清楚。据载，左丘明在他的《春秋左传》中写对此事态度说："讳莫如深，深则隐。"成语"讳莫如深"即由此而来。

后 起 之 秀

才气勃勃少王忱①，问寒问暖舅家临②。
意料之外张玄遇③，视而不见不语人④。
求全责备舅问故⑤，自命清高答意真⑥。
神采飞扬舅赞赏⑦：后起之秀风流君⑧。

【说明】 成语"后起之秀"，见于《晋书·王忱传》中的一个成语故事。

【串讲】 ①才气勃勃——形容才华横溢、充沛旺盛的样子。少（shào）王忱——（春秋时有一位）名叫王忱的少年（即是如此）。②问寒问暖——形容对人的生活十分关切。舅家临——（这便是王忱）来到舅舅范宁家（问寒问暖）。③意料之外——指事先没有想到。张玄遇——（在舅家）遇上了（当时小有名气的）张玄。④视而不见——看见了同没有看见一样。不语人——（王忱就这样静坐在那里）并不与（有点傲气的）张玄说话。据载，张玄较王忱年长，本以为王忱会主动来和自己说话，见王忱沉默不语，便怏怏而去。⑤求全责备——指对人或事苛求完美无缺。责备：要求齐备。舅问故——（于是）舅舅范宁就问王忱是什么缘故（你不和张玄说话而使他走了）。⑥自命清高——自以为很高尚。自命：自己认为。清高：旧指品德高尚，不同流合污。答意真——（所以王忱）回答的意思很真切。据载，王忱说："他（指张玄）如果真想和我认识，完全可以自己找我来谈。"⑦神采飞扬——形容精神焕发，富有光彩。舅赞赏——（这便是）舅舅范宁（对王忱）大加赞美和赏识；⑧后起之秀——后来涌现出来的优秀人才。风流君——则是风流俊逸的你呀! 据载，舅舅范宁对王忱曰："卿风流俊望，真后来之秀。"王忱后来果真成为优秀人才，做了荆州刺史。成语"后起之秀"即由此而来。

后 顾 之 忧

得君行道魏李冲①，大展经纶为朝廷②。
和衷共济行三长③，改弦更张租调成④。
顺时达变国法定⑤，至善至美主工程⑥。
一柱擎天帝征战⑦，后顾之忧化为零⑧。

【说明】 成语"后顾之忧"，见于《魏书·李冲传》中的一个成语故事。

【串讲】 ①得君行道——旧指有才学的人得到明君的信任，因而能够推行自己的政治主张。魏李冲——北魏时（位同宰相的尚书仆射）

李冲（即如此）。魏：指北魏。据载，当时北魏皇帝是孝文帝，因他年幼（五岁），朝廷则由太皇太后冯氏执政。李冲深得太皇太后和孝文帝的信任，因而他的政治主张能够得以推行。②大展经纶——充分施展政治才能。为朝廷——（李冲这样做完全是）为了北魏朝廷（的江山社稷）。③和衷共济——大家一条心，共同渡过江河。比喻同心协力，克服困难。此指李冲与冯太后、孝文帝"和衷共济"。衷：内心；和衷：同心；济：渡水。行三长（zhǎng）——来实行三长制。三长：指三长制，即五家为邻，五邻为里，五里为党，各设一长。④改弦更张——改换、调整乐器上的弦。比喻变更方针、计划或办法。张：给乐器上弦。租调成——（这便是废弃旧的颁发新的）租调制获得成功。租调：指租调制。据载，李冲提出的新租调制，主要是限制宗主的贪污肥私，以增加朝廷收入，深得冯太后和孝文帝的赏识。⑤顺时达变——顺应时势的发展，通达世事的变化。国法定——（于是李冲又辅佐孝文帝）制定了国家法律。⑥至善至美——最完善最美好。主工程——（这就是由李冲）主持（营建的洛阳新都）工程。⑦一柱擎天——比喻只身承担起国家重任。此指李冲能"一柱擎天"。帝征战——（是在这种情况下后来）孝文帝出征作战。⑧后顾之忧——指对后方的忧虑、担心。顾：回头看。化为零——（这些）都变作乌有。据载，李冲死时，孝文帝曾对人说：我在外作战，把朝廷中的事都委托给李冲了，"使我出境无后顾之忧"。这便是成语"后顾之忧"之来源。

守 株 待 兔

好逸恶劳宋农夫①，愁眉苦脸耕田独②。

风驰电掣一兔过③，出人不意撞树株④。
头破血流折颈死⑤，垂手而得归农夫⑥。
异想天开求再获⑦，守株待兔无兔出⑧。

【说明】 成语"守株待兔"，来源于《韩非子·五蠹（dù）》中的一个成语故事。

【串讲】 ①好逸恶（wù）劳——喜欢安逸，厌恶劳动。恶：讨厌。宋农夫——（战国时）宋国（就有一个这样的）农民。宋：指宋国。②愁眉苦脸——皱着眉头，哭丧着脸。形容抑郁愁苦的神情。耕田独——（他就是这样）在田地里独自耕作。③风驰电掣——像风的急驰、电的急闪一样。形容非常急速。驰：奔跑；掣：闪过。一兔过——有一只兔子（就这样急速地）跑过。④出人不意——出于人们没有意料到的。撞树株——（兔子）撞在露出地面的树根子上。⑤头破血流——头破了，血流满面。也形容受到严重打击或遭到惨败的狼狈相。此指原意。折颈死——（兔子）撞断了颈骨而死。⑥垂手而得——形容非常容易得到。垂手：下垂双手，表示不需动手。归农夫——（这个撞死的兔子）属于农夫所有。⑦异想天开——比喻想法离奇，难以实现。异：奇特；天开：比喻凭空的、根本没有的事情。求再获——希求再获得（撞死的兔子）。⑧守株待兔——（这个农夫则扔掉手里的耕具），守候在那个露出地面的树根子旁边等待再撞死兔子。比喻不知变通或妄想不经过努力而侥幸得到成功。此指原意。无兔出——（结果）再没有撞死的兔子出现。据载，农夫意外得到撞死的兔子后，"因释其耒（lěi，耕地的农具）而守株，冀复得兔。兔不可复得，而身为宋国笑"。成语"守株待兔"即由此而来。

老 蚌 生 珠

白发红颜韦夫妇①，兰桂齐芳二子熟②。
藏器待时长子贵③，守正不移次子殊④。
莫逆之友孔融赞⑤，书不尽言韦端读⑥。
吐胆倾心夸二子⑦，老蚌生珠不意出⑧。

【说明】 成语"老蚌生珠"，见于汉代孔融《与韦端书》中的一个成语故事。

【串讲】 ①白发红颜——头发斑白而脸色通红。形容老人容光焕发的样子。韦夫妇——（东汉时大将）韦端夫妇（即如此）。韦：指韦端（人名）。②兰桂齐芳——比喻子孙昌盛显达。二子熟——（韦端的）两个儿子已经才高成熟。据载，韦端长子字元将，次子字仲将，二人都是很优秀的人才。③藏器待时——身怀才学，等待施展的机会。器：用具，引申为才能。长子贵——（这个）大儿子（元将）太宝贵了。④守正不移——坚守正道而不改变。次子殊——（这个）二儿子（仲将）人才太特殊了。⑤莫逆之友——彼此情投意合，至好无嫌的朋友。莫逆：没有抵触，形容思想感情一致。孔融赞——（二子的好友）孔融（在给韦端的信中）对其大加称赞。⑥书不尽言——信中没有把要说的话写完。多用于书信末尾。韦端读——韦端（一口气把这封信）读完。⑦吐胆倾心——比喻痛快地说出心里话。此指信中"吐胆倾心"。夸二子——（孔融极力）夸奖他（韦端）的两个儿子。据载，信中写道："前日元将来，渊才亮茂（学问高深，才华横溢），雅度弘毅（气度高雅，志大意刚），伟世之器也。昨日仲将复来，懿（yì）性贞实（为人善良，意志坚贞），文敏笃诚（文雅聪明，忠实诚恳），保家之主也。"⑧老蚌生珠——喻指韦端老年得两个好儿子。后比喻人老年得贤子。不意出——（这是我孔融）意想不到会出现的。据载，信中夸奖完二子后写道："不意双珠近出老蚌，甚珍贵之。"成语"老蚌生珠"也便由此而形成。

曲 高 和 寡

能诗会赋宋玉强①，辩才无碍对楚王②：
下里巴人千人会③，阳春白雪几十吭④。
引商刻羽五音好⑤，寥寥无几能同腔⑥。
曲高和寡自然理⑦，众矢之的我自当⑧。

【说明】 成语"曲高和寡"，见于《文选·宋玉对楚王问》中的一个成语故事。

【串讲】 ①能诗会赋——善于写诗写赋。形容文才好。赋：文体的一种。宋玉强——宋玉（在这方面）水平很高。宋玉：战国时楚国的辞赋家；强：程度高，水平高。②辩才无碍——佛教用语，指菩萨讲法，道理圆通，言词流畅，毫无障碍。后用以形容能言善辩。此指后者。辩才：好口才。对楚王——（宋玉就是这样地）回对楚王。据载，有一次，楚王问宋玉："听说许多人都对你有意见，是不是你品行上有什么不端正的地方啊？"宋玉回答说："对我有意见这事是有的，不过得请大王允许我把道理讲清。"于是讲了下边一些内容的话：③下里巴人——指战国时楚国流行的民间歌曲。后泛指通俗的普及的文艺作品。此指前者。千人会——能有上千人会唱（此歌），形容会唱的人很多。④阳春白雪——春秋时楚国高雅歌曲名。后也泛指高深的文艺作品。此指前者。几十吭——（对此）只有几十人能引吭（随唱）。吭：喉咙，此用作动词"引吭"。⑤引商刻羽——形容音乐演奏的技艺很高，极其讲究音律。商、羽：五音中的两个音级。五音好——五音调配得好。五音：我国古代声律音阶中的五个级，即宫、商、角、徵（zhǐ）、羽。⑥寥寥无几——形容为数很少，可以数得清楚。能同腔——能（跟着）一同唱下来。据载，宋玉对楚王说："都城有一个人，很会唱歌。当他唱楚国民歌'下里巴人'时，跟着他唱的就有几千人。当他唱稍微高深一点的'阳阿''薤（xiè）露'时，跟着他唱的就减少到几百人了。当他唱高雅的'阳春白雪'时，跟着他唱的只有几十人了。当他把五音协调好，充分发挥演技，极其讲究音律时，跟着唱的只有几个人了。"⑦曲高和寡——乐曲格调高雅，能跟着唱的人就少。比喻品德高洁，就不被别人所理解，难得知音。自然理——（这）是很自然的道理。⑧众矢之的——许多箭射击的靶心。比喻众人攻击的目标。此指许多人不满、有意见的对象。我自当——自然就落在我头上了，即我自然成了（"众矢之的"）。据载，最后宋玉对楚王概括总结说："'是其曲弥高，其和弥寡。'这就是众多人对我不满的原因。"成语"曲高和寡"即由此而形成。

汗流浃背

大权独揽汉曹操[1]，引绳排根气焰高[2]。
心狠手毒谋臣害[3]，目中无人献帝恼[4]。
当头棒喝帝警告[5]，面无人色操退朝[6]。
刀光剑影卫士送[7]，汗流浃背快步逃[8]。

【说明】 成语"汗流浃背",见于南朝范晔《后汉书·皇后纪》中的一个成语故事。

【串讲】 ①大权独揽(lǎn)——独自把持处理重大事情的权柄。此指独揽朝政大权。大权:处理重大事情的权柄,多指政权;揽:把持,掌握。汉曹操——东汉(汉献帝时的)曹操(即如此)。②引绳排根——比喻勾结起来排斥别人。此指曹操勾结同党,排斥异己。气焰高——气势很嚣张。③心狠手毒——内心凶狠,手段毒辣。谋臣害——(曹操)害死了(为汉献帝)谋事的大臣(赵彦)。据载,赵彦是汉献帝的议郎(官名),经常为汉献帝出谋献策。曹操十分恨他,便利用同党,玩弄手段,把赵彦杀掉了。④目中无人——眼里没有别人。形容非常骄傲自大。此指曹操根本也没把汉献帝放在眼里。献帝恼——汉献帝(对此)非常气怒。恼:生气,发怒。⑤当头棒喝——佛教禅宗和尚接待初学佛的人,常不问情由,即给其一棒,或大喝一声,要对方立即回答问题,借以考验对方。后比喻用强烈手段促人猛醒。也比喻给人以严重警告或打击。此指后者,即汉献帝给曹操以严重警告。据载,汉献帝说:"你(曹操)愿辅佐我就忠诚老实点,不愿意就离开我!"帝警告——汉献帝(就这样)来警告(曹操)。⑥面无人色——脸上没有正常的人的血色。形容极度惊恐。此指曹操听了汉献帝的警告,非常害怕,吓得"面无人色"。操退朝——曹操(赶快)退下朝殿。操:曹操。⑦刀光剑影——形容手持刀剑的人杀机已露,将要行动。也形容坏人就要行凶干坏事。还形容激烈厮杀或搏斗场面。此指原意。卫士送——守卫的士兵(举刀)送曹操出去。⑧汗流浃背——出汗多,湿透脊背。原形容万分恐惧或惭愧。现有时也形容满头大汗。此指原意,即指曹操恐惧得"汗流浃背"。据载,曹操从刀刃下走出来,回顾左右,已"汗流浃背"。快步逃——加快脚步而逃跑出去。成语"汗流浃背"即由此而来。

行 将 就 木

登高履危晋惠公①，疑心生鬼欲杀兄②。
远害全身耳即跑③，难舍难分语妻明④：
后会有期逾不等⑤，自作主张嫁人成⑥。
死别生离妻回对⑦：行将就木待子终⑧。

【说明】 成语"行将就木"，见于《左传·僖公二十三年》中的一个成语故事。

【串讲】 ①登高履危——登临高处，脚踏危险的地方。比喻身居高位而诚惶诚恐。晋惠公——（晋国国君）晋惠公（即如此）。②疑心生鬼——比喻原来无事，但因猜疑心过重而无中生有地生出事端来，欲杀兄——（这便是晋惠公当上国君就猜疑其兄重耳会威胁自己的地位）想要杀掉他。③远害全身——远离祸害，以保全自身。耳即跑——重耳（闻风而动）立即逃跑（去齐国）。④难舍难分——形容双方感情深厚，难以分离。语妻明——（所以重耳临走时）对他妻子季隗明确地说：⑤后会有期——以后还会有相见的时候。逾不等——（不过）超过（二十五年）日期就不要等我重耳了。⑥自作主张——由自己做主，拿主意。嫁人成——把另嫁他人之事做成。⑦死离生别——死后永诀，活着分离，是人生最痛苦的两件事。指永久地离别。妻回对——（于是重耳的）妻子季隗回答说：⑧行将就木——快要进棺材了。比喻人临近死亡。待子终——（我）等您回来一直等到死为止。据载："晋公子重耳取（同娶）季隗……将适齐，谓季隗曰：'待我二十五年，不来而后嫁。'对曰：'我二十五年矣，又如是而嫁，则就木焉。请待子！'"成语"行将就木"即由此而形成。

休 戚 与 共

寄人篱下晋姬周①，实逼此处襄公留②。
天涯海角思故国③，休戚与共心相投④。
国泰民安闻则喜⑤，国步艰难知而忧⑥。
父母之邦从不忘⑦，感天动地公赞周⑧。

【说明】 成语"休戚与共"，见于《国语·周语下》中的一个成语
故事。
【串讲】 ①寄人篱下——原指文章著述因袭他人。后用以比喻依附别
人，不能自立。此指后者。晋姬周——（春秋时）晋国一个叫姬周
的人（即是如此）。晋：指春秋时晋国。②实逼此处——确实因受逼
迫而到了这种地步。襄公留——（姬周因此而被周国的贵族）单襄
公所收留。据载，姬周在晋国受到晋厉王的极力排斥，不得已跑到
周国侍奉单襄公来安身。③天涯海角——形容极偏远的地方或彼此
相隔极远。此指后者，即姬周相距晋国很远。思故国——（因而常
常）思念自己的祖国。故：旧的，原来的。④休戚与共——彼此关
系密切，同甘共苦。休：喜悦；戚：忧愁。心相投——（因为他的）
心与（祖国的命运）相连在一起。投：相合。⑤国泰民安——国家
太平，人民安乐。形容社会安定。泰：安定。闻则喜——（姬周）
听到（晋国这个消息）就非常高兴。⑥国步艰难——国家处于困难
危急之中。国步：国家的命运。知而忧——（姬周）知道了（晋国
这种情况）就非常担忧。⑦父母之邦——自己出生的邦国，即祖国。
从不忘——（对祖国姬周）从来都不忘却，即时刻把祖国挂在心上。

⑧感天动地——使天地也为之感动。形容感人至深。此指姬周这种爱国情怀"感天动地"。公赞周——（因而）单襄公对姬周则大加赞赏。公：指单襄公；周：指姬周。据载，单襄公对姬周很敬重，尤其赞赏他那热爱祖国（晋国）的情怀。单襄公在病重时曾对他儿子顷公说起姬周："为晋休戚，不背本也。"意思是说，姬周能够和他的祖国（晋国）共享欢乐共患忧愁，真是不忘其根本哪!于是演化出成语"休戚与共"。

名 落 孙 山

金榜题名宋孙山①，独占鳌头从后观②。
志同道合诸乡里③，榜上无名皆晚还④。
不明真相一父问⑤，直言无讳孙不甘⑥。
言外之意表得好⑦，名落孙山之后边⑧。

【说明】 成语"名落孙山"，见于宋朝范公偁（chēng）《过庭录》中的一个成语故事。

【串讲】 ①金榜题名——名字写在金榜上。后也泛指考试被录取。此指考中举人。金榜：科举时代公布殿试（最高一级考试）录取名单的黄榜。宋孙山——（这便是）宋朝（一个名叫）孙山的人。宋：指宋朝。②独占鳌（áo）头——指科举中状元。后来比喻居于首位。此指后者。鳌头：宫殿门前玉石台阶上的鳌鱼浮雕。封建科举发榜，规定状元站在这里迎榜。从后观——（不过这得）从后边来看，即倒数第一名，也就是最末一名。③志同道合——形容彼此理想、志趣一致。此指同走科举仕途道路。诸乡里——（与孙山同去应试的）

各位同乡。④榜上无名——指考试未被录取。皆晚还——（因此诸位同乡由于心情不好）都回去得很晚。⑤不明真相——不明白人或事情的真实情况。此指后者，即不知考中没考中。一父问——（其中）有一个（同乡）的父亲（向孙山）打听（自己儿子的情况）。⑥直言无讳——说话直率，毫不隐讳。此指直接明告他的儿子落榜。孙不甘——（这是）孙山所不情愿做的。孙：指孙山。⑦言外之意——说话没有明说，但使人能觉察出来其中的意思。表得好——表达得很完善。⑧名落孙山——名字排在孙山的后面，即没有考上。后比喻投考不中或选拔时未被录取。此指原意。据载，孙山幽默地回答说："解名尽处是孙山，贤郎更落孙山外。"意思是：举人榜上最后一名是我孙山，您的儿子排在我孙山的后边，即未有考取。解名：封建科举制度规定，考中举人第一名叫解元，所以，这里"解名"的意思是泛指考中举人的名单。成语"名落孙山"即由此而来。

冲 锋 陷 阵

公正廉明魏崔暹①，定国安邦为高官②。
尽职尽责上表奏③，不畏强围惩大贪④。
权倾朝野高欢赏⑤，赞声不绝称其贤⑥：
冲锋陷阵君功大⑦，激贪厉俗社稷安⑧。

【说明】 成语"冲锋陷阵"，见于《北齐书·崔暹（xiān）传》中的一个成语故事。
【串讲】 ①公正廉明——公平正直，廉洁严明。魏崔暹——东魏时（有一个）名叫崔暹的人（即是如此）。魏：指东魏（朝代名）。②定国安邦——使国家稳定、安宁。为高官——（他就是这样）来担当（左丞、吏部郎）等高官的。③尽职尽责——尽力做好本职工作，负起应负的责任。上表奏——（所以）崔暹则多次向皇帝上表陈述意见。④不畏强围（通御）——指刚强正直，不向强大势力低头。强围：强暴有势力的人。惩大贪——来惩治那些大贪官。据载，崔暹在职其间，曾上表弹劾过尚书令司马子如、尚书元美以及太师、刺史多人。⑤权倾朝野——形容权力极大。高欢赏——（这便是掌握实际军政大权的）高欢（对崔暹这样为官特别敬佩和）欣赏。⑥赞声不绝——不住口地称赞。称其贤——赞扬崔暹的贤明：⑦冲锋陷阵——打仗时冲在最前面，深入敌军战阵。形容作战非常勇敢。也比喻做事行动在最前面，起带头作用。此指后者。君功大——（所以）您崔暹（为国家惩贪）立下了大功劳。⑧激贪厉俗——打击抑制贪婪之心，支持鼓励良好社会风尚。社稷安——（这样）国家就安定了。社稷：代称国家。据载，高欢称赞崔暹说："……冲锋陷阵，大有其人，当官正色，今始见之。"成语"冲锋陷阵"即由此而来。

尽 善 尽 美

全身远害孔子急①，风雨无阻鲁之齐②。
三生之幸听《韶》乐③，正声雅音神入迷④。
不绝于耳音萦绕⑤，感人心脾久不离⑥。
佳肴美馔食无味⑦，尽善尽美子赞其⑧。

【说明】 成语"尽善尽美"，见于《论语·八佾（yì）》中的一个成语故事。

【串讲】 ①全身远害——指保全自身，远离祸害。孔子急——孔子（为此）很是着急。据载，春秋时，孔子三十五岁那年，鲁国发生变乱。为了避乱躲祸，孔子决定远走他乡。②风雨无阻——刮风下雨也阻挡不住，照常进行。鲁之齐——（孔子就这样）从鲁国去到了齐国。之：往，到。③三生之幸——三生都很幸运，指运气极好。三生：佛教用语，指前生，今生，来生。听《韶》乐——（这是因为孔子在齐国意外地）听到了（古帝虞舜时代的最美妙音乐）《韶》乐。④正声雅音——纯正优雅的音乐。神入迷——（听得孔子）精神沉醉于其中。⑤不绝于耳——指声音不断在耳边回响。音萦绕——音乐之声萦回，缠绕。⑥感人心脾——形容使人深受感动。久不离——（觉得这美妙的乐曲声）长时间都不散去。⑦佳肴美馔（zhuàn）——泛指好吃的饭菜。肴：鱼肉之类的荤菜。馔：食物。食无味——（孔子对这样好的饭菜）吃起来都觉得没有味道。据载，孔子欣赏了《韶》乐，深受感动，一连好多日子都想着它，吃肉也没味道了。"子在齐，闻《韶》，三月不知肉味。"⑧尽善尽美——原指乐曲从内容到形式都很完美。形容事物达到完美无瑕的境界。此为原意。尽：尽头，极点。善：完善。美：完美。子赞其——孔子（用这样的话）来赞美它（《韶乐》）。据载："子谓《韶》，尽美矣，又尽善也；谓《武》（周武王时代的音乐），尽美矣，未尽善也。"成语"尽善尽美"即由此而来。

买椟还珠

研桑心计珠宝商①，和璧隋珠木匣装②。

精雕细刻匣饰美③，善贾而沽赢利长④。
不惜工本郑人买⑤，买椟还珠人远扬⑥。
鼠目寸光见识短⑦，舍本逐末太荒唐⑧。

【说明】　成语"买椟（dú）还珠"，见于《韩非子·外储（chǔ）说左上》中的一个成语故事。

【串讲】　①研桑心计——像计研、桑弘羊那样善于盘算。后用来形容商人善于经营致富。此指后者。研：计研，春秋时越国范蠡（lí）的老师，有谋略，善经营；桑：桑弘羊，汉武帝时御史大夫，长于理财。珠宝商——（楚国就有这样一个）做珠宝买卖的商人。据载，此珠宝商为了赚大钱，便从楚国去到郑国卖珍珠。②和璧隋珠——和氏之璧，隋侯之珠。比喻极其名贵的珍宝。此指极其名贵的珍珠。木匣装——（把这颗珍珠）装在（用名贵香木制成的）木盒里。③精雕细刻——精心细致地雕刻。多形容创作艺术品时反复刻画加工。此指精心装饰这个装珍珠的木匣。匣饰美——（因而）匣子装饰得很华美。④善贾而沽——等好价钱出售。后比喻怀才不遇，等待有赏识他的人才肯效劳出力，或得到高职位才出来做官。此指原意。贾：同"价"。赢利长——（目的是）多多地赚钱。⑤不惜工本——形容决心办某件事，即使花费多，也在所不惜。此指不惜出高价买这盒珍珠。不惜：不吝惜；工本：制造物品所用的成本。郑人买——（那盒珍珠）被郑国（一个人）买去。⑥买椟还珠——买了木匣子，退还了珍珠。比喻没有眼光，取舍不当。此指原意。椟：木匣子。据载，郑人打开匣子，发现有珍珠，便毫不犹豫地"买其椟而还其珠"。人远扬——此人便远远地走开了。⑦鼠目寸光——形容眼光短浅，只能看到近处、小处，看不到远处、大处。此指郑人眼光短浅，只看到木匣好看，却看不到珍珠比木匣更贵重。见识短——（这是由于此人）见闻、知识太少（所致）。⑧舍本逐末——放弃主要的、根本的，而只追求次要的、枝节的。此指郑人放弃最贵重的珍珠，而要了表面好看但并不值钱的匣子。舍：放弃；逐：追求。太荒唐——（这样做实在是）太不近情理了。成语"买椟还珠"即由此而来。

防民之口，甚于防川

独断专行周厉王①，恣睢暴戾害人狂②。
道路以目不准议③，三缄其口言政戕④。
洞幽烛远穆公讲⑤，语重心沉寓意长⑥：
防民之口防不住⑦，甚于防川君遭殃⑧。

【说明】成语"防民之口，甚于防川"，见于《国语·周语上》中的一个成语故事。

【串讲】①独断专行——指行事专断，不考虑他人意见。形容武断专横。周厉王——（西周暴君）周厉王（即如此）。②恣睢（suī）暴戾（lì）——形容任意胡为、凶残放纵。恣睢：任意胡为。暴戾：粗暴残忍。害人狂——残害人特别疯狂。据载，周厉王实施暴政，不准别人批评，并请来一位巫师装神弄鬼作神术"侦察"，凡发现背后有议论指责他的，一律立即处死。③道路以目——百姓惧怕暴政，在路上相遇不敢交谈，只是用眼睛互相示意。形容统治者极端暴虐无道。不准议——（因为周厉王）不允许百姓议论（朝政）。④三缄（jiān）其口——形容言语谨慎，不肯轻易开口。缄：封闭。言政戕——（因为）谈论弊政就要被杀害。据载，由于周厉王残酷镇压人们的批评，就再也没有人说不满朝政的话了。对此，周厉王很得意，对召穆公说："你看，现在多太平，谁也不说我的坏话了吧！"⑤洞幽烛远——形容目光锐利，见识深远。洞：洞察。幽：深远。烛：照亮。穆公讲——（于是）召穆公（对周厉王）作了回答。⑥语重心沉——言辞恳切，心情沉重。寓意长——其含义很深：⑦防民之口——堵住老百姓的嘴。防不住——这是堵不住的。⑧甚于防川——不让老百姓说话而造成的危害，比堵塞河流而造成的水灾还要严重。君遭殃——（那样）您国君必然遭受祸害。"防民之口，甚于防川"是一个成语，要放在一起使用。据载，召穆公说："防民之口，甚于防川，川雍而溃，伤人必多，民亦如之。"成语"防民之口，甚于防川"即由此而来。

防 微 杜 渐

天昏地暗和帝时①，豺虎肆虐秉权施②。
疾恶如仇丁鸿奏③：大权旁落出日蚀④。
尾大不掉君招祸⑤，死于非命古有之⑥。
乱臣贼子窦须铲⑦，防微杜渐吉祥至⑧。

【说明】　成语"防微杜渐"原作"杜渐防萌"，见于《后汉书·丁鸿传》中的一个成语故事。

【串讲】　①天昏地暗——形容刮大风时飞沙漫天的景象。也比喻政治腐败或社会混乱。此用作比喻义。昏：天黑，无光。和帝时——（东汉）和帝时候（就是这样的）。②豺虎肆虐——比喻坏人像凶残的野兽般横行不法。豺、虎：两种贪残的野兽。秉权施——（窦太后及其兄弟）手握朝政大权任意横行。据载，东汉和帝时，窦太后执掌朝政，窦宪兄弟专横跋扈，弄得政治腐败，社会混乱。③疾恶如仇——痛恨坏人坏事像痛恨仇敌一样。此指痛恨窦宪兄弟专权像痛恨仇敌一样。疾：憎恨；恶：坏人坏事。丁鸿奏——（有个任司徒之职）名叫丁鸿的人（借出日蚀的机会，向和帝）上了（一份）密奏。④大权旁落——重大的权柄落到旁人手中。旧时多指皇帝的权力落在权臣、宦官、后妃手里。此指后者。出日蚀——（所以才会有）日蚀出现。据载，密奏里说："太阳象征君王，月亮象征臣下，有日蚀出现，正说明君王的权力被臣子所侵夺。"⑤尾大不掉——尾巴太大，就不好摇动。比喻部下势力强大，不听从调动指挥。此指大臣专权，不听从皇帝旨令。掉：摇动。君招祸——（这样）皇帝就要招来灾祸。⑥死于非命——指死于意外的灾祸。此指国君或皇帝惨遭杀害。非命：非正常的死亡。古有之——自古以来就有这样的事。之：代词，这事。据载，丁鸿在密奏中接着说："在春秋历史中，日蚀出现了三十六次，就有三十二名国君被杀死，这都是臣下的权力太大所造成的。"⑦乱臣贼子——君主时代指不守臣道、心怀异志的人。此指窦宪兄弟就是这样的人。据载，丁鸿在密奏中列举了窦宪兄弟专横跋扈、侵夺君权的罪行。窦须铲——（所以）必须铲除窦宪兄弟。⑧防微杜渐——在坏人、坏事、坏思想、坏作风刚刚冒头的时候，就加以制止，不使其发展。此指对窦宪这样的坏人刚冒头就要加以制止。微：微小，指事物的苗头；杜：杜绝，堵塞；渐：事物的开端。吉祥至——（这样，国事的）顺利而幸运就会到来了。据载，丁鸿在密奏中最后说："今天上出现日蚀，是在提醒我们，千万要注意别发生灾祸。如果您（和帝）能亲自处理政事，'杜渐防萌（即防微杜渐）'，那么，祸患就可以消除，吉祥也就到来了。"成语"杜渐防萌""防微杜渐"即由此而来。

老 骥 伏 枥

气吞山河汉曹操①，昼夜兼程乌桓讨②。
略地攻城速得胜③，意得志满早回朝④。
扬威耀武碣石过⑤，横槊赋诗雄心昭⑥：
老骥伏枥志千里⑦，壮心不已征战尘⑧。

【说明】 成语"老骥伏枥"，见于曹操《魏武帝集·步出夏门行》中的一个成语故事。

【串讲】 ①气吞山河——气势大得能吞下高山大河。形容威力、气魄极大。汉曹操——汉代（丞相）曹操（所率领的军队正以这样的气势前行）。②昼夜兼程——白天、黑夜不停地行走。形容急速赶路。乌桓讨——（这是曹操急行军）去讨伐北方的敌人乌桓。据载，乌桓人混居在辽西、辽东、右北平一带，趁中原混乱，屡屡来犯。汉献帝建安十二年（公元二〇七年）曹操率大军以气吞山河之势北征乌桓。③略地攻城——攻克城池，夺取土地。略：夺取。速得胜——（曹操）很快取得胜利。据载，曹操当年是七月率军从卢龙塞（今河北喜峰口一带）出发，抄近路日夜行军，直捣乌桓大本营柳城（今辽宁省辽阳县南），大败其骑兵而速胜。④意得志满——愿望达到而心满意足。形容踌躇满志的得意情态。早回朝——（于是曹操）则即早班师回朝。⑤扬威耀武——显扬自己的威风和武力。碣石过——（就是这样回师南下）而路过（面临沧海的）碣石山。⑥横槊赋诗——行军途中在马背上横着长矛吟诗。多形容能文能武的豪放潇洒风度。此为原意。雄心昭——（从曹操所赋之诗中）可以明显地看出其雄心壮志：⑦老骥伏枥（lì）——良马虽然老了，但仍想奔驰。比喻人虽上了年纪，但仍胸怀壮志。此为曹操自喻。骥：好马。枥：马槽。志千里——志向远大。⑧壮心不已——年虽老而志不衰。壮：豪壮，豪迈。已：停止。征战鏖（áo）——（这便是时年五十三岁的曹操）还想出征作战以激烈地战斗（去打败南方的刘备、孙权，以统一中国）。鏖：战斗激烈。据载，曹操打败乌桓后，北方已经统一。但他并不满足，还想灭掉各据江南的吴、蜀，以统一全中国。于是，在回师路过碣石山时，便乘着胜利的喜悦，登高望远，面对沧海来抒发自己的豪情壮志，写下千古名篇《步出夏门行》。其中一首《龟虽寿》里写道："神龟虽寿，犹有竟时。腾蛇乘雾，终为土灰。老骥伏枥，志在千里。烈士暮年，壮心不已……"成语"老骥伏枥"即由此而来。

向 壁 虚 造

穷侈极欲鲁恭王①，劳民动众修宫堂②。
先务之急毁孔壁③，出人意外见书藏④。
鼎鼎大名许慎信⑤，众口一词说反常⑥：
钓誉沽名好事者⑦，向壁虚造改文装⑧。

【说明】 成语"向壁虚造"，见于汉·许慎《说文解字》序中的一个成语故事。

【串讲】 ①穷侈极欲——形容奢侈贪欲到了极点。鲁恭王——（西汉时的）鲁恭王刘余（即是如此）。②劳民动众——动用众多民力去做事。修宫堂——（这便是在兖州曲阜城中大规模地）建造宫室楼堂。③先务之急——指当前应做之事中最急需要办的事。毁孔壁——（这便是）要先毁掉孔子宅第的墙壁（以清场）。④出人意外——超出人们意料之外。见书藏——（竟然在墙壁里）发现藏有经书。⑤鼎鼎大名——形容名气很大。鼎鼎：盛大，显赫。许慎信——（这便是《说文解字》的作者东汉时的）许慎相信有此事。但也有许多人并不认同。⑥众口一词——许多人所说的话都一样。说反常——都说（这经书藏在墙里）有反常理。那为什么会有此传说呢？⑦钓誉沽名——以虚假的手段来谋取名誉。钓：以某种手段猎取。沽：买。好事者——（这就是那种）好事的人。⑧向壁虚造——是向着孔子故宅的墙壁虚构出来的。比喻凭空捏造。此为原意。改文装——是改易（经书）正文重新装订而（虚造成的）。据《说文解字》序载："世人大共非訾（zǐ），以为好奇者也，故诡更正文，乡（向）壁虚造不可知之书，变乱常行，以耀于世。"成语"向壁虚造"即由此而来。

阮 囊 羞 涩

放纵不拘晋阮孚①，玩忽职守混仕途②。
寻山问水游会稽③，心旷神飞持囊如④。
出于意外有人问⑤，不甚明了囊物孰⑥？
毫不讳言孚应对⑦：阮囊羞涩一钱独⑧。

【说明】 成语"阮囊羞涩"，见于宋·阴时夫《韵府群玉·阳韵·一钱囊》这个成语故事。

【串讲】 ①放纵不拘——指行为放纵随意，不受约束。也指行为不检点。此指前者。晋阮孚——东晋时有个叫阮孚的人（即如此）。

②玩忽职守——对本职工作不负责任，不认真对待。混仕途——只是在做官的路上混日子。据载，晋元帝时曾先后任命阮孚为安东参军、丞相从事中郎等官职，但他根本不理公务，天天饮酒游玩，行为散慢，随便。③寻山问水——指游山玩水。游会稽——（有一次，阮孚）去游览浙江会稽（今绍兴，其东南有会稽山）。④心旷神飞——心境开阔，精神愉悦。持囊如——（他是）拿着（一个黑色的）手提囊前往的。如：往。⑤出于意外——出人们预料之外。有人问——（竟然）有人（向阮孚）问话说：⑥不甚明了——心里不大明白。囊物孰——（你）袋子里装的是什么东西？孰：什么。⑦毫不讳言——丝毫没有隐瞒不说的，全都直说了。讳言：有顾虑不愿说。孚应对——阮孚对答说：⑧阮囊羞涩——阮孚（恐怕）钱袋难为情。后来指自称贫困。此为原意。一钱独——（所以）只有一个小钱（留在里面）。据载："阮孚持一皂囊，游会稽。客问：'囊中何物？'曰：'但有一钱看囊，恐其羞涩。'"成语"阮囊羞涩"即由此而来。

杞 人 忧 天

天崩地坼杞人忧①，食不下咽睡也愁②。
见多识广智者劝③：天长地久万世留④。
日月经天天为气⑤，江河行地尔作休⑥。
日居月诸也是气⑦，杞人忧天无根由⑧。

【说明】 成语"杞人忧天"，见于《列子·天瑞篇》中的一个成语故事。

【串讲】 ①天崩地坼（chè）——天坍塌，地开裂。后比喻重大事变。此指原意，即指天塌地陷。坼：开裂。杞人忧——（春秋时）杞国有个人（总是）担忧（这个）。②食不下咽——吃饭都咽不下去。形容心绪烦愁，毫无食欲。此指愁得吃不下饭。睡也愁——（此人）连睡觉也发愁（而睡不着）。③见多识广——见过得多，知道得广。智者劝——（一个）很有智慧的人来劝（他）：④天长地久——指天地存在的久远。后也用来形容时间悠久。此指原意。万世留——（它）将永远会保留。⑤日月经天——太阳和月亮每天都经过天空。天为气——天是由气体组成的（怎么会塌下来呢）。据载，此人对杞人解释说："天是由气体聚集而成，任何地方都有气体，气体怎么会塌下来呢？"⑥江河行地——江河永远流经大地。常与"日月经天"连在一起使用。比喻历久不衰，永远不变。此指天地永恒不变，不会天塌地陷的。尔作休——你（在这大地上）从事各种活动或者休息。尔：你。据载，此人又对杞人解释说："地不过是由一些土块集合而成，你成天在地上活动休息，地怎么会陷下去呢？"⑦日居（jī）月诸——日月。居、诸：为语气助词。也是气——也是由气体组成的（即也是不会掉下来的）。据载，杞人还担心太阳、月亮会掉下来，智者便解释说："太阳、月亮也是由气体聚集而成的，不过它们发光，也是不会掉下来的。"⑧杞人忧天——杞国有个人担心天要塌下来。比喻无根据的或不必要的忧虑。此指原意。无根由——（这）是毫无根据的。据载："杞国有人忧天地崩坠，身亡（无）所寄，废寝食者。"成语"杞人忧天"即由此而来。

杜 口 裹 足

困心衡虑秦昭王①，力不从愿欲国昌②。

谦逊下士范睢见③，真心实意听其讲④：
政出多门须匡正⑤，令出如山君应强⑥。
忠言谠论如遭戮⑦，杜口裹足无人往⑧。

【说明】 成语"杜口裹足"，见于《史记·范睢（suī）蔡泽列传》中的一个成语故事。

【串讲】 ①困心衡虑——心意困苦，思虑阻塞。衡：通"横"，阻塞。秦昭王——（战国时的）秦昭王（执政三十六年后正面临如此困境）。②力不从愿——心里想做某事而力量办不到，即心有余而力不足。欲国昌——（这就是）想让秦国昌盛起来（而办不成）。据载，秦昭王时期，朝政军事大权主要掌握在穰（ráng）侯（昭王之舅）等皇亲国戚四人手中，昭王想推进国家发展，阻力重重，力不从愿。怎么办呢？③谦逊下士——谦虚有礼貌，尊重有才学的人。下士：降低身份，与地位比自己低的人交往。范睢见——（于是秦昭王）则接见了（从郑国来的策士）范睢。④真心实意——心意真实诚恳。听其讲——来倾听范睢所讲的（治国内容）：⑤政出多门——政令出自几个公卿大夫之手。形容大权旁落，权力分散。须匡正——这种弊端必须得以纠正。⑥令出如山——命令重如山。指命令发出，必须贯彻执行。君应强——国君就应该有（这样的）强势。⑦忠言谠（dǎng）论——忠诚的语言，公正不阿的议论。谠：正直的（言论）。如遭戮——（我范睢上述这样的议论和建议）如果遭到杀害（就会产生严重的后果）。⑧杜口裹足——闭住嘴不说话，停住脚不前走。形容十分害怕。无人往——那就没人前去（秦国）了。据载，范睢曰："……臣之所恐者，独恐臣死之后，天下见臣之尽忠而身死，因以是杜口裹足，莫肯乡（向）秦耳。"成语"杜口裹足"即由此而来。

克 己 奉 公

恪守成宪汉祭遵①，执法不阿侦察深②。
违条犯法舍儿罪③，格杀无论无私心④。
脸上无光光武怒⑤，伸张正义主簿云⑥：
克己奉公遵依法⑦，拜将封侯儆众臣⑧。

【说明】 成语"克己奉公"，见于《后汉书·祭（zhài）遵传》中的一个成语故事。

【串讲】 ①恪守成宪——谨守既定的法令。汉祭遵——东汉（跟随光武帝刘秀时任军市令的）祭遵（即是这样一位官员）。②执法不阿——执行法律公正无私，不屈从权势。阿：迎合。侦察深——（并对案件的）侦察非常深入。③违条犯法——违反法律条文。舍儿罪——（这是）在刘秀宫内做事的一个年轻人违法犯罪。舍儿：舍中儿，即童仆。④格杀无论——指把行凶拒捕或违反禁令的人当场打死而不以杀人论罪。此指后者。格杀：打死。无论：不论罪。无私心——（这是因为祭遵认真执法）没有个人私心。⑤脸上无光——形容丢面子。光武怒——（所以）光武帝刘秀很是生气（命令把祭遵抓起来）。据载：祭遵"从征河北，为军市令。舍中儿犯法，遵格杀之。光武怒，令收遵"。⑥伸张正义——传扬、扩大正义和正气。主簿云——（为此，时任刘秀的）主簿（陈副）则出来阻止说：⑦克己奉公——指严格要求自己而一心为公。克己：约束自己；奉公：奉行公事。遵依法——（这便是）祭遵依据您的法令行事（不可收）。⑧拜将封侯——拜为大将，封为侯爵。形容封为高官。此指刘秀不但没抓祭遵，还封他为"刺奸将军"。儆众臣——（以此）儆告众多大臣（不要犯法）。据载："光武乃赏（同赦）之（指祭遵），以为刺奸将军。谓诸将曰：'吾舍中儿犯法尚杀之，必不私诸卿也。'"后来祭遵又以功拜偏将军，封列侯。《后汉书》评论他说："遵为人廉约小心，克己奉公，……帝以是重焉。"成语"克己奉公"即由此成语故事而来。

走 马 看 花

志气凌云唐孟郊①，时运不济连落考②。
百折不回中进士③，春风得意作诗描④。
名实相符《登科后》⑤，走马看花二句高⑥。
耐人寻味新义得⑦，推陈出新成语造⑧。

【说明】　成语"走马看花"，见于唐代诗人孟郊《登科后》诗中，它涉及一个成语故事。

【串讲】　①志气凌云——志气直上云霄，形容志向宏伟，意气豪壮。唐孟郊——唐代诗人孟郊（即如此）。唐：指唐朝。②时运不济——遭遇逆境，命运不好。连落考——（所以他科举考试）接连落榜。③百折不回——无论受到多少挫折都不退缩。比喻意志坚强，品节刚毅。中进士——（孟郊终于）考中了进士。据载，孟郊追求功名长期不得志，科考连连落第。但他意志坚强，百折不回，终于将近五十岁时考中了进士。④春风得意——在春风吹拂中洋洋自得。原指读书人考中后的得意心情。后也形容事情办成功，达到目的时那种得意洋洋的情态。此指原意。作诗描——（于是他）写诗（把这种得意的心情）描绘出来。⑤名实相符——名称或名声和实际一致。

此指诗名与诗的内容实际相符。《登科后》——（这便是孟郊写的）名叫《登科后》的诗。⑥走马看花——骑在马上看花。形容得意愉快的心情。也用来比喻粗略地观察一下事物。此指前者。二句高——（其中走马、看花）两句写得最好。据载，《登科后》诗中有这样两句："春风得意马蹄疾，一日看尽长安花。"⑦耐人寻味——事情值得人久久思考。形容意味深长。此指这两句诗"耐人寻味"。新义得——（于是寻味出它）新的含义。⑧推陈出新——指推去旧的，生出新的，或得到新的。此指推去"走马看花"旧的得意愉快心情的原意，生出粗略地观察一下事物的新意。成语造——（于是）造出（"走马看花"）成语。现在此成语多指演化出来的新意。这便是它的来源。

纸 上 谈 兵

名不副实赵将括①，滔滔不绝兵法说②。
倒背如流不会用③，生搬硬套必误国④。
四境盈垒廉抗秦⑤，代人捉刀括改辙⑥。
纸上谈兵重布阵⑦，全军覆没赵国破⑧。

【说明】 成语"纸上谈兵"，见于西汉司马迁《史记·廉颇蔺相如列传》中的一个成语故事。

【串讲】 ①名不副实——空有虚名，名声和实际不一致。此指空有精通兵法的虚，名声和实际用兵能力不一致。副：相称，符合。赵将括——（战国末期赵国大将赵奢的儿子）赵括上将（就是这样一个人）。括：指赵括。②滔滔不绝——形容话多，连续不断。滔滔：连续不断的样子。兵法说——（如此来）谈论用兵之道。据载，赵括自幼爱读兵书，年轻时已读了不少兵书，谈起怎样用兵，则"滔滔不绝"，头头是道，就是他父亲也难不住他。③倒背如流——把书或文章倒过来背诵，熟练得像流水一样顺畅。形容已读得滚瓜烂熟。此指赵括把兵书读得滚瓜烂熟。不会用——（但）不会（在实际战斗中）应用。④生搬硬套——指不从实际出发，生硬地搬用别人的理论、经验、方法等。此指赵括脱离实际生硬地搬用兵书。生：生硬。必误国——（这样做）一定会伤害国家。据载，赵括虽然谈起兵书"滔滔不绝"，但他的父亲赵奢却认为他没有实际锻炼，不能当大将，并把这个看法告诉了赵括的母亲。⑤四境盈垒——形容敌军四面逼近，情势危急。此指秦军进犯赵国，形势急迫。廉抗秦——（于是赵国命大将）廉颇抵抗秦军。⑥代人捉刀——指代人做事。括改辙——赵括（代替廉颇为抗秦大将一上任）便改变了原来廉颇的战略部署。括：指赵括。据载，赵孝成王中了秦国的反奸之计，认为廉颇年老懦弱，不能抵御强敌。便改派赵括为大将替代廉颇。赵括的母亲闻讯后，便给赵王上书说："赵括虽熟读兵书，但不能灵活运用，并非大将之才，请不要重用他。"但赵王不听，终派赵括为上将，替代了廉颇。赵括把兵权一接到手，便来到长平（今山西高平县）。自以为深明兵法，懂得军事，全部改变了廉颇的作战部署。⑦纸上谈兵——在文字上谈用兵之道，此指赵括只会空谈兵法，不能结合作战实际，解决抗秦取胜的问题。后来比喻只会空谈理论，不能结合实际解决问题。重布阵——（赵括按兵书条文）重新布置作战阵势。据载，赵括搬照兵书上争取主动的条文，立即向秦军出击。⑧全军覆没——整个军队被消灭。也比喻事情彻底失败。此指前者。赵国破——赵国（被秦军）攻破。据载，赵括主动出击，被秦军团团围住，突围时赵括被乱箭射死，赵国四十万大军全部被消灭。成语"纸上谈兵"即由此而来。

束 之 高 阁

精明强干晋庾翼①，选贤与能慧眼具②。
绣花枕头人殷浩③，虚名在外有人举④。
嗤之以鼻庾持异⑤，束之高阁平后议⑥。
灼见真知帝不听⑦，折戟沉沙败自取⑧。

【说明】 成语"束之高阁"，见于《晋书·庾翼（yǔ yì）传》中的一个成语故事。

【串讲】 ①精明强干——机敏聪明，办事有魄力，有才干。晋庾翼——东晋时（有位将军）名叫庾翼（就是这样一个人）。晋：指东晋。②选贤与能——选拔、推荐有德行有才能的人。与：通"举"，推荐。慧眼具——（他）具备聪慧的眼光，即眼光敏锐，有辨识能力。③绣花枕头——比喻只有好看的外表而并无真才实学的人。人殷浩——（有个叫）殷浩的人（就是这样一个"绣花枕头"式的清谈家）。④虚名在外——在外边只有一个好名义、好名声，并无实际内容。此指殷浩就是这样一个人。有人举——有人推荐（他做官）。⑤嗤之以鼻——用鼻子哼出冷笑，表示蔑视。嗤：讥笑。庾持异——庾翼（对推荐殷浩做官）持有不同的意见。庾：指庾翼。⑥束之高阁——把东西捆好，放在高阁上。比喻扔在一边，不用或不管它。此指庾翼对待殷浩的态度是"束之高阁"。平后议——（天下）平定以后，再商议（对他的任用）。平：指平定，太平。据载，当有人在庾翼面前称赞虚名在外的殷浩可以出来做官时，庾翼则轻蔑地说："此辈宜束之高阁，俟（等到）天下太平，然后议其任耳。"⑦灼见真知——正确而透彻的见解。帝不听——（可是）皇帝不采纳（庾翼的意见，后来重用了殷浩）。据载，庾翼死后，殷浩靠华而不实的虚名得到皇帝重用，当上建武将军。⑧折戟（jǐ）沉沙——戟断了埋在沙子里，成了废铁。形容惨重的失败。戟：古代的一种兵器。败自取——打仗失败是（皇帝用人不当）自找的。据载，由于殷浩无实际军事才能，更少谋略，所以领兵作战于中原，惨遭失败，几乎全军覆没。皇帝罢了他的官，流放为百姓。成语"束之高阁"即由此故事而来。

别 无 长 物

高官显爵晋王恭①，洁身自爱官场行②。
物尽其用竹席坐③，至交契友忱看中④。
心甘情愿送其友⑤，自然而然草席承⑥。
大吃一惊友不解⑦，别无长物恭说清⑧。

【说明】　成语"别无长物"，见于南朝（宋）刘义庆《世说新语·德行》中所涉及的一个成语故事。

【串讲】　①高官显爵——官职高贵，爵位显赫。晋王恭——东晋时一个叫王恭的人（即如此）。晋：指东晋。据载，王恭做过大官，还任过太子老师。②洁身自爱——保持自身清白，不同流合污。也指顾惜尊重自己，不与他人纠缠在一起。此指前者。洁：使自身洁白、干净。用作动词，使动用法。官场行——（王恭就是这样）在官场上为人处事。③物尽其用——各种东西的功用充分发挥出来。此指竹席的凉爽舒适的功用充分发挥出来。竹席坐——（所以王恭）就坐在（这样的）竹席上。④至交契友——交谊最深而又情投意合的好友。忱看中——王忱看好了（这铺的竹席）。忱：指王忱（人名）。

据载，有一次，王恭从会（kuài）稽（今浙江省绍兴）回国都建康（今南京市），带家中一领大竹席铺在床上。他的好友王忱去看望他，见这大竹席坐上去很舒适，便开口说："你从盛产竹子的地方来一定带回不少，就送给我一领吧!"⑤心甘情愿——心是乐意的，情是愿意的。指完全出于自愿。送其友——（于是，王恭便把铺的这领竹席）送给了他的朋友（王忱）。⑥自然而然——自然如此。草席承——（由王恭原来用过的）草席来承当，即又用上了草席。⑦大吃一惊——形容非常吃惊。此指王忱知道王恭又重用草席而"大吃一惊"。友不解——（因为他的）朋友（王忱对此）很不理解。⑧别无长物——除此以外，即空无所有。此指除给王忱这个竹席以外，再没有竹席了。恭说清——王恭（把这个情况向朋友）说得很清楚。据载，王忱对王恭说：我原以为你的竹席多才向你要，哪知你就这么一个。王恭回答说："丈人不悉恭，恭作人别无长物。"意思是说，你还不了解我，我为人从来就没有多余的东西。成语"别无长物"便由此而来。

坐 井 观 天

日久岁深一废井①，逍遥自在居一蛙②。
得意扬扬井边跳③，会逢其适海鳖爬④。
谈吐风生蛙夸井⑤，海阔天空鳖自夸⑥。
坐井观天蛙知小⑦，天高地迥井外大⑧。

【说明】　成语"坐井观天"，见于《庄子·秋水篇》中的一个寓言故事。

【串讲】 ①日久岁深——一天天一年年地下去，谓时间长久。岁：年；深：长久。一废井——（因而形成）一座（坍塌不能用的）废井。②逍遥自在——形容无拘无束，自由自在。居一蛙——（在这口废井里）居住着一只（这样生活的）青蛙。③得意扬扬——形容十分得意的样子。井边跳——（青蛙以此种神态）跳到废井的边上。④会逢其适——恰好碰上那个场合。海鳖爬——（有一只海鳖从东海）爬到（这口废井边）。⑤谈吐风生——谈话活跃而有趣。此指青蛙与海鳖"谈吐风生"。风生：谈话时兴致很高，气氛活跃。蛙夸井——青蛙（首先）夸耀（在这井里生活的乐趣）。据载，青蛙说："你看，我多快乐呀! 高兴时就在井边跳跃一阵，累了就在井中的砖洞里睡觉休息，或者泡在水里露出头来，或者在地里散步也很舒适。看看那些蚌蟹与蝌蚪谁能比得上我呢? 井里这样自由自在，快乐得意，我又是这里的主人，还是请你来井里观赏一下吧!"海鳖听了就想进去看看，可是左脚还没有完全伸进去，右脚就被井栏绊住了。于是海鳖就对青蛙说起东海的情形。⑥海阔天空——大海广阔，上天空旷。形容空间广阔。也比喻心胸开阔，无拘无束。又比喻议论东拉西扯，漫无边际。此指原意。鳖自夸——（这是）海鳖自己夸自己（生活的大海之美好）。⑦坐井观天——坐在井里看天。比喻眼界狭小，所见有限。蛙知小——青蛙（听了海鳖这一席话）才知道（坐在井里看天）看到的天很小。⑧天高地迥——形容天地极其高远。迥（jiǒng）：远。井外大——（青蛙同时也知道）还是井外的天地广阔。成语"坐井观天"便由此而产生。

兵 不 厌 诈

厉兵秣马晋文公①，以寡敌众战楚雄②。

计无所出求舅犯③，兵不厌诈回分明④。

集思广益问雍季⑤，此唱彼和有补充⑥。

当机立断公意定⑦，言听计从败楚兵⑧。

【说明】 成语"兵不厌诈"，见于《韩非子·难一》中的一个成语故事。

【串讲】 ①厉兵秣（mò）马——把兵器磨好，把马喂饱。指准备战斗。厉：磨；兵：兵器；秣：喂。晋文公——（春秋时晋国国君）晋文公（正在这样做）。②以寡敌众——以少数人抵挡多数的人。战楚雄——去和强大的楚国军队（在城濮之地）交战。③计无所出——想不出什么办法。计：主意，办法。求舅犯——（晋公文）则向舅犯请教（怎么办）。舅犯：即卿狐偃，字子犯，晋文公的舅父。据载，晋文公求教舅犯说："我们将要同楚国打仗，他们兵多，我们兵少，怎么办？"④兵不厌诈——用兵打仗要尽可能多地采用迷惑敌人的方法。厌：满足；诈：欺骗。回分明——（舅犯）回答得很明确。据载，舅犯回答说："我曾听说，讲究繁琐礼节的人不厌烦忠信，'战阵之间，不厌诈伪'，您还是用欺诈的办法吧！"⑤集思广益——集中众人的智慧，广泛吸取有益的意见。问雍（yōng）季——（晋文公又向他的儿子）雍季征求意见。雍：是名；季：排行居末。⑥此唱彼和——这里唱，那里和，互相呼应。也指对对方的意见表示同意。此指前者，即舅犯主张以"兵不厌诈"与楚作战，而雍季则也是同一意见，互相呼应。有补充——不过雍季又补充了"兵不厌诈"的不足之处。据载，雍季回答说："烧毁森林来打猎，用这样的办法得到很多野兽，以后就再不会有野兽了；用欺诈的方法对付敌人，虽然能不正当地取得一些利益，但以后就再不能这样做了。"⑦当机立断——形容事情到了紧要关头，就毫不犹豫地做出决断。公意定——晋文公的意向已经拿定。意：心愿，意向。⑧言听计从——每句话都被接受，每个主张都被采纳。形容十分信任。此指晋文公完全接受了舅犯、雍季的意见，采纳了"兵不厌诈"的计谋。败楚兵——（结果）把楚国军队打得大败。败：使……败。成语"兵不厌诈"即由此故事而来。

旷 日 持 久

精兵猛将燕伐赵[①]，面如土色赵王急[②]。
丧权辱国赵胜谏[③]，词严义密赵奢批[④]：
剜肉补疮国受损[⑤]，授人以柄牵我鼻[⑥]。
旷日持久多年战[⑦]，财竭力尽胜何期[⑧]？

【说明】 成语"旷日持久"，见于《国策·赵策四》中的一个成语故事。

【串讲】 ①精兵猛将——兵员精良，将领勇猛。燕伐赵——（战国时）燕国（就以这样的军队）去攻打赵国。燕：燕国；赵：赵国。②面如土色——脸色像泥土一样。形容惊恐到了极点。赵王急——赵王因此而着急。怎么办呢？③丧权辱国——丧失主权，使国家蒙受耻辱。赵胜谏——（这就是宰相）赵胜（向赵王）所作的进谏主张。据载，赵胜向赵王建议，割三座城池给齐国，请齐国名将田单统帅赵军抵抗燕国。④词严义密——措辞严谨，道理周密。词：言辞；义：道理。赵奢批——（即大将）赵奢（反对赵胜的意见）所作的批驳。他是怎么批的呢？⑤剜肉补疮——比喻只顾眼前，用有害的方法救急。此指赵胜建议割城于齐以求将是"剜肉补疮"之举。国受损——（这样做必然使）赵国受到损害。⑥授人以柄——授给别人以剑柄。比喻以权柄给人。此指赵胜主张把赵军指挥权交给齐将田单。柄：剑柄。牵我鼻——（这样做必将）牵着我们赵国的鼻子走，自己无法控制战局。⑦旷日持久——荒废时日，拖延过久。旷：荒废。多年战——（田单如此）多年地打下去。⑧财竭力尽——财力用尽。胜何期——（那么赵国抗燕的）胜利怎么可以期待呢？据载，赵奢批驳赵胜的主张时说："我们这么大个赵国难道就找不到一个能指挥打仗的统帅吗？仗还没有打，就割城于齐，这无异于剜肉补疮。……再则，战争一起来，田单就会把赵军拴在战场上，旷日持久，拖上几年，赵国财力耗尽，这场抗燕战争还能取胜吗？"尽管赵奢力驳，但赵王不听，还是采纳了赵胜的意见。结果打了一场旷日持久的消耗战，赵国付出了极大代价。成语"旷日持久"也便由此而来。

鸡 犬 升 天

鬼迷心窍汉刘安①，心动神驰欲成仙②。
离世绝俗苦修炼③，功德圆满靠仙丹④。
高飞远举余丹撒⑤，饥不择食鸡犬餐⑥。
鸡犬升天已神化⑦，古往今来神话传⑧。

【说明】 成语"鸡犬升天"，见于晋·葛洪《神仙传·刘安》中的一个成语故事。

【串讲】 ①鬼迷心窍——被错误的思想所迷惑支配。常比喻一时的糊涂。心窍：指认识和思维的能力。汉刘安——汉朝时（有一位喜好道教的淮南王）刘安（便是这样）。②心动神驰——心神向往。形容思慕之情不能自持。欲成仙——（一心）想成为（神鬼莫测的）仙人。③离世绝俗——超脱世俗。苦修炼——（于是外出）苦苦地修炼。④功德圆满——功业与德行完美无缺，多用为佛教语，指念佛、诵经等事结束。也指事情完成。此指刘安修炼成功，已成仙得道。靠仙丹——（这完全）是靠（他所炼的）仙丹来实现的。⑤高飞远举——飞得既高又远。比喻前程远大。也比喻远走他乡。此指后者。举：飞走。余丹撒——（刘安在离开时）将剩余的仙丹随手撒（在庭院里）。⑥饥不择食——饥饿时不选择食物。也比喻迫切需要时，顾不得选择。此指本意。鸡犬餐——（于是这些仙丹则被饥饿的）鸡和狗吃掉。⑦鸡犬升天——连鸡和狗也一起升上天空。升天：得道成仙。常比喻依靠某种势力或关系而发迹。此指原意。已神化——（因为仙丹已经把这些鸡和狗）化为神鸡神狗了。⑧古往今来——从古到今。神话传——（则把这个）神话故事流传下来。成语"鸡犬升天"即由此神话传说而来。

鸡 犬 不 宁

文章宗匠柳宗元①，坎坷不平连贬官②。
日久年深为刺史③，耳闻目见知民艰④。
痛心伤臆捕蛇者⑤，横征苛敛难承担⑥。
鸡犬不宁悍吏到⑦，针砭时弊撰文谈⑧。

【说明】 成语"鸡犬不宁"，见于唐代柳宗元《河东先生集·捕蛇者说》中的一个成语故事。

【串讲】 ①文章宗匠——为人所尊敬的写作文章的高手。柳宗元——（唐朝时有一位杰出的散文家）柳宗元（即是如此）。②坎坷不平——坑坑洼洼，不平坦。形容不顺利，屡受挫折。连贬官——（柳宗元就是这样先贬为永州司马，后改为柳州刺史）连续长期被贬谪。③日久年深——指时间长久。为刺史——（这便是柳宗元）做刺史的时间很长。④耳闻目见——亲耳听到的和亲眼看见的。知民艰——（所以）深知百姓的艰苦。⑤痛心伤臆——形容悲痛到极点。臆：胸。捕蛇者——（这便是）捕蛇的人。⑥横征暴敛——形容强征捐税，搜刮人民财富。难承担——（所以捕蛇者）难以承担（这比毒蛇更可怕的赋税）。⑦鸡犬不宁——连鸡和狗都不得安宁。形容搅扰得非常厉害。悍吏到——（这是因为）凶恶的差役来到（乡下收税所致）。⑧针砭时弊——指出当前社会的弊病。砭：古代用来治病的石针。撰文谈——（这是柳宗元）通过撰写文章（《捕蛇者说》）来谈论的。据载，柳宗元在文中借捕蛇者之口说："悍吏之来吾乡，叫嚣乎东西，隳（huī）突乎南北，哗然而骇者，虽鸡狗不得宁焉。"成语"鸡犬不宁"即由此而来。

呕 心 沥 血

梦笔生花少李贺①，孜孜不倦诗文多②。
早出晚归觅佳句③，不落窠臼回家合④。
心力交瘁母心痛⑤，不由自主常怪责⑥：
长此以往人将垮⑦，呕心沥血如之何⑧？

【说明】 成语"呕心沥血"，见于《新唐书·李贺传》中的一个成语故事。

【串讲】 ①梦笔生花——梦见笔头上生了花。形容才思横溢，诗文佳美。少李贺——（唐朝大诗人）李贺少年时期（就是这样的）。②孜孜不倦——形容勤奋得不知疲倦。孜孜：勤勉的样子。诗文多——（所以创作的）诗歌和文章都很多。③早出晚归——清早出门，很晚才回家。觅佳句——去寻求美好的诗句。觅：寻求；佳：美好。④不落窠臼（kē jiù）——比喻不落俗套，有独创风格。多指诗文、艺术作品。此指李贺的诗"不落窠臼"。窠：鸟兽巢穴；臼：舂（chōng）米器具；窠臼：旧格式。回家合——（他把白天写好的诗句）带回家里再整理合成诗篇。据载，李贺作诗，往往不是先立题目，而是每天早晨骑上一匹马，让书僮背着书囊陪同，四处游览。遇到好的题材，触景生情，立即写成诗句，放在背囊中，等到晚上回家再把这些诗句整理合成诗篇。⑤心力交瘁（cuì）——精神和体力都极度劳累。交：一齐；瘁：劳累。母心痛——（李贺的）母亲（见他累得这样）很心疼。⑥不由自主——指不由自己做主或控制不了自己。此指后者，即母亲控制不了自己。常怪责——时常怪罪责备（李贺）。⑦长此以往——长期这样下去。人将垮——人将要累坏了。垮：崩溃。⑧呕心沥血——将心血呕滴出来。比喻极度劳心苦思。沥：下滴。如之何——（到那时）可怎么办呢？据载，每当李贺晚上回来，母亲便让婢女查看他的书囊，如果里边装的诗句太多，"即怒曰：'是儿要呕出心乃已耳！'"成语"呕心沥血"即由此而来。

吴 牛 喘 月

畏之如虎奋惧寒①，风刀霜剑体难堪②。
事必躬亲进见帝③，富丽堂皇宫室严④。
触景生怀见窗冷⑤，缩手缩脚打颤连⑥。
茫然若迷帝问故⑦，吴牛喘月奋比言⑧。

【说明】 成语"吴牛喘月"，见于《世说新语·言语》中的一个成语故事。

【串讲】 ①畏之如虎——像怕老虎那样畏惧（它）。奋惧寒——（晋武帝时有一个）叫满奋的大臣（就如此地）惧怕寒冷。奋：指满奋（人名）。②风刀霜剑——寒风像尖刀，严霜似利剑。形容气候寒冷。常比喻人情险恶。此指原意，即指气候寒冷。体难堪——（遇到这样的天气满奋的）身体就难以忍受。③事必躬亲——凡事都亲自去做。躬亲：亲自。进见帝——（有一次，满奋）进宫去拜见晋武帝。帝：指晋武帝。④富丽堂皇——宏伟美丽，气势盛大。多形容建筑物宏伟华丽或场面盛大豪华。也形容文章、辞藻华丽。此处形容皇宫室内"富丽堂皇"。宫室严——（并且）宫室（门窗）严密（而不透风）。⑤触景生怀——见到眼前景象而激起某种情感。见窗冷——（满奋）看到（宫中北向的）窗户（是用琉璃做屏错认为难挡风寒）便觉得浑身发冷。⑥缩手缩脚——因寒冷而四肢蜷缩。常形容胆小而不敢放手办事。此指原意，即满奋因错觉北窗透风会寒冷而"缩手缩脚"。打颤连——（并且）接连地打起冷战来。⑦茫然若迷——迷惑不明的样子。帝问故——晋武帝问（满奋你这个样子是什么缘故）。⑧吴牛喘月——吴地（江淮一带）炎热的时间较长，水牛怕热，见到月亮以为是太阳，就害怕得喘起气来。比喻因疑心而害怕。此处比喻因疑心皇宫北窗透风寒冷而害怕。奋比言——（这是）满奋（以此来）比喻自己而说的。据载，满奋回答晋武帝说："臣犹吴牛，见月而喘。"这便是成语"吴牛喘月"之来源。

近 水 楼 台

先忧后乐范仲淹①，清正廉明为州官②。

荐贤举能部下选③，平步青云得升迁④。
未窥全豹苏麟漏⑤，弦外之音见诗篇⑥：
近水楼台先得月⑦，心照不宣范举贤⑧。

【说明】 成语"近水楼台"，见于南宋·俞文豹《清夜录》中的一句诗，它涉及一个成语故事。

【串讲】 ①先忧后乐——是"先天下之忧而忧，后天下之乐而乐"的简缩。这是宋代范仲淹《岳阳楼记》中的名句。意思是，在天下人担忧之前就担忧，在天下人安乐之后才安乐。范仲淹——（这就是）范仲淹的为人。②清正廉明——指官吏廉洁公正，光明磊落，不贪污徇私。为州官——（范仲淹就是这样）做（杭州）州官的。③荐贤举能——推荐有德行有才能的人。部下选——（范仲淹）则从曾在他手下当过官的人里选拔。④平步青云——比喻不费力气就升到很高的地位。得升迁——（使这些人）能够晋升官职。⑤未窥全豹——比喻没有看到事物的全体。此指范仲淹没有顾及所有曾在他手下做过官的人。窥：从小孔或缝隙里看；全豹：比喻事物的全部。苏麟漏——（把一个叫）苏麟的漏下。据载，苏麟是个巡检官，也曾在范仲淹手下为官，却未得到推荐。⑥弦外之音——比喻言外之意。此指诗句外的含意。弦：弦乐器上发音的线。见诗篇——从（苏麟）写的诗里可以看到。⑦近水楼台——坐落在水边的楼台。先得月——先得到月光。后用成语"近水楼台"比喻由于近便优先得到好处。这是苏麟献给范仲淹一首诗里的上句，下句是"向阳花木易为春"。言外之意是说，和范仲淹靠近的人都得到推荐晋升，而自己却未得到他的推荐重用。⑧心照不宣——彼此心里明白，不用说出来。此指不用苏麟直说，范仲淹已经明白了他的心思。范举贤——（于是）范仲淹则推荐了贤能的苏麟使他得到满意的官职。范：指范仲淹。成语"近水楼台"即由此故事而来。

佛 头 着 粪

文质彬彬崔相公①，步履安详寺院登②。
目光如电观佛像③，佛头着粪鸟拉成④。
令人作呕问何故⑤？言外之味僧阐明⑥。
欺善怕恶问作答⑦，心融神会相公清⑧。

【说明】 成语"佛头着粪"，见于宋·释道原《景德传灯录·如会禅师》中的一个成语故事。

【串讲】 ①文质彬彬——泛指文采和实质兼备。也形容人文雅有礼貌。此指后者。文：文采。质：实质。彬彬：形容配合谐调。崔相公——（从前有一位）崔相公（即如此）。②步履安详——迈步走路，安稳从容。寺院登——（崔相公就这样）登上了一所寺院。③目光如电——目光像闪电一样。形容目光犀利。观佛像——来观看瞻仰佛像。④佛头着粪——在佛像头上拉了粪便。比喻在美好的东西上添加了污秽。有亵渎之义。有时用作谦词。此为原意。鸟拉成——（这些粪便）是鸟雀拉在上面造成的。⑤令人作呕——使人感到讨厌恶心。问何故——（崔相公向和尚）请问（鸟雀在佛头上拉粪）是什么缘故？据载："崔相公入寺，见鸟雀于佛头上放粪，乃问师曰：'鸟雀还有佛性也无？'师云：'有。'崔云：'为什么向佛头上放粪？'"⑥言外之味——语言中含有不露的深长意味。僧阐明——和尚（用这样的话语把其中的道理）讲明白。⑦欺善怕恶——欺负善良老实的，惧怕凶恶强暴的。问作答——（和尚）是以问话的内容来作出（这个）回答。据载，师（和尚）云："是伊为什么不向鹞（yào）子头上放（粪）？"

鹞子性凶，扑食小鸟。可见，鸟雀也是欺善怕恶的。⑧心融神会——形容心神融会贯通，领悟明白。相公清——张相公（对其中的道理已经弄）清楚。成语"佛头着粪"即由此成语故事而来。

运用之妙，存乎一心

熊韬豹略将岳飞①，掠地攻城树丰碑②。
惊叹不已主将赏③：智勇兼全才艺推④。
万全之计阵图授⑤，喜上眉梢飞语随⑥：
运用之妙善应变⑦，存乎一心灵活为⑧。

【说明】　成语"运用之妙，存乎一心"，见于《宋史·岳飞传》中的一个成语故事。

【串讲】　①熊韬豹略——比喻高妙的用兵谋略。将岳飞——（宋朝抗金）名将岳飞（即是如此）。②掠地攻城——夺取土地，攻克城池。树丰碑——（因此岳飞在收复失地的抗金征战中）立下了大战功。丰碑：高大的碑，引申为大战功。③惊叹不已——因惊异而发出的赞叹声好久不止。形容感受特别深。已：止。主将赏——（这便是岳飞在曾任偏将时得到）主将（宗泽）的赞赏：④智勇兼全——既有智谋，又很勇敢，二者兼备。才艺推——（而且）还称赞岳飞的才能和武艺（过人）。⑤万全之计——极其周全妥当的计谋。阵图授——（这就是宗泽）还把作战摆阵图交给岳飞。据载：岳飞在抗金征战中屡建战功，"战开德、曹州皆有功，（宗）泽大奇之，曰：'尔勇智才艺，古良将不能过，然好野战，非万全计。'因授以阵图。"飞喜而纳之。⑥喜上眉梢——高兴的神情从眉、眼上表现出来。飞语随——

随即岳飞便说：⑦运用之妙——运用得巧妙灵活。善应变——（并）善于对付意外发生的事情。⑧存乎一心——全在于思考。存乎：在于。灵活为——能灵活地指挥。"运用之妙，存乎一心"为一个有上下句的成语，要放在一起使用。指高超的指挥作战艺术。据载："飞曰：'阵而后战，兵法之常，运用之妙，存乎一心。'泽是其言。"成语"运用之妙，存乎一心"即由此而来。

初 出 茅 庐

金石为开亮出山①，负重致远统兵权②。
知己知彼戍新野③，料事如神计周全④。
且战且走诱敌入⑤，火光冲天把敌歼⑥。
丢盔卸甲曹军败⑦，初出茅庐功在先⑧。

【说明】 成语"初出茅庐"，见于《三国演义》中的一句诗，它涉及诸葛亮刚出山就打胜仗的成语故事。

【串讲】 ①金石为开——像金石那样坚硬的东西也被感动了。形容对人真诚产生的感动力。此指刘备三顾茅庐，感动了诸葛亮。金石：指最坚硬的东西。亮出山——诸葛亮走出了（隐居的）南阳，去辅佐刘备打江山，当上军师。②负重致远——背着沉重的东西送到远方。比喻能够担负重任。此指诸葛亮能担负起军师的重任。负：背着；致：送到。统兵权——总握军事大权。统：总括。③知己知彼——对自己和敌人的情况都很了解。彼：对方。戍新野——来保卫新野。戍：军队，守卫；新野：地名，刘备驻地。据载，诸葛亮当军师不久，曹操便派夏侯惇（dūn）带领十万大军向新野进攻。

刘备力薄，形势危急，诸葛亮则用计与曹军作战，保卫新野。④料事如神——形容预料事情非常准确。此指诸葛亮对曹军的军事行动预料得非常准确。计周全——（因而）用计周到全面。据载，诸葛亮命关羽、张飞引兵埋伏在豫山中；关平、刘封带五百人埋伏在博望坡待机放火；赵云带五百人去诱敌深入。只待火起，四面合击。⑤且战且走——指在战场上边打仗，边撤离。此指赵云边打边退，假装败阵。诱敌入——引诱敌人进入（伏击圈）。⑥火光冲天——火光射向天空。形容火光很大，火势很猛。据载，曹军追赵云至博望坡，此地路狭，两旁长满芦苇。关平、刘封见势立即放火，火势迅猛。把敌歼——（伏兵四起）把曹军围歼。⑦丢盔卸甲——丢掉了头盔，脱弃了铠甲。形容打败仗仓皇逃跑的狼狈相。此处形容曹军大败仓皇逃跑的狼狈相。盔、甲：古代作战时用的护头帽和护身衣。曹军败——曹操的军队被打得大败。据载，曹军被烧死的、被踏死的、被杀死的，不计其数。十万大军，全部击溃。⑧初出茅庐——指诸葛亮刚出山就打了一个大胜仗。后也比喻才步入社会，缺乏经验。此指原意。功在先——在一开始就建立了大功。据载，《三国演义》有诗云："直须惊破曹公胆，初出茅庐第一功。"成语"初出茅庐"即由此而来。

应 对 如 流

骚人墨客晋张华[①]，博闻强志书海划[②]。

学贯天人善辞令[③]，悬河泻水无偏差[④]。

真金烈火武帝试[⑤]，应对如流一气答[⑥]。

卓立鸡群听者敬[⑦]，心醉魂迷忘倦乏[⑧]。

【说明】 成语"应对如流",见于《晋书·张华传》中的一个成语故事。

【串讲】 ①骚人墨客——泛指诗人、文人。骚人:原指《离骚》作者屈原及楚辞作者,后泛指诗人;墨客:指文人。晋张华——(这便是)晋朝时一个叫张华的文学家。晋:指晋朝。②博闻强志——见闻学识广博,记忆力强。志:记。书海划——(这是因为他)在书的海洋里划行,即博览群书。③学贯天人——学问贯通了天道与人世的各类知识。形容学问渊博。天人:天道与人世,自然与社会。善辞令——(并且他在交际场合)还擅长运用应对言辞。④悬河泻水——像瀑布那样倾泻不止。比喻说话、作文辞气奔放,滔滔不绝。此指张华应对言辞如"悬河泻水"。无偏差——(而且说的内容)毫无差错。怎见得呢?⑤真金烈火——真正的黄金虽经烈火烧也不变本色。比喻经过严峻考验而节操不变。此指张华应对如"悬河泻水"无偏差经过严峻考验而果真如此。武帝试——(这从)晋武帝(对张华)的测试中(可以看出来)。据载,晋武帝曾多次向张华问到有关汉代的官室制度、封建权贵及风俗民情等情况,他都一一做了回答。那么,张华回答得怎么样呢?⑥应对如流——回答问话像流水一样。形容答话敏捷流利。一气答——(张华就是这样)一口气地回答出来。⑦卓立鸡群——像鹤直立在鸡群中一样。指一个人的仪表或才能在一群人中显得很突出。此指张华的说话才能在众朝臣中显得很突出。听者敬——(所以在旁边)听的人对他都非常尊重。⑧心醉魂迷——形容内心极为倾倒仰慕。醉:沉迷。忘倦乏——(所以听者都迷醉于张华的讲话了)而忘了疲乏。据载,对晋武帝的问话,"华(张华)应对如流,听者忘倦"。成语"应对如流"即由此而来。

言 过 其 实

恃才傲物蜀马谡①，高谈宏论议军情②。
言过其实备明见③，一病不起嘱孔明④。
漫不经心亮未采⑤，劳师袭远命先锋⑥。
独行其是与魏战⑦，败不旋踵失街亭⑧。

【说明】 成语"言过其实"，见于《三国志·蜀志·马良传》中的一个成语故事。

【串讲】 ①恃才傲物——自恃才高，傲视他人。物：指他人。蜀马谡——（三国时）在蜀国（任参军）的马谡（即如此）。②高谈宏论——高妙广博而不切实际的言论、议论。议军情——（马谡经常这样与军师诸葛亮）议论军事情况。③言过其实——言语浮夸，超过实际才能。备明见——（对马谡这一毛病蜀国皇帝）刘备看得很清楚。备：指刘备。④一病不起——得病后就没有起床而病死。嘱孔明——（刘备临终前把他对马谡的看法）告诉了孔明并嘱咐他（对此人不可大用）。据载，刘备说："马谡言过其实，不可大用，君其察之。"⑤漫不经心——随随便便，不放在心上。亮未采——（因此）诸葛亮并没有采纳（刘备临终前的意见）。亮：指诸葛亮。⑥劳师袭远——发动军队袭击远方的敌人。多指冒险的军事行动。此指诸葛亮于建兴六年（公元二二八年）出师攻伐北魏。命先锋——则任命（马谡）做大军先锋（即前敌总指挥）。⑦独行其是——只顾按自己的主张去做。与魏战——（马谡就是这样）与魏军（张郃在街亭）交战。其结果如何呢？⑧败不旋踵——很快就失败。旋踵：转动一下脚跟，形容时间短。失街亭——（结果）丧失了街亭（这个重要的军事战

332

略要地）。据载，马谡因违反节制，不听他人劝阻而独行其是，致使街亭失守而被诸葛亮斩首。成语"言过其实"即从此故事而来。

声 名 狼 藉

以耳为目秦胡亥①，偏听偏信谗言摘②。
鸟尽弓藏杀良将③，披肝沥胆毅表白④：
史不绝书忠臣戮⑤，声名狼藉人共裁⑥。
引为鉴戒胡不睬⑦，丧尽天良毅恬害⑧。

【说明】　成语"声名狼藉"，见于《史记·蒙恬传》中的一个成语故事。

【串讲】　①以耳为目——用耳朵当眼睛。比喻没有亲见，却对别人的话信以为真。秦胡亥——秦朝（第二代君主）胡亥（即如此）。秦：秦朝。②偏听偏信——只听信一方面的话。谗言摘——（于是胡亥）采纳了（贼臣李斯、赵高陷害大将蒙毅）的谗言。摘：采。③鸟尽弓藏——鸟打光了，弹弓就收藏起来。比喻事情成功后，便把出过力的人抛弃或杀死。此指秦朝统一天下后觉得江山巩固了，胡亥则要把有功的人害死。杀良将——（于是要）杀掉最好的大将（蒙毅）。据载，胡亥听信了李斯、赵高的谗言，派人通告蒙毅，令其自杀。④披肝沥胆——比喻对人对事非常忠诚。披：打开；沥：摘下。毅表白——蒙毅（对胡亥非常忠诚）因而明确地表达了自己的看法。毅：指蒙毅。蒙毅是怎么说的呢？⑤史不绝书——史书上不断有记载。意为历史上经常发生这类事情。忠臣戮（lù）——（昏君）杀害忠臣。那么，这些昏君会是什么下场呢？⑥声名狼藉——形容名誉坏到极点。声名：名誉；狼藉：传说狼群常借草而卧，起来就把草踏乱来消灭痕迹，后引申为散乱。人共裁——（这是由于）人们共同裁决（昏君的结果）。据载，蒙毅在答话中列举了秦穆公以三良殉葬（即杀害奄息、仲行、针虎三位良臣）、秦昭襄王杀白起、楚平王杀伍奢、吴王夫差杀伍子胥四件史实为证，说明历史上的昏君都犯过杀害忠臣的错误。其结果都弄得"恶声狼藉，布于诸国"。⑦引为鉴戒——引用来作为教训，以免再犯类似的错误。鉴戒：引往事为教训。胡不睬——（可是）胡亥对此并不理睬。⑧丧尽天良——形容恶毒到了极点。毅恬害——（胡亥）仍是将蒙毅、蒙恬杀害了。毅：指蒙毅；恬：指蒙恬。据载，胡亥不听蒙毅的劝戒，将其杀死，接着逼迫蒙恬吞药自杀。成语"声名狼藉"即由此故事中"恶声狼藉"演化而来。

返 老 还 童

走火入魔汉刘安①，神醉心往欲成仙②。
长生不老法术找③，投其所好八公捐④。
老迈年高安不信⑤，不足道矣拒门前⑥。
转瞬即逝八公变⑦，返老还童换嫩颜⑧。

【说明】 成语"返老还童"，见于晋·葛洪《神仙传》中的一个成语故事。

【串讲】 ①走火入魔——指迷信、盲从一件事情已经到了失掉理性、神志不清的程度。走火：以枪支的走火比喻自己控制不住自己。入魔：迷恋某种事物到了失去理智的地步。汉刘安——汉时（淮南王）刘安（即如此）。

②神醉心往——心神陶醉向往。欲成仙——（一心）想成为神仙。③长生不老——长期生存，永不衰老。指人长寿。法术找——（刘安一直）寻找（这种超人力的）本领。④投其所好——迎合他人的喜好，使他人高兴。投：迎合，顺从。八公捐——（这便是）有八个老翁（为了迎合刘安长生不老的喜好来到他门前）捐赠（其"却老之术"）。⑤老迈年高——形容年龄很老。安不信——（所以）刘安（对他们自己都这么老的八个老翁所说的话）根本不相信。⑥不足道矣——不值得一说，不值得一提。足：值得。拒门前——（于是刘安将他们）拒之门外。⑦转瞬即逝——形容极短时间就消逝不见了。八公变——这八个老翁立即消逝而变成另外的模样。⑧返老还童——使老迈之人返回到年轻状态。常形容由衰老恢复青春。原为道家传说的一种却老术，后多用作向老年人祝颂赞美之词。此为原意。换嫩颜——（这八个老翁）已经换成娇嫩的面容。据载，八公笑道："淮南王嫌我们年老吗？好吧，那么现在总可以了吧！"说着八个老翁忽然一下子全变成儿童了。成语"返老还童"即由此而来。

囫 囵 吞 枣

心细如发一前人①，鞭辟入里吃说深②。
各有利弊梨与枣③，好恶殊方各有因④。
不假思索另人议⑤，奇谈怪论成笑闻⑥：
扬长避短梨不咽⑦，囫囵吞枣无牙痕⑧。

【说明】 成语"囫囵吞枣"，见于元·白珽（tǐng）《湛渊静语》中的一个成语故事。

【串讲】 ①心细如发——形容心思极其细致。一前人——从前就有一

335

个（这样的）人。②鞭辟（pì）入里——形容分析问题说明道理深刻透彻。鞭辟：策励，督促前进；里：里头，指最里层。吃说深——把吃的（道理）说得很透彻。③各有利弊——指事物所起的作用，有好的一面，也有坏的一面。此指梨与枣对人体的作用，各有好的一面，也有坏的一面。据载，这个人介绍生梨和生枣的功能时说："吃生梨对人的牙齿有益处，但对脾脏却有害处。吃生枣正相反，对人的脾脏有好处，但对人的牙齿却有害处。"④好（hào）恶（wù）殊方——表示旨趣不同，爱憎各异。此指对梨和枣的旨趣不同，喜欢与不喜欢也就不一样。有的愿吃梨，但不愿吃枣；有的愿吃枣，但不愿吃梨。好：喜爱；恶：厌恶；殊方：不同的趋向。各有因——各有各的原因。⑤不假思索——不经过思考。假：借。另人议——另外一个人发表意见。议：发表意见，动词。⑥奇谈怪论——奇怪的不合事理的言论。成笑闻——成为可笑的新闻。⑦扬长避短——从实际出发，发扬长处，避开缺欠之处。此指利用梨和枣对人体有好处的一面，避开有害的一面。梨不咽——（此人说）吃梨（只用牙齿咀嚼），不咽（到肚里）。⑧囫囵吞枣——吃枣时整个吞下肚去。常用来比喻学习时生吞活剥，对所学的并不理解。此指原意。无牙痕——（这样）枣就没有牙咬的痕迹了，即可不用牙齿咀嚼了。据载，在场的人都嘲笑这个人说："你真是囫囵吞枣啊!"成语"囫囵吞枣"即由此而来。

穷 兵 黩 武

刚愎自用主孙皓[①]**，残虐不仁为暴君**[②]**。**
剥肤椎髓百姓苦[③]**，劳师糜饷征伐频**[④]**。**

竭智尽忠陆抗谏⑤：穷兵黩武危害深⑥。
休养生息战须止⑦，富国安民祸不临⑧。

【说明】 成语"穷兵黩（dú）武"，见于《三国志·吴志·陆抗传》中的一个成语故事。

【串讲】 ①刚戾（lì）自用——固执残暴，不接受意见，独断专行。戾：残暴怪僻。主孙皓——（三国时）吴主孙皓（即是如此）。②残虐不仁——残忍暴虐，毫无同情仁爱之心。为暴君——（所以说孙皓）则是一位暴君。③剥肤椎髓——剥人皮肤，敲人骨髓。比喻极其残酷的压榨和剥削。百姓苦——（因此东吴的）老百姓生活极其贫困痛苦。④劳师糜（mí）饷——指徒劳兵力，空费军饷。征伐频——（这是因为孙皓）还频繁地发动对外战争。据载，孙皓不仅好战，还杀人如麻，人们恨之入骨，大臣们也是又恨又急，于是便有人冒死进谏。⑤竭智尽忠——竭尽才智和忠诚。陆抗谏——（这便是东吴名将）陆抗（多次给孙皓上奏章）规劝：⑥穷兵黩武——用尽全部兵力，任意发动战争。穷：用尽，穷尽。黩：轻率，滥用。危害深——其危害是极为深重的。⑦休养生息——指在战乱之后，减轻人民负担，安定生活，发展生产，恢复元气。生息：人口繁殖。战须止——（所以）战争必须停止。⑧富国安民——使国家富强，使人民安定。祸不临——（这样）大祸才不会降临。据载，陆抗在奏章中说："今不务富国强兵，力农蓄谷……而听诸将徇名，穷兵黩武，动费万计，士卒雕瘁，寇不为衰，而我已大病矣。"成语"穷兵黩武"即由此而来。

坐怀不乱

正法直度柳下惠[①]，克尽厥职外出巡[②]。
明察暗访回城晚[③]，寒冬腊月遭闭门[④]。
随之而来少女到[⑤]，弱骨丰肌发抖蹲[⑥]。
急人之困将其揽[⑦]，坐怀不乱暖至晨[⑧]。

【说明】 成语"坐怀不乱"，见于《荀子·大略》中的一个成语故事。

【串讲】 ①正法直度——端正、严明法度。柳下惠——（春秋时鲁国大夫掌管刑狱的士师）柳下惠（即如此）。②克尽厥（jué）职——能够尽力完成他的职责。形容责任心强，做事尽职尽责。厥：其，他的。外出巡——（于是柳下惠）则出城到外地巡视。③明察暗访——公开调查，暗中询问。指用各种方法调查了解情况。回城晚——（柳下惠）返回都城已经很晚（天都黑了）。④寒冬腊月——农历十二月天气最冷的时候。泛指严寒的冬天。遭闭门——（他却）遭遇到关闭城门（而不能入城）。⑤随之而来——指跟随某一事物、现象之后发生的事情或出现的情况。此指随柳下惠来到城门之后出现的情况。少女到——有一位年轻女子也来到城门洞进不去城。⑥弱骨丰肌——柔嫩的骨骼，丰润的肌肤。形容女子或花朵娇嫩艳丽而有丰韵。此指随之而来的后到的这位少女。发抖蹲——（她被冻得）瑟瑟发抖蹲（在门洞里）。⑦急人之困——以他人之困为急。指热心助人，使人解除困难。将其揽——（于是柳下惠）就把她（少女）揽在怀里。⑧坐怀不乱——让年轻女子坐在怀里而心神不乱。形容男子与女子相处时作风正派。暖至晨——（柳下惠就这样将少女揽坐在怀里）使其身上温暖（过了一夜）直到清晨（城门大开而入）。据载："柳下惠与后门者同衣而不见疑。"成语"坐怀不乱"即由此成语故事而形成。

两 败 俱 伤

龙争虎斗魏与韩①，**作壁上观秦王贪**②。
乘火打劫欲兵讨③，**得失成败心尚悬**④。
尊贤礼士陈轸问⑤，**两败俱伤故事言**⑥。
醍醐灌顶王从计⑦，**胜券在握奏凯旋**⑧。

【说明】　成语"两败俱伤"，见于《史记·张仪列传》中的一个成语故事。

【串讲】　①龙争虎斗——比喻斗争或竞赛十分紧张激烈。此指前者。魏与韩——（这便是战国时的）魏国与韩国（互相攻伐）。②作壁上观——别人交战，自己站在营垒上观望。比喻坐观成败，不帮助谁。壁：营垒，营寨的围墙。秦王贪——（这是因为）秦惠王贪图（这两个国家想占为己有）。③乘火打劫——趁人家失火时去抢人家的东西。比喻乘别人危难时去捞取好处。乘：趁。打劫：抢夺财物。欲兵讨——（这便是秦惠王乘魏韩交战之机）想出兵征伐它们。④得失成败——获得与失去，成功与失败。心尚悬——（这样做究竟会怎样）心里还是不着底。⑤尊贤礼士——尊重品德高尚、学识出众的人。礼：以礼相待。陈轸（zhěn）问——（于是秦王）则向说客陈轸请教。⑥两败俱伤——斗争的双方都受到损失。败：失败。俱：都，全。伤：伤害。故事言——（陈轸则向秦王）讲了这样的故事。据载，陈轸对秦王说："庄子（指下庄子）欲刺虎，馆竖子止之，曰：'两虎方且食牛，食甘必争，争则必斗，斗则大者伤，小者死，从伤而刺之，一举必有双虎之名。'下庄子以为然，立须之，有顷，两虎果斗，大者伤，小者死。庄子从伤者而刺之，一举果有双虎之功。今韩魏相攻，期年不解，是必大国伤，小国亡，从伤而伐之，一举必有两实。此犹庄子刺虎之类也。"⑦醍醐（tí hú）灌顶——用醍醐来灌头顶。佛教比喻灌输智慧，使人得到启发和彻悟。也比喻对某个道理豁然贯通。此指后者，即指秦王对如何灭掉魏韩两国的策略豁然贯通。醍醐：纯酥油。王从计——（于是）秦王依从（陈轸提出的）计谋。⑧胜券在握——指对胜利、成功已有了把握。奏凯旋——（于是依计出兵而得胜）奏着胜利的乐曲归来。据载，事实果如陈轸所料："大国果伤，小国亡，秦兴兵而伐，大剋之。此陈轸之计也。"成语"两败俱伤"即由此成语故事而形成。

作 舍 道 边

治国安邦汉章帝①，礼坏乐崩下诏书②。
改弦易辙固制礼③，谦虚敬慎固回复④：
硕彦名儒京多在⑤，朝章国典可共出⑥。
此路不通帝谚引⑦：作舍道边不可图⑧。

【说明】　成语"作舍道边"，见于《后汉书·曹褒传》中涉及的一个成语故事。

【串讲】　①治国安邦——治理国家，使之安定无虞。汉章帝——东汉章帝时（正极力这样做）。②礼坏乐崩——形容社会纲常紊乱，动乱不宁。礼：古代制礼，作为社会道德行为的规范。乐：古代制乐，作为教化的规范。下诏书——（于是章帝针对这样的社会现实）则下发诏书（重新整治）。③改弦易辙——乐器换弦，车子改道。比喻改变方向、计划、做法或态度。此指改变做法。固制礼——（下诏书）让班固一人重新制定礼乐制度。固：班固（人名）。④谦虚敬慎——形容人虚心礼让，小心谨慎。固回复——（这便是）班固做了回答：⑤硕彦名儒——有名气的大学者。硕：大。彦：有才德的人。儒：读书人。京多在——在京城里（这样的儒者）大有人在。⑥朝章国典——朝廷与国家的典章制度。此指国家的礼乐制度。可共出——可以（让他们）共同制定出来。⑦此路不通——原指这条路走不通，现常用于劝阻某种行为。此指让多人共定礼乐制度行不通。帝谚引——（为说明这个道理）章帝则引用了一则谚语说：⑧作舍道边——在路边造房子，与过路人商量，由于各自说法不同，房子难以造成。比喻众说纷纭，莫衷一是，难以成功。不可图——（所以让京师诸儒制礼）那是不能指望办成的。据载："固曰：'京师诸儒，多能说礼，宜广招集，共议得失。'帝曰：'谚言作舍道边，三年不成。'"成语"作舍道边"即由此而来。

鸡 鸣 狗 盗

楚材晋用孟事秦①，怀璧其罪成囚人②。
死里求生王妃贿③，狗盗鼠窃献袍允④。
虎口余生边关到⑤，深更半夜已闭门⑥。
鹦鹉学舌拟鸡叫⑦，鸡鸣狗盗侥脱身⑧。

【说明】 成语"鸡鸣狗盗"，见于《史记·孟尝君列传》中的一个成语故事。

【串讲】 ①楚材晋用——楚国的人才被晋国使用。比喻自己的人才被他人所利用。此指战国时齐国的人才被秦国所利用。孟事秦——（齐国的）孟尝君去侍奉秦国。孟：指孟尝君，这是他的号，名叫田文，是齐国的一个贵族。秦：指秦国。据载，秦昭王听说孟尝君很有才能，就请他到秦国来，委以重任，官居相国。②怀璧其罪——身藏璧玉，因此获罪。原指有财足以致祸。后也比喻有才能而遭嫉害。此指后者，即孟尝君因有才能而遭嫉害。怀：怀藏，作动词用。成囚人——（孟尝君）成为被关押的犯人。据载，有人对秦昭王说："孟尝君很有才能，又是齐国的贵族，现为秦相，必定先为齐国打算，后为秦国打算。这样一来，秦国就很危险了。"秦昭王听信此谗言，便囚禁了孟尝君，准备杀掉他。③死里求生——在极危险的处境中求取生路。王妃贿——（于是孟尝君就派人到）秦昭王的宠妃那里行贿。据载，这个王妃以要一件白狐皮袍为条件。可是，孟尝君唯一一件这样珍贵的皮袍早就献给秦昭王了。怎么办呢？④狗盗鼠窃——像狗鼠那样偷窃。比喻小偷小摸。献袍允——于是孟尝君则派人把那件皮袍偷回来献给（王妃），于是王妃便答应了（帮忙救他）。据载，孟尝君身边有一个跟随的食客（养在门下，替主人出谋划策的帮闲人物），当夜学着狗叫，爬进秦宫中衣库，偷回那件皮袍，献给秦昭王宠妃。她果然说动了秦昭王，释放了孟尝君。于是孟尝君则带领食客们急忙向齐国逃奔。⑤虎口余生——从老虎嘴边逃出生命。比喻经历了极大危险，侥幸得生。边关到——（孟尝君等人）走到了边境的函谷关。关：指函谷关。⑥深更半夜——形容夜深。已闭门——（这时函谷关的）大门已经关闭了。怎么办呢？⑦鹦鹉学舌——鹦鹉学人说话。比喻跟着人家学舌。此指人像鹦鹉学舌那样。拟鸡叫——模拟公鸡（早晨）打鸣。据载，根据守关规定，鸡叫时才能开门。这时，有一名食客便学起了鸡叫，附近的鸡也跟着叫起来。于是守关人便打开关门让他们出去了。等到秦昭王反悔，派人来捉拿他们，孟尝君等已经走得很远了。⑧鸡鸣狗盗——比喻卑微的技能。侥脱身——（孟尝君就是靠着食客们这种技能）才侥幸脱离危险而离开秦国。成语"鸡鸣狗盗"则由此形成。

怀 刺 漫 灭

端人正士汉祢衡①，才大气高主见生②：
矫时慢物高人请③，有所作为京都行④。
备而不用阴怀刺⑤，眼高于天无适从⑥。
大失所望离京走⑦，怀刺漫灭视无形⑧。

【说明】 成语"怀刺漫灭"，见于《后汉书·祢（ní）衡传》中的一个成语故事。

【串讲】 ①端人正士——端庄正直的人。汉祢衡——后汉有位名叫祢衡的（即是这样的人）。②才大气高——指才能超群，意气高傲。主见生——并产生一个主意：③矫时慢物——指对现实不满，态度傲慢。矫时：矫正时俗。慢：傲慢。高人请——（但仍然想）向志趣、行为高尚的人请教。④有所作为——可以做事情，并能取得不错的成绩。京都行——（于是在汉末建安初年祢衡便）前往当时的京都许昌（寻求能向他请教的高人）。⑤备而不用——指事先有所准备而暂不使用，做到有备无患。阴怀刺——（于是祢衡）则暗地里（准备好一份）名刺藏在怀里（来到京都）。刺：指名刺，是写着自己姓名的帖子。古时求见有地位的人，必先递名刺，主人据此决定是否接见。⑥眼高于天——眼界高过上天。比喻眼光锐利，识别力强。也比喻骄傲自大，看不起人。此指后者。无适从——（所以）选不到能依从的人（为师）。⑦大失所望——原来的希望完全落空。形容非常失望。离京走——（于是祢衡）离开京都而去。⑧怀刺漫灭——身藏名片，因自视甚高，不愿意以名片自介，以致名片字迹磨灭。视无形——都看不出字的形状了。据载："祢衡，字正平，平原般人也。少有才辩，而尚气刚傲，好矫时傲物。兴平中，避难荆州。建安初，来游许下。始达颖川，乃阴怀一刺，既而无所之适，至于刺字漫天。"成语"怀刺漫灭""矫时慢物"即由此而来。

妒 贤 嫉 能

区宇一清邦灭羽①，气得志满问臣因②。
只知其一起陵对③：利益均沾夺至尊④。
妒贤嫉能羽欺下⑤，亲离众叛丧其身⑥。
居高临下帝结语⑦：成败得失在用人⑧。

【说明】 成语"妒贤嫉能"，见于《史记·高祖本纪》中的一个成语故事。

【串讲】 ①区宇一清——天下一统，国家太平。区宇：疆土境域。邦灭羽——（这是因为）刘邦已经灭掉项羽（而建立了汉朝）。②气得志满——洋洋自得，心满意足。问臣因——（于是刘邦）则问他手下的大臣（之所以会这样）是什么原因。据载，刘邦建立汉朝后，有一次置酒洛阳南宫问其大臣曰："吾所以有天下者何？项氏之所以失天下者何？"③只知其一——对情况的了解很不全面。起陵对——（这便是）高起和王陵（两位大臣）来回答刘邦的问话：④利益均沾——有好处时，大家都有份。夺至尊——（所以）陛下才能夺取至高无上的皇位。⑤妒贤嫉能——对于德望、才能胜过自己的人心怀忌恨。羽欺下——（所以）项羽则欺压他的手下人。⑥亲离众叛——亲信背离，大家反对。丧其身——（结果弄得）他自己也丧失了性命。据载，高起、王陵回答说："……然陛下使人攻城略地，所降下者因以予之，与天下同利也。项羽妒贤嫉能，有功者害之，贤者疑之，战胜而不予人功，得地而不予人利，此所以失天下也。"⑦居高临下——处在高位，俯视下面。形容占据非常有利的地位。也比喻有高水平或身处高位。此指身处皇帝高位。帝结语——（这便是）皇帝刘邦自己做总结说：⑧成败得失——成功与失败，获得与失去。此指得到天下与失去天下。在用人——（这完全）在于是否会用人。据载，刘邦列举了子房、萧何、韩信都各具专才而又强于自己之后指出："此三者，皆人杰也，吾能用之，此吾所以取天下也。项羽有一范增而不能用，此其所以为我擒也。"成语"妒贤嫉能"即由此成语故事而来。

抛 砖 引 玉

名不虚传唐赵嘏①，锦囊佳制诗才高②。
心折首肯常欲得③，不辞劳苦灵岩跑④。
挥翰临池诗两句⑤，果如所料赵嘏瞧⑥。
援笔而就常诗续⑦，抛砖引玉得诗宝⑧。

【说明】 成语"抛砖引玉"，见于《谈征》中的一个成语故事。

【串讲】 ①名不虚传——传出的名声不是虚假的，名声与实际相符。唐赵嘏（gǔ）——唐代（诗人）赵嘏（即如此）。唐：指唐朝。②锦囊佳制——唐李商隐《李长吉小传》载，李贺总是每天早晨骑马出去游览，让书僮"背一古破锦囊，遇有所得，即书投囊中"。后以"锦囊佳制"比喻优美的诗句。此指赵嘏的诗句优美。诗才高——（这是因为他）作诗的才能很高。③心折首肯——心里佩服，点头同意。表示钦佩赞许至极。此指当时另一诗人常建对赵嘏的诗才"心折首肯"。常欲得——（所以）常建（一心）想得到（赵嘏的诗句）。常：指常建（人名）。怎样才能得到呢？据载，有一次，赵嘏到吴地去，常建料想他一定会去灵岩寺游览，觉得这是获得赵嘏诗句的好机会。于是，便开始行动了。④不辞劳苦——虽然劳累辛苦，也不推辞。灵岩跑——（常建）急急忙忙地先去了灵岩寺。灵岩：指灵岩寺。⑤挥翰临池——运笔写字。翰：鸟毛，借称毛笔；临池：指写字。晋卫恒《四体书势》谓东汉张芝"临池学书，池水尽黑"，后人便称写字为"临池"。诗两句——（常建便在灵岩寺墙壁上挥翰临池）题诗两句（故意留两句不把诗作完）。⑥果如所料——事物的发展变化，果然和预料的相符。谓判断准确。此指常建的预料准确。赵嘏瞧——（这两句诗果然）被赵嘏来游时所看见。他会怎么样呢？⑦援笔而就——拿起笔来就很快完成。援笔：拿起笔；就：完成。常诗续——（赵嘏）续写了常建（未有写完的后两句）诗。⑧抛砖引玉——抛出砖去，引回玉来。常作谦词，比喻自己先发表粗浅的文字或不成熟的意见，以引出别人的佳作或高见。此指常建先题上两句诗，以引出赵嘏的后两句佳诗。得诗宝——（常建便因此）而得到了视如珍宝的赵嘏诗句。据此传说，则引申出成语"抛砖引玉"。

劳 思 逸 淫

退思补过鲁文伯①，孝子惜日对母说②：
颐养天年勿劳苦③，悠闲自在安逸活④。
此言一出母惊叹⑤，不明事理将其驳⑥：
劳思逸淫儿应懂⑦，身自为之好品格⑧。

【说明】 成语"劳思逸淫"，见于《国语·鲁语下》中的一个成语故事。

【串讲】 ①退思补过——指事后反省过错，弥补过失。退思：官吏退朝后检查自己的言行。鲁文伯——（春秋时）鲁国（大夫）公父文伯（即如此）。鲁：鲁国。据载，当公父文伯退朝回家，见母亲正在绩麻，心里便自省起来。②孝子惜日——指珍惜与父母共处的岁月，及时行孝。对母说——（于是）对他母亲（敬姜）说：③颐养天年——使高寿之人安稳地生活。勿劳苦——（您）不要这样劳累辛苦。④悠闲自在——形容安闲舒适、无忧无虑的样子。安逸活——（就这样）安安逸逸地生活（不要再劳作了）。据载，公父文伯对其母敬姜说："像我们这样的人家，母亲还要绩什么麻呢！不怕别人笑话我不能奉养大人吗？"⑤此言一出——这个话一说出口。母惊叹——他的母亲就很惊讶而感叹。⑥不明事理——不懂得事物的道理。将其驳——（用这样的话）来驳斥他的儿子并指出：⑦劳思逸淫——指参加实际劳动，才能想到爱惜物力，知道节俭；贪图安逸就容易放荡堕落。逸：安逸。淫：放纵。儿应懂——（这个道理）儿子你应该懂得。⑧身自为之——亲自去做。好品格——（这样你才会具有）好的品质和人格。据载，敬姜教育其子公父文伯说："劳则思，思则善心生；逸则淫，淫则忘善，忘善则恶心生。"成语"劳思逸淫"即由此而来。

饮 鸩 止 渴

不平则鸣汉霍谞①，挺身而出拯舅急②。
钩玄提要上书阐③，辞简意足事理析④：
执法如山为一向⑤，金科玉律何敢移⑥？
饮鸩止渴明知死⑦，自取灭亡怎能趋⑧？

【说明】 成语"饮鸩（zhèn）止渴"，见于《后汉书·霍谞（xū）传》中的一个成语故事。

【串讲】 ①不平则鸣——受到不公平的待遇就要发出不满的呼声。也指遇到不公平的事则表示不满。此指后者。鸣：发出声音，指有所抒发或表示。汉霍谞——东汉时（一个年仅十五岁知书识经）名叫霍谞的人（即如此）。汉：东汉。②挺身而出——形容勇敢地站出来。拯舅急——（这是因为霍谞）拯救（他的）舅父（宋光）非常急迫。据载，霍谞的舅父（宋光）是一位州官，被人诬告为擅自删改朝廷法令而因在（大将军梁商）狱中。霍谞对此事极为不满，便"挺身而出"为其舅父鸣不平。③钩玄提要——指抓住精神实质，提出主要之点。钩玄：钩取精微的道理。上书阐——（霍谞给大将军梁商）呈上一份奏书阐明（对此事的看法）。④辞简意足——用词简练而意思却很充足。事理析——（霍谞对其舅父宋光能否犯此罪）从事情的道理上做了有力分析：⑤执法如山——比喻执行法令、法律很坚决，不可动摇。为一向——（宋光）一向是（这样做的）。

⑥金科玉律——原形容法律条文的尽善尽美。现在多指不可变更的条规。此指后者，即法律条文不可变更。科、律：法律条文。何敢移——（宋光）怎么敢擅自改动呢？据载，霍谞给梁商上书说：定人之罪，应符合事实。宋光一向按法律规章办事，即使对法令条款有疑，也会用适当的方法反映，怎会冒死罪而擅自删改呢？⑦饮鸩止渴——喝毒酒来止口渴。比喻只顾目前，不顾后患。鸩：鸩酒，一种有剧毒的酒。明知死——（宋光）清楚地知道（这样做）会死的。⑧自取灭亡——自己找死。怎能趋——（宋光）怎么能朝（这方面）去做呢？趋：趋向。据载，霍谞在上书中还做比喻说："止渴于鸩毒，未入肠胃，已绝咽喉（咽喉的呼吸先断了），岂可为哉？"成语"饮鸩止渴"即由此演化而形成。

余 勇 可 贾

孔武有力齐高固①，飒爽英姿攻晋营②。
横冲直撞逢人打③，手到擒来虏一兵④。
鸣金收兵车立树⑤，八面威风齐营行⑥。
逞强称能于人讲⑦：余勇可贾谁来称⑧？

【说明】 成语"余勇可贾（gǔ）"，见于《左传·成公二年》中的一个成语故事。
【串讲】 ①孔武有力——很威武而有力量。形容人很有勇力。孔：甚，很。齐高固——（春秋时）齐国一个名叫高固的（大夫即如此）。齐：齐国。②飒（sà）爽英姿——豪迈矫健的样子，英俊勇武的姿态。攻晋营——（高固就以此种雄姿一人驾着战车）攻入晋军军营。据载，春秋时，有一次齐晋两国交战，高固以他过人的勇力拿着扁担和石子只身攻入晋军营地。③横冲直撞——形容毫无顾忌地乱冲乱撞。逢人打——（高固）遇见敌人（晋兵）就打。④手到擒来——一伸手就能捉拿到。虏一兵——（高固）擒获到一个晋军士兵（绑在自己的战车上）。⑤鸣金收兵——敲起锣来，命令正在交战的官兵撤回营垒。车立树——（高固在撤回时）于战车的（后面）立着（拴上一棵）桑树。⑥八面威风——无论从哪一方面看都很威风。形容威风十足的样子。齐营行——（高固就是这样驾着战车）在齐军营地穿行。⑦逞强称能——炫耀和卖弄自己的才能和本事。于人讲——（高固）对人说：⑧余勇可贾——还有未用尽的勇力可以使出来。余勇：剩下的勇力；贾：卖出。谁来称——哪一位（需要勇力）可以来买呀？称：计轻重。据载，高固对人夸耀自己逞能说："欲勇者，贾余（我）余（剩余）勇。"成语"余勇可贾"即由此演化而形成。

余 音 绕 梁

栉风沐雨娥之齐①，饥肠辘辘卖唱乞②。
珠圆玉润雍门响③，余音绕梁人已离④。
啼天哭地路遭辱⑤，动地惊天感人啼⑥。
急起直追娥重返⑦，喜跃抃舞伴歌击⑧。

【说明】　成语"余音绕梁"，见于《列子·汤问》中的一个成语故事。
【串讲】　①栉（zhì）风沐雨——风梳发，雨洗头。形容旅途奔波的辛劳。栉：梳头发；沐：洗头发。娥之齐——（战国时韩国著名歌手）

韩娥（就是这样辛劳地）去往齐国。娥：指韩娥；之：往，到，作动词；齐：指齐国。②饥肠辘辘——肚子饥饿发出咕噜噜的响声。形容非常饥饿。辘辘：车轮声。卖唱乞——（于是韩娥）则靠卖唱来乞讨饭食。③珠圆玉润——像珠子那样圆，像玉那样温润。形容歌声或文字既委婉曲折，又自然流畅。此指韩娥唱的歌声如"珠圆玉润"。雍门响——（这歌声是在她乞讨的）雍门地方回响。④余音绕梁——唱完后遗留下的音响围着屋梁打转转。形容歌声优美，使人回味。余音：唱完后遗留下的音响；绕梁：环绕屋梁。人已离——（这是在韩娥）已经离开雍门后而（给人的感觉）。据载："（韩娥）既去，而余音绕梁枥（lì），三日不绝。"韩娥离去会怎样呢？⑤啼天哭地——呼天喊地啼哭。形容极其悲痛。路遭辱——（这是因为韩娥）路（经旅店）遭受污辱（而拖长声音"啼天哭地"）。⑥动地惊天——形容声势极大。感人啼——（这便是韩娥哭得很厉害，哭声"动地惊天"）而使众人深受感动也跟着她一同啼哭起来。据载，旅店所在里弄的人都听到了韩娥那拖长声音的悲痛欲绝、惊天动地的哀哭，因而都被感动得哭泣起来，韩娥走后，三天都吃不下饭。⑦急起直追——急忙起来，径直去追赶。比喻立即行动起来，努力赶上去。此指里弄的人急忙行动起来去追赶韩娥。直：径直。娥重返——（于是）韩娥又重新返回来。⑧喜跃抃（biǎn）舞——高兴得跳跃、鼓掌、起舞。形容欢乐至极，手舞足蹈的情状。跃：跳；抃：鼓掌。伴歌击——（这是整个里弄的人）伴随着韩娥的歌声而"喜跃抃舞"。据载："娥还，复为曼声长歌，一里（整个里弄）老幼喜跃抃舞，弗（不）能自禁，忘向（先前）之悲也。"成语"余音绕梁""喜跃抃舞"即由此成语故事而来。

沧 海 桑 田

道骨仙风远与姑①，相得无间二神熟②。
诚信为先蔡家会③，举觞称庆姑语出④：
身历其境受天命⑤，地久天长东海殊⑥。
沧海桑田变三次⑦，观形察色陆将浮⑧。

【说明】 成语"沧海桑田"，见于晋·葛洪《神仙传·王远》中的一个成语故事。

【串讲】 ①道骨仙风——道家的气质，神仙的风度。指超脱世俗的气质。也形容人的风度神采不同凡俗。此为原义。远与姑——（从前有两位神仙）王远与麻姑（即如此）。②相得无间——指彼此十分投合，没有隔阂。二神熟——（因为）二位神仙相互很熟悉。③诚信为先——指为人处世最重要的是诚实和守信义。蔡家会——（所以二神都按约如期）地到蔡经家相会。据载，麻姑因在蓬莱巡视，尽管后到也是按约前来。这是相隔五百年后的见面，二神非常高兴，相互施礼后，王远就吩咐开宴。④举觞称庆——举杯庆贺。表示喜悦。觞：古代盛酒的杯子。姑语出——（于是）麻姑有话说出：⑤身历其境——亲身经历了那个境地。受天命——（这便是）接受上天的任命来（管理东海）。⑥地久天长——原指天地存在的时间久远。后用以形容时间久远，多指感情经久不变。此指原义。东海殊——东海则表现得很特殊。⑦沧海桑田——大海变成桑田，桑田变成大海。比喻世事变化很大。此为原义。桑田：农田。变三次——（东海如此）变化已有三次。⑧观形察色——观看脸色表情，推测心意。此借指观察海水形态颜色，以推测其变化。陆将浮——（看样子）陆地又将露出水面了。据载："麻姑自说，接待以来，已见东海三为桑田。"又说刚才到蓬莱巡视，见海水变浅一半，东海又要变为陆地了。成语"沧海桑田"即由此故事而来。

投 笔 从 戎

家道消乏汉班超①，焚膏继晷缮写劳②。
意忧心烦猛掷笔③，慷慨激昂真言抛④：
立功自效无他志⑤，志在四方出国操⑥。
天假良缘使西域⑦，投笔从戎绩显高⑧。

【说明】　成语"投笔从戎"，见于《后汉书·班超传》中的一个成语故事。

【串讲】　①家道消乏——家境贫寒，生活穷困。汉班超——东汉时班超（年轻时的家境即如此）。汉：指东汉。②焚膏继晷——点着灯烛接替日光照明。形容夜以继日地工作或学习。此指工作。焚：烧；膏：油脂，指灯烛；晷：日光。缮写劳——（班超如此地）抄写（官厅文件）非常辛苦。据载，由于班超家有老母，生活贫困，不得不替官厅缮写些文件，获得一点报酬，来维持生计。③意忧心烦——思绪纷忧，心情烦躁。猛掷笔——（有一次班超）突然把笔投在地上。④慷慨激昂——精神振奋，情绪激扬，充满正大的气概。真言抛——（接着）便说出了他的真心话：⑤立功自效——立功以作贡献。效：报效，献出。无他志——（大丈夫纵然）没有其他什么志向。⑥志在四方——立志在天下，即不株守一地，远行以建功业。出国操——（这便是）走出国门去从事伟大的事业。据载："（班超）尝辍业投笔叹曰：'大丈夫无他志略，犹当效傅介子、张骞立功异域，以取封侯，安能久事笔研（砚）间乎？'"⑦天假良缘——上天给予的美好因缘或缘分。指难得的好机会。假：借。使西域——（后来真的派班超）出使西域。据载："奉车都尉窦固出击匈奴，以超为假司马（官名），将兵别击伊吾（地名）……多斩首虏而还。固以为能，遣与从事郭恂俱使西域。"⑧投笔从戎——班超放弃缮写工作，先参加军队而后出使西域。后用以比喻弃文从武。投：丢掷；从戎：参加军队。绩显高——（其业绩）显著而突出。据载，班超从戎以及出使西域付出了毕生的时间和精力，为汉王朝与西域各国以至古罗马的经济往来和文化交流做出了很大贡献，功勋卓著，后被封为定远侯。成语"投笔从戎"也便由此故事而形成。

近 悦 远 来

仁心仁闻圣孔丘①，推诚爱物诸国游②。
奔波劳碌转入楚③，马不解鞍叶邑投④。
相见恨晚公问政⑤，言简意丰子回求⑥：
近悦远来为政好⑦，顺天从人良方筹⑧。

【说明】 成语"近悦远来"，见于《论语·子路》中的一个成语故事。

【串讲】 ①仁心仁闻——有仁慈善良的心并因此享有崇高的声誉。

闻：声望。圣孔丘——圣人孔子（即如此）。②推诚爱物——拿出真心去爱护他人。指以真诚的心意爱别人。物：指他人。诸国游——（于是孔子）去周游列国（宣传自己的仁政主张）。③奔波劳碌——形容为生活、事业等四处奔走的辛苦情状。此指为事业。奔波：忙碌奔走。劳碌：事多而辛苦。转如楚——（这便是孔子从鲁国出发，先到卫国、曹国、宋国、郑国和陈国、蔡国，）又辗转来到楚国。④马不解鞍——比喻一刻也不停留，毫不停歇。叶邑投——（一直）投奔到楚国的叶邑地区。⑤相见恨晚——只恨互相见面太晚。形容一见如故，意气相投。公问政——（于是叶邑的首领自称为）叶公的（楚国大夫沈诸梁）向孔子请教（怎样才能办好一个地方的）政治。⑥言简意丰——言语简洁，意义丰富。子回求——孔子（就这样来）回答叶公的请求说：⑦近悦远来——使近处的人因受到恩惠而高兴，远处的人因仰慕而来归附。形容政治清明，无论远近之民都来依附。为政好——（能做到这样）就叫办好一个地方的政治了。⑧顺天从人——指顺应天意，合乎民心。良方筹——来筹划（这样的）好方法（就能做到"近悦远来"）。据载："叶公问政。子曰：'近者悦，远者来。'"成语"近悦远来"即由此而来。

忍 辱 负 重

多谋善断将陆逊①，临军对垒抗玄德②。
整装待发不出战③，令人莫测众纷说④。
气充志定逊严讲⑤：惟命是从不许驳⑥。
指挥可定承君旨⑦，忍辱负重大胜谋⑧。

【说明】 成语"忍辱负重"，见于《三国志·吴志·陆逊传》中的一个成语故事。

【串讲】 ①多谋善断——能多方面谋划而又善于做出判断。将陆逊——（三国时吴国）名将陆逊（即是如此）。②临军对垒——指在战场上交锋对垒。抗玄德——（这便是公元二二二年陆逊被任命为大都督）来抵抗刘备（字玄德）的进攻。③整装待发——整理好行装，等待出发。不出战——（但）并不出去与刘备交战。④令人莫测——使人无法揣测。众纷说——（因此）引起众将（对陆逊按兵不动）议论纷纷。⑤气充志定——形容精力旺盛，意志坚定。逊严讲——（这就是）陆逊（手拿孙权授予他的"尚方宝剑"对众将）严厉地说：⑥惟命是从——只要是命令就听从。形容完全听从命令，让做什么就做什么。不许驳——（你们只能这样听我军令）不准许反驳。⑦指挥可定——指一经调度安排，不用多久，局势即可平定。承君旨——（我这是）承担君主的旨意来指挥作战的（请听从命令不得违抗）。⑧忍辱负重——隐忍屈辱并担负起重任。大胜谋——（这就是我的长处）以谋求最大的胜利。据载，陆逊对诸将曰："国家所以屈诸君使相承望者，以仆（我）有尺寸可称，能忍辱负重故也。"后来，直待蜀军疲惫，陆逊乘机火攻，一举取得彝陵之战大胜，诸将佩服。成语"忍辱负重"即由此成语故事而来。

肝 脑 涂 地

义胆忠肝汉苏武①，负重涉远使匈奴②。
事出不意人被扣③，利诱威胁武不服④。

万般无奈徙北海⑤，饥冻交切牧羊逐⑥。
北面称臣李陵劝⑦，肝脑涂地拒降抒⑧。

【说明】　成语"肝脑涂地"，见于《汉书·苏武传》中的一个成语故事。

【串讲】　①义胆忠肝——忠义的血性、胆略。汉苏武——西汉（中郎将）苏武（便是这样一位忠义之臣）。②负重涉远——背着重物走很远的路。比喻肩负重任。使匈奴——（苏武就是肩负着接回被扣人质的重任）而出使匈奴的。据载，当时汉朝多次讨伐匈奴，匈奴则扣留汉朝使臣作为人质。天汉元年，即公元前一〇〇年，汉朝则派苏武率一百多人去接人质回汉。③事出不意——事情的发生出乎意料。人被扣——（结果是）苏武等人（去到匈奴不但没接回人质）反而被扣留。据载，当苏武去匈奴时，正碰上匈奴缑（gōu）王和投降匈奴的虞常等人造反；结果是造反未成，反使苏武等人受到牵连而被扣。④利诱威胁——既用名利引诱，又用暴力威胁。武不服——（但）苏武仍是不屈服，决不投降。⑤万般无奈——迫不得已，实在是没有一点办法。徙北海——（匈奴只好把苏武）流放到北海（今贝加尔湖）岸边。⑥饥冻交切——饥饿与寒冷一起袭来。形容无吃无穿，生活极度贫困。牧羊逐——（苏武就是过着这样饥寒的生活）追逐着羊群来牧羊。⑦北面称臣——降顺或归附于人。此指前者。北面：古代君王面南而坐，臣子拜见君王则要面北。李陵劝——（这是已经投降匈奴的汉将）李陵（对苏武）的劝说（让他也降顺匈奴）。⑧肝脑涂地——肝和脑浆都溅到地上。形容死得很惨。也表示尽忠报效，不惜牺牲生命。此指后者。拒降抒——（这是苏武）拒绝投降（对李陵）所表达的（尽忠报国的决心）。据载，苏武拒绝李陵劝降曰："武父子亡（无）功德，皆为陛下所成就，位列将，爵通侯，兄弟亲近，常愿肝脑涂地。今得杀身自效，虽蒙斧钺汤镬（受各种酷刑），诚甘乐之。臣事君，犹子事父也。子为父死亡（无）所恨。愿勿复再言。"成语"肝脑涂地"即由此成语故事而来。

邯郸学步

龙骧虎步邯郸人①，赫赫有名邻国尊②。
邯郸学步燕人派③，急于求成步紧跟④。
不得要领瞎模拟⑤，一无所得害自身⑥。
百无一存原步忘⑦，出乖露丑匍匐循⑧。

【说明】 成语"邯郸学步"，见于《庄子·秋水》中的一个成语故事。

【串讲】 ①龙骧（xiāng）虎步——像龙马高昂着头，似老虎迈着雄健的步子，形容威武雄壮的气概。龙：古代称高大的马为"龙"；骧：马昂着头的样子。邯郸人——（战国时赵国都城）邯郸人（走路的步伐和姿势就是这样威武雄壮，特别好看）。②赫赫有名——形容声名特别显著。此指邯郸人能步善行"赫赫有名"。邻国尊——（因而受到赵国）相邻国家的尊敬。③邯郸学步——去邯郸学习那里人的走路姿势。比喻模仿别人不到家，连自己原来会的东西也忘掉了。燕人派——（这是）燕国派（几个少年）人（去那里学习走路姿势的结果）。为什么会这样呢？④急于求成——急着取得成功。含有忽视质量、追求速度的贬义。此指燕人急着学会邯郸人走路的姿势。步紧跟——（所以）一步紧跟一步地学。⑤不得要领——没有抓住要点或关键。此指前者，即没有抓住邯郸人走路要点。瞎模拟——（燕人就是这样）胡乱地模仿（邯郸人走路）。结果如何呢？⑥一无所得——形容什么也没有得到。此指燕人对邯郸人的走路方法、姿势什么都没有学到。害自身——（不仅如此）反而把自己害了。怎见得呢？⑦百无一存——一百个里面没留下一个。表示丧失殆尽。原步忘——（这就是燕人）把原来自己怎样走路全都忘掉了。怎么办呢？⑧出乖露丑——形容在众人面前出丑。匍匐循——因为只能依照手足在地上爬着走（而回国）了。据载，燕人去邯郸学步，"未得国能（没有学会邯郸人的走路本领），又失其故行矣（又丧失了他原有的走路能力），直匍匐而归耳（只好爬着回国了）"。成语"邯郸学步"即由此而形成。

助 桀 为 虐

转战千里沛入宫①，**应有尽有欲宫停**②。
迁地为良樊哈谏③，**忠言逆耳沛不听**④。
深明大义张良劝⑤：**助桀为虐万不成**⑥。
良药苦口沛终醒⑦，**舍己从人霸上行**⑧。

【说明】 成语"助桀（jié）为虐"，也作"助纣为虐"，见于《史记·留侯世家》中的一个成语故事。

【串讲】 ①转战千里——在极广大的区域里辗转对敌作战。沛入宫——沛公（攻下秦国都城咸阳）进入秦王宫。沛：指沛公，即刘邦；宫：秦王宫。②应有尽有——应该有的全都有。形容很齐全。此指秦王宫里"应有尽有"。据载，沛公进入秦宫，看到宫室内犬马、珍宝、妇女数以千计。欲宫停——便想要在秦王宫里住下。③迁地为良——以迁移到别的地方去为好。此指劝刘邦迁到宫外去住为好。樊哙谏——（这）是（大将）樊哙（对刘邦）的规劝。谏：规劝。④忠言逆耳——忠实的劝告听起来不好受。沛不听——沛公不听（劝告）。⑤深明大义——深深懂得正大的道理。张良劝——（于是谋士）张良又规劝（沛公）。⑥助桀为虐——协助桀干暴虐的事。比喻帮助恶人干坏事。此指助秦为虐。桀：夏代最后一个君主，是暴君；虐：残暴。万不成——（这）是万万不能做的。据载，张良劝刘邦说："夫秦为无道，故沛公得至此。夫为天下除残贼，宜缟素为资（应以简朴为本）。今始入秦，即安其乐，此所谓'助桀为虐'。"⑦良药苦口——比喻有些真心的劝告或尖锐的批评，听起来可能暂时不舒服，但是很有益处。此指樊哙、张良的功谏，刘邦听来不舒服，但对他夺取天下却大有好处。沛终醒——沛公终于醒悟过来。据载，张良接着又劝沛公说："且'忠言逆耳利于行，毒药（攻毒的药）苦口利于病'，愿沛公听樊哙言！"⑧舍己从人——放弃个人意见，服从公论。也指放弃自己的利益而顺从别人的愿望。此从前者，即沛公放弃个人想留在秦宫住下的想法，听从樊哙、张良的劝谏。霸上行——（刘邦则率领军队）向霸上行去。霸上：地名，在今陕西省西安市东。成语"助桀为虐"即由此成语故事而来。

困 兽 犹 斗

深谋远虑晋贞子①，据理力争谏景公②：
欢天喜地昔胜楚③，忧心如焚文公明④。
困兽犹斗楚相在⑤，重整人马必逞凶⑥。
中流砥柱免苟死⑦，戴罪立功公允应⑧。

【说明】 成语"困兽犹斗"，见于《左传·宣公十二年》中的一个成语故事。

【串讲】 ①深谋远虑——计划周到，考虑得很深远。晋贞子——（春秋时）晋国谋士贞子（即如此）。晋：指晋国。②据理力争——根据正确的道理，尽力争辩。谏景公——（贞子就是这样）来劝说晋景公（不要杀主将荀林父）的。据载，当时晋楚两国在邲（bì）地交战，晋军大败，主将荀林父请求处死自己。晋景公准备答应他。这时，深谋远虑的谋士贞子则反对这样做。于是便极力劝谏景公：③欢天喜地——形容非常欢喜。昔胜楚——（这是）过去我们晋国（在城濮）战胜楚国时（大家的心情）。据载，当年大败楚军时，楚军扔下的粮食就吃了三天，大家都非常高兴。可是先君晋文公却不是这样。④忧心如焚——忧愁的心情像火烧一样。形容内心焦虑不安。文公明——（这是因为）晋文公心里非常清楚（楚国这次虽然失败了，但还会来报复的）。为什么呢？⑤困兽犹斗——被围困的野兽还要做最后的挣扎。比喻陷入绝境中的失败者，还要拼命挣扎的。此指楚国犹如"困兽犹斗"。楚相在——（因为）楚国宰相（子玉）还存在。⑥重整人马——比喻失败或受挫之后，整顿力量，准备再干。必逞凶——（楚国）一定会这样放肆而凶狠地来进行报复。据载，贞子引当年晋文公的话说："（楚国）得臣犹在，忧未歇也，困兽犹斗，况国相乎（何况是楚国的宰相子玉还活着呢）？"后来楚国杀了子玉，晋文公才高兴起来，并且说"是晋再克而楚再败也"。自此，楚国则一蹶不振。从中吸取什么教训呢？⑦中流砥柱——比喻能顶住危局的重要力量或重要人物。此指荀林父是晋国的"中流砥柱"。免荀死——（所以应该）赦免荀林父一死。荀：指荀林父（人名）。⑧戴罪立功——带着罪过建立功劳，用以赎罪。此指让荀林父"戴罪立功"。公允应——（贞子这个建议）得到了晋景公的同意。据载，贞子回顾完过去那段历史后说：荀林父是晋国的台柱，杀了

361

他等于给楚国双倍的胜利；赦免他可以补过立功，为什么要杀他呢？"夫其败也，如日月之食焉，何损于明。"于是晋景公则赦免了荀林父，还恢复了他的职位。成语"困兽犹斗"则由此而来。

沐 猴 而 冠

叱咤风云羽入咸①，杀人放火掳掠完②。
锦衣还乡欲东进③，高瞻远瞩一人拦④。
衣锦夜行羽不愿⑤，沐猴而冠谏者言⑥。
恼羞成怒斩谏者⑦，惨无人道下油煎⑧。

【说明】 成语"沐猴而冠"，见于《史记·项羽本纪》中的一个成语故事。

【串讲】 ①叱咤（chì zhà）风云——一声吆喝，就使风云变色。形容声势威力极大。叱咤：吆喝。羽入咸——项羽（领兵）进入（秦国都城）咸阳。羽：项羽；咸：咸阳。②杀人放火——随便杀人，任意放火。掳（lǔ）掠完——抢完了妇女和财物。掳：把人抢走；掠：抢夺财物。据载，项羽进入咸阳，大肆破坏和屠杀，杀掉了秦国降王子婴，烧毁了秦国宫殿，抢夺了秦国的货物、宝贝、妇女。③锦衣还乡——穿着锦绣衣裳回到故乡。旧指得志后回到故乡，向亲友乡里夸耀。欲东进——（项羽）想要向东进发，即想"锦衣还乡"。④高瞻远瞩——站得高，看得远。比喻眼光远大。高瞻：站在高处看；瞩：注意地看。一人拦——有一个人（出来）阻拦。据载，此人劝谏项羽说："关中阻着山河，四面闭塞，土地肥沃富饶，可以在这里建都以成霸业。"⑤衣锦夜行——夜间穿华丽衣服出行。比喻人没有显示其显贵。衣：穿；锦：彩色绸缎。羽不愿——（这）是项羽所不愿意做的。据载，项羽回答说："富贵不归故乡，如衣锦夜行，谁知之者？"⑥沐猴而冠——猕猴戴帽子。比喻本质不好，却装得很像样。沐猴：猕猴；冠：戴帽子，作动词用。谏者言——劝谏的人说（项羽如"沐猴而冠"）。据载，由于项羽不听劝阻，劝谏者则说："人言楚人沐猴而冠耳，果然。"项羽听了很生气。⑦恼羞成怒——恼羞到了极点，而发怒恨人。斩谏者——（于是项羽）便杀了（这个给他）进谏的人。⑧惨无人道——残暴得灭绝人性。形容极端狠毒、残暴。下油煎——（把谏者）投下油锅烹死。下：投下，作动词。成语"沐猴而冠"即由此而来。

投 鼠 忌 器

襟怀磊落汉贾谊①，遒文壮节高论奇②。
言约旨远陈政事③：明法审令治国需④。
礼义廉耻群臣教⑤，贵贱高下刑有区⑥。
王公大人酷刑减⑦，投鼠忌器为君仪⑧。

【说明】 成语"投鼠忌器"，见于《汉书·贾谊传》中的一个成语故事。

【串讲】 ①襟怀磊落——心怀坦荡，光明磊落。襟怀：胸怀。汉贾谊——西汉（著名思想家和文学家）贾谊（即如此）。②遒文壮节——文辞刚劲有力，节奏雄壮。高论奇——（他这种）高超的论述（在历史上）也是罕见的。据载，贾谊一生写过不少遒文壮节的议论文章，其代表作《过秦论》和《陈政事疏》，被鲁迅称为"西汉鸿文，沾溉后人，其泽甚远。"③言约旨远——语言简明扼要，含义丰富深远。约：简要。旨：主旨，意义。陈政事——（这体现在贾谊的）《陈政事疏》里。④明法审令——申明法度，使人遵守；慎重发布命令，避免出现差错。审：谨慎。治国需——（这）是治理国家所必需的。⑤礼义廉耻——古代认为礼定贵贱尊卑，义为行动准绳，廉为廉洁方正，耻为有知耻之心。历代统治者把此四者立为政教的纲领。群臣教——（贾谊主张要以此）来教育本朝所有的大臣（让他们遵守国法）。如果一旦有犯法的怎么办呢？⑥贵贱高下——人的社会地位贵贱高低不同。刑有区——（因此）在用刑上是要有区别的。⑦王公大人——泛指达官贵人。酷刑减——（对这些朝廷命官）则要去掉酷刑，即不用酷刑。为什么呢？⑧投鼠忌器——用东西掷老鼠，又怕打坏旁边的器物。比喻有顾虑，想干而不敢干。此指想对犯法的贵臣用酷刑却又不敢用酷刑。为君仪——（这主要是）为了维护皇上的威仪尊严。据载，贾谊在《陈政事疏》中指出："里谚曰：'欲投鼠而忌器。'此善谕（同喻）也。鼠近于器，尚惮（畏惧）不投，恐伤其器，况於贵臣之近主乎！"贾谊主张酷刑只适用于犯法的百姓，而不适用于王公大人。成语"投鼠忌器"即由此成语故事而来。

克 勤 克 俭

公而忘私禹治水①，背井离乡十三冬②。
艰苦卓绝率众战③，移山倒海洪水从④。
德才兼备继舜位⑤，克勤克俭家邦兴⑥。
谦虚谨慎不自满⑦，脚踏实地不浮空⑧。

【说明】 成语"克勤克俭"，见于《尚书·大禹谟（mó）》中的一个成语故事。

【串讲】 ①公而忘私——为了公事而忘了私事。现多用以形容全心全意为人民的崇高精神。此指原意。禹治水——大禹治理水患（就是这样做的）。据载，传说古代黄河洪水泛滥，当时部落联盟首领舜派大禹去治理水患。②背井离乡——离开家乡，到外地去。背：离开；井：指家乡。十三冬——共有十三个年头。③艰苦卓绝——形容斗争十分艰苦。此指治水十分艰苦。卓绝：超过一切，无可比拟。率众战——（大禹就是这样）率领群众（一同）战斗。④移山倒海——搬动大山，倾翻大海。旧时常用此形容神仙法术的神妙。现多比喻人类征服自然的巨大力量和雄伟气势。此指后者。洪水从——（于是）把洪水制伏了。从：依从，服从。据载，禹率领老百姓疏通江河，引水入海，兴修沟渠，发展农业。⑤德才兼备——思想品德和工作能力、业务水平都具备。兼备：都具备。继舜位——（禹）继承了舜的职位，即做了部落联盟领袖。据载，因禹治水有功，被舜选为继承人。舜夸他是一个有德有才的人。⑥克勤克俭——能勤能俭，即又勤劳又节约。克：能。家邦兴——能使自家和国家都兴旺发达。邦：国。据载，舜还夸禹"克勤于邦（国家），克俭于家"。后则简缩为成语"克勤克俭"。⑦谦虚谨慎——虚心不自满，慎重小心。此指禹的美德。据载，舜还夸禹"谦虚而不自满"。⑧脚踏实地——比喻做事踏实，实事求是，不浮夸。此也指禹的美德。据载，舜还夸禹"踏实而不浮夸"。不浮空——（作风）不轻飘而浮在上面。成语"克勤克俭"即由此故事而来。

赤 膊 上 阵

雪仇报耻将马超①，横刀跃马征曹操②。

舞刀跃马褚迎战③，不分胜负交战鏖④。
满脸杀气飞回阵⑤，一丝不挂脱甲袍⑥。
赤膊上阵再厮打⑦，痛心入骨中箭逃⑧。

【说明】 成语"赤膊上阵"，见于明·罗贯中《三国演义》五十九回中的一个成语故事。

【串讲】 ①雪仇报耻——报冤仇以洗刷耻辱。报：报复。雪：洗刷。将马超——（三国时）战将马超（即如此）。据载，马超的叔叔和弟弟被曹操杀害，为报此仇，马超领兵攻打曹操。②横刀跃马——手持武器，纵马驰骋。指在沙场作战。征曹操——（这便是马超）来征讨曹操。③舞刀跃马——挥舞刀枪，纵跃战马。比喻奋勇作战。褚（chǔ）迎战——（这便是曹操部将）许褚出阵迎战马超。④不分胜负——分不出谁胜谁负。交战鏖（áo）——双方交战非常激烈。据载，许褚迎战马超，先战了一百来个回合，仍未分胜负。⑤满脸杀气——形容极其凶恶的表情。杀气：凶恶的神色。飞回阵——（这便是许褚）飞马回到阵中。⑥一丝不挂——原为佛教用语。比喻自身不被世俗的感情所牵累。后泛指赤身裸体。脱甲袍——（因为许褚已经）把铠甲战袍脱掉。⑦赤膊上阵——原指光着脊梁，不顾一切地出阵交战。现常比喻无所准备或毫无掩饰地从事某项活动。此为原义。再厮杀——（许褚就这样与马超）再交战厮杀。据载："许褚性起，飞回阵中，卸下盔甲，浑身筋突，赤体提刀，翻身上马，来与马超决战。"⑧痛心入骨——伤痛之感，深入骨髓，形容极度疼痛和痛心。此指疼痛。中箭逃——（这是因为许褚手臂被乱箭）射中两箭所致，并急忙往回逃跑。成语"赤膊上阵"即由此成语故事而来。

坚 壁 清 野

整甲缮兵操攻徐①，不敢苟同彧见提②：
当务之急据地守③，进退裕如胜可期④。
瞻前顾后攻不下⑤，坚壁清野败自取⑥。
词正理直操采纳⑦，按兵不动待时机⑧。

【说明】　成语"坚壁清野"，见于《三国志·魏志·荀彧（yù）传》中的一个成语故事。

【串讲】　①整甲缮兵——指整理甲胄，修理兵器，做好战斗准备。甲：古代战士的护身衣。兵：兵器。操攻徐——（东汉末年）曹操（就这样）准备攻打（被刘备占领的）徐州。②不敢苟同——不敢随便同意。苟同：苟且迎合。彧见提——（于是曹操的谋士）荀彧便提出自己的看法：③当务之急——指当前应做之事中最急需办的事。据地守——（这就是）守住已经占据的地方。④进退裕如——一进一退能从容不迫，应付自如。胜可期——（这样）取得最后胜利是可以期待的。⑤瞻前顾后——看看前面，再看看后面。形容处事谨慎，考虑周到。也形容顾虑重重，犹豫不决。此为后者。瞻：向前或向上看。顾：回头看。攻不下——（这样）徐州肯定攻不下来。⑥坚壁清野——加固堡垒，转移人畜，收藏财物、粮食，以对付入侵的强大敌人，使敌人既攻不下据点，又抢不到东西。坚壁：使壁垒坚固。清野：将四野的财物、粮食等加以清点收藏。败自取——（刘备肯定会这样做）那我们则是自找失败。据载，荀彧说，现在去打徐州，兵少了则不够用，去多了，后方空虚，又怕吕布来袭。况且"今东方皆已收麦，必坚壁清野以待将军。将军攻之不克，略之无获，不出十日，则十万之众未战而自困耳"。⑦词正理直——言论正确，理由正当充分。操采纳——（所以）曹操采纳了荀彧的意见。⑧按兵不动——控制自己的队伍，暂不行动。待时机——（曹操先固守根据地）等待时机的到来。成语"坚壁清野"即由此成语故事而来。

完 璧 归 赵

智勇双全相如行①，从容不迫入秦宫②。
白璧无瑕先奉上③，见机而作夺手中④。
理直气壮秦王斥⑤，舍生忘死捍尊容⑥。
杜渐防萌计已定⑦，完璧归赵建奇功⑧。

【说明】　成语"完璧归赵"，见于《史记·廉颇蔺相如列传》中的一个成语故事。

【串讲】　①智勇双全——又有智谋，又勇敢。相如行——（这便是战国时赵国使臣）蔺相如出使到（秦国）。行：出行，引申为出使。据载，秦昭王听说赵王有无价之宝"和氏璧"，便派人对赵惠文王说，秦国愿拿十五城来换"和氏璧"。赵王想答应，又怕上当；不答应，又怕得罪秦国。并为找不到合适的人出使秦国而发愁。经宦官头目缪贤的推荐，蔺相如（宦官头目手下的门客）便肩负国家重任出使秦国。临行时蔺相如对赵王保证说："城入赵，而璧留秦，城不入，臣请完璧归赵。"②从容不迫——不慌不忙。形容做事胸有成竹，沉着、稳健。迫：急促。入秦宫——（相如就是这样）进到秦国宫廷。③白璧无瑕——洁白的美玉上没有一点小斑点。比喻人或事物十全十美，毫无缺点。此指原意，即说"和氏璧"洁白无瑕。先奉上——（蔺相如）首先捧着璧进献给秦王。据载，秦昭王得了"和氏璧"，只是传给美人及左右大臣看，根本无意给赵城。④见机而作——觉察到事物变化的先兆，就抓紧时机行动起来。后多比喻看清适当时机就灵活地处理事情。此指原意。夺手中——（蔺相如把"和氏璧"）又夺到手里。据载，相如上前说："璧上有小斑点，请让我指给大王您看。"于是乘势把"璧"夺到手里。⑤理直气壮——理由正确充分，说话的气势也很盛。直：正确，合理。秦王斥——相如痛斥秦王（无意还赵城）。⑥舍生忘死——不把个人的生死放在心上。捍尊容——保卫（赵国的）体面。据载，相如说："我看大王您没有给赵国城池的意思，所以我又重新取回璧。大王一定要逼迫我的话，我的头就和这璧一道在柱子上撞碎!"秦王不敢强夺。⑦杜渐防萌——比喻防备祸患在未发生之前。此指防备"和氏璧"在未被秦王骗去之前。杜：阻塞；渐：事物的开端；萌：萌芽。计已定——（相如）主意已经拿定。计：主意。⑧完璧归赵——把"和氏璧"完整无缺地送归赵国。后来比喻把原物完整地归还本人。此指原意。据载，后来蔺相如看秦王尽耍花招，无意给赵城，便对秦王说，必须斋戒五日，然后举行隆重仪式接璧。秦王无奈，只得答应。相如趁此机会，派人从小路把"和氏璧"完整地送回赵国。建奇功——（蔺相如为赵国）建立了特殊的功劳。成语"完璧归赵"即由此故事而来。

围 魏 救 赵

水泄不通魏围邯①，势孤计穷赵临险②。

十万火急求齐救③，**义无反顾齐增援**④。
避实击虚大梁进⑤，**调虎离山魏兵还**⑥。
因利乘便攻于路⑦，**围魏救赵奏凯旋**⑧。

【说明】 成语"围魏救赵"，见于《史记·孙子吴起列传》中的一个成语故事。

【串讲】 ①水泄不通——水都流不出去。形容十分拥挤或包围得严密。此指包围得严密。泄：排泄。魏围邯——（战国时有一次）魏国围攻（赵国的都城）邯郸（就是这个样子）。魏：指魏国；邯：指邯郸。②势孤计穷——势力孤单，计策用尽。形容陷入绝境。赵临险——赵国面临着（灭亡的）危险。③十万火急——形容非常紧急，刻不容缓。求齐救——（赵国派人）请求齐国来援救。④义无反顾——做正当合理的事，只有上前，绝不回头。齐增援——齐国则派兵去援救赵国脱离危险。据载，齐威王命田忌为大将，孙膑为军师率领齐军去援救赵国。⑤避实击虚——避开敌人的主力所在，攻击其力量薄弱的地方。大梁进——（齐国的军队）向（魏国的都城）大梁（今开封市）挺进。⑥调虎离山——设法使老虎离开山头。比喻用计使对方离开原来的有利地势，或使对方离开原来防守的地方，以便袭击。此指前者，即用进攻大梁的计策，迫使魏兵离开邯郸。魏兵还——魏国的军队被迫回救大梁。⑦因利乘便——凭借形势的便利。因、乘：凭借，依靠。攻于路——（齐军）在路上（桂陵地方）攻打（返回的）魏军。据载，魏国的军队一路疲惫，被齐军打得大败。⑧围魏救赵——用围攻魏国的都城大梁来解救赵国的策略。后来在军事上把围来犯之敌的后方据点，迫使其撤回兵力，从而更好地歼灭敌人的策略，叫"围魏救赵"。此指原意。奏凯旋——（齐军）奏着得胜的乐曲而回国。成语"围魏救赵"即由此故事而来。

投 鞭 断 流

忘乎所以秦苻坚①，迫不及待犯晋边②。
兼权熟计石越劝③：轻举妄动太危险④。
傲慢自大坚回对⑤：投鞭断流有何难⑥？
雄师百万淝水下⑦，一败涂地无面颜⑧。

【说明】 成语"投鞭断流"，见于《晋书·苻坚载记》中的一个成语故事。

【串讲】 ①忘乎所以——形容因过度兴奋或骄傲自满而忘记了应有的客观认识、态度。此指因骄傲自满而"忘乎所以"。所以：由来，依据。秦苻坚——前秦的（君主）苻坚（就是这样一个人）。据载，东晋时，黄河流域以北的地方，有个氐族（少数民族）君主苻坚建立了秦国，历史上称为前秦。它的势力逐渐强大起来之后，吞并了这个地区的其他四个小国，与黄河南的东晋相对峙（zhì）。②迫不及待——急迫得不能再等待。迫：紧急。犯晋边——侵犯东晋的边界。晋：指东晋。据载，公元三八三年，苻坚率领八十多万（号称百万）大军南下进犯东晋。③兼权熟计——多方面的衡量、比较，深入细致地考虑。兼：指同时顾到各方面；权：比较，衡量；熟：精细，深入。石越劝——（有个）叫石越的人劝谏（苻坚）：④轻举妄动——不经慎重考虑，轻率地采取行动。太危险——（说苻坚这样做）实在是很危险。那么，苻坚是什么态度呢？⑤傲慢自大——轻视别人，自以为是。坚回对——（于是）苻坚回答说：⑥投鞭断流——把马鞭全部投入江中，能把流水截断。指人马众多，军力强大。有何难——

（攻下东晋）有什么困难的呢？据载，当石越劝苻坚不要"轻举妄动"时，苻坚则傲慢地说："以吾之众旅，投鞭于江，足断其流。何险之有？"⑦雄师百万——英雄的军队上百万。形容军力强大，兵多将广，英勇善战。此指苻坚自夸他的军队是这样的。淝水下——（苻坚率兵）向淝水进发。⑧一败涂地——一旦失败就肝脑涂地。现多形容失败到不可收拾的地步。此指后者，即苻坚淝水一战，被打得"一败涂地"。无面颜——（使苻坚）丢尽了脸面。据载，苻坚动用了全国的兵力，与东晋的军队在淝水决战，结果被打得大败。成语"投鞭断流"即由此故事而来。

诗教经典　传世育人

中华成语诗 六百首

【下集】

赵德顺 著

作家出版社

1988年作者晋升中学高级教师照

2001年作者与妻子李成谦（又名吴宝珍）
于景德镇昌河职工文化活动中心门前留影

目　录

八　画

九　画

十二画

十三画

十四画以上

郑 人 买 履

郑人买履自量码①，**行色匆匆集市来**②。
可心如意鞋选到③，**丢三落四码未带**④。
心急如火回家取⑤，**往返徒劳已无卖**⑥。
本末倒置脚不试⑦，**执而不化太古怪**⑧。

【说明】 成语"郑人买履"，见于《韩非子·外储说左上》中的一个成语故事。

【串讲】 ①郑人买履——（古时候）郑国人买鞋。比喻做事机械、教条。履：鞋。自量码——（在家）照自己的脚量一个尺码。②行色匆匆——匆匆忙忙就要出行。行色：有关出行的种种准备活动。集市来——（郑人匆忙）来到集市上。③可心如意——很符合心愿，感到满意。鞋选到——选着了（自己想要买的）鞋。④丢三落四——形容善忘。码未带——（所以）鞋的尺码忘记带了。⑤心急如火——心里急得像火烧一样。回家取——（赶快）回家去取（鞋的尺码）。⑥往返徒劳——去回白跑。此指从集市跑到家，又从家跑到集市，全是白跑。徒劳：白费劲。已无卖——（因为）已没有卖（鞋的了）。据载，等郑人赶回来，集市已散，郑人没有买到鞋。⑦本末倒置——比喻把根本与枝节、主要与次要的位置弄颠倒了。此指把脚这一根本与按脚量的尺码这一末节给弄颠倒了。本：树根；末：树梢。脚不试——（买鞋）不用脚去试（合适不合适）。据载，有人问郑人："你为什么不用自己的脚去试试鞋的大小呢？"郑人回答说："我宁愿相信尺码，也不相信自己的脚！"⑧执而不化——固执己见，不知变通。此指郑人顽固地坚持按尺码买鞋，而不知道尺码未带可以用脚去试。化：变化，变通。太古怪——（这样做）太不合常理了。据载："郑人有欲买履者，先自度其足，而置之其坐。至之市而忘操之。已得履，乃曰：'吾忘持度。'反归取之。及反，市罢，遂不得履。人曰：'何不试之以足？'曰：'宁信度，无自信也。'"成语"郑人买履"即由此故事而形成。

盲 人 瞎 马

**大显身手友聚谈①，骇人听闻险事编②。
搜索枯肠一一讲③，渐入佳境心渐寒④。
心烦技痒旁者述⑤，毛骨悚然事更险⑥：
盲人瞎马临深池⑦，五更三点正夜半⑧。**

【说明】 成语"盲人瞎马"，见于南朝刘义庆《世说新语·排调》中的一个成语故事。

【串讲】 ①大显身手——充分显示自己的本领。显：表现；身手：本领。友聚谈——朋友们聚在一起闲谈。据载，晋朝时，有两个朋友画家桓（huán）玄和顾恺（kǎi）之聚在另一位朋友荆州刺使殷仲堪家做客闲谈。②骇心听闻——使人听了非常吃惊、害怕。险事编——（把这样）危险的故事（每人）编造（一个）。据载，有人提议，每人讲一个危险的故事，看谁能讲得使人害怕。③搜索枯肠——比喻拼命苦思冥想。一一讲——一个挨一个地讲。④渐入佳境——比喻兴味逐渐浓厚。此指讲的事一个比一个可怕，听的兴趣越来越浓。心渐寒——（听者）心里感到一个比一个吃惊、害怕。据载，桓玄先讲一个："用长矛尖去淘米，用剑头拨火做饭。"反响不大。殷仲堪也说一个："有个年纪很大的老头，上山攀着一根枯枝。"反响略大一点。顾恺之接着也说一个："井台打水的辘轳上睡着一个小孩儿。"大家都有惊惧神色。⑤心烦技痒——指擅长或爱好某种技艺，碰到机会就急于表现。此指擅长说惊险故事的人，遇到这个机会就急于要讲。旁者述——在旁边（看热闹）的人（殷仲堪的参军也忍不住）讲述（一个险事）。⑥毛骨悚（sǒng）然——使人毛发竖起，脊梁骨发冷。形容异常惊恐。此指这人讲得更令人害怕。事更险——（因为他）讲的故事更惊险。⑦盲人瞎马——瞎子骑瞎马。比喻乱闯乱撞，非常危险。临深池——走近深水池的（旁边）。⑧五更三点——指深夜。五更：旧时一夜分为五更；三点：指三更。据载，殷仲堪的参军讲："盲人骑瞎马，半夜临深池。"在座的殷仲堪一眼失明，一听此话就感到"毛骨悚然"，惊惧地说："太可怕了，真是逼人太甚啊！"成语"盲人瞎马"即由此而来。

国 士 无 双

运拙时艰汉韩信[①]，痛不可忍离汉营[②]。
爱才若渴萧何捧[③]，感激涕零信回行[④]。
雾里看花邦疑问[⑤]，国士无双何回清[⑥]。
筑坛拜将信得志[⑦]，苦征恶战大功成[⑧]。

【说明】 成语"国士无双"，见于《史记·淮阴侯列传》中的一个成语故事。

【串讲】 ①运拙时艰——谓时运不济。汉韩信——（身处）汉营的韩信（即如此）。汉：指楚汉相争时刘邦--方。②痛不可忍——痛苦得不能忍受。离汉营——（于是韩信不辞而别）离开汉营。据载，韩信曾投靠过项羽，因不受重用而投奔了刘邦，刘邦一开始只给他一个很小的官，韩信因此不满而发牢骚，差点丢了性命。由于抱负不得施展，苦痛难忍，于是则不辞而别。③爱才若渴——爱慕贤才就像口渴思饮一样。形容十分爱重人才。萧何撵——（这便是刘邦的谋士）萧何（知道韩信离去）则立即去追赶。据载，经过一段跋涉，萧何撵上了韩信，非常诚恳地请他回来。④感激涕零——感动得流下眼泪。形容非常感动的样子。此指韩信对萧何不辞辛苦追赶，真心诚意挽留极为感动。信回行——（于是）韩信（则同萧何一起）往回走（到了汉营）。信：指韩信。⑤雾里看花——原形容老眼昏花。后比喻对事物看不真切。此指后者，即刘邦对萧何为何撵韩信回来一事看不清楚。邦疑问——（于是）刘邦则怀疑地问（萧何这是为什么)？邦：指刘邦。⑥国士无双——国内独一无二的杰出人才。此指韩信是"国士无双"的人才。何回清——（对此）萧何回答得很清楚。何：指萧何。据载，刘邦起初对萧何去追韩信并不相信，曰："诸将亡（逃走）者以十数，公无所追；追信，诈也。"何曰："诸将易得耳。至如信者，国士无双。"于是刘邦听信萧何谏言，对韩信委以重任。⑦筑坛拜将——刘邦筑坛拜韩信为大将。后用为拜某人为将帅的典故。此指原意。信得志——（于是）韩信的大志得以施展。⑧苦征恶战——艰苦地征伐。大功成——（韩信就是这样为汉王朝的建立南征北讨）而立了大功。这便是成语"国士无双"之来源。

卷 土 重 来

楚歌四起羽悲凉①，冲坚毁锐到乌江②。
视死若归拒船渡③，包羞忍耻自杀亡④。
慷慨捐生堪悲壮⑤，千古不磨人感伤⑥。
触物伤怀杜牧赏⑦，卷土重来寄诗扬⑧。

【说明】 成语"卷土重来"，见于唐代诗人杜牧《题乌江亭》诗中，它涉及楚汉相争的一段故事。

【串讲】 ①楚歌四起——项羽被刘邦围困于垓下，夜间忽然听到军营四周响起一片楚歌（项羽为楚人），遂认为刘邦已得楚地，军心随之涣散。后比喻四面受敌，陷于绝境。此为原意。羽悲凉——（所以）项羽甚感悲哀和凄凉。②冲坚毁锐——冲破敌人坚固的营垒，冲毁敌军精锐的部队。形容军队勇不可当。也形容攻克难关。此为二者兼而有之。到乌江——（项羽就这样突破汉军重围）到达乌江岸边。③视死若归——把死看作回家一样。形容不怕死。拒船渡——（所以项羽）拒绝（乌江亭长）以船渡江。④包羞忍耻——容忍羞愧与耻辱。包：容忍。自杀亡——（于是项羽）则拔剑自杀而死。⑤慷慨捐生——指义气凛然地献出生命。捐生：舍弃生命。堪悲壮——（项羽之死）可以称得上是悲哀而雄壮。⑥千古不磨——流传千古也不会磨灭。人感伤——（所以）人们对此都会大有感慨而悲伤。据载，唐代诗人杜牧曾来到项羽自杀地即是如此。⑦触物伤怀——受到眼前景物的触动而产生某种情怀。杜牧赏——（这便是）杜牧（触景生情）对项羽大加赞赏。⑧卷土重来——形容失败后组织力量，重新猛扑过来。卷土：人马奔跑时卷扬起尘土。寄诗扬——（杜牧把这种感慨）寄托于他写的《题乌江亭》诗加以宣扬。据载，《题乌江亭》诗云："胜败兵家事不期，包羞忍耻是男儿；江东子弟多才俊，卷土重来未可知。"成语"卷土重来"即由此而来。

贪 小 失 大

胸有丘壑秦惠王①，虎视鹰瞵蜀富广②。
略地侵城界路峻③，运计铺谋石牛诳④。
辗转相传牛拉宝⑤，口口声声送蜀王⑥。
利欲熏心蜀筑路⑦，贪小失大蜀灭亡⑧。

【说明】 成语"贪小失大"，见于北齐刘昼《新论·贪爱》中的一个成语故事。

【串讲】 ①胸有丘壑（hè）——胸怀广大，颇有心意。秦惠王——（战国时秦国国君）秦惠王（即如此）。②虎视鹰瞵（lín）——像虎和鹰那样凶狠地注视着。比喻强敌窥伺。此指秦惠王如此地窥视着他的邻国（蜀国）。蜀富广——（因为）蜀国物产丰富而又地域广大。③略地侵城——夺取土地，侵占城池。此指秦国一心想吞并蜀国。界路峻——（可惜秦蜀两国）交界的山路太险峻（全是悬崖险道而无法进军）。那么办呢？④运计铺谋——运用计谋。石牛诳——（以雕刻的）石牛来欺骗（蜀王）。诳（kuáng）：欺骗。⑤辗转相传——多次转移传布。辗转：多次转移。牛拉宝——（说这个石牛）能拉金银财宝。⑥口口声声——形容不止一次地说或把某一说法经常挂在口头。此指前者。
送蜀王——（说这头石牛）是送给蜀国国王的。据载，蜀王是个
非常贪财的人。针对这一本性，秦惠王想出一个计谋，让人用石
头雕刻一头牛，放在通往蜀国的山路上，并在石牛后放上一些金
银财宝。然后放出风，说这石牛能"拉金子"，是把它送给蜀王
的。口口声声，辗转相传，蜀王听到这个消息，信以为真。⑦利
欲熏心——贪图名利的欲望迷住了心窍。此指蜀王因贪图这头能
"拉金子"的石牛的欲望迷住了心窍。蜀筑路——（所以）蜀王
（下令）修筑（通往蜀秦边界的）山路。据载，蜀王为了迎接这头
"拉金子"的石牛，命令身强力壮的部队开山填谷，筑起一条路来
让石牛通过。⑧贪小失大——因贪图小便宜而失掉大的利益。蜀
灭亡——（结果）蜀国被秦国消灭而亡国。据载，当蜀王筑好路
以迎接石牛，"秦人帅师随后而至。灭国亡身为天下所笑，以贪小
利失其大利也"。这便是成语"贪小失大"之来源。

杯 弓 蛇 影

满腔热忱晋乐广①，善气迎人宴佳宾②。
情同手足举杯敬③，杯弓蛇影故人吞④。
惊魂未定回家里⑤，失魂落魄成病人⑥。
心急如焚广往视⑦，重温旧梦病不存⑧。

【说明】 成语"杯弓蛇影"，见于《晋书·乐广传》中的一个成语
故事。
【串讲】 ①满腔热忱——心里充满热烈真挚的感情。满腔：满腹；

热忱：热情。晋乐广——晋朝有个叫乐广的人（对人就是这样）。②善气迎人——和颜悦色地对待别人。形容和蔼可亲的样子。气：气息。宴佳宾——（乐广就是以这种态度）宴请最好的客人。③情同手足——朋友之间的感情深厚得像兄弟一样。举杯敬——（乐广）举起酒杯（向朋友）敬酒。④杯弓蛇影——墙上的弓照映杯中，被误认为是蛇。后比喻不必要的疑神疑鬼。此指原意。故人吞——（它）被老朋友喝酒时吞下。故人：老朋友。⑤惊魂未定——受惊的灵魂还没有安定下来。形容受惊之后，心情尚未平静。此指乐广的朋友喝了杯中的"蛇"而受惊，非常害怕。回家里——（他就这样）回到家中。⑥失魂落魄——形容心神不宁，行动失常，惊慌至极。成病人——（乐广的朋友）已成为（这样一个）有病之人。⑦心急如焚——心里急得像火烧一样。焚：烧。广往视——乐广前去（朋友家）探视。广：指乐广。据载，乐广了解到朋友得病的原因，是说那天喝酒，酒中有蛇喝肚所致，便感到很奇怪。他在自家室内踱（duó）来踱去，猛然发现墙上挂一弓，这才恍然大悟，"广意杯中蛇即角影也"。⑧重温旧梦——比喻重新经历过去所想和所做的事。此指重新经历一下当时喝酒的情形。病不存——（于是朋友的）病便好了。据载，乐广派人把老朋友请来，"复置酒于前处，谓客曰：'酒中复有所见不？'答曰：'所见如初。'广乃告其所以然，客豁然意释，沉疴（kē）顿愈（重病立即治好了）"。成语"杯弓蛇影"即由此而来。

贪天之功，据为己有

流离转徙晋重耳①，借水行舟为国君②。

鞍前马后人皆赏^③，粗心大意落一人^④。
功成不居介不怨^⑤，大仁大义道理申^⑥：
贪天之功实不义^⑦，据为己有如贼伦^⑧。

【说明】　成语"贪天之功，据为己有"，见于《左传·僖公二十四年》中的一个成语故事。

【串讲】　①流离转徙——流落在外，辗转迁移。此指流亡国外，各国转移。晋重耳——（春秋时）晋国公子重耳（即如此）。晋：指晋国。据载，晋献公立他最小的儿子为太子，并把他的另一个儿子重耳逐出晋国。重耳从此流亡国外十九年转徙各国，后来到了秦国。②借水行舟——比喻凭借外力企图达到自己的目的。为国君——（经过努力，终于在秦国扶助下重耳回国）做了晋国国君（晋文公）。③鞍前马后——原指随侍人出征。后也比喻随侍左右，供其驱使。此指后者。人皆赏——（这些为晋文公出过力的）人都受到了赏赐。④粗心大意——做事不细心，马虎。落一人——（结果）漏掉一个人（介之推）。落：掉下。那么，介之推对此是什么态度呢？⑤功成不居——原意是顺应自然的存在，不占为己有。后指立了功而不把功劳归于自己。此指后者。介不怨——（所以）介之推（对自己没有受赏与重用）毫无怨恨。介：指介之推（人名），是晋国一个贵族。据载，在重耳流亡国外期间，介之推一直跟随着他，并为他回国做国君出过大力。⑥大仁大义——在大的根本方面行事合于仁义。仁：仁爱；义：合宜的道德、行为。道理申——（并且把这其中的）道理陈述（得很清楚）。申：陈述。那么，介之推是怎样陈述的呢？⑦贪天之功——原意谓把天的功绩，说成是自己的力量。后谓抹杀别人的力量，把功劳算在自己的身上。此指后者。实不义——（这样做）实在是不道德的行为。⑧据为己有——把不属于自己的东西占来作为自己的。如贼伦——（这样做）就如盗贼一样，属于同类。伦：同类。据载，介之推对自己没有受赏不但毫无怨言，反而认为是应该的。他说："窃人之财，犹谓之盗；况贪天之功，以为己力乎？"意思是说，偷人家的钱物，还称之为盗贼，何况贪天的功劳认为是自己的力量呢？成语"贪天之功，据为己有"则由此形成。

玩 火 自 焚

豺狼野心卫州吁①，逆天犯顺将公杀②。
至高无上君自立③，挟势弄权把郑伐④。
吉凶未卜隐公问⑤，玩火自焚众仲答⑥。
不出所料碏用计⑦，剪恶除奸陈灭他⑧。

【说明】 成语"玩火自焚"，见于《左传·隐公四年》中的一个成语故事。

【串讲】 ①豺狼野心——豺狼本性凶残。比喻坏人的狠毒用心。卫州吁（yū）——（春秋时）卫国有一个叫州吁的人（便具有这种恶性）。卫：指卫国。②逆天犯顺——背叛国君，违逆正道。犯顺：违逆天道和正理。将公杀——（州吁）则把卫桓公杀死。公：指卫桓公。③至高无上——最高，没有更高的了，此指君位"至高无上"。君自立——（州吁）自己立自己为国君。④挟势弄权——倚仗势位，玩弄权力。此指州吁倚仗君位，玩弄君权。把郑伐——（接着，他又联合其他国家）去攻打郑国。据载，州吁是卫庄公宠妾所生。庄公死后，桓公即位。于公元前七一九年，州吁杀死桓公，自立为君。接着便挟势弄权，联合宋、陈、蔡等国，去攻打郑国。州吁如此作恶，其前途会怎样呢？⑤吉凶未卜——吉利还是凶险，难以预料。卜：预料。隐公问——（于是）鲁隐公（则向大夫众仲）问（州吁未来的结果会怎样）。隐公：指鲁隐公。⑥玩火自焚——比喻干冒险或害人的事，最终自食其果。众仲答——众仲作如此的回答。据载，众仲回答鲁隐公说："夫兵（用兵好战），犹火也（就好比是玩火），弗戢（jí）（如不及时收敛），将自焚也（结果将会把自己烧死）。"⑦不出所料——表示早就预料到了。此指众仲对州吁"玩火自焚"的结果早就料到了。碏（què）用计——（卫国大夫）石碏运用计谋（把州吁诱到陈国）。碏：指石碏（人名）。⑧剪恶除奸——剪除凶恶和奸恶的人。此指剪除州吁。陈灭他——（结果）请陈国人帮助把（这个奸恶的）他（州吁）杀死了。成语"玩火自焚"便由此而形成。

枕 戈 待 旦

秉旄仗钺将刘琨①，勇猛精进智过人②。
血气方刚颇好胜③，好大喜功发自心④。
中流击楫逊功大⑤，不甘示弱琨自云⑥：
杀敌致果平生志⑦，枕戈待旦抢功勋⑧。

【说明】　成语"枕戈待旦"，见于《晋书·刘琨传》中的一个成语故事。

【串讲】　①秉旄（máo）仗钺（yuè）——手执指挥全军的白旗和受命出征的黄钺。形容大将出征的威仪。比喻掌握着军事大权。此指后者。秉、仗：手里拿着；旄：古代军旗的一种，作指挥用；钺：古代一种像板斧的兵器，饰有黄金的称黄钺，多赐给出征大将。将刘琨——（这便是晋朝时很有名气的）大将刘琨。②勇猛精进——原为佛教语，指奋勉修行。后泛指在事业上刻苦自励，努力上进。此指后者，即指刘琨在军事上"勇猛精进"。智过人——（而且）智慧高出一般人。③血气方刚——形容人精力正旺盛，性情正直刚烈。血气：指精力。颇好胜——（所以刘琨）很喜欢胜过他人。④好大喜功——喜欢做大事，立大功。后多形容铺张、浮夸行为。此指原意。发自心——（这完全）是从刘琨的内心产生出来的。⑤中流击楫——指船到江中时敲着船桨（发誓）。比喻收复失地的决心。《晋书·刘琨传》："祖逖中流击楫而誓曰：'祖逖不能清中原而复楫者，有如大江！'"中流：河流的中央；楫：船桨。逖（tì）功大——（因此）祖逖（在抵御外族入侵收复失地的征战中）建立了大的功劳。逖：指祖逖（人名）。据载，祖逖也是一位名将，和刘琨年轻时是好朋友，后来抵御外患有功而被朝廷重用。⑥不甘示弱——不甘心于自己比别人差。此指刘琨在立了大功的祖逖面前"不甘示弱"。琨自云——（这是）刘琨自己（在写给亲友的信中）所说的：⑦杀敌致果——原指勇敢杀敌。后指勇敢杀敌以立战功。此指后者。致：做到；果：果敢。平生志——（这是我刘琨）一辈子的志向。⑧枕戈待旦——枕着兵器，等待天亮，形容杀敌报国心切，一时一刻也不放松。戈：古代兵器；旦：天亮。抢功勋——（我刘琨这样做是为了和祖逖）争先夺得战功。据载，刘琨在给亲友的信中写道："吾枕戈待旦，志枭（xiāo）逆虏（立志杀灭逆虏），常恐祖生（祖逖）先吾著鞭（经常担心祖逖抢在我的前边杀敌立功）。"这便是成语"枕戈待旦"之来源。

放 牛 归 马

为民除害周武王①，**万众一心兵力强**②。
高歌猛进纣王讨③，**势不可当商灭亡**④。
安土息民周朝建⑤，**兴邦立事发政纲**⑥：
偃武修文开盛世⑦，**放牛归马和平享**⑧。

【说明】 成语"放牛归马"，也作"归马放牛"，见于《尚书·武成》中的一个成语故事。

【串讲】 ①为民除害——为百姓消除祸患。周武王——（这便是）周武王（为天下老百姓而起兵讨伐商纣王来消除这个祸患）。②万众一心——千万人一条心。形容团结一致。兵力强——（所以周武王）军队的战斗力很强。③高歌猛进——高声唱歌，勇猛前进。形容斗志昂扬，勇往直前。纣王讨——（以此种声势）来讨伐商纣王（这个暴君）。④势不可当——来势迅猛，无法抵挡。商灭亡——（于是）商朝被推翻而灭亡了。据载，周武王统领大军，士气高昂，夜渡孟津过黄河，直奔商都朝歌杀去。商军溃不成军，纷纷起义投降。纣王见大势已去，则自焚而死，商朝灭亡了。⑤安土息民——安定社会秩序，让人民休养生息。安土：使地方安定。周朝建——（于是周武王）建立了周朝。⑥兴邦立事——振兴国家，建立事业。发政纲——发布（周朝的）政治纲领：⑦偃武修文——停止武备，倡导文教。开盛世——开辟了兴盛的年代。⑧放牛归马——放牛于野，归马于山，表示不再用兵。和平享——（让天下百姓）享受和平的生活。据载，周武王建立周朝后，"乃偃武修文，归马于华山之阳，放牛于桃林之野，示天下弗服（不复乘用）"。成语"放牛归马""偃武修文"即由此成语故事而来。

放 虎 归 山

昏聩无能汉刘璋①，孤立无助守一方②。
认敌为友刘备请③，自取其祸巴阻璋④。
引虎自卫弗听劝⑤，放虎归山备入疆⑥。
万马千军益州困⑦，后悔莫及迫而降⑧。

【说明】成语"放虎归山"，见于《三国志·蜀书·刘巴传》中的一个成语故事。

【串讲】①昏聩（kuì）无能——眼花耳聋，没有能力。比喻头脑糊涂，没有能力，分不清是非。汉刘璋——东汉（末年蜀地益州牧）刘璋（即如此）。②孤立无助——独立支撑，没有援助。守一方——（刘璋）坚守一个地方。③认敌为友——把敌人当作朋友。指人不明事理，敌友不分。刘备请——（这便是刘璋于公元二一一年听从法正等人意见想）请求（荆州的）刘备（入蜀攻打张鲁）。④自取其祸——自己招来祸事。巴阻璋——（于是刘氏嫡系才子）刘巴则阻止刘璋（不要这样做）。⑤引虎自卫——引入老虎以图保卫自己，反为老虎所害。比喻信用恶人，反入恶人魔掌。弗听劝——（这是因为刘璋）不听刘巴劝阻所致。⑥放虎归山——把老虎放回山林。比喻放走已经落网的敌人，而留下后患。归：返回。备入疆——（这便是刘璋）放刘备进入蜀地边界。据载："璋遣法正迎刘备，巴谏曰：'备，雄人也，人必为害，不可内也。'既入，巴复谏曰：'若使备讨张鲁，是放虎于山林也。'璋不听。"其结果是：⑦万马千军——形容兵马众多，队伍庞大。也比喻声势浩大。此为二者兼而有之。益州困——（这便是刘备的军队把刘璋的）益州城水泄不通地围困住。⑧后悔莫及——指事后懊悔也来不及了。迫而降——（刘璋）被迫而（向刘备）投降了。成语"放虎归山"即由此成语故事而来。

夜 以 继 日

贤才君子周公旦①，殚思极虑为政善②。
克己复礼奴隶制③，永永无穷是心愿④。
症结所在为何处⑤？ 治国齐家怎样办⑥？
夜以继日苦思索⑦，计上心来坐天旦⑧。

【说明】 成语"夜以继日"，见于《孟子·离娄（lóu）》中的一个成语故事。

【串讲】 ①贤才君子——有道德有才能的人。周公旦——周朝时有个名叫姬（jī）旦的周公（就是这样的人）。旦：指姬旦。②殚（dān）思极虑——形容用尽心思。殚、极：尽；思、虑：心思。为政善——（这是）为了把（国家）政治搞得很好。③克己复礼——约束自己，使一切言行符合于"礼"。克己：克制、约束自己；复礼：回复到礼；礼：泛指奴隶社会和封建社会的社会规范和道德规范。奴隶制——（"复礼"要回复到）奴隶制的规范。④永永无穷——形容时间极长，永无尽期。此指把奴隶制永远延续下去。是心愿——（这）是他（周公）心里的愿望。⑤症结所在——指问题的关键所在。此指不利于奴隶制巩固的关键所在。症结：肚子里结块的病。比喻事情、问题的关键。所在：存在的地方。为何处——是在什么地方。⑥治国齐家——治理好国家，管理好家庭。此指巩固自己的统治。怎样办——要采取什么措施和办法。⑦夜以继日——夜晚接上白天。白天不够用，夜晚接着做。苦思索——（对这些问题）苦苦地思考、探求。⑧计上心来——办法马上想出来。坐天旦——就坐着等到天亮。意思是非常着急，天亮立即去做。据载，周公遇到这些问题就"仰而思之，夜以继日；幸而得之，坐以待旦"。意思是：遇到这些问题就抬头思考，白天想不好，夜里接着想；侥幸想通了，高兴得坐着等到天亮，以便马上付诸实施。成语"夜以继日"即由此而来。

丧 心 病 狂

正气凛然范如圭①，爱憎分明抗秦桧②。
无济于事桧宿使③，苟合取容于省睡④。
情理难容圭难忍⑤，狗血喷头将桧啐⑥：
丧心病狂学识浅⑦，遗臭万年无耻最⑧。

【说明】 成语"丧心病狂"，见于《宋史·范如圭传》中的一个成语故事。

【串讲】 ①正气凛然——正直的气节，令人敬畏。凛然：令人敬畏的样子。范如圭（guī）——（宋朝时在秘书省官署里任校书郎兼史馆校勘的）范如圭（即是这样）。②爱憎分明——爱什么，恨什么，态度十分鲜明。憎：恨。抗秦桧——（他就是以此种态度）抗拒秦桧（的做法）。据载，秦桧主张降金。有一次，金国使者来宋，秦桧打算安排他住在秘书省，遭到范如圭的极力反对。范如圭对宰相赵鼎说："秘书省是机要重地，怎么可以让仇敌住在那里呢？"③无济于事——对事情没有帮助。此指尽管范如圭极力反对也"无济于事"。桧宿使——秦桧（依然按他的想法）安排金使住宿。桧：指秦桧；宿：使……住宿，使动用法；使：指金国使者。④苟合取容——不讲原则地附和讨好别人。此指秦桧苟合取容于金使。于省睡——（于是秦桧就安排金使）在秘书省里睡觉。省：指秘书省（官署）。⑤情理难容——于情于理都难以容忍宽恕。此指秦桧这样做实在是"情理难容"。圭难忍——（所以）范如圭（对此）已无法忍受。⑥狗血喷头——古以狗血除不祥，骂倒一切像以狗血喷人头上一样。形容骂得极为厉害。将桧啐——（范如圭就是这样）把秦桧唾骂一通。啐：唾，用力从嘴里吐出来。范如圭对秦桧都骂些什么呢？⑦丧心病狂——丧失理智，像发了疯一样。形容言行昏乱而荒谬，或残忍可恶到了极点。此指前者，即指秦桧的做法昏乱而荒谬。学识浅——（这是因为他的）学问和知识太浅薄所致。⑧遗臭万年——死后臭名一直流传，永远受人唾骂。此指秦桧必将"遗臭万年"。无耻最——（因为他的行为）无耻到了极点。据载，范如圭单独写信给秦桧谴责他学识浅薄，丧权辱国。并且说："公不丧心病狂，奈何为此，必遗臭万世矣！"意思是说，你秦桧不是丧心病狂，怎么会做出这种无耻的事情呢？你必将"遗臭万年"。成语"丧心病狂"也便由此而来。

空 中 楼 阁

愚昧无知一富翁①，梦寐以求楼盖成②。
匠心独运从地起③，计日程功楼三层④。
令人喷饭翁昏愦⑤，循序渐进他不懂⑥。

无理取闹去一二⑦，空中楼阁三层生⑧。

【说明】 成语"空中楼阁"，见于《百喻经》中的一个成语故事。

【串讲】 ①愚昧无知——愚蠢糊涂，不通事理。一富翁——（从前）就有一个（这样的）财主。②梦寐以求——睡觉做梦都在追求。形容愿望十分迫切。楼盖成——把大楼（早日）建成功。③匠心独运——形容巧妙而独特的艺术构思。此指匠人对盖这座楼房有巧妙而独特的艺术设计。据载，财主要求盖一座庄严华丽、宽敞明亮的三层楼房。所以匠人"匠心独运"，按要求进行艺术设计。从地起——从打地基开始向高建造。④计日程功——按日子来计算工作的进度和功效。形容进展快，可以算得出哪天成功。此指盖楼进度快，可以算得出盖好三层楼的日期。计：算；程：计量，考核；功：成效。⑤令人喷饭——形容叫人感到非常可笑，无法忍住。此指财主说的话令人可笑。喷饭：吃饭时忍不住笑，把饭喷了出来。翁昏愦——（因为）这个财主太糊涂了。⑥循序渐进——依着次序逐步地向前。此指盖三层楼得从打地基开始，一层一层向上盖。他不懂——（可是对这样一个浅显的道理）他却不明白。⑦无理取闹——毫无道理地吵闹、捣乱。去一二——（富翁要求）去掉一二层楼。一二：指一二层楼。⑧空中楼阁——建筑在半空中的楼阁。比喻脱离实际的幻想或虚幻的事物。此指原意。三层生——（让）第三层楼（直接在空中）产生。据载，富翁质问匠人说："你费了这么多事，用了那么多材料，要盖什么房子呀？"匠人回答说："盖三层楼呀！"昏愦的富翁则不满地说："我不愿意要一二层楼，还是直接给我盖第三层楼吧！"原来富翁要建的是"空中楼阁"，不可能实现。成语"空中楼阁"即由此故事而来。

事 半 功 倍

仁言利博圣孟轲①，以古方今对丑说②：
发政施仁文王是③，丰功伟业政绩博④。
暴内陵外今齐国⑤，流离颠沛民难多⑥。
以往鉴来施仁政⑦，事半功倍果必卓⑧。

【说明】 成语"事半功倍"，见于《孟子·公孙丑上》中的一个成语故事。

【串讲】 ①仁言利博——有仁德的人的言论，利益广大。圣孟轲——圣人孟轲（所说的话便是如此）。孟轲：孟子，是孔子学说的继承人，和孔子一样，称其为圣人。②以古方今——用古代的人事与今天的人事相比。方：比拟，相比。对丑说——（有一次，孟子就是用这种方法对他的学生）公孙丑表达了（他希望统治者实施仁政的政治主张）。具体怎样说的呢？③发政施仁——发布政令，实施仁政。谓统治者施行开明政治。文王是——（这）便是周文王。文王：指周文王。④丰功伟业——伟大的功劳和业绩。此指周文王因实施仁政而创立了"丰功伟业"。政绩博——其政绩很多。博：多。据载，孟轲对公孙丑说：当时，文王以方圆仅一百里的小国为基础，由于施仁政，而创立了丰功伟业。⑤暴内陵外——对内残害百姓，对外侵犯弱小国家。暴：残害；陵：同"凌"，欺压，侵犯。今齐国——（这便是实施暴政的）当今齐国。⑥流离颠沛——形容生活困苦，到处流浪。流离：因战乱灾荒而流散分离；颠沛：狼狈困顿。民难多——（齐国）百姓（这种）苦难很多（到处都是）。⑦以往鉴来——用过去的教训作为今后办事的借鉴。施仁政——（齐国如能这样做）而实施仁政。其结果会怎样呢？⑧事半功倍——形容用力小，而收效大。果必卓——其结果必然是非常好的。卓：不平凡，卓越。据载，孟轲对公孙丑说完周文王因施仁政而创立了丰功伟业之后又说：如今天下百姓都苦于战争的颠沛和暴政的折磨，像齐国这样的大国，如能施行仁政，百姓定会为此而高兴，就像把被倒挂起来的人放开一样解除了他们的困苦，"故事半古之人（所以用古人做事的一半力气），功必倍之（就一定能收到加倍于古人的功效）。"成语"事半功倍"便由此而形成。

金玉其外，败絮其中

饱经世故卖果人①，操奇计赢柑子存②。
金玉其外色鲜艳③，败絮其中干丝浑④。
不知所以买者问⑤，发蒙振聩答得深⑥：
达官贵人似柑表⑦，国贼禄鬼是其真⑧。

【说明】 成语"金玉其外，败絮（xù）其中"，见于明代刘基《诚意伯集·卖柑者言》这个成语故事。

【串讲】 ①饱经世故——指亲身做过、见过、听过的事情很多，因而处事经验丰富。饱：充分；经：经历；事故：世间一切事故。卖果人——（过去就有这样一个）卖水果的人。②操奇计赢（yíng）——掌握奇货，计算赢利。操：抓住；奇：奇货，难得的货物；赢：盈余，利润。柑子存——把柑子存放起来。据载，此人善于保存柑子，经冬夏不烂。③金玉其外——（柑子的）外表像金玉。比喻外表好看。色鲜艳——（柑子表皮的）颜色特别新鲜艳丽。④败絮其中——（柑子的）内里却像是破棉絮。比喻实质很糟糕。干丝浑——（都像是一些）乱糟糟的干丝。浑：原为水不清，此指丝乱不清。成语"金玉其外，败絮其中"，应是连在一起使用的。⑤不知所以——不知道是怎么回事。此指不知道柑子这个样是什么原因。以：因；所以：因为什么。买者问——买（柑子）的人（这样）发问。⑥发蒙振聩（kuì）——使盲人见到光明，使聋子听到声响。比喻见解高明，使人大开眼界。蒙：眼睛失明；聩：耳聋。答得深——（卖柑人）回答得很深刻。⑦达官贵人——声势显赫的大官，身份高贵的人物。似柑表——（他们）就像这柑子的表皮。⑧国贼禄鬼——祸害国家的盗贼，贪图俸禄的鬼魅。禄：旧时官吏的俸给。是其真——（这）才是那些人的真实本质。据载，卖柑人回答问者说：看那些居高位、骑大马、饮美酒、饱肥鲜的人，哪个不是道貌岸然，气派大得令人生畏，显赫得活灵活现的呢？"又何往而不金玉其外，败絮其中也哉？"成语"金玉其外，败絮其中"即由此而来。

画 龙 点 睛

秀出班行张僧繇①，惟妙惟肖画白龙②。
栩栩如生四龙现③，美中不足缺眼明④。
众目睽睽请画眼⑤，画龙点睛两龙生⑥。
雷电交加来得快⑦，破壁飞去龙腾空⑧。

【说明】　成语"画龙点睛"，见于晋朝王浮《神异记》中的一个成语故事。

【串讲】 ①秀出班行——特别优秀，超出同列。此指作画特别优秀，超出绘画同行。班行：同辈、同列。张僧繇（yáo）——（南北朝时梁国人）张僧繇（便是这样的画师）。②惟妙惟肖——形容刻画或描摹得非常逼真。惟：语气助词；妙：手艺精巧；肖：相似，逼真。画白龙——他奉梁武帝之命，于金陵（今南京）安乐寺的墙壁上，所画的白龙"惟妙惟肖"。③栩栩如生——非常形象逼真，像活的一样。四龙现——有四条白龙出现，即画好四条白龙。④美中不足——虽然很好，但还有不足之处。缺眼明——（画好的四条龙）缺少明亮的眼睛。⑤众目睽睽——众人都在注视着。睽睽：瞪着眼睛注视的样子。请画眼——请求（张僧繇给龙）画上眼睛。⑥画龙点睛——给画好的龙点上眼睛，龙便成了有生气的真龙。后常用来比喻说话、作文在关键地方用一两句话点明要旨，使全篇精警得神。此指原意。两龙生——（其中点上眼睛的）两条龙就活了。生：活。据载，张僧繇只点了两条龙的眼睛，另两条龙未点。⑦雷电交加——霹雷夹着闪电。来得快——来得迅猛。⑧破壁飞去——劈开墙壁，两条龙便飞跃出去。后比喻人由平凡卑微骤然飞黄腾达。此指原意。龙腾空——（两条点眼睛的）白龙便腾云驾雾而升到天空。据载，张僧繇刚点完两条龙的眼睛，"须臾（一会儿），雷电破壁，两龙乘云腾去上天，二龙未点睛者见在"。成语"画龙点睛"即由此而来。

明 目 张 胆

大逆不道晋王敦[1]，血流漂杵叛杀人[2]。
以力服人丞相做[3]，跋扈飞扬独自尊[4]。

助纣为虐兄同反⑤，奉辞伐罪王导临⑥。

先礼后兵把信送⑦，明目张胆灭贼臣⑧。

【说明】　成语"明目张胆"，见于唐朝房玄龄等人《晋书·王敦传》中的一个成语故事。

【串讲】　①大逆不道——旧多指犯上谋反，有罪大恶极之意。晋王敦——晋朝（大将）王敦（正是这样一个人）。晋：晋朝。②血流漂杵（chǔ）——血流成河，把木杵都漂起来了。形容杀死的人极多。杵：舂（chōng）米的木棒。叛杀人——（这是由于王敦）发动叛乱（大量）杀人（所造成的）。据载，王敦为了左右朝政，在武昌发动兵变，杀人无数，血迹到处都是。③以力服人——用强制的力量或强迫的手段使人屈服。此指以强制的武力和叛乱的强迫手段使皇帝屈服。丞相做——（王敦）做了（晋朝）丞相。据载，王敦叛乱后，则以武力要挟朝廷，迫使皇帝司马昭不得不任命他为丞相。④跋扈飞扬——原指意气举动超越常规，不受约束。后指放纵专横。此为后者。独自尊——唯独（王敦他）自己（最为）尊贵。据载，王敦做了丞相后，更加专横狂妄，为所欲为，根本不把朝廷放在眼里。⑤助纣为虐——帮助商纣王做残暴之事。泛指帮助坏人干坏事。虐：残暴。兄同反——（王敦的）哥哥也同（他一起）反叛（朝廷）。据载，皇帝司马昭为了铲除王敦的威胁，趁他有病时下令征剿。王敦则再次发动兵变，派他哥哥王含率兵向都城建康进攻。⑥奉辞伐罪——遵奉严正的旨意，讨伐有罪之人。此指奉皇帝司马昭之命，讨伐反叛的王含。奉：遵从；辞：言辞，旨意。王导临——（大臣）王导（率领官军）来到（平叛前线）。⑦先礼后兵——先以礼貌对待，后用强力对付。把信送——（在交战之前王导先派人给王含）送（一封）信。⑧明目张胆——原指有胆有识，敢作敢为。现形容公开地、大胆地做坏事，毫无顾忌。此指原意。灭贼臣——（信中以这样的表白表示一定要）消灭（王含、王敦这些）叛逆大臣。据载，信中说："导虽不武（我王导即使不会打仗），情在宁国（但真心在于使国家安宁）。今日之事（你今天反叛朝廷的事），（我）明目张胆，为六军之首（我身为官军统帅），宁忠臣而死（宁可做个忠臣而战死），不无赖而生矣（决不无聊地活着了）。"成语"明目张胆"即由此而来。

刮 目 相 待

现身说法权劝蒙①，任重道悠学以承②。
从善如流蒙读史③，日就月将才略增④。
不期而遇鲁肃见⑤，咳唾成珠肃大惊⑥。
吴下阿蒙成过去⑦，刮目相待蒙讲明⑧。

【说明】 成语"刮目相待"，见于《资治通鉴·汉纪》中的一个成语故事。

【串讲】 ①现身说法——原佛教用语。据说佛对一切生物宣讲佛法时，对什么生物宣讲，佛就现出什么生物的身形来。后来比喻用亲身的经历或体会向别人进行解说或劝导。此指比喻义。权劝蒙——孙权（就是这样用自己经常读书的亲身体会）去劝导吕蒙（要读点书）。权：指孙权，三国时吴主；蒙：吕蒙，吴国将领。据载，孙权劝吕蒙读书时说："我经常读书，自以为大有禅益。"②任重道悠——担子很重，路程极远。比喻既担负着重大责任，又必须经历长期的艰苦奋斗。此指吕蒙担负国家重任，还需长期奋斗下去。学以承——（只有）靠学习才能承担起来。以：凭借，依靠。据载，孙权对吕蒙说："你现在当权掌管国家大事，不能不学习！"

③从善如流——听从好的意见，就像水流下一样迅速地接受。形容乐意接受别人的正确意见。此指吕蒙愿意接受孙权劝他学习的意见。据载，一开始吕蒙以军中事多推托，孙权则说："我哪里让你攻读经书成为博士啊!不过应当浏览一些书籍，了解过去的历史。你说事多，比我何如?"经孙权这样一说，吕蒙则愉快地接受了应该读书的意见。蒙读史——（于是）吕蒙（则开始）阅读历史（等书籍）。④日就月将——每天都有些成就，每月都有所前进。形容学业日有长进，不断积累。就：成就；将：前进。才略增——（吕蒙政治、军事方面的）才能和谋略大增。⑤不期而遇——没有事先约定而出乎意外地碰上。期：约定日期。鲁肃见——（吕蒙）见到了鲁肃。鲁肃：字子敬，吴国将领。据载，适逢鲁肃过浔阳（今江西九江市），吕蒙见到了他。⑥咳唾（tuò）成珠——吐词发论成为珠玉。比喻议论高明，言谈精当。此指吕蒙在和鲁肃议论事情时"咳唾成珠"。咳（旧读 kài）唾：咳嗽吐唾沫，比喻谈吐、议论。肃大惊——鲁肃（听了吕蒙的高论）大吃一惊。⑦吴下阿蒙——比喻人学识尚浅。吴下：长江下游南岸一带；阿蒙：吕蒙。成过去——已经成为过去（的事了）。据载："（鲁）肃拊蒙背曰：'我谓大弟但有武略耳，至于今者，学识英博，非复吴下阿蒙。'"⑧刮目相待——指别人已有显著的进步，不能再用老眼光来看待。刮目：擦眼睛，指去掉过去的看法；待：看待，对待。蒙讲明——吕蒙（对这个道理）讲得很清楚。据载，吕蒙说："士别三日即更刮目相待。"这便是成语"刮目相待"之来源。

鱼 目 混 珠

独具只眼人满愿①，货真价实买珠还②。

有眼无珠人寿量③，如获至宝鱼眼捡④。

卧床不起一人病⑤，药到病除须珠拌⑥。

急人之难两珠至⑦，鱼目混珠仍能辨⑧。

【说明】 成语"鱼目混珠"，见于《玉清经》中的一个成语故事。

【串讲】 ①独具只眼——形容眼光敏锐，见解有独到之处。人满愿——（从前）有个叫满愿的（就是这样一个）人。②货真价实——货物是道地（没有假冒）的，价钱是实在（不折不扣）的。买珠还——买（这样一颗大的）珍珠回来（收藏在家里）。③有眼无珠——有眼睛，没眼珠。比喻没有识别事物的能力。也有用来骂人的，比喻瞎了眼睛。此指前者比喻义。珠：指眼球。人寿量——（另有）一人（满愿的邻居）叫寿量的（就是这样一个人）。④如获至宝——如同得到最珍贵的宝物。形容获得心爱之物而欣喜无比。鱼眼捡——（寿量）捡到（一颗很大的）鱼眼睛。据载，寿量没见过珍珠什么样，以为这颗大鱼眼就是珍珠呢，所以"如获至宝"，回到家很好地收藏起来。⑤卧床不起——病卧床上，不能起身。一人病——有一个人得病了。⑥药到病除——药一服下，病就好了。须珠拌——但必须用珍珠来搅和药（才会有那样好的疗效）。⑦急人之难——急迫地帮助别人解除苦难。此指满愿和寿量急病人之难。两珠至——一颗真的珠子和一颗假的珠子（鱼眼）都送到（病人这里来了）。⑧鱼目混珠——鱼眼睛掺杂在珍珠里面，比喻以假乱真。仍能辨——（但）仍然能够辨别出（真假珠子来）。据载，当满愿和寿量把珠子拿出来，大家仔细一看，认定满愿的那颗珠子是珍珠，而寿量的那颗"珠子"不是珍珠。成语"鱼目混珠"即由此而来。

河 东 狮 吼

潇洒风流宋龙邱①，钦贤好士宾客留②。
寻欢作乐歌妓养③，谈空说有夜不休④。
颐神养气安闲度⑤，乐极则忧惧妻究⑥。
妙笔生花轼讽喻⑦：河东狮吼拄杖丢⑧。

【说明】 成语"河东狮吼"，见于宋代洪迈的《容斋三笔》卷三录苏轼诗中，它涉及一个成语故事。

【串讲】 ①潇洒风流——气度超脱，风度大方。宋龙邱——宋朝时（有一位）叫陈慥（zào）而自称龙邱先生的（就是这样一个人）。②钦贤好士——尊敬贤才，爱惜文士。宾客留——（所以）留下不少宾客。③寻欢作乐——寻求欢乐。歌妓养——（为此龙邱家中）还养着一些歌妓。④谈空说有——佛教有"空宗"和"有宗"，二宗互相争辩。后泛指空谈。此指原意。夜不休——（龙邱和这些人）都谈论到深夜还不停止，说个没完。⑤颐神养气——保养元气。安闲度——（龙邱就这样）安逸悠闲地欢度岁月。⑥乐极则忧——好乐过度而不止，必生忧伤。惧妻究——（这就是龙邱）惧怕妻子对他的追查。据载，龙邱的老婆柳氏是一个很爱嫉妒而又非常凶悍的女人，所以龙邱很是怕她。对此，苏轼则作了一首诗嘲笑他。⑦妙笔生花——技艺高超的人能创作出好的作品。轼讽喻——（这便是）苏轼用讥讽和比喻所创作出的好诗：⑧河东狮吼——原指柳氏的大声喊叫如同狮子吼叫一样。后比喻妇人嫉悍，大发雌威。此指原意。拄杖丢——（当龙邱听到妻子的狮吼声便吓得）连手中的拄杖都掉下了。据载，苏轼作诗云：

"龙邱居士亦可怜，谈空说有夜不眠。忽闻河东师（同狮）子吼，拄杖落手心茫然。"河东是柳姓的郡望，暗指柳氏。师（狮）子吼，佛家比喻威严，陈慥好谈佛，故苏轼借佛家语以戏之。成语"河东狮吼"即由此成语故事中苏轼诗句而来。

取 而 代 之

见异思迁少项籍①，弃文就武武又离②。
心花怒放学兵法③，略知皮毛又不习④。
风云际会皇游稽⑤，观瞻所系发狂议⑥。
取而代之将由我⑦，大惊失色梁止急⑧。

【说明】　成语"取而代之"，见于《史记·项羽本纪》中的一个成语故事。

【串讲】　①见异思迁——看到别的事物就改变原来的主意。多指意志不坚强或喜爱不专一。此指后者。迁：改变。少项籍——少年时代的项籍（字羽）即如此。②弃文就武——放弃文事而改习武艺。武又离——（没过多久）则又不学武艺了。据载："项籍少时，学书不成，去学剑，又不成。项梁（项籍的叔父）怒之。籍曰：'书足以记姓名而已，剑一人敌，不足学，学万人敌。'"③心花怒放——心里高兴得像花儿盛开一样。形容喜悦兴奋至极。怒放：盛开。学兵法——（项羽就是这样又去）学习兵法了。④略知皮毛——比喻稍知表面的情状或稍有肤浅的知识。此指后者，即稍懂得一点兵法。又不习——（项羽）则又不去学习了。据载，项梁听项羽要学兵法，于是"乃教籍兵法，籍大喜，略知其意，又不肯竟学"。后来项梁因杀人带项羽去江苏吴中（现在吴县）避难。⑤风云际会——像风云那样遇到机会。际会：遇合。皇游稽——秦始皇去游访浙江会稽山（路过吴中被项羽、项梁遇上）。皇：指秦始皇；稽：指会稽山。⑥观瞻所系——由观看所引起的联系。此指项羽看到秦始皇所引起的联想。发狂议——（于是项羽则发出）狂妄的议论。什么狂议呢？⑦取而代之——夺取别人的权位或利益而占有之。此指夺取秦始皇的皇位而占有它。将由我——（这）将是由我项羽（来完成）。⑧大惊失色——形容非常惊恐，吓得变了脸色。梁止急——项梁急忙阻止（项羽这样说）。梁：指项梁。据载："秦始皇游会稽，渡浙江，梁与籍俱观。籍曰：'彼可取而代也。'梁掩其口曰：'毋妄言，族矣！'"成语"取而代之"即从此故事中"彼可取而代也"演化而来。

舍 旧 谋 新

历练老成晋文公①，从容有礼战楚雄②。
信守不渝退三舍③，徘徊观望不进兵④。
知根知底臣下谏⑤：舍旧谋新弃故情⑥。
言听计行下令打⑦，旗开取胜霸主称⑧。

【说明】 成语"舍旧谋新"，见于《左传·僖公二十八年》中的一个成语故事。

【串讲】 ①历练老成——经历多，做事稳重，通晓事理。晋文公——（春秋时晋献公之子流亡在外十九年由秦送回国即位的）晋文公（重耳即是如此）。②从容有礼——形容沉静而有礼貌或不失礼仪。此为后者。战楚雄——（晋文公就是这样）与强大的楚军交战。③信守不渝——忠诚遵守，不加改变。渝：改变。退三舍——（这就是晋文公实践了他从前的承诺）战前后退三舍（九十里）。据载，晋文公（重耳）以前流亡到楚国时曾得到其关照，并承诺如果将来晋楚发生战争，以战前退避三舍作为报答，今已兑现。④徘徊观望——形容总想再看一看再做决断的态度。徘徊：在一个地方来回地走。不进兵——（后退之后）没有发起进攻。⑤知根知底——知道根底或内情。臣下谏——（这便是知道晋文公根底的）手下大臣则向他进谏：⑥舍旧谋新——舍弃旧的，图谋新的。弃故情——（应该）丢弃从前在楚国的旧情。据载，臣下进谏说："原田每每，舍其旧而新是谋。"⑦言听计行——说的话都听从，出的计策都采用。下令打——（这就是晋文公采纳了臣下的意见）给军队下达命令向楚军进攻（在城濮决战）。⑧旗开取胜——军旗一挥，将士掩杀过去，便取得胜利。也比喻事情才开始做，就获得成功。此为原意。霸主称——（于是）都称晋文公为霸主。成语"舍旧谋新"即由此成语故事而来。

事 齐 事 楚

体国经野滕文公①，不知所从忧患生②。
弹丸之地滕国小③，左右为难齐楚中④。
事齐事楚难确定⑤，必敬必恭请轲明⑥。
画策出谋孟子对⑦：同德协力守池城⑧。

【说明】 成语"事齐事楚"，见于《孟子·梁惠王下》中的一个成语故事。

【串讲】 ①体国经野——划分都城，丈量田野。泛指治理国家。体：划分；国：都城；经：丈量；野：田野。滕文公——（春秋时弱小的滕国国君）滕文公（即如此）。②不知所从——不知该从属、听从谁或哪一方面的。形容犹豫不决，迷惑不定。此指前者，不知听从谁的。忧患生——（于是）有困苦和患难产生。③弹丸之地——弹丸那么大的地方。比喻狭小的地方。滕国小——（这便是）滕国的国土面积很小（方圆不足五十里）。④左右为难——形容处于困境，难以做出决定。齐楚中——（因为滕国地处北边的）齐国和（西南边的）楚国中间（不知依靠谁为好）。⑤事齐事楚——是侍奉齐国还是侍奉楚国。比喻处在两强之间，不能得罪任何一方而左右为难。此为原意。难确定——（这个主意）难以拿定。⑥必敬必恭——形容十分恭敬，有礼貌。请轲明——（滕文公就这样）请孟轲（孟子）给指明（该怎么办）。⑦画策出谋——制定计谋策略。常指为人出主意，筹划策略。孟子对——（于是）孟子回答说：⑧同德协力——为同一目标而共同努力。守池城——（这就是团结军民上下一心）守住护城河和城墙（击退敌国进犯）。池：护城河；城：城墙。据载："滕文公问曰：'滕，小国也，间于齐、楚，事齐乎？事楚乎？'孟子对曰：'是谋非吾所能及也。无已，则有一焉：凿斯池也，筑斯城也，与民守之，效死而民弗去，则是可为也。'"成语"事齐事楚"即由此而来。

孟 母 三 迁

远谋深算孟轲母①，**望子成名苦用心**②。

教导有方居处选③，**不厌其烦择其邻**④。
孟母三迁学校近⑤，**近朱者赤轲习仁**⑥。
耳濡目染求学早⑦，**子曰诗云育圣人**⑧。

【说明】 成语"孟母三迁"，见于汉·刘向《列女传·邹孟轲母传》中的一个成语故事。

【串讲】 ①远谋深算——深远的谋划与思考。孟轲母——孟子的母亲（即如此）。②望子成名——盼望儿子成为有好名声的、出类拔萃的人物。苦用心——（为此，孟轲的母亲对他小时候的培养可以说）用尽了心思。③教导有方——教育引导很有办法。居处选——（这便是）选择居住的地方。④不厌其烦——不嫌麻烦。择其邻——来选择他的邻居（是做什么的）。⑤孟母三迁——孟轲母亲三次迁移居所，改变环境，使他受到好的教育。后常用以颂扬母教。此为原意。学校近——（这最后一次是）搬到一个靠近学校的地方居住。⑥近朱者赤——靠近朱砂容易染上红色。比喻客观环境对人的成长变化有很大的影响。要与"近墨者黑"放在一起使用。朱：朱砂。轲习仁——（因受到学校环境的影响）孟轲则学习仁爱而遵礼。⑦耳濡目染——听得多、见得多了，自然而然地受到影响。濡、染：感染，影响。求学早——（所以孟轲）很早就要求上学。⑧子曰诗云——原指孔子说的话和《诗经》上说的话。后泛指儒家经书上的话。此为后者。曰、云：说。育圣人——（正是这些儒家经书上的话才将孟轲）培育成圣人（称其为孟子）。据载："孟子幼时，因住处靠近墓地，嬉戏时'为墓间之事'；迁至街市附近，又学'贾人衒（同炫）卖之事'；再迁至学宫旁，乃设俎豆揖让进退。孟母曰：'真可以居吾子矣。'"成语"孟母三迁"即由此而来。

所 向 无 敌

胸中无数主孙权①，**谋臣武将召面前**②。
洗耳恭听对曹策③，**深知灼见周瑜言**④：
民安国泰东吴富⑤，**兵精粮足士气坚**⑥。
所向无敌仍送质⑦，**受制于人吾将完**⑧。

【说明】　成语"所向无敌"，见于《三国志·吴志·周瑜传》中的一个成语故事。

【串讲】　①胸中无数——胸中没有数字，比喻对情况不够了解，处理事情没有把握。主孙权——（三国时）吴主孙权（即如此）。据载，东汉末年，曹操打败袁绍以后，统一了北方，势力强大。为了控制孙权，曹操于公元二〇二年给孙权写信，要求把他的儿子送去做人质（以人做抵押）。对此，孙权"胸中无数"，不知如何办是好。②谋臣武将——善于计谋的文臣和勇猛的将帅。召面前——（于是，孙权就把这些人）召集到跟前（商议此事）。③洗耳恭听——形容专心、恭敬地聆听人讲话。对曹策——（孙权就是这样聆听众臣谈论）对付曹操的策略。④深知灼见——深邃（suì）的知识，透彻的见解。灼：明亮。周瑜言——（这是武将）周瑜说出来的（高见）。言：说，动词。什么高见呢？⑤民安国泰——人民安乐，国家太平。形容社会安定。东吴富——（我们的）东吴非常富饶。⑥兵精粮足——兵士精锐，军粮充足。形容军队十分强盛。士气坚——（军队）作战勇敢而又坚强。⑦所向无敌——力量所到的地方，没有任何力量可与之匹敌。形容无往而不胜。敌：对手，敌手。仍送质——（在这么好的国力强大的条件下）仍然把人质送去。其结果会怎样呢？⑧受制于人——被他人所控制。此指被曹操所控制。吾将完——（如果真的这样做）那我们吴国将会彻底完蛋了。吾：我们。据载，周瑜说："今将军承父兄余资，兼六郡之众，兵精粮多，将士用命……境内富饶，人不思乱……士风劲勇，所向无敌，有何逼迫，而欲送质？"接着又说，如果把孙权儿子送去做人质，那我们就要受曹操控制，听他摆布了。孙权听后，甚感有理，便拒绝了曹操的要求。成语"所向无敌"也就由此而产生。

杵 臼 之 交

聪明好学公沙穆①，求知心切游太学②。
身贫如洗无学费③，自力更生打工解④。
亲临其境吴祐见⑤，举止言谈惊其杰⑥。
学识渊博特欣赏⑦，杵臼之交友情接⑧。

【说明】 成语"杵臼之交"，见于《后汉书·吴祐传》中的一个成语故事。

【串讲】 ①聪明好学——头脑灵活，爱好学习。公沙穆——（东汉时有一位读书人）公沙穆（即是如此）。②求知心切——追求知识，心情急切。游太学——（于是在读完一些书后）便东游太学（继续深造）。③身贫如洗——贫困得像用水冲刷过一样。形容贫困至极。无学费——没有钱交学费。④自力更生——不依赖外援，靠本身的力量把事情办好。打工解——（这就是）靠给别人打工挣钱来解决。据载，公沙穆为了挣学费，则改换服装，去到一个富户名叫吴祐的家里做舂米工。⑤亲临其境——亲自到了那个境地。吴祐见——（这便是）吴祐（视察舂米工地时）见到了公沙穆。⑥举止言谈——举动和谈吐。惊其杰——（对公沙穆这些方面的）杰出表现甚感惊奇。⑦学识渊博——指学识深而且广。特欣赏——（对公沙穆具有这样的学识）吴祐更是特别欣赏。⑧杵白之交——指不嫌贫贱、不计身份而结交的好友。杵臼：舂东西用的木棒与石臼。友情接——（这便是吴祐与公沙穆）以友情把两人连接在一起。据载："时公沙穆东游太学，无资粮，乃变服客佣，为祐赁舂。祐与语，大惊，遂共定交于杵臼之间。"成语"杵臼之交"即由此而来。

刻 舟 求 剑

自以为是渡江人①，麻痹大意宝剑沉②。
急不可待舷刻记③，心安理得船停寻④。
刻舟求剑水中跳⑤，空空如也无剑痕⑥。
时过境迁船已动⑦，求之不得因死心⑧。

【说明】 成语"刻舟求剑"，见于《吕氏春秋·察今》中的一个成语故事。

【串讲】 ①自以为是——总认为自己的言行正确。很主观，不虚心。渡江人——（从前就有这样一个乘船）渡江的人。②麻痹大意——丧失警惕，粗心大意。宝剑沉——（身上挂的）宝剑掉入了水底。③急不可待——急得不能等待。形容心情急切或形势紧迫。此指心情急切。舷刻记——（于是）在船舷上刻了（一个）记号。据载，此人还指着记号说："这里是我的剑掉下的地方。"④心安理得——自认为合情合理，心里坦然、踏实。船停寻——等船停了以后才去寻找（那掉进水里的宝剑）。⑤刻舟求剑——按船舷上刻的记号去寻找宝剑。后比喻拘泥固执，不知变通。水中跳——（等船停后）才跳进水里（去找）。⑥空空如也——原形容诚恳谦虚。后形容什么也没有。此指后者，即指跳入水底什么也没找到。空空：同"悾悾（kōng kōng）"，虚心诚恳的样子；如：助词，表示状态。无剑痕——连剑的（一点）痕迹都没有。⑦时过境迁——时间已经过去，境况也改变了。此指掉剑的时间已经过去，船已移动，找剑的地点已不是掉剑的地点了。⑧求之不得——原来表示追求或寻求而没有得到。后来表示求还求不到。此指原意，即指到水里寻求宝剑没有找到。因死心——（这）是因为头脑太不灵活、太死心眼了。据载："楚人有涉江者，其剑自舟中坠于水，遽刻其舟，曰：'是吾剑之所从坠。'舟止，从其所刻者入水求之。舟已行矣，而剑不行，求剑若此，不亦惑乎？"成语"刻舟求剑"即由此故事而来。

居 安 思 危

师出无名郑攻宋①，天怒人怨共抗郑②。
泰山压卵郑求和③，顺水人情晋国应④。
感恩戴德郑谢晋⑤，价值连城厚礼送⑥。
论功行赏功臣奖⑦，居安思危魏言赠⑧。

【说明】 成语"居安思危"，见于《左传·襄公十一年》中的一个成语故事。

【串讲】 ①师出无名——出兵没有正当的理由。师：军队；名：名义，引申为理由。郑攻宋——（春秋时）郑国（出兵）去攻打宋国（即如此）。②天怒人怨——上天愤怒，人民怨恨。形容为害作恶十分严重，激起公愤。此指郑国侵略宋国，激起晋、鲁等十一国的一致愤恨。共抗郑——（于是各国联合起来）共同抗击郑国。③泰山压卵——泰山压在蛋上。比喻力量悬殊，强大的一方必然摧毁弱小的一方。此指以晋为首的十一国联合起来共同抗击郑国，如"泰山压卵"一样，郑国必将被摧毁。郑求和——（于是）郑国（被迫向晋国）请求讲和。④顺水人情——顺势或乘便给别人好处。此指晋国顺着郑国求和的要求，乘便给郑国以好处，使其不被摧毁。晋国应——晋国便答应了（郑国的求和要求）。⑤感恩戴德——感激别人的恩德。此指郑国感激晋国答应求和而免遭摧毁的恩德。感：感激；戴：承受。郑谢晋——（于是）郑国答谢晋国。⑥价值连城——价格值连成一片的好多城池。形容物品十分贵重。厚礼送——（郑国向晋国）送了这样厚重的礼物。据载，送了许多兵车、乐器、乐师和歌女。⑦论功行赏——按功劳给予奖赏。功臣奖——（晋国）奖励有功的大臣。据载，晋国国君把郑国送来的一半歌女奖给他的功臣魏绛（jiàng），而魏绛不肯接受。⑧居安思危——处在安全的环境里，要想到危险、困难有可能出现。魏言赠——魏绛（用这样的）话赠给（国君）。据载，魏绛对晋君说："您现在能联合许多国家共同抗郑，这是您和您手下几个人的功劳，我没有什么贡献。不过我还要劝告您'居安思危，思则有备，有备无患'。"成语"居安思危"即由此而来。

苟 延 残 喘

悠然自适赵简子①，跃马扬鞭猎中山②。
手急眼快狼中箭③，逃灾避难拼命颠④。

苟延残喘东郭遇⑤，好言好语求救完⑥。
恩将仇报欲郭噬⑦，本性难移中计歼⑧。

【说明】　成语"苟延残喘"，见于明·马中锡《东田文集·中山狼传》这个寓言故事。

【串讲】　①悠然自适——形容心情悠闲自足，神态从容的样子。赵简子——（战国时）有个叫赵简子的人（就是以这种心情和神态而出猎）。②跃马扬鞭——跳上马背扬起鞭子，形容飞快前进。猎中山——（赵简子便是这样）来到中山打猎。③手急眼快——形容做事机警、敏捷。此指赵简子打猎射箭动作机警、敏捷。急：快。狼中箭——（于是）有一只狼则被他的箭所射中。④逃灾避难——逃避灾难。拼命颠——（因此这只受伤之狼）则不顾性命地一上一下悬跳逃跑。⑤苟延残喘——勉强维持一线生命。也比喻其他事物勉强存在下去。此指原意。苟延：勉强延续；残喘：临死前残存的喘息。东郭遇——（在这种情况下）狼碰见了一位（墨家人物）东郭先生。⑥好言好语——指中听顺耳之言。也指中肯的话语。此指后者，不过是加上引号的"中肯"，即貌似中肯的话。求救完——（狼以此"好言好语"向东郭先生）求救而得救。据载，狼苦苦哀求东郭先生救它一命，看见东郭先生身背一个大口袋，便说："今日之事，何不使我得早处囊中，以苟延残喘乎？"东郭先生被狼的"中肯"之言所动，便把它装进口袋里。等赵简子过来寻找，便说没看见有狼跑过，使狼得救。那么，此狼将怎样报答东郭先生呢？⑦恩将仇报——受人恩惠反而用仇恨来回报。欲郭噬（shì）——（这便是此狼）想吃掉东郭先生。噬：咬。⑧本性难移——指积久形成的癖性习惯难以改变。此指狼的吃人本性难以改变。移：改变。中计歼——（幸亏此时来了一个农夫）使狼中计而被刺死。歼：消灭。

据载，狼向农夫述说东郭先生应该被吃的理由是装在囊中使它受苦。农夫说我不信，让它再入囊中看看为实。于是此狼中计，重入囊中而被刺死。成语"苟延残喘"即由此寓言故事而来。

势 如 破 竹

用兵如神晋杜预①，突然袭击西陵取②。
雷轰电掣节节胜③，接二连三占吴区④。
节外生枝有异议⑤：休兵罢战待冬继⑥。
力排众议杜反对⑦，势如破竹全吴举⑧。

【说明】 成语"势如破竹"，见于《晋书·杜预传》中的一个成语故事。

【串讲】 ①用兵如神——形容极善于指挥作战。晋杜预——晋朝（名将）杜预（用兵就是这样）。据载，杜预学识渊博，足智多谋，极善于指挥作战。晋武帝司马炎时，封杜预为镇南大将军，镇守襄阳，后来命令他攻打江南的吴国。②突然袭击——乘对方不防备而突然进攻。形容出其不意地进行攻击。西陵取——（杜预就这样）攻占了（吴国的）西陵。③雷轰电掣——形容来势迅猛，使人猝不及防。此指杜预的军队来势迅猛，使吴国猝不及防。电掣：电光闪过。节节胜——一个胜利接一个胜利。④接二连三——连续而不间断。占吴区——占领了吴国的广大地区。据载，公元二八〇年，杜预攻下西陵后，便率六路大军迅猛进攻，只用十天时间，就占领了吴国的许多城市。⑤节外生枝——在原来枝节上又生出新的枝子。比喻在原有问题之外，又生出新的问题。也比喻故意制造麻烦，阻碍事物顺利进行。此指在胜利进攻中，又生出新的问题。有异议——（对继续进攻）持有不同的意见。⑥休兵罢战——停止或结束战争。此指有人主张停止进攻。待冬继——等到冬天再接着打。据载，有人认为，吴国防守牢固，不能一下把它打败。且时值夏季多雨，不便进军，等到冬天再大举进攻。⑦力排众议——指确立自己的主张，竭力排除各种反对意见。杜反对——杜预坚决反对（暂停进攻的意见，主张乘胜进军）。⑧势如破竹——势头就像用刀劈开竹子那样，劈开上面几节之后，底下部分都随着刀刃分开了。比喻节节胜利，毫无阻碍。据载，杜预说："今兵威已振，譬如破竹，数节之后，皆迎刃而解。"最后采纳他的主张。全吴举——把整个吴国攻下来。成语"势如破竹"即由此而形成。

图　穷　匕　见

忠肝义胆燕荆轲①**，视死如归去秦国**②**。**
假力于人秦王见③**，面不改色献图说**④**。**
喜不自胜王图展⑤**，图穷匕见荆轲夺**⑥**。**
愤不顾身秦王刺⑦**，无能为役死于斫**⑧**。**

【说明】　成语"图穷匕见（xiàn）"，见于《史记·刺客列传》中的一个成语故事。

【串讲】　①忠肝义胆——忠义的血性、胆略。燕荆轲——（战国时）燕国（使臣）荆轲（便是一个具有这种"忠肝义胆"之人）。②视死如归——把死看得像回家一样。形容不怕死。去秦国——（荆轲就是这样为完成燕太子丹交给的刺杀秦王的使命）而去到秦国。③假手于人——借助他人为自己办事。秦王见——（因此荆轲）则被秦王召见。据载，荆轲至秦，先以重金买通秦王宠臣蒙嘉。蒙嘉则向秦王上奏，说燕王害怕大王，愿把整个国家献给大王，为表示诚意，还割下樊於期（秦叛将，逃于燕）的头。今派使者要把装有人头和燕国地图的两个匣子献给大王。于是荆轲得到秦王召见。④面不改色——不改变脸色。形容遇到危险时神态沉着镇定。献图说——（这表现在荆轲向秦王）献地图时的说话表情上。据载，秦王接见时，荆轲抱着装有樊於期人头的匣子走在前，秦武阳则抱着地图的匣子跟在后。秦武阳吓得脸色都变了，浑身发抖。群臣怪之。这时，荆轲回过头讪笑秦武阳，走向秦王面前面不改色地谢罪说："北方粗野的人，没有见过天子，所以害怕。请大王稍微宽容一下，让他在大王面前完成他的使命。"于是，荆轲接过秦武阳手中的地图匣子献给了秦王。⑤喜不自胜——高兴得自己都禁受不起。形容非常高兴。胜：禁受得起。王图展——（于是）秦王则把地图展开。⑥图穷匕见——秦王展开地图，图尽而露出匕首。后比喻事情发展到最后终于露出真相。此指原意。荆轲夺——（这时）荆轲（则立即把匕首）夺在手里。⑦愤不顾身——激于义愤，不惜生命。秦王刺——（荆轲就这样用匕首）刺杀秦王。据载："轲既取图，奏之。秦王发图，图穷而匕首见。因左手把秦王之袖，而右手持匕首揕（zhèn）之。"揕：击，刺。⑧无能为役——不能做好某一件事。此指不能做好刺杀秦王这件事。役：事。死于斫——（荆轲）则被（秦王用剑）砍杀而死。斫：砍。成语"图穷匕见"即由此成语故事而来。

幸 灾 乐 祸

辜恩背义晋惠公①，翻然改图负秦城②。
恩重如山全不顾③，趁火打劫欲发兵④。
明若观火庆郑劝⑤：幸灾乐祸国必倾⑥。
深闭固距招秦打⑦，国破家亡公被擒⑧。

【说明】　成语"幸灾乐祸"，见于《左传·僖公十四年》中的一个成语故事。

【串讲】　①辜恩背义——辜负别人对自己的恩德和情谊，做出对不起人家的事。晋惠公——（春秋时晋国国君）晋惠公（便是这样做的）。②翻然改图——很快而彻底地改变了打算。翻：亦写作"幡"；图：打算。负秦城——（因而晋国）欠下秦国（五座）城池（未给）。负：欠。据载，晋惠公叫夷吾，在未做国君之前，曾因晋国内乱而逃到秦国避难。秦穆公把自己的女儿许配给他，并保送他回国做了晋国国君。在此之前夷吾曾许诺给秦国五座城池作为酬谢，可是他回国做了国君，便翻然改图，忘恩背义，五座城池不给了。后来，晋国发生两次灾荒，秦国都是大力支援，卖粮救济。秦国对晋国可谓有大恩了。③恩重如山——恩德像山一样重。形容恩德极大。全不顾——（可是晋惠公对秦国如此之大恩）全然不看。顾：回头看，看。不仅如此，还另有图谋。④趁火打劫——趁别人有危难时去捞好处。此指晋惠公还想趁秦国受灾之机去侵占其领土。欲发兵——打算（向秦国）进军。据载，后来秦国也发生灾荒，派使者去晋国买粮。晋惠公不但不卖，还想趁火打劫，进攻秦国。⑤明若观火——像看火一样清楚。形容观察事物透彻分明。庆郑劝——（具有这种眼力的晋国大夫）庆郑（则极力）劝说（晋惠公不要这样做）。⑥幸灾乐祸——看见别人遭受灾祸反而高兴。幸：高兴。国必倾——（这样做）我们晋国必然倾覆而灭亡。倾：倒塌。据载，庆郑说："背施无亲（忘记人家的恩惠是无亲），幸灾不仁（人家有灾难不去解救反而高兴是不仁），贪爱不祥（舍不得粮食卖给人家是不祥），怒邻不义（激怒了邻国是不义）。四德皆失，何以守国？"庆郑的劝告可谓苦口婆心，晋惠公是否听呢？⑦深闭固距——严紧关闭，坚决抵拒。比喻对新事物或他人意见顽固地拒绝。此指晋惠公对庆郑的劝说顽固拒绝。距：通"拒"。招秦打——（结果）招惹来秦国的进攻。⑧国破家亡——国家破残，家庭亡灭。公被擒——晋惠公也被（秦军）捉拿。公：指晋惠公。据载，晋惠公不但不卖给秦国粮食，还无礼对待秦国使者。于是激起秦国君臣愤怒，秦穆公亲率大军长驱直入攻打晋国。结果，晋国大败，国破家亡，晋惠公被擒。依据这个故事以及其中庆郑的劝说，引申出成语"幸灾乐祸"。

非 驴 非 马

国富民强大汉朝①，小国寡民龟兹弱②。
关山迢递王来贺③，汉宫威仪兴趣高④。
桂殿兰宫更向往⑤，照猫画虎回国效⑥。
不伦不类他国讥⑦：非驴非马骡子造⑧。

【说明】 成语"非驴非马"，见于《汉书·西域传下》中的一个成语故事。

【串讲】 ①国富民强——国家富庶，人民强盛。大汉朝——幅员广大的汉朝（即如此）。②小国寡民——国家小，人民少。龟兹弱——（当时地处西域的）龟兹国（即如此）弱小。③关山迢递——形容路途遥远。关：关口；迢递：遥远的样子。王来贺——（龟兹）国王（绛宾曾多次不惧"关山迢递"）来到（汉朝的京都长安）朝贺。④汉宫威仪——汉代朝廷的礼仪、服饰制度。泛指正统的皇室礼仪、典章制度。此指原意。兴趣高——（龟兹国王对此）特别感兴趣。⑤桂殿兰宫——建筑精美、设备名贵、香气浓郁的宫殿。此指汉代宫殿乃是"桂殿兰宫"。更向往——（龟兹国王对此）更加美慕而希望得到。⑥照猫画虎——照着猫画虎。比喻只从形式上模仿，实际上并不理解。回国效——（龟兹国王）回国后（便是这样）仿效。据载，龟兹国王依照长安皇宫建造一个宏大的宫殿，并采用汉朝的将相仪仗排场等礼仪服饰。⑦不伦不类——既不是这类，也不是那类。形容不合规格或不正经。此指前者，即龟兹国王搞的这一套"不合规格"。他国讥——（因而招致西域地区）其他国家的讥笑。是怎么讥笑的呢？⑧非驴非马——不是驴也不是马。指走了样，什么也不像。此指模仿汉朝建的宫殿和汉宫礼仪都走了样，什么也不像。骡子造——（就如同驴、马）交配而生出来的骡子一样。据载，有人讥笑说龟兹国王搞的这一套是"驴非驴，马非马……所谓骡也"。成语"非驴非马"即由此而产生。

狗 尾 续 貂

称孤道寡伦入宫^①，设官分职滥加封^②。
星罗棋布皆同党^③，躬逢其盛皆入京^④。

鱼贯而入宫中坐⑤，座无虚席貂蝉盈⑥。

文武如雨貂不够⑦，狗尾续貂以冒充⑧。

【说明】 成语"狗尾续貂"，见于《晋书·赵王伦传》中的一个成语故事。

【串讲】 ①称孤道寡——称帝称王。多指夺取政权自封为帝王。孤、寡：古代帝王自称为"孤""寡人"。伦入宫——（赵王）司马伦（乘辇）进入皇宫（而称帝）。伦：指司马伦。司马为姓，名伦，司马懿（yì）第九子。据载，赵王伦与大臣孙秀合谋篡位成功，当上了皇帝。②设官分职——设立官爵，分派职权。滥加封——他不加选择和限制地封官。据载，赵王伦篡位成功后，凡是参加篡位事件的党羽，不论身份和才能，一律加封爵位，就连奴仆走卒，都给了爵位。③星罗棋布——像星星那样罗列，像棋子那样分布。形容数量很多，分布很广。此指被加封的人很多，分布很广。罗：罗列，分布。皆同党——都是（赵王伦篡位夺权）同一集团里的人。据载，上至宰相，下至列卿、中郎将等很多官职，都封他的同党担任。④躬逢其盛——亲自参加那个盛典，或亲自经历那种盛世。此指前者，即亲自参加（朝会）盛典。躬：亲自。皆入京——（被封的众官员）都进到京城里。⑤鱼贯而入——像游鱼一样一个跟一个地前进。宫中坐——坐在宫廷里。⑥座无虚席——座位没有空着的。形容人特多。貂蝉盈——坐满了戴着貂尾金蝉帽的官儿。貂蝉：皇帝侍从官员帽子上用貂尾、金蝉做的装饰物，此指代官员。⑦文武如雨——形容文臣武将极多。貂不够——貂尾不够用。⑧狗尾续貂——原指封官太滥，貂尾不够，就用狗尾代替。后转用为以不好的东西续在好的东西后面。也指事物的前后好坏不一样（多指文艺作品）。此指原意。以冒充——（用假的）来充当（真的）。据载："奴卒厮役亦加以爵位。每朝会，貂蝉盈座，时人谓之谚曰：'貂不足，狗尾续。'"成语"狗尾续貂"即由此而来。

抱 瓮 出 灌

先知先觉子贡贤①，所见所闻乐进言②。
凿隧入井丈人遇③，抱瓮出灌于畦园④。
力倍功寡建议改⑤，力省功倍新具安⑥。
意领神会他弗愿⑦，抱瓮灌园自心甘⑧。

【说明】 成语"抱瓮出灌""凿隧入井""抱瓮灌园"，皆见于《庄子·天地》中的一个成语故事。

【串讲】 ①先知先觉——指对事物的发展最先知晓、最先觉察的人。后泛指对事物发展有预见性的人。此为原意。觉：觉悟。子贡贤——（孔子的弟子）子贡（就是这样的）贤人。②所见所闻——眼睛见到的、耳朵听到的各种人或事。乐进言——（子贡对此）都乐意呈上自己的看法或建议。③凿隧入井——凿开一条入井的隧道，取水灌溉。比喻费力多而收效少。此为原意。丈人遇——（这便是子贡从南边楚国回来去晋国于汉水南岸）遇见一个老头（正在这样做）。④抱瓮出灌——抱着盛水的大瓮从井底沿隧道出来灌溉。比喻坚持守旧，安于落后。此为原意。于畦（qí）园——在分成小区的田园里浇灌。畦：田园中分成的小区。⑤力倍功寡——费力大，但收获小。建议改——（所以子贡）建议老头改变（这种落后的浇灌方式）。⑥力省功倍——指费力小，但功效大。新具安——（这就是）要安装新的（高效汲水）工具［如"桔槔（jié gāo）"一天就能浇一百畦］。⑦意领神会——意思已经领会并能够理解。他弗愿——（可是）他（老头）却不愿意接受这个建议去做。⑧抱瓮灌园——抱着大瓮沿隧道下去从井里打水再原路出来浇园子。比喻安于拙陋、不求改进的保守思想。此为原意。自心甘——（丈人这样做）他自己心甘情愿。据载："子贡南游于楚，反于晋，过汉阴。见一丈人，方将为圃畦，凿隧而入井，抱瓮而出灌，然用力甚多而见功寡。"成语"抱瓮出灌""凿隧入井""抱瓮灌园"皆由此而来。

呶 呶 不 休

一代文豪唐韩愈^①，正明公道官场迷^②。
匡谬正俗屡进谏^③，直言取祸屡贬离^④。
前辙可鉴《言箴》写^⑤，如醉方醒教训集^⑥：
宦海风波欲活命^⑦，呶呶不休须止急^⑧。

【说明】 成语"呶呶（náo náo）不休"，见于唐·韩愈《言箴》中所涉及的一个成语故事。

【串讲】 ①一代文豪——指一个时代最杰出的文学家。文豪：杰出的、伟大的作家。唐韩愈——唐代（文坛大家）韩愈（即如此）。②正明公道——正大光明，毫无偏私。官场迷——（因而使其）在官场弄不清应该怎样做。③匡谬正俗——纠正错误，矫正陋习。屡进谏——（于是）一次又一次地上书进谏（指责朝政缺点）。④直言取祸——指坦率发表意见而招来灾祸。屡贬离——（因此遭到）一次又一次被贬谪降职而远离。⑤前辙可鉴——比喻先前的失败，可以作为以后的教训。《言箴》写——（于是）写出《言箴》一篇短文。⑥如醉方醒——就如同喝醉酒才醒过来一样。比喻刚刚从沉迷中醒悟过来。方：才。教训集——将教训聚会在一起则是：⑦宦海风波——旧指官场沉浮，像海洋中的浪涛和大风，变化莫测。也指官场中出现的风险和波折。此为二者兼有。宦海：旧指官场。欲活命——（如果）想保住性命而存活下去。⑧呶呶不休——唠唠叨叨说个不停。须止急——就必须（将这个毛病）赶快止住（不要再进谏发表意见了）。据载，韩愈在《言箴》最后发议论对自己说："汝不惩邪（你不接受教训吗）？而呶呶以害其生邪（却唠唠叨叨，来危害自己的生命吗）！"成语"呶呶不休"即由此而来。

孤 注 一 掷

其势汹汹丹入境[①]，**不知所措真宗艰**[②]。
御驾亲征寇准谏[③]，**出手得卢议和谈**[④]。
大功告成主夸寇[⑤]，**妒功忌能钦若酸**[⑥]。
花言巧语谗寇准[⑦]：**孤注一掷喻帝战**[⑧]。

【说明】　成语"**孤注一掷**"，见于《宋史·寇准传》中的一个成语故事。

【串讲】　①其势汹汹——指来势极其凶猛。汹汹：形容声势盛大的样子。丹入境——（这便是公元一〇〇四年北方）契丹族（大规模发兵南下）侵入（北宋）边境。②不知所措——不知怎么办才好。真宗艰——（这是因为北宋皇帝）宋真宗（面对契丹入侵）处境极为艰难。那怎么办呢？据载，参政知事王钦若则建议迁都南逃。对此，宰相寇准则坚决反对。于是提出他的意见。③御驾亲征——皇帝亲自率军出征。御驾：皇帝的车驾，指皇帝。寇准谏——（这是）寇准所作的进谏。据载，宋真宗采纳了寇准的意见，亲自率军到澶（chán）渊（yuán）抗敌督战。其结果如何呢？④出手得卢——比喻一举得胜。此指由于御驾亲征，士气大振而一举得胜。卢：古代赌博中的一种胜子。议和谈——（所以迫使契丹不得不）讲和谈判。⑤大功告成——重大的工程或重大的任务宣告完成。此指抗敌取胜、议和成功。主夸寇——（于是）皇帝真宗则赞扬寇准（进谏有功）。主：指皇帝宋真宗。⑥妒功忌能——对别人的功劳、才能比自己强，心里忌恨。钦若酸——（这便是）王钦若心里感到不是滋味，很难受。那他会怎么做呢？⑦花言巧语——虚伪而好听的话。谗寇准——（王钦若就是用这样的话向皇帝宋真宗）给寇准进谗言。他是怎么说的呢？⑧孤注一掷——赌徒在输急了的时候，把所有的钱并作一注押上去。比喻在危急时用尽所有的力量做最后一次冒险。掷：赌钱时掷骰子。喻帝战——（王钦若以此）来比喻宋真宗这次御驾亲征。据载，王钦若对宋真宗说："陛下闻博乎（皇上您听说过赌博的事吗）？博者输钱欲尽（赌博的人把钱将要输光），乃罄所有出之（就把身上所有的钱都拿出来押上去），谓之孤注（这叫它为孤注）。陛下，寇准之孤注也（皇上就好比是寇准押上去的孤注），斯亦危矣（这也太危险了）。"成语"孤注一掷"即由此而形成。

沾 沾 自 喜

知人善察孝景帝①，任贤使能心中明②。
东荡西除拜婴将③，建功立业平叛成④。
出将入相母后举⑤，不以为然帝说清⑥：
沾沾自喜婴浮傲⑦，纬地经天相难承⑧。

【说明】　成语"沾沾自喜"，见于《史记·魏其武安侯列传》中的一个成语故事。

【串讲】　①知人善察——善于识别观察人才。孝景帝——（西汉时的）孝景帝（即如此）。②任贤使能——任用有德行有才能的人。心中明——（孝景帝对此）心里非常清楚。③东荡西除——指出兵平定各处祸乱。拜婴将——（孝景帝）则封窦婴为平乱大将军。婴：指窦婴（人名）。④建功立业——建立功勋事业。平叛成——（这是因为窦婴）平息各地叛乱成功了。据载，西汉初期，曾分封一些诸侯王。到孝景帝时，吴楚等地诸侯国犯上作乱，反叛朝廷；孝景帝则拜窦婴为大将军，统率三军，平定了各地叛乱。窦婴也因此建功立业，被封为魏其侯。⑤出将入相——出外为大将，入朝为宰相。指文武全才的人，也指高官显爵，此指原意。母后举——（这是）母后（向孝景帝对窦婴所作的）推举。据载，窦婴是孝景帝母亲窦太后的侄儿，她看窦婴外出为将平乱有功，便推荐他入朝做宰相。⑥不以为然——不认为是对的。表示不同意。此指孝景帝不认为母后的推举是对的，不同意让窦婴做宰相。帝说清——孝景帝（把这其中的原因）说得很清楚。帝：指孝景帝。⑦沾沾自喜——形容自以为很好而得意起来。婴浮傲——（窦婴这个人）显得心浮气傲。⑧纬地经天——指治理国家。经纬：比喻规划治理。相难承——（负有如此重任的）宰相之职（窦婴）难以承担。据载，孝景帝对其母后说："魏其者（即窦婴），沾沾自喜耳。多易（多轻易之行），难以为相持重（以窦婴为宰相，是很难承担起这一重大责任的）。"成语"沾沾自喜"则由此而来。

泱 泱 大 风

博洽多闻吴季札①，跋山涉水访鲁达②。
神闲气定观周乐③，妙手天成曲曲佳④。
流水高山一一赏⑤，赞口不绝首首夸⑥。
铿锵有力齐歌毕⑦，泱泱大风称颂它⑧。

【说明】 成语"泱泱大风"，见于《左传·襄公二十九年》中的一个成语故事。

【串讲】 ①博洽多闻——知识丰富，见闻广博。洽：广博；闻：见闻。吴季札——（春秋时吴国公子）季札（即如此）。②跋山涉水——翻山越岭，徒步过河。形容长途远行的艰辛劳苦。访鲁达——访问鲁国已经到达。鲁：鲁国。③神闲气定——神气悠闲安静。观周乐——来观赏周朝（各国的）音乐。据载，季札出访各国，到了鲁国，因它是礼乐最完备的国家，便要求全面欣赏各国歌曲，鲁国答应了他而一一演奏。④妙手天成——形容作者技艺高超。妙手：高超的技能。曲曲佳——（所以）每一首乐曲都演奏得很好。⑤流水高山——原指古琴曲中暗含的两种喻义。比喻知音或知己难遇。也比喻乐曲演奏得美妙。此指后者。一一赏——（对这些乐曲季札则是）逐个加以欣赏。⑥赞口不绝——不住口地称赞。表示十分欣赏。首首夸——对每一首歌曲都大加赞扬。⑦铿锵（kēng qiāng）有力——声音洪亮，很有力量。铿锵：形容声音响亮而有节奏。齐歌毕——（这便是）齐国的歌曲，演奏完毕。⑧泱泱大风——指气魄宏大的大国风度。泱泱：气魄宏大。称颂它——（季札用这样的话来）称赞颂扬这首齐国歌曲。据载，季札听完齐国歌曲后赞扬道："美哉！泱泱乎，大风也哉！（好啊！宏大极了，真是大国的风度呀！）"成语"泱泱大风"即由此而来。

实 事 求 是

嗜痂有癖汉刘德[①]，不敢告劳集书多[②]。
希世之宝武帝献[③]，盖棺论定献王得[④]。
树碑立传《汉书》见[⑤]，彰往考来颂其德[⑥]：
实事求是治学谨[⑦]，不易之论青史刻[⑧]。

【说明】 成语"实事求是"，见于东汉班固《汉书·河间献王传》中的一个成语故事。

【串讲】 ①嗜痂（jiā）有癖——形容有怪癖的嗜好。此指刘德有搜集先秦遗书的怪癖嗜好。嗜：爱好；痂：疮口或伤口表面的硬壳；癖：习惯性的嗜好。汉刘德——西汉时（汉武帝的异母哥哥）刘德（即如此）。汉：西汉。②不敢告劳——不诉说劳苦。指办事尽心尽力，兢兢业业。此指刘德搜集先秦遗书不辞辛苦，尽心竭力。也用作谦词。集书多——（因此）搜集的古书很多。据载，有《左传》《毛诗》《周礼》《右文尚书》等。③希世之宝——世上极其少见的珍宝。此指世上稀有而珍贵的书籍。据载，搜集的这些书，都是用篆（zhuàn）文写的，是朝廷所没有的。武帝献——（把这些书）都献给了汉武帝（收在国家图书馆里）。④盖棺论定——指人死后，对他一生和全部表现做出定论。此指对刘德死后做出定论。献王得——（刘德）得个献王（封号）。⑤树碑立传——指对人或事进行歌颂并让其流传久远。此指给刘德树碑立传。《汉书》见——（这在班固写的）《汉书》里可以看到（立传为《河间献王传》）。⑥彰往考来——指记载往事不使湮灭，据以察知未来。此指记载刘德的功绩，据以察知后人。彰：使明显。颂其德——赞颂他的功德。⑦实事求是——从实际出发，找出周围事物的内部联系，探求其发展规律性，用以指导行动。也指按事物的实际情况办事，不夸大或缩小。此指后者。据载，《河间献王传》开头称刘德："修学好古，实事求是。"治学谨——研究学问很慎重。⑧不易之论——不可更改的议论。形容论断或意见完全正确。此指对刘德的论断完全正确。易：更改。青史刻——（这）已经铭记在史书上了。成语"实事求是"即由此而来。

奇 货 可 居

富比王侯吕不韦①，将本图利去邯郸②。
天潢贵胄子楚遇③，奇货可居涌心间④。
钱可通神子楚买⑤，半壁江山本利还⑥。
计出万全西秦去⑦，步线行针赢全盘⑧。

【说明】 成语"奇货可居"，见于《史记·吕不韦列传》中的一个成语故事。

【串讲】 ①富比王侯——财富和王侯相等。形容财富众多。吕不韦——（战国时大商人）吕不韦（即如此）。②将本图利——放债求息。也指用本钱交易，赚钱得利。此指后者。去邯郸——（为此，吕不韦）去到赵国都城邯郸。③天潢（huáng）贵胄（zhòu）——泛指皇族宗室子孙。天潢：皇族、宗室；贵胄：地位高贵的后代。子楚遇——（吕不韦在这里）遇上了（秦国皇族公子在赵国做人质的）子楚（原称异人）。④奇货可居——把珍奇的货物囤积起来，等待高价出售。此指吕不韦把子楚看作是"奇货可居"。涌心间——（这个主意从吕不韦的）心中涌现。据载，子楚"居处困，不得意。吕不韦贾邯郸，见而怜之，曰：'此奇货可居。'"⑤钱可通神——钱可以买通一切。极言金钱魔力之大。子楚买——（吕不韦决心用钱）买下子楚（这个奇货）。⑥半壁江山——半边国土。常指国家遭到入侵后保存下来的或丧失掉的部分国土。此指"奇货可居"能获得"半壁江山"。本利还——（吕不韦的）本钱和获得的极大利润都回来了。据载，吕不韦对子楚说："秦王老矣，安国君得为太子。窃闻安国君爱幸华阳夫人，华阳夫人无子，能立嫡嗣者，独华阳夫人耳。……请以千金为子西游（指回秦国），事安国君及华阳夫人，立子为嫡嗣。"子楚乃顿首曰："必如君策，请得分秦国与君共之。"⑦计出万全——形容计划十分周密稳妥，不会发生意外。万全：非常安全周到。西秦去——（吕不韦便以这样的计划）去到了西边的秦国。⑧步线行针——比喻周密安排。赢全盘——（吕不韦就是这样）赢得了全部计划的实现。据载："吕不韦乃以五百金与子楚，为进用，结宾客；而复以五百金买奇物玩好，自奉而西游秦，求见华阳夫人姊，而皆以物献华阳夫人。"同时，吕不韦还极言子楚的好话以及华阳夫人立不立嫡嗣的利害关系，终于说动华阳夫人立子楚为嫡嗣而西入秦。后来子楚做了国君，吕不韦则当上丞相，真可谓"半壁江山本利还"了。成语"奇货可居"也便由此而来。

夜 郎 自 大

孤陋寡闻夜郎王^①，无知无识特发狂^②。
千真万确国土小^③，地瘠民贫物产荒^④。
钦差大臣汉使到^⑤，夜郎自大问谁广^⑥。
地大物博天朝汉^⑦，何足道哉小夜郎^⑧！

【说明】 成语"夜郎自大"，见于东汉班固《汉书·西南夷传》中的一个成语故事。

【串讲】 ①孤陋寡闻——学识短浅，见识不广。陋：见闻不广；寡：少。夜郎王——（汉朝时我国西南有个）夜郎国的国王（就是这样一个人）。②无知无识——没有知识。特发狂——（但他却显示出）极其狂妄（的样子）。③千真万确——形容绝对真实无误。国土小——（夜郎国）国土很小（只有汉朝一个县那么大的地方）。④地瘠（jí）民贫——土地瘠薄，人民贫苦。物产荒——物产严重缺乏。荒：严重缺乏。据载，夜郎国出产很少，牲畜也不多。⑤钦差大臣——皇帝亲自委派并代表皇帝到各处办理重大事项的大臣。此指由皇帝委派出国访问的大臣。汉使到——汉朝的使者来到（夜郎国）。⑥夜郎自大——夜郎王自以为自己的国土很大。后用来比喻妄自尊大。此指原意。问谁广——问（汉朝使者，汉朝和夜郎国相比较）哪一个国土广大。⑦地大物博——疆土辽阔，资源丰富。博：多，丰富。天朝汉——（这便是号称）天朝大国的汉朝。⑧何足道哉——表示不值一提。带有轻蔑的意味。小夜郎——小小的夜郎国。这句的意思是：小小的夜郎国怎能和大汉朝相比呢！简直不值一提。据载："滇王与汉使者言曰：

'汉孰与我大！'及夜郎侯亦然。以道不通故，各自以为一州主，不知汉广大。"成语"夜郎自大"即由此演化而形成。

欣 欣 向 荣

特立独行陶渊明①，愤世嫉俗辞官行②。
有志难酬归田里③，孤云野鹤过余生④。
寒来暑往春又到⑤，时不我与西畴耕⑥。
欣欣向荣物时得⑦，残年暮景我伤情⑧。

【**说明**】 成语"欣欣向荣"，见于东晋陶渊明《归去来辞》中涉及的一个成语故事。

【**串讲**】 ①特立独行——形容志行高洁，不同时俗。特、独：指突出不凡；立、行：指立身行事。陶渊明——（晋代大诗人）陶渊明（就是这样的人）。②愤世嫉俗——指不满、讨厌当时的社会现状。愤：憎恨，不满；世、俗：指当时的社会现状；嫉：仇恨，痛恨。辞官行——（于是）辞去官职走（自己的路）。据载，陶渊明年轻时胸怀壮志，很想为国家建功立业。但在官场里干了十三年，他看透了当时政治的腐败和官场的黑暗，讨厌、憎恨这个社会现实，便于四十一岁时辞官而去。③有志难酬——胸中的抱负难以实现。酬：实现。归田里——（于是）回到家乡过起隐居的田园生活。④孤云野鹤——指过闲散生活的隐士。此指陶渊明。过余生——（就这样）度过后半生。余生：余下的生命。⑤寒来暑往——炎夏已去，寒冬来临。泛指岁月变迁，时光流逝。春又到——（不觉）春天又到来了。⑥时不我与——时间不等待我了。意思是要抓紧时间。我与："与我"。西畴耕——（去到）西边的田亩里耕作。畴：田亩。据载，陶渊明写他回家后的生活时说："农人告诉我春天到了，就要到西边田野里耕作。"一路或乘车或驾船，见到了大好春光。⑦欣欣向荣——形容草木茂盛。后比喻事业兴旺发达。此指原意。欣：草木生长旺盛的样子；荣：茂盛。物时得——"物得时"，万物得到了大好时光。⑧残年暮景——指人到了晚年，即生命没多少了，将要终结。我伤情——（这）使我心情感伤。据载，诗人写春天景象及感慨时说："木欣欣以向荣，泉涓涓而始流，美万物之得时，感吾生之行休。"行休：将要停止。成语"欣欣向荣"即由此而来。

拔 苗 助 长

急功近利宋农人①，**自作聪明拔苗勤**②。
含辛茹苦禾高起③，**力尽筋疲还家门**④。
拔苗助长心狂乐⑤，**情不自禁显奇勋**⑥。
半信半疑儿往视⑦，**惨不忍睹禾无魂**⑧。

【说明】 成语"拔苗助长"，原作"揠（yà）苗助长"，见于《孟子·公孙丑上》中的一个成语故事。

【串讲】 ①急功近利——急于求成，贪图眼前利益。此指急于求得禾苗长高，贪图眼前长得快的利益。宋农人——（从前）宋国（就有这样一个）农夫。宋：指宋国。②自作聪明——自以为聪明而逞能。拔苗勤——（于是此人到田里）非常卖劲地把禾苗拔起。勤：尽力，不偷懒。③含辛茹苦——形容忍受辛苦。此指忍受拔苗的辛苦。辛：辣；茹：吃。禾高起——（于是）禾苗都被拔高了一截。④力尽筋疲——形容非常疲乏，一点儿力气也没有了。还家门——（此人累到这种程度）才回到家中。⑤拔苗助长——

拔高禾苗，帮助它生长。后来比喻违反事物发展规律，强求速成，反而把事情弄糟。此指原意。心狂乐——（所以此人）心里特别高兴。狂：强烈的。⑥情不自禁——感情激动，控制不住自己。禁：抑制。显奇勋——（于是便在家人面前）显示（自己的）特殊功劳。勋：功劳。据载，此人到家夸口说："今天实在太疲倦了，我帮助田里的禾苗长高了！"⑦半信半疑——一半相信，一半怀疑。儿往视——（他的）儿子前去（田里）察看。⑧惨不忍睹——凄惨得不忍心看到。此指田里是一片凄惨景象，都不忍心看到。睹：看见。禾无魂——（因为）禾苗都没有灵魂了，即禾苗都枯萎了。据载："宋人有闵（同悯，忧愁）其苗之不长而揠（拔）之者，芒芒（同茫茫，引申为疲倦的样子）然归，谓其人曰：'今日病（太疲劳）矣，余助苗长矣！'其子趋而往视之，苗则槁矣！"成语"拔苗助长"即由此成语故事而来。

咄 咄 怪 事

高谭清论将殷浩①，连三接二败中原②。
乘人之危温上奏③，有口难辩浩丢官④。
气夯胸脯回家去⑤，心慵意懒苦不堪⑥。
咄咄怪事四字写⑦，纸短情长亦依然⑧。

【说明】 成语"咄咄（duō duō）怪事"，见于《世说新语·黜（chù）免》中的一个成语故事。

【串讲】 ①高谭清论——高妙清正而空泛不实的言论、议论。谭：同谈。将殷浩——（东晋）大将殷浩（即擅长于此）。据载，殷浩善于清谈高论，在当时小有名气。他原为扬州刺史，后被任命为都督扬、豫、徐、兖、青五州军事（即统帅），统领大军，进取中原，其战况如何呢？②连三接二——犹"接二连三"，谓接连不断之意。败中原——（殷浩就是这样）在中原地区连吃败仗。③乘人之危——趁人危难之时，去要挟或打击。此指乘殷浩连吃败仗之危，予以打击。温上奏——（当时朝廷重臣）桓温（向皇帝）上疏奏了（殷浩一本）。温：指桓温（人名）。据载，桓温是当时皇帝晋明帝的女婿，在朝廷权势很重。他上疏奏本，其后果可知。④有口难辩——有嘴却难以分辨。形容蒙受冤屈而无从解释。此指殷浩明知桓温有意趁机整他，但因吃了败仗，却有口难辩。浩丢官——（结果）殷浩被罢官而废为庶人。⑤气夯（hāng）胸脯——形容极度气愤。夯：冲击。回家去——（殷浩）离开官场回到家中。⑥心慵意懒——心情消沉。慵：懒；懒：比较消沉。苦不堪——（殷浩）痛苦得不能忍受。⑦咄咄怪事——形容使人惊讶。四字写——（他在家里反复地）写这四个字。⑧纸短情长——谓信上写不完思念之情。亦依然——（就是写这样的信）殷浩也照旧写上"咄咄怪事"四字。他以此来表达自己被罢官感到惊讶和费解。据载："殷中军（指殷浩）被废在信安，终日恒书作字……窃视，唯作'咄咄怪事'四字而已。"成语"咄咄怪事"也即由此而来。

拔 帜 易 帜

常胜将军汉韩信①，可操左券攻赵国②。
铺谋定计伏兵安③，近在咫尺赵营侧④。

一触即发开战幕⑤，诱敌深入佯败却⑥。
批亢捣虚占敌营⑦，拔帜易帜赵军破⑧。

【说明】 成语"拔帜易帜"，见于《史记·淮阴侯列传》中的一个成语故事。

【串讲】 ①常胜将军——每战必胜的指挥官。汉韩信——汉军（大将）韩信（就是这样的指挥官）。汉：指汉军。②可操左券（quàn）——比喻有把握成功。此处比喻有把握打胜仗。左券：古代契约分为左右两联，双方各执一联，左联就是左券，常用为索偿的凭证。攻赵国——（韩信就这样有把握地率军）去攻打赵国。③铺谋定计——指巧作安排设下计谋。铺：铺设，铺排。伏兵安——（韩信预先）安排好伏兵。④近在咫（zhǐ）尺——形容距离很近。咫尺：古代周制称八寸为咫，合现在市尺六寸二分二厘。赵营侧——（汉军就埋伏）在赵军营垒的一旁。据载，韩信在攻打赵国之前，先安排了两千人埋伏在赵军营垒附近的山林里。⑤一触即发——一碰就发作。形容事态已发展到十分紧张的状态。此指战事已处于"一触即发"之势。开战幕——（终于）拉开了战争的序幕，即汉军和赵军开始交战了。⑥诱敌深入——指引诱敌人进入预定地区加以歼灭。佯（yǎng）败却——（汉军）假装被打败而退却。据载，这时赵军真以为汉军是败退，便全部出营追击。⑦批亢（kàng）捣虚——指抓住要害，乘虚而入。此指抓住赵军营垒这个要害，乘营垒空虚而入。批：用手打；亢：咽喉，比喻要害；捣：用棍棒的一端撞击。占敌营——（事先埋伏的汉军）一下就占据了敌人（赵军）的营垒。⑧拔帜易帜——拔去（营垒上赵军的）旗帜，换上了（汉军的）旗帜。后来比喻取而代之。此指原意。赵军破——（结果）赵军（被汉军）打得大败。据载，当赵军营垒插上了汉军旗帜，赵军回头一看，以为汉军把赵军的将领已全部抓去，顿时全军溃乱而大败。成语"拔帜易帜"即由此而来。

画 虎 类 犬

识时达务汉马援①，语重心长嘱侄男②：
真心诚意学伯高③，刻鹄类鹜品可先④。
不可向迩效季良⑤，画虎类犬薄名传⑥。
谆谆告诫切莫忘⑦，安居乐业度天年⑧。

【说明】 成语"画虎类犬（狗）"，见于南朝范晔《后汉书·马援传》中的一个成语故事。

【串讲】 ①识时达务——能认清时代潮流和通达当前形势。此指对汉代"识时达务"。时、务：当时的人事和形势。汉马援——东汉时有个叫马援的（就是这样一个人）。汉：指东汉；马援：做过伏波将军，并被光武帝（刘秀）封为新息侯。②语重心长——语言恳切而有分量，情意深长。嘱侄男——（马援）嘱咐他的侄儿。嘱：告诫。据载，马援在军中听说侄子马严、马敦结交侠客，就给他们写了一封信，"语重心长"地告诫他们应该怎样做人。③真心诚意——真实诚恳的心意。表示没有丝毫的虚伪。学伯高——（要这样）向龙伯高（人名）学习。据载，信中说："龙伯高为人厚道谨慎，我希望你们向他学习。"④刻鹄类鹜（wù）——刻天鹅不像，但还像个鸭子。意思是仿效得虽然不太逼真，但还相似。此指学龙伯高虽然不能学得那样好，但总还相似，可以成为厚道谨慎的人。鹄：天鹅；类：似，像；鹜：鸭。据载，信中还说："效伯高不得，犹为谨敕（chì）之士，所谓刻鹄不成尚类鹜者也。"品可先——（这样）人品还可以领先，即品质还可以好。⑤不可向迩——不能靠近。此指不能向杜季良方面发展。迩：近。效季良——去仿效杜季良。据载，信中又说：

"杜季良豪侠好义，但不希望你们仿效他。"⑥画虎类犬——无画虎本领而画虎，把老虎画得如狗一样。比喻好高骛（wù）远，终无成就，反为笑柄。此指仿效杜季良不成，将变成一个轻浮的人。薄名传——轻薄之名声（将在天下）流传。据载，信中又说："效季良不得，陷为天下轻薄子，所谓画虎不成反类狗者也。"⑦谆谆告诫——耐心教诲，再三劝告。切莫忘——（希望他的侄子马严、马敦）着实不要忘了（这些）。⑧安居乐业——过着安定生活，愉快从事自己的职业。度天年——（以此）度过人生岁月。成语"画虎类犬"即由此而来。

披 荆 斩 棘

大树将军汉冯异①，丰功盛烈镇长安②。
身显名扬招诬告③，心贯白日上书阐④。
诚心正意帝诏下⑤，辞喻横生解其嫌⑥。
众目共睹帝嘉奖⑦，披荆斩棘大功宣⑧。

【说明】 成语"披荆斩棘"，见于《后汉书·冯异传》中的一个成语故事。

【串讲】 ①大树将军——指不居功自傲的将领。汉冯异——东汉时（著名大将）冯异（即是这样）。汉：指东汉。据载："诸将并坐论功，异（冯异）常独屏树下，军中号曰：'大树将军'。"②丰功盛烈——形容功劳极大。镇长安——（因此朝廷命冯异）镇守长安。据载，冯异跟随刘秀出生入死，南征北战，为东汉王朝的建立立下了很大功劳。他被封为阳夏侯，任征西大将军，并长期镇守长安，百姓皆称之为咸阳王。③身显名扬——身世显赫，声名远扬。招诬告——（因此冯异）则招致他人的诬告（说他威势太甚了）。④心贯白日——真诚的心意可与光明的太阳相通而无愧。贯：通；白日：太阳。上书闻——（于是冯异）则上书（向刘秀）讲明白（自己对皇帝的一片忠心）。⑤诚心正意——心意诚正。形容对人十分真挚诚恳。帝诏下——（这体现在）皇帝刘秀（给冯异）下的诏书上。帝：指皇帝刘秀。⑥辞喻横生——言辞中生动的比喻横逸而出。此指诏书中有生动的比喻言辞。解其嫌——（其目的是）解除他（冯异）心中的嫌疑。据载，诏书曰："将军之于国家，义为君臣，恩犹父子。何嫌何疑，而有惧意？"⑦众目共睹——所有人的眼睛都看见了。形容极其明显。帝嘉奖——皇帝刘秀（对冯异）大加称赞和奖励。⑧披荆斩棘——比喻开创事业或在前进道路上清除障碍，艰苦奋斗。此指前者。大功宣——（皇帝刘秀把冯异对国家有这样）大的功劳（当着众臣）宣布。据载，有一回冯异朝京师，"帝谓公卿曰：'（冯异）是我起兵时主簿也。为吾披荆斩棘，定关中。'既罢，使中黄门赐以珍宝、衣服、钱帛"。成语"披荆斩棘"也便由此而形成。

金 迷 纸 醉

治病救人唐孟斧①，随叫随到入皇宫②。
金碧辉煌奢华见③，神怡心醉羡慕生④。
胡行乱为自仿造⑤，装点一新家室明⑥。
所在皆是包金纸⑦，金迷纸醉见者称⑧。

【说明】 成语"金迷纸醉"，也作"纸醉金迷"，见于清代陶谷

《清异录·金迷纸醉》这一成语故事。

【串讲】 ①治病救人——治疗病痛，挽救人的生命。常用来比喻以善意批评来帮助人改正缺点错误。此指原意。唐孟斧——唐朝（末年有一个治疗毒疮）名叫孟斧的医生（即是如此）。②随叫随到——什么时候叫，什么时候就到。指招之即来。入皇宫——（所以孟斧经常）出入皇宫（给宫里人看病）。③金碧辉煌——形容建筑物或陈设华丽精致，光彩耀目。金：金黄色。碧：翠绿色。奢华见——（对皇宫里这种）奢华的生活则是亲眼所见。④神怡心醉——精神愉悦，心中为之陶醉。怡：和悦，愉快。美慕生——（所以孟斧对这种奢华）产生了美慕之情。⑤胡行乱为——指任意胡来。也指肆无忌惮地干坏事。此指前者。自仿造——（这便是孟斧）自己来模仿假造（这种奢华）。⑥装点一新——经过修整，装饰点缀，换上新面貌。家室明——（孟斧）家所住的房间则变得光彩明亮。⑦所在皆是——到处都是。包金纸——（把房间里的器具）都用金纸包上（满屋金光四射，光彩夺目）。⑧金迷纸醉——令人着迷的奢华富丽景象。比喻骄奢淫逸的享乐生活。此为原意。见者称——（这是）见到孟斧室内景象的人称赞的话。据载："所亲见之，归语人曰：'此室暂憩，令人金迷纸醉。'"成语"金迷纸醉"即由此而来。

空 洞 无 物

善于辞令晋伯仁①，风趣横生语超群②。
亲密无间为导客③，妙语解颐王导寻④。
忍俊不禁指其腹⑤：鼓鼓囊囊何物存⑥？

空洞无物伯仁对⑦：成百上千汝辈囤⑧。

【说明】　成语"空洞无物"，见于南朝·宋·刘义庆《世说新语·排调》中的一个成语故事。

【串讲】　①善于辞令——形容善长讲话，应对得宜。晋伯仁——东晋时（有一个名叫周顗）字伯仁的人（即是如此）。②风趣横生——形容十分有趣、幽默、诙谐。语超群——他的话语（就是这样风趣）而超出众人。③亲密无间——形容彼此很亲密，没有任何隔阂。为导客——去到（丞相）王导家做客。导：指王导（人名）。④妙语解颐（yí）——有趣的话语，使人发笑。颐：面颊，腮。解颐：开颜而笑。王导寻——王导则寻找（这样的）话题。⑤忍俊不禁——形容忍不住想笑。忍俊：含笑。禁：抑制、控制。指其腹——（王导就这样）指着伯仁的肚子说：⑥鼓鼓囊囊——形容口袋、包囊等填塞得凸起的样子。此指肚子大而凸起。何物存——不知（这里）都存放些什么东西？⑦空洞无物——空空的，没有东西。后多指文章或讲话空话连篇，无实质性内容。此指原意。伯仁对——（这）是伯仁回答时说的话。⑧成百上千——形容数目很大，为数很多。汝辈囤——可以储存很多像你这样的人。汝：你。据载："王丞相（王导）枕周伯仁（周顗）膝，指其腹曰：'卿此中何所有？'答曰：'此中空洞无物，然容卿辈数百人。'"成语"空洞无物"即由此而来。

终　南　捷　径

蟾宫折桂卢藏用①，韫椟待价不尽天②。

知机识窍终南隐③，径情直遂果做官④。
同门异户人司马⑤，重理旧业隐终南⑥。
依依不舍藏用送⑦，终南捷径司马言⑧。

【说明】 成语"终南捷径"，见于《新唐书·卢藏用传》中的一个成语故事。

【串讲】 ①蟾宫折桂——在月宫里折得桂树之一枝。比喻科举应试得中。卢藏用——（这便是唐朝时一个读书人）名叫卢藏用的（考中了进士）。②韫（yùn）椟（dú）待价——把玉藏在匣子里，等待高价出售。比喻怀才待用或怀才隐退。此指前者，即卢藏用怀才待用。韫：蕴藏。不尽天——（可是却等得）没有日期。据载，卢藏用很有才气，善于诗文；为人聪明仗义。但中进士后，一直没有被封官而受重用。由于做官心切，便想了一个办法。③知机识窍——掌握时机和窍门。形容人机灵。终南隐——（于是卢藏用）去终南山（在西安市西南）假装隐居起来（以便尽早出来做官）。④径情直遂——随着自己的意愿，顺利地获得成功。径情：任情、随意；遂：成功。果做官——（后来卢藏用）果然（被招去在京城里）当上官。据载，当时人们有一种偏见，认为隐士都是很有才能的人。卢藏用本来就有才能，一隐居自然会引起朝廷注意，这样便会很快出来做官。事实果真如此。⑤同门异户——名分相同而实质各异。此指同是隐居的名分，但隐居的实质却各不相同。人司马——（另外一个）名叫司马承祯的人。司马：指司马承祯（人名）。据载，司马承祯与卢藏用一样也曾在终南山隐居过。不过他是真的想隐居，而不是为了做官。尽管如此，他仍被朝廷招去了。⑥重理旧业——重做以前曾做之事。隐终南——（这是因为司马承祯无意做官，在京城没住几天）就又回终南山隐居了。⑦依依不舍——留恋不忍分开。依依：留恋的样子。藏用送——（所以）

卢藏用送别（司马承祯到城外并已望见终南山）。据载，卢藏用指着终南山对司马承祯说："此中大有嘉处。"⑧终南捷径——比喻谋取官职或名利的便捷之门径。司马言——（这是）司马承祯答话时说的。据载，司马承祯回应卢藏用的话说："以仆视之，仕宦之捷径耳。"成语"终南捷径"便由此而形成。

画 饼 充 饥

忠心耿耿臣卢毓①，直言极谏魏明帝②。
加官晋爵为尚书③，选贤进能帝满意④。
徒有虚名臣诸葛⑤，吹牛拍马着人气⑥。
金口玉言令卢换⑦，画饼充饥人无予⑧。

【说明】 成语"画饼充饥"，见于西晋陈寿《三国志·魏志·卢毓传》中的一个成语故事。

【串讲】 ①忠心耿耿——形容非常忠诚。耿耿：忠诚的样子。臣卢毓（yù）——（三国时魏国）大臣卢毓（就是这样对待皇帝的）。②直言极谏——敢于说真话，极力规劝。魏明帝——（卢毓以此种态度和做法来向）魏明帝（尽献忠诚而取得赏识）。③加官晋爵——旧指升官提级。此指卢毓被魏明帝提拔重用。晋：进；爵：爵位，君主国家所封的贵族等级。为尚书——（卢毓）做了（吏部）尚书。④选贤进能——选拔推荐德才兼备的人。帝满意——魏明帝（对卢毓这样做）感到可心如意。据载，魏明帝把卢毓由中侍提为吏部尚书，并让他推荐一人为中侍。卢毓则推荐了孙邕（yōng）。孙邕是个德才兼备、办事踏实的人，魏明帝很满意

⑤徒有虚名——只有一个虚名。指名义、名声好，并无实际内容。此指只有在朝中做官的好名声，并无真才实学。徒：只，仅仅。臣诸葛——（这便是有一个）名叫诸葛诞的大臣（中书郎）。诸葛：指诸葛诞（人名）。⑥吹牛拍马——指爱说大话，喜欢自我吹嘘和一味逢迎巴结别人的作风。着人气——（诸葛诞的这种作风）着实令人气愤。⑦金口玉言——旧指皇帝说的话无比尊贵。令卢换——（魏明帝）命令卢毓（选一个人）更换（诸葛诞）。卢：指卢毓。⑧画饼充饥——画个饼来解饿。比喻虚有其名而无补于实用。后比喻用空想来安慰自己。此指前者比喻义。人无予——（这样的）人不要给予（官职）。据载，魏明帝想选一个合适的人代替诸葛诞做中书郎时说："这次能否选到合适的人，就看卢毓的推荐了。选拔人才，不要单凭他有名声。'名如画地作饼，不可啖（dàn）也（名声好比画在地上的饼，没法吃的）！'"啖：吃。成语"画饼充饥"即由此而来。

放 荡 不 羁

笃志好学晋长文①，名闻遐迩才学深②。
孤傲不群性怪僻③，放荡不羁目无人④。
求贤用士征召下⑤，溜之大吉无处寻⑥。
负债累累官粮免⑦，扬长而去不谢恩⑧。

【说明】 成语"放荡不羁"，见于《晋书·王长文传》中的一个成语故事。

【串讲】 ①笃志好学——专心勤学。晋长文——晋代（有一个）叫王长文的人（自幼就是这样）。②名闻遐（xiá）迩——远近的人都知道他的名字。形容名气很大。遐迩：远近。才学深——（因为王长文的）才能学识都很高深。③孤傲不群——高傲孤僻，难与人相处。性怪僻——（王长文就是这样）性格古怪，和一般人不一样。④放荡不羁——行动随便，不受约束。放荡：不受约束。羁：约束。目无人——在他眼里根本没有旁人。⑤求贤用士——招求贤良，聘用士人。征召下——（这便是官府）下达了征召（他去做官）的命令。⑥溜之大吉——形容脱身逃走。溜：偷偷地走开。无处寻——而没有地方能找到（他王长文）。据载，有一次州里征召王长文做刺史的别驾（官名，辅佐刺史的官），他却换上普通人的衣服偷偷地逃走了。《王长文传》曰："王长文……少以学知名，而放荡不羁，州府辟命皆不就。"⑦负债累累——形容欠债很多。官粮免——（这便是王长文欠的粮债很多无力偿还）而官府则免去了他借的粮债。⑧扬长而去——大模大样地离开。不谢恩——（王长文就这样地走了）对官府的照顾、恩典丝毫不表示感谢。据载，太康（晋武帝司马炎年号）中期，四川因受灾而发生粮荒，于是官府开仓借粮。王长文家境最穷，借的粮食很多而又无力偿还。刺史徐干对他很了解也很照顾，便免去了他的粮债。而王长文却连一声谢谢的话都不说便扬长而去了。成语"放荡不羁"即由此成语故事而来。

抱 残 守 缺

笃学好古汉刘歆①，探渊索珠考证深②。
古已有之《左氏传》③，重见天日现当今④。
远图长虑谏官制⑤，私心自用博士嗔⑥。
词严义正歆揭底⑦：抱残守缺无公心⑧。

【说明】 成语"抱残守缺",原作"保残守缺",见于《汉书·刘歆（xīn）传》中的一个成语故事。

【串讲】 ①笃（dǔ）学好古——专心勤学古代典籍。汉刘歆——西汉（负责校勘和整理典籍的中垒校尉）刘歆（便是这样一个人）。②探渊索珠——到深渊下去取得骊龙的宝珠。比喻探求事物的真义。此指探求古代典籍的真义。考证深——（因此对古代典籍）都作深入的考核、证实和说明。③古已有之——远在古代就有了。《左氏传》——（这就是一部古本的）《春秋左氏传》。④重见天日——重新看到了天和太阳。比喻脱离黑暗，重见光明。现当今——（这便是古本《春秋左氏传》被埋藏多年后因刘歆整理秘藏典籍）而现身于现在。据载，刘歆发现这古本《左氏传》，认为非常珍贵，值得好好研究。⑤远图长虑——长远周到的考虑和设想。谏官制——（所以刘歆则向汉哀帝刘欣）进谏（为《左传》等古籍）建立学官（做认真的研究）。然而，却事与愿违。⑥私心自用——独断专行，以私心为主。博士嗔（chēn）——（刘歆的建议则激起）那些五经博士的不满（而反对）。⑦词严义正——措辞严肃，道理正当。歆揭底——（于是）刘歆（就这样）来揭露（那些博士的）底细：⑧抱残守缺——守着残缺的东西不放。形容思想保守，不肯接受新事物。此指原意。无公心——（因为他们这些人）不是出于公心。据载，由于五经博士反对建立学官对古本《春秋左氏传》等典籍做认真研究，只想守着原有的残缺不全的《左传》等典籍不放，所以刘歆特别气愤。于是，他便给管五经博士的太常写了一封义正词严的信，揭露他们的不学无术、因陋就寡说："犹欲保残守缺，挟恐见破之私意，而无从善服义之公心。"成语"抱残守缺"，原作"保残守缺"即由此成语故事而来。

金屋藏娇

龙子龙孙汉刘彻①，**聪明伶俐年幼小**②。
爱如己出长姑哄③，**别开生面娶妻考**④。
张甲李乙宫女配⑤，**摇头摆脑皆不要**⑥。
另辟蹊径指阿娇⑦，**金屋藏娇他说好**⑧。

【说明】 成语"金屋藏娇"，见于汉·班固《汉武故事》中的一个成语故事。

【串讲】 ①龙子龙孙——指皇帝的后代。汉刘彻——汉代的刘彻（即如此，是汉景帝之子）。②聪明伶俐——既聪明，又灵活乖巧。年幼小——（那时刘彻）还年纪很小（才四岁）。③爱如己出——像爱护自己亲生子女一样地爱护某人。此指爱护刘彻。长姑哄——（这便是刘彻的）大姑长公主（刘嫖用话）来逗他玩。④别开生面——原指给旧画人物的面部涂上新的颜色。后泛指开创新的局面或创立新的样式。此指后者。生面：新的面目。娶妻考——（这便是刘嫖）用考问刘彻娶什么样的老婆来逗他玩。⑤张甲李乙——泛指某人，某些人。此指后者。宫女配——（这便是指着这些）宫女配对（给刘彻做老婆）。⑥摇头摆脑——指不同意或不以为然的态度。也形容旧时读书吟诵时自得其乐、得意洋洋的样子。此指不同意。皆不要——（刘彻借此表示这些宫女）他都不要。⑦另辟蹊径——指另外开辟一条路。蹊径：路径。指阿娇——（这便是长公主）指着（在旁边玩耍的自己的女儿）阿娇（说让她给你做老婆好不好）？⑧金屋藏娇——原指汉武帝刘彻幼时喜爱阿娇，并欲建金屋让她居住一事。后指特别宠爱之美女，特指纳妾。此为原

443

义。他说好——（因为刘彻）他说阿娇作其妇最好。据载："（胶东王）数岁，长公主嫖抱置膝上，问曰：'儿欲得妇不？'胶东王曰：'欲得妇。'长公主指左右长御百余人，皆云不用。末指其女问曰：'阿娇好不？'于是乃笑对曰：'好！若得阿娇作妇，当作金屋贮之也。'"成语"金屋藏娇"即由此而来。

丧 家 之 狗

东西南北子之郑①，疲惫不堪弟子从②。
熙来攘往被冲散③，孤身只影东门等④。
闻风而来子贡到⑤，原原本本述真情⑥：
丧家之狗人喻尔⑦，至当不易子赞成⑧。

【说明】 成语"丧家之狗"，见于《史记·孔子世家》中的一个成语故事。

【串讲】 ①东西南北——表示飘泊各地，行踪无定。《礼记·檀公上》："今丘（孔子）也，东西南北之人也。"据载，孔子在鲁国不得志，就带领弟子周游各诸侯国，结果到处碰壁。子之郑——孔子去往郑国。之：往，到，动词；郑：郑国。②疲惫不堪——形容非常疲乏。此指孔子一路辛苦，累得"疲惫不堪"。疲惫：极度疲劳；不堪：不能忍受。弟子从——（并有孔子的）弟子跟随着（他）。③熙（xī）来攘（rǎng）往——熙熙而来，攘攘而往。形容很多人，来来往往，十分热闹。被冲散——（孔子和他的弟子因此）被冲击而分离开。④孤身只影——孤单的身子，单独的影子。形容只是一个人，非常孤单。此指孔子身边已无弟子，只

444

剩他自己。东门等——（他站在城）东门等候（他的弟子）。⑤闻风而来——听到消息便来了。此指子贡（孔子的学生）听到孔子在城东门的消息便来了。风：风声，消息。子贡到——子贡到了（城东门）。⑥原原本本——原指探清事物的本源。现指事物从始到终的全过程或全部情况。此指后者。原原：探索原始，第一个"原"字作动词，探原；本本：追求根本，第一个"本"字作动词，追本。述真情——（子贡）叙述了（事情的）真实情况。⑦丧家之狗——原指有丧事人家的狗，比喻一心为主子出力，却未被重用的人。这时"丧"念平声（sāng）。后来"丧"念去声（sàng），转指无家可归的狗，形容无所适从，到处乱窜。此指前者。人喻尔——（这）是郑国人（以此）来比喻你的。尔：你。据载，郑国有个人告诉子贡说："东门有一个人，他的额门像尧，颈项像皋（gāo）陶，腰以下比禹差三寸。'累累若丧家之狗。'"子贡把这些话"原原本本"地告诉了孔子。⑧至当不易——形容极为恰当。此指把孔子比为"丧家之狗"极为恰当。至：极；当：恰当，合适；易：改变，变换。子赞成——孔子赞成（这种说法）。据载，孔子听了子贡的述说后欣然笑曰："形状不是主要的，'而谓似丧家之狗'，对啊！对啊！"成语"丧家之狗"即由此而来。

青 梅 竹 马

聪明灵慧少李白①，初露头角显奇才②。
博极群书学识广③，童言无忌作诗乖④。
朗朗上口《长干》句⑤，青梅竹马男女孩⑥。

天真无邪共嬉戏⑦，**两小无猜活泼来**⑧。

【说明】 成语"青梅竹马"，见于唐·李白《长干行》诗中的一个成语故事。

【串讲】 ①聪明灵慧——形容聪明灵敏。少（shào）李白——（唐代大诗人）李白年少时（即是如此）。②初露头角——比喻年轻人刚刚显示出自己的才华、气概。显奇才——（这便是李白年少时）就显露出奇特的才能。③博极群书——广泛地阅读各种书籍。学识广——（因此李白）具有广博的学问和知识。④童言无忌——小孩子天真烂漫，说话没有忌讳。作诗乖——（所以李白）写出的诗歌显得很乖巧。⑤朗朗上口——指诵读熟练、顺口。也指文辞通俗，便于口诵。此为后者。朗朗：声音清晰响亮。《长干》句——（这就是）李白写的《长干行》诗句。⑥青梅竹马——形容小儿女天真活泼、无猜无忌、相与玩耍的情景。也指儿童时就相识的伴侣。此为前者。男女孩——（诗中的）男孩和女孩（即是这样）。⑦天真无邪——非常单纯，没有邪念。共嬉戏——（他们就这样）在一起共做游戏。⑧两小无猜——男女儿童幼时在一起相处，天真无邪，互不猜疑。活泼来——显示出来他们活泼的天性。据载，李白《长干行》原诗为："郎骑竹马来，绕床弄青梅。同居长干里，两小无嫌猜。"成语"青梅竹马""两小无猜"即由此而来。

狗 烹 弓 藏

国家栋梁越范蠡①，**远虑深谋立卓勋**②。
报仇雪耻复国日③，**功成名立自隐身**④。
相安相受遗种信⑤，**金石良言劝退云**⑥：

长颈鸟喙离王远⑦，狗烹弓藏祸不临⑧。

【说明】 成语"狗烹弓藏"，见于《史记·越王勾践世家》中的一个成语故事。

【串讲】 ①国家栋梁——比喻肩负国家重任的人。栋梁：支撑房屋的大梁。越范蠡（lǐ）——（春秋时）越国（大夫）范蠡（即是如此）。②远虑深谋——谋划考虑得非常深远、周密。立卓勋——（因此他为越国）立下了卓越的功勋。据载，在吴国和越国发生战争越王勾践被俘时，范蠡则劝他暂时忍辱向吴王夫差投降；待时机成熟有利时，则又替勾践策划兴兵攻吴而复国。③报仇雪耻——报冤仇以洗刷耻辱。雪：洗刷。复国日——（这便是灭掉吴国）恢复越国的那一天。④功成名立——功业建立了，名声也有了。自隐身——（这时范蠡则不去享受荣华富贵）而是自己（主动离开官场）隐居起来。据载，范蠡不仅自己这样做，而且还劝他的同僚文种也这样做。⑤相安相受——彼此照顾，安居乐业。遗种信——（这便是范蠡离去时）留给文种一封信。⑥金石良言——像黄金、宝石那样的话语。比喻可贵而有价值的劝告。劝退云——劝（文种赶快）退隐说：⑦长颈鸟喙（huì）——指鸟兽伸长其颈，以嘴啄食。形容奸诈的样子。喙：鸟兽的嘴。离王远——要离开（这样奸诈的）越王越远越好。⑧狗烹弓藏——兔得而猎犬死，鸟尽而强弓藏。比喻帝王得位而功臣被杀。祸不临——（所以只有尽快离开越王）大祸才不会降临（你文种之头上）。据载："范蠡遂去，自齐遗大夫种书曰：'蜚（飞）鸟尽，良弓藏；狡兔死，走狗烹。越王为人长颈鸟喙，可与共患难，不可与共乐。子何不去？'种见书，称病不朝。"尽管这样，越王还是逼文种自杀了。成语"狗烹弓藏"即由此成语故事而来。

罗 雀 掘 鼠

断头将军唐张巡①，宁死不屈抗叛军②。
孤军奋战睢阳守③，敌众我寡志坚贞④。
日久天长粮草断⑤，罗雀掘鼠充饥身⑥。
矢尽兵穷城沦陷⑦，以身殉国现忠魂⑧。

【说明】 成语"罗雀掘鼠"，见于《新唐书·张巡传》中的一个成语故事。

【串讲】 ①断头将军——头可以断的将军，指坚决抵抗至死不降的将领。唐张巡——唐朝将领张巡（即是如此）。②宁死不屈——宁可死也不屈服。形容有节操。抗叛军——（张巡就是这样）来抗击（安禄山、史思明的）叛乱军队。据载，唐玄宗天宝十四年（公元七五五年）冬，发生安禄山、史思明造反，史称"安史之乱"，张巡奉命抗击叛军。③孤军奋战——孤立无援的军队，竭尽全力与敌作战。睢（suī）阳守——（这便是张巡）在防守睢阳城。④敌众我寡——敌方人数多，我方人数少。形容双方对峙，众寡悬殊。志坚贞——（但张巡军队的）战斗意志却坚贞不屈。⑤日久天长——日子长，时间久。粮草断——（所以）粮草都断绝了。⑥罗雀掘鼠——张网捕雀，挖洞捉鼠。形容无粮可吃，千方百计搜寻食物。也比喻竭尽一切方法搜刮、筹集钱财。此指原意。充饥身——来填充饥饿的身体。⑦矢尽兵穷——箭已用完，兵已打光。形容战斗到兵力丧尽。城沦陷——睢阳城终究被敌人所占领。⑧以身殉国——为国家献出生命。即尽忠报国。现忠魂——表现出（张巡的）忠君爱国之精神。据载：张巡在睢阳抵抗安禄山叛军而被围。

张巡只有三千兵马，而叛军则有十几万之众，被围时久，城内粮绝，"至罗雀掘鼠，煮铠弩以食"，加之又无援兵，睢阳城终于被攻破。而张巡则拒绝投降而被害。成语"罗雀掘鼠"即由此而来。

狐 假 虎 威

威风凛凛虎穿林[①]，一蹴而就把狐擒[②]。
诡计多端狐狡辩[③]：岂有此理将我吞[④]?
唯命是听我为长[⑤]，天经地义管你们[⑥]。
疑似之间虎同走[⑦]，狐假虎威百兽奔[⑧]。

【说明】 成语"狐假虎威"，见于《战国策·楚策一》中的一个成语故事。

【串讲】 ①威风凛凛——形容气概威严，使人敬畏的样子。威风：威严的气势；凛凛：严肃、可敬畏的样子。虎穿林——（一只）老虎（就这个样子）在森林里穿行。②一蹴（cù）而就——踏一脚就成功。形容轻而易举。蹴：踏；就：成功。把狐擒——（老虎很容易地）把（一只）狐狸捉住。③诡计多端——形容狡猾的计谋很多。诡：欺诈，虚伪。狐狡辩——狐狸狡猾地（为自己）辩解。④岂有此理——哪有这样的道理。岂：哪里。将我吞——把我吃掉？将：把。⑤唯命是听——完全听从命令。我为长（zhǎng）——我（完全听从上天的命令）作为百兽之长。⑥天经地义——指理所当然，不容怀疑。经：常道；义：正理。管你们——（由我来）管着你们（这些百兽了）。⑦疑似之间——指有所怀疑，难以确定的事。此指老虎对狐狸所说的话有所怀疑，难以确定。疑似：又像又不像。据载，狐狸用谎话欺骗老虎说："子无敢食我也。天帝使我长百兽，今子食我，是逆天帝命也。子以我为不信，吾为子先行，子随我后，观百兽之见我而敢不走乎！"虎同走——（于是）老虎（就跟在狐狸后面），一起（向前）行走。⑧狐假虎威——狐狸借着老虎的威风。后比喻借别人的威势吓唬人。此指原意。假：借。百兽奔——各种野兽（看见老虎来了都很害怕便纷纷地）逃跑了。奔：跑，逃跑。据载："虎不知兽畏己而走也，以为畏狐也。"成语"狐假虎威"即由此而来。

画 蛇 添 足

心虔志诚祭祖完①，妇人之仁赐酒鲜②。
粥少僧多一壶酒③，浅尝辄止仆不欢④。
争先恐后画蛇定⑤，捷足先登一人干⑥。
画蛇添足不算数⑦，前功尽弃徒领先⑧。

【说明】 成语"画蛇添足"，见于《战国策·齐策二》中的一个成语故事。

【串讲】 ①心虔（qián）志诚——内心恭敬真诚。志：心意。祭祖完——（楚国有一人家）祭祀祖宗结束。②妇人之仁——旧时轻视妇女，故用以形容小恩小惠。仁：仁慈。赐酒鲜（xiǎn）——（主人）赏赐给（仆人）的酒太少。鲜：少。③粥少僧多——准备的粥少，化斋的和尚多。比喻人多东西少，不够分。此指仆人多而赏给的酒少（只一壶酒），不够分。④浅尝辄止——略微尝试一下就停止了。此指如果大家共喝一壶酒，每人喝一点就得停止。辄：就。仆不欢——仆人（感到这样喝）心里不痛快。⑤争先恐后——争着向前，唯恐落后。画蛇定——由画蛇来决定（某人独喝）。据载，有人提议：每人在地上画一条蛇，谁画得快画得像，就把这壶酒给他，一人喝个痛快。所以，大家都"争先恐后"地画蛇。⑥捷足先登——行动快的人先达到目的，或先得到所求的东西。此为二者兼而有之，即指画蛇画得快的人先得到这壶酒。捷：快，敏捷；足：脚步。一人干——（由他）一个人喝干。⑦画蛇添足——蛇画得好好的，又凭空添上几只脚（蛇本来没有脚）。比喻多此一举。据载，有一人先画好蛇，便拿过壶来要喝酒，可他左手拿着酒壶，右手还在画蛇，说"我能给它画脚"，于是又画起脚来。不算数——（这样画蛇添足虽快）却不算取胜。⑧前功尽弃——以前的努力全都白废。此指由于给蛇画脚，把蛇画好的功绩给画没了。功：功劳；弃：丢掉。徒领先——白白地最早画完。据载，正在此人给蛇画脚尚未画完时，另一人则把蛇画好了，便夺过他手中的酒壶说："蛇本来没有脚，怎么能给它画脚呢？"于是就喝了这壶酒。成语"画蛇添足"即由此故事而来。

鱼 游 釜 中

年壮气锐汉张纲①，遗大投艰太守当②。
轻骑简从广陵到③，不避强御见匪王④。
转祸为福朝恩示⑤，泣下沾襟婴感伤⑥：
鱼游釜中今得救⑦，放下屠刀报吾皇⑧。

【说明】 成语"鱼游釜中"，见于《后汉书·张纲传》中的一个成语故事。

[串讲] ①年壮气锐——指年纪轻，气势旺盛。汉张纲 —东汉时的张纲（即如此）。②遗大投艰——赋予重大、艰难的任务。投：给予。太守当——（这便是）担当起［匪患连年难以治理的广陵（今扬州）］太守之职。③轻骑简从——外出时行装简单，随从不多。广陵到——（就这样张纲）去到广陵上任。④不避强御——不躲避强暴有势力的人。见匪王——（张纲一上任就直接）造见土匪头目（张婴）。⑤转祸为福——把灾祸转变为幸福，把危险的境况转变为顺利的境况。朝恩示——（张纲用这样感人的话向匪首张婴）表达了朝廷（招安）的恩赐。⑥泣下沾襟——泪水滚滚流下，沾湿衣服前襟。形容痛哭很厉害。婴感伤——（这是因为）张婴很受感动而悲伤。并说：⑦鱼游釜中——比喻身陷绝境，无处逃生，危在旦夕。釜：古代一种煮饭菜的锅。今得救——（这就是我张婴的处境）而今（被您招安）则得救了。⑧放下屠刀——放下杀戮的刀。报吾皇——来报答我们皇上（的恩德）。"放下屠刀"通常要和"立地（立刻）成佛"连用，指改恶从善的人，也能很快成为好人。据载，张纲表达了朝廷招安之意，"婴闻，泣下，曰：'荒裔愚人，不能自通朝廷，不堪侵枉，遂复相聚偷生，若鱼游釜中，喘息须臾间耳。今闻明府之言，乃婴等更生之［辰］也。'"于是归顺朝廷。成语"鱼游釜中"即由此而来。

鸣 鼓 而 攻

富埒天子季康子①，改柱张弦新税施②。
意气相投冉求助③，为之执鞭问己师④。
火冒三丈丘反对⑤，说千道万不能止⑥。

怒气冲冲弟子告⑦：鸣鼓而攻齐伐之⑧。

【说明】 成语"鸣鼓而攻"，见于《论语·先进》中的一个成语故事。

【串讲】 ①富埒（liè）天子——财富和天子相等。指家中极其富有。埒：同等，相等。季康子——（春秋时，鲁国大贵族）季康子（即如此）。②改柱张弦——改换琴柱，另张琴弦。比喻改革制度或变更方法。此指前者。新税施——（这便是改革田制）实施（按亩收税的）新税制。据载，当时正是奴隶制向封建制过渡时期，季康子主张改革，承认田地私有制和个体农民的合法性。③意气相投——志趣性格很合得来。意气：志趣、性格。相投：互相投合，合得来。冉求助——（所以得到家臣孔子的学生）冉求的帮助。④为之执鞭——拿起鞭子为人驾驭车马。比喻为人服役。含有景仰、追随意。此指冉求为季康子做事。执：拿着。问己师——（于是冉求）去请教自己的老师孔子（看这样做好不好）。⑤火冒三丈——形容十分生气。丘反对——孔子（名丘）坚决反对（这样改革）。据载，孔子完全站在守旧派一边，认为这种改革是不守礼，是不仁不义，坚决反对，不让冉求帮助季康子。可是冉求并不听从孔子的话。⑥说千道万——指各种各样的说法。后用来形容话说得很多。此为原意。不能止——但却不能阻止（冉求帮助季康子实施田赋制度改革）。⑦怒气冲冲——形容满面怒气、十分激动的样子。冲冲：感情激动的样子。弟子告——（于是孔子）通告他的弟子们：⑧鸣鼓而攻——大张旗鼓地进行谴责或声讨。鸣鼓：击鼓；攻：声讨。齐伐之——大家一起来讨伐他（冉求）。据载："季氏富于周公，而求也为之聚敛而附益之。子曰：'非吾徒也！小子鸣鼓而攻之可也。'"成语"鸣鼓而攻"即由此而来。

招 摇 过 市

酒囊饭包卫灵公[①]，政由己出夫人成[②]。
欺世盗名孔丘请[③]，搔头弄姿薄帷迎[④]。
不成体统弟子怪[⑤]，指天誓日丘辩清[⑥]：
听人穿鼻同车游[⑦]，招摇过市南买名[⑧]。

【说明】 成语"招摇过市"，见于《史记·孔子世家》中的一个成语故事。

【串讲】 ①酒囊饭包——比喻只会吃喝，不会做事的人。卫灵公——（春秋时，卫国国君）卫灵公（就是这样一个昏庸无能的人）。②政由己出——政令由一己发出。指把持大权，独断专行。此指政令由卫灵公夫人一己发出，独断专行。夫人成——（因为这些政令是由他的）夫人（南子）所制成。③欺世盗名——欺骗当时的人，窃取名誉、世：世人；盗：窃取；名：名誉。孔丘请——（南子）请孔丘（去见她）。④搔头弄姿——形容卖弄姿态。薄帷迎——（南子）在薄薄的纱帷里面接见了（孔丘）。据载，南子和孔丘答礼时，衣服上装饰的佩玉发出了叮叮当当的响声。⑤不成体统——不符合规矩，不成样子。体统：指一定的仪式、体制、规矩。弟子怪——（孔丘的）弟子们（知道孔丘被南子接见的事）都（这样）责备他。⑥指天誓日——指着天，对着太阳发誓。表示坚定不移或对人忠诚不渝。丘辩清——孔丘（为自己）辩护清楚。据载，孔丘对天发誓说，我被南子接见实在是出于不得已。⑦听人穿鼻——比喻毫无主张，任人摆布。同车游——（南子请孔丘与卫灵公，外加一个陪车的）坐在一个车上（在街上）转游。

⑧招摇过市——大摇大摆地在大街上走过。比喻故意在众人面前大肆炫耀自己，以引起别人的注意。南买名——（卫灵公夫人）南子这样做是为了给自己买个好名声。南：指南子。据载："（孔子）居卫月余，灵公与夫人同车，宦者雍渠叁乘，出，使孔子为次乘，招摇过市之。"成语"招摇过市"即由此而来。

物 腐 虫 生

刚愎自用楚项羽①，坐失良机鸿门宴②。
反间之计不觉中③，衅起萧墙心疑范④。
愤不欲生范增走⑤，身败名裂羽也完⑥。
物腐虫生苏高见⑦，一步一鬼信谣言⑧。

【说明】 成语"物腐虫生"，见于宋代苏轼《范增论》中的一个成语故事。

【串讲】 ①刚愎（bì）自用——指为人固执、任性，自以为能而独断独行。刚：强硬；愎：任性；自用：只凭自己的主观意图行事。楚项羽——西楚（霸王）项羽（就是这样一个人）。②坐失良机——指消极观望、等待，失去良好的时机。此指项羽因没有决心而失去了杀掉刘邦的良机。鸿门宴——（这便是失去了）在鸿门这个地方（项羽）设宴（招待刘邦那一良机）。据载，鸿门宴上，项羽的谋士范增设了杀掉刘邦的计策，可是由于项羽没有决心而使刘邦逃跑了。③反间（jiàn）之计——原指利用敌人的间谍把假情况告于敌人使之失误的计策，后专指离间敌人内部，使之不团结的计策。此指后者，即刘邦设"反间之计"来离间项羽内部。间：间谍，后又指离间。据载，鸿门宴之后，刘邦从各方面对范增进行造谣中伤，来离间项羽和范增的关系。不觉中——（项羽）不自觉地中了（刘邦的反间之计而逐渐疏远了范增）。④衅起萧墙——事端或祸端发生在照墙里面。比喻祸患产生于内部。衅：事端，祸端；萧墙：照壁。心疑范——（项羽）心里怀疑范增（对他有二心）。范：指范增。⑤愤不欲生——气愤得不想再活下去，表示极度气愤。范增走——（于是）范增则离开了（项羽）。⑥身败名裂——指身份丧失，名誉扫地。身：身份，地位；败：毁坏；裂：破损。羽也完——（接着）项羽（就被刘邦）所灭。⑦物腐虫生——东西总是自身先腐败，然后虫子才可以寄生。比喻内部先有弱点而后才为外物所侵害。腐：腐烂，败坏。苏高见——（这是）苏轼的高明见解。苏：指宋代苏轼。据载，苏轼对此事大发感慨说："物必先腐也，而后虫生之。"⑧一步一鬼——形容人多疑。信谣言——（因而）才相信谣言。据载，苏轼还说："一个人对另一个人先有了疑心，才会听信谣言和毁谤。"成语"物腐虫生"即由此而来。

抱 薪 救 火

称王称霸西蜀秦①，穷兵极武征四邻②。
屡战屡北魏何对③？割地称臣干子申④。
慷慨陈词苏怒斥⑤：合而为一才是真⑥。
得陇望蜀秦欲大⑦，抱薪救火火更喷⑧。

【说明】 成语"抱薪救火"，见于西汉司马迁《史记·魏世家》中的一个成语故事。

【串讲】 ①称王称霸——比喻专横跋扈或狂妄地以首脑自居。西蜀秦——位于西边蜀地的秦国（就是这样的国家）。据载，战国时代，齐、楚、燕、韩、赵、魏、秦七国争夺霸主地位。秦国强大，以霸主自居，专横跋扈，侵略他国。②穷兵极武——用尽全部兵力，任意发动战争。穷、极：竭尽。征四邻——（秦国）侵略周围的国家。③屡战屡北——屡次打仗屡次失败。此指魏国与秦国打仗，每战都遭到失败。北：打败仗。魏何对——魏国（采用）什么办法来对付（秦国）呢？魏：指魏国。④割地称臣——割让土地，表示臣服。干子申——（魏国将军）段干子（这样）陈述（他的对秦政策）。干子：段干子（人名）；申：陈述。据载，段干子向安禧王建议，把南阳地方割给秦国，表示臣服以求和。⑤慷慨陈词——情绪激昂地陈述意见。苏怒斥——苏代（对"割地称臣"的主张）愤怒地予以驳斥。苏：指苏代。他是怎么驳斥的呢？⑥合而为一——把分散的事物合在一起。此指把分散的各国联合在一起（共同抗秦）。才是真——（苏代说这样做）才是最正确的。真：指确定可靠的办法，即最好的办法，作名词用。⑦得陇（lǒng）望蜀——取得陇地，又想望着蜀地。比喻贪得无厌。陇：古地名，约当今甘肃东部；蜀：古地名，约当今四川中西部。秦欲大——秦国（对土地）的欲望很大。⑧抱薪救火——抱着柴火去救火，比喻消灭灾害的方法不对，反而使灾害扩大。此指魏国以割地求和来消除秦国侵略的方法不对，不但不会消除秦国的侵略，反而会扩大秦国对魏国的侵略。火更喷——（这样）火势更加喷发旺盛，秦国对魏国的侵略更加厉害，没完没了。据载，苏代反对段干子割地求和时说："且夫以地事秦，譬犹抱薪救火，薪不尽，火不灭。"成语"抱薪救火"即由此而来。

卧 薪 尝 胆

两虎相斗吴灭越①，**以屈求伸勾践恭**②。
忧患余生回越国③，**励精图治雪耻成**④。
卧薪尝胆不忘辱⑤，**身体力行亲织耕**⑥。
养精蓄锐国力盛⑦，**如愿以偿灭吴兵**⑧。

【说明】 成语"卧薪尝胆"，见于西汉司马迁《史记·越王勾践世家》中的一个成语故事。

【串讲】 ①两虎相斗——取"两虎相斗，必有一伤"之意。要连起来用。比喻两强相争，不是你死，就是我活。此指春秋时吴越两国相斗，必有一胜一负。吴灭越——（结果）吴国灭掉了越国。据载，吴越两国世代相仇，攻伐不已，到了吴王夫差即位，又发兵攻打越国，很快包围了越国都城会稽（jī），灭了越国，并俘虏了越王勾践夫妇，带到吴国囚禁在宫中喂马，受尽折磨和凌辱。②以屈求伸——用弯曲求得伸展。比喻以退为进的策略。此指越王勾践来到吴国逆来顺受，以求将来复国雪耻。屈：弯曲；伸：伸展。勾践恭——勾践（对吴王夫差）显得特别恭敬、顺从。据载，夫差每次出门，勾践总是给他驾车拉马；夫差有病，勾践则细心服侍。夫差深受感动。③忧患余生——指饱经灾难困苦之后侥幸保存下来的生命。此指勾践饱经折磨和凌辱之后侥幸地活下来。忧患：困苦患难；余生：剩余的生命。回越国——（勾践）则回到了越国。据载，夫差看勾践对自己如此"恭敬、顺从"，病好后便把勾践放回越国。④励精图治——振奋精神，想办法把国家治理好。励：同"厉"，振作；图：谋取。雪耻成——（勾践）决心洗除耻辱，获得成功。据载，勾践回国后，立志雪耻复国，采取了许多富国强兵措施：努力发展农业生产，加强教育，训练军队等。⑤卧薪尝胆——睡在柴草上，经常尝尝胆的苦味。比喻刻苦自励，发愤图强。此指原意。不忘辱——（目的是）不忘记（亡国的）耻辱。据载，勾践回国后，坐卧于薪草之上，"苦身焦思，置胆于坐，坐卧即仰胆，饮食亦尝胆"。⑥身体力行——指亲身体验，努力实行。身：亲身；体：体验，实行；力：尽力。亲织耕——（勾践和他的夫人）亲自耕作、纺织。⑦养精蓄锐——养息精神，积蓄力量。蓄：积蓄；锐：锐气。国力盛——国家的实力雄厚。盛：丰。据载，越国制定了十年复兴计划，奖励生养，积聚财物，训练军民。不到十年越国就恢复、发展、强大起来。⑧如愿以偿——按着自己的愿望而实现。偿：满足。灭吴兵——消灭了吴国的军队，即灭掉了吴国。据载，越国强大起来后，便一举灭掉吴国。吴王夫差羞愧自杀，越国从此成了强国。成语"卧薪尝胆"即由此故事而来。

举 一 反 三

有教无类圣孔丘①，春风化雨弟子收②。
循循善诱方法指③，触类旁通墙角求④。
举一反三能推理⑤，融会贯通反证有⑥。
运用自如真知见⑦，适得其反他不留⑧。

【说明】　成语"举一反三"，见于《论语·述而》中的一个成语故事。

【串讲】　①有教无类——不论对哪一类人都给以教育。圣孔丘——

圣人孔子（就是这样主张并这样去做的）。②春风化雨——能生养万物的风和雨。比喻良好的教育。也用来称颂师长的教诲。此指后者，即孔子对学生的教诲如"春风化雨"。弟子收——（这一点则体现在孔子对他）所收学生（的教导上）。③循循善诱——善于有步骤地引导、教育。循循：有秩序的样子；诱：引导。方法指——（孔子就是这样来）指导（学生的学习）方法。④触类旁通——接触了某一事物或掌握了某一知识之后，就可以由此及彼，了解同类事物或知识。触类：接触某一类的事物；旁通：互相贯通。墙角求——（比如从已知的墙角），就可以推求（未知的）墙角。⑤举一反三——比喻从懂得的一点，类推而知道其他的。反：推及，推论。能推理——能够推出（其中的）道理。⑥融会贯通——把各方面的知识或道理融合贯穿起来，从而得到系统透彻的理解。融会：融合；贯通：贯穿前后。反证有——反过来证明照样存在。据载，有一次，孔丘教导他的弟子们，学习应该善于联想，融会贯通，并举例说："我举出一个墙角，你们就能独立思考，类推出其余的三个墙角；同时又能用其余的三个墙角反证我所举的那个墙角存在。"⑦运用自如——运用得非常熟练、自然。此指运用知识非常自如。真知见——（这才是）学到了真正的知识。⑧适得其反——正好跟希望的相反。他不留——他（孔丘）就不留下来（再教你们了）。据载，孔丘最后说："举一隅（墙角）不以三隅反，则不复也（我就不再教你们了）。"成语"举一反三"即由此而来。

拾 人 牙 慧

龙跃凤鸣晋殷浩[1]，登台拜将统五州[2]。

鬼使神差吃败仗③，革职拿问信安流④。

风流才子韩随往⑤，口角生风议不休⑥。

令人齿冷殷浩指⑦：拾人牙慧尚难求⑧。

【说明】　成语"拾人牙慧"，见于《世说新语·文学》中的一个成语故事。

【串讲】　①龙跃凤鸣——比喻文才好。晋殷浩——东晋时（有学问又善于辞令的中军）殷浩（即如此）。②登台拜将——登上高台，被授予统率全军的大将职权。拜：旧时指授予官职或某种名义。统五州——（殷浩被授予建武将军）统率（扬、豫、徐、兖、青）五州（兵马）。③鬼使神差（chāi）——鬼神暗中指使。旧时人们对于意外凑巧的事无法解释，因而产生这种迷信说法。现常比喻事情的发生完全出于意外。此指后者。使、差：派遣，指使。吃败仗——（殷浩就是这样在进取中原的作战中）打了败仗。④革职拿问——撤去职务，抓起来问罪。信安流——（于是殷浩）则被流放到信安（今浙江境内）。⑤风流才子——旧指洒脱不拘，富有才学的人。韩随往——韩康伯随着（殷浩一同）前去（信安）。韩：指韩康伯（人名）。据载，韩康伯是殷浩的外甥，人很聪明，又有学问，举止洒脱，对人对事爱发议论。⑥口角生风——比喻说话流利。议不休——（韩康伯）谈论起来没个完。⑦令人齿冷——叫人耻笑。此指韩康伯的议论令殷浩耻笑。齿冷：耻笑，指鄙夷的态度。殷浩指——（所以，有一次）殷浩（见韩康伯还是这样夸夸其谈之后）便指出（他的毛病）。什么毛病呢？⑧拾人牙慧——比喻袭取、重复别人说过的话，自己并无真知灼见。牙慧：指咀嚼后的饭菜渣滓。尚难求——（说康伯就连这些）还很难寻找到。据载，殷浩事后说："康伯未得我牙后慧。"意思是说，韩康伯连我牙齿后面嚼碎的饭菜渣滓都没得到（就如此夸夸其谈）。成语"拾人牙慧"即由此演化而形成。

461

城 下 之 盟

神机妙算楚伐绞^①，下寨安营于南门^②。
以蚓投鱼屈瑕计^③，言之成理楚王遵^④。
正中下怀绞人出^⑤，蜂拥而来逐楚人^⑥。
自投罗网伏兵起^⑦，城下之盟楚退军^⑧。

【说明】 成语"城下之盟"，见于《左传·桓公十二年》中的一个成语故事。

【串讲】 ①神机妙算——神奇的心智，巧妙的谋划。多形容洞察情势，策略高明。楚伐绞——（春秋时）楚国（如此地）去攻打绞国。楚：指楚国；绞：指绞国［在今湖北郧（yún）县西北］。②下寨安营——筑起栅栏，架起帐篷住下。于南门——在（绞国的）南门。③以蚓投鱼——以蚯蚓为饵来钓鱼。比喻用轻贱的东西投合对方胃口，以引出贵重的东西。此指以少数的楚国砍柴人，引诱大批的绞国人出城。屈瑕计——（这是楚将）屈瑕（提出的）计谋。据载，楚将屈瑕说："绞国小，又轻浮放肆，轻浮放肆就缺乏谋略，请不要保护楚国的砍柴人，以便引诱绞国人出城。"同时暗派楚军守北门，并埋伏在山下。④言之成理——讲得合乎道理。楚王遵——楚王则依照（这个计策行事）。⑤正中（zhòng）下怀——正好投合自己的心意。此指绞国正中楚国之计。正：恰好；中：投合；下怀：在下的心怀，谦指自己的心意。绞人出——绞国人走出（城）。据载，第一天出城，绞国人俘获三十个楚国砍柴人，第二天绞人则争先恐后地出城。⑥蜂拥而来——像成群的蜜蜂似的一拥而来。逐楚人——（在山上）追赶（服劳役的）楚国人。⑦自投罗网——自己进入罗网，比喻自己送死。此指绞人自己进入楚军的伏击圈内。投：走，进入；罗网：捕鸟兽的器具。伏兵起——（楚国守在北门）埋伏（在山下的）军队一哄而起（把绞国打得大败）。⑧城下之盟——（绞国被迫）在城下签订盟约求和。后泛指在敌人大军压境或兵临城下时被迫签订的屈辱性盟约。楚退军——（这时）楚国才撤兵（回国）。据载："楚伐绞……大败之，为城下之盟而还。"成语"城下之盟"即由此而来。

南山可移，判不可摇

公正无私李元纮①，有根有叶断案明②。
物归原主僧人胜③，巧取豪敚败太平④。
畏强凌弱上令改⑤，坚执不从纮批清⑥：
南山可移理难变⑦，判不可摇司法公⑧。

【说明】　成语"南山可移，判不可摇"，见于《旧唐书·李元纮（hóng）传》中的一个成语故事。

【串讲】　①公正无私——公道正直，没有私心。李元纮——（唐代雍州郡司户参军）李元纮（断案即如此）。②有根有叶——比喻有根有据。断案明——判断案件非常明确。据载，有一次，某寺院一个和尚状告太平公主强抢寺院石磨，李元纮就作出公正而明确的判决。③物归原主——把东西归还给原来的主人。僧人胜——（这便是）僧人胜诉。④巧取豪敚（duó，同夺）——用欺诈的手段或凭强力夺取。此指后者。败太平——使（这样的）太平公主败诉（将石磨还给僧寺）。⑤畏强凌弱——指害怕比自己强的强者，欺负比自己弱的弱者。形容怕硬欺软。畏：畏惧，害怕；凌：侵犯，欺侮。上令改——（这便是李元纮的）上司（雍州长史窦怀贞因惧怕太平公主的权势）则命他改判。⑥坚执不从——坚持自己的主张，不听众别人的意见。纮批清——（这一点）李元纮（在原判的）批文上写得很清楚：⑦南山可移——南山可以移动。理难变——（但）正理很难改变。⑧判不可摇——断案的结论不可动摇。司法公——（这样才能体现）国家法律的公正。"南山可移，判不可摇"为一个成语，要放在一起使用，表示已经定案，不可改变。据载："累迁雍州司户，时太平公主与僧寺争碾硙……元纮遂断还僧寺。窦怀贞为雍州长史，大惧太平势，促令元纮改断。元纮大署判后曰：'南山可移，判不可摇也。'"成语"南山可移，判不可摇"即由此而来。

眉 飞 色 舞

穷乡僻壤赵氏孙①，光宗耀祖中举人②。
高朋满座设宴庆③，声名烜赫属乡绅④。
酒酣耳热绅欲醉⑤，自负不凡言语沉⑥。
谄词令色孝廉捧⑦，眉飞色舞绅特神⑧。

【说明】 成语"眉飞色舞"，见于《官场现形记》第一回中的一个成语故事。
【串讲】 ①穷乡僻壤——指荒远偏僻贫穷之地。赵氏孙——（小说中所写的）一位姓赵的孙子（就住在陕西这样一个只有二三十户人家的小村庄）。②光宗耀祖——使宗族祖先增光显耀。中举人——

（因为这赵氏孙）考中了举人。据载，此村只有赵、方二姓。姓赵的很注重儿孙教育，请先生教他们读书，竟然有一个孙子先中秀才，后又中了举人，自然是非常得意，便请客庆贺。③高朋满座——高贵的朋友坐满了席位，形容宾客众多。高朋：犹言贵宾。设宴庆——（这便是赵家）在摆设酒宴庆贺。④声名烜（xuǎn）赫——指人在社会上流传的评价极高。烜赫：名声盛大。属乡绅——（这应该）归属于一个（姓王的）乡绅了。⑤酒酣耳热——形容酒兴很浓。酣：酒喝得很畅快。绅欲醉——（所以）王乡绅都喝得快要醉了。⑥自负不凡——自以为了不起。形容高傲自负的态度。凡：平凡。言语沉——（因而王乡绅的）话语也显得很深沉。据载，酒席间，王乡绅对另外一个姓王的孝廉高谈阔论，说历来做大官的都是先从作八股文学起，而自己为了学好八股文，则吃了不少的苦。酒兴浓浓，话语多多。于是，王孝廉则乘机奉承起来。⑦谄词令色——说奉承人家的话，扮作讨好人家的表情。孝廉捧——（这便是）王孝廉对王乡绅的极力吹捧。⑧眉飞色舞——形容极其高兴得意的神态。色：脸色。绅特神——王乡绅显得特别神气。据载，王孝廉极尽奉承之能事，说王乡绅见多识广，高才饱学，吃得苦中苦，方为人上人。"王乡绅一听此言，不禁眉飞色舞。"这便是成语"眉飞色舞"之来源。

信 口 雌 黄

高爵显位晋王衍①，坐而论道任尚书②。
奉若神明敬庄老③，无为而治顺口出④。
津津有味玄学讲⑤，摇头晃脑态自如⑥。

在所难免时有错⑦，信口雌黄人皆熟⑧。

【说明】 成语"信口雌黄"，见于《晋书·王衍传》中的一个成语故事。

【串讲】 ①高爵显位——指官阶很高，爵位显赫。爵：爵位，官爵。晋王衍——晋朝时的王衍（即如此）。晋：晋朝。②坐而论道——原指无固定职守，专门陪侍帝王议论政事。后泛指坐着空谈大道理。此指后者。任尚书——（在王衍）做尚书时（经常这样做）。③奉若神明——尊敬得像迷信的人敬神一样。形容对某人或某事物极其尊重。奉：信奉；神明：神。敬庄老——（王衍）敬重庄子和老子（就到了这种程度）。庄：庄子；老：老子。④无为而治——本为古代道家（庄子、老子）的政治主张：顺应自然，不求有所作为而使天下得到治理。儒家则用来指以德化人，无事于政刑。此指原意。顺口出——（这一类话他往往）顺嘴说出。⑤津津有味——形容兴味非常浓厚。玄学讲——（来向他人）讲解庄老哲学。玄学：奥妙的学问，即指庄老哲学。⑥摇头晃脑——形容讲话或吟诵时自得的样子。此指王衍讲庄老哲学时自得的样子。态自如——态度从容不迫。⑦在所难免——指由于某种限制而难以避免。此指由于话多语失而难以避免。时有错——（王衍）有时候（在讲解中）出现差错。⑧信口雌黄——原作"口中雌黄"，指随口改正说得不妥的话。后来比喻不问事实，随口乱说。此指原意。信：听凭，随意；雌黄：一种矿石，黄赤色，可做颜科。古时写字用黄纸，写错了就用雌黄涂抹再写。这里用雌黄是指说错了就改。人皆熟——（对王衍这点，当时）人们都（非常）熟悉。据载："（王衍）妙善玄言，唯谈老庄为事……义理有所不妥，随即改更，世号'口中雌黄'。"成语"信口雌黄"即由此而来。

侯 门 如 海

才情横溢唐崔郊^①，嘘寒问暖姑母瞧^②。
一见倾心婢女爱^③，眉目传情女恋郊^④。
出乎预料官府买^⑤，侯门如海见不着^⑥。
萧郎陌路偶相遇^⑦，怅惘若失作诗描^⑧。

【说明】 成语"侯门如海"，见于唐·范摅（shū）《云溪友议·襄阳杰》中的一个成语故事。

【串讲】 ①才情横溢——形容很有才华和才思。唐崔郊——唐朝（有一位诗和文章都写得很好的秀才）崔郊（即如此）。②嘘寒问暖——形容对人的生活十分关切。姑母瞧——（这是崔郊）去看望他的姑母。③一见倾心——一见面就产生敬仰或爱慕之情。此指后者。倾心：向往，仰慕。婢女爱——（这就是崔郊）爱上了（姑母家的）婢女。④眉目传情——用眼色来传达相互间的爱慕。女恋郊——（这个）婢女也很爱恋崔郊。⑤出乎预料——超出了人们预先的估计。官府买——（不久这位婢女竟然）被一个大官的府第买去。据载，崔郊与婢女之恋情，其姑母并不知晓，因家困难，便把婢女卖到一个大官家里去了。⑥侯门如海——显贵人家的门庭就像海一样深。后用以比喻情人或好友因地位悬殊而疏远隔绝。此为原意。见不着——（所以崔郊）再也见不到婢女了。⑦萧郎陌路——比喻女子把曾经爱过的男子看作陌生人，不能或不愿再接近。萧郎：旧指女子的意中人；陌路：过路人。偶相遇——（这体现在崔郊与婢女）偶然相遇上。据载，有一年清明节，崔郊见着婢女一面。婢女站在一株柳树下，更加美丽可爱。可是她现在是官家之人，崔郊不敢近前，婢女也不敢招呼他，只能四目相视良久而怅然分开。⑧怅惘若失——形容伤感迷惘，好像丢了什么似的。怅惘：心中有事，无精打采。作诗描——（于是崔郊）创作了一首诗来描绘（他这种伤感之情）。据载，崔郊《赠婢》诗写道："公子王孙逐后尘，绿珠垂泪滴罗巾。侯门一入深如海，从此萧郎是路人。"成语"侯门如海""萧郎陌路"即由此而来。

草 木 皆 兵

色厉内荏秦苻坚①，万马奔腾战淝边②。
损兵折将败东晋③，惊恐万状望城前④。
浩浩荡荡晋军整⑤，风樯阵马纪律严⑥。
惊惶失措眼缭乱⑦，草木皆兵八公山⑧。

【说明】 成语"草木皆兵"，见于《晋书·苻坚载记》中的一个成语故事。

【串讲】 ①色厉内荏（rěn）——形容外表强硬，内心怯懦。色：脸上的神色；荏：软弱。秦苻坚——（东晋时北方的）前秦王苻坚（就是这样一个国君）。秦：指前秦。②万马奔腾——形容声势浩大、进展迅速的壮观景象。这里形容苻坚进军声势浩大、迅猛雄壮的气势。战淝边——在淝水岸边（与东晋军队）交战。淝：指淝水。据载，公元三八三年，苻坚率领八十多万大军南下侵晋，于淝水交战。③损兵折将——兵和将都有大量伤亡。形容作战惨败。折：损失。败东晋——（苻坚军队）败于东晋，即被东晋打得大败（损兵折将共一万五千多人）。④惊恐万状——惊慌恐惧得现出各种丑态。形容非常慌恐。此指苻坚听到前秦军队惨败的消息而"惊恐万状"。望城前——（苻坚和他的弟弟苻融急忙登上寿阳城）瞭望城前（晋军进兵的情况）。⑤浩浩荡荡——原指水势广阔浩大，后形容规模很大，气势雄壮。此处形容晋军队伍"浩浩荡荡"。晋军整——东晋军队（阵容）整齐。⑥风樯（qiáng）阵马——风力吹动下的帆，阵上的战马。形容气势雄壮，行进迅速。此处形容晋兵进军如"风樯阵马"。樯：桅杆，引为风帆。纪律严——（军队）纪律严明。⑦惊惶失措——惊慌、害怕得不知如何是好。惶：害怕；失措：举动失去常态。眼缭乱——（苻坚）眼睛都看得很纷乱。缭乱：纷乱，纠缠混杂。⑧草木皆兵——一草一木都像士兵一样。形容极度紧张时，神经过敏，发生错觉。八公山——（遍布整个）八公山上。据载："坚与苻融登城而望王师，见部阵齐整，将士精锐；又北望八公山上草木皆类人形，顾谓融曰：'此亦勍（劲）敌也，何谓少乎？'怃然惧色。"成语"草木皆兵"即由此而来。

洞 见 症 结

名传海内少扁鹊①，天缘凑巧识桑君②。
良师益友密方给③，灵丹妙药扁如神④。
目光炯炯透墙壁⑤，毫无二致可见人⑥。
洞见症结于脏腑⑦，手到病除传古今⑧。

【说明】 成语"洞见症结"，见于《史记·扁鹊仓公列传》中的一个成语故事。

【串讲】 ①名传海内——名声遍布天下。形容名声极大，声望很高。少扁鹊——（战国时名医）扁鹊年少时（即是如此）。为什么会这样呢？②天缘凑巧——旧指某些人相遇或男女结合为夫妻，是天意所安排，也指事属巧合。此指人相遇乃是天意安排。识桑君——（这便是）扁鹊结识了"神人"长桑君（十多年）。③良师益友——优秀的老师，给人以教益的朋友。密方给——（这就是）长桑君（在离开扁鹊之前）给他留下一个秘密药方。据载，长桑君还留下一包药，让扁鹊用天上降下但未落地的雨水调和，连服三十天，自有奇效发生。扁鹊照办，果如其言。④灵丹妙药——灵验有效的神奇药物。比喻能有效解决一切难题的好办法。此为原意。扁如神——扁鹊（吃了此药）就如同成了神仙一样。⑤目光炯炯——形容眼睛明亮有神。炯炯：明亮的样子。透墙壁——（目光）可以穿透墙壁。⑥毫无二致——一点没有两样，指完全一样。二致：两样。可见人——（与无墙相隔一样）可以看见墙后面的人。⑦洞见症结——原指医生透视到病情所在。后比喻眼光敏锐，能透过现象看到问题的实质与要害。此为原意。症结：腹内结块的病。于脏腑——（这就是）扁鹊能看到五脏六腑之病症。⑧手到病除——一伸手诊脉，病就消除了。形容医术高明。传古今——（所以扁鹊是位神医的名声）自古传到今天。据载："（长桑君）乃出其怀中药予扁鹊……扁鹊以其言饮药三十日，视见垣一方人。以此视病，尽见五脏症结，特以诊脉为名耳。"成语"洞见症结"即由此而形成。

星 火 燎 原

处安思危汉和帝^①，皇亲国戚窦家杀^②。

除疾遗类一人免^③，怨入骨髓周纡怕^④。

不遗余力向帝谏^⑤：斩尽杀绝勿留他^⑥。

理所必然物作比^⑦，星火燎原后患大^⑧。

【说明】 成语"星火燎原"，见于《后汉书·周纡（yú）传》中的一个成语故事。

【串讲】 ①处安思危——指处在安定的环境中要想到可能产生的危难祸患。汉和帝——东汉和帝（便是这样想的）。汉：指东汉。②皇亲国戚——皇帝的亲戚，也指在朝中有权势的人。此二者兼而有之。窦家杀——（和帝设法）将窦宪等窦家兄弟杀掉。据载，窦宪是和帝的母舅，和帝即位时，因年幼由他母亲窦太后临朝执政，窦宪官至侍中，后又反击匈奴有功，封为大将军。从此，窦家兄弟执掌朝政大权。和帝长大后，因怕窦家篡权乱政，故而设法杀掉窦家兄弟。③除疾遗类——指既欲治病，又留下病根。比喻去患不彻底，留下祸根。此指治死窦家兄弟不彻底，留下后患。一人免——（因为）有一人（窦环）免遭杀害。据载，窦家兄弟只剩窦环一人侥幸留在朝中。④怨入骨髓——怨恨进入骨髓里面，形容怨恨到了极点。周纡怕——（御史）周纡（对留下窦环）非常害怕。据载，御史周纡与窦家怨恨很深，对窦环留下很是担心害怕。⑤不遗余力——把所有的力量都使出来，一点也不保留。向帝谏——（周纡就是这样）向和帝进谏。⑥斩尽杀绝——全部杀光，一个不留。勿留他——（千万）不能留下他（窦环）。为什么呢？⑦理所必然——谓道理必然如此。物作比——（周纡）便拿物作了一个比喻。⑧星火燎原——是"星星之火，可以燎原"的紧缩。即小火星可以引起燎原大火，比喻小事可以酿成大事。此指留下窦环一人可以酿成大祸。后患大——给以后留下大的祸患。据载，周纡向和帝进谏说，对窦家必须斩尽杀绝；否则，后患极大。并作比喻说："爝（jué）火虽微，卒能燎原。"爝火：小火；卒：终于。成语"星火燎原"便由此而形成。

举 世 瞩 目

以碫投卵晋伐齐①，攻无不克胜朝夕②。
班师回朝城门进③，先来后到士会疑④。
理所当然士燮解⑤：众星捧月帅首席⑥。
喧宾夺主我先入⑦，举世瞩目将集己⑧。

【说明】 成语"举世瞩目"，见于《国语·晋语》中的一个成语故事。

【串讲】 ①以碫（duàn）投卵——用磨刀石去砸蛋。比喻以强攻弱，一定击破对方。碫：磨刀石。晋伐齐——（春秋时强大的）晋国去攻打（弱小的）齐国（就如同这"以碫投卵"一样）。据载，当时晋国命郤（xì）克为元帅，大夫（官名）士燮（xiè）为先锋率军去攻打齐国。②攻无不克——只要进攻，必能攻下。形容百战百胜。克：攻占。胜朝（zhāo）夕——取胜于一个早晨或一个晚上，即（晋军）很快地就取得了战争的胜利。胜：取胜，作动词；朝：早晨；夕：晚上。③班师回朝——调动出征的军队返回都城，或指出征的军队胜利返回朝廷。此指后者，即指晋军取得战争胜利返回朝廷。班：调回。城门进——（晋军）走进都城的大门。④先来后到——指先来的比后到的应受到优惠或受到尊敬。此指先进城的元帅郤克比后进城的先锋士燮应受到尊敬。士会疑——（士燮的父亲）士会（对此）弄不明白。⑤理所当然——道理上应该如此。当然应该这样。士燮解——士燮（对他父亲做了这样的）解释：⑥众星捧月——许多星星托着月亮。比喻许多东西围绕一个中心，或者是许多人簇拥着一个他们尊敬的人。此指后者，即指众人簇拥着他们尊敬的郤克。帅首席——（这是因为）当元帅的（应该居于）首位（先入城）。⑦喧宾夺主——客人的喧嚷压住了主人的声音。比喻客人占了主人的地位，或外来的、次要的事物占了原有的、主要的事物的地位。此指后者比喻义，即指次要的人物（我）占据了主要人物（郤克）的地位。我先入——（如果）我（士燮）先进城（就会出现这种局面）。⑧举世瞩目——全世界的人都视着。形容某一重大事件受到世人的普遍关注。此指晋军得胜回朝进城的先后顺序会受到世人的普遍关注。将集己——（如我士燮先进城）那关注将要集中在自己身上了。据载，士燮对他父亲解释说："这次领兵打仗，郤克是元帅，得胜回朝，理所当然地应由他领先入城。如果我先进城，'则恐国人之瞩目于我也'。"成语"举世瞩目"即由此而来。

怒 发 冲 冠

倚强凌弱秦昭王^①，和氏之璧送信诳^②。
虚情假意以城换^③，包藏奸心赵国伤^④。
非同小可相如使^⑤，相机行事智勇强^⑥。

怒发冲冠秦王斥⑦，一针见血剥伪装⑧。

【说明】 成语"怒发冲冠"，见于西汉司马迁《史记·廉颇蔺相如列传》中的一个成语故事。

【串讲】 ①倚强凌弱——仗恃自己强大，去欺负弱小者。此指秦国依仗自己的强大，去欺负弱小的赵国。秦昭王——（秦国国君）秦昭王（就是这样做的）。②和氏之璧——指世上罕有的珍宝。常与"隋侯之珠"连用。据载，赵惠文王时，得楚"和氏璧"。送信诓——（于是秦王则派人给赵王）送信想骗取它。③虚情假意——故意做作的虚假情意。以城换——（秦昭王谎说）以秦城换（赵国）的"和氏璧"。据载，秦昭王听说赵国得无价之宝"和氏璧"，便派人给赵王送信，谎说愿拿十五城请换璧。④包藏奸心——心里藏着坏主意。此指表面上以城换璧，实际上是想把璧骗到手。赵国伤——（以此来）伤害赵国（的利益）。⑤非同小可——与平常一般情况不同。指事关重大、情况极其突出。此指赵国给不给秦国"和氏璧"，事关赵国的安危和利益的大事，情况异常突出。据载，赵王跟大将军廉颇及众位大臣商量：把"和氏璧"给秦国吧，则担心得不到秦国的城池，白白地被秦国欺骗；不给秦国吧，则担心秦国的侵犯。相如使——（于是赵王采纳了宦官头目缪贤的推荐）派蔺相如出使（秦国予以答复）。使：出使，动词。⑥相机行事——观察时机，灵活办事。相（xiàng）：观察。据载，蔺相如拿"和氏璧"到秦国后，上殿交给秦王。他见秦王没有交付十五城的意思，就对秦王说："'和氏璧'有小斑点，请让我指给大王看。"便趁机把璧收了回来。智勇强——（蔺相如在与秦国的外交斗争中）表现出大智大勇，高人一等。⑦怒发冲冠——气得头发直竖，把帽子都顶起来，形容气愤到了极点。秦王斥——（蔺相如愤怒）斥责秦昭王。⑧一针见血——比喻论断简明扼要而切中要害。此指蔺相如的话简明扼要而切中秦王骗璧的要害。剥伪装——去掉（秦王以城换璧）的假装扮。据载，蔺相如夺回"和氏璧"后，便后退几步倚柱，"怒发上冲冠"，对秦王说："我来的时候，赵王为了表示敬意，斋戒五日，才把璧交给我。现在大王你却这样无礼地接受它，显然是没有交付十五城的诚意。我已经把璧收回来了，如果大王想要强夺，我宁愿把自己的头同'和氏璧'一起在柱子上撞碎。"秦王不得不假装说斋戒五日接璧。蔺相如则趁此机会派人把璧送回赵国。成语"怒发冲冠"即由此而来。

项庄舞剑，意在沛公

剑拔弩张宴鸿门①，各为其主尽忠心②。
诛锄异己范增意③，项庄舞剑意沛身④。
燕巢幕上良出所⑤，面授机宜樊哙进⑥。
发指眦裂剑对舞⑦，意在沛公化为尘⑧。

【说明】　成语"项庄舞剑，意在沛公"，见于《史记·项羽本纪》中的一个成语故事。

【串讲】　①剑拔弩张——剑从鞘里拔出来，弓也张开。形容形势紧张，一触即发。后也比喻书法雄健。此指前者。宴鸿门——（项羽）在鸿门设宴（招待刘邦就是这种形势）。据载，楚汉相争时，刘邦和项羽在鸿门会见，酒宴上，斗争形势紧张，有一触即发之势。②各为其主——旧指各自为各自的君主或主人出力报效。此指刘、项双方手下人各为其主出力报效。尽忠心——竭尽忠诚。③诛锄异己——指消灭和消除反对自己或与自己意见不合的人。此指消灭和消除与项羽争夺天下的刘邦。诛：杀害；锄：铲除。范增意——（这是项羽的谋士）范增的心愿。④项庄舞剑——项庄在舞弄宝剑。意沛身——用意在沛公（刘邦）身上。据载，范增准备在酒宴上除掉刘邦，便找来项羽手下的一名武将项庄，让他舞剑助兴，借机杀死刘邦。⑤燕巢幕上——燕子把窝造在帘幕上面。比喻处境非常危险。此指刘邦正处在时刻都有被杀的危险境地。良出所——（刘邦的谋士）张良（看破范增的用意）便急忙走出处所（找到刘邦的武士樊哙）。良：指张良。⑥面授机宜——当面指示应采取的对策或重要措施。此指张良当面告诉樊哙应采取的钳制项庄、解救刘邦的对策。樊哙进——（于是）樊哙则闯进（宴席）。⑦发指眦（zì）裂——形容极其愤怒的样子。发指：头发直竖；眦：眼眶；眦裂：眼睛睁得要使眼眶裂开。剑对舞——（樊哙与项庄）对着舞剑（以保护刘邦）。⑧意在沛公——（项庄舞剑）意在（杀害）沛公。二者要连在一起用。后比喻说话或行动虽然表面上另有名目，实则想乘机害人。此指原意。化为尘——化作尘埃，即范增的用意被粉碎了。据载，张良走出军门对樊哙说："甚急。今者项庄拔剑舞，其意常在沛公。"成语"项庄舞剑，意在沛公"即由此而来。

待 价 而 沽

君子固穷子贡贤①，困而学之问师言②：
天官赐福如有玉③，此时此刻何待焉④？
珍藏密敛保存好⑤？饥火中烧早卖钱⑥？
胸有成算子回对⑦：待价而沽吾愿担⑧。

【说明】 成语"待价而沽"，见于《论语·子罕》中的一个成语故事。

【串讲】 ①君子固穷——君子能够安守穷困。固：固守，安守。子贡贤——（孔子的弟子）子贡（就是这样一位）有德有才能的贤人。②困而学之——遇到困惑的时候就学习。问师言——（于是子贡）则向老师孔子请教说：③天官赐福——指旧农历正月十五上元节天官赐福于人。泛指上天赐福于人。如有玉——假如现在有一块美玉。④此时此刻——这个时候。含有加以强调的意味。何待焉——应该怎样对待它呢？⑤珍藏密敛——十分珍惜，严密地收藏起来。敛：收藏。保存好——（把美玉）保存好呢？⑥饥火中烧——饥饿得像腹中点着一把火。形容饥饿至极，无法忍受。早卖钱——（在这种情况下）还是早点（把美玉）卖成钱呢？据载，孔子为了推行他的仁政，便领着弟子们周游列国而到处碰壁，在陈国，竟然粮断而挨饿。有一次，子贡则向孔子提出上述问题。⑦胸有成算——指在做事之前已经拿定主意。子回对——（于是）孔子回答子贡说：⑧待价而沽——等待好价钱才卖。比喻怀才者等待有人赏识重用才肯出仕效力。沽：卖。吾愿担——（这）是我所愿意承当的。据载："子贡曰：'有美玉于斯，韫椟而藏诸，求善贾而沽诸。'子曰：'沽之哉！沽之哉！我待贾（价）者也。'"成语"待价而沽"即由此而来。

洛 阳 纸 贵

文章宿老晋左思[①]，波澜老成人人知[②]。
美不胜收《三都赋》[③]，错彩镂金功力施[④]。

登堂入室十年苦⑤，前无古人可比之⑥。
家弦户诵争抄转⑦，洛阳纸贵供嫌迟⑧。

【说明】 成语"洛阳纸贵"，见于《晋书·文苑·左思传》中的一个成语故事。

【串讲】 ①文章宿老——指擅长文章的大师。宿：年老的，长期从事的。晋左思——西晋时候的左思（就是这样一个文豪）。晋：指西晋。②波澜老成——形容诗文气势雄壮，功力深厚。此指左思的文章"波澜老成"。波澜：比喻文章多起伏；老成：形容文章很老练。人人知——（这是当时）所有的人都知道的。③美不胜收——形容美好的东西太多，一时来不及欣赏。胜：尽，完全。收：接受。《三都赋》——（左思写的）《三都赋》（就是这样的杰作）。据载，左思以三国时魏、蜀、吴首都的风土、人情、物产为内容，用了十年时间写成一篇杰作：《三都赋》。④错彩镂（lòu）金——涂绘五彩，雕刻金银，装饰得十分工整华丽。形容文学作品词藻绚烂。此指《三都赋》写得词藻绚烂。错：涂饰；镂：刻。功力施——（这是由于左思）用上了技巧和气力（所致）。⑤登堂入室——登上厅堂，进入内室。原比喻学习所达到的程度有深有浅。后用来赞扬人在学问或技艺方面达到了很高的境界。入室比喻最高境界，登堂仅次于入室。此处形容《三都赋》在文学上达到了极高境界。堂：古代宫室的前屋；室：古代宫室的后屋。十年苦——（这是因为左思）用了十年的辛苦（写成的）。⑥前无古人——指前人不曾做到过，即空前未有的。此指《三都赋》是空前未有的。可比之——（没有前人的同类作品）可以和它相媲美。据载，当时人们把《三都赋》与汉代文学杰作《西都赋》和《两京赋》相比较，都认为《三都赋》在其之上。⑦家弦户诵——家家吟唱，户户诵读。极言诗文写得好，深受众人欢迎。此指"家弦户诵"《三都赋》。弦：琴弦。争抄转——争着抄写（《三都赋》）并转与（他人）。⑧洛阳纸贵——京城里的纸都涨了价。形容文章写得好，传抄的人很多。此指《三都赋》写得特好，传抄的人很多，用纸求大于供，使得"洛阳纸贵"。供嫌迟——抱怨（纸张）供应得太慢。嫌：怨恨。据载："（左思作《三都赋》）于是豪贵之家竞相传写，洛阳为之纸贵。"成语"洛阳纸贵"即由此而来。

洪 乔 捎 书

傲世轻物晋洪乔①，身居要职太守操②。
走马到任豫章往③，口是心非众信捎④。
山长水远石头过⑤，天女散花信全抛⑥。
官情纸薄喃喃语⑦：洪乔捎书不可交⑧。

【说明】 成语"洪乔捎书"，见于《世说新语·任诞》中的一个成语故事。

【串讲】 ①傲世轻物——傲视当世，轻视他人。晋洪乔——晋朝（有一个名叫殷羡）字洪乔的人（即是如此）。②身居要职——指担任重要职务。太守操——（这便是由京城调至豫章）去做太守。③走马到任——旧指官吏到任。现比喻接任某项工作。此为原意。走马：骑马奔驰。豫章往——洪乔正朝着上任地点豫章前往。④口是心非——嘴上说的是一套，心里想的是另外一套，形容心口不一。众信捎——（洪乔就以这种心态）给众人捎信。据载，洪乔去豫章赴任，京城有不少人托他带许多信到豫章，他心里本不愿当这样的邮差，但又不好当面拒绝，只好带上这些信。⑤山长水远——山既长，水又远，形容路途遥远。石头过——路途经过一个叫石头的地方。⑥天女散花——本是佛经故事。言天女散花以试诸菩萨和弟子道行，结习未尽者，花即着身。后用来形容大雪纷飞或抛散东西的景象。此为后者。信全抛——（这便是）洪乔把他所带的书信全部抛（向空中而落到河里）。⑦官情纸薄——官场上的人情像纸一样薄。指官场尔虞我诈。喃喃语——（于是洪乔）则连续低声说道：⑧洪乔捎书——洪乔给人捎信。指托人捎信而没有捎到。不可交——（因为这些信）不能交到收信人手里。据载："殷洪乔作豫章郡，临去，都下人因附百许函书。即致石头，悉掷水中，因祝曰：'沉者自沉，浮者自浮，殷洪乔不能作致书郎。'"成语"洪乔捎书"即由此成语故事而形成。

食　少　事　繁

智珠在握司马懿①，见微知萌断事晰②。
胸有悬镜会蜀使③，单刀直入孔明提④。
饮食起居政务问⑤，一言一语见真机⑥。
由表及里亮可测⑦，食少事繁死可期⑧。

【说明】　成语"食少事繁"，见于《晋书·宣帝纪》中的一个成语故事。

【串讲】　①智珠在握——比喻智慧超人。司马懿——（三国时魏国大将）司马懿（即是如此）。②见微知萌——看到事物微小的迹象，就知道其发展的程度。萌：发生。断事晰——他对事物的判断非常清晰。据载，诸葛亮在刘备死后扶助刘禅继位，为完成统一天下之大业，则亲率十万大军进攻北魏，在渡渭水之前，先派使者去魏国探听情况。③胸有悬镜——指能洞察一切，犹如明镜在胸。会蜀使——（于是司马懿）则接见蜀国使者。④单刀直入——像一把刀一样径直插入。比喻认定目标，勇猛精进。孔明提——（这便是直接）说起诸葛孔明的情况。⑤饮食起居——指人的日常生活。政务问——（司马懿对孔明这些情况以及）政务工作则一一向使者发问。⑥一言一语——每一句话。见真机——都可以看出诸葛亮变化的关键所在。据载："先是，亮使至，帝（司马懿）问曰：'诸葛公起居何如，食可几米？'对曰：'三四升。'次问政事，（答）曰：'二十罚（打二十板）以上皆自省览。'"⑦由表及里——从表面到本质。此指从使者回话的表面可以看到诸葛亮健康状况的本质。亮可测——诸葛亮的寿命是可以预测的。⑧食少事繁——食量减少而任事繁多。谓工作辛劳，身体不能长久支持。死可期——（所以诸葛亮的）死亡是可以期待的。据载，司马懿听完蜀国使者的话，"既而告人曰：'诸葛孔明（食少事繁）其能久乎？'"成语"食少事繁"，即由此成语故事归纳概括而来。

食 肉 寝 皮

大张挞伐晋攻齐①，骁勇善战州射敌②。
旗开得胜二将虏③，仇人相见处死急④。
星移斗转三年过⑤，大祸临头州齐趋⑥。
就事论事驳公议⑦：食肉寝皮何勇提⑧？

【说明】 成语"食肉寝皮"，见于《左传·襄公二十一年》中的一个成语故事。

【串讲】 ①大张挞（tà）伐——使用武力大规模地进行讨伐。张：施展；挞伐：征讨，用武力使屈服。晋攻齐——（春秋时鲁襄公十八年）晋国去攻打齐国（即如此）。②骁（xiāo）勇善战——矫健勇猛，善于作战。骁：勇猛矫健。州射敌——（晋国有个）叫州绰（chuò）的（勇士便是这样用箭）射击敌人（齐兵）。州：指州绰（人名）。③旗开得胜——发号令的战旗一扬就打了胜仗。形容战斗很顺利地取得胜利。也比喻事情一开始就获得成功。此指原意。二将虏——并俘获了（殖绰、郭最）两名齐将。④仇人相见——取"仇人相见，分外眼红"之意，要连在一起用。即仇人见了面，激怒得眼睛格外发红。比喻对敌人极其痛恨。处死急——（于是州绰）便很快地（把殖绰、郭最）处死。⑤星移斗转——星斗移动了位置。指时间的推移和季节、年代的变迁。斗：指北斗和南斗星。三年过——（处死殖绰、郭最）已过了三年。⑥大祸临头——大灾祸来到了头上。此指州绰在晋国遇到了大灾祸。临：来到。州齐趋——州绰迅速逃到齐国。趋：快走。⑦就事论事——只就某件事情本身来谈论它的是非得失，不涉及其他。此指就齐庄公说的事来谈论它的对错。据载，州绰到了齐国，齐庄公便对他说一些殖绰、郭最二将作战如何如何勇猛之类的话。驳公议——（州绰）则驳斥了齐庄公的这些言论。公：齐庄公。怎样驳斥的呢？⑧食肉寝皮——割他的肉吃，剥下他的皮当垫褥。形容仇恨极深，此指原意。何勇提——有什么勇猛可言呢？据载，州绰说："然二子（指殖绰、郭最）者，譬于禽兽，臣食其肉而寝处其皮矣。"成语"食肉寝皮"即由此而来。

赴 汤 蹈 火

满腹文章汉晁错^①，忠贯日月御史当^②。

适时应物定国策^③，安内攘外建议详^④：

遣将调兵边塞守^⑤，奖拔公心立明章^⑥。

赴汤蹈火众无惧^⑦，视死如生战力强^⑧。

【说明】 成语"赴汤蹈火"，见于《汉书·晁（chóo）错传》中的一个成语故事。

【串讲】 ①满腹文章——一肚子的学问和文章。比喻学识渊博，文章写得极好。汉晁错——西汉时的晁错（即如此）。②忠贯日月——忠诚之心可以上通日月。形容无限忠诚。御史当——（所以在汉景帝时晁错）当上了御史大夫（位居百官之上）。③适时应物——适合时宜，顺应世物。定国策——（为西汉王朝）制定治国方略政策。④安内攘（rǎng）外——安定内政，排除外侮。建议详——（晁错提出这些方面的）建议都很具体详细：⑤遣将调兵——派遣将领，调动兵力。泛指调动安排人力。此为原义，调动军队。边塞守——（去驻扎）在边疆险要地方防守。⑥奖拔公心——奖励和提拔出于公心。立明章——并要制定明确的章程，按规定办事（以激发将士的积极性）。⑦赴汤蹈火——奔向沸水，踩在烈火上。比喻不畏艰险，奋不顾身。众无惧——众将士（都会这样）无所畏惧。⑧视死如生——把死看作活着一样，形容不怕死。战力强——（这样）军队战斗力必然强大。据载，晁错生前曾给皇帝上书三十篇，在安内攘外的政策上提出了重要的建议。在一次建议中，他主张鼓励将士，保卫边疆，说道："凡民守战至死而不降北者，以计为之也。故战胜守固则有拜爵之赏，攻城屠邑则得其财卤以富家室，故能使其众蒙矢石，赴汤火，视死如生。"成语"赴汤蹈火""视死如生"即由此而来。

食 言 而 肥

言而无信孟武伯①，我行我素不自尊②。
大摇大摆赴公宴③，必恭必敬祝酒勤④。
话中带刺问郭重⑤，肠肥脑满是何因⑥？
指东说西公回语⑦：食言而肥还用问⑧？

【说明】 成语"食言而肥"，见于《左传·哀公二十五年》中的一个成语故事。

【串讲】 ①言而无信——说出话来不算数。孟武伯——（春秋时，鲁国有个大夫）孟武伯（就是这样一个人）。②我行我素——不管别人怎样，还是按自己平素的一套做法去做。有时也指听不进意见，一意孤行。此指前者，即指孟武伯总是"言而无信"照做不误。行：做；素：平素。不自尊——（这是因为他太）不尊重自己了。③大摇大摆——形容走路满不在乎的样子。赴公宴——（孟武伯就这样）前去（参加）鲁哀公（举办）的宴会。公：指鲁哀公。据载，鲁哀公于公元前四七〇年在五梧这个地方设宴招待诸臣，孟武伯也应邀参加。④必恭必敬——形容十分恭敬。恭：有礼貌。祝酒勤——（孟武伯就这样）多次地（向鲁哀公）祝酒。⑤话中带刺——指话中包含着讽刺和讥笑。问郭重——（孟武伯用这样的话）问（鲁哀公的宠臣）郭重。⑥肠肥脑满——形容养尊处优的人吃得很饱，养得肥头大耳的样子。此指孟武伯说郭重

"肠肥脑满"。肠肥：指肚子大，身体胖。是何因——（这）是什么原因呢？据载，郭重是鲁哀公的宠臣，孟武伯见他也在场，便产生嫉妒而厌恶的心理，则有意嘲弄他："你怎么吃得这样肥呀？"⑦指东说西——指着东边，来说西边。比喻明指这个暗说那个。此指表面上是说郭重，实际上是暗指孟武伯。公回语——鲁哀公（用幽默、讽刺的话给他）做了回答：⑧食言而肥——形容为了自己占便宜而说话不算数。此暗指孟武伯"食言而肥"。食言：说话不算数。还用问——（这）还用得着问（郭重）吗（意为你孟武伯自己应该更清楚）？据载，鲁哀公接孟武伯的话回答说："是食言多矣，能无肥乎！"成语"食言而肥"即由此而来。

闻 鸡 起 舞

情深友于逖与琨①，忠君报国志凌云②。
鲸吞虎噬胡人入③，誓不两立复国门④。
吃喝穿住为一处⑤，闻鸡起舞剑功深⑥。
提剑汗马战沙场⑦，戮力同心建伟勋⑧。

【说明】 成语"闻鸡起舞"，见于《晋书·祖逖传》中的一个成语故事。

【串讲】 ①情深友于——情谊比兄弟还要深厚。友于：本指兄弟相爱，后也为"兄弟"的代称。逖（tì）与琨——（东晋时爱国志士）祖逖与刘琨（即如此）。逖：指祖逖（人名）；琨：指刘琨（人名）。②忠君报国——忠于国君，报效国家。志凌云——（这便是此二人）宏伟远大的志向。③鲸吞虎噬（shì）——如猛兽般穷凶极恶

485

地吞噬猎物。此指如"鲸吞虎噬"般地侵占东晋领土。胡人入——（这是北方的）胡族人在入侵。胡人：泛指当时北方的匈奴、鲜卑等胡族。④誓不两立——发誓决不与敌对的人并立于世间。形容双方仇恨很深。此指祖逖、刘琨二人与胡人"势不两立"。复国门——（决心）收复国家的北大门。即收复东晋失去的全部领土。那么他二人是怎么做的呢？⑤吃喝穿住——指日常生活。为一处——（他二人）都是在一起的。⑥闻鸡起舞——半夜听到鸡叫就起来舞剑。比喻有志者即时奋发。剑功深——（因此，两人）舞剑的本领练得很好，剑艺精湛。据载，祖逖与刘琨"俱为司州主簿，情好绸缪，共被同寝，中夜闻荒鸡鸣，蹴（踢）琨觉（醒）曰：'此非恶声也。'因起舞。"二人就是这样天天练剑，练得剑功高深。⑦提剑汗马——手提宝剑，身跨战马。比喻在战场上建立功勋。汗马：所骑战马奔驰出汗。战沙场——（他二人就是这样）在战场上（与胡人）征战。沙场：古指战场。⑧戮（lù）力同心——齐心协力。戮力：并力，合力。建伟勋——（他俩为保卫国家）立下了很大的功劳。成语"闻鸡起舞"即由此故事而形成。

削 足 适 履

阴谋不轨楚弃疾①，处心积虑君位取②。
机不旋踵王在外③，杀人如草王子弑④。
悲不自胜灵王死⑤，遮人耳目子午立⑥。
鬼计多端再杀君⑦，削足适履君归己⑧。

【说明】 成语"削足适履"，见于《淮南子·说林训》中的一个成语故事。

【串讲】 ①阴谋不轨——指暗里谋划叛乱的行为。不轨：不遵守法度。楚弃疾——（春秋时）楚国（国君灵王之弟一个叫）弃疾的人（即如此）。②处心积虑——早已千方百计地谋算。处心：存心；积虑：积久考虑。君位取——（弃疾就是这样一心想）夺取国君的宝座。据载，弃疾因受臣子朝吴的怂恿，野心越来越大，变得心狠手毒。③机不旋踵（zhǒng）——时机难得，不可错过。机：时机；旋踵：转过脚跟。王在外——（正好赶上）楚灵王（出兵）在外（征伐徐国）。王：指楚灵王。④杀人如草——杀人像割草。形容杀人不当一回事。王子毙——（于是）楚灵王的两个儿子（就这样被其叔父趁此时机）杀死。⑤悲不自胜——悲伤得自己承受不了。形容极度悲伤。此指灵王听到两个儿子被杀的变故而极度悲伤。胜：禁受得住。灵王死——（于是）灵王（则上吊）而死。那谁当国君呢？⑥遮人耳目——遮盖别人的视听，掩饰真情。子午立——（弃疾为此则立其兄之子）子午为君。据载，灵王自杀，起初弃疾并不知道，加上他还有两个兄长在国内，所以不敢马上继承王位。为遮人耳目，则立子午做了国君。⑦鬼计多端——形容人多坏主意。此指弃疾和臣子朝吴的坏主意很多。再杀君——（于是）又把子午这个国君杀掉。⑧削足适履——把脚削小以便适应鞋子的大小。比喻不合理的做法或生搬硬套。此指前者比喻义，即弃疾杀死前面两个国君以适应自己的需要。君归己——（这样）君位就属于自己的了，即自己当上国君。据载，弃疾后来知道灵王已死，便采用了朝吴的奸计，逼迫子午自杀，自己做了国君，为楚平王。另据记载，晋国国君晋献公因听信夫人骊姬谗言而杀死儿子。于是，《淮南子·说林训》中则评论说："骨肉相爱，谗贼间之，而父子相危。夫所以养而害所养，譬犹削足适履，杀（减小）头而便冠（帽子）。"成语"削足适履"则由此而来。

重足而立，侧目而视

刚肠嫉恶汉汲黯①，直言尽意为高官②。
文深网密汤罪指③，强词夺理汤自圆④。
忿然作色将他骂⑤：小人得势刀笔尖⑥。
重足而立不敢走⑦，侧目而视无正观⑧。

【说明】 成语"重（chóng）足而立，侧目而视"，见于《史记·汲郑列传》中的一个成语故事。

【串讲】 ①刚肠嫉恶——形容人性情刚直，憎恨邪恶。刚肠：刚直的心肠。汉汲黯（àn）——西汉时（有一位）叫汲黯的人（即是如此）。②直言尽意——爽直地说出全部的意思。为高官——（汲黯就是这样）做他的（主爵都尉）高官。据载，汲黯为人刚正，直言不讳，对他人的过错当面指责，甚至连汉武帝都不放过。有一次，他就当面指责制定法令的廷尉张汤。③文深网密——形容用法严苛。文：指狱词；网：法网。汤罪指——（这就是）你张汤的罪过。④强词夺理——本来无理硬说成有理。汤自圆——（这是）张汤为自己的过错圆通辩解。⑤忿然作色——因愤怒而变了脸色。将他骂——（这便是汲黯）骂张汤说：⑥小人得势——道德低下的人，欲望得到了满足而有势力。刀笔尖——（这就使得你张汤）刀笔锋利严酷（而激起民怨）。⑦重足而立——后脚紧挨前脚站立。形容十分恐惧的样子。不敢走——（弄得人们）不敢向前走路。⑧侧目而视——斜着眼睛看人。形容畏惧、憎恨或鄙视的样子。此指前者。无正观——没有敢于正眼看人的。据载："黯时与汤论议，汤辩常在文深小苛，黯伉（kàng，正直）厉（严厉）守高不能屈，忿发骂曰：

'天下谓刀笔吏不可以为公卿，果然。必汤也，令天下重足而立，侧目而视矣!'"成语"重足而立，侧目而视"即由此而来。

狡 兔 三 窟

老谋深算客冯谖[①]，自告奋勇收债还[②]。
独出心裁烧契券[③]，为善最乐义为先[④]。
风云变幻孟削职[⑤]，无忧无虑薛地迁[⑥]。
扶老携幼迎道上[⑦]，狡兔三窟一窟完[⑧]。

【说明】 成语"狡兔三窟"，见于《战国策·齐策四》中的一个成语故事。

【串讲】 ①老谋深算——谋划周详，思虑深远。客冯谖（xuān）——（战国时齐国宰相孟尝君的）门客冯谖（便是这样的人）。客：指门客。②自告奋勇——形容自己主动要求承担某项任务（多指比较艰难的工作）。此指冯谖主动要求为孟尝君到薛地收债。收债还——收债结束而返回。③独出心裁——指独自想出一套办法来。形容想出的办法与众不同。烧契券——烧掉了（欠债的）债契。据载，薛地是孟尝君的封地。冯谖到了那里，就把老百姓的债全免了，烧毁了债契。百姓都以为是孟尝君的主意，非常感谢他。④为善最乐——做好事是人生最大的快乐。此指烧债契是做了一件心里最快乐的好事。义为先——（因为他是）把仁义放到了首位。据载，冯谖收债回来，对孟尝君说，把债赏给万民，烧了债契，为您买义了。⑤风云变幻——比喻政治形势变化迅速。孟削（xuē）职——孟尝君被革除了职务。孟：指孟尝君。据载，一年后，孟尝君被齐王撤掉了宰相职务。⑥无忧无虑——没有任何忧虑。形容心情舒畅。薛地迁——（孟尝君）则迁移到薛地。⑦扶老携幼——搀着老人，领着小孩。携：拉着。迎道上——（薛地百姓就这样）在路上欢迎孟尝君。据载，孟尝君这才理解冯谖为他买义之用意。⑧狡兔三窟——狡猾的兔子有三个洞穴。比喻藏身地方多，便于躲避灾祸，一窟完——才完成一个藏身之处（薛地）。冯谖说："狡兔有三窟，仅得免其死耳；今君有一窟，未得高枕而卧也，请为君复凿二窟。"成语"狡兔三窟"即由此而来。

威 武 不 屈

胸无宿物人景春①，直抒己见对孟陈②：
风云人物张仪等③，名副其实丈夫伦④。
无庸讳言孟否认⑤，微言大义见地深⑥：
富贵不淫贫不移⑦，威武不屈丈夫尊⑧。

【说明】 成语"威武不屈"，见于《孟子·滕（téng）文公下》中的一个成语故事。

【串讲】 ①胸无宿物——形容为人坦率，不抱成见。也形容心里藏不住话。此指后者。宿物：隔夜存放的东西。人景春——（战国时有个）叫景春的人（即如此）。②直抒己见——坦率地发表自己的意见。抒：发表。对孟陈——（他）对孟子作陈述。孟：指孟子。他是怎么说的呢？③风云人物——指言论行动能影响大局的人。张仪等——张仪等人。张仪：战国时的游说家。④名副其实——名声与实际相称。丈夫伦——（他们都）与大丈夫同类，即指张仪等人均称得上是大丈夫了。伦：同类。据载，景春有一次对孟子说："张仪等游说家是一些风云人物。他们如果发怒，各诸侯都害怕；他们安定下来，天下便太平无事，真是称得上大丈夫了。"⑤无庸讳言——不用隐讳，可以直说。庸：用；讳：隐讳。孟否认——孟子否定（这种说法）。⑥微言大义——指精微的语言包含着深奥的意义。此指孟子的话是这样的。微言：精微的言辞；大义：指有关诗书礼乐等经书的要义，大道理。见地深——（孟子对什么是大丈夫的）见解很深刻。⑦富贵不淫——指不能因金钱和地位的引诱而惑乱。富：有钱；贵：旧指地位高；淫：惑乱。贫不移——取"贫贱不能移"之意。就是说不能因家庭贫穷、地位低下而变节。⑧威武不屈——不因武力或权势的胁迫而屈服。威武：武力，权势。丈夫尊——（这样的人才能）尊（他们）为大丈夫。据载，孟子对景春说，张仪等人称不上是大丈夫，"富贵不能淫，贫贱不能移，威武不能屈，此之谓大丈夫"。成语"威武不屈"即由此而来。

按 图 索 骥

真知灼见秦孙阳①，成竹在胸相马忙②。
心明眼亮辨真伪③，一语破的现短长④。
字斟句酌《马经》著⑤，活灵活现插图详⑥。
按图索骥蟆作马⑦，牵合附会是其郎⑧。

【说明】 成语"按图索骥（jì）"，见于明朝杨慎《艺林伐山》中的一个成语故事。

【串讲】 ①真知灼（zhuó）见——指对事物有正确而深刻的认识和见解。此指对马性有"真知灼见"。灼：明白。秦孙阳——秦国有个（善于相马的）孙阳（就是这样一个人）。秦：指秦国；孙阳：世称伯乐。②成竹在胸——比喻处理事情心里先有主意，有打算。此指伯乐在相马之前对马的优劣就心中有数。成竹：现成的完整的竹子。相马忙——（因而才能）忙于识别马匹。相：察看，识别。③心明眼亮——看问题很清楚，不迷惑。此指伯乐对马的优劣看得很清楚。辨真伪——能辨别真假（好马）。④一语破的——一句话就说中要害。的：箭靶中心。现短长——显现出马的好坏。⑤字斟（zhēn）句酌（zhuó）——对每一字、每一句都仔细斟酌、推敲，写作态度慎重。《马经》著——（伯乐就这样把他丰富的相马经验）写成一本书叫《相马经》。《马经》：指《相马经》。⑥活灵活现——指对事物的描述很生动，如真的活的一样。此指书中对好马的描述"活灵活现"。插图详——并配有详尽的（好马）图形（以供人们辨识）。⑦按图索骥——按图上画的去寻求好马。原比喻办事拘泥于教条，现比喻按着线索去寻找事物。此指原意。骥：好马。蟆作马——却把癞蛤蟆当作好马了。⑧牵合附会——形容生拉硬扯，勉强凑合。此指把癞蛤蟆和好马的特点"牵合附会"地拉在一起。是其郎——（这样做的人）就是他（伯乐）的儿子。据载，《相马经》上说好马的特征是："高额头，突眼睛，蹄子像摞（luò）起的酒曲块。"伯乐儿子按此去找好马，捉回一只癞蛤蟆对父说："我找到一匹好马，和《相马经》上说的大体一样，只是蹄子不像。"伯乐看了笑说："这马好跳，可不能骑啊!"成语"按图索骥"即由此而来。

背 城 借 一

败军之将齐顷公①，讲信修睦遣使行②。
心里有数晋营至③，开宗明义求和平④。
趁风起浪克挟取⑤，背城借一使驳清⑥。
衡情酌理晋意定⑦，两得其便约签成⑧。

【说明】 成语"背城借一"，见于《左传·成公二年》中的一个成语故事。

【串讲】 ①败军之将——打了败仗的将军。齐顷公——（春秋时齐国国君）齐顷公（即如此）。据载，春秋时，齐顷公在鞌（ān，今山东历城县境）地被晋国中军主将郤克所率领的晋、鲁、卫联军打得大败，退至马陉（xíng，今山东益都县境）。怎么办呢？②讲信修睦——相互讲究信用，建立和睦关系。修：建立。遣使行——（于是齐顷公）则派遣使者（上卿宾媚人）前往交涉。据载，宾媚人临行，齐顷公嘱咐说：去求和并不是去投降，如晋无理要挟，那就宁肯再战，绝不屈服受辱。③心里有数——心里明白。晋营至——（于是宾媚人）来到晋军军营。④开宗明义——本为《孝经》第一章篇名，这一章阐述全书宗旨。后用以形容说话、写文章一开始就点明宗旨。此指讲话宗旨。开宗：阐发宗旨；明义：说明义理。求和平——（这就是）来与晋国寻求和平。⑤趁风起浪——比喻借某种机会或口实而扩大事端。克挟取——（这便是）郤克（借着齐国要求和谈的机会）来要挟齐国以获取更多的利益。克：郤克。⑥背城借一——背靠池城，凭借最后一战决定胜败。指与敌人作最后的决战。也泛指最后拼死一搏。此为原意。使驳清——（对此）齐使宾媚人在批驳郤克时已经说得很清楚。据载，宾媚人对郤克说，如果晋国继续进逼，那我们只能"请收合余烬，背城借一"了。⑦衡情酌理——估量情况，斟酌道理。晋意定——（于是）晋国最后拿定主意（接受和谈条件）。⑧两得其便——指双方均有好处。约签成——（郤克与宾媚人分别代表晋齐两国）将和平盟约签定了。成语"背城借一"即由此而来。

畏 首 畏 尾

通权达变郑穆公①，以攻为守信一封②。
义正辞严灵公警③：有例可援致敬诚④。
尽力而为只能此⑤，畏首畏尾何安生⑥？
欺人太甚无活路⑦，铤而走险求援兵⑧。

【说明】 成语"畏首畏尾"，见于《左传·文公十七年》中的一个成语故事。

【串讲】 ①通权达变——办事不死守常规，能根据实际情势灵活变通。郑穆公——（春秋时）郑穆公（根据郑国在诸侯国中的处境灵活地处理与各国的关系）。据载，春秋时代，晋楚两国争当诸侯之长，经常对各小国使用权术。公元前六一〇年，晋灵公召集诸侯集会。当时，郑国比较弱小，位于晋、楚之间；它既怕晋国，又怕楚国。郑穆公考虑到郑国的这种处境，就没有去参加晋国召集的会议。于是，晋灵公就怀疑郑国投靠了楚国，对郑穆公十分不满。②以攻为守——拿进攻作为防守。指用主动进攻以防止对方来犯的战略或策略。信一封——（于是郑穆公针对晋国对郑国的不满态度）写了一封（"以攻为守"）的信。③义正辞严——

道理正确，语言严正。此指信写得"义正辞严"。灵公警——（以此）来警告晋灵公。④有例可援——指引用已有的例子作为自己行动的依据。此指引用以往郑国对晋国的事例来说明问题。致敬诚——（这些事例足以）表明了（郑国对晋国的一向）敬重和诚意。⑤尽力而为——用全部气力去做。此指郑国对晋国的敬重已经做到最大努力了。只能此——只能做到这样了。据载，信中说："我们郑国虽然是小国，拿不出更多的礼物，但对晋国的敬重已尽到最大努力了。"⑥畏首畏尾——前也怕，后也怕。形容懦弱胆小，疑虑过多。据载，信中还说："现在你们晋国还认为郑国的表现不能令你们满意；那我们宁肯亡国，也不能再增加什么了。古人说得好：'畏首畏尾，身其余几？'意思是：头也怕，尾也怕，整个身子还剩下多少地方能不怕呢？"何安生——（这样怕下去，我们）怎能安然地活着呢？⑦欺人太甚——欺负人欺负得太过分。此指假如晋国欺负郑国欺负得太过分。无活路——（使郑国）没有生存之路。⑧铤而走险——快步地奔赴险处。指因无路可走而采取冒险行动。铤：快跑的样子。求援兵——（这就是向其他大国）请求救援的军队。据载，信中还说："铤而走险，急何能择？"成语"畏首畏尾""铤而走险"即由此成语故事而来。

鬼 斧 神 工

能人巧匠古梓庆①，力壮身强为木工②。
颖悟绝人头脑好③，无所不能手艺精④。
飞禽走兽刻镂上⑤，活龙活现巧雕成⑥。
惊心夺目时人赏⑦：鬼斧神工奇物生⑧。

【说明】 成语"鬼斧神工"，见于《庄子·达生》中的一个成语故事。

【串讲】 ①能人巧匠——指具有高超技能的人。古梓庆——古时候有个叫梓庆的（就是这样一个人）。②力壮身强——身体强壮，力气很大。为木工——（他）是一个木匠。③颖悟绝人——指聪敏过人。颖悟：聪颖；绝人：超过同辈。头脑好——（这是因为他的）脑筋好用。④无所不能——没有不会做的。形容极有才能。手艺精——（做木工活）手艺非常精湛。⑤飞禽走兽——会飞的鸟类和会跑的兽类。泛指鸟兽。刻镶（jù）上——（把它们的形象）雕刻在悬挂钟鼓的架子上。镶：古代悬挂钟鼓的架子。⑥活龙活现——活泼而生动地表现出来。巧雕成——（这是因为把这些鸟兽的形象）巧妙地雕刻而成。据载，尤其是雕刻在钟鼓架两侧木柱上的鸟兽特别精巧，个个栩栩如生。⑦惊心夺目——指内心震动很大，引起非常多的关注。时人赏——当时看到的人赞赏说：⑧鬼斧神工——形容技巧高超，几乎不是人力所能达到的。奇物生——（因此）才能做成这奇特的钟鼓架子。据载："梓庆削木为镶，镶成，见者惊犹鬼神。"成语"鬼斧神工"即由此而形成。

美 轮 美 奂

强干精明晋赵武①，声名鹊起任上卿②。

艰苦朴素口上挂③，言不顾行招暗讽④。

岿然不动豪宅建⑤，络绎不绝人贺成⑥。

美轮美奂张赞好⑦，意味深长吟怪声⑧。

【说明】 成语"美轮美奂"，见于《礼记·檀（tán）弓下》中的一个成语故事。

【串讲】 ①强干精明——精细明察，处事能力强。晋赵武——（春秋时）晋国有个叫赵武的（就是这样一个人）。赵武：赵文子，亦称赵孟。②声名鹊起——名声大大提高。鹊起：如鹊惊起，比喻乘势崛起。任上卿——（因此晋平公时）他则担任上卿之职。③艰苦朴素——能够吃苦耐劳、勤俭节约的一种作风。口上挂——（赵武对此作风不仅提倡）而且是经常挂在嘴上，即经常这样说教。那么，实际上他自己做得怎样呢？④言不顾行——说话与行事不相符合。招暗讽——（因而赵武）则招来话不明说的讽刺。何以见得呢？⑤嵬（wéi）然不动——形容高大、坚固、不可动摇。嵬然：高高挺立的样子。豪宅建——（因为赵武）就建造了一所（这样的并且是精巧美丽的）豪华住宅。⑥络绎不绝——形容过往人马或车辆连接不断。络绎：往来不断，前后相续。人贺成——（这是）人们前来祝贺（赵武的）豪宅建成。据载，当赵武的新屋落成，大夫们都纷纷前来祝贺，赞不绝口。⑦美轮美奂——形容高大华美。多用于赞美新屋。张赞好——（其中有一位）叫张老的人（就是这样）赞美豪宅建得好的。不过，却大有弦外之音。⑧意味深长——含义深刻，耐人寻味。吟怪声——（因为他赞美时）吟咏出奇怪的声音。据载，张老见此豪宅，则对赵武曰："美哉轮焉，美哉奂焉！"意思是说："真是太美了！建造得这么高大，建造得这么华美。"显然，这和赵武所提倡的艰苦朴素作风则背道而驰，含有很强的暗中讽刺之意。成语"美轮美奂"即由此缩写而成。

举 案 齐 眉

触禁犯忌汉梁鸿①，隐迹埋名自谋生②。
起早贪黑赁舂米③，筋疲力尽回家中④。
贤妻良母孟光候⑤，勤俭治家具食迎⑥。
举案齐眉目不仰⑦，相敬如宾夫泪横⑧。

【说明】 成语"举案齐眉"，见于《后汉书·梁鸿传》中的一个成语故事。

【串讲】 ①触禁犯忌——不顾客观环境，触犯禁令与忌讳。汉梁鸿——东汉（章帝）时有一个叫梁鸿的学问家（即是如此）。据载，有一次，梁鸿路过京城洛阳，目睹豪华的皇室建筑而作《五噫歌》，揭露这都是劳苦人民的血汗而建成的，于是触怒了皇帝，下令追捕他。②隐迹埋名——隐藏自己的踪迹，隐瞒自己的真实姓名，不让别人知道。自谋生——自己来谋求生存。据载，梁鸿为躲避官府追捕，则改名换姓逃到山东，后又逃到苏州，给人当了舂米的雇工。③起早贪黑——起得早，睡得晚。形容辛勤劳动。赁（lìn）舂（chōng）米——（梁鸿就是这样）受雇为人舂米（来维持生计）。④筋疲力尽——筋骨疲劳，力气用完了。形容极度疲乏，丝毫力气也没有了。回家中——（就这样）回到家里。⑤贤妻良母——对于丈夫来说是贤惠的妻子，对于子女来说是慈爱的母亲。孟光候——（这便是妻子）孟光在等候梁鸿回来。⑥勤俭治家——勤劳节俭地治理家务。具食迎——并准备好饭菜来迎接丈夫的到来。⑦举案齐眉——孟光给丈夫端饭，总是把盛饭的托盘举得高高的，与眼眉平齐。后用以形容夫妻互敬互爱。案：古时端饭用的木盘。

目不仰——眼睛不敢仰视。⑧相敬如宾——指夫妻之间像宾客间相待那样，互相敬重。夫泪横——（孟光的）丈夫梁鸿（对妻子如此敬重自己）感动得热泪横流。据载："（梁鸿）为人赁舂。每归，妻为具食，不敢于鸿前仰视，举案齐眉。"成语"举案齐眉"即由此而来。

举 棋 不 定

不识时务宁悼子①，唯命是从执父言②。
有国难投公回请③，性命关天众臣拦④。
忠言拂耳叔仪告⑤：举棋不定祸难免⑥。
固执成见听不进⑦，自掘坟墓全族歼⑧。

【说明】 成语"举棋不定"，见于《左传·襄公二十五年》中的一个成语故事。

【串讲】 ①不识时务——指认不清当前的大势、形势或时代潮流。此为前者。宁悼子——（春秋时卫国大夫宁惠子之子）宁悼子（即是如此）。②唯命是从——只要是命令就听从。形容完全听从命令，让做什么就做什么。执父言——（这便是）执行他父亲宁惠子的临终遗言。据载，卫献公是个骄横暴虐的国君，宁惠子与另一大夫孙文子通过军事政变推翻了卫献公，使其逃亡齐国。③有国难投——有国而归不得。公回请——（这就是宁惠子在临死时让其子宁悼子把处于这个境遇的）卫献公给请回国。④性命关天——形容事情关系重大，十分重要。众臣拦——（因此）众多大臣都一致阻拦（这样做）。⑤忠言拂耳——诚恳劝告的话，往往刺耳，不易被人接受。叔仪告——（尽管如此）有一个叫大叔仪的大夫仍然提出警告：⑥举棋不定——拿着棋子不能决定走哪一步。比喻做事犹豫不绝，拿不定主意。祸难免——（这样）大祸临头就难以避免了。据载，大叔仪警告宁悼子曰："今宁子视君不如弈棋，其何以免乎？弈者举棋不定，不胜其耦（偶）。而况置君而拂定乎？必不免矣。"力劝宁悼子不要把国君卫献公接回国。⑦固执成见——顽固地坚持自己的看法，不肯改变。听不进——（宁悼子）根本听不进他人的劝告（执意把卫献公接回到国内）。其结果是：⑧自掘坟墓——自己为自己挖掘坟墓。比喻自己走上绝路。全族歼——（宁悼子）整个家族都被卫献公给杀灭了。成语"举棋不定"即由此成语故事而来。

树 倒 猢 狲 散

长袖善舞奸秦桧①，秉轴持钧宰相当②。
摇尾乞怜曹咏靠③，受宠若惊官位扬④。
狗彘之行厉不睬⑤，泰山压顶自身扛⑥。
兔死狐悲咏随垮⑦，树倒猢狲散四方⑧。

【说明】 成语"树倒猢狲散"，见于南宋庞元英《谈薮（sǒu）·曹咏妻》中的一个成语故事。

【串讲】 ①长袖善舞——长衣袖便于舞蹈。原比喻有所凭借，事情容易成功。后来形容有财势、有手腕的人善于投机、钻营。此指后者。奸秦桧——（南宋时）狡诈的秦桧（即如此）。②秉（bǐng）轴持钧——掌握住事物运转的中心和关键。比喻身居政务要职。轴：车轴，指中心，枢纽；钧：古代制陶器所用的转轮。宰相当——（秦桧长袖善舞而）当上了（南宋）宰相。③摇尾乞怜——狗摇着尾巴乞讨主人的欢喜和怜爱。比喻人卑躬屈膝地向别人谄媚讨好、乞求垂怜的丑态。怜：怜悯，怜爱。曹咏靠——（有个）叫曹咏的人投靠了（宰相秦桧）。④受宠若惊——受到宠爱而感到意外的惊喜。官位扬——（这是因为曹咏受到秦桧之宠）而官级（骤然）上升。⑤狗彘（zhì）之行——像狗像猪一样的行为。形容卑鄙无耻。此指曹咏投靠秦桧而升官的行为卑鄙无耻。彘：猪。厉不睬——（所以曹咏的大舅哥）厉德新不理睬他。厉：指厉德新（人名），为乡中里正（官名）。⑥泰山压顶——泰山压在头顶上。比喻压力极大。自身扛——（这便是厉德新）自己承担住（这种来自曹咏的压力）。据载，曹咏对厉德新不理睬他非常生气，便指使地方官给他不断施加压力，百般威胁。而厉德新则始终顶着，从不屈服。⑦兔死狐悲——兔子死了，狐狸感到悲伤。比喻因同类的死亡或失败而感到悲伤。此比喻因秦桧死了，曹咏感到悲伤。咏随垮——曹咏也跟着（秦桧的死亡）而垮台了。咏：指曹咏。⑧树倒猢狲散——树倒了，树上的猴子也就散了。比喻核心人物一倒台，依附着他的人也就随之而散。此指秦桧一死，依附他的那些党羽（包括曹咏）也都离散。猢狲：猴子。四方——（离散）到各个地方。据载，曹咏随着秦桧的死而垮台后，厉德新写了一篇《树倒猢狲散》赋送给他，借以讥讽他依附秦桧的可悲下场。成语"树倒猢狲散"即由此而来。

指 鹿 为 马

胸中鳞甲秦赵高①，得寸进尺欲加袍②。
心怀叵测赠帝鹿③，指鹿为马试群朝④。

直言贾祸遭暗害⑤，**沉吟不语性命保**⑥。
曲意逢迎得宠幸⑦，**名存实亡帝如消**⑧。

【说明】　成语"指鹿为马"，见于西汉司马迁《史记·秦始皇本纪》中的一个成语故事。

【串讲】　①胸中鳞甲——比喻存心险恶。秦赵高——秦国（丞相）赵高（就是这样的人）。秦：秦朝；赵高：原为秦朝宦官，秦始皇死后，他害死了其长子扶苏，立次子胡亥为帝，称秦二世，自己则做了秦国丞相。②得寸进尺——得到一寸就想进一尺。比喻贪婪的欲望越来越大。此指赵高当了丞相仍不满足，还想做皇帝。欲加袍——想（在自己身上）加上黄袍，即想做皇帝。加袍：取"黄袍（龙袍）加身"之意。③心怀叵测——心里藏着难以猜测的阴谋诡计。赠帝鹿——（赵高）赠给皇帝（秦二世）一头鹿。据载，赵高想篡夺帝位，怕大臣不服，于是在动手之前，先对群臣做一次测试。有一天，赵高送给秦二世一头鹿。④指鹿为马——指着鹿说它是马。比喻颠倒事实，混淆是非。此指原意。试群朝——（赵高以此来）测试满朝大臣（对他是什么态度）。据载，当赵高把鹿献给秦二世时，就对着满朝大臣指着鹿说："这是马！"秦二世笑着说："丞相，你说错了，这不是马，而是一只鹿。"接着赵高就问大臣们："这到底是鹿还是马？"⑤直言贾（gǔ）祸——说真话的人会招祸。此指照直说是鹿的大臣将招致祸患。贾：买，招致。遭暗害——遭到（赵高）暗地杀害。⑥沉吟不语——沉默地思量着，不说话。此指一些惧怕赵高的大臣，虽能辨认是鹿而不是马，却不敢作声。性命保——（这种人）保住了性命。⑦曲意逢迎——曲从对方意愿，奉承迎合别人。此指一些想讨好赵高的人就按赵高意愿奉承迎合说这是马而不是鹿。得宠幸——（这种人）便得到赵高的宠爱。⑧名存实亡——只有空名，实际已不存在。此指秦二世只有个皇帝的空名，实际上已没有皇帝的权力了，因为朝廷大权完全把持在赵高手里。帝如消——皇帝（秦二世）就像被除掉一样。消：除去。据载："赵高欲为乱，恐群臣不听，乃先设验，持鹿献于二世，曰：'马也。'二世笑曰：'丞相误邪？谓鹿为马。'问左右，左右或默，或言马以阿顺赵高。或言鹿者，高因阴中诸言鹿者以法，后群臣皆畏高。"成语"指鹿为马"即由此而来。

秋 毫 无 犯

保国安民汉岑彭①，能征惯战统万兵②。
恭行天罚公孙述③，仁义之师四川行④。
所向披靡节节胜⑤，秋毫无犯军纪明⑥。
箪食壶酒百姓赏⑦，金瓯无缺大功成⑧。

【说明】 成语"秋毫无犯"，见于《后汉书·岑彭传》中的一个成语故事。

【串讲】 ①保国安民——保卫国家，使人民安居乐业。汉岑（cén）彭——东汉时（辅佐光武帝刘秀的大臣）岑彭（即如此）。据载，当时岑彭为廷尉（官名），行使大将军职权，后被封为舞阴侯。②能征惯战——善于带兵打仗，富有战斗经验。征：征伐。统万兵——统领（成千）上万的军队。③恭行天罚——恭敬地奉行上天的意志去进行惩罚。这是古代帝王进行征讨时的用语。此指岑彭奉汉光武帝刘秀的命令去进行讨伐。公孙述——（讨伐的对象便是与刘秀对抗的）公孙述。据载，当时公孙述割据四川，独霸一方，与东汉相对抗。建武十一年（公元三十五年）春，汉光武帝刘秀命令岑彭率领大军前去征讨。④仁义之师——为伸张正义而组成的军队。四川行——（岑彭大军）向四川进发，（讨伐公孙述）。⑤所向披靡（mǐ）——比喻军力强大，指向哪里，哪里的敌人就纷纷倒下。披靡：草木随风倒下，比喻溃败。节节胜——（岑彭大军）接连不断地打胜仗。⑥秋毫无犯——丝毫不侵犯老百姓的利益。毫：动物秋后新换的绒毛，比喻微细的东西。军纪明——（因为岑彭的）军队纪律严明。⑦箪（dān）食壶酒——原指古代老百姓用箪盛着饭，用壶装着酒来欢迎他们所拥护的军队。后也用来形容军队受欢迎的情况。此指原意。箪：古代盛饭的圆形竹器。百姓赏——老百姓（用这些东西）赏赐给（岑彭的）军队。⑧金瓯无缺——比喻国土完整。此指消灭了公孙述，收复了他占据的地方，使东汉国土完整。大功成——（统一国家的）巨大事业（终于）完成。据载："（岑彭）持军整齐，秋毫无犯。"成语"秋毫无犯"即由此而来。

骄 奢 淫 逸

老而弥笃卫庄公①，娇生惯养任儿行②。
古道热肠石碏劝③：骄奢淫逸害前程④。
以规为瑱公不改⑤，一暝不视子叛生⑥。
安邦定国碏用计⑦，除暴安良把吁清⑧。

【说明】 成语"骄奢淫逸"，见于《左传·隐公三年》中的一个成语故事。

【串讲】 ①老而弥笃（dǔ）——人越老对某种事物的感情越深。此指人越老对自己的小子女感情越深。弥：更加；笃：深厚。卫庄公——（春秋时卫国国君）卫庄公（就是这样）。②娇生惯养——形容对小孩过分

· 504 ·

地宠爱和姑息。娇：过分疼爱；惯：姑息，纵容。任儿行——（卫庄公）任凭儿子（州吁）去做。③古道热肠——形容待人真挚、热情。古道：上古时代的风俗习惯，形容厚道；热肠：热心肠。石碏（què）劝——有个叫石碏的（老臣）劝（卫庄公）。④骄奢淫逸——形容生活放荡奢侈，荒淫无度。骄：放纵；奢：奢侈；淫：荒淫；逸：同"佚"，放荡。害前程——（染上这些恶习）就会损害（孩子的）前途。据载，石碏劝卫庄公，对孩子不要溺爱，要教育他走正路，不要走邪路。"骄奢淫佚（同逸），所自邪也（正是从这里走上邪路的）。"而卫庄公之子这四种恶习，则是父母对孩子"娇生惯养"所致。⑤以规为瑱（zhèn）——把规劝当作塞耳的瑱。比喻不听别人的劝告。此指卫庄公不听石碏的劝告。规：规劝；瑱：古人冠冕上垂在两侧用来塞耳的玉。公不改——卫庄公（仍然）不改正（他溺爱孩子的毛病）。公：指卫庄公。⑥一瞑不视——一闭眼睛再也看不见了。指人死去。此指卫庄公后来死去。瞑：闭眼。子叛生——（他）儿子（州吁）搞叛乱的事（终于）发生。⑦安邦定国——使国家安定、巩固，免于动乱。邦：古代诸侯的封国，后泛指国家。碏用计——石碏用计策（平息了这场叛乱）。碏：指石碏。⑧除暴安良——铲除强暴的人，安抚善良的人。把吁清——把州吁清除（杀掉）。吁：指州吁。据载，石碏用计把州吁骗到陈国，然后请人把他杀掉。成语"骄奢淫逸"即由此故事而来。

相 提 并 论

功就名成汉窦婴①，尽心尽力太傅封②。
出人意料太子废③，犯颜苦谏保不成④。
心灰意懒朝不上⑤，得失荣枯遂劝明⑥：

相提并论祸非小⑦，豁然省悟如故行⑧。

【说明】 成语"相提并论"，见于《史记·魏其武安侯列传》中的一个成语故事。

【串讲】 ①功就名成——功业建立了，名声也有了。汉窦婴——西汉（景帝时的魏其侯）窦婴（即如此）。②尽心尽力——费尽心力。太傅封——（这是因为）他被封为太子傅（老师），所以才尽心尽力地培养太子。据载，窦婴是汉景帝母亲窦太后的侄子，曾被封为大将军。因平定七国之乱有功，又被封为魏其侯。后来景帝立栗姬之子为太子，则任他为太子傅。③出人意料——出乎人们意料之外。太子废——（过了三年）栗太子居然被景帝给废掉了。④犯颜苦谏——敢于冒犯君王或尊长的威严而极力规劝。此指前者。犯颜：敢于冒犯君上或尊长的颜面。保不成——（但窦婴）仍然保不住（栗姬之子的）太子地位。⑤心灰意懒——心情失望，意志消沉。灰：寂灭，失望。懒：懒怠，消沉。朝不上——（于是窦婴则推说有病）连上朝都不去了。⑥得失荣枯——指人生的得与失，兴盛与衰败。荣：草木繁盛，喻兴盛。枯：枯干，枯萎，喻衰颓。遂劝明——（这是一个）叫高遂的人（用这样的人生道理对窦婴）劝说得很明白。遂：高遂（人名）。⑦相提并论——把性质不同的人或事物不加区别地混在一起来对待或评论。此指把废栗太子与窦婴不上朝"相提并论"。祸非小——这可不是小的灾难。⑧豁然省悟——一下子开通领悟了某种道理。此指窦婴一下子明白了不上朝是不对的道理。如故行——（于是）则和先前一样按时上朝了。据载："梁人高遂乃说魏其曰：'能富贵将军者，上也；能亲将军者，太后也。今将军傅太子，太子废而不能争；争不能得，又弗能死。自引谢病……而不朝。相提而论，是自明扬主上之过。有如两宫（指太后、景帝）螫（zhè，恼怒）将军，则妻子毋类（诛杀妻子儿女无遗类）矣。'魏其侯然之，乃遂起，朝请如故。"成语"相提并论",即由此成语故事而来。

昭 然 若 揭

傲然自负古孙休①，所作所为自觉优②。
事出望外无好报③，忿忿不平问师由④。
击中要害庆子指⑤：饰智矜愚显风头⑥。
居心不良修身饰⑦，昭然若揭遭弃流⑧。

【说明】　成语"昭然若揭"，见于《庄子·达生》中的一个成语故事。

【串讲】　①傲然自负——形容狂妄、蛮横、自以为了不起的神态或气势。此指神态。古孙休——古时候有个叫孙休的人（即如此）。②所作所为——指所做的事情。自觉优——（他）自己觉得都做得很好。③事出望外——事情出乎意料。无好报——（这就是）得不到好的报应。④忿忿不平——心中不服，为之十分气恼。问师由——（于是孙休则向他的）老师（扁庆子）请教这是什么原因。⑤击中要害——正打在致命的部位，或指抓住关键的问题。此指后者。庆子指——（于是）扁庆子指出（孙休的毛病）说：⑥饰智矜愚——装作有智慧而在无知者面前夸耀。显风头——出头露面显示自己有才能。⑦居心不良——心地不好。居心：存心。修身饰——（这便是）装饰自己有修养（以彰显别人品行低下）。⑧昭然若揭——本意是说像高举着太阳和月亮一样明亮，后多形容事情的真相可以分辨得很清楚。此为原意。昭然：明显的样子；

揭：高举。遭弃流——（你孙休如此显示自己，毫不谦虚，自然会）遭到（人们的）抛弃和（地方官的）流放。据载，扁庆子指出孙休的毛病对其说："今汝饰知以惊愚，修身以明污，昭昭乎若揭日月而行也。"成语"昭然若揭"即由此而来。

亲 痛 仇 快

开国元勋朱与彭[①]，日月参晨仇恨生[②]。
先声夺人朱告状[③]，切齿痛恨彭发兵[④]。
郑重其事朱送信[⑤]，亲痛仇快话动听[⑥]。
火上浇油彭更怒[⑦]，里通外国燕王称[⑧]。

【说明】 成语"亲痛仇快"，见于东汉朱浮《与彭宠书》中的一个成语故事。

【串讲】 ①开国元勋（xūn）——对创建新的朝代或国家立下大功的人。此指对创建东汉王朝立下大功的人。元勋：首功，指大功臣。朱与彭——（这便是）朱浮与彭宠。朱：指朱浮，为东汉的一位将军，曾任幽州牧（官名）；彭：指彭宠，为渔阳太守。②日月参（shēn）晨——比喻互相作对或不和。此指朱浮与彭宠互相不和并作对。参晨：参、商二星，它们此出彼入，两不相见，比喻不和睦。仇恨生——（因而两人）产生了仇恨。③先声夺人——先造成声势以破坏敌人的士气。后也指抢先一步以声威慑人。此指后者。朱告状——朱浮（首先向皇帝刘秀）告（彭宠的）状。据载，朱浮在状词里说，彭宠不孝、受贿，擅自招兵屯粮，图谋不轨。皇帝信以为真，便下诏命彭宠进京。④切齿痛恨——形容愤恨到极点。切齿：牙齿互相磨切。彭发兵——彭宠便出动军队（去攻打告他的朱浮，酿成叛乱）。⑤郑重其事——态度十分严肃、认真。朱送信——朱浮（派人给彭宠）送（一封）信。⑥亲痛仇快——使自己人痛心，使敌人高兴。话动听——（信中这样的）话说得很好听。据载，朱浮给彭宠的信中说，有意见可以到朝廷评理，不该动用武力。并说："凡举事无为亲厚者所痛，而为见仇者所快。"意思是，不论做什么事情，都不要使亲近的人痛心，使仇恨我们的人高兴。后简化为"亲痛仇快"成语。⑦火上浇油——比喻使恼怒情绪更激烈。彭更怒——彭宠（看了信对朱浮）更加愤怒。⑧里通外国——暗中勾结外国，为其效劳。据载，彭宠一怒之下，便去勾结匈奴，扩大叛乱。燕王称——（彭宠）自称为燕王。据载，彭宠最后被他手下人杀死，叛乱才得以平息。成语"亲痛仇快"即由此故事而来。

差 强 人 意

忧国忧民光武帝①，遣兵调将御外敌②。
连三接四伐失利③，忐忑不安心发急④。
急中生智观吴汉⑤，有胆有识备战需⑥。
心怡神悦帝称赞⑦：差强人意实可举⑧。

【说明】 成语"差（chā）强人意"，见于《后汉书·吴汉传》中的一个成语故事。
【串讲】 ①忧国忧民——忧虑国家大计和人民疾苦。光武帝——（东汉）光武帝刘秀（便是这样）。②遣兵调将——派遣兵力，调动将领。

也泛指调动安排人力。此指原意。御外敌——（这是汉光武帝）在抵御外部敌人的（入侵骚扰）。据载，东汉初年，外患为乱，光武帝则调兵遣将讨伐之。③连三接四——接连不断。伐失利——讨伐外敌却节节失利。④忐忑不安——心虚不安定。忐忑：心跳上跳下，指心虚。心发急——（这是因为光武帝的）心里着急所致。据载："诸将见战陈（通阵）不利，或多惶惧，失其常度。"所以，汉光武帝也就"忐忑不安"起来，心里发急。⑤急中生智——情急时猛然想出了好主意、好办法。观吴汉——（这便是猛然想起来）去看看（名将）吴汉（在做什么）。⑥有胆有识——有胆量有魄力，也有远大的见识。备战需——（这正是吴汉）在准备作战时所需要的兵器装备。据载："帝时遣人观大司马（吴汉）何为，还言方修战攻之具。"光武帝听了非常高兴。⑦心怡神悦——心境开阔，精神怡悦。帝称赞——（于是）光武帝（对吴汉）大加赞扬说：⑧差强人意——还能振奋人的意志。差：尚，稍微。强：振奋。实可举——（吴汉）确实可以推举重用。据载："（帝）乃叹曰：'吴公差强人意，隐若一敌国（威重得好像相当一个国家）矣！'"成语"差强人意"即由此而来。

南 辕 北 辙

冥顽不灵一前人①，快马加鞭车辚辚②。
去而之他南到楚③，背道而驰朝北伸④。
再三再四朋友阻⑤，匪夷所思听不进⑥。
南辕北辙方向反⑦，畅行无阻陷更深⑧。

【说明】 成语"南辕北辙"，见于《战国策·魏策四》中的一个成语故事。

【串讲】 ①冥顽不灵——形容愚昧无知。冥顽：愚笨；灵：聪明。一前人——从前就有一个（这样的人）。②快马加鞭——骑的马本来就很快，再加上几鞭子。比喻飞快地奔跑。此指这个人坐在马车上在大路上飞快地奔跑。车辚辚（lín lín）——行车发出辚辚的声响。③去而之他——离开一个地方到另一个地方去。之：到，往。南到楚——要去到南边的楚国。④背道而驰——朝着相反的方向跑。比喻行动的方向和目标完全相反。驰：奔跑。朝北伸——（他）却向着北边跑去。伸：展开。⑤再三再四——指多次。朋友阻——（他的）朋友阻拦他。⑥匪夷所思——不是根据常理所能想象得到的。夷：同"彝"，常理。听不进——（此人）不听（朋友劝告）。据载，这个人的朋友叫住他问："你上哪儿去呀？"他回答说："到楚国去。"朋友感到奇怪，便提醒他说："楚国在南边，你怎么往北走呀？"他说："没关系，我的马跑得快。"朋友说："马跑得越快，离楚国不是越远了吗？"他说："没关系，我的车夫是个好把式！"朋友摇摇头说："那你哪一天才能到楚国呀？"他说："没关系，我带的盘缠多。"⑦南辕北辙——本来要到南方楚国去，却驾着车往北走。方向反——方向（正完全）相反。后用"南辕北辙"比喻行动和目标正相反。⑧畅行无阻——顺利地通行，没有阻碍。陷更深——陷进去更深。意思是他离楚国就更远。成语"南辕北辙"即由此故事而来。

临 噎 掘 井

孤家寡人鲁昭公①，**迫不得已齐国行**②。
大惑不解景公问③，**无根无蒂原因明**④。
灵机一动问晏婴⑤，**贤者在位能否成**⑥？
直截了当答得好⑦，**临噎掘井万不能**⑧。

【说明】　成语"临噎掘井"，见于《晏子春秋·内篇杂上》中的一个成语故事。

【串讲】　①孤家寡人——孤家、寡人都是古代帝王的自称。后来比喻脱离群众、孤立无援的人。此指在朝廷内外无人支持、无人拥护、非常孤立的国君。鲁昭公——（战国时鲁国国君）鲁昭公（即如此）。②迫不得已——指出于逼迫，没有办法，不得不这样。齐国行——（鲁昭公则）去到了齐国。③大惑不解——原意是说极糊涂的人一辈子不懂道理。后来指对某事很疑惑，不理解。此指后者，即指齐景公对鲁昭公为什么会在鲁国住不下去而跑到齐国来很疑惑，不理解。景公问——（于是）齐景公问（鲁昭公这是什么原因）。④无根无蒂——比喻没有依靠或没有牵绊。此指鲁昭公在鲁国没有根基，没有依靠。蒂：花或瓜果与枝茎相连的部分。原因明——（通过鲁昭公的介绍，齐景公把这个）原因弄清楚了。据载，当鲁昭公跑到齐国，齐景公就问他："你年纪轻轻，就把国家丢掉了，这是什么原因呢？"鲁昭公回答说："我年纪是很轻，很多人爱护我，我却没有去亲近他们；很多人规劝我，我却没有接受他们的意见。这样就弄得在朝廷内没有人帮助我，在朝廷外没有人拥护我。这就像秋天的蓬草一样，根茎已经快枯萎了，枝叶还很美丽。等到秋风一起，就连根拔了出来。"⑤灵机一动——形容某种灵感、主意一下子涌上心来。此指齐景公听了鲁昭公的话，立马产生一个主意。问晏婴——（于是）向晏婴请教。晏婴：齐国大夫。⑥贤者在位——有贤德的人居于掌权地位。此指假若让鲁昭公回鲁国做国君。能否成——（这样做）能不能行？据载，齐景公听了鲁昭公的话，觉得很有道理，便问晏婴说："鲁昭公对自己的错误有了认识，回到鲁国去，能不能做个贤君呢？"⑦直截了当——形容做事、说话不绕弯子。此指晏婴回话"直截了当"。答得好——（晏婴）回答得很好。⑧临噎掘井——临到食物堵住喉咙需要用水时才去掘井取水。比喻无济于事。此指鲁昭公现在认识到错误也是无济于事了。万不能——（想当国君）是万万做不到的。据载，晏婴回答说："不能。凡是落水的人，原先是不防备失足的；凡是迷失过方向的人，原先是不注意路径的。'溺而后问坠，迷而后问路，譬之犹临难而遽铸兵，噎而遽掘井，虽速，亦无及已。'"成语"临噎掘井"即由此而来。

面 壁 功 深

遁迹空门达摩僧①，涉海登山北魏行②。
青灯古佛少林入③，心无旁骛苦练功④。
日久岁长面壁坐⑤，神秘莫测口无声⑥。
寿满天年成正果⑦，面壁功深佛显灵⑧。

【说明】 成语"面壁功深"，见于宋·释晋济《五灯会元·东土祖师》中的一个成语故事。

【串讲】 ①遁迹空门——指避开尘世而入佛道之门。遁：逃避。达摩僧——（号称天竺国的古印度有个叫）达摩的和尚（即如此）。②涉海登山——渡过河海，登临高山。形容旅途跋涉艰难。北魏行——（达摩就是这样在南北朝时渡海来到当时南梁都城建业，继而渡江北上）去到北魏。③青灯古佛——青荧的油灯和年代久远的佛像。借指佛门寂寞的生涯。少林入——（这便是达摩）进入〔嵩（sōng）山〕少林寺住下。④心无旁鹜（wù）——心里没有别的追求。形容心思集中，专心致志。旁：另外的；鹜：追求。苦练功——来刻苦练就佛功。⑤日久岁长——日子长，时间久。面壁坐——（达摩就这样）面对着墙壁而坐。⑥神秘莫测——形容非常神秘，让人捉摸不透。测：料想。口无声——闭着嘴，不发出一点声音。⑦寿满天年——人活满自然寿数而去世。天年：自然寿数。成正果——（达摩终于）修成正果。⑧面壁功深——原谓和尚面壁静修，使道行高深。后也比喻人经长期钻研而造诣精深。此为原意。佛显灵——（达摩）活佛（在石壁上现身）而显灵。据载："（初祖菩提达摩大师）寓止于嵩山少林寺，面壁而坐，终日默然，人莫之测，谓之壁观婆罗门。"面壁九年而圆寂，传说石壁上可隐约看到一个活达摩静坐的姿态，称其为"达摩活佛"，这是九年修行留下的痕迹。成语"面壁功深"即由此而来。

退避三舍

志诚君子晋重耳①，去危就安楚避难②。
看风行事将离楚③，感恩图报许心愿④。
言而有信对楚讲⑤，临军对阵来实现⑥。

退避三舍报君恩⑦，果如其言于战前⑧。

【说明】 成语"退避三舍"，见于《左传·僖公二十三年》中的一个成语故事。

【串讲】 ①志诚君子——志行诚笃（dǔ）的高尚人。君子：指品德高尚的人。晋重耳——（春秋时晋国国君晋献公之子）重耳（即如此）。晋：指晋国。②去危就安——离开危险，趋于安全。楚避难——（重耳为此离开晋国去到）楚国避难。据载，晋献公立他最小的儿子奚齐为太子，则把他的另一个儿子重耳逐出晋国。重耳流亡在外十九年，曾逃到楚国避难。③看风行事——比喻做事随着时势而应变。将离楚——（所以重耳）将要离开楚国。④感恩图报——感人恩德，谋求报答。此指重耳感谢楚国国君的收留与资助之恩，谋求报答。许心愿——（于是）则许诺下（以后一定报答的）心愿。⑤言而有信——说话算数，守信用。对楚讲——（重耳就是以这种诚信的态度）对楚国（国君）说的。⑥临军对阵——面对敌方军队。指作战的场合。此指晋楚两国将来如果发生战争的交战场合。来实现——（我报答你的心愿将在这个场合）来成为现实。⑦退避三舍——退军九十里。舍：春秋时行军三十里为一舍。报君恩——（以此）来报答你楚国国君对我的恩德。据载，重耳将要离开楚国时，楚国国君问重耳：你将来怎样报答我对你的恩德呢？重耳许愿说：如果我以后做了国君，"晋楚治兵，遇于中原，其辟（同避）君三舍"。后来，重耳真的做了晋国国君，并发生了晋楚之战。⑧果如其言——果然像所说的一样。指事物的发展变化与预言一致。此指后来果真发生了晋楚之战，重耳也真的"退避三舍"，与他以前的许诺一致。于战前——（这是）在两军交战之前做到的。成语"退避三舍"则由此演化而来。

养 虎 遗 患

云起龙骧刘项争①，势孤力薄刘退兵②。
顺天应人渐强盛③，相形见绌羽自明④。
分而治之羽之意⑤，审时度势良不应⑥。
机不可失速灭羽⑦，养虎遗患祸无穷⑧。

【说明】 成语"养虎遗患"，见于西汉司马迁《史记·项羽本纪》中的一个成语故事。

【串讲】 ①云起龙骧（xiāng）——旧时比喻英雄豪杰乘势而起。云：风云，比喻时势；骧：腾起。刘项争——（这便是）刘邦和项羽争夺（天下）。刘：指刘邦；项：指项羽。据载，秦朝末年，英豪并起，争夺天下，最后剩刘邦、项羽两大势力。②势孤力薄——势力孤单，力量薄弱。此指刘邦与项羽比较显得"势孤力薄"。刘退兵——（于是）刘邦（则从秦国都城咸阳）撤军。据载，刘邦先攻入咸阳，但不敢跟项羽较量，只得退兵汉中。③顺天应人——顺从天命，顺应人心。此指刘邦实行的一些政策，符合社会发展，符合人民的愿望。渐强盛——（因此刘邦便）逐渐强大起来。④相形见绌（chù）——相互比较，就显出一方的不足之处。此指刘、项力量进行比较，就可以看出项羽一方势力弱了。相形：相互比较；绌：不足。羽自明——（对此）项羽自然很清楚。⑤分而治之——分开管理或统治。此指分割区域，各霸一方。羽之意——（这）是项羽的主意。据载，项羽提议："鸿沟"［今河南荥（xíng）阳县境内］以西归刘邦，以东归项羽。刘邦一开始同意了。

⑥审时度（duó）势——全面地观察、研究现状，正确地估计形势。审：详察，细究；度：估计。良不应——（刘邦的谋士）张良却不同意。据载，张良说："我们已得了天下的大半，诸侯都归附我们，而项羽军疲粮绝，这正是消灭他的大好时机。"⑦机不可失——时机不可错过。失：丧失。速灭羽——赶快消灭项羽。⑧养虎遗患——比喻纵容敌人，自留后患。遗：留下。祸无穷——祸害不尽。据载，张良还说："不如因其（项羽）饥而遂取之，今释弗击，此所谓'养虎自遗患'也。"成语"养虎遗患"即由此而来。

病 入 膏 肓

气息奄奄晋景公①，神思恍惚一梦成②；
变化如神病为子③，二竖为虐说逃生④。
千里迢迢名医到⑤，一望而知诊断清⑥；
病入膏肓不能治⑦，不谋而合与梦同⑧。

【说明】 成语"病入膏肓（huāng）"，见于《左传·成公十年》中的一个成语故事。

【串讲】 ①气息奄奄——形容气息微弱快要停止的样子。气息：呼吸时出入的气；奄奄：气息微弱的样子。晋景公——（春秋时晋国国君）景公（正病成这个样子）。晋：晋国。②神思恍惚——心神不定，神志不清。神思：精神、思绪；恍惚：不稳定，不清明。一梦成——（于是晋景公）做了一个梦。③变化如神——形容变化迅速而神奇。病为子——（身上的）病变成（两个）童子。④二竖为虐——两个小子做害人的勾当。形容被疾病所困。竖：小子；虐：

恶毒的害人行为。说逃生——（两个小子知道"缓"医生要来）便说（赶快）逃命。据载，晋景公病中做了一个梦，梦见他的病突然变作两个小孩，并听到他们在说话，说"缓"医生要来了，赶快逃到膏肓之间才可以避免他的药物攻击。⑤千里迢迢——形容路程很远。迢迢：遥远的样子。名医到——著名的医生（缓）来到（这里）。据载，秦桓（huán）公听说晋景公病重，就派缓到晋国给他治病。⑥一望而知——一看就明白。诊断清——（于是缓医生便把晋景公的病情）诊断清楚。⑦病入膏肓——病进到了膏肓之间，形容病情严重，不能救治。膏肓：古医学把心尖脂肪叫"膏"，心脏和隔膜之间叫"肓"。据说，"膏肓"是药力达不到的地方。不能治——（说晋景公的病）已无法医治。据载，缓诊断说："你（景公）这个病在肓之上，膏之下，是用灸（jiǔ）治不了、扎针达不到的地方，药力也到不了那儿，不能治了。"⑧不谋而合——没经过商量而彼此的意见或行动一致。与梦同——（缓医生所做的诊断）与做梦的内容完全一样。成语"病入膏肓"即由此故事而来。

胯 下 之 辱

衣弊履穿汉韩信①，游手好闲年尚轻②。
鸿鹄之志长剑佩③，大模大样逛街城④。
寻衅闹事有人阻⑤，出口不逊发恶声⑥。
苟全性命穿裆过⑦，胯下之辱信忍行⑧。

【说明】 成语"胯下之辱"，见于《史记·淮阴侯列传》中的一个成语故事。

【串讲】 ①衣弊履穿——衣破鞋穿。形容贫穷至极。汉韩信——（秦末）汉初的韩信（即如此）。②游手好闲——形容游荡懒散，喜欢安逸。游手：闲着手不做事。年尚轻——（当时韩信）年纪还不大。③鸿鹄之志——比喻远大的志向。鸿鹄：天鹅，因它飞得高，用以比喻志向远大的人。长剑佩——（这便是韩信因有将来做大事的远大抱负）而身佩长剑。④大模大样——形容毫不在乎或傲慢的样子。此指后者。逛街城——（有一天，韩信就这个样子）在城里街道上闲逛。⑤寻衅闹事——故意找毛病，挑起事端。衅：过失。有人阻——（这便是在街上）有人故意阻拦他（韩信）。⑥出口不逊——说话不礼貌，态度傲慢。逊：谦逊。发恶声——说出不怀好意的话：⑦苟全性命——勉强保全性命。穿裆过——（那你韩信）就得穿我的裤裆而爬过。⑧胯下之辱——原指汉代韩信受辱的故事。后指受到的羞辱。信忍行——韩信忍受（这个羞辱）而这样做了。据载："淮阴屠中少年有辱信者，曰：'若（你）虽长大，好带刀剑，中情怯耳。'众辱之曰：'信能死，刺我；不能死，出我胯下。'於是信孰视之，俛（同俯）出胯下，蒲伏。一市人皆笑信，以为怯。"成语"胯下之辱"即由此而来。

班 门 弄 斧

开山祖师古鲁班①，盖世无双木工传②。
运斤成风器械造③，楼台殿阁艺精尖④。
无名小卒不自量⑤，班门弄斧显其贤⑥。
登高能赋梅之涣⑦，冷嘲热讽假诗仙⑧。

【说明】 成语"班门弄斧"，见于《河东先生集·王氏伯仲唱和诗序》中的一个成语故事。

【串讲】 ①开山祖师——原指开创寺院的和尚，后借指某项事业或学说的创始人。此指木工创始人。开山：佛教用语，指最初在某座名山建立寺院；祖师：佛教、道教创立宗派的人。古鲁班——（这便是）古代（春秋时）鲁国的公输般。据传说，鲁班是木工的创始人。②盖世无双——世界第一，独一无二。此指鲁班的技艺无人可比。盖世：压倒世上所有的人。木工传——把木工（的手艺）传给（后代）。据传说，现在用的很多木工工具就是鲁班发明的。③运斤成风——抡动斧子时带出一股风来。比喻技术熟练神妙。运：抡动；斤：斧头。器械造——（鲁班以此种技艺）制造（各种攻城）器械。④楼台殿阁——统指多种供休息、游赏的建筑物。艺精尖——（鲁班建造这些建筑物）技艺精湛而突出。⑤无名小卒——不出名的小兵。比喻没有名气、无关重要的人物。卒：兵士。不自量——（他们却）不自量力。⑥班门弄斧——在鲁班门前摆弄斧子。比喻在行家面前卖弄本领。显其贤——（以此）来显示他们是"有德行有才能的"。⑦登高能赋——登上高处，触景生情，便能作赋吟诗。梅之涣——（明朝进士）梅之涣（即能如此）。⑧冷嘲热讽——尖酸、辛辣地嘲笑和讽刺。假诗仙——（梅之涣就以此种态度和语言来嘲讽）那些不自量力在李白墓前写"诗"的人。据载，有一次，梅之涣登上长江边上的采石矶（jī），凭吊伟大诗人李白，发现李白墓前凡是可以写字的地方，都被游客写上了"诗"。梅之涣很有感慨，于是题诗一首，嘲笑、讽刺那些假诗人："采石江边一堆土，李白之名高万古。来来往往一首诗，鲁班门前弄大斧。"成语"班门弄斧"即由此而来。

疲 于 奔 命

功臣自居楚子重①，分一杯羹请地封②。
争权夺利巫反对③，出尔反尔王不应④。
白云苍狗重权大⑤，栗栗危惧巫逃生⑥。
官报私仇巫家灭⑦，疲于奔命反报应⑧。

【说明】　成语"疲于奔命"，见于《左传·成公七年》中的一个成语故事。

【串讲】　①功臣自居——做了一定的成绩，就以自己是有功之臣而自负。楚子重——楚国有个叫子重的人（就是这样）。子重：楚国大将。据载，春秋时代，楚国打败了宋国，大将子重因打仗有功，则以"功臣自居"。②分一杯羹——分给我一杯肉汁。后用以表示分享利益或分担苦痛。此指分享国土和权力。羹：肉制的有汁的食物。请地封——（子重则向国君）请求分封（给他）土地。据载，子重请求楚庄王把申、昌两个地方赏给他，起初楚庄王已经答应了。③争权夺利——争夺权力和利益。巫反对——有个叫巫臣的大臣反对（给子重封地）。巫：指巫臣（人名）。④出尔反尔——原意是你怎样对待人家，人家就怎样对待你。今多指自己说了或做了后，又自己反悔。比喻言行前后矛盾，反复无常。此指后者，即楚庄王已答应给子重土地，后因巫臣反对又反悔了。王不应——庄王则不答应（给子重封地）。⑤白云苍狗——天上的浮云像白衣裳，顷刻之间又变得像黑狗。比喻世事的变化无常。此指政治形势的变化无常。重权大——（后来）子重的权力变大。重：指子重。据载，后来楚庄王死了，楚共王即位。和巫臣有仇的大臣子重、子反掌握了军政大权。⑥栗栗危惧——形容非常害怕。此指巫臣面对他的仇人子重、子反这一强大势力而感到非常害怕。栗栗：发抖的样子。巫逃生——（于是）巫臣便逃到（晋国）以求生存。据载，巫臣借出使齐国的机会，逃到晋国，做了晋国的大夫。⑦官报私仇——借办公事的机会，报私仇，泄私愤。巫家灭——（这便是子重）杀了巫臣全家。⑧疲于奔命——形容忙于奔走应付劳乏不堪。也形容事情繁多忙得筋疲力尽。此指前者。反报应——（这是因为子重）反过来受到（巫臣的）报复（所致）。据载，巫臣知道了他全家被杀，愤怒至极，给子重、子反写信说："余必使尔罢（疲）于奔命以死。"意思是，我一定要弄得你们东奔西跑，"疲于奔命"而累死。后来吴国在巫臣的劝说下向楚国边境进犯，一年中就进攻了七次，结果弄得子重、子反忙于奔波应对，疲劳不堪。成语"疲于奔命"即由此而来。

高 山 流 水

琴心相挑古伯牙①，扣人心弦声色佳②。
茫茫人海知音遇③，弦外之意子期达④。
高山流水曲二首⑤，心领神悟答无差⑥。
游山玩景多曲奏⑦，同符合契意无瑕⑧。

【说明】 成语"高山流水"，见于《列子·汤问》中的一个成语故事。

【串讲】 ①琴心相挑——指以琴声传情达意。古伯牙——古时候有一个叫伯牙的人（即如此）。②扣人心弦——指诗文、表演等打动人心，使人产生共鸣。扣：通"叩"，敲打。此指琴声"扣人心弦"。声色佳——（因为）琴声的音色太优美了。③茫茫人海——比喻广大人间。知音遇——（在其中）遇上了知音者。④弦外之意——音乐的余音。比喻言外之意。子期达——钟子期（对此）完全明白。⑤高山流水——原指古琴曲中暗含的两种喻义。比喻知音或知己难遇。也比喻乐曲演奏得美妙。此为原义。曲二首——（这就是伯牙所演奏的）两首琴曲（表现出来的内容）。⑥心领神悟——内心领悟明白。答无差——（所以钟子期）回答琴曲的含义毫无差错，完全正确。⑦游山玩景——游览、观赏风景。据载，有一天，伯牙、钟子期一同去游泰山。多曲奏——（休息时，伯牙）演奏了好几首琴曲。⑧同符合契——比喻完全相合，完全相同。意无瑕——（这便是钟子期对琴曲）含义的理解没有一点缺失。瑕：玉上面的斑痕。比喻缺点、过失。据载："伯牙善鼓琴，钟子期善听。伯牙鼓琴，志在高山。钟子期曰：'善哉，峨峨兮若泰山！'志在流水，钟子期曰：'善哉，洋洋兮若江河！'伯牙所念，钟子期必得之。"成语"高山流水"即由此而形成。

唇 亡 齿 寒

假途灭虢晋贿虞①，利令智昏公欲应②。
雄才大略之奇谏③，生死存亡理说清④：
辅车相依虞与虢⑤，唇亡齿寒命相通⑥。
苦口婆心公不受⑦，一意孤行虞国倾⑧。

【说明】 成语"唇亡齿寒"，见于《左传·僖公五年》中的一个成语故事。

【串讲】 ①假途灭虢（guó）——公元六五五年，晋国向虞国借路，让晋军过境去打虢国。其目的是灭了虢国再回头灭掉虞国。后用作托借路之名，行灭亡该国之实的计策。此指原意。晋贿虞（yú）——（为达此目的）晋国去贿赂虞国。晋：指晋国；虞：指虞国。据载，晋献公派使者给虞公送去一匹千里马和一对名贵玉璧。②利令智昏——形容因贪利而失去理智。此指虞公因贪图好马和玉璧而丧失理智。利：钱物，利益；令：使；智：理智；昏：神志不清，糊涂。公欲应——虞公想要答应（晋国的借路要求）。公：指虞公。③雄才大略——杰出的才能，远大的谋略。之奇谏——（具有这种才略的大夫）宫之奇（则向虞公）进谏（不要借路给晋国）。之奇：宫之奇（人名）。④生死存亡——生存或者死亡。此指借路的事是关系到虞国的生死存亡的大事。理说清——（宫之奇把这个）道理讲得很清楚。⑤辅车相依——颊骨同牙床互相依靠。比喻互相依存。辅：颊骨；车：牙床。虞与虢——（这就是）虞国和虢国的（关系）。⑥唇亡齿寒——嘴唇没有了，牙齿就会感到寒冷。比喻关系密切、利害共同。此指虢国灭亡了，虞国也就保不住了。命相通——（因为两国的）命运是连通（在一起的）。据载，宫之奇谏曰："虢，虞之表也；虢亡，虞必从之。……谚所谓'辅车相依，唇亡齿寒'者，其虞虢之谓也。"⑦苦口婆心——形容怀着好心再三诚恳地劝告。苦口：指不辞烦劳地诚恳地规劝；婆心：老婆婆的心肠，比喻仁慈的心肠。公不受——（可是）虞公却不接受（宫之奇这种善意劝告）。⑧一意孤行——形容不理别人的意见，独断独行。此指虞公不听宫之奇劝告，仍借路给晋国去攻打虢国。虞国倾——（结果）虞国（也随着虢国的灭亡而被晋国）灭掉。据载，晋国向虞国借路灭了虢国之后，在回师的途中把虞国也灭掉了。成语"假途灭虢""辅车相依""唇亡齿寒"皆由此故事而来。

狼 子 野 心

心慈面软楚子良①，天不作美生怪郎②。
面目可憎像恶虎③，耳不忍闻哭如狼④。
础润知雨未处死⑤，狼子野心在成长⑥。
犯上作乱定死罪⑦，养痈遗患全家戕⑧。

【说明】 成语"狼子野心"，见于《左传·宣公四年》中的一个成语故事。

【串讲】 ①心慈面软——指心地和善，很重情面，容易同情人、迁就人。楚子良——（春秋时）楚国司马大臣子良（就是这样一个人）。楚：楚国。②天不作美——天公不成全人的好事。生怪郎——（他的妻子）生了一个怪胎男孩（孩子取名叫越椒）。③面目可憎——形容人的面貌使人厌恶。像恶虎——（这孩子脸长得）像凶恶的老虎。④耳不忍闻——耳朵不忍听到。哭如狼——（这孩子）哭的声音像狼嚎。⑤础润知雨——看到柱石湿润就知道要下雨。比喻任何事情的发生都是有征兆的。此指看到这孩子的凶相和听到他的惨哭，就知道这是个不祥之物。础：屋柱下的基石。未处死——（子良）没有把这个孩子弄死。据载，子良之兄子文曰："必杀之!是子也，熊虎之状而豺狼之声，弗杀，必灭若敖氏矣。谚曰：'狼子野心。'是乃狼也，其可畜乎?"可是子良不忍心杀，把这孩子养了起来。⑥狼子野心——狼崽子虽小，却有凶恶的本性。后比喻凶恶残暴的人本性难改，有狂妄的欲望和狼毒的用心。此指原意。在成长——（这孩子在）逐渐长大，野心也在增大。⑦犯上作乱——触犯君上，搞叛逆活动。据载，越椒长大后，背逆朝廷，发动叛乱。定死罪——被判定死罪（处死）。⑧养痈遗患——对身上的痈不加治疗，给自己留下祸害。比喻姑息坏人、坏事，结果害了自己。此指在越椒小的时候，子良对他姑息迁就，未有杀掉，结果给自己和全家留下祸害。全家戕（qiāng）——（子良）全家人（因受株连）而都被杀害。戕：杀害。成语"狼子野心"即由此故事而来。

莫 予 毒 也

甘为戎首晋文公①，争强斗胜城濮城②。
兵微将寡楚子玉③，不顾死活即交锋④。
观衅而动晋军进⑤，左右开弓败楚兵⑥。
自寻短见子玉死⑦，莫予毒也文公称⑧。

【说明】　成语"莫予毒也"，见于《左传·僖公二十八年》中的一个成语故事。

【串讲】　①甘为戎（róng）首——甘愿做战争的主谋。指发动战争的人。戎：征伐，战争。晋文公——（春秋时晋国国君）晋文公（即是如此）。②争强斗胜——争为强者，相斗而胜过他人。城濮城——（公元前六三二年）在城濮这座城邑（晋文公率领晋、齐、宋、秦四国联军与楚军"争强斗胜"）。③兵微将寡——兵士少，将领也少。形容军力薄弱。楚子玉——（这便是）楚国（大将）子玉（所率领的楚国军队）。④不顾死活——是死是活完全顾不上了。比喻拼命。即交锋——（子玉就是这样）立即与晋军交战。⑤观衅而动——窥伺敌方的破绽，乘机发动进攻。衅：破绽。晋军进——（晋文公窥伺到楚军右翼军力薄弱便命令）晋军（大举向其右翼）进攻。⑥左右开弓——左手和右手都能射箭。比喻两只手轮流做某一动作或同时做某一动作。此指前一比喻义的引申义，即指晋军先攻击楚军右翼取胜，然后又集中兵力攻其左翼。败楚兵——（于是）把楚军打得大败。⑦自寻短见——认为无法活下去而自杀。子玉死——（这就是）子玉（认为打了败仗楚成王不会饶恕他便自杀而）死了。⑧莫予毒也——即"莫毒予也"，意思是再也没有谁能伤害我了。莫：没有谁（无指代词）；予：我（代词作宾语前置）；毒：伤害（作动词用）。文公称——（这是）晋文公（知道子玉自杀后）说的话。据载，晋文公听说子玉自杀身亡非常高兴，曰："莫予毒也已！"成语"莫予毒也"即由此而来。

袖 手 旁 观

高才绝学柳宗元①，明珠暗投刺史贬②。
与世长辞韩愈祭③，抚今追昔感万千④：
一无所长人斫木⑤，无能为力血汗涟⑥。
斫轮老手一侧站⑦，袖手旁观叹苍天⑧。

【说明】 成语"袖手旁观"，见于唐代韩愈《昌黎先生集·祭柳子厚文》中的一个成语故事。

【串讲】 ①高才绝学——才能高超，学识过人。柳宗元——（唐代著名文学家）柳宗元（就是这样一位学者）。②明珠暗投——把闪闪发光的珍珠抛在黑暗处所。常比喻有才德的人未被重用或陷入歧途。也比喻珍贵物品落入不识货者手里。此指柳宗元这样有才德的学者未被重用。刺史贬——（柳宗元由监察御史）贬为（永州）刺史。③与世长辞——同人世永远告别了。婉言人死去。此指柳宗元去世了。辞：告别。韩愈祭——韩愈（写了一篇祭文）悼祭（柳宗元）。④抚今追昔——接触当前的事物，回想到过去。此指闻知柳宗元"与世长辞"，回想到他的生前遭遇。追：缅怀。感万千——（韩愈）有很多感慨。⑤一无所长——一点专长也没有。人斫木——（却委派这样的）人去做木匠活。斫：砍。⑥无能为力——没有能力施展，即力量够不上。多指没有能力去做好某件事或解决某个问题。此指"一无所长"的人没有能力做好木匠活。血汗涟——（结果累得满头大汗）汗流不断，（砍破手指）血流不止。涟：原指泪流不断的样子。此指汗流、血流不断的样子。⑦斫轮老手——砍木制造车轮的老工匠。后用以称经验丰富、技艺精湛的人。此指柳宗元是文采出众、富有经验、治国有方的人。一侧站——（却让他）站在一旁。⑧袖手旁观——把手放在袖子里站在一旁观看。比喻置身事外，不加过问或协助。此指朝廷不重用柳宗元，让他"袖手旁观"。叹苍天——（韩愈）感叹老天（太不公道了）。据载，韩愈祭文中写道："不善为斫，血指汗颜；巧匠旁观，缩手袖间。"成语"袖手旁观"即由此而来。

乘 风 破 浪

壮志凌云宋宗悫①，英姿焕发少年郎②。
喜笑颜开兄婚夜③，明火执仗强盗抢④。
奋不顾身一人战⑤，抱头鼠窜十贼亡⑥。
豪言壮语回叔问⑦：乘风破浪闯四方⑧。

【说明】　成语"乘风破浪"，见于唐朝李延寿《南史·宗悫（què）传》中的一个成语故事。

【串讲】　①壮志凌云——形容志向宏大，高入云霄。壮志：宏伟的志愿；凌：高升。宋宗悫——（南朝）刘宋时（就有这样一个）叫宗悫的（少年）。宋：指南朝刘宋。②英姿焕发——形容英勇威武的样子。英姿，英勇威武的姿态；焕发：光彩四射。少年郎——（宗悫就是这样一个）少年男子。据载，宗悫少年时就学得一身好武艺，有魄力，又非常勇敢，可谓"英姿焕发"。③喜笑颜开——形容心里高兴，满面笑容的样子。颜：脸色。兄婚夜——（这显现在他）哥哥结婚的当天夜里。④明火执仗——指强盗公开抢劫。明火：点着火把；执仗：拿着武器。据载，宗悫哥哥结婚那天，非常热闹，大家都非常高兴。就在这天夜里，来了十个强盗公开趁机抢劫。⑤奋不顾身——奋勇直前，不顾个人安危。一人战——（宗悫）一个人（和强盗）搏斗。⑥抱头鼠窜——抱着头像老鼠乱窜一样地仓皇逃跑。这里形容强盗逃跑时的狼狈相。十贼亡——（这）十个强盗被打跑了。亡：逃跑。⑦豪言壮语——充满英雄气概的语言。回叔问——（以此来）回答他叔叔的问话。⑧乘风破浪——帆船驾着顺风，破浪前进。比喻志向远大，不怕困难，奋勇前进。乘：驾。闯四方——在天下大胆干出一番伟大事业来。四方：天下各处。这一句是宗悫回答叔叔问话的内容。据载，宗悫的叔叔宗炳看他少年英雄，心里异常高兴。便问他道："你将来有什么志向啊？"宗悫昂首挺胸、豪迈地回答："愿乘长风，破万里浪！"后来简作成语"乘风破浪"。

疾 风 劲 草

志高气扬汉王霸①，**呼朋唤友刘秀投**②。
斩将夺旗王莽讨③，**接连不断战功收**④。
进退触藩同伴遁⑤，**忠贯白日霸独留**⑥。
战胜攻取秀赞赏⑦：**疾风劲草应封侯**⑧。

【说明】 成语"疾风劲草"，见于《后汉书·王霸传》中的一个成语故事。

【串讲】 ①志高气扬——志向高远，神气昂扬。汉王霸——西汉（末年有个叫）王霸的人（即如此）。②呼朋唤友——指招引意气相投的人。刘秀投——（王霸就这样一起）投奔到（起兵反王莽的）刘秀帐下。③斩将夺旗——斩杀敌将，夺取敌旗。形容勇猛善战，无所畏惧。王莽讨——来讨伐（反叛朝廷篡位的）王莽。④接连不断——一个接着一个，连续不间断。战功收——（王霸就这样）立下了不少战功。收：接受。据载，王霸投奔刘秀后，连续立功，尤其是昆阳（今河南叶县）大破王莽的战役中立了大功，取得了刘秀信任。刘秀当上"大司马"，王霸就当上"功曹令史"。后来刘秀北渡黄河，镇压农民起义军受挫，但王霸仍不动摇。⑤进退触藩（fān）——前进或后退障碍重重。同伴遁——（在这种战势不利的情况下，与王霸一起来的那些）同伴都（一个一个地）逃走了。⑥忠贯白日——忠诚之心可以上通白日。形容无限的忠诚。霸独留——（这便是）王霸（对刘秀无限忠诚）而独自留下来。⑦战胜功取——指打胜仗。秀赞赏——刘秀（对此极为）称赞赏识说：⑧疾风劲草——在迅猛的大风中，才能知道哪种草最坚韧。比喻在极危险时才能显出人的意志坚强。疾风：迅猛的风；劲：强劲。应封侯——（所以王霸）应封为侯爵。据载："光武（刘秀）谓霸曰：'颖川从我者皆逝，而子独留。努力！疾风知劲草。'"后来王霸被刘秀封为富波侯。成语"疾风劲草"即由此而来。

离 心 离 德

声罪致讨武伐纣①，稳操左券理说周②：
广土众民纣虽有③，离心离德力难收④。
柱石之臣我虽少⑤，同心同德能战斗⑥。
风行雷厉速灭之⑦，太平盛世永锦绣⑧。

【说明】 成语"离心离德"，见于《尚书·泰誓中》的一个成语故事。

【串讲】 ①声罪致讨——宣布对方的罪行，发动对他的攻击。武伐纣——（这便是商朝末年）周武王去攻打商纣王。武：指周武王（名姬发）；纣：指商纣王。②稳操左券（quàn）——比喻对事情很有把握。此指周武王对伐纣成功很有把握。左券：古代契约分为左右两联，左券即左联，作为索偿的凭证。理说周——（于是武王便把这其中的）道理（向全军将士）说得很周全。据载，武王伐纣过了黄河便开了一个全军誓师大会。会上，武王宣布了纣王的罪行，号召大家齐心协力，共同讨伐。同时，还阐明了商军必败、周军必胜的道理。他是怎么阐述的呢？③广土众民——广阔的土地和众多的人民。纣虽有——商纣王虽然占有（这些）。④离心离德——（可是这众多的人民与他的关系却是）各存各的心，行动不一致。力难收——（所以，商纣王）很难（把这众多的力量）收拢在一起形成战斗力（必败无疑）。⑤柱石之臣——担负国家重任的大臣。我虽少——（这样的良臣）我虽然很少（只有十人）。⑥同心同德——（但他们和我的关系却是）大家一条心，行动一致。能战斗——（所以，我们的）战斗力很强（必胜无疑）。据载，武王在会上对纣王"声罪致讨"之后说："受（纣）有亿兆夷人，离心离德；予（我）有乱臣（治国良臣）十人，同心同德。"以此鼓舞士气，英勇作战。⑦风行雷厉——像刮风那样迅疾，像打雷那样猛烈。比喻执行政策、法令严格，办事动作迅速。速灭之——（大家就这样行动起来）快速地把纣王灭掉。⑧太平盛世——指社会安定、政治清明、经济繁荣的时代。此指消灭纣王后将进入这样一个时代。永锦绣——将永远（会这样）美好。锦绣：精致华丽的丝绣品。常用来形容美好事物。据载，武王最后号召全军将士："要一心一意，在战斗中立功。速灭商纣王，永葆（bǎo）天下太平。"成语"离心离德"即由此成语故事而来。

流 水 落 花

诗酒风流李后主①，追欢作乐朝政疏②。
文恬武嬉国力弱③，一触即溃成宋俘④。
国亡家破心悲切⑤，思潮起伏写词抒⑥：
流水落花春去也⑦，天上人间无力复⑧。

【说明】　成语"流水落花"，见于五代时南唐国主李煜（yù）《浪淘沙·帘外雨潺潺》词中，它涉及一个成语故事。
【串讲】　①诗酒风流——把作诗、饮酒视为风流韵事。李后主——

（五代时南唐帝王）李后主李煜（即是如此）。据载，李煜能诗善文，尤以词出名，是唐五代中最杰出的词人。然而，他却治国无能。②追欢作乐——追求声色的快乐。朝政疏——（因此）疏于对国家的治理。③文恬武嬉——指文武官员只知道享乐，不关心国事。恬（tiǎn）：安逸；嬉（xī）：游乐。国力弱——（所以）国家的力量很虚弱（不堪一击）。据载，公元九七四年九月，宋太祖以十万大军出兵江南，征伐南唐，南唐军队被迫迎战。④一触即溃——稍碰一下，就马上溃败。形容军队毫无战斗力，轻易被人打败。成宋俘——（于是李后主）则成为宋朝的俘虏。⑤国亡家破——国家遭毁坏，家园被分割。心悲切——心情着实悲痛。⑥思潮起伏——指思想活动剧烈频繁。写词抒——（李后主）则用作词来抒发自己（这种不平静）的思想感情：⑦流水落花——凋落的花瓣随着流水漂去。形容残春的景象。后也泛指零落、残乱的情景。此为借景抒情。春去也——（因为这大好）春天已经过去（借此比喻从前做国君的美好时光已经一去不复返了）。⑧天上人间——形容境遇一高一下，截然不同。无力复——（由原来的一国之君变为今天的他国阶下囚）再也没有力量恢复到先前了。据载，词中写道："独自莫凭阑，无限江山。别时容易见时难。流水落花春去也，天上人间。"成语"流水落花""天上人间"即由此而来。

债 台 高 筑

不舞之鹤周赧王①，倾巢出动入盟邦②。
立此存照军费借③，糜饷劳师全用光④。
纷至沓来人讨债⑤，人声鼎沸宫内扬⑥。

债台高筑偿无力⑦，惴惴不安整日藏⑧。

【说明】 成语"债台高筑"，见于《汉书·诸侯王表序》中的一个成语故事。

【串讲】 ①不舞之鹤——不会起舞的仙鹤。用以嘲讽无能的人。有时用于自谦。此指前者。周赧（nǎn）王——（战国时的周朝末代天子）周赧王（就是这样一位软弱无能的人）。②倾巢出动——整窝的鸟或虫都出来了。比喻全体成员出来进行某项活动。此指周赧王集中全国兵力参与伐秦战争。入盟邦——（周国）加入了（由各诸侯国组成的合纵抗秦）联盟集团。据载，当时各诸侯国，互相称雄争霸，征伐不已。有一次，楚孝烈王听说魏国的信陵君在解救赵国都城邯郸被秦军所围的战斗中，把秦军打得大败。于是楚孝烈王则想乘机当合纵抗秦的领袖，便请周赧王正式下令，约会各诸侯国出兵伐秦。周赧王也集中周国兵力"倾巢出动"。③立此存照——立下这个字据，保存起来作为查考的依据。此：这个，指字据或文书；存：保存；照：察看，查考。军费借——（周赧王）在借军费时（就立下这样字据）。据载，周朝末年，国势衰败，军费不足，周赧王便向豪门富户借钱，立下字据，答应战后加利偿还。④糜（mí）饷劳师——浪费军饷，劳累军队。全用光——（把军费）全部用没。据载，周"天子"虽然下令，周兵也已出动，可是响应者只有楚、燕两国发兵会合，一直拖了三个多月，也不见别的诸侯国派兵。结果，一仗未打，只好撤军回国；但是，周赧王借来的军费却全部用光。⑤纷至沓（tà）来——形容接连不断地到来。纷：众多，杂乱；沓：重复。人讨债——债权人（拿着借据天天到宫门外向周赧王）索取债款。人：指债权人。⑥人声鼎（dǐng）沸——比喻人声吵嚷嘈杂，像鼎里水煮开了一样。鼎：古代煮食器；沸：沸腾。宫内扬——（要债的吵嚷嘈杂声）传播到宫里。⑦债台高筑——周赧王因债主逼债而躲在宫内一座高台上。后用以形容欠债很多。此处两种含义都有。偿无力——（周赧王）没有力量还债。⑧惴惴不安——形容因为害怕或担心而深感不安。此指周赧王因害怕宫门外的人逼债而深感不安。整日藏——（于是周赧王）则成天地躲避（在宫中那座高台上而不出）。成语"债台高筑"即由此而来。

顾 曲 周 郎

文武兼备帅周瑜①，风流儒雅精乐技②。
对酒当歌听演奏③，有滋有味神入迷④。
品竹调丝如有误⑤，白璧微瑕目一击⑥。
顾曲周郎歌谣颂⑦，名实相称人不疑⑧。

【说明】 成语"顾曲周郎"，见于《三国志·吴书·周瑜传》中的一个成语故事。

【串讲】 ①文武兼备——同时具有文才和武才，文武双全。帅周瑜——（三国时吴国三军）统帅（都督）周瑜（即如此）。②风流儒雅——形容一个人有才学，有风度而又温文尔雅。风流：英俊潇洒，有文才；儒雅：温文尔雅。精乐技——（这便是周瑜）对音乐这方面的技能很是精通。③对酒当歌——对着酒放声歌唱。原指人生有限，应该有所作为。后也指即时行乐。此为二者兼有。听演奏——（所以周瑜有时也去）听乐器演奏。④有滋有味——形容兴趣很浓。神入迷——精神已进入乐曲中而沉迷。⑤品竹调丝——泛指演奏乐器。品：吹；竹：笙、笛、箫一类管乐器；丝：

弦乐器。如有误——如果演奏有的地方出现差错。⑥白璧微瑕——洁白的玉上有一点小斑点。比喻好的人或事物有一些小毛病，不是十分完美。此指演奏中出现一点小差错。目一击——（这时周瑜）就用眼睛看他（演奏者）一眼。⑦顾曲周郎——原指周瑜精通音乐。后泛指通晓或爱好音乐戏曲的人。此为原意。周郎：指周瑜。歌谣颂——（这便是当时人们编成的）歌谣来称颂他。据载，当时有两句歌谣道："曲有误，周郎顾。"⑧名实相称——名声和实际情况相符合。人不疑——（对周瑜精通音律）人们都不怀疑。成语"顾曲周郎"即由此成语故事而来。

顾 名 思 义

公明正大魏王昶①，**高风亮节重名操**②。
以身作则子侄教③，**托物喻志名字标**④。
通儒达识修身好⑤，**遵道秉义行为姣**⑥。
立身行己写信告⑦：**顾名思义勿违超**⑧。

【说明】　成语"顾名思义"，见于《三国志·魏志·王昶传》中的一个成语故事。

【串讲】　①公明正大——形容心胸直率坦诚，言行正派无私。魏王昶——（三国时）魏国有一个叫王昶的人（即是如此）。②高风亮节——形容人的道德、行为俱佳。高风：高尚的风格；亮节：坚贞的节操。重名操——（所以王昶）非常重视名誉和操守。③以身作则——用自己的行动为别人树立榜样。则：准则，榜样。子侄教——（以此）来教育自己的子女和侄子们。④托物喻志——

假借某种事物来表达自己的思想。托：借助，假借。名字标——（这便是在给子侄们）起名字上来表明。据载，王昶给子侄们起名字都用谦实等意义的词。如儿子王浑字玄冲、王深字道冲；侄子王默字处静、王沈字处道。其目的是：⑤通儒达识——知识渊博，明智达理。修身好——把自身的品性修养好。⑥遵道秉义——遵循道德，支持正义。行为姣——（使自己的）行为美好。⑦立身行己——修身自立，行为有度。写信告——（为让子侄们能做到这一点）则写信告诉说：⑧顾名思义——看到名称，就想到其中的含义。勿违超——（所以你们要深刻理解各自名字的含义）千万不要违背和超越。据载，王昶信中写道："欲使汝曹立身行己，遵儒者之教，履道家之言，故以玄默冲虚为名，欲使汝曹顾名思义，不敢违越也。"成语"顾名思义"即由此而来。

酒 池 肉 林

暴戾恣睢商纣王①，沉湎酒色特荒唐②。
男男女女沙丘聚③，成百成千戏乐狂④。
酒池肉林男女裸⑤，赤身露体相逐猖⑥。
荒淫无耻饮长夜⑦，无可救药商灭亡⑧。

【说明】 成语"酒池肉林"，见于《史记·殷本纪》中的一个成语故事。

【串讲】 ①暴戾（lì）恣睢（suī）——形容凶残放纵，任意胡为。暴戾：粗暴残忍。商纣王——商朝（末代国君）纣王（即如此）。②沉湎酒色——指酗酒贪色。沉湎：沉溺。特荒唐——行为特别放荡。③男男女女——指成群男女。沙丘聚——都聚集在沙丘上。④成百成千——形容数目很大，为数很多。戏乐狂——（让这众多男女就在这沙丘上）疯狂地嬉戏玩乐。据载，有时候参加嬉戏宴饮者竟达三千人之多。⑤酒池肉林——以酒为池，悬肉为林。形容穷奢极欲。男女裸——（并让这一群）男女都光着身子。⑥赤身露体——光着身子，露出躯体。相逐狷——（男男女女就这个样子）狷狂地相互追逐着。⑦荒淫无耻——生活糜烂淫乱，不知羞耻。荒淫：贪恋酒色。饮长夜——〔商纣王和他的美女妲（dá）己以及众男女就是这样〕通宵达旦地饮酒作乐。据载："（帝纣）大聚乐戏于沙丘，以酒为池，悬肉为林，使男女保（同裸）相逐其间，为长夜之饮。"纣王如此荒淫无道，并拒绝他人劝告，就是大忠臣其叔比干劝告他也不听，还将比干的心给挖出来，残忍至极。⑧无可救药——不能用药救活。指人已垂危。也比喻人或事物已坏到无法挽救的地步。此指比喻义。药：用药治。商灭亡——（这样）商朝（在周武王伐纣情况下便很快）灭亡了。据载，纣王最后自焚而死，妲己自缢身亡。成语"酒池肉林"即由此成语故事而来。

悔 过 自 新

衣褚关木淳上路①，**相依为命女伴随**②。
草行露宿长安到③，**公车上书救父危**④：
罪有应得父该刑⑤，**木已成舟空自悔**⑥。
李代桃僵我婢做⑦，**悔过自新请机会**⑧。

538

【说明】 成语"悔过自新",见于《史记·扁鹊仓公列传》中的一个成语故事。

【串讲】 ①衣赭(zhě)关木——是"衣赭衣,关三木"的略语。意思是穿上褐色的囚衣,关上囚犯颈、手、脚上的三木刑具。指犯罪服刑。衣:穿;赭:指赭衣;木:指三木。淳上路——(西汉初年名医)淳于意(因受诬告而犯罪被押送)走上(去往京城长安的)路。淳:指淳于意(人名)。②相依为命——互相依靠生活着。女伴随——(淳于意的)小女儿缇萦(tí yíng)陪伴(他一起前往)。③草行露宿——在草野中走路,在露天里睡觉。形容行旅艰苦,也形容行旅急迫。此为二者兼而有之。长安到——(缇萦就是这样陪伴她的父亲)到了京城长安。④公车上书——旧指入京请愿或上书言事。此为二者兼有,即指缇萦入京给皇帝上书请愿。公车:本为汉代官署名,其职权之一是以公家车马接送征召者、应举者和上书者,并加以接待;后因而也代指举人入京应试。救父危——(其目的是把她的)父亲从(将受酷刑的)危难中拯救出来。缇萦上书都写了什么内容呢?⑤罪有应得——受到的惩罚完全应该。形容罚当其罪。父该刑——(缇萦上书说她的)父亲应该受刑。⑥木已成舟——木头已经做成船。比喻事情已成定局,就无可挽回了。此指如果父亲受刑已成事实,割掉的鼻子、切断的手足,就再也长不上了。空自悔——(那样的话,父亲)他自己只能是白白地后悔了。空:白白地。那怎么办呢?⑦李代桃僵——李树代桃树受虫蛀而干枯。比喻兄弟间互相爱护互相帮助,后转用为比喻互相顶替或代人受过。此指后者。僵:干枯。我婢做——以我(给官府)做奴婢(来代父受过)。⑧悔过自新——悔改过错,重新做人。自新:使自己成为新人。请机会——(缇萦)请求(皇帝给她父亲淳于意一个这样的)机会。据载,缇萦给皇帝上书曰:"妾父为吏,齐中称其廉平,今坐法当刑。妾切痛死者不可复生而刑者不可复续,虽欲改过自新,其道莫由,终不可得。妾愿入身为官婢,以赎父刑罪，使得改行自新也。"皇帝看了缇萦的上书，免了淳于意的罪。成语"悔过自新"即由此而来。

桃李不言，下自成蹊

勇猛直前将李广①，身经百战立功博②。
谦尊而光不自傲③，廉明公正不传播④。
同甘共苦部下爱⑤，感慨万千史评说⑥：
桃李不言花果美⑦，下自成蹊来人多⑧。

【说明】 成语"桃李不言，下自成蹊"，见于《史记·李将军列传》中的一个成语故事。

【串讲】 ①勇猛直前——勇敢地一直向前进。将李广——（西汉时）有一位叫李广的名将（即是如此）。②身经百战——亲身参加过很多次战斗。立功博——（并且）立下很多战功。据载，李广非常善于骑射，人称"飞将军"。在他有生之年，与匈奴作战大小战役七十余次，立下不少战功。③谦尊而光——尊贵的人谦虚而更显示他的美德。不自傲——（李广）从不居功自傲。④廉明公正——不贪污受贿，清白公正。不传播——（对此）他也从不（自我夸耀）广泛散布。⑤同甘共苦——一起享受快乐，共同承担苦难。部下爱——（所以）李广深受部下的爱戴。据载，李广每次得到朝廷的赏赐，他都拿来分给部下。行军打仗时也都与士兵同吃同饮。遇到粮、水供应紧张时，他让士兵们先吃饱喝足，然后自己才用。所以，部下对他特别爱戴。后因攻打匈奴失道被责而自杀。⑥感慨万千——指因深有感触而有许多感叹。史评说——（这便是司马迁对李广的一生为人大有感慨）才写史加以评论：⑦桃李不言——桃李不会讲话。花果美——（但）其开出的花朵和结出的果实则芬芳而甜美。⑧下自成蹊——在桃李树下自然踏出一条小路。蹊：小路。来人多——（这是因为）来的人多而（踩成的）。成语"桃李不言，下自成蹊"，这里虽分在两句，但它是一个成语，要放在一起使用。比喻人品高尚，不必自我宣扬，自能感动他人。据载，太史公曰："余睹李将军悛悛（quān）如鄙人，口不能道辞。及死之日，天下知与不知，皆为尽哀。彼其忠实心诚信于士大夫也。谚曰'桃李不言，下自成蹊'。此言虽小，可以喻大也。"成语"桃李不言，下自成蹊"即由此而来。

疾 足 先 得

覆雨翻云汉刘邦①，封官赐爵信为王②。
假手于人项羽灭③，兔死狗烹将信戕④。
殃及池鱼欲煮蒯⑤，一选连声喊冤枉⑥。
疾足先得回帝问⑦，略迹原情把蒯放⑧。

【说明】　成语"疾足先得"，见于西汉司马迁《史记·淮阴侯列传》中的一个成语故事。

【串讲】　①覆雨翻云——比喻耍手段、弄权术，反复无常。汉刘邦——西汉（开国皇帝）刘邦（就是这样的人）。汉：指西汉。②封官赐爵——封给官职。此指封给韩信官职。爵：爵位，君主国家所封的贵族等级。信为王——（于是西汉初年大将）韩信则做了齐王。信：指韩信。③假手于人——利用别人之手来办事。此指刘邦利用韩信的才力为自己打江山。假：借。项羽灭——把（与刘邦争夺天下的）项羽灭掉。④兔死狗烹——兔子死了，猎狗也就可以煮吃了。比喻给帝王效劳尽力的人，事成后往往会被抛弃以致杀害。此指刘邦利用韩信消灭项羽后，则加害于他。将信戕（qiāng）——把韩信杀害。戕：杀害。据载，刘邦利用韩信灭项羽后，反把韩信降为淮阴侯，逼着韩信谋反，最后被刘邦妻子骗入京城捉住处死。⑤殃及池鱼——取"城门失火，殃及池鱼"之意。城门着了火，人们到护城河里打水救火，水干了，鱼也就死了。比喻无辜波及而蒙受灾祸。此指因韩信被害而殃及韩信的谋士蒯（kuǎi）通。欲煮蒯——（刘邦）想要煮死蒯通。蒯：指蒯通。据载，在韩信被刘邦封为齐王时，蒯通曾劝韩信背叛刘邦，联合项羽，先三分天下，再统一全国。可是韩信当时并没有听蒯通的话，所以在临死之前说："我悔不该不听蒯通的计策，以致死在妇人小子之手。"刘邦听到这话，便把蒯通捉来，想要煮死他。⑥一迭（dié）连声——形容忙不迭地连声喊或说。迭：及。喊冤枉——（蒯通）大喊（自己）冤枉。⑦疾足先得——跑得快的先得到。形容行动迅速者先达到目的。疾：迅速。回帝问——（蒯通用这样的话）回答皇帝（刘邦）的质问。据载，当蒯通大喊冤枉时，刘邦质问他是什么原因，蒯通则回答说："秦失其鹿，天下共逐之，于是高材疾足者先得焉！"意思是，秦朝失去了天下，好比失去一只鹿，只有才高腿快的人方能首先得到它（后演化为成语"疾足先得"或"捷足先登"）。并说："当时天下纷乱，谁都想取得像您今天的地位，如果凡说过那种话的人都煮死，您能煮得过来吗？"⑧略迹原情——撇开表面的事实，从情理上加以原谅。此指刘邦撇开蒯通为韩信献计的事实，从当时献计的情理上加以原谅。把蒯放——（刘邦）把蒯通释放了。成语"疾足先得"即由此故事而来。

胸　有　成　竹

妙手丹青文与可①，出神入化绘竹工②。
爱如珍宝竹满院③，长年累月观分明④：
原始要终握异变⑤，千姿百态形象穷⑥。
胸有成竹活灵现⑦，下笔如神竹即成⑧。

【说明】　成语"胸有成竹"，见于北宋苏轼《文与可画筼筜（yún dāng，大竹名）谷偃竹记》中的一个成语故事。

【串讲】　①妙手丹青——技艺高妙的画师。丹青：中国画中常用的两种彩色，引申为画工、画师。文与可——（这便是宋朝时的）文与可。②出神入化——形容文学、艺术达到了非常高超的境界。此指绘画已达到了非常高超的境界。神：神妙；化：化境，极高超的境界。绘竹工——画竹子画得很精妙。③爱如珍宝——喜爱得就像对待珍宝一样。此指文与可特别喜爱竹子。竹满院——整个院庭都栽上了竹子。据载，文与可平生最喜爱的是竹子，在他自己住宅前面的庭院里栽满了青竹。④长年累月——形容经过的时间很长。长年：整年，多年；累月：月复一月。观分明——（对竹子的各种姿态）观察得很清楚。⑤原始要终——探求事物发展的起源与结果。此指探求竹子出生与枯败时的情形。原：追究根源；要：总，归纳。握异变——并掌握（竹子在整个成长过程中不同时期不同自然条件下的）不同变化。⑥千姿百态——形容姿态多种多样。形象穷——（对竹子的各种）姿态（都观察）尽了。穷：尽。⑦胸有成竹——画竹子时胸中早已有竹子的完整形象。后比喻做事之前已有成熟的完整的计划。此指原意。据载，苏轼撰文评论说："（文与可绘竹）必先得成竹于胸中。"活灵现——像真的一样，非常逼真生动。⑧下笔如神——形容一动笔就好像有神奇的力量，写得或画得又快又好。此形容文与可画竹子"下笔如神"。竹即成——竹子立即就画好了。成语"胸有成竹"即由此而来。

宴 安 鸩 毒

贪如虎狼狄侵邢①，护国佑民邢无能②。
危在旦夕求齐救③，势在必行仲欲应④。
大处着墨对公讲⑤：出师有名邢同宗⑥。
宴安鸩毒毒可去⑦，理正词直公发兵⑧。

【说明】 成语"宴安鸩毒"，见于《左传·闵公元年》中的一个成语故事。

【串讲】 ①贪如虎狼——贪婪得如虎似狼。比喻贪得无厌而又极凶残的人。狄侵邢——（这便是春秋时北方异族）狄人入侵邢国。②护国佑民——保卫国家，爱护人民。邢无能——（对此，诸侯小国）邢国则是无能为力。③危在旦夕——危险就在眼前。旦夕：早上和晚上，指很短的时间内。求齐救——（于是）邢国则向齐国请求援救。④势在必行——客观形势决定必须这样做。仲欲应——（这便是当时著名政治家齐国宰相）管仲想要答应（邢国的请求）。⑤大处着墨——绘画或写文章从主要地方着笔。比喻做事情从大处着眼，首先解决关键问题。对公讲——（管仲就是这样）对齐恒公说：⑥出师有名——指有正当理由进行征伐。邢同宗——（因为）邢国和我们齐国同属于一个宗主为天子的诸侯（不能眼看着他们被狄人吃掉）。同时，还另有好处：⑦宴安鸩毒——指贪图安逸享乐，就如同饮毒酒自杀。毒可去——（我们长期过这种日子）所形成的毒还可以通过出兵打仗把它去掉（以巩固君王的霸业）。⑧理正词直——道理正当，言辞朴直。公发兵——（于是）齐桓公答应并出兵救邢。据载，管仲对齐桓公说："诸夏亲昵，不可弃也。宴安鸩毒，不可怀也。"成语"宴安鸩毒"即由此而来。

珠 还 合 浦

德隆望尊孟太守①，雷厉风飞到任忙②。
访贫问苦合浦治③，提纲举领解民伤④。
物华天宝珍珠产⑤，无影无踪昔蚌亡⑥。
兴利除弊发新政⑦，珠还合浦百姓康⑧。

【说明】 成语"珠还合浦"，见于《后汉书·孟尝传》中的一个成语故事。

【串讲】 ①德隆望尊——道德高尚，声望很高。孟太守——（东汉时合浦地区）新任太守孟尝（即是如此）。②雷厉风飞——像打雷那样猛烈，像刮风那样迅捷。比喻执行政策、法令严格，办事动作迅速。到任忙——（孟尝）上任后（就是这样）忙碌着。③访贫问苦——访问贫苦的老百姓。合浦治——（目的是了解实际情况）以便治理好合浦这个地方。④提纲举领——抓住网的总绳，提起皮衣的领子。比喻抓住事情的关键，或把问题简明扼要地提示出来。此指前者。纲：渔网的总绳。解民伤——（以此）来解除百姓的伤痛。⑤物华天宝——物的精华，天的宝物。比喻极为珍奇宝贵之物。珍珠产——（这就是合浦地区）盛产珍珠。⑥无影无踪——形容完全消失，不知去向。昔蚌亡——（这是因为）过去的珍珠蚌都逃离此地而去别处了。亡：逃亡。据载，孟尝到任之前，合浦的官吏贪赃枉法，滥采珍珠，致使珍珠蚌都迁到临近的交趾去了。由于无珠可采，无珠交易，百姓生活极度贫困，饿死不少人。⑦兴利除弊——兴办有利的事业，革除有害的事情。发新政——（孟尝到任后）就发布这样的新政策。⑧珠还合浦——离开的珍珠蚌又回到合浦。后比喻人去而复回或物失而复得。此为原意。百姓康——（因此）老百姓（又重新从事采珠生涯）过上安乐的生活。据载："尝（孟尝）到官，革易前弊，求民病利。曾未逾岁，去珠复还。"成语"珠还合浦"即由此而形成。

请 君 入 瓮

奉公执法来俊臣①，旨酒嘉肴请周询②。
不伏烧埋何以对③？狼猛蜂毒周术中④。
萧规曹随来即用⑤，请君入瓮罪行陈⑥。
自作自受周兴恐⑦，和盘托出认罪真⑧。

【说明】　成语"请君入瓮"，见于《资治通鉴·唐则天皇后天授二年》中的一个成语故事。

【串讲】　①奉公执法——奉行公事，执行法纪。来俊臣——（唐朝武则天时办理刑狱的大臣）来俊臣（即如此）。②旨酒嘉肴——精美的酒食。旨：滋味美；肴：荤菜。请周询——（俊臣以这样的家宴）请周兴（吃饭），（有事向他）咨询。周：指周兴（人名）。

据载，周兴也是一个掌管刑狱的大臣，他为人贪暴凶残，专以严刑搞逼供。后来有人控告他谋反，武则天则命来俊臣审理此案。俊臣奉公执法，为尽快破案，则以请吃饭为名将周兴请到家中，以咨询的方式，让周兴自己说出对他动刑的办法。于是，席间俊臣则向周兴请教。③不伏烧埋——伏：屈服；烧埋：旧时刑律规定的官府向杀人犯追缴赔给死者家属的埋葬费。比喻不认罪，不听劝解。此指前者。何以对——（对这样不认罪的囚犯）用什么办法来对付他呢？④狼猛蜂毒——比喻人凶狠毒辣。周术申——（具有这样本性的）周兴则把他的方法做了说明。术：方法；申：陈述、说明。据载，俊臣问周兴："我审讯的许多囚犯都不肯认罪，你看应该用什么办法好呢？"周兴则脱口而出："这太容易了，取一只大瓮来，把燃烧的木炭放在它四周烤，强迫那些不肯认罪的囚犯进入瓮里，不管犯了什么罪，敢不承认吗！"于是，俊臣得到了审讯周兴的办法。⑤萧规曹随——西汉时，曹参代萧何为相，他完全照萧何制定的政策法令行事。比喻按着前人的成规办事。此指俊臣按着周兴的办法办事。来即用——（于是）来俊臣则立刻应用上了。来：指来俊臣。⑥请君入瓮——比喻即以其人之道，还治其人之身。此指以周兴说的办法来治周兴本人。罪行陈——（在动刑前俊臣首先）陈述了周兴的罪行。据载："俊臣乃索大瓮，火围如兴（周兴）法，因起谓兴曰：'有内状推兄（朝廷里有人告发你谋反），请兄入此瓮。'"⑦自作自受——自己做的事自己承受。常指做了坏事、蠢事，使自己遭受祸害。此指周兴自己出的动刑坏主意自己去承受。周兴恐——（在如此动刑面前）周兴非常害怕。恐：害怕。⑧和盘托出——连同盘子一起端出来。比喻完全拿出来。此指周兴彻底交代了全部犯罪事实。认罪真——所承认的罪行是真实的。成语"请君入瓮"即由此而来。

狼狈为奸

沆瀣一气狈和狼①，相与为一去偷羊②。
历历在目羊圈见③，无法可施有高墙④。
各取所长狈立下⑤，通力合作肩支狼⑥。
触手可及狼得手⑦，狼狈为奸拖走羊⑧。

【说明】 成语"狼狈为奸"，来源于一个传说故事。

【串讲】 ①沆瀣（hàng xiè）一气——指气味相投者结合在一起。据宋代王谠《唐语林·补遗》载："崔相沆知贡举，得崔瀣。时榜中同姓，瀣最为沆知。谈者称：'座主门生，沆瀣一气。'"狈和狼——（传说）有一只狈和一只狼（就是这样结合的）。②相与为一——相互帮助结合成为一体。去偷羊——（就这样狼和狈一起）去到一个村庄偷羊。③历历在目——形容某种景象清楚地展现在眼前。历历：非常清晰分明。羊圈见——（这便是）清晰地看到（一户人家）的羊圈。④无法可施——想不出什么办法。有高墙——（因为）有很牢很高的围墙挡着（难以偷着羊）。怎么办呢？⑤各取所长——各自运用各自的长处。狈立下——（于是前腿短后腿长的）狈就扶墙立在下面。⑥通力合作——全力合作，共同行事。肩支狼——（这就是狈扶墙立起后）又用双肩支撑起（后腿短前腿长的）狼。⑦触手可及——近在手边，一伸手就可以接触到。狼得手——（因而）狼顺利地达到目的把羊抓住。⑧狼狈为奸——狼和狈合伙伤害牲畜。比喻相互勾结干坏事。此为原意。拖走羊——（于是把抓到的）羊拖走了。成语"狼狈为奸"即由此传说故事而形成。

徒 劳 无 功

周游列国圣孔丘[①]，仁言利溥无人收[②]。
坚持不懈卫国去[③]，成败利钝颜回求[④]。
诚心敬意师金问[⑤]，毫不犹豫回答周[⑥]：
推舟于陆行不动[⑦]，徒劳无功必碰头[⑧]。

【说明】 成语"徒劳无功"，亦作"劳而无功"，见于《庄子·天运》中的一个成语故事。

【串讲】 ①周游列国——原指孔丘带着他的学生周游当时的许多国家，希望得到重用，以便推行儒家的政治主张。后指走遍各地。此指原意。圣孔丘——（这便是）圣人孔子。②仁言利溥（pǔ）——形容有仁德的人的言论非常有价值。此指孔子的言论非常有价值。无人收——（可是）并没有人接受。③坚持不懈——一直坚持下去，毫不懈怠。卫国去——（于是孔子）又前往卫国游说。④成败利钝——成功或失败，顺利或困难。指事情的种种结果。钝：不顺利。颜回求——（对此）颜回则作以探求。⑤诚心敬意——形容对人十分真诚和有礼貌。师金问——（这便是颜回）向（鲁国一个）叫师金的官吏请教（孔子这次去卫国会怎样）。⑥毫不犹豫——没有丝毫的犹豫。回答周——（师金）则回答得很周全：⑦推舟于陆——推船在陆地上行。比喻劳而无功。行不动——推不走。⑧徒劳无功——白白劳累了身心，却没有功效。必碰头——（孔子这次去卫国推行他的仁政主张）也必然遭受挫折而受到伤害。据载，师金说："夫水行莫如用舟，而陆行莫如用车。以舟之可行于水也，而求推之于陆，则没世不行寻常。古今非水陆与？周、鲁非舟车与？今蕲（qí，同祈，祈求）行周于鲁，是犹推舟于陆也！劳而无功，身必有殃。"成语"劳而无功""徒劳无功"即由此而来。

笑 里 藏 刀

相风使帆李义府①，谄媚取容丞相当②。
温文尔雅伪恭善③，和颜悦色微笑装④。
挟权倚势心阴狠⑤，惟我独尊忤意亡⑥。
一言中的时人议⑦：笑里藏刀陷人猖⑧。

【说明】 成语"笑里藏刀"，见于《旧唐书·李义府传》中的一个成语故事。

【串讲】 ①相风使帆——形容随机应变。相：观察。李义府——（唐代在朝廷为官的）李义府（即如此）。②谄媚取容——以阿谀奉承取悦别人。丞相当——（李义府就是这样取容于武则天）而当上右丞相。据载，武则天原为唐太宗的一个"才人"，后出家为尼；唐高宗看上她的美貌，便把她接回宫中，封为"昭仪"。李义府看准机会，帮武则天出谋划策，当上皇后，并极力讨好她。武则天则迫不及待地参与朝政，就封李义府为右丞相。③温文尔雅——态度温和有礼，举止文雅端庄。伪恭善——（这不过是李义府把自己）伪饰成谦恭与慈善。④和颜悦色——温和的面容，喜悦的脸色。形容人态度温和可亲。微笑装——（不过这样的态度和）微笑都是（李义府）装出来的。⑤挟权倚势——凭借和倚仗权势。心阴狠——（他）内心阴险狠毒。⑥惟我独尊——认为只有自己最尊贵。形容人极端自高自大，以我为主。忤（wǔ）意亡——（所以）凡是违逆（李义府）意志的都置其于死地。据载，李义府听说狱中有一女囚，长得很漂亮，便甜言蜜语说通狱吏毕正义将她放了，然后霸为己有享乐。后来东窗事发，李义府却变了脸，逼毕正义自杀了事。这只是其中一例。⑦一言中的——说话说到点子上或正合对方的心意。此指前者。时人议——（这便是）当时人们所议论的话；⑧笑里藏刀——脸上的笑容里藏着刀子。形容外表和善而内心阴险歹毒。陷人猖——（李义府就是这样）猖狂地谋害人。陷：谋害。据载："义府貌状温恭，与人语必嬉怡微笑，而褊（biǎn）忌阴贼。既处权要，欲人附己，微忤意者，辄加倾陷。故时人言义府笑中有刀。"成语"笑里藏刀"即由此而来。

流 言 蜚 语

昏迷不醒武王病①，**心如刀绞周公愁**②。
悃愊无华祷文写③，**什袭而藏柜里收**④。
创业垂统成王继⑤，**流言蜚语信贬周**⑥。
恍然大悟祷文现⑦，**收回成命周公留**⑧。

【说明】 成语"流言蜚（fēi）语"，也作"流言飞语"，见于《尚书·金縢（téng）》中的一个成语故事。

【串讲】 ①昏迷不醒——昏昏沉沉，失去知觉。形容病情严重。武王病——周武王（名姬发）得了重病。②心如刀绞——形容心里极其痛苦、难过。周公愁——周公（武王弟）很是忧虑。周公：名姬旦，曾辅佐武王灭纣取得天下。③悃愊（kǔn bì）无华——真心实意，没有一点虚假。悃愊：至诚；华：浮华。祷文写——（周公）写了（一篇祈求上天保祐）的"祷文"。据载，武王病重，周公非常忧虑焦急，便写了一篇"祷文"，祈求上天保佑武王病好，并让自己代他生病，甚至代他去死。④什袭而藏——把物品一层层地包起来。形容把物品珍贵地收藏起来。此指周公把写好的"祷文"珍贵地收藏起来。什：同"十"；袭：层；什袭：把物品层层包起来。柜里收——收藏在（装卜辞的）柜子里。⑤创业垂统——指君主创建新的朝代，并使业绩一代代地永远相传。此指周武王"创业垂统"。垂：流传；统：一脉相传的系统。成王继——周成王继承了（王位）。据载，武王病死，周成王即位。当时他年岁尚小，则由周公辅佐。⑥流言蜚语——毫无根据的坏话。多指背后议论、诬蔑或挑拨离间的话。此指给周公制造的谣言恶语。蜚：同"飞"。据载，武王死了之后，管叔及其群弟勾结纣王的儿子武庚，策划叛乱。为除去一心辅佐成王的周公，则大肆散布周公的"流言蜚语"。信贬周——（周成王一开始）相信了（这些坏话），把周公贬（到了外地）。周：周公。⑦恍然大悟——一下子明白觉悟了。祷文现——（因为成王）发现了（柜子里藏的）"祷文"。⑧收回成命——收回已经发布的命令、指示或决定。此指周成王撤销了把周公贬到外地的决定，将他接了回来。周公留——（成王）把周公留下（让他继续辅佐自己）。成语"流言蜚语"即由此故事而来。

兼听则明，偏信则暗

高明远识唐魏征①，诛心之论回上聆②：
兼听则明尧与舜③，唐虞之治自然成④。

偏信则暗史已有⑤，**沧海横流君患生**⑥。
公听并观广纳谏⑦，**明见万里蔽自清**⑧。

【说明】　成语"兼听则明，偏信则暗"，见于《资治通鉴·唐太宗贞观二年》中的一个成语故事。

【串讲】　①高明远识——形容见识高远。唐魏征——唐朝（宰相）魏征（就是这样一个人）。唐：唐朝。②诛心之论——谓指责人行为动机的议论。后泛指深刻的议论。此指后者。诛心：犹诛意。回上聆（líng）——（魏征以这样的议论）回答给皇上（唐太宗）听。据载，贞观二年，有一次唐太宗问魏征："做皇帝的怎样做才能明白，怎样做就会糊涂？"魏征则以"诛心之论"回答了皇上。③兼听则明——（魏征说）多方面听取意见，就能明白。尧与舜——唐尧和虞舜（就是这样做的）。尧、舜：传说中古代圣帝贤君。④唐虞之治——原指唐尧、虞舜政治清明，人民康乐的时代，后泛指上古这样的时代。此指前者。自然成——（这）便自然而然地形成了。⑤偏信则暗——（魏征又说）单听信一方面的话，就会糊涂。暗：糊涂。史已有——（这样的事）在历史上已出现过。⑥沧海横流——比喻政治混乱，社会动荡不安。沧海：大海；横流：水往四处奔流。君患生——（于是）君主的祸患就产生了。据载，魏征列举了秦二世、梁武帝、隋炀帝为例，说明人君由于偏信宠臣致使政治混乱、社会动荡而遭到亡国之祸。⑦公听并观——公正而全面地听取意见和观察事物。广纳谏——广泛采纳（臣下）劝谏。⑧明见万里——对外面的情况了解得十分清楚。蔽自清——（君主）受蒙蔽自然就清除了。据载："上（唐太宗）问魏征曰：'人主何为而明，何为而暗？'对曰：'兼听则明，偏信则暗。'"这便是此成语之来源。

旁 若 无 人

行侠好义卫荆轲①，远走高飞亡燕国②。
气味相投结高友③，放浪不拘大酒喝④。
酒足饭饱往于市⑤，击筑悲歌二人和⑥。
乐尽悲来相对泣⑦，旁若无人任评说⑧。

【说明】 成语"旁若无人"，见于《史记·刺客列传》中的一个成语故事。

【串讲】 ①行侠好义——指讲义气，肯舍己助人。卫荆轲——（战国末期）卫国人荆轲（即是这样一个人）。②远走高飞——比喻到很远的地方去。也比喻为摆脱困境，到外地寻找出路。此为二者兼而有之。亡燕国——（这便是荆轲在秦灭卫之后）逃亡到燕国。③气味相投——形容性格、志趣相同，彼此合得来。结高友——（于是荆轲在燕国）则结识了高渐离这位朋友。高：指高渐离（人名）。④放浪不拘——指行为放纵随意，不受拘束。大酒喝——（二人经常这样在一起）大量地饮酒。⑤酒足饭饱——酒也喝够了，饭也吃饱了。比喻饮食得到了满足。往于市——（于是二人）去到闹市里。⑥击筑悲歌——敲击着筑，唱着悲壮的歌。筑：古乐器名。二人和——（这便是高渐离击筑，荆轲高歌）二人互相应和。⑦乐尽悲来——高兴得到了极点，就会招来悲哀。比喻物极必反。相对泣——（于是二人）则相对而哭泣。⑧旁若无人——好像旁边没有其他人。形容态度从容、自然。也形容高傲、目中无人。此指前者。任评说——（二人就是这样地我行我素）任由他人议论指责。据载："荆轲既至燕，爱燕之狗屠及善击筑者高渐离。荆轲嗜酒，日与狗屠及高渐离饮于燕市，酒酣以往，高渐离击筑，荆轲和而歌于市中，相乐也，已而相泣，旁若无人者。"成语"旁若无人"即由此成语故事而来。

谈 虎 色 变

一代儒宗宋程颢①，分丝析缕治学严②。
贯穿融会真知晓③，通文达理常知全④。
玄之又玄喻其异⑤，猛虎扑食伤人言⑥：
谈虎色变虎曾咬⑦，吃惊受怕只听传⑧。

【说明】 成语"谈虎色变"，见于《二程全书·遗书二上》中的一个成语故事。

【串讲】 ①一代儒宗——指一代儒家学者的宗师。宋程颢（hào）——宋代的程颢（即如此）。宋：宋朝。②分丝析缕——比喻明察入微。治学严——（程颢）从事研究学问（就是这样）非常严谨。③贯穿融会——贯通融合各方面的道理或知识，从而获得全面透彻的理解。真知晓——（这就）懂得了什么是真知。④通文达理——指有学问，懂道理。常知全——（这就）全面地掌握了常知。⑤玄之又玄——形容玄妙深奥，难以理解。此指什么是真知，什么是常知，这是一个玄之又玄的问题。喻其异——（于是）作个比喻来说明二者的不同。⑥猛虎扑食——凶猛的老虎扑捉食物。形容动作勇猛而又凶残。此指原义。伤人言——（用老虎）伤人来说（二者的区别）：⑦谈虎色变——一听谈到老虎就吓得脸色大变。现用以比喻一提到害怕的事就紧张起来。此为原意。虎曾咬——

（因为这样的人）曾经被老虎咬过。⑧吃惊受怕——指受惊吓。只听传——（因为这样的人）只是听到传说（老虎伤人的事而吃惊受怕）。据载，书中阐明真知与常知的区别指出："真知与常知异。常（尝）见一田夫曾被虎伤，有人说虎伤人，众莫不惊，独田夫色动异于众。若虎能伤人，虽三尺童子莫不知之，然未尝真知，真知须如田夫乃是。"成语"谈虎色变"即由此而来。

班 荆 道 故

蒙冤受屈楚伍举①，避祸趋利郑国行②。
坐不垂堂又奔晋③，大步流星过郑城④。
专心一意城郊走⑤，出乎意外遇故朋⑥。
久别重逢倍亲切⑦，班荆道故话离情⑧。

【说明】 成语"班荆道故"，见于《左传·襄公二十六年》中的一个成语故事。

【串讲】 ①蒙冤受屈——指受到冤枉和委屈。蒙：受。楚伍举——（春秋时）楚国大夫伍举（即如此）。楚：楚国。据载，伍举的岳父申公王子牟因犯罪而潜逃，有人则造谣说是伍举通风报信给送走的，伍举处境十分危险。怎么办呢？②避祸趋利——躲开祸患，向有好处或有利益的地方发展。趋：趋向。郑国行——（于是伍举）则前往郑国避难。③坐不垂堂——不坐在屋檐下，怕被掉下来的瓦片打伤。比喻不在危险的地方停留。此为比喻意。又奔晋——（这便是伍举刚到郑国仍感到有危险）就马上又向晋国奔去。④大步流星——形容迈开大步，走得很快。过郑城——（伍举就这样）走过郑国都城。⑤专心一意——形容一心一意，精力集中。城郊走——（伍举一心奔晋）而在城郊走着。⑥出乎意外——超出人们的意料之外。遇故朋——（在这里竟然）遇上老朋友（蔡国大夫声子）。据载，声子是因公被派到晋国来的，在这里与伍举巧遇。⑦久别重逢——长时间分别后再次相逢。倍亲切——感到格外亲切。倍：加倍。⑧班荆道故——指老朋友相逢，铺荆坐地，共叙旧情。故：旧。话别情——谈叙离别后的情况。据载："伍举奔郑，将遂奔晋。声子将如晋，遇之于郑郊，班荆相与食，而言复故。"成语"班荆道故"即由此而形成。

恶 贯 满 盈

暴虐无道商纣王[①]，救民水火武伐商[②]。
陈师鞠旅全军视[③]，大处着眼形势讲[④]：
恶贯满盈纣残暴[⑤]，奉天承运除祸殃[⑥]。
兴师问罪战牧野[⑦]，势不可挡商灭亡[⑧]。

【说明】 成语"恶贯满盈"，见于《尚书·泰誓上》中的一个成语故事。

【串讲】 ①暴虐无道——残暴凶恶，不讲为君之道。旧时用来指斥荒淫残暴的君主。商纣王——（商朝末代君主）商纣王（就是这样一个暴君）。②救民水火——把人民从水火之中抢救出来。比喻解除人民的苦难。武伐商——（为此）周武王则去讨伐商朝。武：指周武王，名姬发，是周文王（姬昌）的儿子；商：指商朝。③陈师鞠（jū）旅——指把军队集合起来进行战斗动员。陈师：陈列军队；鞠：告；鞠旅：对军队讲话。全军视——（这是周武王）在巡视全军时（所作的讲话）。④大处着眼——从大的方面观察、考虑。形势讲——（周武王就是这样在全军动员大会上）讲述了（当前的总）形势。⑤恶贯满盈——罪恶很多，就像穿物的绳索已经穿满一样。形容作恶极多，已到该受惩罚的时候了。纣残暴——（这是因为）商纣王（这个暴君）太残忍凶恶了。⑥奉天承运——尊奉上天的命令，承受兴盛的时运。后来相沿成为帝王圣旨中的套语，以显示所谓君权神授，加强对人民的思想统治。此指前者，即表明武王伐纣这是上天的命令，是承受周朝兴盛的时运。除祸殃——清除（纣王制造的）灾祸。据载，武王在演说中说："商罪贯盈，天命诛之。"意思是说，商纣王恶贯满盈，上天命令我们诛灭它。⑦兴师问罪——起兵讨伐有罪者。也指集合人去严厉责问。此指前者，即武王发兵讨伐有罪的商纣王。问罪：宣布对方的罪状而加以讨伐，后引申为严厉责问。战牧野——（武王率军渡过黄河直扑）牧野（与纣王军队）决战。⑧势不可挡——来势迅猛，无法抵挡。商灭亡——（结果商纣王被武王打得大败而自焚身亡）商朝（也就被）消灭而不存在了。成语"恶贯满盈"即由此故事而来。

唐 突 西 施

才华超众晋周颉①，精明能干官声扬②。
亲如手足庾亮敬③，能近取譬方乐广④。
心神不定颉回对⑤：自叹不如何敢当⑥？
刻画无盐丑作美⑦，唐突西施美则伤⑧。

【说明】 成语"唐突西施"，见于《晋书·周颐（yǐ）传》中的一个成语故事。

【串讲】 ①才华超众——才能超出一般人。晋周颐——晋朝（有一位历任镇军将军长史、荆州刺史）的周颐（便是这样一个人）。②精明能干——精细明察，办事能力强。官声扬——（所以周颐这种好的）为官名声便传扬开去。③亲如手足——亲密得如同兄弟一样。手足：喻兄弟。庾（yǔ）亮敬——（这便是周颐的好朋友）庾亮对他很是尊重。④能近取譬（pì）——能就自身打比方，设身处地，推己及人替别人着想。后也指用就近的事物来做譬喻。此指后者。方乐广——（这就是庾亮把周颐）比拟为（同一朝代备受人们尊敬的贤人）乐广。方：比拟。⑤心神不定——指心神不安定。颐回对——（于是）周颐则回答庾亮说：⑥自叹不如——指感慨、遗憾自己不如他人。含有折服、敬佩之意。此指周颐自叹不如乐广，何敢当——（把我周颐比拟为乐广）怎么敢担当呢？⑦刻画无盐——精细地描绘"无盐"这个人。比喻为了突出丑的，因而贬低了美的。无盐：古代传说中丑女名。丑作美——（这样）就把丑的当作是美的了。⑧唐突西施——冒犯了西施。比喻抬高了丑的，则贬低了美的。唐突：冒犯。西施：春秋时美女。美则伤——（因此）美的就受到损害。据载："庾亮尝谓颐曰：'诸人咸（都）以君方乐广。'颐曰：'何乃刻画无盐，唐突西施也！'"成语"唐突西施"即由此成语故事而来。

胶柱鼓瑟

不辨真伪赵王昏[①]，听风是雨间言遵[②]。

四郊多垒换主将③，徒读父书括统军④。
洞若观火相如阻⑤，胶柱鼓瑟喻其人⑥。
顽固不化王如故⑦，覆军杀将惨败深⑧。

【说明】 成语"胶柱鼓瑟"，见于《史记·廉颇蔺相如列传》中的一个成语故事。

【串讲】 ①不辨真伪——不能辨别真实和虚假。赵王昏——（战国时）赵孝成王（便是这样一位）昏庸的国君。②听风是雨——听见风声就以为是下雨了。比喻听到了一点传闻就信以为真。间言遵——（于是赵王）则遵照挑拨离间的话去做。据载，秦昭王四十五年，秦国进攻赵国，于长平决战。由于守城的是赵国大将廉颇，所以久攻不下。于是秦国则用反间之计，在赵国散布间言，说秦国最怕的是赵奢之子赵括。赵王则信以为真而中计。③四郊多垒——四郊筑有很多营垒。指敌人屡次侵逼城郊，形势急迫。换主将——（在这种危急情况下，赵王由于听信间言）要把守城的大将廉颇换掉。④徒读父书——白读父亲的兵书。比喻只知死读书，不会运用知识加以变通。括统军——（想要换成这样的）赵括为主将来统率军队。⑤洞若观火——形容观察事物非常透彻，好像看火一样清楚。洞：透彻，清楚。相如阻——（这便是大臣）蔺相如出来阻止（换将之事）。⑥胶柱鼓瑟——弹奏琴瑟时，用胶把瑟上调音的柱粘住。比喻做事拘泥死板，不知灵活变通。柱：瑟上用以调音的短木；鼓：弹奏。喻其人——（以此）来比喻赵括这个人。⑦顽固不化——昏昧保守，不知变通。王如故——赵王（听不进这些劝阻）仍然坚持换将。其结果如何呢？⑧覆军杀将——军队被消灭，将领被杀死。惨败深——（赵国）遭到极其严重的失败。据载："蔺相如（阻止赵王换将）曰：'王以名使括，若胶柱而鼓瑟耳。括徒能读其父书传，不知合变也。'赵王不听，遂将之。"结果赵括为秦军所杀，赵国四十五万大军全军覆灭。成语"胶柱鼓瑟"即由此成语故事而来。

高 屋 建 瓴

言从计行汉刘邦^①，轻而易举执楚王^②。
顺天恤民赦天下^③，计深虑远肯谏邦^④：
地利人和秦地险^⑤，以一当十守势强^⑥。
固若金汤发兵进^⑦，高屋建瓴谁不降^⑧？

【说明】 成语"高屋建瓴（líng）"，见于《史记·高祖本纪》中的一个成语故事。

【串讲】 ①言从计行——说的话，出的计谋都被采纳。汉刘邦——西汉（开国皇帝）刘邦（对宰相陈平所献的平息楚王韩信谋反之计是"言从计行"）。②轻而易举——形容办事毫不费力。执楚王——（刘邦就是这样）把楚王韩信拘捕扣押起来。执：拘捕。据载，有人"告楚王信（韩信）谋反，上问左右，左右争欲击之。用陈平计，乃伪游云梦，会诸侯于陈。楚王信迎，即因执之（就趁此机会将韩信拘捕扣押起来）"。③顺天恤民——顺应天意，体恤民众。赦天下——（于是刘邦是日）大赦天下。④计深虑远——计谋深远。肯谏邦——（大臣）田肯（向高祖）刘邦（表示庆贺）并进谏。肯：田肯（人名）；邦：指刘邦。田肯是怎样进谏的呢？⑤地利人和——指优越的地理条件和良好的群众关系。秦地险——在秦地（建都）地势险要。⑥以一当十——一个人能抵挡十个人。形容军队以寡敌众英勇善战。守势强——（因为如此险地）对防守形势极为有利。⑦固若金汤——牢固得如金城（坚固的城墙）汤池（防守严密的护城河）。形容工事非常坚固。发兵进——（如果以此为基地向诸侯）发兵进攻会怎样呢？⑧高屋建瓴——把瓶水从高屋脊上向下倾倒。比喻居高临下，其势不可阻挡。建：倾倒；瓴：水瓶。谁不降——哪一个（诸侯）能不投降呢？据载，田肯向高祖表示庆贺，并说："很好！您逮住了韩信，又在秦地建都。秦国地势优越，围绕着山河之险，和诸侯远隔千里，两万人足以抵抗诸侯的百万雄兵。'地势便利，其以下兵于诸侯，譬犹居高屋之上建瓴水也。'……"高祖曰："善!"赐黄金五百斤。成语"高屋建瓴"即由此而来。

谈 笑 自 若

名扬四海将甘宁①，有勇有谋守夷陵②。
军临城下曹兵重③，四面受敌困城中④。
矢如雨集众士恐⑤，谈笑自若宁从容⑥。
以眼还眼援军到⑦，里外夹攻退敌兵⑧。

【说明】　成语"谈笑自若"，见于《三国志·吴志·甘宁传》中的一个成语故事。

【串讲】　①名扬四海——名声遍传天下，形容名声很大，声望很高。将甘宁——（三国时东吴）名将甘宁（即是这样）。②有勇有谋——既勇敢，又有智谋。守夷陵——（甘宁凭此率军攻占）并坚守这座夷陵城。③军临城下——敌军压境。形容形势危机。临：到达。④四面受敌——四面被敌人包围。困城中——（甘宁所率吴军）则被围困在夷陵城内。据载，有一次，甘宁率领吴军在夷陵城下击败了守城的曹洪便占据了它。黄昏时分，退败的曹洪则汇集曹纯和牛金的军队，共五六千人，将夷陵城层层包围，城中甘宁的兵马不过几百，形势异常危险。⑤矢如雨集——箭像下雨一样密集地射过来。形容战斗激烈。众士恐——（所以吴军的）众兵士很是恐惧。然而，甘宁却不然。⑥谈笑自若——说笑态度自然。多指情势异常而仍和往常一样谈笑。自若：跟平常一样。宁从容——（这便是）甘宁（在如此危机情势下）仍从容不迫。据载："宁受攻累日，敌设高楼（魏军在城外架起高楼），雨射城中，众士皆惧，唯宁谈笑自若。"⑦以眼还眼——用瞪眼还击对方的瞪眼。形容用对方的手段回击对方，针锋相对，毫不相让。此指甘宁命令士兵以"雨射城外"还击对方。援军到——（在如此激战中甘宁的）增援军队来到了。⑧里外夹攻——从里、外两方面配合同时进攻。退敌兵——（于是）击败了敌人的军队，魏军败退了。据载，战后，周瑜亲自慰劳守城将士，并给甘宁记功。成语"谈笑自若"即由此成语故事而来。

豺 狼 当 道

惩恶劝善纲接旨①，胸中丘壑不出行②。
扼吭拊背对帝奏③：擒贼擒王是正踪④。
朋比为奸冀为首⑤，豺狼当道须先清⑥。
点头称是皇权弱⑦，束手无策任其横⑧。

【说明】 成语"豺狼当道"，见于《后汉书·张纲传》中的一个成语故事。

【串讲】 ①惩恶劝善——惩罚坏人，勉励人做好事。纲接旨——

（东汉顺帝元年）张纲便接受了（皇帝这样一个）圣旨。纲：指大臣张纲（人名）。据载，当时朝廷选派八名特使到全国各地巡视，考察地方官吏政绩。凡贪赃枉法者，一律惩处；为政清廉者，予以表彰和勉励。②胸中丘壑——原指作画前已有丘壑的鲜明轮廓。后比喻心中对事物的判断处置自有高下。此指后者，即指张纲对皇帝圣旨的判断自有高下。丘：山丘；壑：山沟。不出行——（所以张纲接旨后）并没有出发前往外地巡视。那他做什么呢？③扼吭（háng）拊背——掐住喉咙，捺住脊背。比喻制敌要害。对帝奏——（张纲就是这样制敌要害地）向皇帝上了一份奏章。④擒贼擒王——（其内容意思是）捉贼先捉贼的头首。是正踪——（这才是）正确的行动踪迹，即正确的做法。⑤朋比为奸——形容坏人结成集团干坏事。朋比：互相勾结。冀为首——（以大奸臣）梁冀为头。冀：指梁冀（人名）。⑥豺狼当道——比喻坏人掌权、得势。此处比喻梁冀掌握朝政大权，势力很大。须先清——（因此）必须首先把他（梁冀）清除掉。据载，张纲接旨后并不上路，而是把车轮卸下，埋在洛阳城外的驿站旁。并大有感触地说："豺狼当道，安问狐狸。"于是张纲则向皇帝做了如上陈奏。⑦点头称是——表示很赞成。此指皇帝很赞同张纲的意见。皇权弱——（可惜）皇帝的权力太弱小了。⑧束手无策——像手被捆住了一样，一点办法也没有。形容遇到问题没有解决的办法。此指皇帝面对梁冀的恶势力"束手无策"。任其横——（只能）由他（梁冀）任意横行了。横：横行，作动词用。成语"豺狼当道"也便由此而来。

破 釜 沉 舟

兵连祸结钜被围①，危若朝露城欲摧②。

急如星火赵请项③，拔刀相助亲指挥④。
兵贵神速漳河过⑤，军令如山不敢违⑥。
破釜沉舟将士勇⑦，背水一战秦军退⑧。

【说明】 成语"破釜沉舟"，见于西汉司马迁《史记·项羽本纪》中的一个成语故事。

【串讲】 ①兵连祸结——战争灾祸接连不断。此指秦朝末年战争灾祸不断。兵：战争；结：联在一起。钜（jù）被围——（赵国的）钜鹿城被（秦兵）包围住了。钜：指钜鹿城。据载，项羽的叔父项梁，在定陶跟秦兵打仗，大败而死。这时，秦兵乘胜攻打赵国，重兵包围了钜鹿城。②危若朝露——危险得像早晨的露珠那样，阳光一照射就要消失。比喻很危险。朝露：早晨的露珠。城欲摧——钜鹿城将要被摧毁。③急如星火——急促像流星一样地闪过。比喻非常急迫。赵请项——（于是）赵国则向项羽请求（救援）。赵：指赵国；项：指项羽。④拔刀相助——形容见义勇为，帮助被欺负的弱者。此指项羽见义勇为，出兵援救被秦兵围困的赵国钜鹿。亲指挥——（并且项羽）亲自指挥（军队作战）。⑤兵贵神速——用兵以行动特别迅速为贵。此指项羽用兵神速。漳河过——（项羽军队）很快地渡过漳河。⑥军令如山——军事命令像山一样不可动摇。形容军事命令必须执行，没有商量余地。此指项羽的"军令如山"。不敢违——（将士们谁也）不敢违抗。⑦破釜沉舟——把饭锅打破，把渡船凿沉。表示不胜利不生还。釜：锅。据载，项羽渡过漳河，就令全军把船只全部凿破沉到河底，把做饭的锅都打碎，将士只发三天作战用的干粮，以表示宁肯战死也不败回的决心。将士勇——（这就使得全军）将士（作战更加）英勇。⑧背水一战——背向着水决一战。比喻决一死战。背水：背向水，表示后退无路。秦军退——（就这样）把秦军打退（救了赵国）。据载，从此以后，项羽就成了当时诸侯中的领袖。成语"破釜沉舟"即由此故事而来。

舐 犊 之 爱

聪颖过人汉杨修[①]**，露才扬己被操诛**[②]**。**
痛彻心腹父流泪[③]**，骨瘦如柴操问由**[④]**。**
明知故问彪反感[⑤]**，直言正色回答周**[⑥]**：**
先见之明我不备[⑦]**，舐犊之爱愧恨羞**[⑧]**。**

【说明】 成语"舐（shì）犊之爱"，也作"舐犊情深"，见于《后汉书·杨彪传》中的一个成语故事。

【串讲】 ①聪颖过人——智慧超过一般的人。形容非常聪明。汉杨修——东汉末年（时任曹操主簿）的杨修（便是这样一个人）。②露才扬己——显露才能，炫耀自己。被操诛——（因此杨修）则被曹操所杀害。据载，曹操领兵去打刘备，进军汉中，屯兵于斜谷路口而进退两难，便传夜间口令为"鸡肋"。对此他人都不解，唯修独曰："夫鸡肋，食之则无所得，弃之则如可惜，公归计决矣（曹公撤退的主意已经定了）。"于是让大家做退兵的准备。后来，曹操果然下令退军。当曹操知道杨修早就猜中了自己的心思，并后来有多次类似情况发生，加上修又为袁术之甥，虑为后患，便将他杀了。"③痛彻心腹——痛到心坎里。形容非常痛楚。父流泪——（所以杨修的）父亲杨彪则流下痛心的眼泪。④骨瘦如柴——形容消瘦到极点。操问由——（可是）曹操反而问杨彪如此之瘦是何缘由？⑤明知故问——明明知道，还故意问人。此指曹操

· 566 ·

明知杨彪丧子而致此却故意发问。彪反感——（所以）杨彪（对曹操）很是不满。⑥直言正色——言辞正直，表情严肃。回答周——（杨彪）回答得很周全：⑦先见之明——有预先洞察事物的眼光，即有预见性。我不备——可惜（这）是我所不具备的。言外之意是说，如果我杨彪能预料到你曹操会把我儿子杀掉，就不会让他留在你身边来为你做事了。为什么没有先见之明呢？⑧舐犊之爱——老牛爱抚小牛，用舌舐添。比喻爱儿女之情。舐：以舌添物。愧恨羞——（因此才把儿子杨修给害了）现在只有愧疚、悔恨和羞耻。据载："后（杨彪）子修为曹操所杀，操见彪问曰：'公何瘦之甚？'对曰：'愧无日磾（dī）先见之明，犹怀老牛舐犊之爱。'操为之改容。"日磾：金日磾（人名），西汉大臣，原为匈奴休屠王的太子，武帝时归汉，任侍中。成语"舐犊之爱"，也作"舐犊情深"，即由此成语故事而来。

借 箸 代 筹

忧形于色邦被围①，设谋画策食其回②。
继志述事复六国③，慌不择路邦认随④。
直谅多闻良反对⑤，借箸代筹论是非⑥。
通观全局言在理⑦，弃过图新邦自为⑧。

【说明】 成语"借箸代筹"，见于《史记·留侯世家》中的一个成语故事。

【串讲】 ①忧形于色——忧虑显现在神色上。形容十分忧虑焦急。邦被围——（这是因为）刘邦被（项羽）围困〔在荥（xíng）阳〕。

邦：指刘邦。据载，在这种情况下，刘邦与他的谋士郦食（yì）其（jī）商量，这可怎么办呢？②设谋画策——图谋计策，筹划办法。食其回——（于是）郦食其则做了回答。他是怎么说的呢？③继志述事——继先人之志以言事理政。复六国——（郦食其建议刘邦立六国的后代为君使其"继志述事"）来恢复六国政权（以赢得人心而解围）。六国：指齐、楚、燕、韩、赵、魏。④慌不择路——势急心慌，顾不上选择道路。邦认随——（于是）刘邦（则对郦食其的计谋）表示认可并同意照此计去做。⑤直谅多闻——正直忠信，见多识广。直：正直；谅：忠信。良反对——张良站出来反对（那样做）。为什么呢？⑥借箸代筹——借筷子代替筹码。比喻代人筹划。箸：筷子；筹：筹码，引申为筹划。论是非——（张良代刘邦）论述（那样做）究竟是对还是错。据载，张良曰："臣请借前箸为大王筹之（请允许我借你面前的筷子替大王您筹划这件事）。"接着张良便通过对当前形势的八点分析，向刘邦忠告说："诚用客（指郦食其）之谋，陛下事去矣（您的帝王大业就毁掉了）。"⑦通观全局——通盘筹划。言在理——（张良的）话说得有道理。⑧弃过图新——抛弃过错，谋求更新。此指抛弃郦食其的错误主张，谋求更好的策略。邦自为——（这是）刘邦自己主动做出的决定。据载，刘邦听完张良的论说后，骂曰："竖儒（指郦食其），几败而公事！"说完便宣布取消郦食其的做法。"借箸代筹"成语也便由此而形成。

蚍 蜉 撼 树

文章星斗唐韩愈①，推崇备至杜与李②。

意想不到群儿谤③，愤气填膺写诗批④：
顶天立地李杜在⑤，光焰万丈诗文奇⑥。
愚眉肉眼群儿鄙⑦，蚍蜉撼树可笑极⑧。

【说明】 成语"蚍蜉撼树"，见于唐代韩愈的《昌黎先生集·调（tiáo）张籍》一诗中，它涉及一个成语故事。

【串讲】 ①文章星斗——犹言文章之冠，形容人文章写得漂亮，超群出众。唐韩愈——唐代（杰出文学家）韩愈即是。唐：指唐朝。②推崇备至——形容极其推重敬佩。推崇：推重敬佩。杜与李——（同时代诗人）杜甫与李白（的诗才）。杜：指杜甫；李：指李白。③意想不到——没有料到，形容意外。群儿谤——（竟然）有一些无知的文人（对李、杜诗文故意）诽谤。群儿（借韩愈诗中的称呼）：指一些没有知识的人。④愤气填膺——愤怒之气充满胸膛。形容十分气愤。写诗批——（于是韩愈）则作诗批判（这些群儿的卑劣与愚昧）。怎样批的呢？⑤顶天立地——头顶云天，脚立大地。形容雄伟豪迈或光明磊落。此指前者。李杜在——李白、杜甫（就是这样雄伟豪迈地）存在于（天地之间）。⑥光焰万丈——形容光辉灿烂，照耀远方。常用以形容人或事物的伟大、不朽、可流传后世。此指李白、杜甫及其诗文"光焰万丈"。诗文奇——（因为他二人的）诗文写得极有特色，是罕见难得的。⑦愚眉肉眼——谓愚昧无知，平庸肤浅，没有眼力。群儿鄙——（这样）一群无知的文人实在太卑鄙了。⑧蚍蜉撼树——比喻不自量力。此指那些故意诽谤李、杜的愚眉肉眼的"群儿"如同蚍蜉撼树一样不自量力。蚍蜉：一种大蚂蚁；撼：摇动。可笑极——（这真是）可笑到了顶点。据载，韩愈诗中写道："李杜文章在，光焰万丈长。不知群儿愚，那用故（故意，借口）谤伤。蚍蜉撼大树，可笑不自量。"成语"蚍蜉撼树"即由此而来。

倒 绷 孩 儿

科甲出身士苗振①，名列前茅第四名②。
继踵而至召馆职③，不在话下自视成④。
温故知新晏相劝⑤，矜能负才振弗听⑥。
口出狂言未中选⑦，倒绷孩儿相讽称⑧。

【说明】 成语"倒绷孩儿"，见于宋·魏泰《东轩笔录》第七卷中的一个成语故事。

【串讲】 ①科甲出身——旧时因科举及第而入仕。士苗振——（宋朝）有一个叫苗振的读书人（即是如此）。②名列前茅——比喻成绩突出，名次在最前面。前茅：古代行军打仗，走在最前的兵士手执白茅，负责侦探敌情。第四名——（这便是科举考试）考了第四名。③继踵而至——一个跟着一个到来。形容很多人接连到来。也形容事情接连不断地发生。此为后者。召馆职——（这就是接着）又召考文史等馆院的馆职人员。④不在话下——指事物轻微不值得说，或事属当然，用不着说。此为后者。自视成——（苗振）自己认为自己肯定能考上。⑤温故知新——复习旧的知识，可以得到新的认识和体会。也指回顾历史，可以更好地认识现实。此为前者。晏相劝——宰相晏殊（对苗振做了这样的）劝告。⑥矜能负才——自认为才能很高。振弗听——苗振并不听信晏相的劝告。⑦口出狂言——指说出狂妄自大的话，也指胡说八道。此为前者。未中选——（然而苗振）却没有考中馆职。⑧倒绷（bēng）孩儿——把初生婴儿头朝下包扎了。比喻富有经验的老手对所熟悉的事也有疏忽失误的时候。相讽称——晏相（用这样曾是苗振说过的话）来称谓和嘲讽他。据载："苗振以第四人及第，既而召试馆职。一日谒晏丞相（晏殊），晏语之曰：'君久从吏事，必疏笔砚，今将就试，宜稍温习也。'振率然对曰：'岂有三十年为老娘（接生婆）而倒绷孩儿者乎？'晏公俛（俯）而哂（shěn，微笑）之。既而试……由是不中选。晏公闻而笑曰：'苗公竟倒绷孩儿矣。'"成语"倒绷孩儿"即由此而来。

绠 短 汲 深

经邦论道回之齐^①，心绪不宁子犯疑^②。

面有难色贡问故^③，引经据典孔子析^④：

喻之以理仲曾讲^⑤，绠短汲深能不及^⑥。

道大莫容回难任^⑦，欲益反弊恐败离^⑧。

【说明】 成语"绠（gěng）短汲（jí）深"，见于《庄子·至乐》中的一个成语故事。

【串讲】 ①经邦论道——指治理国家，谈论治国之道。回之齐——（这便是孔子的弟子）颜回去往齐国要与齐王谈论治国之道。回：颜回。之：往，到，作动词。②心绪不宁——指心神不安定。子犯疑——（因为）孔子（对颜回此行）产生疑虑。③面有难色——指脸上显现出为难的神色。贡问故——（所以）子贡则问（孔子自颜回走后您就这个样子）是什么缘故？贡：子贡（孔子学生）。④引经据典——引用经典著作中的内容作为论据。孔子析——孔子（对颜回此行）作出分析：⑤喻之以理——用道理来开导说服人。喻：开导。仲曾讲——（如同）管仲曾说。⑥绠短汲深——

绳子很短，却要从深井里打水。比喻能力难以胜任。绠：打水用的绳子；汲：打水。能不及——（因为）能力达不到。⑦道大莫容——原指孔子的政治主张精深博大，天下容纳不了。后比喻主张虽然正确，但由于要求过高，而不能被人接受。此指后者，即指颜回向齐王讲治国之大道理，齐王理解能力达不到，"绠短汲深"，接受不了。回难任——（所以）颜回（此行游说）难以胜任。⑧欲益反弊——想把事情做好，结果反而弄坏。恐败离——（颜回此去）恐怕要失败而离开。据载，孔子回答子贡说："是呀，你问得好！从前管子（即管仲）有一句名言，我很赞赏，他说：'褚（chǔ）小者不可以怀大，绠短者不可以汲深。'我恐怕颜回向齐侯去谈古圣先贤之治国之道，太大太深，对方根本接受不了，反把事情弄糟了。"成语"绠短汲深"即由此而来。

剖 腹 藏 珠

远虑深思唐太宗①，**连模拟物见解生**②。
悦色和颜侍臣问③：**剖腹藏珠可曾听**④？
应答如响臣说有⑤，**借镜观形上指同**⑥：
贪赃纳贿官丢命⑦，**乐极悲生皇位倾**⑧。

【说明】 成语"剖腹藏珠"，见于《资治通鉴·唐太宗贞观元年》中的一个成语故事。

【串讲】 ①远虑深思——深远的谋划与思考。唐太宗——唐代（明君）太宗（李世民即如此）。②连模拟物——将同类的事物连接、联系起来。见解生——（于是）产生了对事物的认识和看法。③悦色和颜——喜悦的脸色，温和的面容。形容态度温和可亲。侍臣问——（唐太宗就以这种态度）问他的侍臣们：④剖腹藏珠——剖开自己的肚皮去藏珍珠。比喻为了爱惜物品自伤身体，轻重倒置。此为原意。可曾听——（这样的事）你们可曾听说过？⑤应答如响——应答有如回声。形容应答很快，极为敏捷。臣说有——（这便是）侍臣们回答说有这样的事。据载："上谓侍臣曰：'吾闻西域贾胡得美珠，剖身以藏之。'侍臣曰：'有之。'上曰：'人皆知彼之爱珠而不爱其身也。'"⑥借镜观形——凭借这面镜子来观察与之相同的形态。比喻参考和吸取别人的经验教训。上指同——（于是）皇上唐太宗指出（与剖腹藏珠）相同的事物是：⑦贪赃纳贿——利用职权，贪污受贿。纳：接受。官丢命——（有这样）做官的（因受到惩治）而丢掉性命。⑧乐极悲生——高兴得到了极点，就会招来悲哀。比喻物极必反。皇位倾——（有这样当皇帝的因过度追求享乐）使皇位倾倒（而亡国）。据载，唐太宗讲完"剖腹藏珠"故事后议论说："人们都知道，这个商人爱珠而不爱身的愚蠢行为是多么可笑，但是有些官员因贪赃受贿而丧命，有的皇帝因追求无限止的享乐而亡国，难道不是和他一样的愚蠢可笑吗？"成语"剖腹藏珠"即由此成语故事而来。

害 群 之 马

公忠谋国古黄帝①，求贤如渴寻路迷②。
路在口边牧童问③，无所不知回话齐④。
天下大定何可获⑤？就地取材童作比⑥：

经纬天下如牧马⑦，害群之马将其驱⑧。

【说明】成语"害群之马"，见于《庄子·徐无鬼》中的一个成语故事。

【串讲】①公忠谋国——出自公心，竭尽忠诚，为国家和人民谋求利益。谋：图谋，谋求。古黄帝——（传说中的）上古（帝王）黄帝（即如此）。②求贤如渴——寻求贤德之人就像口渴了要喝水一样迫切。形容求贤心切。据载，有一天，黄帝打算到具茨山去拜见贤人大隗（kuí）。寻路迷——（可是走到半途）就迷失了寻找的路径。③路在口边——出门问路，能知去向。牧童问——（于是向从对面山坡走来的）牧马少年问路。④无所不知——没有什么不知道的。指什么都知道。回话齐——（牧童）回答（黄帝）问话说得很完整。据载，黄帝问去具茨山的路和大隗这个人以及他的住处，牧童全都知道，并一一作答。对此，黄帝感到很惊讶，小小年纪竟然知道这么多，便想考一考他问道：⑤天下大定——全国都很安定，没有动乱。何可获——怎样（治理天下）才可以取得（这样的局面）呢？⑥就地取材——就在原地寻找所需要的材料。童作比——（于是）牧童打比喻说：⑦经纬天下——治理国家。经纬：治理。如牧马——（这）就像牧放（一群）马一样。⑧害群之马——危害马群的马。比喻危害集体的人。此指原义。将其驱——将它（害群之马）驱逐出马群就可以了。据载，牧童回答黄帝说："夫为天下者，亦奚以异乎牧马者哉？亦去其害马者而已矣。"成语"害群之马"即由此而形成。

离 群 索 居

老泪纵横夏丧子①，无休无止眼哭瞎②。
契若金兰曾子慰③，呼天号地子夏哗④。
自言自语说无错⑤，举纲持领子驳他⑥。
言之有故夏猛醒⑦，离群索居错因答⑧。

【说明】 成语"离群索居"，见于《礼记·檀弓上》中的一个成语故事。

【串讲】 ①老泪纵横——形容老年人极度悲伤或激动，满脸是泪的样子。此指前者。纵横：横一条竖一条的。夏丧子——（这是孔子的学生）子夏（因晚年）失去儿子（儿子死了）才这样哭的。②无休无止——没完没了。眼哭瞎——（所以子夏）把眼睛哭瞎了。③契若金兰——比喻朋友间情意相投，真挚而深厚。契：投合，相合。曾子慰——（这便是）曾子前来安慰子夏。④呼天号地——形容极为冤屈、怨恨或痛苦。此指极为痛苦。子夏哗——（这）子夏（就这样反倒）哭闹得更厉害了。⑤自言自语——自己跟自己说话。说无错——说自己没做错什么事（怎么会这样呢）？⑥举纲持领——举起渔网的总纲，抓起衣服的领子。比喻抓住事情的要领或简单扼要地把问题提出来。此指后者。子驳他——（这便是）曾子（列举子夏犯错的事实）来驳斥他。据载，曾子对子夏说，我们俩以前在洙水、泗水一带侍奉老师，你没坚持到最后就提前走了；你为亲人居丧，没给当地百姓做出好的榜样等事，这不都是你的错吗？⑦言之有故——话说得有根据，事实俱在。

夏猛醒——（于是）子夏猛然醒悟过来。⑧离群索君——离开同伴，孤独地生活。索：孤单。错因答——（子夏）回答说（这就是我产生）错误的原因。据载，子夏表示认错对曾子说："吾离群而索居，亦已久矣。"成语"离群索居"即由此而来。

倒 屣 相 迎

才高学富汉蔡邕①，德尊望重贵朝廷②。
遐迩闻名皆敬仰③，令人神往访客盈④。
马龙车水填街巷⑤，宾朋满座议风生⑥。
门不停宾王粲至⑦，倒屣相迎血沸腾⑧。

【说明】 成语"倒屣相迎"，见于《三国志·魏志·王粲（càn）传》中的一个成语故事。

【串讲】 ①才高学富——才能高强，学识渊博。汉蔡邕（yōng）——东汉（末年）有一个叫蔡邕的人（即是如此）。②德尊望重——道德高尚，声望很高。贵朝廷——（因此蔡邕）则贵重于朝廷。③遐迩闻名——远近的人都知道。形容名气很大。遐迩：远近。皆敬仰——（人们对蔡邕）都非常敬重和仰慕。④令人神往——使人一心向往。神往：心里向往。访客盈——（所以）拜访他的客人充满门庭。⑤马龙车水——马如游龙，车如流水。形容车马往来繁华的景象。填街巷——填满了（门前的）街道。⑥宾朋满座——宾客、朋友坐满了席位。形容宾友聚会。议风生——（大家）谈论得兴致勃勃，富有风趣。⑦门不停宾——门外不停留宾客。形容待客殷勤，毫无怠慢。王粲至——（这便是当时非常著名学识渊博的）王粲来登门拜访。⑧倒屣（xǐ）相迎——急于迎接宾客，把鞋子穿倒了。形容热情待客。屣：鞋。血沸腾——（这是因为对久仰盛名的贵客来访）蔡邕则是激动得热血沸腾所致。据载："时（蔡）邕才学显著，贵重朝廷，常车骑填巷，宾客盈坐。闻（王）粲在门，倒屣迎之。"成语"倒屣相迎"即由此而来。

破 甑 不 顾

知命乐天汉孟敏^①，心满意得买甑归^②。
一不小心路坠碎^③，若无其事心弗悲^④。
破甑不顾仍前走^⑤，诧为奇闻郭紧随^⑥。
打恭作揖问其故^⑦？既成事实看不回^⑧。

【说明】 成语"破甑（zèng）不顾"，见于《后汉书·郭泰传》中的一个成语故事。

【串讲】 ①知命乐天——顺应天道，安于命运的安排。后用以指顺其自然，安于现状。此为后者。天、命：均指上天的安排。汉孟敏——东汉（有个客居太原名叫）孟敏的人（即如此）。②心满意得——心中满足，洋洋得意。买甑归——（因为他）买到（一个新的用来做饭的陶器）甑而回家。③一不小心——多指因疏忽造成失误，造成差错。现也指无意中碰上好事。此指原意。路坠碎——（这便是）走在路上甑落地而摔碎。④若无其事——好像没有那样的事。形容不把某事物放在心上，不露声色。此指好像没有甑落地而破碎那回事。其：那。心弗悲——（孟敏）心里一点都不哀痛难过。⑤破甑不顾——甑落地破了，也不回头看一下。比喻损失已成事实，就不再追悔。仍前行——（孟敏就是这样）仍然继续向前行走。⑥诧（chà）为奇闻——惊讶得如同听到了奇闻怪事。诧：惊诧，惊讶。郭紧随——（于是看在眼里的）郭泰则紧紧跟随（在孟敏之后）。郭：郭泰（人名）。⑦打恭作揖——指旧时男子见面恭敬行礼。也形容恭顺的样子。此为前者。打恭：两手向上合抱；作揖：向下合手行礼。问其故——（于是郭泰）请问他（孟敏）这种表现是什么缘故？回答说：⑧既成事实——已经形成的事实。此指甑破碎已成事实。看不回——（无论怎么）看它，也看不回来原有的好甑了。据载："（孟敏）客居太原，荷甑坠地，不顾而去。林宗（郭泰，字林宗）见而问其意，对曰：'甑已破矣，视之何益。'"成语"破甑不顾"即由此而来。

秦 镜 高 悬

天下为家秦始皇①，奇珍异宝宫中藏②。
明光锃亮一方镜③，神之又神透视强④。
历历可辨五脏显⑤，了然于胸诊疾详⑥。
动辄得咎心胆乱⑦，秦镜高悬真相彰⑧。

【说明】 成语"秦镜高悬"，也作"秦庭朗镜"，见于汉·刘歆《西京杂记》卷三中的一个成语故事。

【串讲】 ①天下为家——把国家当作自己的家。后泛指处处都可以安家。此为原意。秦始皇——秦朝（开国皇帝）秦始皇（即如此）。②奇珍异宝——奇异罕见的珍宝。宫中藏——（把这些珍宝）都收藏在咸阳宫里。③明光锃（zèng）亮——光亮耀眼。一方镜——（其中）有一块（这样的）方形镜子。④神之又神——形容十分神奇。也指故弄玄虚，显得很神秘。此指前者。透视强——

（因为它有）很强的透视功能。⑤历历可辨——可以清晰地辨别清楚。历历：非常清晰分明。五脏显——（这便是人站在镜前）所显露出来的五脏。⑥了然于胸——心里非常明白。诊疾详——（所以五脏）有病（则会看得清楚）诊断详细。⑦动辄得咎——一有动作就会受到指责或责难。辄：就会。咎：责备，指责。心胆乱——（这是因为看到了人的）心胆乱动（有邪念）。⑧秦镜高悬——原指秦宫里的明镜高高地挂在那里，可以照出本来面目。比喻眼光敏锐，明察秋毫，公正无私。也比喻官员判案公正严明。此为原意。真相彰——（所以事情的）本来面目就展现得很明显。据载："高祖初入咸阳宫，周行库府，金玉珠宝不可称言，其尤惊异者……有方镜广四尺，高五尺九寸，表里有明，人直来照之，影则倒见，以手扪心而来，则见肠胃五脏，历然无硋（同碍）；人有疾病在内，则掩心而照之，则知病之所在。又有女子有邪心，则胆张心动。"成语"秦镜高悬""秦庭朗镜"即由此而来。

破　镜　重　圆

前度刘郎徐德言①，兵荒马乱与妻散②。
一分为二铜镜破③，指日可待各一半④。
太平无事陈国灭⑤，信而有证对镜圆⑥。
豁达大度杨作美⑦，破镜重圆回江南⑧。

【说明】　成语"破镜重圆"，见于唐·孟棨《本事诗·情感》中的一个成语故事。

【串讲】　①前度刘郎——上次来过的刘郎。比喻离去而又回来的人。

度：次，回；郎：指青年男子，也是旧时对一般男子的敬称。徐德言——（南朝陈代驸马）徐德言（就是战乱离去、战后太平又回来的人）。②兵荒马乱——形容战时动荡不安的景象。此指南朝陈代将要灭亡时社会战乱不安。与妻散——（徐德言）和（他的）妻子（乐昌公主）离散。③一分为二——原指事物一个分为两个。现用作哲学术语。此指原意。铜镜破——（把整个）铜镜破开（分为两半）。④指日可待——形容即日可以实现。指日：规定日期，即日；可待：可以等待。各一半——（徐德言和他的妻子）各（收藏）一半铜镜。据载，徐德言估计陈亡后他的妻子可能会被人掠去，夫妻失散；于是将一面铜镜破开，各收藏一半，作为日后重逢的信物。并约定第二年正月十五拿那半铜镜到京城市场出售，自己去寻访，以互探音讯。⑤太平无事——指时事安宁和平。此指战乱结束恢复正常。陈国灭——（因为）陈国灭亡了。据载，这时，乐昌公主已被隋朝越国公杨素所得，并成为宠妾。⑥信而有证——确实可信，有凭有据。此指有半个铜镜为证，有真凭实据而可信。对镜圆——（以两个）半镜相对合，便成为（一个）圆镜。此指人离散后信物找到了。据载，战祸过后，徐德言回到京城，按约定日期去市场寻访，果然见到一位老人拿半个铜镜出售，与自己身藏的半个铜镜完全吻合。于是在那半块铜镜上题诗一首："镜与人俱去，镜归人不归；无复嫦娥影，空留明月辉。"意思是：由于战乱夫妻分离，现在镜子虽然到一起了，但人却不能再相见，只能对月空叹了。乐昌公主见此诗后，感伤不已，茶饭不进。⑦豁达大度——气量宽宏，能够容人。豁达：性格开朗；大度：气量大。杨作美——杨素（凭借这种气度）成全了（徐德言与乐昌公主夫妻重聚的）美事。杨：指杨素。据载，越国公杨素知道此事，很受感动，便召见徐德言，让他把乐昌公主领走。⑧破镜重圆——比喻夫妻失散或决裂后重又团圆。此指徐德言和乐昌公主离散后重又团圆。回江南——（夫妻双双）回江南去了。成语"破镜重圆"即由此故事而来。

捉 襟 见 肘

修身洁行曾子勤①，室徒四壁家道贫②。
破烂不堪房间小③，衣不蔽体衣短身④。
同门共业子贡望⑤，礼顺人情喜迎人⑥。
小心谨慎上衣整⑦，捉襟见肘露本真⑧。

【说明】 成语"捉襟见肘"，见于《庄子·让王》中的一个成语故事。

【串讲】 ①修身洁行——修养自身品性，使自己的行为纯洁无瑕。曾子勤——（孔子的学生）曾子（对此做得十分）尽力。勤：尽力。②室徒四壁——屋内只有四面墙壁。形容家里很贫穷，一无所有。徒：仅，只。家道贫——（曾子）家境（就是如此）贫困。③破烂不堪——破破烂烂的不像样子。房间小——住房的空间、面积很小。④衣不蔽体——衣服破旧不堪，不能遮盖住身体。形容生活很贫困。衣短身——穿的上衣比上身还短。⑤同门共业——都在一个老师指导下念书。指彼此是同学。同门：同一个老师的门下；业：读书。子贡望——（这便是曾子的同学）子贡来看望他。⑥礼顺人情——指礼是顺乎人之常情，人与人共处必须遵守的规范。喜迎人——（所以曾子）非常高兴地欢迎子贡到来。⑦小心谨慎——形容言行细心慎重。上衣整——（曾子就是这样有礼貌地）整理一下上衣。⑧捉襟见肘——拉一下衣襟，就露出了胳膊肘。形容衣服破烂不堪，生活困窘。也比喻顾此失彼，应付不过来。此为原意。捉：拉。露本真——露出其本来的真相。据载："曾子居卫，……三日不举火，十年不制衣，正冠而缨绝，捉衿

（襟）而肘见。"成语"捉襟见肘"即由此而来。

酒 囊 饭 袋

运旺时盛僭马殷①，垂朱拖紫楚王尊②。
鸡犬皆仙王子阔③，烜赫一时仆从欣④。
文武之道他不懂⑤，吃喝玩乐度光阴⑥。
冷嘲热骂时人议⑦，酒囊饭袋指其人⑧。

【说明】 成语"酒囊饭袋"，见于宋·曾慥（zào）《类说》卷二十二引陶岳《荆湖近事》中的一个成语故事。

【串讲】 ①运旺时盛——指时运正好。僭（jiàn）马殷——（五代时）僭国有个叫马殷的人（即是如此）。②垂朱拖紫——垂着红带，拖着紫绶。借指高官显宦。朱：指朱绂（fú），古代大夫以上官员所佩戴。紫：指紫色印绶，古代公卿所佩戴。楚王尊——（这便是马殷）被封为尊贵的楚王。据载，公元九〇七年，朱温代唐称帝，封马殷为楚王，于是其亲属仆从也跟着一荣俱荣。③鸡犬皆仙——连鸡和狗都得道成仙了。比喻依靠某种势力或关系而发迹。王子阔——（所以）楚王马殷的儿子们都依靠老子的地位而阔气起来。④烜（xuǎn）赫一时——指名声气势在一个时期内很盛。仆从欣——（所以）就连马殷的仆人随从也都欣喜而旺盛。据载，马殷虽是名声显赫，但他却是个无能之辈。⑤文武之道——本指周文王、周武王治国的方略，后也泛指治理国家要宽严相济。此指后者。他不懂——（对这样的道理）马殷他一点都不明白。⑥吃喝玩乐——指一味贪图物质享受，不务正业。度光阴——（就这样）来打发他的时光。⑦冷嘲热骂——用冷言冷语嘲笑。用尖刻的语言讽骂。时人议——当时人们（就这样）议论他。⑧酒囊饭袋——比喻只会吃喝，不会做事的人。指其人——（以此）来指那个叫马殷的人（称其为酒囊饭袋）。据载："马氏（马殷）奢僭，诸院王子仆从烜赫；文武之道，未尝留意。时谓之酒囊饭袋。"成语"酒囊饭袋"即由此而来。

庸 人 自 扰

通达谙练陆象先①，入情入理案件观②。
凡夫俗子一人罪③，正言厉色责备完④。
不知就里录事问⑤，世道人情陆说全⑥：
庸人自扰必多事⑦，慎终于始自简单⑧。

【说明】 成语"庸人自扰"，见于《新唐书·陆象先传》中的一个成语故事。

【串讲】 ①通达谙（ān）练——深知人情事理，处理问题老练。通达：明白；谙练：熟悉，熟练。陆象先——（唐代任蒲州刺史的）陆象先（即如此）。②入情入理——合乎情理。案件观——（陆象先就是这样）来看待各种案件的。③凡夫俗子——佛教指未入佛门的人。泛指普通人。一人罪——（有这样）一个人犯了罪。罪：犯罪，作动词用。④正言厉色——词语严正，态度严厉。责备完——（陆象先就这样）指责完（他的过错）就算了。⑤不知就里——不明白其中的原因。就里：内部情况。录事（官职）问——（于是他的）录事则问（对这样的犯罪应判杖刑，为什么只是责备几句就完了）。录事：相当于现在的秘书。⑥世道人情——指社会风尚和为人处事之道。陆说全——陆象先（对此）说得周全。陆：指陆象先。据载，陆象先对录事说：人情是相差不多的，难道我说的话他不明白吗？如用杖刑，则应从你开始。⑦庸人自扰——指平庸的人无事找事，自寻麻烦。自扰：自找麻烦。必多事——（那样做）必然惹来不必要的事情。⑧慎终于始——从一开始就谨慎，直到最后。自简单——（那样）事情就自然很简单了。据载，陆象先经常对人说："天下本无事，庸人扰之为烦耳。"结果把事情越弄越复杂。并且还说，只要开始时处理事情慎重、冷静，那事情就简单了。据此故事，则形成成语"庸人自扰"。

推 己 及 人

意气轩昂齐景公①，正襟危坐赏雪景②。
欣欣自得狐裘御③，雪窖冰天说不冷④。
直言正谏晏婴对⑤：推己及人爱民诚⑥。
通情达理公接纳⑦，令出惟行衣粮赠⑧。

【说明】 成语"推己及人"，见于《晏子春秋·景公衣狐白裘不知天下寒晏子谏第二十》中的一个成语故事。

【串讲】 ①意气轩昂——神采焕发、气度不凡的样子。齐景公——（春秋时齐国国君）齐景公（即如此）。②正襟危坐——整理好衣服端正地坐着。形容严肃或尊敬的样子。此指尊敬的样子。危坐：端坐。赏雪景——（齐景公就是这个样子坐在厅堂里）欣赏着大雪后的银白景象。③欣欣自得——心情愉快，自觉得意。狐

· 584 ·

裘（qiú）御——（他身上还披着一件）狐皮袍子以御寒。裘：毛皮的衣服；御：抵挡。④雪窖冰天——形容天气酷寒，也指严寒的地区，此指前者。说不冷——（可是齐景公）却说（这大雪天）并不寒冷。据载，有一年，齐国连续下了三天三夜大雪。齐景公正在兴致勃勃地欣赏雪景时，大夫（官名）晏婴走进来了。于是，齐景公便对他说："今年天气真怪，下了三天大雪，一点儿也不觉得冷。"晏婴看到齐景公身披皮袍，便故意问："真的不冷吗？"意思是说，不是天气不冷，而是你穿着皮袍才不觉得冷。于是便借题发挥起来。⑤直言正谏——以正直的言论劝谏。晏婴对——（这是）晏婴（对齐景公的）回答。都说些什么呢？⑥推己及人——推想自己到别人，即设身处地为别人着想。爱民诚——（这样做才能表现出国君）爱护百姓的诚意。据载，晏婴对齐景公直言正谏道："我听说古代的贤君自己吃饱了要去想想也许有人还饿着；自己穿暖了要去想想也许有人还冻着；自己安逸了要去想想也许有人还在劳累着。可是君王你却不去为别人着想啊！"⑦通情达理——指说话、做事很讲情理。此指齐景公很"通情达理"。公接纳——（于是）齐景公便接受采纳了（晏婴的劝谏）。⑧令出惟行——命令一发出就必须彻底实行。衣粮赠——（齐景公命令拿出国库的一部分）衣服和粮食赠送给（那些受饥寒的人）。成语"推己及人"也便由此而产生。

梁 上 君 子

正直无私汉陈寔①，与人为善恩加之②。
梁上君子他发现③，晓以大义教子知④：

行不逾方须自勉⑤，鼠窃狗盗恶习施⑥。

感人肺腑贼梁下⑦，因势顺导赠绢织⑧。

【说明】 成语"梁上君子"，见于《后汉书·陈寔（shí）传》中的一个成语故事。

【串讲】 ①正直无私——为人做事很正直，没有任何偏私。汉陈寔——东汉时有个叫陈寔的（就是这样一个人）。据载，陈寔为人正直，办事公道。他居乡下，百姓有官司、口角之类的事，都找他评理。②与人为善——善意地对待别人。恩加之——把恩惠施给他。之：他，代词。③梁上君子——窃贼的代称。据载，有一年闹饥荒，老百姓缺粮，有个小偷溜进陈寔家里，躲在房梁上。他发现——则被他（陈寔）看到了。④晓以大义——把大道理对人讲清楚，教子知——（这便是陈寔把孩子们叫起来）教育他们应该明白做人的道理。同时也是教育（梁上君子）：⑤行不逾（yú）方——行为不逾越正道。逾：越过；方：正。须自勉——（这就）必须自我勉励，严格要求自己。⑥鼠窃狗盗——指小偷小摸。恶习施——这是因为沾染了坏的习惯才这样做的。据载，陈寔教育他的孩子们说："夫人不可不自勉，不善之人未必本恶，习以性成，遂至于此，梁上君子者是矣！"⑦感人肺腑——形容使人深受感动。贼梁下——（于是这个）小偷便从屋梁上跳下来（向陈寔叩头请罪）。⑧因势顺导——顺着事物发展的趋势导向正常的道路。此指陈寔顺着这位"梁上君子"对自己的错误有认识，便进一步教育他改邪从善，回到正路上来。赠绢织——（陈寔在放走这个人时）还送给（他两匹）织好的绢。成语"梁上君子"即由此成语故事而来。

望 门 投 止

正义凛然汉张俭①，直言不讳上表陈②：
暴虐横行侯家最③，鱼肉乡里罪恶深④。
事出意外览扣表⑤，公报私仇追杀频⑥。
望门投止四处避⑦，得道多助而脱身⑧。

【说明】 成语"望门投止"，见于《后汉书·张俭传》中的一个成语故事。

【串讲】 ①正义凛然——为了维护正义而表现出严峻不可侵犯的样子。凛然：令人敬畏的样子。汉张俭——东汉（延熹八年出任山阳东部督邮官职的）张俭（即是这样）。②直言不讳——说话爽直，毫无忌讳。上表陈——（张俭就是这样）给皇帝上书陈奏：③暴虐横行——形容依仗暴力为非作歹，凶恶残酷。侯家最——（在这一地区要数在朝廷专权的宦官）侯览家做得最为严重。④鱼肉乡里——以乡里的老百姓为鱼肉。比喻用暴力欺凌、残害老百姓。乡里：老百姓。罪恶深——（因此侯家）罪恶极为深重。⑤事出意外——事情出乎意料。览扣表——（那就是张俭给皇帝所上的）奏表落到了侯览的手里而被扣下。据载："俭举劾（hé，揭发罪状）览及其母恶，请诛之。览遏（阻止）绝章表，并不得通，由是结仇。"⑥公报私仇——借公事发泄私愤，进行报复。追杀频——（这便是侯览下令）频繁地追捕杀害（张俭）。据载，张俭有个同乡叫朱并，是个奸邪小人，为张俭所弃；所以朱并对张俭很怨恨，便乘机上书告张俭结党，给侯览公报私仇找借口，便下令讨捕追杀，张俭则被迫到处逃亡。⑦望门投止——看见有人家便去投宿，形容逃难或窘困中暂求栖身的急迫情景。门：门户，指人家；投止：投奔到人家借宿。四处避——（张俭就是这样）到处躲避。⑧得道多助——指符合道义者则能得到多数人的帮助。而脱身——因而（张俭）才能脱离危险而不被捕。据载："俭得亡命，困迫遁走，望门投止，莫不重其名行，破家相容。"成语"望门投止"，即由此成语故事而来。

惊 弓 之 鸟

前呼后拥魏王猎①，当行出色更嬴随②。
形单影只天来雁③，叫苦不迭缓缓飞④。
揆情度理空弓响⑤，惊弓之鸟雁折坠⑥。
条分缕析原其理⑦，心悦诚服王赞佩⑧。

【说明】 成语"惊弓之鸟"，见于《战国策·楚策四》中的一个成语故事。

【串讲】 ①前呼后拥——前面有人吆喝开路，后面有人拥簇保护。魏王猎——（战国时）魏王（出行）打猎（正是这个样子）。②当行出色——形容精通某一行的业务。此指更嬴（léi）精通打猎这一行，是射箭能手。当行：内行；出色：格外好。更嬴随——（所以由）更嬴陪同（魏王一起出去打猎）。③形单影只——形容孤独，没有伴侣。天来雁——天空（从远处）飞来（一只孤）雁。④叫苦不迭——叫苦不停。此指这只雁不停地发出凄苦的叫声。不迭：不停止。缓缓飞——慢慢地飞来。⑤揆（kuí）情度理——按着情理来估计、推测。此指按孤雁飞得慢、叫声凄苦来估计、推测（这是一只受伤的雁）。空弓响——（于是更嬴）不搭箭，只

588

拉一下弓弦发出响声。⑥惊弓之鸟——被弓箭吓怕了的鸟。后比喻受过惊吓的人遇到类似的情况就惶恐不安。此指原意。雁折坠——（这只）大雁（因听到弓响便从高空）陡然掉了下来。据载，这时魏王感到很奇怪，称赞更羸本事真大。⑦条分缕（lǚ）析——一条一条地、一丝一丝地分析。形容剖析得深入细致。此指对雁听到空弓响就掉下来的原因剖析得深入细致。缕：线。原其理——（更羸就这样）来推究其中的道理。原：推究，动词。据载，更羸对魏王说："不是我的本事大，而是我能推测出这是一只受过箭伤的雁。它飞得慢，说明箭伤未愈合；叫声凄苦，说明孤单无援。一听到弓声，便拼命拔高；一用力，伤口则破裂，便坠落下来了。"⑧心悦诚服——真心实意地服从或佩服。此指魏王发自内心地佩服。悦：高兴，愉快；服：服气。王赞佩——魏王称赞佩服（更羸）。成语"惊弓之鸟"即由此故事而来。

雪 中 送 炭

圣帝明王宋太宗①，视人如子恤民生②。
寒风侵肌天降雪③，纷纷扬扬满京城④。
刻不容缓圣旨下⑤，雪中送炭钱粮赠⑥。
鳏寡孤独得救助⑦，安然无恙谢君情⑧。

【说明】　成语"雪中送炭"，见于《宋史·太宗纪》中的一个成语故事。

【串讲】　①圣帝明王——本指上古道德智能卓越的君主。后泛称历代英明的帝王。此指后者。宋太宗——（宋朝皇帝赵光义）宋太宗（即是这样一位英明的帝王）。②视人如子——把人民看得像自己的儿子一样。形容爱民。恤民生——（所以）他十分体恤百姓的生计。③寒风侵肌——形容天气特别寒冷。天降雪——（加上）天下大雪。④纷纷扬扬——形容雪、花、树叶大量飘落的样子。也形容众说纷纭的议论四处传扬。此指大雪纷飞飘落。满京城——撒落覆盖了整个京城（开封）。⑤刻不容缓——一刻也不能拖延。形容形势紧迫。圣旨下——（于是）皇帝宋太宗则下达命令。⑥雪中送炭——在下大雪的严寒天气里给人送去炭火取暖。比喻在别人遇到困难急需帮助时及时给予帮助。此为原意。钱粮赠——（同时）还赠送钱和粮食。⑦鳏寡孤独——泛指无劳动能力而又无亲人可依靠的穷苦人。据《孟子·梁惠王下》载："老而无妻曰鳏，老而无夫曰寡，老而无子曰独，幼而无父曰孤；此四者，天下之穷民而无告者。"得救助——（京城里这些穷苦人）都得到了援救和帮助。据载：宋太宗淳化四年二月间，"雨雪大寒，再遣中史赐孤老贫穷人千钱、米炭"。⑧安然无恙（yàng）——平安无事，没有遭到损害。恙：疾病，也借指灾祸。谢君情——（所以老百姓从心里）感谢皇上的爱民真情。成语"雪中送炭"即由此成语故事而来。

盛 气 凌 人

危如累卵赵求齐①，师出有名要质抵②。
爱非其道赵太后③，绝口不提小儿离④。
按捺不住詟求见⑤，盛气凌人太后胥⑥。
促膝谈心詟明理⑦，立竿见影人质去⑧。

【说明】 成语"盛气凌人"，见于《战国策·赵策四》中的一个成语故事。

【串讲】 ①危如累卵——危险得像累起来的蛋一样，极容易倒塌打碎。比喻情况非常危险。赵求齐——（战国时的）赵国（因受到秦国的猛烈进攻情况十分危急）而向齐国请求出兵救援。②师出有名——出兵有正当的理由。此指齐国出兵是为了救赵的正当理由。师：军队；名：名义，引申为理由。要质抵——（不过齐国）则要求（赵国必须以赵太后的小儿子长安君为）人质到达齐国（才能出兵）。抵：到达。③爱非其道——对某人很亲爱，但所用的办法不对头。多指父母对子女的溺爱。赵太后——赵太后（对其子长安君）"爱非其道"。她是怎样做的呢？④绝口不提——闭口不谈。指完全不肯提及。小儿离——让小儿子（长安君）离开赵国（去到齐国做人质）。据载，为了赵国能够得救，大臣们强烈地进谏让长安君去做人质，可是赵太后不肯，并扬言"有复言令长安君为质者，老妇必唾其面"。那怎么办呢？⑤按捺（nà）不住——无法抑制。多指心里忍耐不住。謍求见——（一个）叫触謍的大臣请求拜见（赵太后）。謍：触謍（人名），为赵国左师（官名）。⑥盛气凌人——用骄横的气焰欺压人。盛气：骄横的气焰；凌：欺凌。太后胥——赵太后（就是以这种态度）等待（触謍到来）。胥：通"须"，等待。据载，触謍要拜见太后，"太后盛气而胥之（太后很生气地等着他）"。当触謍拜见太后从日常饮食起居谈起，"太后之色少解"。⑦促膝谈心——形容面对面靠近坐着，倾心交谈。謍明理——触謍（就是这样地向赵太后）讲明（让长安君去做人质的）道理。⑧立竿见影——把竹竿竖在太阳下，立刻看到影子。比喻见效极快。此指触謍的谈话立即见效，说服了赵太后。人质去——（于是长安君）作为人质去到了齐国。据载："（长安君）质于齐，齐兵乃出。"成语"盛气凌人"即由此故事"盛气而胥之"演化而来。

推 心 置 腹

长算远略汉刘秀①，及锋而试败铜马②。
倒戈卸甲被收编③，一视同仁善待它④。
心有余悸降军恐⑤，不测之祸将来怕⑥。
因事制宜复旧部⑦，推心置腹人赞他⑧。

【说明】 成语"推心置腹"，见于《后汉书·光武帝纪第一上》中的一个成语故事。

【串讲】 ①长算远略——长期的打算，远大的谋略。算：算计，筹谋。汉刘秀——西汉（末年萧王）刘秀（就是具有这种胸怀的将领）。汉：指西汉。②及锋而试——原指趁着士气正旺，及时作战。后泛指抓住有利时机，及时行动。此指原意。及：趁着；锋：锋利，比喻士气旺盛。败铜马——（刘秀正是这样）把铜马军（农民起义军）打得大败。败：击败，作动词；铜马：指铜马军。据载，西汉末年，王莽篡权之后，天下不少人起兵讨伐他。当时皇帝是刘玄，派刘秀为破虏大将军，先后打败王莽和自称天子的王郎。这时，刘秀又被封为萧王，接连进行征战。公元二十四年，刘秀打败农民起义军铜马军。③倒戈卸（xiè）甲——旧指解除武装，服输投降。此指铜马军"倒戈卸甲"。倒：颠倒，翻转；卸：解除。被收编——（铜马军）被（刘秀）接收改编（并把原来带兵的将官大都派任了官职）。④一视同仁——表示对人不分厚薄，同样看待。此指刘秀对收编的降军和对原来的军队"一视同仁"。善待它——很好地对待它（铜马军）。⑤心有余悸——指危险虽已过去，但心里还留有惊惧。此指铜马军被收编后虽然危险已经过去，但心里对刘秀仍留有惊惧。降军恐——投降的军队（铜马军）还很害怕。⑥不测之祸——无法测度的祸患。多指死亡。将来怕——（铜马军官兵）害怕将来（遭到此祸）。⑦因事制宜——根据不同的事情，制定适当的措施。此指刘秀根据铜马军官兵这种疑虑，采取适当的措施。复旧部——（刘秀）让铜马军的将官们各自回到原来的营寨统率原有的部队。⑧推心置腹——比喻诚心待人。此指刘秀诚心对待铜马军。人赞他——人们（都这样）称赞刘秀。据载，刘秀让铜马军恢复旧部后，他自己只带少数随从在各营巡视、指挥、安排。人们觉得刘秀对他们一点也不戒备，和对待自己人一样。所以降军互相说："萧王（刘秀）推赤心（忠诚之心）置人腹中，安得不投死乎！"成语"推心置腹"即由此而来。

清 风 两 袖

惊才风逸明于谦①，公正廉洁为高官②。
车尘马足河南去③，有条不紊巡抚完④。
打道回府物不买⑤，君圣臣贤礼不捐⑥。
意兴益然廉诗作⑦：清风两袖以朝天⑧。

【说明】 成语"清风两袖"，见于明·都穆《都公谭纂（zuǎn）》中的一个成语故事。

【串讲】 ①惊才风逸——形容极其有才华。明于谦——明代（颇有政绩又是诗人的）于谦（即如此）。②公正廉洁——指廉洁奉公，不徇私情。为高官——（于谦）做（兵部侍郎这样的）大官时（就是这样）。③车尘马足——比喻风尘仆仆，劳碌奔走。河南去——

（有一次于谦就这样）去到河南（视察）。④有条不紊——有条有理，丝毫不乱。形容做事井然有序。紊：乱。巡抚完——（于谦就这样）做完了巡视安抚的工作。⑤打道回府——旧指官吏返回办公的地方或住宅。现泛指回家或回到原地。此为原意，指于谦在河南办完事返回京师。物不买——（于谦一点）礼物都不买。⑥君圣臣贤——君主圣明，臣子贤良。礼不捐——（所以于谦）不向皇帝捐赠礼品。⑦意兴盎然——形容兴趣很浓的样子。意兴：兴致。盎然：指气氛、趣味等洋溢的样子。廉诗作——（于是于谦提笔）写了一首表达廉洁的诗：⑧清风两袖——指两袖拂风，如驾云而行，飘飘欲仙的感觉。后多比喻做官清廉，除两袖清风之外，一无所有。此指后者比喻义。以朝天——用（这两袖清风带进京）去朝见天子。据载，于谦作廉诗道："绢帕蘑菇与线香，本资民用反为殃；清风两袖朝天去，免得闾阎话短长。"成语"清风两袖"即由此而来。

欲 加 之 罪 ， 何 患 无 辞

掩罪饰非晋惠公①，急如风火将令行②。
杀人灭口里克斩③，罪逆深重弑君名④。
卸磨杀驴克悲愤⑤，怒目切齿道真情⑥：
欲加之罪是处有⑦，何患无辞无地生⑧。

【说明】 成语"欲加之罪，何患无辞"，见于《左传·僖公十年》中的一个成语故事。

【串讲】 ①掩罪饰非——遮盖罪行，文饰坏事。非：坏事。晋惠公——（春秋时晋国国君）晋惠公（就是这样做的）。②急如风火——急得像疾风烈火一样。形容十分急迫。将令行——（晋惠公如此急迫地）把命令下达。③杀人灭口——将人杀死以灭其口供。里克斩——（这便是把帮他篡夺王位的）大夫里克杀掉。④罪逆深重——罪恶极重。弒（shì）君名——是杀害国君的罪名。据载，晋献公死后，大夫里克为帮助晋惠公继承王位，先后杀死了已继位的公子奚齐和可继位的公子卓以及大夫荀息。晋惠公为掩盖自己与此事有关，便派人杀里克灭口。⑤卸磨杀驴——把拉完磨的驴卸下来杀掉。比喻把曾经为自己出过力的人一脚踢开或杀掉。此指杀掉。克悲愤——（对此）里克非常悲痛和愤恨。⑥怒目切齿——愤怒地瞪着眼睛，咬着牙齿。形容愤怒到极点。道真情——说出了事情的真实情况。⑦欲加之罪——想要给人安上罪名。是处有——到处都有。⑧何患无辞——何必担心没有借口。无处生——没有地方产生呢？成语"欲加之罪，何患无辞"，虽分在两句，但它是一个成语，要连在一起使用，意谓随心所欲地诬陷人。据载，在杀里克之前，晋惠公派人对他讲："假如没有你，我就当不上国君，虽然如此，'子弒二君与一大夫，为子君者，不亦难（有灾患）乎？'"对曰："不有废也，君何以兴？欲加之罪，其无辞乎！臣闻命矣。"伏剑而死。成语"欲加之罪，何患无辞"即由此成语故事而来。

黄　台　之　瓜

独揽大权武则天①，灭绝人性太子残②。
首屈一指李忠废③，接踵而来李弘歼④。
前车可鉴李贤恐⑤，黄台之瓜作诗言⑥。

妙喻取譬求宽恕⑦，良工心苦自保安⑧。

【说明】 成语"黄台之瓜"，见于《旧唐书·承天皇帝倓（tán）传》中的一个成语故事。

【串讲】 ①独揽大权——指个人把持着处理重大事情的权柄。武则天——（唐代唐高宗李治之皇后）武则天（即是如此）。②灭绝人性——完全丧失了人的理性。形容极其残暴，没有人性，像野兽一样。太子残——（这便是）残害她的太子们。③首屈一指——屈指计数时，首先弯下大拇指。表示处于第一的位置。李忠废——（这就是）首先废掉太子李忠（立李弘为太子）。④接踵而来——一个跟着一个到来。形容很多人接连到来，也形容事情接连不断地发生。此为后者。踵：脚跟。接踵：脚步紧相连接。李弘歼——（这就是紧接着又把新立的太子）李弘（用毒药）杀灭（立李贤为太子）。⑤前车可鉴——前面的车子翻了，后面的车子应引为教训。比喻先前的失败，可引为后来行动的教训。此指前面的太子被废被杀可引为后面太子的教训。李贤恐——（所以太子）李贤特别恐惧。⑥黄台之瓜——比喻承受不了频繁地更换。作诗言——（这便是李贤）作《黄台瓜辞》诗中所说到的含意。⑦妙喻取譬（pì）——用巧妙的比喻来阐述。譬：比喻。求宽恕——（李贤以此）来请求（武则天）宽恕自己。⑧良工心苦——泛指优良之制作，都由苦心经营而成。良工：技术精良的工匠。自保安——（所以，李贤苦心创作《黄台瓜辞》这样的优良诗歌）只是为了保护自身的安全。据载，《黄台瓜辞》云："种瓜黄台下，瓜熟子离离。一摘使瓜好，再摘令瓜稀。三摘犹尚可，四摘抱蔓归。"成语"黄台之瓜"即由此而形成。

绿 叶 成 阴

洛阳才子唐杜牧^①，风流倜傥游湖州^②。
花容月貌少女遇^③，一见钟情将婚求^④。
光阴似箭逾十载^⑤，违信背约牧自羞^⑥。
窈窕淑女已出嫁^⑦，绿叶成阴憾诗留^⑧。

【说明】　成语"绿叶成阴"，见于宋·计有功《唐诗纪事》录诗人杜牧《叹花》诗中，它涉及一个成语故事。

【串讲】　①洛阳才子——汉贾谊负文名，号称洛阳才子。后以洛阳才子泛称才华出众的文士。唐杜牧——唐朝（著名诗人）杜牧（就是这样一位文士）。②风流倜傥（tì tǎng）——英俊潇洒，不拘礼法。风流：英俊有才华；倜傥：洒脱放逸。游湖州——（这便是杜牧在太和末年）去湖州游览。③花容月貌——形容美女容貌如花似玉。少女遇——（杜牧在湖州）就遇见了（这样一位漂亮的）少女。④一见钟情——一见面就产生了爱情。钟情：感情专注（多指爱情）。将婚求——（于是便向这位少女）把婚事来求。据载，杜牧在湖州游览时，遇见一位老妇人带着一个十多岁的美貌少女，杜牧则一见钟情，便向老妇人下聘礼定为婚姻，并约定十年为期，逾期不来娶，可由老妇人做主另嫁他人。其结果如何呢？⑤光阴似箭——比喻时间流逝迅速。逾十载——已经超过十年。⑥违信背约——不守信用，违背共同制订的条约。此指违背先前的约定。牧自羞——杜牧自己感到很难为情。⑦窈窕淑女——形容美丽而有德行的女子。此指杜牧曾有婚约的漂亮女子。已出嫁——（等杜牧再来湖州时）早已出阁嫁给他人了。⑧绿叶成阴——树叶密厚，已成树阴。比喻女子出嫁并已生儿育女。阴：同荫。憾诗留——（所以杜牧也只能）写下遗憾的诗篇而保留下来。据载，十四年后，杜牧来湖州任刺史，已过婚约期限。找到此女子时她已另嫁他人三年了，并生了两个孩子。所以，杜牧深感遗憾，便作了这一首诗："自恨寻芳到已迟，往年曾见未开时。如今风摆花狼藉，绿叶成阴子满枝。"成语"绿叶成阴"即由此而来。

掩 目 捕 雀

才疏志大将何进①，忧国忘身要除监②。
假传圣旨欲兵调③，计绌方匮陈琳拦④：
掩目捕雀提不住⑤，弄巧反拙招祸端⑥。
金石之言进不采⑦，孤行己见而被歼⑧。

【说明】 成语"掩目捕雀"，见于《三国志·魏志·陈琳传》中的一个成语故事。

【串讲】 ①才疏志大——才能很低，可志向很高。疏：空虚，浅薄。将何进——（东汉末年）大将军何进（即是如此）。②忧国忘身——忧劳国事，不顾个人安危得失。要除监——（何进）想要除掉（那些在宫中握有大权的）太监。监：指太监。据载，当时是汉灵帝刚死，其子刘辩继位。何进与太后商量要铲除太监专权，太后不同意。于是何进想用非常手段来威胁太后，逼其就范。③假传圣旨——假传皇帝的命令。后多指假借上级的名义去干事。此为原意。欲兵调——想要调动各地的军队（进京）。④计绌（chù）方匮（kuì）——计谋短缺，策略无方。陈琳拦——（于是何进手下的秘书）陈琳阻拦说：⑤掩目捕雀——捂着眼睛捕捉麻雀。比喻自己欺骗自己，做事盲目而行。捉不住——（这样捕雀）是捉不到的（事情是办不成的）。⑥弄巧反拙——本想取巧，反而做出了蠢事。招祸端——（那样做）将会招来大祸。⑦金石之言——像黄金宝石那样的话语。比喻可贵而有价值的劝告。进不采——（可是）何进并不采纳。⑧孤行己见——只按自己的意愿办事。而被歼——因而（何进）则被太监所灭杀。据载，陈琳对何进曰："谚有'掩目捕雀'，夫微物尚不可欺以得志，况国之大事，其可以诈立乎？"事实果如其言，不仅何进自己丧命，还让东汉政权落入带兵进京的将领董卓手里。成语"掩目捕雀"即由此成语故事而来。

屠 龙 之 技

安身立命朱泙漫①，志在必得屠龙习②。
身无分文卖房产③，不惜血本学费齐④。
专心一志师离益⑤，行满功成三载期⑥。
屠龙之技学到手⑦，高世骇俗却无需⑧。

【说明】 成语"屠龙之技"，也作"屠龙之伎"，见于《庄子·列御寇》中的一个成语故事。

【串讲】 ①安身立命——指生活有着落，精神有寄托。安身：在某处安下身来。朱泙（péng）漫——（周朝时有一个叫）朱泙漫的人（即为此而奋斗）。②志在必得——立志一定要获得。形容想要得到的决心很大。屠龙习——（这便是）学习屠龙的技能（并掌握它）。③身无分文——身上没有一分钱。有时也形容穷困潦倒。此为原意。卖房产——（于是他把自己的）房子卖了（变成钱）。

④不惜血本——指为了达到目的不顾惜所花费的代价。学费齐——（这样）就弄够了学习的费用。⑤专心一志——把心思全部放在上面。形容一心一意，精力集中。师离益——（这就是）以（屠龙专家）支离益为师（认真学习杀龙技能）。离益：支离益（人名）。⑥行满功成——佛教、道教用语。善行圆满，功德成就。旧指出家修炼，成佛成仙。也指学佛、学道进入高深的境界。也比喻事情圆满结束。此为后者。三载期——学成的期限是三年。⑦屠龙之技——宰杀龙的技能。比喻造诣虽高，但无实用价值。学到手——（朱泙漫竟然把这样的技能）学会了。⑧高世骇俗——具有令人吃惊的才能。比喻才技超群。此指掌握"屠龙之技"高世骇俗。高世：超出世人。骇：惊吓，震惊。却无需——（然而）却没有人需要它（因为无龙可屠）。据载："朱泙漫学屠龙于支离益，单千金之家。三年技成，而无所用其巧。"（单：同"殚"，尽。）成语"屠龙之技""屠龙之伎"即由此而来。

得 过 且 过

稀奇古怪寒号虫①，花团锦簇夏毛丰②。
自鸣得意咋呼叫③：凤凰来仪不如侬④。
天寒地冻冬天到⑤，不堪入目成雏形⑥。
无可奈何空悲切⑦，得过且过叫不停⑧。

【说明】 成语"得过且过"，见于明朝陶宗仪《辍（chuò）耕录·卷十五》中的一个成语故事。

【串讲】 ①稀奇古怪——形容稀少、奇特，使人诧异。寒号虫——

（传说古代五台山上的）寒号虫（就是这样一种鸟类）。据载，寒号虫长一尺多，四只脚，长着肉翅膀。②花团锦簇（cù）——比喻花色繁多，华美艳丽。这里形容寒号虫（到了夏天）羽毛长得花花绿绿，艳丽异常。夏毛丰——（同时）夏天的羽毛（也长得）丰满。③自鸣得意——自己表示很得意。鸣：表示，认为。咋呼叫——（寒号虫便这样）炫耀地鸣叫。咋呼：炫耀。④凤凰来仪——凤凰飞来，翩翩起舞，仪态优美。古代传说认为这是祥瑞的象征。不如侬——（它都）不如我（寒号虫）漂亮。侬：我。据载，寒号虫夏天长出丰满美丽的羽毛便得意地叫着："凤不如我！凤不如我！"⑤天寒地冻——天气非常寒冷，大地到处结冰。冬天到——到了冬天。⑥不堪入目——样子丑陋，非常难看。堪：可以，能够。成雏（chú）形——（寒号虫则）变成像刚生下来的小鸟模样，浑身的羽毛脱光。雏：刚生下来的幼鸟，浑身无毛。这两句的意思是：一到冬天"天寒地冻"，寒号虫美丽的羽毛就脱个精光，像刚出壳的小鸟那样丑陋难看。⑦无可奈何——不得已，没有办法。奈何：如何，怎么办。空悲切——（寒号虫只能）白白地急切凄厉地（哀叹）。悲：凄厉；切：急迫。⑧得过且过——能过下去就这样过下去。原指过一天算一天，不做长远打算。现形容工作马虎应付，不负责任。此指原意。叫不停——（寒号虫如此）叫个没完。据载："五台山有鸟，名寒号虫……比至深冬严寒之际，毛羽脱落，索然如彀（kòu）雏，遂自鸣曰：'得过且过。'"成语"得过且过"即由此而来。

救 死 扶 伤

刚正不阿司马迁①，忍辱含垢出牢监②。

痛心疾首无处诉③，畅所欲言与任函④：
寡不敌众陵悍勇⑤，浴血奋战十余天⑥。
救死扶伤虏不给⑦，以身报国力尽完⑧。

【说明】　成语"救死扶伤"，见于西汉司马迁《报任少卿书》中涉及的一个成语故事。

【串讲】　①刚正不阿——刚强正直，不徇私迎合。阿：偏袒、迎合。司马迁——（西汉史官太史令）司马迁（便是这样一个人）。据载，司马迁因替被匈奴所俘的大将李陵辩护而入狱，并遭受腐刑，但他始终认为自己做得对。②忍辱含垢——忍受耻辱。垢：通"诟"，耻辱。出牢监——（司马迁就这样）走出监狱。③痛心疾首——心痛，头也痛。形容伤心痛恨到极点。无处诉——（然而）却没地方去对别人倾诉。④畅所欲言——畅快地把所要说的话说尽。畅：痛快，无顾及。与任函——（司马迁只能）在给（他的好朋友）任少卿的信中（做到这一点）。任：指任少卿（人名）。据载，司马迁在《报任少卿书》中，对自己的家世、志向、报国情怀以及矛盾心理等情况都一一做了倾诉。当谈及李陵事件时，他仍然坚持李陵已为国尽忠了，被匈奴所俘实属无奈。⑤寡不敌众——人少的抵挡不住人多的。陵悍勇——（但）李陵（所率领少数孤军）却表现得异常强悍而勇猛。⑥浴血奋战——浑身是血还在奋力战斗。形容顽强地坚持战斗。浴血：浑身被血浸透。十余天——（就这样与单于率领的匈奴大军连续战斗）十多天。⑦救死扶伤——救助将死的人，照顾受伤的人。虏不给（jǐ）——敌人（匈奴）在战场上都来不及（对他们死伤的将士这样做）。虏：古指敌人。⑧以身报国——以自身报效国家，即尽忠报国。力尽完——（可以说李陵）已经把所有的能力都全部用出来了。可见，李陵仍不失为一位英雄。据载："且李陵提步卒不满五千，……与单于连战十有余日，所杀过半当，虏救死扶伤不给。"但李陵终因"寡不敌众"而败俘。成语"救死扶伤"即由此成语故事而来。

望 尘 不 及

廉洁奉公汉赵咨①，口碑载道人人知②。
揽辔澄清荥阳过③，恭候台光令迎之④。
马不停蹄咨不驻⑤，望尘不及会无时⑥。
感慨系之令无面⑦，心灰意冷把官辞⑧。

【说明】 成语"望尘不及"，也作"望尘莫及"，见于《后汉书·赵咨（zī）传》中的一个成语故事。

【串讲】 ①廉洁奉公——不贪污受贿，忠诚正直地奉行公事。廉：不贪污。汉赵咨——东汉时一个叫赵咨的官吏（即如此）。汉：指东汉。②口碑载道——满路都是称颂的话语。口碑：比喻群众口头的称颂像文字刻在碑文上一样；载道：满路。人人知——（因为）每个人都知道（这个名声特别好的赵咨）。③揽辔（pèi）澄清——旧指官员一走马上任，就决心治理好天下。后指革除弊政，扭转衰乱政局的抱负。此指前者，即指赵咨赴任东海相，就决心治理好东海，且立刻走马上任。揽：握住；辔：辔头，驾驭牲口的嚼子和缰绳。荥（xíng）阳过——（他赴任正好）路过荥阳县。④恭候台光——恭恭敬敬地等候您的到来。此指恭候赵咨的到来。台：旧时对人的敬称；光：光临。令迎之——（荥阳）县令[曹暠（gǎo）到城外]欢迎他。令：县令（曹暠）。据载，荥阳县令曹暠，过去曾受赵咨的推荐，所以非常感激他。这次听说赵咨路过荥阳，便出城迎接。⑤马不停蹄——马不停地急促地向前跑。常形容人的行动急促而没有间歇。咨不驻——赵咨没有停留。咨：指赵咨。⑥望尘不及——只望见前面人马急行所扬起的尘土而追不上。比喻远远落后。此指原意。会无时——（曹暠觉得再与赵咨）相会还不知何时。⑦感慨系之——感触很深，慨叹随之而生。系：缀（zhuì）系；系之：指随之而生。令无面——县令（曹暠）感到自己很没有脸面。据载："暠送至亭次，望尘不及，谓主簿曰：'赵君名重，今过界不见，必为天下笑！'"⑧心灰意冷——意志消沉，情绪低落。把官辞——（于是曹暠）则把县令这个官职辞掉。据载，曹暠先追至东海，和赵咨见一面，便辞官回家了。成语"望尘不及"即由此而来。

盛 名 难 副

洁身自好汉黄琼①，屡次三番拒聘征②。
敬贤爱士李固晓③，至意诚心信一封④：
不夷不惠仕途入⑤，建功立事济民生⑥。
大展怀抱倍谦谨⑦，盛名难副自不成⑧。

【说明】 成语"盛名难副"，也作"盛名之下，其实难副"，见于《后汉书·黄琼传》中的一个成语故事。

【串讲】 ①洁身自好——保持自身清白，不同流合污。也指顾惜尊重自己，不与他人纠缠在一起。此指前者。汉黄琼——东汉时（有一位）叫黄琼的读书人（即是如此）。②屡次三番——形容反复多次。拒聘征——（黄琼都是）拒绝官府的征召和聘请（而不出来做官）。③敬贤爱士——尊敬贤良有名望的人，爱护有文化有能力的人。士：指有知识有能力的人。李固晓——（这便是）李固知道了（黄琼拒征之事）。④至意诚心——至诚的心意。信一封——（于是李固则以这样的诚心给黄琼）写了一封信。其内容是：⑤不夷不惠——不学伯夷，不做柳下惠。谓行事不偏颇过激。夷：指殷末的伯夷，宁肯饿死，也不做周朝的官；惠：指春秋时鲁国的柳下惠，此人三次被罢官都不肯离去。仕途入——（劝黄琼以这种态度）步入做官的道路。⑥建功立事——建立功勋事业。济民生——来救助人民的生计。⑦大展怀抱——指放手施展自己的抱负和志向。展：施展；怀抱：抱负。倍谦谨——并加倍地谦虚谨慎。⑧盛名难副——"盛名之下，其实难副"，指声名太盛，实际未必能相称。谓名过其实。实：实际；副：符合。自不成——（这）也就自然不存在了。据载，李固给黄琼的信中写道："盖君子谓伯夷隘，柳下惠不恭，故传曰：'不夷不惠，可否之间。'……若当辅政济民，今其时也。自生民以来，善政少而乱俗多，必待尧舜之君，此为志士终无时矣。尝闻语曰：'峣（yáo）峣者（很高的东西）易缺（破损），皎（同皎）皎者（洁白的东西）易污。'阳春之曲（高雅的曲子），和者必寡；盛名之下，其实难副。……是故俗论皆言处士纯盗虚声，愿先生弘此远谟（mó 长远的计划），令众人叹服，一雪此言耳。"黄琼听其劝而出仕，"即拜议郎，稍迁尚书仆射"。成语"盛名难副"即由此成语故事而来。

鹿 死 谁 手

不可一世赵石勒①，伐功矜能于人前②：
同日而语刘邦见③，俯首听命角彭韩④。

天从人愿刘秀遇⑤，中原逐鹿斗一番⑥。
度长絜大决雄雌⑦，鹿死谁手很难言⑧。

【说明】 成语"鹿死谁手"，见于《晋书·石勒载记下》中的一个成语故事。

【串讲】 ①不可一世——没有赞许过当时的任何人。后用来形容狂妄自大到了极点，自以为在当代没有一个人能比得上他。此指后者。可：许可，赞成。赵石勒——（五胡十六国时的）后赵（国王）石勒（就是这样一个人）。赵：指后赵国。据载，公元三一九年，石勒建立了后赵。公元三二九年灭了前赵，占据了北方大部分领土。成为五胡十六国中最强大的一个国家。②伐功矜（jīn）能——指吹嘘自己的功劳和才能。伐、矜：自夸。于人前——（石勒）曾在别人面前（这样做过）：③同日而语——把两件事或两种情况放在同一时间里来谈论。此指把不同时代的两个人放在同一时代里来谈论。语：也作"言""论"。刘邦见——（假如我石勒）能见到（汉高祖）刘邦。这句的意思是，假若我（石勒）能和刘邦生在同一时代。④俯首听命——低下头来恭恭敬敬听从命令。形容完全服从。此指我（石勒）在刘邦面前将"俯首听命"。角彭韩——（但我却要）和彭越、韩信角逐个（高低）。角：角逐，竞争；彭：指彭越；韩：指韩信。⑤天从人愿——天顺从人的意愿。指事情恰如所望。刘秀遇——（假如我石勒）遇上了（汉光武帝）刘秀。⑥中原逐鹿——比喻群雄竞起，争夺天下。也比喻争高下。此指前者，即石勒要与刘秀争夺天下。中原：古指我国中部地区；逐：追逐，引申为争夺；鹿：指猎取的对象，比喻政权、天下。斗一番——（与刘秀）争斗一回。⑦度（duó）长絜（xié）大——量长短，比大小。引申为较量。此指石勒要与刘秀较量。度：量，计算；絜：衡量。决雄雌——决定胜败高低。

⑧鹿死谁手——比喻最后胜利属于谁。此指最后天下属于谁。很难言——（那）就很难说了。这句的意思是，天下不一定被刘秀夺去，很可能会落到我（石勒）的手中。据载，石勒在人前夸口说："朕若逢高皇（汉高祖刘邦），当北面而事之，与韩、彭竞鞭而争先耳。脱遇光武（汉光武帝刘秀），当并驱于中原，未知鹿死谁手。"成语"鹿死谁手"即由此而来。

徙 宅 忘 妻

一代鼎臣唐魏征①，居安虑危谏言生②。
徙宅忘妻故事讲③，沉思默想太宗听④。
茅塞顿开上理悟⑤：洁身自守君须明⑥。
情真意切与臣语⑦：戮力齐心相佐成⑧。

【说明】 成语"徙宅忘妻"，见于明·李贽（zhì）《史纲评要》卷十八《唐记》中所转载的一个成语故事。原载《孔子家语》。

【串讲】 ①一代鼎臣——指当时朝代所景仰的执政重臣。鼎臣：重臣。唐魏征——唐朝（谏议大夫）魏征（即如此）。②居安虑危——处在安逸的环境里，而能想到可能会出现的危机。谏言生——（于是）产生了要进谏的话。什么内容呢？③徙宅忘妻——搬家忘记携带妻子。比喻办事荒唐粗心，致力于次要方面而忽略了主要方面。此为原意。故事讲——（魏征给唐太宗）讲了这个故事。据载，魏征曰："昔鲁哀公谓孔子曰：'寡人闻忘之甚者，徙宅而忘其妻，有诸？'孔子曰：'又有甚者，桀、纣乃忘其身。'"④沉思默想——暗暗地深入思索。太宗听——（这是）唐太宗听完故事后（所作的思考）。⑤茅塞顿开——原来心里像被茅草堵塞着，现在忽然被打开了。比喻立刻理解、明白。茅塞：被茅草塞住。上理悟——皇上悟出了其中的道理：⑥洁身自守——保持自身清白，不同流合污。也指顾惜尊重自己，不与他人纠缠在一起。此指前者，洁身自守，不与桀、纣同流合污。君须明——（这个道理）做君主的必须明白。⑦情真意切——指情意十分真切。与臣语——（唐太宗就这样）和大臣们说：⑧戮（lù）力齐心——指齐心合力。戮：合，并。相佐成——（朕与诸位大臣）相互辅佐就可以做到（洁身自守而保住江山）。据载，唐太宗听完魏征讲的"徙宅忘妻"故事后，上曰："然。朕与公辈宜戮力相辅，免为人所笑也！"成语"徙宅忘妻"即由此成语故事而来。

掩 耳 盗 铃

贪利忘义一古人[①]，**偷鸡摸狗不自尊**[②]。
贼眉鼠眼门铃见[③]，**垂涎欲滴手欲伸**[④]。
担惊受怕触铃响[⑤]，**掩耳盗铃想无音**[⑥]。
自欺欺人手刚碰[⑦]，**暴露无遗活被擒**[⑧]。

【说明】 成语"掩耳盗铃"，见于西汉刘安《淮南子·说山》中的一个成语故事。

【串讲】 ①贪利忘义——贪求财利，忘却道义。一古人——古代（就有这样）一个人。②偷鸡摸狗——指小偷小摸的行为。也比喻暗中搞不正当的男女关系。此指原意。不自尊——（此人是如此地）不尊重自己。③贼眉鼠眼——形容行为不正派。门铃见——（此人）看见（人家）大门上挂个铃铛。④垂涎欲滴——口水流出要掉下来。形容嘴很馋。也形容见到心爱的东西极想占有。此指后者，即看见心爱的门铃极想把它占为己有。手欲伸——（于是）想要伸手（把门铃偷来）。⑤担惊受怕——形容时刻害怕遭受祸殃。此指时刻害怕偷铃的行为被人发现而遭祸。担：承受。触铃响——（因为手）接触到门铃会发出响声。⑥掩耳盗铃——把耳朵捂住去偷铃铛。比喻蠢人自己欺骗自己。掩：捂；盗：偷。想无音——（心里）想（那一定会）听不到声音。据载，这个人想："响声要耳朵才能听见，如果把耳朵捂起来，不就听不见声音了吗？"⑦自欺欺人——欺骗自己，也欺骗别人。手刚碰——手刚一接触到（铃铛）。⑧暴露无遗——全部暴露出来，没有一点遗漏。此指手摸铃铛而发出响声，偷铃的行为则全部暴露出来。活被擒——（此人）活活地被人们捉拿住。成语"掩耳盗铃"即由此故事而来。

唯 利 是 图

歃血为盟秦晋好①，口血未干秦毁约②。
怒气冲天晋使派③，争长论短斥秦邪④：
罪恶昭彰人共睹⑤，背信弃义事做绝⑥。
铁证如山王曾讲⑦：唯利是图而无别⑧。

【说明】 成语"唯利是图"，也作"唯利是视"。见于《左传·成公十三年》中的一个成语故事。

【串讲】 ①歃（shà）血为盟——歃血结盟，表示信守誓约。歃血：口含牲口血；一说用手指蘸其血涂于口旁。这是古代订盟的一种仪式。秦晋好——（以此表示）秦国和晋国已经和好。据载，春秋时，秦晋两国于令郇（今山西临猗县）定了和好盟约。②口血未干——形容订立盟约不久。秦毁约——秦国就撕毁了盟约。据载，盟约订立不久，秦国就去同狄人以及楚国联合，并鼓动他们去攻打晋国。③怒气冲天——怒气直冲天际，形容十分愤怒的样子。晋使派——（于是）晋国（则于公元前五七八年）派使者吕相（去到秦国绝交）。④争长论短——争论谁是谁非。此指秦晋两国争论谁守约谁不守约。长短：指是非。斥秦邪——（吕相则严厉）斥责秦国这种毁约的不正当行为：⑤罪恶昭彰——罪恶很大，很明显。此指吕相谴责秦国"罪恶昭彰"。昭彰：明白，明显。人共睹——（这）是人人都看得到的。⑥背信弃义——不守信用和道义。背：违背；弃：丢弃。事做绝——（你们秦国）已经把坏事做到极点了。⑦铁证如山——形容证据确凿，像山一样不可动摇。王曾讲——（因为）秦王你曾经讲过（这样的话）：⑧唯利是图——一心只是图利，别的什么都不顾。唯：只有，唯独；是：代词，复指提前的宾语"利"。而无别——而没有另外的其他什么目的。据载，吕相揭露秦王（桓公）说：大王你过去就曾经讲过，"余虽与晋出入（我虽然与晋国交往），余（我）唯利是视"。这便是"唯利是图"成语之来源。

得 其 所 哉

达士通人郑子产①，盛意难却生鱼收②。
颐指如意投池养③，阳奉阴违人烹馐④。
绘声绘色谎言告⑤：摆尾摇头鱼畅游⑥。
毫无疑义子产赞⑦：得其所哉做事周⑧。

【说明】 成语"得其所哉",见于《孟子·万章上》中的一个成语故事。

【串讲】 ①达士通人——指通达事理、学识渊博的人。郑子产——（春秋时）郑国（宰相）子产（即为这样的人）。②盛意难却——深厚的情意难以拒绝。生鱼收——（这便是有一次子产）收下了（别人送给的）一条大活鱼。③颐指如意——用面部表情来指挥人，符合自己的心意。投池养——（让管池子的人）把鱼投放到水池里养起来。④阳奉阴违——表面上执行而暗地里违背。人烹馐（xiū）——（这就是）管池子的人（表面上答应照办而暗地里）已把鱼烹调作成美味食品而吃掉了。⑤绘声绘色——描绘得有声有色。形容叙事或描写非常生动、逼真。谎言告——（管池子的人就用这样的）谎话来回告子产说：⑥摆尾摇头——摆动着身子，摇动着头。形容悠然自得的样子。也形容轻狂、自以为是的样子。此指前者。鱼畅游——这条大鱼（就这样在水池里）欢畅地游动着。⑦毫无疑义——一点也没有令人怀疑的地方。子产赞——（所以）子产（深信不疑地）赞赏说：⑧得其所哉——得到了理想的栖身之处。做事周——（称赞管池人）办事周到（使鱼得其所哉）。据载："有馈（kuì）生鱼于郑子产；子产使校人蓄之池。校人烹之，反命曰：'始舍之，圉圉（yǔ）焉；少则洋洋焉，攸然而逝。'子产曰：'得其所哉！得其所哉！'"成语"得其所哉"即由此而来。

欲 取 姑 与

贪多务得晋知伯①，仗势欺人别国割②。

非分之想桓子拒③，**旁观者清说不妥**④：
以退为进养其傲⑤，**望而生畏诸国合**⑥。
众擎易举晋国灭⑦，**欲取姑与乃良谋**⑧。

【说明】　成语"欲取姑与"，见于《战国策·魏策一》中的一个成语故事。

【串讲】　①贪多务得——越多越好，务求得到。原指学习、钻研时的欲望和毅力都很大。后也泛指一味贪多，务求满足。此指后者。晋知伯——（春秋末年）晋国（有个当权贵族）叫知伯的（对土地的欲望就是这样）。晋：指晋国；知伯：一人名。②仗势欺人——倚仗势力欺压别人。此指知伯倚仗晋国的力量强大欺压他国。仗：倚仗。别国割——去分割其他国家（的土地归己）。③非分（fèn）之想——超出本分的想法。此指知伯要强割他国（魏国）土地的想法。分：本分。桓（huán）子拒——（被魏国当权贵族）桓子抵制了。拒：抵抗。④旁观者清——旁观的人看得清楚。说不妥——说（这样做）很不适当。据载，一个叫任章的人劝魏桓子，说这样做不好，还是把土地割让给知伯为上策。并讲出下边一番道理来。⑤以退为进——原意是以谦逊退让取得德行的进步。后转指以退让作为进取的手段。此指后者，即以割给知伯土地作为消灭晋国的手段。养其傲——培植他（知伯）的骄傲（气焰）。⑥望而生畏——看到了就害怕。此指其他邻国看到了晋国就害怕。畏：恐惧，害怕。诸国合——（这样）各国就会聚在一起，即团结起来。⑦众擎易举——许多人一齐用力往上托，就容易把东西举起来。比喻大家齐心协力，事情就容易办成。此指团结的各国齐心协力对付晋国，就能取得胜利。晋国灭——（终于）把晋国灭掉（知伯也命亡）。据载，任章劝桓子时说："您把土地割给知伯，他必然骄傲而轻敌，而邻国必然惧怕他而互相团结起来。以互相团结的各国兵力，来对付骄傲轻敌的晋国，那么知伯的命就不长了。"⑧欲取姑与——想要夺取他的东西，必须暂时先给他一些东西。姑：暂且。乃良谋——这是最好的谋略。据载，任章还引用《周书》上的话劝桓子："将欲败之，必姑辅之；将欲取之，必姑与之。"成语"欲取姑与"即由此而来。

断 织 劝 学

聪明善良羊子妻①，明辨是非事理晰②。
学贵有恒夫回早③，断织劝学近织机④：
日积月累织成布⑤，一刀两断不成匹⑥。
学业有成亦如此⑦，半途而废何可期⑧？

【说明】 成语"断织劝学"，见于《后汉书·列女传》中的一个成语故事。

【串讲】 ①聪明善良——形容头脑灵活，心地善良纯洁。羊子妻——（东汉时，有一位读书人）名叫乐羊子的妻子（便是这样一个人）。②明辨是非——清楚地辨别出正确与错误。事理晰——对事物的道理都看得很清晰。据载，乐羊子拾到金子拿回家来，其妻责备他不应贪图人家失落的钱财而玷污了自己的人格。乐羊子很惭愧，便把金子送回原处而出外求学。③学贵有恒——在学习上，最为珍贵、重要的是要有坚持不懈的恒心。夫回早——（可是）她的丈夫乐羊子（只学了一年）就早早地回家了。据载，妻问其故，乐羊子回答说："是我出去时间久了很想念（你），没有其他什么原因。"于是，羊子妻则对他实地劝教。④断织劝学——以剪断织线为喻来劝羊子要学贵有恒。后用来形容勉励学习。近织机——（于是）她走近织布机。对羊子说：⑤日积月累——一天天一月月长久坚持做下去，一点点地积累起来。织成布——（这样）才能织成成匹的布。⑥一刀两断——一刀割成两块。比喻坚决断绝关系。此指本意。不成匹——（如果这样剪断织线）那就织不出成匹的布了。⑦学业有成——学业有成就。亦如此——也是这个道理。⑧半途而废——比喻做事中断，不能坚持到底。此指在学习上半途而废。途：道路。废：停止。何可期——（想学业有成）那怎么可以期待呢？即是不会有成就的。据载："妻乃引刀趋机而言曰：'此丝生自蚕茧，成于机杼（zhù），一丝而累，以至于寸，累寸不已，遂成丈匹。今若断斯（这个）织也，则捐（舍弃）失成功，稽（停留）废时月。夫子积学，当日知其所亡（无），以就（成就）懿（美、善）德。若中道而归，何异断斯织乎？'羊子感其言，复还终业，遂七年不返。"成语"断织劝学"即由此成语故事而来。

骑 虎 难 下

图谋不轨周杨坚①，牝鸡司晨把书传②：
国家大事已如此③，骑虎难下休也完④。
心领神会杨废主⑤，如拾地芥得江山④。
开基立业隋朝建⑦，夫贵妻荣行皇权⑧。

【说明】 成语"骑虎难下"，见于唐朝魏征等编《隋书·后妃传》中的一个成语故事。

【串讲】 ①图谋不轨——旧时常指违法、叛逆、篡位等行为。此指篡夺皇位。周杨坚——北周时（丞相）杨坚（正是这样做的）。周：指南北朝时期的北周。据载，北周静帝即位时年纪很小，杨坚借辅助幼主为名，独揽国家大权，并伺机窃取帝位。②牝（pìn）鸡司晨——母鸡报晓。旧时比喻妇人篡权乱政。此指杨坚的妻子独孤氏参与篡权乱政。牝鸡：母鸡；司：掌管。把书传——把书信传递。据载，独孤氏从宫外托人给杨坚捎一封信。③国家大事——（其内容的意思是）与国家利益有关的大事。此指篡夺国家政权大事。已如此——已经是这个样子了。④骑虎难下——骑在虎背上难以下来。比喻做事遇到困难，但中途停止又会造成重大损失，而不得不干下去。此指当时篡夺帝位的形势犹如"骑虎难下"，必须干到底。休也完——（否则）停止（篡位），也是要完蛋的。休：停止。据载，独孤氏给杨坚的信中说："大事已然，骑兽之势，必不得下。"后概括为成语"骑虎难下"。⑤心领神会——不用对方明说，心里已经领会理解了。此指独孤氏信中虽未明说必须篡位夺权，但杨坚心里已经领会理解这个意思了。杨废主——（于是）杨坚（立即）废除了（北周的小）皇帝。杨：指杨坚；主：皇帝。⑥如拾地芥（jiè）——像从地上捡起一根小草一样。比喻可以轻易得到。芥：小草。得江山——（杨坚）得到了国家政权，篡位成功。⑦开基立业——开创根基，建立事业。旧指开国君主建立新的朝代。隋朝建——（这便是杨坚）建立的隋朝。⑧夫贵妻荣——旧指丈夫做了官，妻子跟着也荣耀。此指杨坚当了皇帝，妻子独孤氏也跟着荣耀，被封为皇后。行皇权——（杨坚开始）行使（他的）皇帝大权。成语"骑虎难下"即由此故事而来。

望 洋 兴 叹

水落归漕百入河①，遥遥相对河宽阔②。
波涛汹涌河伯乐③，洋洋自得美数我④。
随波逐流北海下⑤，茫无边际倍惊愕⑥。
望洋兴叹愧不如⑦，三生有幸今见过⑧。

【说明】　成语"望洋兴叹"，见于《庄子·秋水篇》中的一个成语故事。

【串讲】　①水落归漕（cáo）——横溢漫流的水落下去归入了河道。后比喻事情有了着落。此指原意，即指秋天发大水，横溢漫流的水流入了河道。漕：水运，此指河道。百入河——无数的细流汇集于黄河。河：指黄河。②遥遥相对——两处远远地相对着。此指黄河两岸"遥遥相对"。河宽阔——黄河（河面显得十分）宽阔。③波涛汹涌——形容水势奔腾上涌的样子。河伯乐——（因此）河伯（这位河神）心里非常高兴。④洋洋自得——自己觉得十分得意的样子。美数我——（因为普天之下）数我（河伯最）美了。⑤随波逐流——随着波浪起伏，跟着流水漂流。后比喻没有主见，随大流。此指原意，即指河伯"随波逐流"而东行。北海下——下行到北海。⑥茫无边际——形容十分广阔，无边无际。常用来形容思考、谈话、写文章内容空泛，没有中心。此指原意，即指北海"茫无边际"。倍惊愕——（河伯见此景象）加倍地（感到）吃惊而发愕。⑦望洋兴叹——眼望大海感到自己的渺（miǎo）小。原比喻看到人家的伟大，才感到自己的渺小。后比喻做事力量不够或缺乏条件而感到无可奈何。此指原意。愧不如——（河伯自己感到）惭愧，（确实）不如（北海大）。⑧三生有幸——三世都有幸运。形容幸运无比。此指河伯感到自己非常幸运。三生：佛家语，指前生、今生、来生，即指前世、今世、来世；幸：幸运。今见过——今生今世（对大海的壮观景象也曾）见识到了。据载："秋水时至，百川灌河，泾流之大，两溪渚崖之间不辨（辨）牛马。于是焉，河伯欣然自喜，以为天下之美尽在己。顺流而东行，至于北海，东面而视，不见水端。于是焉，河伯始旋其面目，望洋向若（海神名）而叹。"成语"望洋兴叹"即由此而来。

黄 袍 加 身

窥窃神器赵匡胤①，待时而动准备好②。
心腹之人帮策划③，敌国外患借口找④。
旌旗蔽空大梁出⑤，反戈一击变陈桥⑥。
黄袍加身拥为帝⑦，移天易日建宋朝⑧。

【说明】　成语"黄袍加身"，见于《宋史纪事本末·太祖代周》中的一个成语故事。

【串讲】　①窥窃神器——窥测机会，想要窃取皇帝宝座。神器：旧指帝位、政权。赵匡胤（yìn）——（后周恭帝时太尉）赵匡胤（正是这样做的）。②待时而动——等待时机，采取行动。准备好——（窃取帝位的事）预先安排得很完善。③心腹之人——指贴心可靠的人。此指赵匡胤手下的赵普、石守信等忠于他的人。帮策划——（他们）帮助（赵匡胤）出主意，想办法。④敌国外患——原指势均力敌的邻国和来自国外的侵略或干扰。后多指敌对的国家和来自外国的骚扰。此指后者，即谎说敌对的北汉和辽国会师南下，侵扰后周。借口找——（他们帮助赵匡胤）找到了（这一）借口。⑤旌旗蔽空——形容军队数量很多，阵容整齐雄壮。旌旗：旗帜的通称；蔽空：遮住天空。大梁出——（赵匡胤率领军队从）大梁出发。大梁：后周都城，今为河南开封市。⑥反戈一击——掉转矛头，向自己原来的营垒进击。此指掉转军队回大梁向自己原来的朝廷后周进击。戈：古代兵器，像矛。变陈桥——（发动）兵变于陈桥驿（在大梁东北处），即（赵匡胤率军行）至陈桥驿（便发动了）兵变（史称陈桥兵变）。变：突然发生的非常事件，此指兵变。⑦黄袍加身——诸将给赵匡胤披上龙袍。后比喻在政变中被部下拥上最高统治者的宝座。此指原意。黄袍：古代帝王穿的龙袍。拥为帝——拥举（赵匡胤）做皇帝。⑧移天易日——比喻用欺骗手段窃取国家权力。此指赵匡胤用欺骗手段搞兵变窃取了国家最高权力（皇权）。建宋朝——（取代了后周）建立了宋朝。据载："匡胤时被酒卧，欠伸徐起，将校已露刃列庭，曰：'诸将无主，愿册太尉为皇帝。'匡胤未及对，黄袍已加身矣。"成语"黄袍加身"即由此而来。

徘 徊 歧 路

忠臣义士李敬业①，吊民伐罪武则天②。
辞严义正檄文写③，罪恶如山列行间④。
大声疾呼共征讨⑤，同心并力法纪严⑥。
徘徊歧路容不得⑦，贻误军机必惩办⑧。

【说明】　成语"徘徊歧路"，见于唐代骆宾王《代徐（李）敬业讨武曌（zhào）檄》中的一个成语故事。

【串讲】 ①忠臣义士——忠义刚烈的臣子。李敬业——（唐朝开国功臣）李敬业（即徐敬业便是）。②吊民伐罪——抚慰人民，讨伐有罪的统治者。吊：安慰。武则天——（这个有罪的统治者就是唐高宗李治的皇后）武则天。据载，武则天于公元六八四年控制了唐朝政权，并准备改国号为大周，自己做女皇帝。她这种篡权政变的行为，遭到李敬业等大臣的强烈反对。李敬业以扬州为基地，联合骆宾王、唐之奇、杜求仁共同起兵讨伐武则天。③辞严义正——措辞严厉，义理正大。义：道理。檄文写——（为了扩大影响，壮大队伍，号召各方力量参与讨伐行动，李敬业则请骆宾王）代写了（这样一篇辞严义正的讨武）檄文。檄文：古代用于征召、通告或声讨的文书。此指声讨文书。④罪恶如山——形容罪恶多而重。列行间——（把武则天这些罪恶——）列写（于檄文的）字里行间。⑤大声疾呼——大声而急促地呼喊，以引起人们注意。后多用于抽象意义，表示大力提倡或号召。此指大力号召。共征讨——（号召皇亲国戚、朝廷大臣以及平民百姓）共同武力讨伐（武则天）。⑥同心并力——团结一致，共同努力。法纪严——（并要求讨武队伍的）法令和纪律一定要严明。⑦徘徊歧路——在岔路上来回走动。比喻犹豫不决。容不得——（这种行为）是讨武法纪所不能容忍的。⑧贻误军机——耽误了作战机要大事。必惩办——（对这样的人）就一定加以军法惩治。据载，檄文中写道："如果唐王朝的官吏留恋自己的城池封地，徘徊歧路，行动迟缓，贻误军机，必受军法惩办。""徘徊歧路"成语即由此而来。

弹 冠 相 庆

民之父母汉王吉①，自出胸臆见解奇②。
三番五次上疏谏③，切中时弊益国基④。
朝野上下皆敬赞⑤，贤良方正博士提⑥。
人多嘴杂戏贡禹⑦，弹冠相庆做官去⑧。

【说明】 成语"弹（tán）冠相庆"，见于《汉书·王吉传》中的一个成语故事。

【串讲】 ①民之父母——指担任地方行政长官。此指担任县令。父母：父母官，旧时对地方官的称呼，多指县令。汉王吉——（这便是）西汉时（曾做过云阳县令）的王吉。汉：西汉。②自出胸臆——出自自己的心意。臆：胸。见解奇——（王吉对政事的）见解很不一般。③三番五次——形容多次、屡次。上疏谏——（王吉就是这样地向皇帝）上疏劝谏。④切中时弊——正好击中当时的弊病。指对当时社会弊端批评、议论非常中肯。切：切合。益国基——（这）非常有益于国家的根基。据载，在昭帝、宣帝时，王吉曾多次上疏，对皇帝一些贪图享乐的行为和当朝的政治弊端提出劝谏，使朝政得以改进，对巩固国家基础大有益处。⑤朝野上下——从中央到地方，从做官的到老百姓。皆敬赞——（对王吉）都很敬重、赞美。⑥贤良方正——汉代由地方向朝廷推荐人才，德才兼备的人可以入选，入选者称为贤良方正之人。此指王吉正是这样的人。博士提——（所以皇帝把王吉）提拔为博士谏大夫。博士：指博士谏大夫。⑦人多嘴杂——形容人多七嘴八舌，说什么的都有。戏贡禹——（其中有人跟王吉的朋友）贡禹开玩笑。

⑧弹冠相庆——说王吉和贡禹志同道合，王吉做了官，必然要引荐贡禹去做官。后来比喻因即将做官而互相庆贺。多用于贬义。弹冠：掸去帽子上的尘土。做官去——（说贡禹可以借王吉的光）去当官了。据载："吉与贡禹为友，世称'王阳（王吉）在位，贡公弹冠'，言其取舍同也。"成语"弹冠相庆"也便由此演化而形成。

趾 高 气 扬

果于自信楚莫敖①，趾高气扬攻罗郊②。
明察秋毫伯比见③，骄兵必败对御聊④。
言必有中果如此⑤，掉以轻心夹击遭⑥。
辙乱旗靡楚军败⑦，走投无路屈上吊⑧。

【说明】 成语"趾（zhǐ）高气扬"，见于《左传·桓（huán）公十三年》中的一个成语故事。

【串讲】 ①果于自信——指过分相信自己。果：果断、武断。楚莫敖（áo）——（春秋时）楚国有个字叫莫敖（名叫屈瑕的将军就是一个"果于自信"的人）。楚：指楚国。②趾高气扬——走路脚抬得很高，神气十足。形容骄傲自大、得意忘形的样子。趾：脚。攻罗郊——（莫敖就是这个样子率领军队去）攻打罗国（都城）城郊，即向罗国进攻。罗：指罗国。③明察秋毫——比喻目光敏锐，连极小的事物都看得清楚。此指斗伯比能"明察秋毫"。伯比见——（因此莫敖"趾高气扬"的样子则被另一位将军）斗伯比看出来了。伯比：斗伯比（人名）。据载，屈瑕（字莫敖）出兵时，斗伯比去送他，见他"趾高气扬"的样子。④骄兵必败——

骄傲轻敌的军队必然失败。此指屈瑕"趾高气扬"，必然轻敌失败。对御聊——（这是斗伯比在和他的）车夫闲谈时对车夫说的。御：驾车的人，即车夫；聊：闲谈。据载，斗伯比在送屈瑕出征回来的路上对他车夫说："莫敖必败，举趾高，心不固矣。"意思是说，莫敖这次出战定要失败，我见他走路脚抬得很高，傲慢轻敌，心思浮躁。⑤言必有中（zhòng）——不说则已，一说就说得很正确。此指斗伯比"言必有中"。果如此——（实际情况）确实像斗伯比所预料的那样。⑥掉以轻心——指轻率，不在意。此指屈瑕对敌作战"掉以轻心"。据载，屈瑕率军进入罗国后，轻率对敌，毫无战斗防备。夹击遭——（因此）遭到（罗国军队的两面）夹击。⑦辙乱旗靡（mǐ）——车辙错乱，旗帜倒下。形容军队溃败时的情状。辙：车辙；靡：倒下。楚军败——（结果屈瑕率领的）楚国军队被打得大败。⑧走投无路——比喻处境极端困难，找不到任何出路。此指屈瑕已无路可走。屈上吊——屈瑕（被迫）上吊（自杀了）。屈：指屈瑕。成语"趾高气扬"即由此故事而来。

率 兽 食 人

仁心仁术圣孟轲①，劳身焦思游诸国②。
殚精毕力推仁政③，提纲挈领对王说④：
兴邦立国民为本⑤，视民如伤国必卓⑥。
裘马轻肥民不顾⑦，率兽食人同等恶⑧。

【说明】 成语"率兽食人"，见于《孟子·梁惠王上》中的一个成语故事。

【串讲】 ①仁心仁术——有仁慈善良的心肠，也有行善的方法。圣孟轲——（这便是战国时代的）圣人孟子。②劳身焦思——劳苦身躯，苦思焦虑。游诸国——去到（齐、宋、滕、魏等）各国游说。③殚精毕力——尽心竭力。推仁政——来推行他的仁政主张。④提纲挈（qiè）领——提起渔网的总绳，拎住皮衣的领子。比喻抓住事情的关键，或把问题简明扼要地提示出来。此处是两者兼而有之。纲：渔网的总绳。挈：提起。领：指皮衣服的领子。对王说——（孟子就是这样）对魏惠王（梁惠王）说明（大王要实施仁政的道理）。⑤兴邦立国——建立和振兴国家。邦：国家。民为本——人民则是根本。⑥视民如伤——爱惜百姓，唯恐有所惊扰。如伤：像伤病者那样经受不起。国必卓——（这样做）国家必然高高地挺立，强大无比。据载，孟子这次与梁惠王对话不仅阐明了施仁政的道理，还针对他不体恤民情做了本质上的比喻。⑦裘马轻肥——乘肥马，衣轻裘。形容生活富裕豪华。裘：毛皮的衣服。民不顾——（如果大王只是自己过这样的奢华生活）而不关心老百姓的饥苦死活。那就好比：⑧率兽食人——率领着野兽去吃人。比喻施行暴政虐害百姓。同等恶——（这是）一样的罪恶。据载，孟子尖锐指出："（大王）庖（厨房）有肥肉，厩（jiù，马棚）有肥马，民有饥色，野有饿莩（piǎo，饿死的人），是率兽食人也。"成语"率兽食人"即由此成语故事而来。

盘 根 错 节

乱世凶年汉朝歌①，经年累月杀官多②。
义不辞难诣上任③，欣然自喜县令得④。

悬心吊胆友不悦⑤，高见远识诩对曰⑥：
不畏强御臣之职⑦，盘根错节利器斫⑧。

【说明】 成语"盘根错节"，也写作"槃根错节"，见于《后汉书·虞诩（xǔ）传》中的一个成语故事。

【串讲】 ①乱世凶年——时世动乱，年成极坏。汉朝歌——东汉时（安帝永初初年）朝歌（地区的社会现状即如此）。②经年累月——比喻经历的时间很长。杀官多——（因而）被攻杀的地方官吏很多。据载，当时朝歌灾情严重，流民万计，盗贼蜂起。"贼宁（nìng，古宁字）季等数千人攻杀长吏，屯聚连年，州郡不能禁，乃以诩（即虞诩）为朝歌长。"③义不辞难——为正义之事不避危难。诩上任——（于是）虞诩则走马上任了。诩：虞诩（人名），曾在太尉李脩（xiū）手下做官。④欣然自喜——高兴得自觉喜悦。欣然：高兴。县令得——（因为他）得到了（一个风险极大难以治理的朝歌地区的）县令官职。⑤悬心吊胆——形容担忧恐惧，安不下心来。友不悦——（虞诩的）老朋友（为他赴任朝歌县令）而不高兴。悦：高兴。⑥高见远识——见识高远。诩对曰——（于是）虞诩（则以这种见识把他愿做朝歌县令的道理）对他的老朋友们说：⑦不畏强御——指为官刚正，不怕强暴。强御：强暴逞势的人。臣之职——（这是）我虞诩做臣子应尽的职责。⑧盘根错节——树木的根干枝节，盘曲交错。比喻事情繁难复杂，不易处理。也比喻势力根深蒂固，不易消除。此指后一比喻义。利器斫（zhuó）——（这就需要）用锋利的斧头去砍。斫：砍。据载，虞诩对他的老友们说："志不求易，事不避难，臣之职也。不遇槃（同盘）根错节，何以别利器乎（凭什么识别锋利的斧头呢）？"其意思是说，只有遇上不易消除的根深蒂固的黑恶势力而消灭之，才能展现出其非凡的魄力与治理才干。事实果如其言，虞诩到任后，摸清匪底，铺谋设计，很快将顽匪一扫而尽，把朝歌地区治理得很好。成语"盘根错节"也由此而来。

望 梅 止 渴

老奸巨猾汉曹操①，野战群龙过荒郊②。
舌敝唇焦无水饮③，有气无力士气糟④。
火烧眉毛生一计⑤，望梅止渴向前跑⑥。
巧舌如簧一时骗⑦，真相大白水有了⑧。

【说明】 成语"望梅止渴"，见于南朝刘义庆《世说新语·假谲（jué）》中的一个成语故事。

【串讲】 ①老奸巨猾——指阅历深而手段极其奸诈狡猾的人。汉曹操——东汉（末年宰相）曹操（就是这样一个人）。汉：指东汉。②野战群龙——群龙在郊野大战。旧时比喻群雄角逐。过荒郊——（曹操带兵）穿过荒凉的郊野。③舌敝（bì）唇焦——舌头破烂，嘴唇干裂。形容不厌其烦地极力劝说晓谕。也形容非常干渴。此指后者。敝：破；焦：干。无水饮——（但将士）却没有水喝。④有气无力——形容气力衰弱，精神疲惫。有时形容做事没有劲头。此指前者。士气糟——士兵的战斗意志和战斗精神很不好。⑤火烧眉毛——比喻情势急迫。生一计——（曹操）想出一个计策来。⑥望梅止渴——望见梅子口就不渴了。比喻用不切实际的空想来进行安慰。此指原意。据载，曹操举起马鞭子往前一指，对将士们说："前有大梅林，树上结有很多梅子，甘酸可以解渴。"将士们听了他的话，想到梅子的酸味，嘴里的口水流了出来，不再感到口渴了。向前跑——（将士们飞快地）向前边跑去。⑦巧舌如簧——形容假话说得很动听。此指曹操"望梅止渴"的假话说得很动听。簧：乐器里薄叶状的发声振动体。这里指动听的音乐。一时骗——（但对将士们只能）骗过一时（因为实际上并没有梅林）。⑧真相大白——形容真面目或事情真实情况彻底清楚。此指将士们彻底弄清了前边根本没有梅林。水有了——（这时已经到了）有水（喝的地方）了。成语"望梅止渴"即由此故事而来。

欲 盖 弥 彰

卖国求利郈里眩①，拱手让人鲁一城②。
罪大恶极时人论③，臭名昭著史载清④。
青史留名有人想⑤，碌碌无为却无名⑥。
为鬼为蜮名想隐⑦，欲盖弥彰恶人称⑧。

【说明】 成语"欲盖弥彰"，见于《左传·昭公三十一年》中的一个成语故事。

【串讲】 ①卖国求利——出卖国家利益，无耻地谋求个人私利。郈（zhū）里眩（góng）——（春秋时郈国大夫）郈里眩（就是这样一个人）。②拱（gǒng）手让人——恭顺地让给别人或外国。形容懦弱可欺或甘为奴仆、附庸。此指拱手让给外国甘当附庸。鲁一城——（郈里眩让给）鲁国一座城市。鲁：指鲁国。据载，郈里眩偷偷把郈国一座城市送给鲁国，目的是想依附鲁国，求得政治上的庇护。③罪大恶极——罪恶大到极点。时人论——（这是）当时人们（对郈里眩所做的）评论。④臭名昭著——坏名声谁都知道。

昭著：显著，明白。史载清——（并在鲁国）史册上（把邾里肱的恶事已经）记载清楚。⑤青史留名——名字载入史册。青史：史书，古人在竹简上记事，故称青史。有人想——有的人真想（能这样）。⑥碌碌无为——形容才能平常，无所作为。碌碌：平庸的样子；无为：没有作为。却无名——（这样的人在史册上）却没有（留下）名字。⑦为鬼为蜮（yù）——比喻阴险狠毒，暗地害人的坏家伙。蜮：传说中能含沙射影、暗中害人的动物。名想隐——（这样的人）想把名字隐藏起来。⑧欲盖弥彰——想掩盖反而暴露得更加明显。弥：更加；彰：明显。恶人称——（人们）称呼（这种人）为恶人。据载，时人评论说："或求名而不得，或欲盖而名章（同彰），惩不义也。"成语"欲盖弥彰"即由此而来。

黄　粱　一　梦

穷愁潦倒人卢生①，养尊处优梦中成②。
高官厚禄为宰相③，国色天香女为荆④。
钟鸣鼎食子孙盛⑤，寿终正寝八十龄⑥。
黄粱一梦梦已醒⑦，依然如故一切空⑧。

【说明】　成语"黄粱一梦"，见于唐朝沈既济《枕中记》中的一个成语故事。

【串讲】　①穷愁潦倒——穷困愁苦，颓唐消沉。潦倒：沦落，颓丧。人卢生——（唐代传奇小说《枕中记》中的）人物名叫卢生。②养尊处优——处于尊贵地位，过着优裕的生活。养：指生活。梦中成——（不过这只能在）梦里（才能）得到。据载，卢生在邯郸旅店里遇见一个道士叫吕翁。卢生感叹自己穷苦，道士便借给他一个青瓷枕头，说枕了它便会称心如意。这时，店主人刚把小米下锅煮小米饭。卢生接过枕头入睡，便做了一个"养尊处优"的美梦。③高官厚禄——官位高，俸禄多。为宰相——（卢生在梦中）做了宰相。④国色天香——原指色香俱美的牡丹花。后也形容女子的美貌。此指后者。女为荆——（娶了这样的一个）女子做妻子。荆：旧时对人称自己妻子的谦词。此指妻子。⑤钟鸣鼎（dǐng）食——吃饭时奏乐、列鼎。形容富贵人家奢侈、豪华的生活。此指卢生梦中所过的奢华生活。钟：古代乐器；鼎：古代炊器；食：列鼎而食，吃饭时排列好几个鼎盛食物。子孙盛——（而且又）子孙昌盛。据载，在梦中，卢生的妻子为他生了五个儿子，个个成了大材。后来又添了十多个孙子，孙媳妇各个都是名门小姐。⑥寿终正寝——指年老时在家安然死去。八十龄——（这时卢生已经活到）八十岁了。龄：岁数。⑦黄粱一梦——煮一锅小米饭的时间，做了一场好梦。原比喻富贵无常，后也比喻虚幻，一场空。此指原意。梦已醒——（不过美）梦已经做醒。⑧依然如故——仍旧像从前一样。一切空——（梦中）所有的荣华富贵都没了。据载，卢生一觉醒来，梦中的一切都没有了，只见道士还在他身边，小米饭还没做好呢，他仍旧是原来的样子。成语"黄粱一梦"即由此故事而来。

得 意 忘 形

豪放不羁晋阮籍①，独往独来以心移②。
累月经年读书苦③，乐而忘归外游奇④。

高谈阔论群书览⑤，**品竹弹丝不限期**⑥。
兴高采烈酒酣作⑦，**得意忘形无自己**⑧。

【说明】 成语"得意忘形"，见于《晋书·阮籍传》中的一个成语故事。

【串讲】 ①豪放不羁（jī）——形容人性情豪迈，不受拘束。羁：马笼头，引为拘束。晋阮籍——晋朝（就有这样一个人，名叫）阮籍。晋：指晋朝。②独往独来——指随意来往，行动自如，毫无阻碍和牵制。以心移——（阮籍的行动完全）凭着（自己的）心愿来转移。③累月经年——形容经历的时间较久。读书苦——（阮籍这样）读书很辛苦。据载，当阮籍愿意读书的时候，就长期（几个月）不出门，在家苦读。④乐而忘归——非常快乐，竟忘记返回。外游奇——（这是阮籍）外出游玩时（所表现的）特殊之处。据载，阮籍有时外出游玩，玩得高兴了，就几天都不回家。⑤高谈阔论——形容大发议论。群书览——（这和阮籍）看的书很多（有关）。据载，阮籍博览群书，特别喜爱庄老哲学。他经常大发议论，谈论起来简直旁若无人。⑥品竹弹丝——吹奏管乐器，弹奏弦乐器。泛指音乐这种娱乐活动。此指阮籍高兴时就吹拉弹唱起来。不限期——不限制在固定时间里（什么时候高兴，就什么时候吹拉弹唱）。⑦兴高采烈——形容人的兴致高，情绪饱满。酒酣作——（当他）酒喝足了而兴奋时（就更是这样）。酣：饮酒足量；作：发作，兴奋。⑧得意忘形——形容人高兴得失去常态。无自己——（阮籍竟）忘掉了自己（是个什么样子）。据载，阮籍"当其得意，忽忘形骸"。成语"得意忘形"即由此而来。

象 箸 玉 杯

深思远虑商箕子①，满怀信心谏纣王②：
象箸玉杯请勿用③，杜渐除微避国殃④。
逆耳良言王不采⑤，身陷囹圄致子伤⑥。
昏庸无道遭武讨⑦，兵败如山商灭亡⑧。

【说明】 成语"象箸玉杯"，见于《韩非子·喻老》中的一个成语故事。

【串讲】 ①深思远虑——想得很深，考虑得很长远。商箕子——商朝末年（有一个）叫箕子的太师（即是如此）。商：商朝。②满怀信心——指心中充满信心。谏纣王——来向商纣王进谏：③象箸玉杯——用象牙筷子和玉制的酒杯。形容极度奢侈的生活。请勿用——请求纣王不要使用。其目的是：④杜渐除微——在错误或坏事萌芽的时候及时制止，不让其发展。杜：杜绝。渐：事物发展的开端。微：微小。避国殃——（这样）可以避免国家遭到祸殃。据载："昔者纣为象箸而箕子怖，以为象箸必不加以土铏（xíng，泥土做的盛菜羹器皿），必将犀玉之杯；象箸玉杯必不羹菽藿（huò，豆类叶子），则必旄象豹胎……"总之，箕子认为享乐是无止境的，开了头就很难收住，发展下去定会祸国殃民，所以劝谏纣王不要使用象箸玉杯。⑤逆耳良言——不顺耳而有益的好话。王不采——纣王（对此）并不采纳（而且还把箕子给抓了起来）。⑥身陷囹圄——被拘禁关押进监狱。致子伤——致使箕子（失去人身自由）而受到伤害。⑦昏庸无道——糊涂平庸，凶狠残暴，不讲道义。遭武讨——（因此，这个商纣王不久）则遭到周武王的讨伐。武：指周武王。⑧兵败如山——形容军队溃败得一塌糊涂，如山倒塌，无法收拾。商灭亡——（这便是商朝的军队大败）商朝也就灭亡了。成语"象箸玉杯"即由此成语故事而来。

偃 旗 息 鼓

一身是胆蜀赵云①，门户洞开待曹军②。
单枪匹马寨门立③，偃旗息鼓伏兵深④。
追风逐电曹兵到⑤，见微知著忙撤军⑥。
入吾彀中云令射⑦，穷追猛打败敌人⑧。

【说明】 成语"偃（yǎn）旗息鼓"，见于西晋陈寿《三国志·蜀志·赵云传》中的一个成语故事。

【串讲】 ①一身是胆——形容人非常胆大、勇敢。蜀赵云——（三国时）蜀国（大将）赵云（即如此）。②门户洞开——门大开。常用来比喻对敌人的入侵毫无戒备、阻挡。此指原意，即指赵云把营寨寨门大开。户：单扇门，门；洞开：大开。待曹军——等待曹操军队（攻来）。曹：指曹操。③单枪匹马——打仗时一个人单独上阵。后也比喻一个人单独行动。此指前者。寨门立——（赵云）挺立在营寨门口。④偃旗息鼓——放倒军旗，停击战鼓。后常用来形容隐蔽目标，秘密行军。也指停止战斗。此指原意。偃：放倒；息：停止。伏兵深——（赵云的）军队埋伏得很隐蔽。据载，有一次，赵云领兵在汉水附近驻守，曹军猛冲过来。赵云兵少势弱，有人劝他闭门死守。赵云不但不听，反而命令部下"更大开门，偃旗息鼓"，同时在营外埋伏好弓箭手，而自己则骑马提抢，一人挺立在营寨门口，等待曹军到来。⑤追风逐电——原形容马跑得飞快的样子。此形容进兵迅猛。曹军到——曹操的军队进到了（赵云营寨门前）。⑥见微知著——见到一点苗头就能看清其发展的趋势和实质性问题。此指曹军见到赵云"门户洞开""偃旗息鼓"的苗头，就能看清赵云必有伏兵和将遭伏兵围击的后果。微：小，指刚露出的一点苗头；著：明显。忙撤军——（曹军）急忙退兵。⑦入吾彀（gòu）中——进入我的弓箭射程范围之内。比喻别人进入他所设置的牢笼或圈套，受他摆布。此指曹军已进入赵云伏击圈内，受赵军歼杀。云令射——（于是）赵云则下令射击。云：赵云。据载，命令一下，战鼓震天，万箭齐发，曹军溃败，死伤无数。⑧穷追猛打——对溃败敌人不管逃到哪里，都追住不放狠狠打击。败敌人——把敌人（曹军）打得大败。成语"偃旗息鼓"即由此故事而来。

推　敲　推　敲

出口成章唐贾岛①，　字字珠玑吐新辞②。
披星戴月赴京试③，　见景生情赋佳诗④。
推敲推敲字难选⑤，　沉吟未决驴背时⑥。
文章巨公韩愈遇⑦，　指破谜团岛定之⑧。

【说明】　成语"推敲推敲"，见于《刘公嘉话》中的一个成语故事。
【串讲】　①出口成章——话说出来就是一篇文章。形容文思敏捷，谈吐风雅。唐贾岛——唐代一个叫贾岛的（读书人即如此）。唐：指唐朝。②字字珠玑——每个字都像珍珠、宝玉那样珍贵值钱。形容文章做得好。吐新辞——（因为贾岛诗文）写出的都是新颖

· 632 ·

的词句。③披星戴月——形容早出晚归，辛勤忙碌或不分昼夜地赶路。此指后者。赴京试——（贾岛就是这样骑着毛驴日夜兼程地）前往京师（参加科举）考试。④见景生情——看见眼前景物而引起某种联想或感慨。也指随机应变。此指前者，即贾岛路过一处佳境而"见景生情"。赋佳诗——（于是）便作了（两句）好诗。据载，有一次，贾岛在一个皓月当空的夜晚，路过一处池塘，见池边林木里露出一座古寺。月光朗照如水，古寺、林木、池塘都沉浸在月色的清辉里，显得格外幽静、淡雅。于是，贾岛见景生情，赋诗两句："鸟宿池边树，僧敲月下门。"吟完甚感得意。可是他走过一段路程，便觉得这第二句的"敲"字似乎用得不当。敲者必有声，有声似乎破坏了宁静的意境，于是想把"敲"字改成"推"字。可是又一想这"推"字也不妥，夜深寺门已闭，何以推得开呢？⑤推敲推敲——指斟酌字句，反复思考。也指对事物反复地研究斟酌。此指前者。字难选——究竟是用"推"字还是用"敲"字（贾岛一时）难以选定。⑥沉吟未决——沉思吟味，难以决断。谓迟疑犹豫。驴背时——（贾岛这种表现正是）他骑在驴背上时（所为）。据载，贾岛一路沉思用"推""敲"哪个字为好，"练之未定，遂于驴上吟哦，时时引手作推敲势"。⑦文章巨公——写文章的大家、能手。形容文才出众。韩愈遇——韩愈（恰巧路过）而遇上（贾岛）。⑧指破谜团——用指点破疑团。此指韩愈点破"推敲"疑团，还是用"敲"字为好。谜团：疑团。据载，韩愈为朝廷命官，路过时贾岛只顾沉吟推敲二字取舍，没有回避。于是，侍从便把他带到韩愈面前，"岛具对所作得诗句云云，韩立马良久，谓岛曰：'作敲字佳矣。'"岛定之——（于是）贾岛便确定用"敲"字。之：代词，代"敲"字。为什么韩愈曰"作敲字佳"？仔细玩味，确有妙处。一是合乎情理；二是更能反衬出夜深之幽静，敲字有声，岂不是更显得静吗？形象逼真，如临其境。成语"推敲推敲"便由此故事演化而形成。

涸 辙 之 鲋

借贷无门古庄周①，连类比物斥河侯②：
风和日丽来时路③，奄奄一息辙鲋求④。
急不及待请赐水⑤，慨然应允周胡诌⑥。
涸辙之鲋怒目对⑦：虚与委蛇枯鱼收⑧。

【说明】 成语"涸（hé）辙之鲋（fù）"，见于《庄子·外物》中的一个成语故事。

【串讲】 ①借贷无门——没有地方借钱。借贷：借钱。古庄周——古代（思想家、道家代表人物）庄周（即如此）。据载，庄周（即庄子）家里很穷。有一次，他向"监河侯"（管理黄河的官）借粮，监河侯说："好吧！等我收得了赋税，就借三百金给你。"庄周遭到拒绝，非常气怒。②连类比物——指连缀相类的事物进行比较。比：比较。斥河侯——（庄周就这样）怒斥河侯说：③风和日丽——微风和煦，阳光明媚。形容天气晴好。来时路——（我走在）来时的道路上。④奄奄一息——只剩下微弱的一口气。形容临近死亡。奄奄：气息微弱的样子。辙鲋求——（这便是有一条在干枯）车辙里的鲋鱼（也叫鲫鱼）向我求救。⑤急不及待——急得不能等待。形容心情急切或形势紧迫。此为二者兼而有之。请赐水——（鲋鱼）请求我给它一些水。⑥慨然应允——指爽快地答应下来。慨然：慷慨豪爽的样子。周胡诌——（不过）我只是随口瞎编而已。据载："（鲋鱼）曰：'君岂有斗升之水而活我哉？'周曰：'诺，我且南游吴越之王，激西江（长江）之水而迎子，可乎？'"⑦涸辙之鲋——干车辙里的鲫鱼。比喻处境困难，急待援助的人。此为原意。怒目对——（它）瞪圆眼睛发怒地对我说：⑧虚与委蛇（yí）——假意殷勤，敷衍应付。委蛇：形容随顺。枯鱼收——（等到那时你引来水）我早已变成干鱼等你来收了。据载，鲋鱼对曰："我得斗升之水然活耳，君乃言此，曾不如早索我枯鱼之肆。"成语"涸辙之鲋"即由此成语故事而来。

萎 靡 不 振

纸醉金迷宋徽宗①，宴安鸩酒忘敌情②。
晴天霹雳金兵至③，目瞪口呆无计迎④。
补过拾遗杨时谏⑤：邦国疹瘁头要清⑥。
精神抖擞尚可救⑦，萎靡不振江山崩⑧。

【说明】 成语"萎靡（mǐ）不振"，见于《宋史·杨时传》中的一个成语故事。

【串讲】 ①纸醉金迷——比喻使人沉醉的繁华富丽的境况。也形容豪华奢靡的享乐生活。此指后者。宋徽宗——（北宋皇帝）宋徽宗（即整天过这样的生活）。②宴安鸩（zhèn）酒——安逸享乐就像喝毒酒自杀一样。宴安：安逸，贪图享受；鸩酒：传说用毒鸟鸩的羽毛浸泡过的酒。忘敌情——（这使得宋徽宗）完全忘记了敌人（金兵）入侵的情况。据载，就在金兵占领了北方大片领土时，宋徽宗还在征调大批百姓搬运奇花异石，从南方运到国都汴京（今河南开封），修饰宫殿，装点花园，几乎完全忘却了金兵入侵的情况和将要给他带来的灾难。③晴天霹（pī）雳（lì）——晴朗的天空响起了炸雷。比喻令人震惊，完全出乎意外。此指宋徽宗感到非常震惊，根本没有想到。霹雳：炸雷。金兵至——金兵攻到了（离汴京不远的地方）。④目瞪口呆——瞪大眼睛发愣，嘴里说不出话来。形容惊惧或生气而发呆的样子。此指由于“金兵至”而把宋徽宗吓得“目瞪口呆”。无计迎——（因为宋徽宗）想不出什么办法来迎对（金兵）。⑤补过拾遗——原指帮助君王纠正过失，补救政事上的缺漏。又指补录著述中资料、文辞的缺漏。此指原意。过：过失；遗：遗漏。杨时谏——（大臣）杨时（则向宋徽宗）进谏。他都说了些什么呢？⑥邦国殄瘁（tiǎn cuì）——形容国家处于危险境地。殄瘁：病困。头要清——（说在这种情况下朝廷）应该头脑清醒。⑦精神抖擞（sǒu）——形容精神振奋。此指杨时忠告朝廷应该精神振作起来。抖擞：抖动，振作。尚可救——（这样，国家）还可以得到挽救。⑧萎靡不振——意志消沉，精神不振。萎靡：颓丧。江山崩——（如果这样）大宋王朝（就会很快）垮台。据载，杨时面对群臣向皇帝进谏说：如今的形势就像干柴堆已经着了火一样危急，朝廷必须头脑清醒，精神振奋，充满自信。这样，才能振作人心，鼓舞士气，国家才可以挽救。“若示以怯懦之形（如果用胆怯懦弱的样子给人们看），萎靡不振，则事去矣（那么，国家危急的大事就无法挽回了）。”成语“萎靡不振”则由此而来。

淮橘为枳

接风洗尘王宴婴①，蜜谋先定缚贼经②。
装模装样王问故③，照本宣科吏回明④。
狗偷鼠窃齐人指⑤，借端生事王辱婴⑥。
淮橘为枳婴推类⑦：入乡随俗楚盗行⑧。

【说明】 成语"淮橘为枳（zhǐ）"，见于《晏子春秋·内篇杂下》中的一个成语故事。

【串讲】 ①接风洗尘——指设宴款待远来的客人或远行归来的人，以示慰问和欢迎。此指前者。王宴婴——（这便是）楚王设宴招待（齐国使者）晏婴。王：楚王。婴：晏婴（人名）。②蚤谋先定——指预先筹划。蚤：同"早"。缚贼经——捆绑（一个假扮的）小偷（在楚王面前）经过。③装模装样——故意装出不同寻常的姿态。王问故——（这便是）楚王故意问这是什么缘故？据载，楚王问："这是个什么人？犯了什么罪？"④照本宣科——照着本子念条文。形容拘泥于书本，缺乏创造性。此指照着事先拟定好的说辞来说。吏回明——（押解小偷的）官吏（就这样）来回答楚王的问话。⑤狗偷鼠窃——像狗和老鼠那样小规模地窃取偷盗。指小偷小摸。齐人指——（官吏）指着（那个被押解的人对楚王说）是齐国人（犯了盗窃罪）。⑥借端生事——凭借已经发生的事情，有意寻衅生事。端：事端。王辱婴——（于是）楚王（借说小偷是齐国人）来污辱晏婴。据载，楚王不怀好意地对晏婴笑了笑说："原来齐国人喜欢偷东西。"晏子听了很生气，立即予以反驳。⑦淮橘为枳——淮南之橘，如移植淮北则变为枳，此地气所使然。比喻人或事物因环境不同而改变性质。婴推类——（于是）晏婴（以此）推论类比说：⑧入乡随俗——到一个地方，就依从当地的风俗习惯。楚盗行——（所以这个齐人在齐国不偷）到了楚国就做起偷盗的勾当。（莫非是楚国的水土让人变成小偷吗）？据载："晏子避席对曰：'婴闻之，橘生淮南则为橘，生于淮北则为枳。叶徒相似，其实味不同。所以然者何？水土异地。今民生长于齐不盗，入楚则盗，得无楚之水土使民善盗耶？'"成语"淮橘为枳"即由此而来。

探 囊 取 物

席珍待聘韩熙载^①，不甘雌伏去投吴^②。
莫逆之交李谷送^③，抱负不凡韩口出^④：
鹍鹏得志如为相^⑤，长驱直入中原卒^⑥。
势不两立谷回语^⑦：探囊取物吴国除^⑧。

【说明】 成语"探囊取物"，见于《新五代史·南唐世家》中的一个成语故事。

【串讲】 ①席珍待聘（pìn）——席上的宝玉，等待人去选用。指怀才待用。席：坐席，席位；珍：宝玉；席珍：席上的宝玉，比喻具有美善的才德。韩熙（xī）载——（五代时潍州的）韩熙载（就是这样一个人）。潍州：今山东潍坊。②不甘雌伏——指不甘心无所作为。甘：甘心，情愿；雌伏：雌鸟伏在那儿，比喻退藏，不进取，无所作为。去投吴——（所以韩熙载于后唐明宗时）去投靠（当时处于江南的）吴国。吴：指五代时江南吴国。③莫逆之交——心意相投、感情深厚的朋友。交：交情，友谊。李谷送——李谷（为韩熙载）送行。④抱负不凡——有远大的志向，与一般人不同。抱负：远大的志向。韩口出——（这）从韩熙载的口中说出。韩：指韩熙载。他是怎么说的呢？⑤鹍鹏得志——比喻有奇才大志的人得到了施展的机会。鹍鹏：应为"鲲鹏"，传说中极大的鱼和极大的鸟。如为相——假如（我）做了（吴国）宰相。会怎样呢？⑥长驱直入——长途快速进军，直达对方纵深地区。此指让吴国的军队"长驱直入"后唐。中原卒——（一直打到）中原地区（才算）终结。意思是要夺取中原。卒：终。⑦势不两立——指对立的双方不能并存。形容矛盾极其尖锐。此指李谷与韩熙载在各自为其国家利益上"势不两立"。谷回语——（于是）李谷回答（韩熙载）说：⑧探囊取物——掏口袋取东西。比喻事情极容易办到。探囊：摸口袋。吴国除——（假如我做了中原宰相就会这么容易地）把吴国灭掉。除：去掉。据载，李谷回答说："中国（中原）用吾（我）为相，取江南（指吴国）如探囊取物尔（尔同耳，罢了）。"成语"探囊取物"即由此而来。

赔了夫人又折兵

谋如泉涌周瑜聪①，自我陶醉定计行②。
诳言诈语骗备至③，比翼连枝孙妹成④。
弄假成真备离去⑤，气急败坏瑜追征⑥。
路绝人稀伏军起⑦，赔了夫人又折兵⑧。

【说明】 成语"赔了夫人又折兵"，见于《三国演义》第五十五回中的一个成语故事。

【串讲】 ①谋如泉涌——计谋如奔涌的泉水那样多。形容人的计谋很多。此指东吴大都督周瑜的计谋很多。周瑜聪——（这是因为）周瑜这个人太聪明了。②自我陶醉——形容得意扬扬地自我欣赏。陶醉：满意地沉浸在某种情绪或境界中。定计行——（这是因为周瑜）已经制订好了（索取荆州的）计策并付诸实施。③诳（kuāng）言诈语——欺骗人的话。诳：欺骗；诈：骗。骗备至——（周瑜用这些谎话）把刘备诳骗到（东吴）。备：指刘备。据载，周瑜定计：谎称将孙权之妹许配给刘备为妻，以便吴蜀联姻，共抗曹操。于是请刘备到东吴成亲，想借此机会扣留刘备作为讨还荆州的人质。其结果如何呢？④比翼连枝——形容夫妇亲密不离。比翼：鸟名，传说一目一翼，需两两齐飞，比喻夫妇。孙妹成——（这是因为刘备到了东吴，依军师诸葛亮之对策行事，竟然真的）与孙权之妹结成了夫妻。据载，对周瑜设的美人计，诸葛亮则一眼看穿，于是制订一个假戏真唱的对策，让刘备以策行事。结果刘备真的与孙权之妹成亲而"比翼连枝"。⑤弄假成真——本想假做，却成真事。此指周瑜本想假说将孙权之妹许配给刘备为妻，结果却成了真事。备离去——（不久）刘备（依军师之策借故）逃离（东吴）去往（西蜀）。⑥气急败坏——上气不接下气，狼狈不堪。瑜追征——周瑜（听说刘备逃离便率领吴军在他后边这样拼命地）追杀讨伐。征：讨伐。⑦路绝人稀——道路阻绝，人烟稀少。伏军起——（周瑜追到这个地方）突然有埋伏的蜀军出现（而遭到伏击）。⑧赔了夫人又折兵——（结果，周瑜没有追上刘备及其夫人）赔上了孙权之妹又损兵折将。后来比喻想占便宜，反而受到双重损失。据载，当时蜀军兵士齐声嘲笑高喊："周郎妙计安天下，赔了夫人又折兵。"成语"赔了夫人又折兵"也便由此而来。

朝 三 暮 四

兴趣盎然养猴人①，兢兢业业饲养勤②。
家徒四壁无粮喂③，朝三暮四橡子分④。
瞋目切齿猴发怒⑤，随机应变公改音⑥。
朝四暮三猴满意⑦，笑逐颜开地上蹲⑧。

【说明】 成语"朝三暮四",见于《庄子·齐物论》中的一个成语故事。

【串讲】 ①兴趣盎然——形容兴致很高,兴趣浓厚。盎然:充满、洋溢的样子。养猴人——(春秋时宋国一个)饲养猴子的人(即如此)。据载,当时人们都称养猴人为狙(jū)公,他养了一群猴子。狙公对猴子的性情、习惯了如指掌。他说的话,猴子们也都能听懂。②兢兢业业——形容做事小心谨慎,认真踏实。此指饲养猴子"兢兢业业"。饲养勤——饲养得很尽力。③家徒四壁——家里只有四周的墙壁。形容穷得一无所有。徒:只;壁:墙壁。据载,狙公后来家里穷了,已无粮食可喂。④朝三暮四——早上三颗,晚上四颗。原比喻聪明人善于使用手段,愚笨的人不善于辨别事理。后比喻反复无常。此指前者。据载,狙公为了减少猴子们的粮食,便想出一个办法,和猴子们商量说:"以后,你们吃橡子,由我公平分配。一律早上三颗,晚上四颗。好不好?"橡子分——(按着这个标准)分配橡子。⑤瞋(chēn)目切齿——发怒时无比痛恨的样子。瞋目:发怒时睁大眼睛。猴发怒——(这是因为)猴子们(一听说先分三个都很)气怒。据载,猴子们听说"朝三暮四",个个嫌少,都瞋目切齿地站了起来,表现出极愤怒的样子。⑥随机应变——随着情况的变化灵活机动地应付。此指狙公看猴子们如此不满马上想出办法应付。公改音——狙公改换了话音,即换了一种说法。公:指狙公。⑦朝四暮三——早上四颗,晚上三颗。比喻义与"朝三暮四"相同。猴满意——(这回)猴子们(以为增多了,都很)满意。⑧笑逐颜开——笑得脸都舒展开了。形容十分高兴。地上蹲——(猴子们就这样地)蹲在地上。据载:"狙公赋(给予)茅(橡子),曰:'朝三而暮四。'众猴(猕猴)皆怒。曰:'然则朝四而暮三。'众猴皆悦。"成语"朝三暮四""朝四暮三"即由此而来。

逼 上 梁 山

尽忠报国林教头①，安分守己度春秋②。
无风起浪妻被戏③，怒火中烧犯高俅④。
祸不单行严逼紧⑤，忍气吞声不罢休⑥。
物极必反陆谦宰⑦，逼上梁山报深仇⑧。

【说明】　成语"逼上梁山"，见于历史小说《水浒传》中的一个成语故事。

【串讲】　①尽忠报国——竭尽忠心，报效国家。林教头——（宋朝东京八十万禁军）教头林冲（就是这样一个人）。林：指林冲。②安分守己——规矩老实，很守本分。己：指自己活动的范围。度春秋——（林冲就是这样地）安度岁月。③无风起浪——比喻平白无故地生出是非来。妻被戏——（林冲的）妻子被人调戏。④怒火中烧——愤怒的火焰在心中燃烧。形容心中怀着极大的愤怒。犯高俅——（于是林冲便）触犯了（他的顶头上司当朝太尉）高俅。据载，有一天，林冲带着妻子赶庙会，不料妻子竟遭到高俅的儿子高衙（yá）内的调戏，并想霸占她。林冲知道后便教训他一顿，这一下便触犯了高俅。⑤祸不单行——不幸的事接二连三地来临。此指林冲接二连三地遭到高俅父子的迫害。严逼紧——死死地逼着不放。⑥忍气吞声——受了气勉强忍耐，把话压在肚里不敢说出来。此指林冲面对高俅父子接二连三的迫害而"忍气吞声"。不罢休——（可是高俅父子对林冲的迫害）仍不停止。据载，高俅为了陷害林冲，就指使陆谦以比刀为名把林冲骗入商议军机大事的白虎堂中，于是把林冲定成持刀闯白虎堂的罪名而发配沧州。为了杀死林冲，高俅则买通公差让他们路过野猪林时下手，结果又被鲁智深救下。此时林冲还在忍耐，直到沧州，去看草料场。可是高俅仍是逼着不放，又派陆谦去杀害林冲。⑦物极必反——事物发展到顶点，必定向相反方向转化。此指林冲被逼到极点，没有生路，必定向反抗的方向转化。极：到达顶点；反：向相反方向转化。陆谦宰——（于是林冲便）杀了陆谦。⑧逼上梁山——（林冲）被逼投奔了梁山农民起义军。后比喻被逼进行反抗。此指原意。据载，陆谦到了沧州，为了加害林冲，便火烧草料场。林冲被逼得无路可走，就杀了陆谦等人，雪夜上梁山，走上了反抗赵宋王朝的道路。报深仇——（以此）来报（他的）深仇大恨。成语"逼上梁山"即由此故事而来。

程 门 立 雪

学究天人宋程颐①，久负盛名拜者集②。
尊师贵道时酻至③，洗耳拱听用心习④。
年事已高颐暝坐⑤，垂手侍立时酻期⑥。
闭目养神颐初醒⑦，程门立雪方告离⑧。

【说明】 成语"程门立雪"，见于《宋史·杨时传》中的一个成语故事。

【串讲】 ①学究天人——有关天道人事方面的学问都通晓。形容人学问渊博。究：研究。宋程颐（yí）——北宋时有一位名叫程颐的（理学家即是如此）。宋：北宋。②久负盛名——长期以来就享有很大的名望和荣誉。负：承担，引申为享有、拥有。拜者集——（所以）拜师求学的人都聚集在其门下。③尊师贵道——尊敬师长，重视老师的教诲。时酢（zuò）至——（这便是）杨时和游酢二人来到程颐家求教。时：杨时（人名）；酢：游酢（人名）。④洗耳拱听——洗净耳朵，拱手而听。形容专心、恭敬地聆听人讲话。用心习——（时酢二人就是这样聆听程颐的教诲）用心学习。⑤年事已高——指年纪已经很大了。颐瞑坐——（这就是）程颐坐着偶然睡着了。瞑：闭目。⑥垂手侍立——下垂双手，恭恭敬敬地站着。时酢期——杨时与游酢（就是这样）等待（程颐醒来）。期：等待。⑦闭目养神——闭上眼睛养精神以消除疲劳。颐初醒——（这是）程颐刚刚睡醒。⑧程门立雪——在程颐家时酢二人站立着等他睡醒求教并已降雪。形容尊师重道，虔诚求教。方告离——（直到程颐睡醒，求教完毕，外面雪深时）时、酢二人才告别离去。据载"（时、酢）见程颐于洛，时盖年四十矣。一日见颐，颐偶瞑坐，时与酢侍立不去。颐既觉，则门外雪深一尺矣。"成语"程门立雪"即由此成语故事而形成。

蛟　龙　得　水

蕴奇待价杨大眼①，奔逸绝尘武功高②。
锋芒毕露尚书见③，拍案称奇选中了④。
任贤仗能封为将⑤，志满气得语同僚⑥：
平起平坐成过去⑦，蛟龙得水我今朝⑧。

【说明】　成语"蛟龙得水"，见于《北史·杨大眼传》中的一个成语故事。

【串讲】　①蕴奇待价——怀藏奇才，等待施展的机会。杨大眼——（北魏时）有一个叫杨大眼的人（便是如此）。②奔逸绝尘——形容奔跑极快。奔逸：急驰；绝尘：脚不沾土。武功高——（杨大眼这方面的）武艺特别高强。据载，杨大眼年轻时有一身好武艺，骁勇敏捷，奔跑如飞。③锋芒毕露——锐气和才干全部显露出来。尚书见——（杨大眼的这种高超武功）全被尚书李冲亲眼看到。④拍案称奇——谓欣赏文学作品，读到精彩处，情不自禁地拍桌子叫好。此处借指欣赏杨大眼精彩武功表演而"拍案称奇"。据载，孝文帝太和中年，北魏欲南伐齐、梁，尚书李冲典选征官，大眼应选，一开始李冲并没看上他。大眼说："尚书您还没有见过我的本领，请让我露一技能给您看看。"于是，拿出一根三丈左右的绳子，系在自己的发结上而飞跑，绳子被拉直，如同射出去的箭，快马都追不上他。观看的人无不惊叹，李冲"拍案称奇"说："千百年来，还没有善跑的人像他这样跑得快。"选中了——（于是杨大眼被尚书）所选中。⑤任贤仗能——任用有德行有才能的人。封为将——（杨大眼）则被封为统军大将。⑥志满气得——意气满足而得意。志：意志；得：得意。语同僚——（杨大眼便是这样）对他的同僚说：⑦平起平坐——平等起坐。比喻地位或权力相等。成过去——（这已经）成为过去的事了。⑧蛟龙得水——传说蛟龙得水后就能兴云作雨飞腾升天。比喻有才能的人得到了施展才能的机会。蛟：古代传说中的无角龙。我今朝——（这便是）我现在的得意之时。据载："大眼顾谓同僚曰：'吾之今日，所谓蛟龙得水之秋，自此一举，不复与诸君齐列矣。'"成语"蛟龙得水"即由此故事而来。

黑 白 混 淆

徇公忘己汉杨震①，两袖清风上疏陈②：

营私舞弊帝乳母③，贪污腐化豪宅新④。
黑白混淆无正义⑤，清浊同流误国深⑥。
视若无睹帝不满⑦，直木必伐遣回村⑧。

【说明】 成语"黑白混淆"，见于《后汉书·杨震传》中的一个成语故事。

【串讲】 ①徇公忘己——尽忠于国家民众之事而弃置个人私利。徇：同"殉"。汉杨震——东汉（安帝）时（任太尉）的杨震（便是这样一位高官）。②两袖清风——原指人迎风潇洒的姿态，后多比喻做官廉洁，除两袖清风之外，一无所有。此指比喻义，即为官清廉。上疏陈——（于是杨震看到贪污腐败的现象则向安帝）上疏陈奏：③营私舞弊——谋求私利，玩弄欺骗手段。帝乳母——（这便是）皇帝的乳母（王圣）。④贪污腐化——利用职权侵吞国家财产或接受贿赂，过着糜烂的生活。豪宅新——（这体现在王圣利用其为皇帝乳母的身份和地位占用国家资财大兴土木）建造豪华的新住宅上。据载，王圣建此新豪宅，"为费巨亿"，所用之人都是些贪污受贿之徒。所以，杨震大发感慨。⑤黑白混淆——故意把黑的说成白的，把白的说成黑的。颠倒是非，制造混乱。无正义——（这里）根本没有什么正义可言。⑥清浊同流——清水与浊水一渠同流。比喻美恶混杂，良莠不分。误国深——（这样必然）使国家受到巨大的损害。据载，杨震就此事指出当今弊端："黑白溷（同混）淆，清浊同源，天下讙（huān，同喧）哗，咸（都）曰财货上流，为朝结讥。"如此肺腑之言，安帝接受了吗？⑦视若无睹——虽然看见了却像没有看见一样。形容对眼前事物漠不关心。帝不满——（而且）安帝（对杨震的上疏）还极不满意。⑧直木必伐——笔直成材的树必遭砍伐。比喻正直有才的人要遭到打击。遣回村——（这便是杨震）被遣返回乡。据载，安帝对杨震的劝谏不理不睬，后来在那些坏人的鼓动下，下诏将杨震罢官，遣返回乡，路上饮毒酒而死，时年七十余。成语"黑白混淆"即由此成语故事而来。

游 刃 有 余

得心应手庖解牛①，妙不可言王盘究②。
开诚布公庖丁告③：顺理成章是根由④。
目无全牛结构显⑤，批郤导窾任刀游⑥。
游刃有余刀不钝⑦，新发于硎解千头⑧。

【说明】　成语"游刃有余"，见于《庄子·养生主》中的一个成语故事。

【串讲】　①得心应手——心里摸索到规律，做起来就自然顺手。形容功夫到家，心手相应。也指做事很顺手。此指前者，即解牛的功夫到家，解起来心手相应。庖解牛——（战国时）有个庖丁（就是这样给文惠王）解牛。庖丁：庖为厨师，丁为其名；文惠王：梁惠王。②妙不可言——美妙到了极点，无法用语言表达。此指庖丁解牛"得心应手"的样子。简直"妙不可言"。王盘究——（于是）文惠王则盘问追究（他的解牛技艺为什么会高妙到这种地步）。王：指文惠王。③开诚布公——态度诚恳，坦白无私。开诚：敞开诚心。庖丁告——庖丁（这样地）告诉（文惠王）。④顺理成章——写文章或做事，顺着条理就能顺利地做好。此指顺着牛的骨骼条理（规律）进刀就能把牛解好。据载，庖丁对文惠王说："我所追求的是事物的规律，已超过一般的解牛技术了。"是根由——（这）是最根本的原因。⑤目无全牛——眼里看到的不是完整的牛。指解剖牛的肢体时，看到的是其各个相连部分的空隙。形容对于事物所有组成部分的关系都了如指掌，处理起来极其准确熟练。此指原意，即庖丁解牛时"目无全牛"。结构显——（牛骨骼组成部分的）搭配和排列（在头脑中完全）显现出来。⑥批郤（xì）导窾（kuǎn）——指宰牛后在其骨头相连的地方切开，没有骨头的地方顺势分解。比喻善于抓住关键顺势解决问题。此为原意。批：用刀切；郤：同"隙"，缝隙；窾：空穴。任刀游——任凭刀子运转。⑦游刃有余——指肢解牛体时能看准骨节之间的空隙下刀，刀刃运行于空隙之间大有回旋的余地。后用以比喻技术熟练高超，做事轻而易举。此指原意。游刃：运行刀刃；有余：有余地。刀不钝——（这样）刀刃（仍旧）很锋利。⑧新发于硎（xíng）——刚从磨刀石上磨出来。形容刀刃很锋利。硎：磨刀石。解千头——（这是在已经）分解了上千头牛后（刀刃仍然像"新发于硎"一样）。据载，庖丁继续说："彼节（牛骨节）者有间，而刀刃者无厚。以无厚入有间，恢恢乎，其于游刃必有余地矣。"成语"游刃有余"即由此而来。

焦 头 烂 额

固执己见一人家①，**金玉良言丢天涯**②。
曲突徙薪他不做③，**果不其然失火了**④。
火光烛天邻居救⑤，**焦头烂额扑灭它**⑥。
感激不尽摆酒谢⑦，**贵人善忘无谏侠**⑧。

【说明】 成语"焦头烂额"，见于东汉班固《汉书·霍光传》中的一个成语故事。

【串讲】 ①固执己见——顽固地坚持自己的偏见。一人家——（古时候）就有一户（这样的）人家。②金玉良言——比喻非常宝贵的劝告。金玉：黄金和美玉。丢天涯（yá）——（主人把别人这样的劝告）丢到很远的地方去了。即此家根本不听劝告。涯：边际。③曲突徙薪——把烟囱改建成弯的，搬开灶旁的柴，避免发生火灾。后比喻事先采取措施，防止危险发生。此指原意。曲：使之弯曲；突：烟囱；徙：迁移；薪：柴。他不做——这家主人不去（这样）做。据载，这户人家灶上装的烟囱是直直的，灶旁堆满了柴火。有人劝他把烟囱改成弯的，把柴火搬开，免得发生火灾，可这家主人却不听劝告，依然如故。④果不其然——果真不是那样；但通常已是正话反说，即"果然如此"。此指后者。失火了——（这家真的）着了大火。⑤火光烛天——火光照亮了天空。形容火光很大，火势很猛。此指失火的惨状。烛：照亮。邻居救——（此家的）左邻右舍（都来）救火。⑥焦头烂额——原形容头部被火烧成重伤。后比喻狼狈窘迫的样子。此指原意。据载，邻居们救火时，有的人被火烧得"焦头烂额"。扑灭它——（这才）把大火扑灭。⑦感激不尽——非常感激。此指主人对救火的邻居非常感激。摆酒谢——（于是事后）设酒宴来答谢（这些邻居）。⑧贵人善忘——官位高的人善忘。原来形容显赫的官僚对人倨傲，不念旧交。后也泛用以嘲讽人善忘。此指后者，即嘲讽这家主人善忘。无谏侠——（在被请吃酒的人里）却没有（那个）曾劝告（主人要"曲突徙薪"）具有侠义心肠的人。谏：劝告；侠：指有侠义心肠的人。据载，火救住之后，主人摆酒感谢邻居，烧伤的人坐在上席，却没有请曾经劝他"曲突徙薪"的那个人。于是有人说："今论功而请宾，曲突徙薪亡（无）恩泽，焦头烂额为上客耶？"成语"焦头烂额"即由此而来。

铸 成 大 错

千虑一失罗绍威①，开门延盗元气摧②。
金玉满堂全忠供③，囊空如洗积蓄没④。
消患未形牙虽灭⑤，一蹶不振兵力亏⑥。
咎由自取罗后悔⑦，铸成大错永无追⑧。

【说明】　成语"铸成大错"，见于《资治通鉴·唐昭宗天祐三年》中的一个成语故事。

【串讲】　①千虑一失——千次谋划，也总会有一点失误。千虑：形容考虑谋划的次数很多。罗绍威——（晚唐天雄军节度使割据魏州的军阀）罗绍威（便是这样）。据载，当时魏州还存在着原来牙将的军队，势力很强。为了消灭牙军，罗绍威"千虑一失"把另一军阀朱全忠引了进来。②开门延盗——打开大门迎接强盗进来。比喻引进坏人，自招祸患。此指罗绍威引进了军阀朱全忠，自己则招来祸害。元气摧——（因此罗绍威军队的）生命力遭到破坏。元气：生命力；摧：折断，破坏。③金玉满堂——原来形容占有很多财富。后也比喻人很有才能，学识丰富。此指原意。全忠供——（用这些财富）供应朱全忠（的军队）。据载，朱全忠留在魏州半年，罗绍威对他的供应，牛羊猪将近七十万头，财物、粮食的供应和牛羊猪的价值相当，赠送的东西又将近百万。④囊空如洗——口袋里什么都没有，就像水冲洗过的一样。形容一个钱也没有。此指罗绍威为了供应朱全忠的军队，把钱都用光了。积蓄没——多年积存下来的财物都没有了。⑤消患未形——在祸患尚未形成之前就予以消除。牙虽灭——（借朱全忠的力量）牙军虽然被消灭。牙：指牙军。⑥一蹶（jué）不振——一受挫折就再也振作不起来了。此指罗绍威积蓄用光，从此则"一蹶不振"。蹶：跌跤，引申为失败，挫折；振：振作，奋起。兵力亏——军队战斗力受到损害（而衰弱了）。亏：损，缺。⑦咎（jiù）由自取——罪过、灾祸是由自己招来的。咎：罪过、灾祸。罗后悔——罗绍威很后悔。罗：指罗绍威。⑧铸成大错——铸造成一把大锉刀。借指造成重大错误。此指引朱全忠进入魏州则是"铸成大错"。铸：铸造，把金属熔化后倒入沙型或模子里制成器物；错：锉刀，借用为错误。永无追——（这个大错）永远无法补救。追：补救。据载，罗绍威后悔地对别人说："合六州四十三县铁，不能为此错也。"成语"铸成大错"即由此演化而成。

嗟 来 之 食

凶年饥岁齐人哀①，沿门托钵体力衰②。
慈悲为本人黔敖③，道殣相望饮食斋④。
东倒西歪一人近⑤，急不可耐呼之来⑥。
嗟来之食他不受⑦，至死不屈路边栽⑧。

【说明】 成语"嗟来之食"，见于《礼记·檀弓下》中的一个成语故事。

【串讲】 ①凶年饥岁——指灾荒之年。据载，春秋末期，有一年齐国发生了大饥荒。齐人哀——（所以）齐国人非常痛苦悲伤。②沿门托钵（bō）——僧尼以手托钵挨家向施主求食。比喻挨家乞讨。此指比喻义。钵：僧尼食器。体力衰——（因而）人的体力变得很虚弱。③慈悲为本——佛家语。以恻隐怜悯之心为根本。人黔敖——（这便是）一个叫黔敖的人。④道殣（jìn）相望——饿死的人路上随处可见。殣：饿死。饮食斋——（于是黔敖则在路旁）摆好喝的吃的东西，准备施舍给饥饿的人。斋：旧指施饮食给僧尼。此借指施饮食给饥饿的人。⑤东倒西歪——时而倒向这边，时而倒向那边。形容行走时或站或坐时，姿势不稳，身不由己。此指行走时"东倒西歪"。一人近——（有这样）一个饥饿的人走到近处。近：走近，作动词用。⑥急不可耐——急得不能再忍耐。形容心情急切难忍。呼之来——（黔敖急忙）呼喊他赶快过来。⑦嗟来之食——喂！你过来吃吧！表示侮辱性或不怀好意的施舍。此指前者，即指侮辱性的施舍。他不受——（对此）这个饥饿的人拒不接受。⑧至死不屈——到死也不屈服。形容英勇顽强。此指他到死也不吃"嗟来之食"。路边栽——（于是这个人终于饿死）而栽倒在道路旁边。据载："黔敖左奉食，右执饮，曰：'嗟！来食！'饿人扬其目而视之，曰：'唯不食嗟来之食，以至于斯也。'从而谢焉，终不食而死。"成语"嗟来之食"即由此而来。

越 俎 代 庖

天下为公古尧帝①，推贤让能于许由②。
碍难遵命由不允③，谦谦君子理说周④：
四海晏然民康乐⑤，多此一举让我收⑥。
越俎代庖实无理⑦，高举深藏箕山投⑧。

【说明】 成语"越俎（zǔ）代庖"，见于《庄子·逍遥游》，它涉及一个传说故事。

【串讲】 ①天下为公——原意是不把君位当作一家的私有物。后来

・ 652 ・

便指政权为一般平民所有。此指原意。古尧帝——上古时代的尧帝（就是这样做的）。古：指上古时代。②推贤让能——推举贤德的人，让位给有才能的人。于许由——（尧帝想把君位）让给（贤能的）许由。③碍难遵命——有所妨碍，难以遵从吩咐。表示拒绝对方要求的客气话。由不允——许由（坚决）不接受。由：指许由（人名）；允：许可，引申为接受。④谦谦君子——谦逊有修养的人。此指许由是个"谦谦君子"。理说周——（他把这其中的）道理说得很全面；⑤四海晏（yàn）然——形容国家太平。晏然：平静、安定的样子。民康乐——百姓安乐。这一句是对许由不接受君位所讲的理由的概括，意思是说尧帝已经把天下治理得很好了。⑥多此一举——这一举动是多余的。表示完全用不着这样。让我收——（用不着）让我（许由）来接收（天下）。据载，许由对尧帝说："您已经把天下治理得很好了，为何让我来替您呢？小鸟在林中筑巢，不过占用一枝；老鼠于河边饮水，最多喝满肚子；像我这样一个人，要那么大的天下干什么？"接着又做比喻说：⑦越俎代庖——原指祭祀时主祭的或赞礼的人越过礼器代替厨师办理宴席。比喻超越权限办事，或者包办代替。此指前一比喻义，即比喻让许由超越自己的权限去替代尧帝治理天下。俎：古代祭祀时盛牛羊祭品的器具；庖：厨师。实无理——（这样做）实在是没有什么道理。据载，许由还做比喻说："庖人虽不治庖，尸祝不越樽俎而代之矣。"意思是说厨师虽不在厨房做饭，司祭也不能放下祭品去替他下厨房。许由以此表达自己不能替代尧帝。那怎么办呢？⑧高举深藏——谓避世隐居。箕（jī）山投——（许由为躲避接替君位）而投进箕山（过起隐居生活）。成语"越俎代庖"即由此而形成。

短 兵 相 接

能屈能伸汉刘邦①，趁虚而入彭城抢②。
力敌万夫项羽到③，气势汹汹攻城狂④。
弃甲曳兵刘邦跑⑤，追亡逐北丁公上⑥。
短兵相接战城西⑦，耳软心活将邦放⑧。

【串讲】 成语"短兵相接"，见于《史记·季布列传》中的一个成语故事。

【串讲】 ①能屈能伸——比喻在失意时能克制忍耐，在得意时能施展抱负。汉刘邦——（楚汉相争时的汉王）刘邦（即如此）。汉：指刘邦一方，后建汉朝。②趁虚而入——趁对方力量虚弱时入侵。彭城抢——（刘邦就是这样）把彭城（今江苏徐州）攻夺占领。③力敌万夫——形容勇力超人。项羽到——项羽回师彭城。④气势汹汹——形容声势凶猛。汹汹：声势很盛的样子。攻城狂——（项羽就是这样）猛烈地进攻彭城。狂：猛烈。⑤弃甲曳兵——丢弃铠（kǎi）甲，拖着兵器，形容败北逃跑时的狼狈相。刘邦跑——刘邦的军队（在向城外）逃跑。⑥追亡逐北——追击败逃的敌人。亡、北：指战败时的逃兵。丁公上——（项羽部将）丁公率领大军上阵（紧紧咬住刘邦不放，跟在他的后面追击）。⑦短兵相接——指作战时面对面地交手搏斗。战城西——在彭城以西（丁公所率楚军追上刘邦的汉军）则展开"短兵相接"的交战。据载："丁公为项羽逐窘高祖（刘邦）彭城西，短兵接。"刘邦见此阵势难以脱身，便对丁公说：你我都是英雄，何必如此苦苦相逼呢？⑧耳软心活——耳根软，心眼活。形容自己没有主见，凡事轻信别人。此指丁公没有主见，轻信刘邦，送了人情。将邦放——（于是，丁公）便把刘邦放走了。成语"短兵相接"便由此而形成。

煮 豆 燃 萁

才高八斗魏曹植①，颖悟绝伦父宠之②。
同气连枝兄忌恨③，大权在握命作诗④。
吹毛求疵限七步⑤，过时黄花是死时⑥。
兔起鹘落植诗就⑦，煮豆燃萁岂敢迟⑧？

【说明】　成语"煮豆燃萁（qí）"，见于《世说新语·文学》中的一个成语故事。

【串讲】　①才高八斗——形容人文才极高。魏曹植——（三国时）魏国的曹植（即如此）。五代时李瀚《蒙求》载："谢灵运尝云：'天下才共有一石，子建独得八斗，我得一斗，自古及今共用一斗。'"②颖悟绝伦——聪敏过人。绝伦：超过同辈。父宠之——（曹植的）父亲（魏武帝曹操特别）宠爱他。③同气连枝——比喻同胞兄弟姐妹。同气：指有共同的血统关系；连枝：连在一起的树枝。兄忌恨——（曹植的）哥哥（曹丕对他）忌妒而又憎恨。④大权在握——指手中掌握有很大的权力。此指后来曹丕称帝（魏文帝）掌握了皇权。命作诗——（曹丕）命令（曹植）作（一首）诗。⑤吹毛求疵（cī）——比喻故意挑毛病，找差错。疵：毛病。限七步——限制（曹植）在七步之内（把诗作成）。⑥过时黄花——重阳节过后的菊花。古人多于重阳节赏菊，重阳一过，赏菊者渐少，因而比喻过时或无意义的事物。此指过时，即超过了走出七步的时间。黄花：菊花。是死时——（就）是（曹植被）处死的时刻。据载，"文帝（曹丕）曾令东阿王（曹植）七步中作诗，不成者行大法（处死）"。⑦兔起鹘（hú）落——兔子刚起来，鹘就猛扑下去。比喻动作敏捷。又比喻写字、作画、写文章时下笔迅速，中间没有停顿。此指曹植作诗迅速，不停顿。鹘：打猎用的鹰一类的猛禽。植诗就——曹植（应曹丕之声落便）把诗作成了。这就是有名的《七步诗》。植：指曹植。⑧煮豆燃萁——这是由《七步诗》引申出来的成语。意思是，燃烧豆萁来煮豆子。比喻骨肉相残。此指兄弟相残。燃：烧；萁：豆秸。岂敢迟——（曹植作诗）怎么敢怠慢呢？据载，七步诗的内容是："煮豆持作羹（gēng）（用豆子来烧汤羹），漉菽（lù shū）以为汁［把豆豉（chǐ）滤出汁来作汤液］。萁在釜下燃（豆秸在锅底下燃烧），豆在釜中泣（豆子在锅里被煎熬得直哭泣）。本是同根生（萁和豆本来是一个根上生出来的），相煎何太急（互相煎熬为什么这样急迫呢）！"当曹植把诗吟完，曹丕脸上则现出很惭愧的神色。成语"煮豆燃萁"即由此而来。

道 听 途 说

随心所欲毛艾谈①**，捕风捉影毛空传**②**。**
信口开河鸭一只③**，一之为甚生百蛋**④**。**
胡言乱语天坠肉⑤**，闻所未闻十丈宽**⑥**。**
不经之谈艾不信⑦**，道听途说无根源**⑧**。**

【说明】　成语"道听途说"，最早见于《论语》，后也见于明代屠本畯（jùn）《艾子外语》中的一个成语故事。

【串讲】　①随心所欲——心里想要怎么做就怎么做。此指心里想怎么说就怎么说。毛艾谈——毛空和艾子（就这样在一起随便）闲聊。毛艾：毛，指毛空；艾，指艾子；两人都是战国时人。②捕风捉影——原比喻不肯踏踏实实下功夫，只是做样子。后转为比喻说话做事没有确凿可靠的根据。此指后者，即指说话"捕风捉影"。毛空传——毛空（正这样地向艾子）传播。③信口开河——毫无根据，随嘴乱说。鸭一只——（听说有这么）一只鸭子。④一之为甚——一次就够过分了。此指鸭一次生的蛋就多得过分了。生百蛋——（一次就能）生一百个鸭蛋。⑤胡言乱语——丧失理智说胡话或毫无根据地瞎说一气。此指后者。天坠肉——（毛空又这样胡说上个月从）天上掉下（一块）肉。⑥闻所未闻——听到从未听到过的事。此指听到从未听到过"天坠肉"的事。十丈宽——（而且还说这块肉有）十丈宽（三十丈长）。⑦不经之谈——形容荒唐无根据的话。此指毛空说"鸭生百蛋"和"天坠肉"的话都是"不经之谈"。艾不信——艾子（对此话很）不相信。⑧道听途说——路上听来的话。指无根据的传说。道、途：路。无根源——（因为这样来的话是）没有根源的。据载，艾子问毛空："你看见这肉和鸭子了吗？"毛空说："这些都是我听别人说的。"后来，艾子对他的学生们讲："你们可不要像毛空那样'道听途说'啊！"又《论语》载，子曰："道听而涂（同途）说，德之弃也。"此乃其来源。

量 体 裁 衣

学富五车齐张融①，尽心竭力效帝忠②。
举世无双帝器重③，敬贤礼士旧衣赠④。

同时并举附一信⑤，量体裁衣说分明⑥。

视如拱璧融惊喜⑦，热泪盈眶谢圣情⑧。

【说明】　成语"量体裁衣"，见于《南齐书·张融传》中的一个成语故事。

【串讲】　①学富五车——形容读书多，学问大。五车：指五车书。齐张融——（南北朝时）南齐有（一位大臣名字叫）张融的（即如此）。齐：指南齐。②尽心竭力——投入整个身心，使出全部力量。效帝忠——（张融就这样来）报效齐高帝，非常忠诚。帝：指齐高帝。③举世无双——全世界没有第二个。比喻稀有，很难找到。此指齐高帝认为张融是"举世无双"的贤臣。帝器重——（所以）齐高帝（特别）看重（张融）。器重：看重，重视。④敬贤礼士——尊敬、礼遇有德行有才能的人。此指齐高帝特别尊敬、礼遇张融。旧衣赠——（于是）赠给（张融一件）旧衣服。⑤同时并举——在同一时间内一起进行。附一信——（在赠旧衣的同时）又附加一封信。⑥量体裁衣——按着身材剪衣服。后来比喻根据具体情况处理问题、办理事情。此指原意，即指按张融的身材剪裁衣服。说分明——（对此高帝在信里）说得很清楚。据载："（太祖）手诏赐融衣曰：'今送一通故衣，意为虽故乃胜新也，是吾所著，已令裁减称卿之体。'"⑦视如拱璧——比喻看得极其宝贵。此指张融把齐高帝赠给的这件重新缝制的旧衣"视如拱璧"。拱璧：两手合围那样的大璧，比喻珍贵之物。融惊喜——张融则是出乎意料的喜悦。⑧热泪盈眶——热泪充满眼眶，形容非常激动。谢圣情——感谢齐高帝的（一片真）情。圣：旧指皇帝，此指齐高帝。成语"量体裁衣"即由此故事而来。

董 狐 之 笔

肆意为虐晋灵公①，凶相毕露杀厨明②。
改恶从善赵盾谏③，怀恨在心公追踪④。
命如丝发盾逃跑⑤，同堂兄弟弑君成⑥。
董狐之笔如实记⑦，流芳千古良史称⑧。

【说明】　成语"董狐之笔"，见于《左传·宣公二年》中的一个成语故事。

【串讲】　①肆意为虐——任意干惨无人道的勾当。虐：残暴。晋灵公——（春秋时晋国国君）晋灵公（即是如此）。②凶相毕露——凶狠歹毒的本相完全暴露出来。杀厨明——（这在晋灵公）杀害厨子之事上已经表现得很明显。据载，有一次，厨子煮熊肉给晋灵公吃，因为火候不好，他竟然把厨子给杀了。③改恶从善——改掉邪恶的行为，变成好的正确的行为。赵盾谏——（这便是大臣）赵盾（对晋灵公所做）的规劝。④怀恨在心——把怨恨藏在心里。形容对人记下仇恨，以伺机报复。据载，晋灵公不但不听赵盾的劝告，反而派人去杀他。公追踪——（于是）晋灵公（则派人）追寻赵盾的踪迹来杀他。⑤命如丝发——形容人的命运如丝发所系，十分危险。盾逃跑——（所以）赵盾（则弃国）出逃。⑥同堂兄弟——同祖的兄弟，即堂兄弟。弑君成——（这便是在赵盾尚未出境时他的堂兄弟赵穿）则成功地把国君晋灵公给杀死了。⑦董狐之笔——原指晋国史官董狐依据事实记载历史。后泛指敢于秉笔直书，尊重史实，不阿权贵的正直史家。此为原意。如实记——

（所以对晋灵公被杀之事，董狐）则是做了如实记载。据载，董狐认为，晋灵公被杀应由赵盾负责，因为赵盾身为正卿，况且尚未出境，对族人赵穿杀君不管，所以他在史书上记载说"赵盾弑其君"。赵盾见此记载，要求改正，董狐执意不改。⑧流芳千古——指好的名声一直流传下去。良史称——（历代人们）都称赞董狐是最好的史家。成语"董狐之笔"即由此成语故事引申而形成。

强 弩 之 末

聪明睿智韩安国①，指天画地回上皇②：
金戈铁马匈奴劲③，长途跋涉我不强④。
强弩之末不穿缟⑤，作茧自缚必遭殃⑥。
至理名言武帝信⑦，一言为定和亲祥⑧。

【说明】 成语"强弩之末"，见于《汉书·韩安国传》中的一个成语故事。

【串讲】 ①聪明睿（ruì）智——形容洞察力强，见识卓越。睿智：英明，有远见。韩安国——（西汉御史大夫）韩安国（就是这样一位大臣）。②指天画地——本指道教画符。也形容直言指陈，没有顾忌。此指后者。回上皇——（韩安国就是这样）向皇上（汉武帝）回明了（自己的意见）。据载，汉武帝时代，西汉王朝和北方匈奴经常发生武装冲突。有一次，匈奴派人来向西汉求和，汉武帝则召集群臣征求意见。有个叫王恢的人，主张以武力征服匈奴；而韩安国则不同意他的意见，便"指天画地"地谈了自己的看法（下面四句便是对韩安国讲话内容的概括）。③金戈铁马——指持戈跃马作战。形容战士的雄姿。金戈：金属制的戈（古代一种兵器）；铁马：配有铁甲的战马。匈奴劲——匈奴的（军事力量雄厚）作战能力很强。④长途跋涉——形容路途遥远，行路辛苦。此说（我汉军）如果攻打匈奴须长途跋涉。跋涉：翻山越岭，趟水过河。我不强——那我们的（军队作战能力就）没有（匈奴）强大。⑤强弩之末——力量最大的弓射出的箭，到最后也没有力量了。比喻原来强劲有力，但眼前已临近衰竭，起不了什么作用。此说我军（汉军）经过长途跋涉会弄得精疲力竭而无战斗力。弩：古代用扳机射箭的弓，是力量最大的弓；末：指箭射出后的最后一段途程。不穿缟（gǎo）——（就连鲁国的）薄白绢都穿不透。比喻我军（汉军）已累得无法击败匈奴。缟：古代一种白色生绢。据载，韩安国做比喻说："卫风之衰，不能起毛羽；强弩之末，力不能入鲁缟。"⑥作茧自缚——蚕吐丝作茧，把自己包在里面。比喻人做事原来希望对自己有利，结果却反使自己吃亏受累。也比喻自己束缚自己。此指前者比喻义，即说如果我军（汉军）长途跋涉去攻打匈奴，希望能打胜仗而对自己有利，结果却弄得精疲力竭而使自己吃亏受累。必遭殃——这必然（使我汉军）遭受祸害，即被匈奴打败。⑦至理名言——最正确的道理，最精辟而有价值的话。此指韩安国陈述的道理和所说的话非常正确、精辟而有价值。武帝信——汉武帝（对此很）相信。⑧一言为定——一句话说定，决不再更改。此指汉武帝说话算数，决不更改。和亲祥——（还是与匈奴）和亲为最吉利。据载，汉武帝和群臣都同意韩安国的意见，西汉与匈奴和亲成功。成语"强弩之末"即由此故事而来。

善始善终

择主而事汉陈平[1]，谋无遗策刘邦听[2]。
志得意满败项羽[3]，天下为一侯爵封[4]。
三朝元老为丞相[5]，因时制宜无险情[6]。
功德无量荣名得[7]，善始善终司马称[8]。

【说明】　成语"善始善终"，见于《史记·陈丞相世家赞》中的一个成语故事。

【串讲】　①择主而事——选择明主，为他办事。此指选择明主刘邦而事。汉陈平——（这便是）西汉初年一个名叫陈平的人。汉：指西汉。据载，陈平在陈胜、吴广起义时，投靠了魏王咎，任太仆；后又投靠了项羽，为都尉；最后投靠了刘邦，做护军中尉。真可谓"择主而事"了。②谋无遗策——计谋没有遗漏的主意。指计谋周密稳妥。刘邦听——（所以）刘邦（对陈平这些计谋）都言听计从。据载，陈平投靠刘邦后，便献反间之计，以促成项羽远离其谋士范增，制造其内乱。同时，以爵位笼络大将韩信，让他拼死为汉效力。这些取胜定国之大计，皆被刘邦所采用；且行之有效，立竿见影，刘邦势力因此日渐强大，远超项羽。③志得意满——志向得到，心意满足。败项羽——（这是因为刘邦终于）打败了项羽。④天下为一——指国家统一。此指刘邦统一天下，建立汉朝。侯爵封——（陈平因对建国有大功）而被封为曲逆侯。⑤三朝元老——指历任三代皇帝的重臣。元老：年老而有声望的大臣。为丞相——（陈平）历任（惠帝、吕后、文帝三朝）丞相。⑥因时制宜——根据不同时期的情况采取与之相适应的妥善措施。因：依据；制：制定。无险情——（所以陈平在任三朝丞相期间都能平安度过）而没有发生任何危险情况。⑦功德无量——指功劳恩德非常大。功德：功业与德行；无量：没有限量。荣名得——（陈平因此）荣获了（贤相的）好名声。荣：光荣。⑧善始善终——有好的开头，也有好的结尾。此指陈平择明主刘邦而事之后，既有大展才华受重用的开始，又有获荣名称贤相的寿终正寝。司马称——（这是）司马迁（在《史记》中对陈平）的赞扬。司马：指司马迁。据载，司马迁称赞陈平说："以荣名终，称贤相，岂不善始善终哉？"成语"善始善终"也便由此而来。

揭 竿 而 起

胆壮心雄陈与吴①，迢迢千里送戍卒②。
风云不测遇强雨③，日夜兼程行期无④。
死地求生杀将尉⑤，揭竿而起暴政除⑥。
攻城掠地泽乡取⑦，声势汹汹荡阻途⑧。

【说明】 成语"揭竿而起"，见于汉·贾谊《过秦论》中，它涉及秦末陈胜、吴广农民大起义的故事。

【串讲】 ①胆壮心雄——形容胆子大，有雄心，做事无所畏惧。陈与吴——（秦朝末年闾左地区的屯长）陈胜和吴广（即是如此）。②迢迢千里——形容路途遥远。迢迢：遥远。送戍卒——（这是陈、吴二人奉秦朝政府之命）送戍卒（九百人）去屯戍渔阳（今北京密云西南）。③风云不测——比喻事物变化复杂，难以预测。遇强雨——［这便是队伍行至蕲（qí）县大泽乡时］则遇上大暴雨而受阻。④日夜兼程——指白天黑夜以加倍的速度前进。行期无——（就是这样行进）行期都不够用了（即不能按时到达将被杀头）。⑤死地求生——在极危险的境地中求取生存。杀将尉——（于是陈吴二人便组织群众）杀死了（押解戍卒的）将尉。⑥揭竿而起——高高举起旗帜，奋起反抗。原指秦末农民起义的情况，后泛指起义。此为原意。揭：高举。竿：旗杆。据《过秦论》所描写的当时农民起义的情形是："斩木为兵，揭竿为旗。"暴政除——（农民们就是这样举行起义）来推翻和铲除秦王朝的暴政。⑦攻城掠地——攻克城池，夺取土地。泽乡取——（陈吴所率领的起义军）首先攻占了大泽乡。⑧声势汹汹——声威和气势像波涛一样凶猛。汹汹：形容水的声音。荡阻途——（起义军就是这样）冲荡着阻碍他们前进的路途（成为一只强大的反秦力量）。成语"揭竿而起"即由此成语故事而形成。

朝 秦 暮 楚

争强好胜战国时①，烽火连天七雄施②。
军多将广秦与楚③，决一雌雄具怕之④。
审时定势他国计⑤，看风使舵尚未迟⑥。
朝秦暮楚各相助⑦，避凶趋吉皆自知⑧。

【说明】 成语"朝秦暮楚"，出自战国时代的一段历史故事。

【串讲】 ①争强好胜——争为强者，喜欢胜过他人。此指胜过他国。战国时——（我国）战国时代（各国之间即是这样）。②烽火连天——形容战火烧遍各地。烽火：古时边防报警的烟火。七雄施——（这是）秦、楚、燕、韩、赵、魏、齐七雄之国实施争霸（所造成的）。③军多将广——军队多将领广。形容军力强大。秦与楚——（这便是七雄里的）秦国和楚国。④决一雌雄——比高低定胜负。具怕之——（所以其他各国）都惧怕秦国和楚国。怎么办呢？⑤审时定势——观察时机，估量形势。他国计——其他各国（以此）来确定自己的策略。⑥看风使舵——比喻作事随机应变。尚未迟——（各国这样做）还不算晚。⑦朝秦暮楚——时而助秦，时而帮楚，反复变化。比喻反复无常。各相助——（对秦楚）都各自给以帮助。⑧避凶趋吉——避开凶险，归向吉祥。皆自知——（这是其他各国）都自己明白的道理（所以才朝秦暮楚）。成语"朝秦暮楚"即由此历史故事所形成。

惩 前 毖 后

少不更事周成王①，辅世长民旦承当②。
野心勃勃叔叔俩③，造谣惑众周公伤④。
云开见日成王悟⑤，除残去秽旦主张⑥。
通才练识王政理⑦，惩前毖后言自祥⑧。

【说明】　成语"惩前毖后"，见于《诗经·周颂·小毖》中的一句话。它曾被周成王祭祖时引用过，其中涉及一个成语故事。
【串讲】　①少不更事——年纪小，没经过多少事，少经历。周成王——（周武王的儿子）周成王（即位时就是这样）。②辅世长（zhǎng）民——辅佐当世之君，统治人民。旦承当——（由成王的叔叔周公）姬旦来担任，即代行政事。旦：周公，姓姬名旦。③野心勃勃——野心极大。此指篡夺君位的野心极大。叔叔俩——（成王另外的）两个叔叔（管叔和蔡叔）。④造谣惑众——制造谣言，迷惑众人。周公伤——（以此来）损害周公（的形象）。据载，管叔和蔡叔知道周公旦是他们篡夺君位的最大障碍，便散布谣言，说周公想篡位。周公为避嫌疑，离开京城。⑤云开见日——拨开云雾，露出太阳。比喻送走黑暗迎来光明。也指误会消除。此指后者。成王悟——（因为）周成王（后来已经）醒悟。据载，成王开始听到谣言，信以为真。后来知道事情真相，便把周公接回京城。⑥除残去秽（huì）——驱除残暴邪恶势力。此指铲除管叔、蔡叔邪恶势力。残、秽：比喻坏人、恶势力。旦主张——（这）是周公旦的主意。据载，管叔、蔡叔听说周公被请回京城，知道阴谋败露，便勾结纣王儿子武庚叛乱。周公旦主持并亲自领兵平息了这次叛乱。⑦通才练识——博学多才，见识练达。通才：学识广博的人。王政理——成王（长大后亲自）料理政事。⑧惩前毖后——把以前的错误作为教训，使以后可以谨慎，不致重犯。惩：警戒；毖：谨慎。言自祥——这话说得自然很吉利。祥：吉利。据载，成王亲政时带百官祭祖，引《诗经》里的话说："予其惩而毖后患。"意思是，我痛诚以前听了流言蜚语，今后一定要慎重，以防再发生祸患。成语"惩前毖后"即由此而来。

割 席 分 坐

同窗之情宁与歆①，席地而坐习经文②。
读不舍手宁专注③，意兴索然歆分心④。
高车驷马门前过⑤，魂不守舍歆出门⑥。
纹丝不动宁反感⑦，割席分坐对歆云⑧。

【说明】 成语"割席分坐",也作"割席断交",见于《世说新语·德行》中的一个成语故事。

【串讲】 ①同窗之情——同学之间的情谊。同窗:同学。宁与歆——(东汉末年的)管宁和华歆(便是这样在一起读书)。②席地而坐——古人在地上铺设席子等物以为座。后泛指就地坐下。此指原意,即在地上铺席而坐。习经文——(二人)正在学习经书等文章,但其表现各异。③读不舍手——书读得有兴味,不愿放下。宁专注——(这是)管宁用心专一(地学习)。④意兴索然——形容兴致全无。索然:空尽貌。歆分心——(这便是)华歆(读书)则三心二意。具体表现在一件事情上。⑤高车驷马——驾着四马的高盖车,多为显贵者所乘,门前过——(有一位达官贵人就是驾着这样的车)从门前经过。⑥魂不守舍——谓神魂不能与躯体同在,即心神极度不定之意。舍:躯体。歆出门——(这是)华歆开门出去观看。⑦纹丝不动——一点也不动。纹丝:形容很小的波动。宁反感——(这便是)管宁(仍在专心学习,而对华歆的表现)甚为不满。⑧割席分坐——把坐席用刀割开,表示不愿坐在一张席子上。比喻朋友绝交。对歆云——(管宁是这样做的)也是这样对华歆说的。据载:"(管宁、华歆)又尝同席读书,有乘轩冕过门者,宁读书如故,歆废书出看,宁割席分坐,曰:'子非吾友也。'"成语"割席分坐""割席断交"即由此成语故事而来。

街 谈 巷 议

高官极品公孙贺[①],炙手可热儿作恶[②]。

贪权窃柄挪公款③，败法乱纪遭狱磨④。
串通一气贺捣鬼⑤，偷梁换柱安世捉⑥。
冒名顶替其儿放⑦，街谈巷议共谴责⑧。

【说明】 成语"街谈巷议"，见于《文选·张衡〈西京赋〉》中的一个成语故事。

【串讲】 ①高官极品——官位居最高等。公孙贺——（这便是西汉丞相）公孙贺。②炙手可热——炙烤之手热得烫人。比喻气焰权势之盛。儿作恶——（于是公孙贺的）儿子（就依仗老子这样的权势）去干坏事。③贪权窃柄——贪图权势，窃取权位。挪公款——（公孙贺的儿子在窃取到太仆这个官职之后）挪用了公款。④败法乱纪——败坏法令，扰乱纪律。遭狱磨——（因而被捕入狱）遭受到监狱的折磨。据载，公孙贺的儿子入狱后，公孙贺为救其子，则四处活动。⑤串通一气——暗中勾结，互相配合。此指公孙贺暗中勾结狱吏、捕吏，并互相配合。贺捣鬼——公孙贺在暗中捣鬼。贺：指公孙贺。具体怎么做的呢？⑥偷梁换柱——比喻玩弄手法，暗中改变事物的内容，用假的代替真的。此指公孙贺想找一个人替换他的儿子。安世捉——（于是公孙贺勾结捕吏）捉住了一个名叫朱安世的（在逃犯）。安世：指朱安世（人名）。⑦冒名顶替——假冒别人的姓名，代他去干事或窃取其权力和地位。此指前者，即暗做手脚叫朱安世顶替公孙贺儿子的姓名去坐牢。其儿放——（于是）就把他（公孙贺）的儿子放了出来。⑧街谈巷议——大街小巷里人们的谈说和议论。指民间的议论。据载，当时人们对公孙贺暗中捣鬼而放其子的做法都愤愤不平，于是引起"辩论之士，街谈巷议，弹射臧否（评论其好坏善恶）"。共谴责——（结果公孙贺遭到）大家一致而严正的斥责。成语"街谈巷议"也便由此而产生。

啼 笑 皆 非

沧桑之变陈灭亡①，离鸾别凤苦乐昌②。
身不由主为杨妾③，感今怀昔五味尝④：
至尊至贵成过去⑤，至亲好友遇梦乡⑥。
愁肠百结不能表⑦，啼笑皆非以诗扬⑧。

【说明】 成语"啼笑皆非"，则由唐·孟棨（qǐ）《本事诗·情感》载南朝·陈·徐德言之妻乐昌公主诗意而来，它涉及一个成语故事。

【串讲】 ①沧桑之变——大海变成桑田，桑田变为大海。比喻世事变化很大。陈灭亡——（这便是南朝时的）陈国被（隋文帝杨坚）所灭掉。②离鸾别凤——比喻夫妻离散。苦乐昌——（这）使得乐昌公主非常痛苦。据载，南朝陈皇帝陈叔宝之妹乐昌公主嫁给徐德言为妻，陈将灭亡时，夫妻离散。③身不由主——身体不能由自己做主。形容失去自主。为杨妾——（因为她已经被隋朝大臣）杨素所得，做了他的小老婆。杨：杨素（人名）。④感今怀昔——由眼前的情景引起感触，怀念逝去的人或旧时的情景。此指后者。五味尝——（乐昌公主的心里）真是甜酸苦辣咸什么滋味都尝到了。⑤至尊至贵——最尊敬最高贵。成过去——（这种地位和公主身份）已经一去不复返了。⑥至亲好友——最密切的亲人，最要好的朋友。遇梦乡——（乐昌公主）也只能在梦里见到他们。⑦愁肠百结——忧愁缠结在腹中。形容极其忧愁、烦恼。不能表——（然而，由于寄人篱下）又不能显露出来。⑧啼笑皆非——哭也不是，笑也不是。形容既令人难受又令人发笑的行为。

以诗扬—　（乐昌公主只能把自己这种处境和感受）用作的诗来表达而传播出去。据载，乐昌公主在其诗中写道："啼笑俱不敢，方验作人难。"成语"啼笑皆非"即由此演化而成。

凿　壁　偷　光

青云之志汉匡衡①，笃信好学家里穷②。
夜以继昼无烛点③，条件反射主意生④：
相亲相近邻家富⑤，烛影摇红室内明⑥。
凿壁偷光映书览⑦。艰苦奋斗学有成⑧。

【说明】　成语"凿壁偷光"，见于汉·刘歆《西京杂记》卷二中的一个成语故事。

【串讲】　①青云之志——比喻远大崇高的志向。汉匡衡——汉代（农家出身的）匡衡（少年时即如此）。②笃信好学——信仰坚定，专心勤学。笃信：忠实地信仰。家里穷——（但其）家中却很贫穷。③夜以继昼——用晚上的时间接续白天的时间。形容日夜不停地从事某件事。无烛点——（这便是匡衡夜以继日地看书）却没有蜡烛可点。④条件反射——生理学用语。指人或动物因受信号的刺激而发生的反应。现在常用来比喻事出有因。此指比喻义。主意生——（于是）产生了（偷光看书的）主意：⑤相亲相近——形容彼此十分亲近。邻家富——（这就是匡衡的）邻居家很富有。⑥烛影摇红——形容烛光闪烁的样子。室内明——（将邻居家的）屋里照得光亮通明。⑦凿壁偷光——在墙壁上打孔，偷借隔壁屋里的一点儿光亮读书。后用以形容刻苦学习。此为原义。凿：打孔。映书览——（匡衡正是这样夜里偷光）照亮看书学习。据载："匡衡，字稚圭，勤学而无烛。邻舍有烛而不逮，衡乃穿壁引其光，以书映光而读之。"⑧艰苦奋斗——不怕艰难困苦，为实现目标顽强斗争。学有成——（所以匡衡）在学业上取得很大成就。据载，由于匡衡勤奋读书，所以才华出众；考入仕途，步步高升，官至宰相，封乐安侯。成语"凿壁偷光"即由此成语故事而来。

锥 刀 之 末

革旧图新公孙侨①，安国宁家制法条②。
公之于众铸刑鼎③，别置一喙叔向嘲④：
锥刀之末民争讼⑤，贿赂并行国运消⑥。
以法为教侨复信⑦：济世匡时盛我朝⑧。

【说明】　成语"锥刀之末"，见于《左传·昭公六年》中的一个成语故事。

【串讲】　①革旧图新——革除旧的，建立新的。多指朝政变革或改朝换代。此为前者。公孙侨——（春秋时郑国宰相）公孙侨（即是如此）。据载，公孙侨（字子产）在郑简公二十三年（公元五四三年）实行改革，整顿贵族田地和农户编制。②安国宁家——治理国家，使国家安定。制法条——（于是子产）制定了法律条文（让百姓遵守）。③公之于众——指把事情真相在广大人民群众中公布，使人人知晓。此指将法律条文公之于众。铸刑鼎——（于是）则铸造刑鼎，把法律条文都铸在鼎上（让人人皆知）。④别置一喙（huì）——插一句嘴。比喻提出不同意见。喙：鸟兽的嘴，借指人的嘴。叔向嘲——（这便是郑国大夫）叔向嘲讽地说：⑤锥刀之末——比喻微小的利益。末：末梢，尖儿。民争讼——百姓（为此）也会依据法条争着去官府争辩是非，打官司。据载，叔向给子产写信说："民知争端矣，将弃礼而征于书（法条），锥刀之末，将尽争之。"容易产生社会弊病。⑥贿赂并行——指行贿受贿的事到处都有。国运消——（为了打赢官司都这样做）那国家的运气也就消散了，即国家将会衰败。⑦以法为教——引用法律条文充当教育的内容。侨回信——（这就是）公孙侨回信所反驳的内容（让人人懂法，人人守法）。⑧济世匡（kuāng）时——拯救世人，匡救时政。匡：纠正。盛我朝——（这样以法治国）定会使我们郑国这一代更为强盛。成语"锥刀之末"即由此成语故事而来。

痴 人 说 梦

削发披缁唐僧伽①，卓尔不群振迤逦②。
登山临水江淮去③，乖僻邪谬异样答④。
一模一样以问述⑤，牙牙学语重复它⑥。
痴人说梦李邕信⑦，唱筹量沙碑写差⑧。

【说明】 成语"痴人说梦"，见于宋朝惠洪和尚《冷斋夜话》中的一个成语故事。

【串讲】 ①削发披缁（zī）——剃光头发，穿上僧衣。表示出家为僧。缁：黑色，借指僧人穿的黑色衣服。唐僧伽——唐朝（有个和尚）名叫僧伽。唐：指唐朝。②卓尔不群——形容道德、才智等超出众人。卓尔：高高直立的样子；不群：不同于一般人。振迹（ěr）遐（xiá）——（他的名声）振动了近处和远处，即闻名遐迩。迩：近；遐：远。③登山临水——原意是登上高山又到达水边。写送别时的情景。现也泛指游览山水名胜。此指后者。江淮去——（这是僧伽于唐高宗年间）去江淮地区（游览山水名胜）。④乖僻邪谬——别扭孤僻，古怪荒谬。此指僧伽在游历中表现的行为是"乖僻邪谬"。异样答——（当别人问僧伽话时）他回答得与常人不同。⑤一模一样——形容完全相同。以问述——用（你）问的话来重述（作为回答）。⑥牙牙学语——形容婴儿学着说话。此指僧伽答话像婴儿学语一样。重复它——你说什么，他也说什么。据载，有人问僧伽："汝何姓（你姓何）？"他回答说："姓何。"又问："何国人？"回答说："何国人。"⑦痴人说梦——本指对痴呆的人说梦话，而痴呆的人信以为真。后用来讽刺人说不可能实现的荒唐话。此指原意。李邕（yōng）信——（对僧伽说的这些梦话）李邕完全相信（是真话）。李邕：唐代文学家、书法家。⑧唱筹量沙——将沙当作米来计量，量时高声报出数字。指以假充真，或把无用之物当作有用之物。此指前者，即把僧伽当年在江淮说的假话充当真话。筹：筹码，计数的用具。碑写差——（所以李邕在给僧伽作碑记时）则把碑文写错。据载："唐李邕作碑，不晓其（指僧伽）言，乃书传曰：'大师姓何，何国人。'此正所谓对痴人说梦耳。"这便是成语"痴人说梦"之来源。

置 之 度 外

帝制自为汉刘秀①，整军经武荡残贼②。

一扫而空关东寇③，割据一方余二匪④。
低首下心嚣称臣⑤，孤军薄旅述据陲⑥。
权衡轻重帝决断⑦，置之度外暂不摧⑧。

【说明】 成语"置之度外"，见于《后汉书·隗（wěi）嚣（xiāo）传》中的一个成语故事。

【串讲】 ①帝制自为——推行君主专制政体，并自封为皇帝。汉刘秀——东汉（开国皇帝）刘秀（即如此）。汉：东汉。②整军经武——整治军备，管理军事。荡残贼——（刘秀于东汉初年则开始）清除剩余的敌对势力。③一扫而空——扫得一点不留。比喻完全清除干净。关东寇——（经过几年时间）把函谷关以东割据的残匪势力"一扫而空"。关：函谷关。④割据一方——搞分裂对抗的武装势力分割占据一个地方。余二匪——（这样的割据势力）只剩下（甘肃的隗嚣和四川的公孙述）两股匪徒。⑤低首下心——形容屈服顺从。下心：屈服于人。嚣称臣——隗嚣（已向皇帝刘秀）称臣。嚣：隗嚣（人名）。⑥孤军薄旅——孤立而少量的军队。述据陲（chuí）——公孙述盘踞在（西南）边疆。述：公孙述（人名）；陲：边疆，边境。⑦权衡轻重——衡量轻和重，比较主次得失。此指衡量比较是现在就讨灭这两股势力好，还是暂时不打好。权：秤锤；衡：秤杆。帝决断——皇帝刘秀则做出决定。什么决定呢？⑧置之度外——事情不放在心上。此指不要把隗嚣和公孙述这两股势力放在心上。暂不摧——暂时不必摧毁他们。据载，刘秀苦于多年的东征西讨，加上人力、物力消耗很大，已不愿再动兵了，想休养生息、国力强大再说。从政治形势看，隗嚣已屈服称臣，并有他的儿子在京城做官，暂时构不成祸患。至于公孙述远在西南边陲，威胁不大。所以，刘秀权衡轻重做出决断对诸将说："且当置此两子于度外耳。""置之度外"成语也便由此而形成。

数 见 不 鲜

能说会道汉陆贾①，殚智竭力佐刘邦②。
功遂身退回故里③，颐神养性游四方④。
有约在先与儿定⑤，遵而不失习为常⑥。
郑重其辞对儿讲⑦：数见不鲜可不当⑧。

【说明】　成语"数见不鲜"，也写作"屡见不鲜""累见不鲜"，见于《史记·郦生陆贾列传》中的一个成语故事。

【串讲】　①能说会道——形容人善于辞令。汉陆贾——西汉时（一个名叫）陆贾的人（即如此）。汉：指西汉。②殚（dān）智竭力——竭尽智慧和力量。殚：竭尽。佐刘邦——（陆贾就是这样）辅佐汉高祖刘邦（成就了建立汉朝之大业）。据载，楚汉相争时，陆贾随侍刘邦左右，承担说客使命，经常出使于各诸侯；及汉朝初定，陆贾依然奉出使之命为朝廷效力。③功遂身退——功业成就后，就退隐家园。遂：成功。回故里——（陆贾在刘邦死后）就回到了自己的家乡。故里：家乡，老家。④颐神养性——保养元气。游四方——（为此陆贾）则到处游览赏玩。⑤有约在先——事情如何处置，双方事先已经约定。与儿定——（这是陆贾）与他的儿子们"有约在先"。⑥遵而不失——遵照先人的典章制度而不违失。此指儿子们必须遵守事先的约定而不违失。习为常——（这样做）习惯了，就会把它当成平常事了。据载，陆贾有五子，都已长大成人。陆贾回家后变卖家产分给他们，令其独立生产；而自己则经常坐着车子，带着歌舞鼓琴侍者十人四处游玩，颐神养性。并和儿子们约定：游乐路过谁家都必须有好的酒食招待，每十天轮换一次。如果死在谁家，他的宝剑车马侍从就全归他。要求儿子们遵照执行，形成习惯。⑦郑重其辞——说话十分严肃认真。对儿讲——（陆贾以这种语气）对儿子们说：⑧数见不鲜——数：屡次；鲜：新杀的鸟兽。经常来的客人就不宰杀禽畜招待。原意是常到人家去就惹人讨厌。后来指事物经常见到，并不新奇。此指原意，即指陆贾自己常到儿子们家去就不宰杀禽畜招待，惹儿子们讨厌。可不当——（如果你们这样做）那可就不恰当了。据载，陆贾对儿子们说："一岁中往来过他客，率不过再三过，数见不鲜，无久恩（hùn，打扰）公为也（没过多长时间就认为我的行为是打扰你们了）。"言外之意是让儿子们不要讨厌他。恩：用作动词，意动用法，即以公为恩。成语"数见不鲜"即由此而来。

暗 中 摸 索

才高语壮许敬宗①，待人接物傲焰生②。
迎来送往人不少③，十有八九忘其名④。
人言可畏谓之笨⑤，口角锋芒回应称⑥：
无名小辈卿难记⑦。暗中摸索名人清⑧。

【说明】 成语"暗中摸索"，见于唐·刘𫗧（sù）《隋唐佳话》中的一个成语故事。

【串讲】 ①才高语壮——才能高的人，说话口气强硬，盛气凌人。许敬宗——（唐代朝中任中书令的）许敬宗（即如此）。②待人接物——对待别人，应接事物。指与人相处和一般的礼仪交往。傲焰生——（便会）有傲慢的气焰产生。③迎来送往——迎接进来的，送走出去的。形容忙于交际应酬。人不少——（这样交往的）人真不算少。④十有八九——比喻有极大的可能性。忘其名——（把这些人的）姓名都忘掉了。⑤人言可畏——人们的流言飞语是很可怕的。谓之笨——说他（许敬宗）不聪明。⑥口角锋芒——形容说话言辞锋利，咄咄逼人。口角：指言语；锋芒：指犀利、激切。回应称——（这便是许敬宗）回答其人说：⑦无名小辈——比喻不受重视的小人物。卿难记——（就像）您这种人（的姓名）自然很难记住。⑧暗中摸索——在黑暗中触摸寻找。后常比喻无人指点，独自钻研、探索。此为原意。名人清——对于那些名人（就是这样暗中摸索）也能把他们识别清楚。据载："许敬宗性轻傲，见人多忘之。或谓其不聪，曰：'卿自难记，若遇何（何逊）、刘（刘孝绰）、沈（沈约）、谢（谢朓），暗中摸索者，亦可识之。'"成语"暗中摸索"即由此而来。

愚 公 移 山

矢志不移古愚公①，愚公移山全家行②。
师心自用智叟阻③：风烛残年岂能成④？
崇议宏论公驳斥⑤，理屈词穷叟不应⑥。
一寸丹心感天帝⑦，大显神通山铲平⑧。

【说明】　成语"愚公移山"，见于《列子·汤问》中的一个成语故事。

【串讲】　①矢志不移——发下誓愿决不改变。此指发下移山誓愿决不改变。古愚公——古代（一个叫）愚公（的老人即如此）。②愚公移山——愚公搬走太行、王屋两座大山。后用以比喻征服自然、改造世界的雄心壮志和坚定不移的斗争精神。此指原意。全家行——（愚公率领）全家老小来完成（这一移山工程）。行：做，完成。据载，北山愚公年近九十，因太行、王屋二山阻其出入，决心把它搬走。于是愚公率领全家人每天挖山不止。③师心自用——形容固执己见，自以为是。师心：拿自己的心当作老师，原指心领神会，这里有只相信自己的意思。智叟阻——有个叫智叟的（老头）阻止（愚公挖山）。④风烛残年——风雨飘摇中的灯烛，剩余的年岁。比喻人已到了老年，寿命不长了。此指智叟说愚公已是"风烛残年"的岁数。岂能成——（移山）怎么能成功呢？据载，智叟阻止愚公说："凭你这么老的年纪和剩余的一点力气，连山上的一草一木都去不掉，还能把这些土块、石头怎么样呢？"⑤崇议宏论——指高超的见解和议论。崇：高；宏：大。公驳斥——愚公驳斥了（智叟的说法）。公：指愚公。据载，愚公说："虽我之死，有子存焉；子又生孙，孙又生子；子又有子，子又有孙；子子孙孙，无穷匮（kuì）也，而山不加增，何苦而不平？"⑥理屈词穷——理由站不住脚，无话可说。此指智叟被愚公驳得"理屈词穷"。理：道理，理由；屈：短，尽。叟不应——智叟无话可回答。⑦一寸丹心——一片赤诚的心。此指愚公决心把山搬走的赤诚之心。丹心：赤心。感天帝——感动了天帝。⑧大显神通——充分显示了无所不能的力量。此指充分显示了上帝的神力。神通：原为佛教用语，指无所不能的力量，后比喻特别高明的本领。此指前者。山铲平——把两座大山搬走了。据载，天帝派夸娥氏的两个儿子把这两座山背走了。成语"愚公移山"即由此故事而来。

缘 木 求 鱼

欲壑难填齐宣王①，**兴师动众别国伤**②。
追本穷源孟子问③，**笑而不答大欲藏**④。
洞烛其奸孟揭露⑤：**贪心不足领土张**⑥。
唯我独尊欲称霸⑦，**缘木求鱼何以偿**⑧？

【说明】　成语"缘木求鱼"，见于《孟子·梁惠王上》中的一个成语故事。

【串讲】　①欲壑（hè）难填——欲望像深沟一样很难填平。形容贪心太重，总是不能满足。齐宣王——齐国（国君）宣王（对领土的欲望就是这样）。欲：欲望；壑：山沟。②兴师动众——原指出兵。现形容发动很多人。此指原意。兴：起，发动；众：军队，大队人马。别国伤——去伤害别的国家，即（动用军队），侵略他国。③追本穷源——比喻追究事情发生的根源。此指追究"兴师动众别国伤"的根源。本：树木的根；穷：深入探索；源：水流的源头。孟子问——（这是）孟子质问（的内容）。据载，有一天，孟子去见齐宣王问道："你动员全国军队，使将士冒着危险去攻打别的国家，究竟是为了什么？"④笑而不答——只是微笑着，不做正面回答。据载，齐宣王先说是"为了满足我最大的欲望"，当孟子追问"你最大的欲望是什么"时，齐宣王则"笑而不答"。大欲藏——（齐宣王）把最大的欲望藏（在心里不说）。⑤洞烛其奸——形容看透对方的阴谋诡计。此指孟子看透了齐宣王出兵的真正用意，即看透了他心中的最大欲望。孟揭露——（于是）孟子（把它）揭露出来。⑥贪心不足——贪得的欲望永不满足。此指齐宣王贪得领土的欲望永不满足。领土张——（所以便向外）扩张领土。据载，孟子接着问齐宣王，是不是吃、穿、玩等诸方面得不到满足，齐宣王回答说都不是。于是孟子说："那么，我明白了。你是想征服天下，扩张领土。"⑦唯我独尊——只有自己最尊贵。唯：只有。欲称霸——（你齐宣王是）想要（在诸侯当中）称当霸主，（所以才这样做）。据载，孟子接着又说："你想使各国，包括秦国、楚国等大国都来向你朝贡，四方外族也都听命于你，想成为天下唯一的霸主。"⑧缘木求鱼——爬到树上去找鱼。比喻方向、方法错误，绝不可能达到目的。此比喻齐宣王用发动战争的办法来达到扩张领土、称霸诸侯、成为唯一霸主的目的，是办不到的。缘：攀援。何以偿——（这）怎么能如愿以偿呢？据载，孟子最后指出："以若（你）所为，求若所欲，犹缘木而求鱼也。"意思是，以你这样的做法来满足你这样的欲望，就好像爬到树上去找鱼一样，是达不到目的的。成语"缘木求鱼"即由此而来。

路 不 拾 遗

一佛出世侨为相①，**天下太平治使然**②。
物阜民康人乐业③，**荒时暴月无饥寒**④。
前街后巷栽桃枣⑤，**无人问津果存焉**⑥。
夜不闭户无贼盗⑦，**路不拾遗整五年**⑧。

【说明】　成语"路不拾遗"，见于《韩非子·外储说左上》中的一个成语故事。

【串讲】　①一佛出世——原指佛的出世要经过极长时间。据载，经

"每一小劫（约一千七百万年），则一佛出世"。后来用以比喻非常难得的事情。此指后者。侨为相——（春秋时郑国的）公孙侨做了（郑国）宰相。侨：公孙侨（字子产）。②天下太平——国家平静无事，社会生活安定。治使然——（公孙侨善于）治理才使（国家变成）这样的。然：这样。③物阜（fù）民康——物质丰盛，民众安乐。阜：多，盛；康：安乐。人乐业——人们愉快地从事自己的职业。④荒时暴月——原为湖南方言，指水旱灾荒，收成不好或青黄不接的时候。此指前者，即当郑国遇到水旱灾害收成不好的时候。无饥寒——（百姓）也没有挨饿受冻的。⑤前街后巷——指前前后后各处大街小巷。栽桃枣——栽着桃树和枣树。⑥无人问津——比喻没有人来探索尝试或过问。此指后者，即无人来采摘这些桃和枣。问津：询问渡口。果存焉——果实仍然保留在那树上。焉：于之，在那里。⑦夜不闭户——夜里不用关门。户：门。无贼盗——（因为）没有小偷（进屋）盗窃。⑧路不拾遗——东西丢失在路上没有人拾为己有。古时多用来形容民风淳厚，对统治者的政绩加以颂扬。现用以形容社会风尚和道德良好。此指古义。整五年——（这样好的民风和政绩）一共有五年。据载："子产退而为政五年，国无盗贼，道不拾遗。"成语"路不拾遗"即由此而来。

蜀 犬 吠 日

天府之国为四川①，层峦叠嶂群山环②。
乌天黑地多阴雨③，连绵不绝少晴天④。
云消雾散红日显⑤，蜀犬吠日叫没完⑥。

少见多怪不足怪⑦，迷离惝恍惑使然⑧。

【说明】 成语"蜀犬吠日"，见于柳宗元《答韦中立论师道书》中的一个成语故事。

【串讲】 ①天府之国——指自然条件优越，土地肥沃，物产丰富的地方。为四川——四川便是这样的地方。②层峦叠嶂——形容山峰众多而且险峻。峦：险锐的山。群山环——（四川被这样的）群山所环绕。③乌天黑地——形容一片黑暗。多阴雨——（这是因为四川）阴雨天特别多而又云雾浓重所致。④连绵不绝——连续不断。少晴天——晴天很少。⑤云消雾散——原指天气转晴朗。比喻疑虑怨气消除得干干净净。此指原意。红日显——（这时）红太阳则显露出来。⑥蜀犬吠日——蜀犬见到太阳就狂叫。比喻少见多怪。叫没完——（而且）叫得没完没了。⑦少见多怪——见识少，遇到不常见的事物以为怪。多用以嘲讽别人孤陋寡闻。此指蜀犬吠日为少见多怪。不足怪——（但这）并不值得奇怪。⑧迷离惝恍（tǎng huǎng）——迷迷糊糊，弄不清楚。迷离：模糊不明；惝恍：迷糊不清。惑使然——（这是蜀犬）心里不明白才使它这样的。据载："'仆（我，柳宗元自称）往闻庸蜀之南（今四川），恒雨少日（经常下雨，很少出太阳），日出则犬吠，余以为过言（我还以为这话不真实）。'六七年前，我来到了南方。元和二年冬，意外地遇到大雪下到岭南，覆盖着好几个州，这一带的狗都慌慌张张地叫、咬、乱跑，这样闹了几天，一直到冰融雪化为止。然后我才相信以前所听到的话是真的。"又据唐·韩愈《与韦中立论师道书》载："蜀中山高雾重，见日时少，每至日出，则群犬疑而吠之也。"这便是成语"蜀犬吠日"之来源。

喙 长 三 尺

高爵厚禄陆余庆^①，谈吐如流口才好^②。
无从下笔行文差^③，循名核实当场考^④。
适逢其时诏书写^⑤，呆若木鸡无字交^⑥。
名实相副时人议^⑦：喙长三尺书难着^⑧。

【说明】 成语"喙（huì）长三尺"，最早见于《庄子·徐无鬼》，这里写的是《唐书·陆余庆传》和唐·冯贽《云仙杂记》卷九所涉及的此成语故事。

【串讲】 ①高爵厚禄——爵位高显，俸禄丰厚。陆余庆——（唐朝初年，曾任过"监察御史""殿中侍御史"的）陆余庆（即如此）。②谈吐如流——说话似流水一样。形容健谈，说起话来连续不断。流：流水。口才好——（陆余庆）很有说话的才能。③无从下笔——思绪纷繁，不知从哪里写起。行文差——（所以，陆余庆）在组织文字表达意思上做得很不好。④循名核实——按着名称或名义去寻找实际内容，做得名实相符。当场考——（于是借事对陆余庆）做当场考核（看是否行文很差）。⑤适逢其时——恰巧碰到那个时机。诏书写——（让陆余庆代皇上）拟写一份诏书。⑥呆若木鸡——原指训练有素、以不变应万变的斗鸡，跟木雕的鸡一样。后泛指人因惊惧而发愣发呆的样子。此指后者。无字交——（这便是陆余庆写了半天）也没写出一个字来可以交差。据载，后来因此陆余庆则被降了官职。⑦名实相副——名声和实际情况相符合。副：相称，符合。时人议——（这已经体现在）当时人们的议论上：⑧喙长三尺——形容人能言善辩。喙：嘴。

书难着——（可是陆余庆）在书写方面就难以着笔成文了。据《云仙杂记》卷九所载："陆余庆为洛州长史，善论事而缪于决判。时嘲之曰：'说事即喙长三尺，判字则手重五斤。'"成语"喙长三尺"，又早见于《庄子·徐无鬼》："丘（孔子）愿有喙三尺。"这便是"喙长三尺"成语之来源。

雷 厉 风 行

文章盖世唐韩愈①，前倨后恭事帝奇②。
仗义执言反迎骨③，婴鳞获罪被贬离④。
剖胆倾心与帝信⑤，歌功颂德忘所以⑥：
旋乾转坤宪宗力⑦，雷厉风行进展急⑧。

【说明】 成语"雷厉风行"，原作"雷厉风飞"，见于唐朝韩愈《潮州刺史谢上表》中的一个成语故事。

【串讲】 ①文章盖世——文章好得无与伦比，谁都赶不上。盖世：超过世人。唐韩愈——唐代（大文学家而又从政）的韩愈（即如此）。②前倨后恭——先前傲慢，后来恭敬。倨：傲慢，怠慢。事帝奇——（韩愈这样）侍奉皇帝（唐宪宗）真是出人意外。怎见得呢？③仗义执言——为了正义而说公道话。仗义：主持正义；执言：说公道话。反迎骨——（韩愈曾进谏）反对（唐宪宗）迎接佛骨的事。④婴鳞获罪——比喻臣下因进谏触怒皇帝而获罪。此指由于韩愈进谏反对迎接佛骨的事，触怒了唐宪宗而获罪。婴：触犯；鳞：指逆鳞，朝相反方向生长的鳞。被贬离——（于是韩愈）则被（皇帝）贬谪（到潮州为刺史）而离开（京城）。⑤剖胆倾心——比喻竭尽忠诚。与帝信——（韩愈到潮州上任后）便给皇帝（唐宪宗）写了（一封表忠心的）信。⑥歌功颂德——颂扬功劳和德行。此指颂扬唐宪宗的功德。歌、颂：颂扬。忘所以——（韩愈这样做）简直是忘乎所以了。怎样歌颂的呢？⑦旋乾（qián）转坤——旋转天地，使它调换位置。比喻从根本上改变了局面。乾、坤：八卦中的两卦，分别代表天地。宪宗力——（这都是）宪宗您的力量。⑧雷厉风行——形容声势猛烈得像打雷一样，行动迅速得像刮风一样。此指韩愈在信中吹捧宪宗兴办各种事业声势很大，行动迅速。进展急——（因而）进展得很快。据载，韩愈给唐宪宗上表说："陛下即位以来，躬亲听断，旋乾转坤，关机阖（合）开，雷厉风飞。"这便是成语"雷厉风行"之来源。

蓝 田 生 玉

视微知著主孙权①，王侯将相将驴观②。
言为心声题驴脸③，大书特书子瑜宣④。
牛刀小试恪续字⑤，顺风扯旗"之驴"添⑥。
妙趣横生贬为褒⑦，蓝田生玉权美言⑧。

【说明】 成语"蓝田生玉"，见于《三国志·吴志·诸葛恪传》裴松之注引《江表传》中的一个成语故事。

【串讲】 ①视微知著——看到事物的一点苗头，就能知道它的实质和发展趋势。微：微小的迹象；著：明显。主孙权——（这便是三国时）吴主孙权。②王侯将相——泛指高官。将驴观——（孙权有一次会见群臣时让人牵来）一头驴给大家看。干什么呢？

③言为心声——言语是人内心思想的反映。题驴脸——（这表现在孙权）于驴脸的题字上。④大书特书——指把重要的事情、有意义的事情郑重记述下来。此处有小题大做、诙谐嘲弄之意。子瑜宣——（向众臣）宣布（这就是）"诸葛子瑜"的脸。据载，诸葛瑾（字子瑜）为诸葛亮之兄，深受孙权重用，官至大将军。其子诸葛恪聪明过人，有雄辩才能。今于驴脸题字"诸葛子瑜"，借嘲讽诸葛瑾脸长，来考验诸葛恪之才能。结果如何呢？⑤牛刀小试——比喻有大的才干，先在小事情上显示一下。恪续字——（于是）诸葛恪（则在"诸葛子瑜"之后）给续写上字。⑥顺风扯旗——顺着风向扯起旗子。比喻因势乘便行事。"之驴"添——则添写上了"之驴"二字。于是整个题字则变为"诸葛子瑜之驴"。⑦妙趣横生——美妙的意趣层出不穷。贬为褒——把原来的贬意一下子变成褒意。诸葛恪如此聪明智慧，孙权大加赞赏。⑧蓝田生玉——陕西省蓝田县盛产美玉。旧以"蓝田生玉"比喻名门出贤子。权美言——（这是）孙权对诸葛瑾赞美的话。据载："恪少有才名，孙权对其父瑾曰：'蓝田生玉，真不虚也。'"成语"蓝田生玉"即由此成语故事而来。

楚 囚 相 对

逃灾躲难导率士①，接踵而至来建康②。
强为欢笑同僚饮③，江山之异周感伤④。
忧国恤民皆涕下⑤，愀然变色王导讲⑥：
楚囚相对哭何用⑦？同心戮力复故疆⑧。

【说明】　成语"楚囚相对"，见于《世说新语·言语》中的一个成语故事。

【串讲】　①逃灾躲难——逃脱躲避灾难。多指逃避战乱。导率士——（这便是东晋丞相）王导（为躲避五胡之乱）而率领东晋士族南迁。据载，东晋时，入侵中原的诸族以匈奴族刘姓贵族为首，发动了匈奴、氐、羌、羯、鲜卑五族的反晋战争，史称五胡之乱。东晋被迫南迁。②接踵而至——一个跟着一个相继而到。来建康——来到新都建康（今南京）。③强为欢笑——勉强地做出欢笑的样子。同僚饮——（这就是王导经常）与士大夫同僚们（在建康郊区新亭）一起饮宴。④江山之异——疆土的主人改变了，山河也似乎改变了。江山：指疆土。周感伤——（有一次宴饮时）周𫖮（yǐ）发出这样的感慨和伤叹。⑤忧国恤民——忧虑国事，怜恤百姓。皆泪下——（在场的人）都流下泪来。据载："过江诸人，每至美日，辄相邀新亭藉卉饮宴。周侯（周𫖮）中坐而叹曰：'风景不殊，正自有山河之异!'皆相视流泪。"⑥愀（qiǎo）然变色——形容脸色变得严肃或不高兴。此为前者。王导讲——王导（就这样）对大家说：⑦楚囚相对——原指被俘的楚国人相对而泣。后泛指处境窘迫者相对而泣。此为后者。哭何用——（大家只是这样）哭泣有什么用？⑧同心戮力——指齐心合力。戮：合，并。复故疆——（我们就应这样效忠皇帝）来恢复原有的疆土。据载，正值众人相视流泪时，"唯王丞相愀然变色曰：'当共戮力王室，克服神州，何至作楚囚相对。'"成语"楚囚相对"即由此而来。

蜂　目　豺　声

目光如豆楚成王①，良莠不分自逞强②。

视同儿戏立太子③，指名道姓与子商④。
蜂目豺声子反对⑤，执迷不悟不更张⑥。
反复无常立又废⑦，祸生肘腋君命亡⑧。

【说明】 成语"蜂目豺声"，见于《左传·文公元年》中的一个成语故事。

【串讲】 ①目光如豆——眼光像豆子那样小。形容眼光短浅，极无远见。楚成王——（春秋时）楚国国君成王（便是这样一个人）。②良莠不分——分辨不清什么是好苗什么是野草。比喻分辨不清什么是好人，什么是坏人。莠：类似谷子的野草。自逞强——（可是楚成王）却要自我显示他的能干。③视同儿戏——把事情看成小孩做游戏。比喻极不严肃，极不认真。立太子——（这主要表现在楚成王）立太子这件大事上。④指名道姓——明确指出其人的名子姓氏。此为明确指出立太子者是谁。与子商——（楚王）和（掌握军政大权的最高官员令尹）子上商量。子：指子上（人名）。据载，楚成王想立他的大儿子商臣为太子，提出来征求子上的意见。商臣为人如何？子上持何种态度？⑤蜂目豺声——目如蜂而声似豺。形容面目凶恶，声音可怖。子反对——（所以）子上（对立这样一个人为太子）表示反对。⑥执迷不悟——坚持错误而不觉悟。此指楚成王坚持要立商臣为太子而不觉悟。不更张——不改变这个主意和做法。更张：改换、调整乐器上的弦，此处引申为改变主意和做法。据载，楚成王欲立商臣为太子，"访诸令尹子上，子上曰：'君之齿未也，而又多爱，黜（chù）乃乱也。楚国之举，恒在少者，且是人也，蜂目而豺声，忍人也，不可立也。'弗听。"⑦反复无常——形容变动不定，一会儿这样，一会儿那样。立又废——立了（商臣为太子），后来又想把他废掉。据载，楚成王后来又爱上了小儿子职，欲立他为太子，废掉商臣其结果会怎样呢？⑧祸生肘腋——比喻祸乱发生在内部或身边。君命亡——（结果）国君楚成王则丧了性命。据载，当商臣得知要废掉他这个太子，便与其师潘崇合谋起兵作乱，逼死了楚成王，自己做了国君，就是后来的楚穆王。成语"蜂目豺声"即由此成语故事而来。

解 衣 推 食

奋武扬威汉韩信①，擒龙缚虎龙且杀②。
震撼人心羽后悔③，白日做梦重请他④。
坚如磐石信斥羽⑤，知遇之恩将邦夸⑥：
解衣推食邦厚我⑦，士死知己谁可拔⑧？

【说明】 成语"解衣推食"，见于《史记·淮阴侯列传》中的一个成语故事。

【串讲】 ①奋武扬威——奋扬自己的武力威风。汉韩信——（楚汉相争时）汉营大将韩信（即如此）。汉：指楚汉相争时刘邦一方。②擒龙缚虎——捉拿蛟龙，缚住猛虎。比喻制伏、战胜强敌。龙且杀——（韩信战胜项羽手下强将）龙且并把他杀掉。③震撼人心——形容某件事对人震动很大。此指韩信杀死龙且对人震动很大。撼：摇动。羽后悔——（因此，项羽对失去韩信）心里非常后悔。羽：指项羽。据载，韩信一开始投奔的是项羽，但因不受重用而投靠了刘邦。今见韩信杀死龙且，项羽才明白韩信是难得的将才，故而后悔。④白日做梦——大白天做梦。比喻幻想根本不可能实现。重请他——（项羽打算）重新把他（韩信）请回来。⑤坚如磐石——

像大石头一样坚固。比喻不可动摇。信斥羽——韩信一一地斥责了项羽。⑥知遇之恩——受到赏识和重用的恩宠。将邦夸——（所以韩信）把刘邦（对自己的这些恩德）一一做了赞扬。⑦解衣推食——（刘邦）脱下衣服给我穿，把他的食物让我吃。后比喻慷慨地给人以帮助和关心。邦厚我——刘邦（就是这样）厚待于我（韩信）。邦：指刘邦。⑧士死知己——为了报答知己，不惜牺牲生命。谁可拔——哪一位能把我韩信拉走呢？即谁也动摇不了我。据载，项羽派使者武涉前去劝韩信弃汉回楚。韩信说："臣事项王，官不过郎中，位不过执戟，言不听，计不从，故倍（同背）楚归汉。汉王授我上将军印，与我数万众，解衣衣我，推食食我。言听计用，故吾得以至于此。夫人深信我，我倍之不祥，虽死不易，幸为信谢项王！"成语"解衣推食"便由此而形成。

数 典 忘 祖

才蔽识浅晋籍谈①，奉行故事赴周典②。
宾至如归王设宴③，睹物兴情于席间④。
正言不讳王问籍⑤：礼无不答何不献⑥？
一无所有籍谈回⑦，数典忘祖露真颜⑧。

【说明】 成语"数（shǔ）典忘祖"，见于《左传·昭公十五年》中的一个成语故事。

【串讲】 ①才蔽识浅——才能蔽塞，见识浅陋。晋籍谈——（春秋时）晋国（司典后裔）一个名叫籍谈的大夫（即如此）。晋：晋国；司典：掌管典制文书的官。②奉行故事——按着先例办事。

后泛指按老规矩、老章程办事。此指原意。故：旧的，原来的。赴周典——（所以籍谈奉晋国国君之命）前去周王朝参加（周景王穆后的安葬）仪式。③宾至如归——客人到这里就像回到自己家里一样。后多用以形容主人待客殷勤、周到。此指周景王待客殷勤、周到。王设宴——（于是安葬完穆后）周景王便设宴（款待来客）。④睹物兴情——看到眼前景物激起某种感情。此指周景王看到眼前摆放着鲁国贡献的酒壶而激起对晋国无器物贡献的感慨。于席间——（这是）在宴席进行中（产生的）。⑤正言不讳——说话爽直，毫无忌讳。王问籍——周景王（以这样的口气）问籍谈。籍：指籍谈。⑥礼无不答——一方行礼，另一方必应答礼。也指不虚受人之礼，必以礼报答。此指后者，即指晋国不应虚受我周王室的礼物，也应以礼物报答我。何不献——（那么你籍谈这次来）晋国为什么不拿礼物来贡献呢？⑦一无所有——什么都没有。此指没有什么礼物可献。籍谈回——（这是）籍谈（对周景王）所做的回答。据载，籍谈说：各诸侯国都受过周王室赏赐，故有东西可献；而晋国从未受过王室恩赐，哪里有什么器物可贡献呢？⑧数典忘祖——谈论起祖上的典章制度或经历的事迹时却忘掉了祖先的职守。后来比喻忘本，即忘掉自己本来的情况或事物的本源。此指原意。露真颜——（籍谈在谈论这些历史事实面前）则露出了（数典忘祖的）真相。颜：脸。据载，周景王听完籍谈一席话则指正说：晋国从始祖唐叔算起，就不断地接受周王室赏赐，而你身为司典后代，怎么连这样的历史事实都忘掉了呢？并说："籍父其无后乎？数典而忘其祖。"成语"数典忘祖"也便由此而形成。

满 城 风 雨

不羁之材潘大临[1]，悲天悯人寄诗魂[2]。
含英咀华朋友爱[3]，先睹为快写信询[4]。
襟怀坦白回言告[5]：心神不宁无诗存[6]。
满城风雨吟一句[7]，聊以塞责赠于君[8]。

【说明】 成语"满城风雨"，见于北宋惠洪《冷斋夜话》中的一个成语故事。

【串讲】 ①不羁（jī）之材——不受束缚的非凡之才。羁：马笼头，比喻束缚。潘大临——（宋朝诗人）潘大临（就具有这种才能）。②悲天悯人——哀叹时事艰辛，怜悯百姓疾苦，用以表示对社会腐败的悲愤和不平。悲天：哀叹时世；悯：哀怜。寄诗魂——（把这样的感慨）寄托在（他所写的）诗篇意境里。魂：灵魂，此指诗意。据载，潘大临不愿受封建礼教束缚，写了不少同情人民、对黑暗现实不满的诗。③含英咀华——比喻细细地体会诗文的精华。英、华：花，这里比喻精华；咀：咀嚼。朋友爱——（因此潘大临的）朋友（谢天逸）非常喜爱（他的诗）。④先睹为快——把能尽先看到当作快乐的事（多指文学作品）。此指谢天逸以尽先看到潘大临的诗作为快。写信询——（于是有一年重阳节便）写信（给潘大临）询问（有没有新作）。⑤襟怀坦白——心地纯洁、坦率，正大光明。襟怀：胸怀。回言告——（潘大临则）回信告诉（谢天逸）。⑥心神不宁——心绪神思不安宁。无诗存——（所以）写不出（什么）诗保留下来。⑦满城风雨——原形容秋天的景物。后也比喻消息一经传出，就到处轰动起来，议论纷纷。此指原意。吟一句——（只）作了这一句

（诗）。⑧聊以塞责——对自己应负的责任敷衍了事，姑且用以搪塞、应付。多用以自谦。此指潘大临自谦。赠于君——（姑且把这一句诗）赠给您（谢无逸）吧！据载，潘大临回信说："秋来景物，件件是佳句；昨日闭卧，闻搅林风雨声欣然起，题壁曰'满城风雨近重阳'；忽催租人至，遂败意，止此一句奉寄。"成语"满城风雨"即由此而来。

廉 泉 让 水

清身洁己范柏年^①，聪明机智善回言^②。
无所顾忌帝问水^③，对答如流避贪泉^④。
川流不息梁州有^⑤，屈指可数四水谈^⑥。
盘根究底问居处^⑦，廉泉让水二水间^⑧。

【说明】 成语"廉泉让水"，见于《南史·列传等三十七·胡谐之传》中的一个成语故事。

【串讲】 ①清身洁己——形容人廉洁自持。范柏年——（南朝宋时，梁州有一个）叫范柏年的人（即是如此）。②聪明机智——形容脑筋灵活，善于随机应变。善回言——（他）很善于回答别人的问话。③无所顾忌——没有任何顾虑。帝问水——（这便是）宋明帝（在接见范柏年谈话中）问到有关河流的事。据载，范柏年因事去谒见宋明帝，宋明帝偶然说到广州的贪泉，则问范柏年梁州有没有这种名称奇怪的河流。④对答如流——答话像流水一样顺畅。形容人思维敏捷，口才好。避贪泉——（但范柏年）却避开贪泉这样的字眼。⑤川流不息——河水不停息地流动。多用于比喻来往的人、车马或船只很多。此为原意。梁州有——（这样的河流）梁州是有的。⑥屈指可数——扳着手指即可数清。形容数量少。四水谈——（于是）说出有（文川、武乡、廉泉、让水）这四条河流。⑦盘根究底——盘问追究事情的根底。问居处——（这就是宋明帝接着）追问范柏年居住在什么地方。于是范柏年回答说：⑧廉泉让水——原为两条河水的名称，后比喻风土、习俗淳美的地方。让：谦让。二水间——（我范柏年就住在）这两条河流之间。据载："（范柏年）见宋明帝，帝言次及广州贪泉，因问柏年：'卿州复有此水不？'答曰：'梁州唯有文川、武乡、廉泉、让水。'又问：'卿宅在何处？'曰：'臣所居廉让之间。'帝嗟其善答。"成语"廉泉让水"即由此成语故事而来。

滥 竽 充 数

投机取巧士南郭①，有机可乘吹竽合②。
滥竽充数人三百③，蒙混过关宣王乐④。
时移俗易滑即位⑤，一改故辙人人过⑥。
惺惺作态已无用⑦，逃之夭夭无奈何⑧。

【说明】 成语"滥竽充数"，见于《韩非子·内储说上》中的一个成语故事。

【串讲】 ①投机取巧——指利用时机，耍弄手段，以谋取个人私利。士南郭——（战国时齐国有一个）名叫南郭的处士（即如此）。②有机可乘——有机会可乘，有空子可钻。吹竽合——（南郭觉得齐宣王让很多人）合在一起吹竽（便是这样一个机会）。据载，齐宣王听吹竽很讲排场，叫吹竽乐队所有的人合在一起吹竽给他听。南郭先生觉得这个吹竽合奏有机可乘。③滥竽充数——不会吹的人混在吹竽的乐队里充数。比喻没有本领的人混进来冒充有本领，或以次货冒充好货。有时也表自谦。此指原意，即南郭先生"滥竽充数"。人三百——（组成这个乐队共有）三百人。④蒙混过关——用欺骗的手段使人相信虚假的事物。指以伪装骗取通过，此指南郭在乐队里装模作样会吹竽，每次演奏都混过去了。宣王乐——齐宣王（听了吹竽乐队合奏）非常高兴。⑤时移俗易——时代不同了，风俗也改变了。此指君主不同了，听竽的风俗也变了。湣（mǐn）即位——（这是由于齐宣王死后他的儿子）湣王继承了王位（所致）。⑥一改故辙——彻底改变原来的老路。指毅然走上新路。此指一改过去宣王听吹竽合奏的老习惯，采用新的听竽方式。人人过——一个人一个人地（吹竽给湣王听）来通过。⑦惺惺作态——形容装模作样，故作姿态。此指南郭故作姿态假装会吹竽。惺惺：假惺惺，假意的样子。已无用——（南郭再这样做）已经不起作用。⑧逃之夭夭——原形容桃树枝叶茂盛，后因"桃""逃"谐音而诙谐地指称逃跑。此指南郭逃跑。夭夭：茂盛的样子。无奈何——（这是因为南郭）没有办法了。据载："齐宣王使人吹竽，必三百人。南郭处士请为王吹竽，宣王说（悦）之，廪食以数百人。宣王死，湣王立，好一一听之，处士逃。"成语"滥竽充数"即由此而形成。

塞翁失马

塞翁失马心不痛①，喜形于色反说好②。
迷途知返马带马③，郁郁寡欢怕灾招④。

骑者善坠儿腿断⑤，兵凶战危性命保⑥。

祸福相倚互转化⑦，因祸得福乐陶陶⑧。

【说明】　成语"塞翁失马"，见于《淮南子·人间训》中的一个成语故事。

【串讲】　①塞翁失马——边塞上有个老头儿丢了马。后比喻虽然暂时吃了亏，却因此得到好处。也指坏事可以变成好事。此指原意。心不痛——（但他）心里并不悲伤。②喜形于色——内心的喜悦已经控制不住而从脸上表现出来。形：表现；色：脸色。反说好——反而说（丢了马）是件好事。据载，邻居们听说塞翁丢了一匹马，都来安慰他，老头儿反倒高兴地说："此何遽不为福乎？"③迷途知返——迷失了道路知道回来。后常用来比喻觉察了自己的错误而知道改正。此指原意，即指丢的马迷失了道路，又知道找回家中。马带马——（并且丢失的）马还带来（一匹好）马。据载："居数月，其马将胡骏马而归。"④郁郁寡欢——心中愁闷，很少欢乐。怕灾招——（塞翁）怕这事会招来灾祸。据载，塞翁并不高兴，忧虑地说："平白无故地得了一匹好马，说不定还会招来一场灾祸呢！"⑤骑者善坠——惯于骑马的人常常会掉下马来。比喻擅长某一事物的人，往往容易疏忽大意，反而失败。此指原意，即指塞翁的儿子惯于骑马，却在骑那匹意外得到的好马时掉了下来。儿腿断——（塞翁）儿子的腿摔断了。据载，这时，邻居们又来安慰他，他说："孩子摔坏了腿虽然是坏事，但说不定还是件好事呢！"⑥兵凶战危——打仗是要死伤人、冒危险的。据载，塞翁儿子腿断一年后，边境上发生战争，死伤的人很多。性命保——（但塞翁儿子的）性命却保住了。据载，这个村子的年轻人都参加了战斗，十有九死。塞翁的儿子因腿瘸（qué）没上战场，则活了下来。⑦祸福相倚——指祸福互相依存，互为因果。互转化——

互相转化，即坏事可以变成好事，好事也可以变成坏事。⑧因祸得福——因遭受灾祸而获得了幸福。此指塞翁的儿子因腿摔瘸而保住了性命。乐陶陶——（因而塞翁显出非常）愉快的样子。陶陶：和乐的样子。成语"塞翁失马"即由此故事而来。

解铃还须系铃人

聪明出众一禅师①，倜傥不羁人蔑之②。
独一无二法眼器③，质疑问难以证实④。
面面相觑无人对⑤，姗姗来迟法灯知⑥：
解铃还须系铃人⑦，石破天惊语出时⑧。

【说明】　成语"解铃还须系铃人"，见于明朝瞿汝稷（jì）编的佛家禅宗语录《指月录·卷二十三法灯》中的一个成语故事。

【串讲】　①聪明出众——智力超过一般的人。一禅师——（古时候）有一个（这样的）禅师（名叫法灯）。②倜傥（tì tǎng）不羁（jī）——豪爽洒脱，不受拘束。此指法灯性情豪爽洒脱，不受佛家戒规约束。倜傥：特异，豪爽，洒脱；不羁：不受约束。人蔑之——（因此）别人（都）轻视他（法灯）。③独一无二——形容唯一的，没有相同或可以相比的。法眼器——（只有）法眼（禅师对法灯禅师很是）器重。④质疑问难——提出疑难问题，向人请教，或互相讨论。此指法眼提出疑难问题，让大家讨论，看谁能答出来。据载，有一天，法眼问大家："老虎脖子上拴着金铃，谁能解下来？"以证实——用（回答这个问题）来证实（法灯聪明出众）。⑤面面相觑（qù）——你看着我，我看着你。形容惊惧或无可奈何的情状。此处形容在场的人互相对看无可奈何的情状。觑：看。无人对——没有人（能）回答（上来）。⑥姗姗来迟——原形容女子从容缓步的样子，今多指慢腾腾地来晚了。此指后者，即法灯"姗姗来迟"了。法灯知——（但）法灯却知道（怎样解下老虎脖子上的金铃）。⑦解铃还须系铃人——系（在老虎颈上）的金铃，还得靠系铃的人去把它解下来。后比喻谁惹出的问题仍由谁去解决。此指原意。据载，法灯回答说："（把铃）系上去的人能把它解下来。"⑧石破天惊——原形容演奏箜篌的声音忽而激越、忽而低沉，意境奇特得出人意外，难以描述。后用来比喻诗文、议论或事件奇异惊人。此指法灯对问题的回答奇异惊人。语出时——（这是在法灯）话语刚出口时（使大家感受到的）。据载："金陵清凉泰钦法灯禅师在众日，性豪逸，不事事，众易之。法眼独契重。眼一日问众：'虎项金铃，是谁解得？'众无对。师适至，眼举前语问，师曰：'系者解得。'眼曰：'汝辈轻渠不得。'"成语"解铃还须系铃人"即由此故事而形成。

睚 眦 必 报

才高意广魏范睢①，衔冤负屈罪名背②。
隐姓埋名逃出境③，择木而处秦国归④。
能言舌辩王从计⑤，远交近攻显神威⑥。
志骄意满为相国⑦，睚眦必报决心追⑧。

【说明】 成语"睚眦（yá zì）必报"，见于《史记·范睢蔡泽列传》中的一个成语故事。

【串讲】 ①才高意广——才学高的人意气也高。魏范雎——（战国时）魏国（中大夫）范雎（便是这样的人）。②衔冤负屈——蒙受冤屈。罪名背——（因为范雎）背上了（莫须有的卖国）罪名。据载，范雎从须贾出使齐国，留数月未得齐王召见。齐襄王听说范雎能言善辩很有才能，便派人赐他十斤金和牛肉酒食。须贾以为范雎是向齐国泄露了魏国机密才会得到如此赏赐。回国后便把此事向魏相魏齐告发，魏齐则深信不疑。于是范雎则背上了"卖国"罪名。③隐姓埋名——隐瞒自己的真实姓名，不让别人知道。逃出境——（范雎就这样）逃出了魏国国境。④择木而处——鸟儿选择合适的树木做巢。旧时比喻选择贤君明主，为其效命。此指比喻义。处：居。秦国归——（于是）范雎则归向秦国，即逃到了秦国。据载，魏齐大怒，命手下人毒打范雎，使其筋断齿落。范雎装死，求看守人搭救而得出。经郑安平安排，隐姓埋名，改叫张禄，通过秦驻魏谒者王稽而逃往秦国，受到秦王赏识和重用。⑤能言舌辩——能说会道，巧舌善辩。王从计——（因此）秦王则听从采纳范雎的（强国）策略。什么策略呢？⑥远交近攻——结交远方的国家，攻伐临近的国家。显神威——（此计在实践中）显示出强大威力，收效甚好。⑦志骄意满——意志骄满，即骄横自满的样子。为相国——（因为范雎）已经当上了秦国丞相。⑧睚眦必报——指极小的怨恨也一定要报复。睚眦：瞪眼怒目而视人。引申为极小的怨恨。决心追——（范雎）决心去追讨（过去曾经害他的仇人）。据载，范雎让须贾转告魏王"急持魏齐头来，不然者，我且（将）屠大梁（魏国都城）"。同时，范雎又全力向秦昭王举荐他的恩人王稽和郑安平。王稽被封为河东守，郑安平被任为将军。并"散家财物，尽以报所尝困厄者"。于是，太史公发议论曰："一饭之德必偿，睚眦之怨必报。"成语"睚眦必报"即由此而来。

鹏　程　万　里

蔽日遮天鸟大鹏①，**溯本求源鲲变成**②。
世代相传居北海③，**千里之志徙南冥**④。
扶摇直上奋飞起⑤，**骇浪惊涛击水生**⑥。
鲲鹏得志强风乘⑦，**鹏程万里目标行**⑧。

【说明】　成语"鹏程万里"，见于《庄子·逍遥游》中的一个成语故事。

【串讲】　①蔽日遮天——遮住了天空和太阳。形容遮盖的范围非常宽广。鸟大鹏——（这便是）大鹏鸟。②溯本求源——追寻根本，探求源头。比喻寻根究底。鲲变成——（原来大鹏鸟是）大鲲鱼变化而成。③世代相传——世世代代流传下来。居北海——（说大鲲鱼原来）居住（在遥远的）北海。据载，鲲的身体很大，不知道有几千里；变成鹏鸟也很大，它的背也不知有几千里，能遮天蔽日。④千里之志——指远大的志向。徙南冥——（这便是大鹏）要迁徙到南海。⑤扶摇直上——自下急剧地盘旋而上。奋飞起——（大鹏就这样）奋力飞起。⑥骇浪惊涛——凶猛而使人惊怕的大风浪。常比喻险恶的环境或遭遇。此为原义。骇：惊惧。击水生——（这是大鹏起飞时）击打水面而产生的。⑦鲲鹏得志——大鲲变大鹏要实现迁徙南海的志向。比喻有雄才大志、奇才伟略的人得到了施展自己才能的机会。此为原义。强风乘——（因为它）是乘着强劲的大风而展翅高飞的。⑧鹏程万里——大鹏鸟飞行的路程有一万里那么远。比喻前程远大。此为原义。目标行——（奔向南海）目标快速飞行。据载："鹏之徙于南冥也，水击三千里，抟扶摇而上者九万里。"成语"鹏程万里"即由此而来。

摸 棱 两 可

伴食宰相苏味道①，括囊守禄为准则②。
事无巨细两端持③，不置可否随声和④。
恬不知耻经验述⑤：旗帜鲜明错有责⑥。
摸棱两可视为宝⑦，众目昭彰绰号得⑧。

【说明】 成语"摸棱两可"，也作"模棱两可"，见于《旧唐书·苏味道传》中的一个成语故事。

【串讲】 ①伴食宰相——只会陪伴吃饭，不能处理国家大事的宰相。后用以讽刺在朝中占据高位却不办事的大官。此指原意。苏味道——（唐朝武则天称帝时的）苏味道（就是这样一个宰相）。②括囊守禄——说话谨慎以保牢官位。括：扎结，捆；括囊：扎紧口袋，比喻不轻易说话；禄：官俸。为准则——（以此）作为（说话所依据的）原则。③事无巨细——事情无论大小。指大大小小各种各样的事情。两端持——（总是）握着两端，即遇事总是犹豫观望，迟疑不决。④不置可否——不说对，也不说不对。不表示肯定还是否定。随声和——（苏味道都是）随声附和，即别人说什么，他也就跟着说什么。⑤恬（tián）不知耻——安然自得，不觉羞耻。常指做了坏事还满不在乎，不以为耻。此指苏味道遇事不拿主意，还安然自得，不觉羞耻。恬：安然。经验述——（并向别人）讲述（他的处事）经验。⑥旗帜鲜明——原指军旗耀眼，军容整齐。现比喻观点明确，毫不含糊。此指后者。错有责——（他说这样做）出了差错（就会）有责任。⑦摸棱两可——摸着棱角的东西，两面都可以。表示对一件事情的两方面都认为可以，表示没有明确的态度或主张。视为宝——（苏味道把这样做）看成是最珍贵的。⑧众目昭彰——群众的眼睛都看得很清楚。昭彰：明显。绰（chuò）号得——（所以苏味道）便得到一个（大家给起的）绰号（"苏摸棱"）。据载："（苏味道）尝谓人曰：'处事不欲决断明白，若有错误，必贻咎谴，但摸棱以持两端可矣。'时人由是号为'苏摸棱'。"成语"摸棱两可"即由此故事而来。

雷 霆 万 钧

远见卓识汉贾山①，**上书言事劝帝贤**②。
广开言路纳臣谏③，**深入浅出理说全**④：
雷霆万钧皇权重⑤，**粉身碎骨无一坚**⑥。
钳口结舌人人怕⑦，**言语道断江山险**⑧。

【说明】 成语"雷霆万钧"，见于《汉书·贾山传》中的一个成语故事。

【串讲】 ①远见卓识——具有远大的眼光，卓越的见识。汉贾山——西汉（政论家）贾山（就是这样一个人）。汉：指西汉。②上书言事——指向朝廷书面提出对国家人事的看法或建议。据载，贾山多次向汉文帝上书。劝帝贤——劝说汉文帝要贤明。③广开言路——尽量创造条件，使人们能充分发表意见。此指贾山建议文帝要"广开言路"。言路：进言的途径。纳臣谏——采纳臣下的意见。④深入浅出——道理表述得很深刻，使用的语言却通俗浅显。理说全——把道理说得很周全。⑤雷霆万钧——比喻威力极大，不可抵挡。此喻皇帝权力如"雷霆万钧"。雷霆：霹雳；钧：

古代重量单位，三十斤为一钧。皇权重——皇帝的权势很大。
⑥粉身碎骨——身体粉碎而死。形容惩罚极重。也形容为了某种
目的不怕牺牲生命。此指前者，即指皇权可置进谏者于死地。无
一坚——没有一个不被摧毁。坚：硬，结实。据载，贾山劝谏文
帝时做比喻说："雷霆之所击，无不摧折者；万钧之所压，无不糜
（mí）灭者。"意思是，霹雳轰击之处，没有什么能不被折断的；
万钧重压之下，没有什么能不被粉碎的。⑦钳口结舌——紧闭嘴
巴，不敢说话。钳口：闭口不言；结舌：不敢说话。人人怕——
（那是因为）每个人都害怕（的缘故）。⑧言语道断——原为佛家
语，指意思微妙深奥，无法用语言表达。后指不能通过交谈、谈
判解决问题。此指后者，即指无人进谏，皇帝不能通过和臣下交
谈解决问题。江山险——（那样）国家政权可就危险了。成语
"雷霆万钧"即由此故事而来。

暗 箭 伤 人

勇冠三军颖考叔①，**指挥若定许国输**②。
身先士卒城墙上③，**嫉贤妒能是子都**④。
心怀鬼胎人群匿⑤，**暗箭伤人中考叔**⑥。
义愤填膺人人骂⑦，**无地自容命自除**⑧。

【说明】 成语"暗箭伤人"，见于《左传·隐公十一年》中的一个
成语故事。

【串讲】 ①勇冠三军——勇力过人，全军第一。冠：第一位；三
军：全军。颖（yǐng）考叔——（春秋时郑国攻打许国的主将）颖

考叔（便是这样）。据载，郑庄公为了选择攻打许国的主将，便把大旗插在车上说："谁能举起这面大旗，就派谁当主将，这辆战车也赏给他。"颍考叔不但能举起大旗，而且还能拿旗当枪耍，击败了瑕（xiá）叔盈。另一个对手公孙子都，尽管嫉妒，却不敢较量。于是，颍考叔夺得了主将，可谓"勇冠三军"。瑕叔盈和公孙子都只做了副将。②指挥若定——指挥作战极有把握，稳操胜券。此指颍考叔"指挥若定"。若：如；定：定局。许国输——许国（则被打得）惨败（而逃回城内）。输：失败。③身先士卒——作战时将帅亲自冲锋，带头走在士兵的前面。城墙上——（颍考叔首先）登上（许国）城墙。④嫉贤妒能——嫉妒有才能的人。此指嫉妒颍考叔。是子都——（这便是）公孙子都。子都：指公孙子都。⑤心怀鬼胎——心中隐藏着见不得人的念头。此指公孙子都心里隐藏着杀害颍考叔的邪念。人群匿（nì）——（他便）隐藏在人群里。⑥暗箭伤人——从暗地里放出箭射人。比喻暗地里用某种手段害人。此为原意。中（zhòng）考叔——（公孙子都放暗箭）射中颍考叔（使其身亡）。⑦义愤填膺——正义的愤怒，充满胸中。形容满腔愤怒。人人骂——每个人都咒骂（放暗箭的人）。据载，攻打许国胜利后，郑庄公奖励有功将士。这时，大家都想起了颍考叔，对放暗箭的人非常气愤，人人咒骂。⑧无地自容——没有地方可以让自己容身。形容羞愧至极。此指公孙子都在大家咒骂下而"无地自容"。命自除——（于是便）自杀了。成语"暗箭伤人"即由此故事而来。

裹 足 不 前

雄心壮志秦李斯①，高明远见谏王知②：

人才济济国必盛③，千方百计广纳之④。

逆理违天如逐客⑤，裹足不前能者失⑥。

自食其果国必弱⑦，言之有理令停施⑧。

【说明】 成语"裹足不前"，见于秦·李斯《谏逐客书》中的一个成语故事。

【串讲】 ①雄心壮志——宏大的胸怀，豪壮的志向。秦李斯——（战国末期）秦国（丞相）李斯（即如此）。②高明远见——见识高远。谏王知——（于是）向秦王进谏让他懂得（使国家强大的道理）。据载，当时秦国强大，各国人才都来投奔秦国，并受到重用。这就影响了贵族的权势，于是借着有一位韩国人搞间谍活动，便要求秦王驱逐客卿，秦王则下逐客令。为此，李斯则写了《谏逐客书》劝阻秦王。其观点如下：③人才济济——有才能的人很多。济济：众多的样子。国必盛——（这样）国家必然强盛。④千方百计——想尽一切办法。广纳之——广泛地接纳人才。⑤逆理违天——违背天道常规。如逐客——如果赶走客卿。怎么样呢？⑥裹足不前——脚被包裹住了一样停止不前。能者失——（这样）就会失去（各国）有才能的人。据载，李斯在《谏逐客书》中写道："是以地无四方，民无异国，四时充美，鬼神降福，此五帝[黄帝、颛顼（zhuān xù）、帝喾（kù）、唐尧、虞舜]三王（夏禹、商汤、周文王周武王）之所以无敌也。今乃弃黔首（百姓）以资（供给）敌国，却宾客以业诸侯（使诸侯成就功业），使天下之士退而不敢西向，裹足不入秦，此所谓借寇兵而盗粮者也（这就是所说的是在借给贼寇武器，送给强盗粮食啊）！⑦自食其果——自己吞食自己种出来的果实。多指做了坏事受到应有的惩罚。此指逐客必将自食其苦果。国必弱——（这就是）国家必然衰弱。据载，李斯最后写道："今逐客以资敌国，损民以益仇，内自虚而外树怨丁诸侯，求国无危，不可得也。"⑧言之有理——话说得有道理。令停施——（于是秦王）便停止了实施逐客令，即收回成命。成语"裹足不前"即由此成语故事而来。

精 卫 填 海

天真烂漫炎帝女①，游山玩水东海行②。
一望无际高崖上③，乐极生悲坠水中④。
死而复生化精卫⑤，志在千里西山征⑥。
一来一往衔石木⑦，精卫填海飞不停⑧。

【说明】　成语"精卫填海"，见于《山海经·北山经》中的一个神话故事。

【串讲】　①天真烂漫——纯真自然，无虚假成分。炎帝女——（传说中神农氏）炎帝的小女儿（名叫女娃即如此）。②游山玩水——游览、赏玩山水风景。东海行——（女娃）去到东海游玩。③一望无际——一眼看不到边际。形容辽阔。际：边际。高崖上——（因为她）已经登上了高高的悬崖（所以看到的大海景象是一望无际，使人心旷神怡）。④乐极生悲——欢乐到极点，转而发生悲哀之事。坠水中——（女娃只顾尽情欢乐，一不留神）便坠落到大海里。⑤死而复生——死去后重又苏醒过来。化精卫——（不过已经不是原来的女娃了，而是）化为一只精卫鸟。⑥志在千里——志向在千里之外。形容志向远大。西山征——（精卫）则向西山长途飞行。干什么呢？⑦一来一往——形容动作的反复或交替。此指前者，即指精卫反复飞行于东海与西山之间。衔石木——（从西山）口衔小石或树枝。木：树，此指树枝。⑧精卫填海——精卫（将这些小石、树枝）填到东海里。后用来比喻不畏困难，意志坚强。飞不停——（精卫就是这样一来一往地填海）飞个不停。据载："（精卫）常衔西山之木石，以堙（yīn，填塞）于东海。"成语"精卫填海"也便由此而来。

管 中 窥 豹

书香门第王献之①，耳闻目击幼学痴②。
兴致盎然观牌戏③，一心一意多有时④。
似懂非懂发行语⑤，一知半解生笑之⑥：
管中窥豹郎见少⑦，可见一斑亦为实⑧。

【说明】 成语"管中窥豹"，见于《晋书·王献之传》中的一个成语故事。

【串讲】 ①书香门第——指世代都是读书人的家庭。王献之——（晋代著名书法家王羲之的儿子）王献之即出生于此种家庭。②耳闻目击——亲耳听到的，亲眼看见的。幼学痴——（对这些事物王献之）年幼时学得很痴迷。③兴致盎然——形容兴致很高，兴味浓厚。盎然：充满、洋溢的样子。观牌戏——（王献之就这样）观看（他父亲的几个学生在书房里玩的一种类似于）打牌的游戏。④一心一意——形容意志专一，毫无杂念。多有时——（王献之这样观看牌戏）已经有很长的时间了。⑤似懂非懂——好像懂了，其实又不懂。形容半懂不懂。发行（háng）语——（王献之偶然也能）说出内行的话来。⑥一知半解——知道得不全面，理解得不透彻。生笑之——（所以王羲之的）学生们笑他说：⑦管中窥豹——从管中看豹。比喻所见狭小，看不到全面。郎见少——你（王献之）的见识还很少。郎：旧称年轻男子，此处指王献之，有嘲笑之味。⑧可见一斑——从竹管里看豹，虽然不能看到豹的全体，但也能看到豹身上的一块斑纹。比喻见到事物的一小部分就能推知事物的整体。亦为实——（这）也是客观事实。据载："（献之）年数岁，尝观门生樗（chū）蒲曰：'南风不竞。'门生曰：'此郎亦管中窥豹，时见一斑。'"成语"管中窥豹""可见一斑"即由此而来。

竭 泽 而 渔

寡不胜众晋战楚①，谦躬下士公求方②。
军不厌诈狐偃告③，是耶非耶与雍商④。
直言无隐雍回对⑤：行之有效用无妨⑥。
竭泽而渔只限此⑦，如法炮制再则伤⑧。

【说明】 成语"竭泽而渔"，见于《吕氏春秋·义赏》中的一个成语故事。

【串讲】 ①寡不胜众——少数人抵挡不住多数人。晋战楚——（春秋时）晋国去和楚国（在城濮地方）交战（即是如此）。②谦躬下士——谦虚有礼貌，尊重有才学的人。下士：降低身份，与地位比自己低的人交往。公求方——（这便是）晋文公（向大臣狐偃）寻求（战胜楚国）的方法。③军不厌诈——作战时允许尽多地使用欺诈的战术。厌：满足。狐偃告——（这就是）狐偃告诉晋文公的作战方法。④是耶非耶——对呢？还是错呢？耶：语末助词，表疑问。与雍商——（于是）又去和季雍商量（此术是否可行）。⑤直言无隐——说话爽直，毫无隐瞒。雍回对——季雍（就这样）回答晋文公说：⑥行之有效——施行起来很有成效。用无妨——尽管去用（这欺诈之法）不会有什么妨碍。⑦竭泽而渔——把水排尽来捕鱼。比喻做事只顾眼前利益，不做长远打算。竭：

尽。渔：捕鱼。只限此——（所以使用此术）只限于这一次。⑧如法炮制——依照成法，制作中药。比喻照现成样子办事。炮制：烘、炒制中药的一种方法。再则伤——（如果）再用（同样的欺诈方法）那就一定会受到伤害（就如同"竭泽而渔"以后就没鱼了一样不是长远之计）。据载，季雍对晋文公说："竭泽而渔，岂不获得？而明年无鱼。"成语"竭泽而渔"即由此而来。

箪　食　壶　浆

贪欲无厌齐宣王[①]**，暮想朝思领土张**[②]**。**
乘机而入燕国讨[③]**，风驱电扫进军强**[④]**。**
人心所向百姓助[⑤]**，箪食壶浆迎路旁**[⑥]**。**
势如劈竹获大胜[⑦]**，救苦救难抚民伤**[⑧]**。**

【说明】　成语"箪食（dān sì）壶浆"，见于《孟子·梁惠王下》中的一个成语故事。

【串讲】　①贪欲无厌——贪求的欲望没有满足的时候。厌：满足。齐宣王——（战国时齐国国君）齐宣王（即是如此）。②暮想朝思——晚上想，早上也想。形容时刻都在想着。领土张——（这便是）扩张自己国家的领土。③乘机而入——趁着机会而进入。燕国讨——（这就是趁着燕国老百姓在苛政下生活在水深火热中的时机）去讨伐燕国。④风驱电扫——像刮风一样，像闪电扫过一般。形容十分迅速、猛烈。驱：快跑。进军强——齐国（对燕国）的进军（正是如此）之强劲。⑤人心所向——指民众一致拥护的。向：归向。百姓助——（这便是）燕国老百姓（对齐军的进入一致拥护）并给以帮助。⑥箪食壶浆——一箪食，一壶米汤。原指百姓用食物来欢迎他们所拥护的军队。后也指粗茶淡饭。此为原意。箪：盛饭的竹器。迎路旁——（燕国老百姓就是这样）在道路两旁欢迎齐军的到来并犒劳他们。据载，齐军进入燕国，燕国百姓是："箪食壶浆，以迎王师。"⑦势如劈竹——形势就像劈竹子，头几节劈开以后，下面各节就顺着刀势分开了。形容节节胜利，毫无阻碍。获大胜——（所以齐军）取得重大胜利。⑧救苦救难——拯救众人的痛苦与灾难。抚民伤——来抚慰燕国人民的伤痛。成语"箪食壶浆"即由此成语故事而来。

旗 鼓 相 当

雄才伟略光武帝①，东讨西伐灭残贼②。
弃暗投明隗嚣靠③，如虎添翼帝施威④。
竭诚相待与嚣信⑤，运筹决胜重任委⑥：
旗鼓相当钳制述⑦，计功行封待日归⑧。

【说明】 成语"旗鼓相当"，见于《后汉书·隗嚣传》中的一个成语故事。

【串讲】 ①雄才伟略——杰出的才智和伟大的谋略。光武帝——（东汉）光武皇帝（刘秀即是如此）。②东讨西伐——形容四处征战。灭残贼——（刘秀）已经消灭了各地的残余势力。据载，东汉初年，还残存一些地方割据势力。刘秀称帝后经过五年征剿，大部分已被荡平，只剩下甘肃的隗嚣和四川的公孙述两股势力，并有新的变化。③弃暗投明——背弃黑暗而投身光明。比喻放弃落后、反动的立场而投身正义、进步的事业。隗嚣靠——（这便是）隗嚣来投靠（刘秀）。④如虎添翼——比喻强有力者又增添了新的助手。此指隗嚣的投靠，使刘秀"如虎添翼"。帝施威——（于是）光武帝则施展他的权威。⑤竭诚相待——诚心诚意地对待别人。竭：尽。与嚣信——（这便是刘秀）给隗嚣写一封信。⑥运筹决胜——拟订作战策略以获取战斗胜利。重任委——（为此，刘秀则对隗嚣）委以重任；⑦旗鼓相当——作战的双方势均力敌。也比喻事物的两方实力或能力等不相上下。此指原意。旗鼓：古代作战时用以指挥进退转移的军旗和战鼓。钳制述——（这便是隗嚣与公孙述的军力旗鼓相当）让他来钳制公孙述。⑧计功行封——计算功劳大小多少，给予封赏。待日归——等待那一天你回来。据载，刘秀给隗嚣的信中说："如令子阳（公孙述）到汉中、三辅，愿因将军（指隗嚣）鼓旗相当。傥（同倘）肯如言，蒙天之福，即智士计功割地之秋（时候）也。"成语"旗鼓相当"即由此而来。

瞎 子 摸 象

闲情逸致一国王①，瞎子摸象坐观赏②。
笑容可掬问象样③，各执一词不同腔④。
五花八门啥都有⑤，各持己见争论长⑥。
归根结底都不对⑦，扪烛扣盘不应当⑧。

【说明】　成语"瞎子摸象"，见于《涅槃（niè pán）经》中的一个成语故事。

【串讲】　①闲情逸致——悠闲的心情和闲适的情趣。一国王——（从前就有）一个（具备这种"闲情逸致"的）国王。逸：安闲；

致：情趣。②瞎子摸象——许多瞎子去摸大象什么样。结果各自得出不同的结论。比喻对事物只凭一点片面的了解或局部的经验，就做出全面的判断，很少有不出差错的。此指原意。坐观赏——（国王）坐着观看欣赏。据载，国王让大臣牵来一头大象，让几个瞎子去摸，自己坐着观赏。③笑容可掬（jū）——形容满脸堆笑的样子。掬：两手捧起来。问象样——（国王对瞎子们）问大象（是什么）样子。④各执一词——各人坚持一种说法。不同腔——（对象的样子）说法不一致，即意见不统一。⑤五花八门——原指古代战术变化的两种阵势。后比喻花样繁多或变化多端。此指瞎子们对大象是什么样子说法很多。五花：五行阵；八门：八门阵。据载，摸到大象牙齿的说："大象如一根长长的萝卜。"摸到大象耳朵的说："大象好似一个簸（bò）箕（ji）。"摸到大象脊背的说："大象犹如一张床，平平坦坦。"摸到象尾的说："大象好像一根绳子，又粗又长。"摸到大象脚的则说："大象就如同一只舂（chōng）米的石臼（jiù）。"真是"五花八门"，说啥的都有。⑥各持己见——各人都坚持自己的意见。此指瞎子们都坚持自己说得对，各不相让。争论长——争论得没完没了。⑦归根结底——归结到根本性问题上。此指归结到象的真正样子上。都不对——（这些瞎子的说法）都不正确。⑧扪（mén）烛扣盘——比喻认识片面，不正确。扪：抚摸；扣：敲击。苏轼《日喻》载："有个生来就瞎的人，不知道太阳是什么样，便向眼睛好的人请教，有人告诉他说：'太阳的形状像个铜盘。'敲击铜盘就听到了它的声音。有一天，盲人听到钟响，便认为是太阳。又有的人告诉他说：'太阳的光线像蜡烛。'盲人抚摸蜡烛而知道了它的形状。有一天盲人怀里揣着一只管乐器龠（yuè），便认为这就是太阳。"后来就用"扪烛扣盘"比喻认识片面，不正确。此指"瞎子摸象"都犯了认识片面的错误。不应当——（这是很）不应该的。成语"瞎子摸象"即由此故事而来。

鹤　立　鸡　群

熊腰虎背晋嵇绍①，堂堂仪表任侍中②。
寸步不离随帝往③，保驾护航平叛行④。
拼命三郎英勇战⑤，以身许国护主忠⑥。
亲历其境有人语⑦：鹤立鸡群特威风⑧。

【说明】　成语"鹤立鸡群"，见于《世说新语·容止》中的一个成语故事。

【串讲】　①熊腰虎背——腰粗壮似熊，背宽厚如虎。形容人高大魁梧。晋嵇（jī）绍——晋朝（有一个）叫嵇绍的人（即是如此）。②堂堂仪表——形容人外表端正，姿态威严。堂堂：端正、大方、威严的样子。仪表：人的外表举止。任侍中——（这便是嵇绍，他在晋惠帝时）担任侍中之职。据载，有一次，河间王颙（yóng）与成都王颖会合兵力，侵犯国都，嵇绍随晋惠帝讨伐之。③寸步不离——一步也不离开。形容关系密切或紧紧相随。此为后者。随帝往——（嵇绍就是这样）紧跟惠帝前往。④保驾护航——指对某个人或某种事业进行保护。此为前者。平叛行——（这就是保护晋惠帝）去平息叛乱。⑤拼命三郎——原是《水浒传》中梁山英雄石秀绰号。现多指拼命干事的人。此指拼命杀敌的嵇绍。英勇战——（嵇绍就是这样拼命地保护惠帝）与敌人英勇战斗。⑥以身许国——为国家献出生命。护主忠——为保护皇帝而尽忠。⑦亲历其境——亲身经历那个境地。有人语——（其中）有一个人（对司徒王戎）说起（嵇绍）：⑧鹤立鸡群——像仙鹤立在鸡群之中。比喻人的仪表或才能超凡脱俗，非常突出。特威风——

（这便是嵇绍的为人和他在军中的表现）显得特别威风。据载：
"有人语王戎曰：‘嵇延祖（嵇绍）卓卓如野鹤之在鸡群。’"成
语"鹤立鸡群"即由此而来。

箭在弦上，不得不发

笔扫千军汉陈琳①，酣畅淋漓撰檄文②。
恶语伤人曹操骂③，辱身败名祸宗亲④。
愤然作色曹问故⑤，从容自若陈应云⑥：
箭在弦上已成势⑦，不得不发何由身⑧？

【说明】　成语"箭在弦上，不得不发"，见于《太平御览》中的一
个成语故事。

【串讲】　①笔扫千军——形容文章无可匹敌。汉陈琳——东汉末年
（在军阀争斗中袁绍手下掌管文书工作的才子）陈琳（便是这样）。
②酣畅淋漓——比喻极其畅快的样子。淋漓：饱满完尽。撰檄文——
（陈琳就是这样按着袁绍的意旨）撰写了（一份声讨曹操的）檄
文。③恶语伤人——用恶毒的言语侮辱刺伤人。曹操骂——（檄文
便是如此来）辱骂曹操。④辱身败名——身受辱，名声被败坏。祸宗
亲——（并且）祸及曹操的祖宗亲人。据载，檄文不仅把曹操骂得狗
血淋头，就连他的祖宗三代也骂个遍。对此，曹操很是生气。⑤愤然
作色——因愤怒而变了脸色。曹问故——曹操质问（陈琳）这是什么
缘故。据载，尽管曹操很愤怒，但对陈琳的才能还是很爱惜的，所以
打败袁绍后不但没杀他，而且委以重任。有一次，曹操问陈琳说：
"君昔为本初檄书，但罪孤（我）而已，何乃上及父祖乎？"⑥从容自

若——沉着平静，不动声色。从容：沉着，镇定；自若：自在，如常。陈应云——陈琳（就是这样）回应曹操说：⑦箭在弦上——比喻事情不得不做，或话不得不说。已成势——（因为）这已经成为定势。⑧不得不发——不能不做。何由身——怎么能由得了自身呢？"箭在弦上，不得不发"为一个成语，应连在一起使用，或单用"箭在弦上"也可。此处指檄文不得不那样写。据载，陈琳回答曹操的问话说："矢在弦上，不得不发。"标题成语即来源于此。

潢 池 弄 兵

老成练达汉龚遂①，惟命是听太守为②。
安老怀少去勃海③，疑信参半宣帝追④：
盗贼公行何以治⑤？信心百倍龚遂回⑥：
潢池弄兵因饥苦⑦，以宽服民祸自没⑧。

【说明】 成语"潢（huáng）池弄兵"，见于《汉书·龚遂传》中的一个成语故事。

【串讲】 ①老成练达——经历多，做事隐重，通晓事理。练达：见多识广，通晓人情世故。汉龚遂——西汉（景帝时有个叫）龚遂的大臣（即如此）。②惟命是听——只要是命令就听从。形容完全服从命令。太守为——（这便是遵从皇帝之任命）去做（勃海）太守。据载，当时勃海郡（今河北、山东一带），由于连年灾荒，百姓困苦不堪，盗贼并起，官府不能治。于是朝廷则派龚遂为太守前去平乱治理。③安老怀少——安顿年老的人，关怀年少的人。形容使人民生活安定。去勃海——（龚遂就是肩负如此重任）前去勃海郡上任。④疑信参半——一半怀疑，一半相信。形容半信半疑。参半：各占一半。宣帝追——（这便是）汉宣帝（心里疑惑）而追问（龚遂）；⑤盗贼公行——指世道混乱，盗贼肆无忌惮，公开盗劫。何以治——（你）用什么办法来整治呢？⑥信心百倍——形容信心很足。龚遂回——（于是）龚遂回答说：⑦潢池弄兵——指发动兵变。潢池：积水塘；弄兵：玩弄兵器。因饥苦——（这是）因为百姓饥寒痛苦所致。⑧以宽服民——用宽厚来对待民众，民众才能心悦诚服。服：信服。祸自没——（这样）祸乱自然就没有了。据载，龚遂回答宣帝说："海濒遐远，不霑圣化，其民困于饥寒而吏不恤，故使陛下赤子盗弄陛下之兵于潢池中耳。"并表示要用安抚、救济、鼓励农作等办法来实现社会安定，而不用武力镇压。上任后，龚遂果如所言行事，如愿以偿。成语"潢池弄兵"即由此而来。

黔 驴 技 穷

庞然大物黔之驴①，神乎其神虎惊奇②。
小心翼翼林中看③，百思不解心犯疑④。
一成不变驴大叫⑤，怒不可遏脚一踢⑥。
欣喜若狂虎猛扑⑦，黔驴技穷命归西⑧。

【说明】 成语"黔驴技穷"，见于唐朝柳宗元《三戒》中的一个成语故事。

【串讲】 ①庞然大物——形容表面上很大而实际笨拙虚弱的东西。庞然：高大的样子。黔之驴——贵州地方的驴（就是这个样子）。

黔：贵州简称。据载，从前贵州（黔）境内没有驴子，有个好事的人，用船从外地运来一头驴。当地人不知它是怎样一种野兽，既不会使用，也不会喂养，便把它放在山下。②神乎其神——形容神秘奇妙到了极点。神：神妙；乎：文言语气助词；其：那样。虎惊奇——老虎（看到驴子感到）吃惊和奇怪。据载，山里有一只老虎，刚见到驴这个"庞然大物"，吃了一惊，奇妙莫解，还以为是神呢！③小心翼翼——原形容恭敬严肃的样子。后形容举动十分谨慎，一点儿也不敢疏忽。此指后者。翼翼：恭敬的样子。林中看——（老虎躲在）树林里去观察（驴的动静）。④百思不解——多次地、反复地思考也不能理解。心犯疑——（老虎对这驴究竟是个啥东西）心里总感到疑惑。⑤一成不变——原指刑法一经制定就不可改变。后指墨守成规或固定不变。此指后者。驴大叫——驴大声吼叫（的声音正是这样）。⑥怒不可遏（è）——愤怒得抑制不住。此指驴子发怒控制不住。遏：阻止。脚一踢——（于是驴子则）用脚（使劲）踢一下（老虎）。据载，由于老虎对驴的样子、叫声都已习惯了，便走到它的身边，故意碰碰它，试探一下驴子到底有多大本事。驴子发怒了，便使劲向老虎踢了一脚。⑦欣喜若狂——形容高兴到了极点。此指老虎经过试探看出驴子并没有什么大的本领，心里异常高兴。虎猛扑——（于是）老虎猛然（向驴子）扑去。⑧黔驴技穷——贵州驴的技能已经用没了。比喻有限的一点本领已经用完了。此指原意。命归西——迷信说法，人死善者回归西天。此借指驴的小命没了，即被老虎咬死而吃掉了。据载："（虎）稍近益狎，荡倚冲冒。驴不胜怒，蹄之。虎因喜，计之曰：'技止此耳。'因跳踉大㘎（hǎn，虎叫声），断其喉，尽其肉，乃去。"成语"黔驴技穷"即由此而来。

暮 夜 无 知

廉能清正汉杨震①，**迁莺出谷赴东莱**②。
鞍马劳困昌邑过③，**暮夜怀金令临宅**④。
直抒胸臆震拒贿⑤，**暮夜无知密表白**⑥。
一派胡言震怒指⑦，**无地可容他离开**⑧。

【说明】 成语"暮夜无知""暮夜怀金"，见于《后汉书·杨震传》中的一个成语故事。

【串讲】 ①廉能清正——不贪污受贿，清白公正。汉杨震——东汉时（曾任荆州刺史的）杨震（即如此）。②迁莺出谷——指人的地位上升。赴东莱——（这便是杨震被调任为太守）赴东莱郡（今山东半岛一带，郡治为今掖县）上任。③鞍马劳困——长时间骑马跋涉，使身体劳累困乏。泛指奔波劳累的旅程或军旅生活。此指前者。昌邑过——（杨震就这样）路过昌邑县城（暂歇一下）。据载，昌邑县令王密是杨震任荆州刺史时举荐的官员，此次杨震路过，自然是隆重接待，并备有厚礼。④暮夜怀金——到了夜晚，怀藏黄金（十斤）来送礼。比喻暗中行贿。此为原意。⑤直抒胸臆——直率地抒发自己的思想感情。胸臆：胸腔，内心，引申为心意。震拒贿——杨震拒绝王密的行贿。⑥暮夜无知——原指夜里做的事情没有人知道。后用来比喻暗中贿赂。此为原意。密表白——（这是）王密（对杨震不收黄金）所做的表白（让他收下）。⑦一派胡言——指胡说八道。震怒指——（这是）杨震愤怒地指出（王密的错处）。⑧无地可容——没有地方可以存身。也形容羞愧到了极点。此指后者。他离开——他（王密）只好离去走开了。据载："所举荆州茂才王密为昌邑令，谒见，至夜怀金十斤以赠震。震曰：'故人知君，君不知故人，何也？'密曰：'暮夜无知者。'震曰：'天知，神知，我知，子知，何谓无知？'密愧而出。"成语"暮夜无知""暮夜怀金"即由此而来。

聪 明 自 误

鸿儒硕学苏东坡[①]，文炳雕龙新意多[②]。
一举成名中进士[③]，怀才不遇无奈何[④]。
意懒心灰倍颓丧[⑤]，大放悲声《洗儿》歌[⑥]：
聪明自误乃我感[⑦]，愚不可及望儿夺[⑧]。

【说明】　成语"聪明自误"，见于北宋苏轼《洗儿》诗，它涉及一个成语故事。

【串讲】　①鸿儒硕学——泛指学识渊博造诣很高的学者。鸿儒：大儒；硕学：有大学问的人。苏东坡——（北宋文学大家）苏东坡（即为此）。②文炳雕龙——文章写得很出色，极富文采。炳：形容有文采；雕龙：擅长写文章。新意多——（而且）创意新颖丰富。③一举成名——一下子就出了名。中进士——（因为苏轼二十一岁）就考中了进士。④怀才不遇——胸怀才学而未逢其时。多指屈居微贱而不得志。无奈何——（苏轼对此）不知怎么办是好。据载，苏轼一生正处在当时政治斗争非常激烈之时，他虽才高八斗，但很不得志。无能者平步青云，成为高官显爵；而他却地位低下，不受重用，其政治抱负无法实现，心情极其苦闷。⑤意懒心灰——意志消沉，灰心失望。懒：怠倦；灰：绝望。倍颓丧——（苏轼）更加情绪低落，精神萎靡。⑥大放悲声——放声痛哭，形容很伤心。《洗儿》歌——（这便是他写的）《洗儿》诗。⑦聪明自误——原指是聪明害了自己。后比喻玩弄小聪明反而害了自己。此指原意。乃我感——（这便是）我（苏轼深刻的）人生感悟。⑧愚不可及——指非常质朴，不是常人所及。也指极其愚蠢。此指后者。望儿夺——希望我的儿子能够夺得到它，成为一个"愚不可及"的人（因为只有这样的人才能当大官）。据载，旧时风俗，婴儿出生后三天或一个月，要洗身并宴请亲友，称作"洗儿"。苏轼借此大放悲声地写《洗儿》诗来发泄他对现实的不满和自己人生不得志的牢骚："人皆养子望聪明，我被聪明误一生。唯愿孩儿愚且鲁（迟钝），无灾无难到公卿（高官）。"成语"聪明自误"便由此而形成。

臧 谷 亡 羊

少不经事谷与臧①，不约而同去牧羊②。
人各有癖无心管③，任其自流羊跑光④。
迷魂夺魄臧书看⑤，乐不可言谷戏狂⑥。
事出有因因虽异⑦，臧谷亡羊果相当⑧。

【说明】 成语"臧（zāng）谷亡羊"，见于《庄子·骈拇》中的一个成语故事。

【串讲】 ①少不经事——年纪轻，阅历浅，经历的事少。谷与臧——（古时候）有个叫谷和一个叫臧的两个孩子（即如此）。②不约而同——事先没有商量而彼此的言论或行动完全一致。去牧羊——（这便是二人同时）去野外放羊。③人各有癖——指每个人都有各自的癖好。癖：嗜好。无心管——（所以二人）都没心思去看管羊群。④任其自流——听任它们自由发展而不过问、不干预。此指听任这些羊随便乱跑。任：放任，听凭。羊跑光——（结果）这些羊都跑了，一个不剩。什么原因呢？⑤迷魂夺魄——迷人魂，夺人魄。形容事物美好，使人迷醉。藏书看——（正是因为）藏（如此迷醉）看书（才使羊跑光的）。⑥乐不可言——指快乐到了极点，无法用言语来表达。形容极快乐的样子。谷戏狂——（正是因为）谷狂热地游戏（掷骰子玩得太高兴才使羊跑光的）。⑦事出有因——指事情的发生是有它的原因的。此指发生羊跑光了的事是有它的原因的。因虽异——其原因（二人）虽然不同。⑧臧谷亡羊——臧与谷各自牧羊，尽管原因不同，但羊都跑光了。比喻动机即使有好有坏，但结果都是一样的不好。也指不安心工作而使工作受损失。此为原意。果相当——（它们的）结果（羊跑光）是一样的。据载："臧与谷，二人相与牧羊而俱亡其羊。问臧奚事，则挟策读书；问谷奚事，则博塞以游。二人者，事业不同，其于亡羊，均也。"成语"臧谷亡羊"即由此而来。

蕉 鹿 之 梦

深山野墺砍柴人①，**出乎意表伤鹿临**②。
劈头盖脑打其死③，**掩为己有蕉覆身**④。
夕阳西下欲扛去⑤，**东翻西倒无处寻**⑥。
糊里糊涂自欺解⑦：**蕉鹿之梦或是真**⑧。

【说明】 成语"蕉鹿之梦"，见于《列子·周穆王篇》中的一个成语故事。
【串讲】 ①深山野墺——荒僻的大山深处。砍柴人——（古代郑国有一个）人（正在这里）砍柴。②出乎意表——超出人们意料之外。伤鹿临——有一只受伤的鹿（踉踉跄跄地）跑到砍柴人跟前。③劈头盖脑——正冲着脑袋而来。形容来势猛而急。打其死——（砍柴人正是这样一扁担）就把伤鹿打死了。④掩为己有——掩其所得，据为己有。蕉覆身——（于是砍柴人怕猎者来要，便把死鹿藏在一个洼坑里）并在其身上盖了一些大麻（然后若无其事地又去砍柴了）。⑤夕阳西下——指傍晚日落的景象。也比喻迟暮之年。此为原意。欲扛去——（砍柴人）想把死鹿扛着离开这里回家。⑥东翻西倒——指到处翻找。无处寻——（由于忘了地点）则没有地方可以找到掩盖的死鹿。⑦糊里糊涂——形容认识模糊，不明事理。也形容思想处于模糊不清的状态。此指后者。自欺解——（于是砍柴人）自己欺骗自己解释说：⑧蕉鹿之梦——以为用蕉叶掩盖死鹿是做了一个梦。后比喻梦幻或真假莫辨。此为原意。或是真——或许这做梦才是真的。据载，砍柴人最后想："哦，恐怕我就根本没打到过什么鹿，也根本并没有把它藏到什么大麻下面，对，一定是我做了这么一个梦罢了！"成语"蕉鹿之梦"即由此成语故事而来。

磨 杵 成 针

年幼无知白贪玩①，如丘而止读书烦②。
习以为常逃学早③，邂逅相遇妪河边④。
磨杵成针妪坚信⑤，锲而不舍磨得欢⑥。
大澈大悟白明理⑦，有志竟成功力圆⑧。

【说明】 成语"磨杵（chù）成针"，见于《潜确类书·卷六十》中的一个成语故事。

【串讲】 ①年幼无知——年纪小，不懂事。白贪玩——李白（这时候很）贪图玩耍。白：李白。②如丘而止——遇到山丘就停止前进。比喻人畏难而不求上进。此指李白在学习上遇到困难，就不想学了。如：到，往；丘：小土山。读书烦——一读起书来，（心里）就很烦躁。③习以为常——长期这样做，已经成为惯例常规。逃学早——（李白）逃避学习，早早（离开学校）。④邂逅（xiè hòu）相遇——指碰巧相会。邂逅：没有约会而碰到。姬（yù）河边——（与一个）老太太在河边（巧遇）。姬：旧时对老年妇女的通称。⑤磨杵成针——把铁棒磨成针。比喻只要有毅力，肯下功夫，一定能克服困难，做出成绩。此指原意，即指老姬正在"磨杵成针"。杵：舂（chōng）米或捶衣用的棒子。姬坚信——（对此）老太太坚定不移地相信。⑥锲（qiè）而不舍——一直雕刻下去不放手。比喻办事有恒心，坚持不懈。此指老太太不停地磨下去。锲：雕刻；舍：停止，放下。磨得欢——（磨铁棒）磨得非常起劲。⑦大澈（chè）大悟——最彻底的了解和最深刻的觉悟。澈：清澈，这里指清楚地、彻底地了解，也作"彻"；悟：觉悟。白明理——（因此）李白明白了（一个）道理。⑧有志竟成——"有志者事竟成"。只要意志坚定，事情就一定能够办成。功力圆——这要靠下功夫和努力来实现。据载，李白从此以后则发愤读书，取得卓著成就，成为伟大诗人。成语"磨杵成针"即由此故事而来。

噤 若 寒 蝉

尊官厚禄汉刘胜①，老有所终故乡还②。

明哲保身不问政③，是非得失概不谈④。

高人逸士昱之赞⑤，见仁见智密反言⑥：

嗫若寒蝉胜惜己⑦，无补于世罪人观⑧。

【说明】　成语"嗫若寒蝉"，见于《后汉书·杜密传》中的一个成语故事。

【串讲】　①尊官厚禄——官位尊贵，俸禄优厚。汉刘胜——东汉时（在蜀郡任太守的）刘胜（即如此）。②老有所终——年老者能有归宿的地方。故乡还——（所以刘胜年老辞官后）便回到了故乡。③明哲保身——原指明哲的人不参与可能危及己身的事。后指只想保持个人利益，对原则性问题不置可否。此指后者，即指刘胜回乡后的处世哲学是保己。不问政——（所以刘胜）从不过问政事。④是非得失——正确与错误，所得与所失。概不谈——（刘胜对这些事情）一概不说。⑤高人逸士——清高洒脱不慕名利的人。昱（yù）之赞——有一个叫王昱的太守（在另一个去官还乡的太守杜密面前有意地这样）称赞他（刘胜）。昱：指王昱（人名）；之：他，指刘胜，代词作宾语前置。⑥见仁见智——指对同一问题各人有不同的看法，各有道理。此指对刘胜这个人的表现各有不同的看法和道理。密反言——（所以）杜密（对刘胜）的评说（正好与王昱的评说）完全相反。密：指杜密（人名）。他是怎么说的呢？⑦嗫若寒蝉——因寒冷不再鸣叫。比喻不敢说话。此指刘胜"嗫若寒蝉"。胜惜己——（那是因为）刘胜只爱惜他自己。胜：指刘胜（人名）。⑧无补于世——对社会没有什么帮助。此指刘胜"嗫若寒蝉"的做法"无补于世"。罪人观——（所以对刘胜这个人）应看作是罪人。据载，王昱称赞刘胜是"清高士"之后，杜密对曰："刘胜位为大夫，见礼上宾，而知善不荐，闻恶无言，隐情惜己，自同寒蝉，此罪人也。"成语"嗫若寒蝉"便由此而形成。

燕 雀 处 屋

眼明心亮相子顺①，语重情深训诸臣②：
气压山河秦攻赵③，在所不免魏患临④。
燕雀处屋故事讲⑤，理之当然义比真⑥。
安详自得如不悟⑦，祸不反踵将及身⑧。

【说明】 成语"燕雀处屋"，也作"燕雀处堂"，见于《孔丛子·论势》中的一个成语故事。

【串讲】 ①眼明心亮——形容明辨是非，洞察隐秘。相子顺——（战国末年，魏国）国相子顺（即如此）。②语重情深——言辞恳切，情意深长。训诸臣——（子顺就这样恳切地）告诫各位大臣说：③气压山河——形容气势极盛可以压倒山河。秦攻赵——（这便是）秦国军队大举进攻赵国。④在所不免——难于避免。魏患临——魏国将面临大的灾祸。据载，当时众大臣并未意识到魏国的危险处境。子顺说："秦国是侵略成性的贪暴之国，它灭了赵国，不会就此满足，一定要继续东进，那时魏国就要遭殃了。"接着他讲了一个故事警示大家。⑤燕雀处屋——比喻安居而丧失警惕，或处境危险而不自知。此为二者兼有。故事讲——（子顺就是）讲了（这样一个）故事。据载，子顺讲的故事原文是："燕雀处屋，子母相哺，煦煦（xǔ）焉其相乐也，自以为安矣；灶突炎上，栋宇将焚，燕雀颜色不变，不知祸之将及己也。"⑥理之当然——从道理上讲应当如此。义比真——其含义之类比很真实。当前魏国与燕雀所处险境一样，大祸临头而不自知。⑦安详自得——形容安乐舒适，自得其乐。如不悟——如果（还是这样）而不知醒悟。⑧祸不反踵——祸害不久就会到来。反踵：反转脚跟，比喻时间极短。将及身——（大祸）将降落在每个人的身上。据载，子顺最后严肃地对魏国大夫们说："今子不悟赵破患将及己，可以人而同于燕雀乎？"成语"燕雀处屋""燕雀处堂"即由此成语故事而来。

噬 脐 莫 及

开疆展土王过邓①，美酒佳肴邓接风②。
洞察其奸外甥谏③：除恶务尽在此行④。
昏愦胡涂邓不准⑤，纵虎归山后患生⑥。
翻脸无情楚兵入⑦，噬脐莫及邓国倾⑧。

【说明】 成语"噬（shì）脐莫及"，见于《左传·庄公六年》中的一个成语故事。

【串讲】 ①开疆展土——指扩展国家疆土。疆：疆土。王过邓——楚文王（出兵攻打申国）而路过邓国。王：指楚文王；邓：指邓国。②美酒佳肴（yáo）——美好的酒和菜。肴：做熟的鱼、肉等。邓接风——邓祁侯设宴招待（远来的文王）。邓：指邓国国君邓祁侯。据载，邓祁侯说："他（楚文王）是我的外甥。"于是留下楚文王，设宴招待他。③洞察其奸——形容能看穿对方的阴谋诡计。洞：透彻；奸：奸诈。外甥谏——（于是三个）外甥则劝（他）。④除恶务尽——清除坏人坏事必须干净、彻底。此指必须彻底清除楚文王，意为把他杀掉。在此行——就在这一回举动上了。行：举动。据载，邓祁侯的另外三个外甥骓（zhū）甥、聃（dān）

甥、养甥向邓祁侯进谏说，趁此机会把楚文王杀掉。⑤昏愦（kuì）胡涂——形容头脑胡涂，不明事理。昏愦：昏乱。邓不准——邓祁侯却不准许，即不让杀。据载，三个外甥说："亡邓国者，必此人（楚文王）也。若不早图，后君噬脐（以后你就像咬自己的肚脐一样），其及图之乎（那还来得及吗）？图之，此为时矣！"邓祁侯说："若把他杀掉，以后人家再也不会吃我其余的食物了。"三外甥又说："如不听我们三人的话，国家就要灭亡，你还能到哪里去取其余的食物呢？"邓祁侯终不听劝。⑥纵虎归山——把老虎放回山去。比喻把敌人放回窝巢，留下祸根。此指把楚文王放走而留下祸根。纵：释放。后患生——（于是便）产生了后来的祸患。⑦翻脸无情——突然变了脸色，一点情义都不讲了。此指楚文王"翻脸无情"。楚兵入——（后来）楚国的军队打进了（邓国）。据载，就在楚文王攻打申国的那一年，他便攻打了邓国。到鲁庄公十六年，楚文王又去攻打邓国。⑧噬脐莫及——形容后悔时就像用嘴咬肚脐一样来不及了，即后悔已经晚了。此指邓祁侯这时已后悔不及。邓国倾——邓国终于被楚文王灭掉。成语"噬脐莫及"即由此故事而来。

颠 倒 黑 白

正大堂皇楚屈原①，才高行洁遭人谗②。
不分皂白王听信③，忠臣烈士被免官④。
愤世嫉邪《离骚》作⑤，兼而有之《怀沙》篇⑥：
奸人之雄如盲目⑦，颠倒黑白无阳天⑧。

【说明】 成语"颠倒黑白"，见于《史记·屈原列传·怀沙赋》中的一个成语故事。

【串讲】①正大堂皇——形容言行公正无私，光明磊落。楚屈原——（战国时）楚国（曾任楚怀王左徒的）屈原（即如此）。②才高行洁——才能高，品行好。洁：清白。遭人谗——（因而屈原）遭受到嫉贤妒能者的谗害。据载，屈原（名平）"博闻强志（知识丰富，记忆力强），明于治乱，娴（熟练）于辞令。入则与王图议国事，以出号令；出则接遇宾客，应对诸侯。王甚任之"。而"上官大夫与之同列，争宠而心害其能"。于是向楚怀王进谗说："王使屈平为令，众莫不知，每一令出，平伐（夸耀）其功，以为'非我莫能为也'。"③不分皂（zào）白——不分是非，不问情由。皂：黑色。王听信——楚怀王就听信了（上官大夫的谗言）。王：指楚怀王。④忠臣烈士——忠义刚烈的臣子。被免官——（这样的臣子屈原）却被罢去官职。据载，楚怀王听信谗言，"王怒而疏屈平"，罢免了屈原的官职。⑤愤世嫉邪——痛恨、憎恶腐败的现状及邪恶的势力。《离骚》作——（于是屈原）则作《离骚》（以抒发其内心忧愤之情）。⑥兼而有之——指同时具备。《怀沙》篇——（与《离骚》表达相同感情的）《怀沙》赋一篇。下面两句即是其中的比喻内容。⑦奸人之雄——本指淆乱是非的辩士。后用以指多权诈的政治人物。此为二者兼而有之，即指攻击屈原的上官大夫之流。如盲目——（他们这些人）就如同瞎了眼睛一样。⑧颠倒黑白——把黑的说成白的，把白的说成黑的。比喻歪曲事实，混淆是非。无阳天——（这真是）没有太阳的天哪！一片漆黑。据载，屈原在《怀沙》赋中以盲目之人看不到明目者所看到的东西为喻写道："变白以为黑兮，倒上以为下；凤凰在笯（nú鸟笼）兮，鸡鹜（wù，家鸭）翔舞。"成语"颠倒黑白"则由此演化而成。

蹊 田 夺 牛

见义勇为楚庄王①，**讨逆除暴武力强**②。
罪魁祸首征舒斩③，**划零为整陈国亡**④。
欢欣鼓舞众臣贺⑤，**独立不群申开腔**⑥：
蹊田夺牛实为过⑦，**罚不当罪请更张**⑧。

【说明】 成语"蹊田夺牛"，见于《左传·宣公十一年》中的一个成语故事。

【串讲】 ①见义勇为——看到正义的事勇于去做。楚庄王——（春秋时）楚国国君庄王（就是这样做的）。据载，鲁宣公十年（公元前五九九年）陈国国君被其大臣夏征舒杀害。于是楚庄王则"见义勇为"，于第二年向陈国发兵。②讨逆除暴——征伐和消除背叛的残暴势力。武力强——（这是因为楚国的）军事力量很强大。③罪魁祸首——作恶犯罪的首恶者。魁：首领。首：头目。征舒斩——（这便是将叛逆头领）夏征舒斩杀。④化零为整——把零散的集中起来成为整体。此指将陈国国土划为楚国所有成为整体。陈国亡——（于是）陈国则灭亡了。⑤欢欣鼓舞——形容非常高兴振奋。众臣贺——（楚国）众多大臣都对庄王的这种做法表示庆贺。⑥独立不群——超出于众人之外。申开腔——（这便是楚国大夫）申叔时说出（与众不同）的话：⑦蹊田夺牛——牵牛的让牛踩了田地，因此被人把牛夺走。比喻惩罚过重。此指讨伐陈国罪臣却占领了陈国土地。蹊：践踏。实为过——（这样做）实在太过分了。⑧罚不当罪——处罚与所犯罪行不相当。请更张——请求（大王）改变这种做法。更张：更换琴弦，比喻变更。据载，当时申叔时正是出使齐国回来，并未向楚庄王表示庆贺，对此庄王很是生气，便问其故。

对曰："夏征舒弑（杀）其君，其罪大矣，讨而戮（杀）之，君之义也，抑（不过）人亦有言曰：'牵牛以蹊人之田，而夺之牛。'牵牛以蹊者，信（确实）有罪矣，而夺之牛，罚已重矣。"于是楚庄王接受了申叔时的意见，将夺得的陈国土地归还给陈国。成语"蹊田夺牛"即由此故事而来。

髀 肉 复 生

寄人檐下汉刘备^①，相视而笑与表谈^②。
兴尽悲来急进酒^③，愁眉泪眼心哀酸^④。
惊疑不定表问故^⑤，短叹长吁备感言^⑥：
蹉跎日月吾将老^⑦，髀肉复生无绩宣^⑧。

【说明】 成语"髀（bì）肉复生"，见于《三国志·蜀书·先王传》中的一个成语故事。

【串讲】 ①寄人檐下——像鸟雀一样，依附在别人屋檐下。原指文章著述因袭他人。后比喻依附别人生活，不能自立。此指后者比喻义。汉刘备——西汉末年的刘备（即如此）。据载，西汉末年，刘备起兵，有一次在汝南（今河南境内）吃了曹操一场败仗，所剩士卒不足千人，便投奔了荆州刺史刘表。因是同宗，刘备便暂住下来，并经常与刘表在一起闲聊。②相视而笑——形容彼此之间情投意合。与表谈——（有一次刘备就是这样）与刘表（在一起饮酒）畅谈。③兴尽悲来——高兴到了极点，悲哀就会来了。指凡事不能过分。急进酒——（于是刘备）喝酒很急（举筋而尽）。④愁眉泪眼——愁烦皱起眉头，双眼流泪。形容忧愁悲伤的样子。心哀酸——（因为刘备）心里哀痛辛酸。⑤惊疑不定——

惊讶疑惑，内心不安。表问故——（这便是）刘表问刘备（你这个样子）是什么缘故？⑥短叹长吁——短一声长一声不住地叹气。形容忧伤的神情。备感言——（于是）刘备大有感慨地说：⑦蹉跎（cuō tuó）日月——把时光白白地耽误过去。蹉跎：时光白白过去。吾将老——我将要变老了。⑧髀肉复生——大腿上的肉又长起来了。喻指壮志未酬，虚度光阴。髀：股部，大腿。无绩宣——（我刘备）没有功业（向世人）宣告。据载，《三国志·蜀书·先王传》裴松之注引《九州春秋》曰："备住荆州数年，尝于表坐起至厕，见髀里肉生，慨然流涕。还坐，表怪问备，备曰：'吾常身不离鞍，髀肉皆消。今不复骑，髀里肉生。日月若驰，老将至矣，而功业不建，是以悲耳！'"成语"髀肉复生"即由此而来。

罄 竹 难 书

残暴不仁隋炀帝①，大兴土木民凋敝②。
苛捐杂税兵役重③，民不堪命而起义④。
昆山片玉为瓦岗⑤，不祧之祖是李密⑥。
罄竹难书帝罪状⑦，一呼百应群情聚⑧。

【说明】 成语"罄竹难书"，见于《旧唐书·李密传》中的一个成语故事。

【串讲】 ①残暴不仁——凶狠毒辣，全无同情、怜悯之心。隋炀帝——（隋朝暴君）隋炀帝（即如此）。②大兴土木——指大规模地动工兴建宫殿或住宅、园林等。此指为皇室大规模动工兴建的一切工程。

民凋敝——（因此弄得）老百姓（非常）困苦。据载，隋炀帝大兴土木，迫使数万乃至上百万民工无偿服役，生产力遭到严重破坏，百姓困苦不堪。③苛捐杂税——苛细繁多的赋税。兵役重——（加上）兵役繁重。④民不堪命——暴虐的统治已经达到使人民不能忍受的地步。不堪：受不了。而起义——（于是各地农民）便（纷纷举行）起义。⑤昆山片玉——昆仑山许多玉石中的一块。本是表示谦逊，后转用以比喻众美中之杰出者。此指深得人心的众起义军中势力最大、影响最广者。昆山：昆仑山。为瓦岗——是瓦岗军。⑥不祧（tiāo）之祖——比喻创业的人或不可废除的事物。此指前者，即指瓦岗军的创业领袖。祧：古代帝王的远祖祠堂；不祧：古代帝王家庙（祠堂）祖先的神主，辈分远的要依次迁入祧庙合祭，只有始祖（创业的第一代）永不迁入祧庙，因此叫不祧。是李密——（此人就）是李密。⑦罄竹难书——形容罪行多得数不完。帝罪状——（所有这些都是）隋炀帝的犯罪事实。帝：指隋炀帝。据载，李密为了号召人民起来反隋，曾列举了隋炀帝的十大罪状，其中说道："罄南山之竹（用尽南山的竹子做竹简），书罪未穷（也写不完隋炀帝的罪行）。"⑧一呼百应——一人提倡，很多人响应。此指李密一人提倡，就有很多人参加反隋。群情聚——民众情绪都凝聚在一起。成语"罄竹难书"即由此故事而来。

藏 垢 纳 污

调兵遣将楚伐宋①，力不自胜宋求援②。
怕三怕四晋欲允③，别具只眼宗伯拦④：
国富兵强楚正盛⑤，以弱制强我难担⑥。

忍辱含羞一时事⑦，藏垢纳污理自然⑧。

【说明】 成语"藏垢纳污"，见于《左传·宣公十五年》中的一个成语故事。

【串讲】 ①调兵遣将——调动兵力，派遣将领。也泛指调动安排人力。此指原意。楚伐宋——（春秋时）楚国去攻打宋国。②力不自胜——由于力量不足而使得自己经受不起。此指由于宋国军力不足使得它经受不住楚国的进攻。胜：经得起。宋求援——（于是）宋国则（向晋国）请求救援。③怕三怕四——犹言怕这怕那。形容顾虑重重。晋欲允——（所以）晋国（国君景公）想要答应宋国的请求出兵抗楚救宋。晋：指晋国。据载，其实晋景公并不想出兵，怕自己招祸受损；但不出兵又怕天下人耻笑他，所以还是打算出兵。④别具只眼——比喻具有独到的眼光和见解。宗伯拦——（一个）名叫宗伯的大臣出来阻拦（晋景公出兵）。他是怎么劝阻的呢？⑤国富兵强——国家富足，军队强大。楚正盛——（这就是现在的）楚国正处在强盛时期。⑥以弱制强——以弱小的力量制服强大的力量。我难担——（这对）我们晋国来说实在难以承担（因为我们的力量是抵抗不了强大的楚国的）。⑦忍辱含羞——忍受耻辱。此指忍受不出兵惹来天下人笑话的耻辱。一时事——（这只不过是）一时的事情。⑧藏垢纳污——形容包藏容纳各种污浊的东西。后比喻隐藏宽容坏人坏事。此指原意，即比喻晋景公应能包容一时之耻辱。理自然——（这是）很自然的道理。据载，宗伯说：现在的楚国正是国力强盛之时，我们晋国是抵挡不住的，怎么能出兵呢？做国君的应能忍受一时之耻辱。并做比喻说："川泽纳污，山薮（sǒu，山林）藏疾（毒虫）。"这是很自然的道理。于是，晋景公则放弃出兵念头。成语"藏垢纳污"也便由此演化而成。

霜 露 之 病

才识轶群公孙弘①，克尽职守丞相承②。
忠心赤胆遭诋毁③，心灰意败请辞行④。
亲贤远佞帝不准⑤，共商国是回信明⑥。
霜露之病病会好⑦，深情厚意物品赠⑧。

【说明】 成语"霜露之病"，见于《史记·平津侯主父列传》中的一个成语故事。

【串讲】 ①才识轶（yì）群——才能见识超过一般人。轶：同"逸"，超过一般。公孙弘——（西汉有一个）叫公孙弘的人（即是如此）。②克尽职守——能够尽力完成他的职责。职守：职责。丞相承——（公孙弘就是这样）来承担他的丞相之职的。③忠心赤胆——形容非常忠诚。遭诋毁——（尽管他对皇帝如此忠诚）但仍然遭到（当朝权贵们的）毁谤。④心灰意败——灰心失望，意志消沉。请辞行——（于是公孙弘借病向汉武帝）请求辞职还乡。⑤亲贤远佞（nìng）——亲近有才德的好人，疏远那些拍马屁的小人。佞：指巧言谄媚之徒。帝不准——（所以）汉武帝并不批准他的请辞。⑥共商国是——共同商量国家的政策和方针。国是：国事，国家的大政方针。回信明——（这一点）在汉武帝给公孙弘的回信中说得很清楚。⑦霜露之病——因一时虚弱感受风寒而引起的病。病会好——（这样的）病会很快就好。据载，在汉武帝不准公孙弘辞职的回信中写道："朕宿昔庶几获承尊位，惧不能宁，惟所与共为治者，君宜知之。盖君子善善恶恶，君若谨行，常在朕躬。君不幸罹（lí）霜露之病，何恙不已，乃上书归侯，乞骸骨，是章朕之不德也。"⑧深情厚意——深厚的感情和心意。物品赠——（格外）还赐给公孙弘（牛酒杂帛）等很多东西。据载，公孙弘居数月病好又上任了。成语"霜露之病"即由此成语故事而来。

鹬蚌相争，渔人得利

红日三竿河出蚌①，喜出望外鹬临头②。
肆无忌惮啄蚌肉③，针锋相对蚌壳收④。
咬牙切齿互咒骂⑤，各不相让人捉走⑥。
鹬蚌相争皆丧命⑦，渔人得利只垂手⑧。

【说明】 成语"鹬（yù）蚌相争，渔人得利"，见于《战国策·燕策》中的一个成语故事。

【串讲】 ①红日三竿——太阳出来已有三根竹竿那么高了。指时候已经不早。河出蚌——从河里爬出（一只）蚌（在岸边晒太阳）。②喜出望外——出乎意料地高兴。望：希望，意料。鹬临头——（有一只水鸟）鹬飞近（这只蚌）的头上。鹬：一种长嘴的水鸟，喜吃小鱼。③肆无忌惮——任意妄为，毫无顾忌和危惧。肆：放肆，任意；忌惮：顾忌和危惧。啄蚌肉——（这只水鸟就这样用嘴）去钳取河蚌的肉。④针锋相对——针尖对针尖。比喻在争辩或斗争中，针对对方的论点或行动进行回击。此指河蚌针对鹬啄它肉的行动给以有力的回击。蚌壳收——河蚌把蚌壳（用力地）紧闭（夹住水鸟的嘴）。⑤咬牙切齿——形容痛恨到极点的神情。此指鹬、蚌相互恨到极点。互咒骂——并互相咒骂。据载，鹬对蚌说："今日不下雨，明日不下雨，你就要成为死蚌。"蚌也对鹬说："今日嘴脱不出去，明日也脱不出去，你就要成为死鹬。"⑥各不相让——指谁也不肯让于谁。人捉走——（结果鹬、蚌）被渔人（一起）抓走。

据载："两者不肯相舍，渔者得而并禽之。"⑦鹬蚌相争——鹬和蚌互相争持。皆丧命——都丧失了性命。⑧渔翁得利——渔翁得到鹬、蚌之利。只垂手——只须向下伸手（就捡到），即指极其容易得到。后常用"鹬蚌相争，渔人得利"来比喻双方相持不下，结果两败俱伤，让第三者得利。成语"鹬蚌相争，渔人得利"即由此而来。

擢 发 难 数

承颜顺旨贾使秦①，和平共处停战寻②。
难以置信范睢见③，九死一生难脱身④。
肉袒负荆求饶恕⑤，冷若冰霜睢审询⑥：
大人先生罪有几⑦？擢发难数贾言深⑧。

【说明】 成语"擢（zhuó）发难数（shǔ）"，见于《史记·范睢蔡泽列传》中的一个成语故事。

【串讲】 ①承颜顺旨——迎合颜色，顺从意旨。贾使秦——（这便是战国时魏国大臣）须贾（奉国君之命）出使秦国。②和平共处——指国与国之间可以通过谈判解决争端，达到和平共处。也比喻人与人之间消除矛盾，相安无事。此指前者。据载，当时秦国与魏国已经交兵。停战寻——（所以须贾此行）则是寻求停止战争（和平共处）。③难以置信——很难让人相信。置信：相信。范睢见——（在秦国）所拜见的（相国张禄竟然是原魏国仇人）范睢。据载，范睢在魏国时，须贾曾诬告他出卖魏国机密而被判罪，幸亏郑安平假说他已被打死，才改姓更名逃到秦国做了相国。④九死一生——形容历经危险而得以幸存。也形容境况和环境极端危险。此指后者。难脱身——（所以须贾）自身难以逃脱险境。怎么办呢？⑤肉袒负荆——把上衣脱掉，露出上身，背上荆杖（刑杖）。表示向别人赔礼道歉。求饶恕——（须贾就这样跪着向范睢请罪）哀求他的宽恕。⑥冷若冰霜——冷酷得像冰雪寒霜一样。形容态度严肃，使人难以接近。也形容对待他人态度冷漠，不热情。此指前者。睢审询——范睢（就是这样）审问须贾说：⑦大人先生——旧指有权势的前辈。也用以讽刺高官厚禄的人。此指后者。罪几何——（你须贾）有多少罪呀？⑧擢发难数——就像拔下来的头发数都数不清。形容罪行之多，无法计算。擢：拔。贾言深——须贾做这样的回答很是深重。据载："范睢曰：'汝罪有几？'（须贾）曰：'擢贾之发，以续贾之罪，尚未足。'"成语"擢发难数"即由此而成。

鞠躬尽力，死而后已

大展宏图诸葛亮①，竭忠尽智佐玄德②。
三足鼎立刘备死③，一统天下为禅谋④。
乘虚以入攻北魏⑤，辞简意赅上表说⑥。
鞠躬尽力忠心表⑦，死而后已为蜀国⑧。

【说明】　成语"鞠躬尽力，死而后已"，见于《三国志·蜀志·诸葛亮传》裴松之注引诸葛亮表中的一个成语故事。

【串讲】　①大展宏图——大规模地施展宏伟计划。诸葛亮——（三国时蜀相）诸葛亮（即是如此）。②竭忠尽智——竭尽才智和忠诚。指毫无保留地献出自己的智慧和忠诚。佐玄德——（以此）来辅佐蜀主刘备（字玄德）。③三足鼎立——像鼎的三只脚一样，各立一方。比喻三方面对立相持的局势。此借指三国鼎立。刘备死——

（正当这种局面出现时）刘备则去世了。④一统天下——统一国家。也指为某种势力或某人所把握的局面。此为原意。为禅谋——（这是诸葛亮）为新继位的皇帝刘禅所谋划的（伐魏攻吴统一天下之目标）。⑤乘虚以入——趁着空虚或没有设防时进入。此指前者。攻北魏——（这就是趁着）北方魏国（内部空虚之时）去进攻它。⑥辞简义赅——用词简练而意思完备。赅：完备。上表说——（这便是两次）上《陈请表》所作的表达。⑦鞠躬尽力——恭敬勤谨，尽心竭力去效劳。鞠躬：弯着身子，表示恭敬谨慎。忠心表——（以此）来表达（对皇帝刘禅的）忠心。⑧死而后已——一直到死为止。为蜀国——（之所以这样做）完全是为了蜀国（能统一天下）。成语"鞠躬尽力，死而后已"，这里虽分在两句，但它是一个成语，要放在一起使用。据载，诸葛亮在《后陈请表》的最后表忠心说："臣鞠躬尽力，死而后已。"这便是此成语之来源。

糟 糠 之 妻

文君新寡汉湖阳①，孤形吊影欲求郎②。
才貌双全宋弘爱③，穿针引线刘秀帮④。
意在言外对弘讲⑤：弃旧怜新理应当⑥。
独行其道宋弘对⑦：糟糠之妻不下堂⑧。

【说明】 成语"糟糠之妻"，见于《后汉书·宋弘传》中的一个成语故事。

【串讲】 ①文君新寡——汉代临邛（qiáng）富商卓王孙的女儿卓文君新寡，看上了一代才子司马相如并与之私奔于成都。后用作年轻女子丧夫寡居的典故。汉湖阳——东汉（皇帝刘秀的姐姐）湖阳公主即丧夫寡居。汉：指东汉；湖阳：指湖阳公主。②孤形吊影——形容孤独无依。欲求郎——（所以湖阳公主）想要寻找一个丈夫。③才貌双全——指人才学高，外貌美，两样都好。宋弘爱——（湖阳公主）爱上（如此优秀的）宋弘。据载，刘秀曾试探湖阳公主喜欢朝廷哪位大臣，湖阳曰："宋公（即宋弘）威容德器，群臣莫及。"④穿针引线——比喻从中撮合拉拢。刘秀帮——刘秀（给他姐姐）帮忙。据载："后弘被引见，帝令主（湖阳公主）坐屏风后。"⑤意在言外——真意在言语、文辞之外。指语言含蓄，让人自去体会其真正用意。对弘讲——（刘秀就是这样）对宋弘说的。弘：指宋弘（人名）。据载，刘秀对宋弘说："谚言贵易交，富易妻，人情乎？"⑥弃旧怜新——抛弃旧宠，爱上新欢。怜：爱。理应当——（这对你宋弘来说）也是理所应该的。对刘秀此意，宋弘当然心领神会。⑦独行其道——独自实行自己的信念。道：信念、主张。宋弘对——（于是）宋弘做了（完全相反的）回答。⑧糟糠之妻——贫贱时共食糟糠的妻子。不下堂——（我宋弘）决不把她抛弃。据载，宋弘回答说："臣闻贫贱之知不可忘，糟糠之妻不下堂。"于是。刘秀回过头对湖阳公主说："事不谐矣（看来你想嫁给宋弘的事是办不成了）。"成语"糟糠之妻"也便由此而产生。

螳 臂 当 车

谨言慎行鲁颜阖①，为人师表去卫国②。
心中无数先请教③，开诚相见伯玉说④：
临深履薄教太子⑤，顺水推舟无灾磨⑥。

顿开茅塞颜领悟⑦：螳臂当车力单薄⑧。

【说明】 成语"螳臂当车"，见于《庄子·人间世》中的一个成语故事。

【串讲】 ①谨言慎行——说话和行动都小心谨慎。鲁颜阖（hé）——（春秋时）鲁国（一个叫）颜阖（的人即如此）。鲁：鲁国。②为人师表——在品德学问上是别人的学习榜样。后常用以指称教师。此指后者。去卫国——（颜阖打算）去卫国（给太子当老师）。据载，颜阖是一个有德有才的人，在卫灵公的邀请下，颜阖才准备去卫国给太子当老师的。③心中无数——心里对具体实际情况不清楚，不知该怎样做。此指颜阖要给太子当老师不知该怎样做，心里没底。先请教——（所以）首先〔向卫国大夫蘧（qú）伯玉〕请教。④开诚相见——形容对人心地坦白，让对方看到自己的真实心意。开诚：敞开胸怀，揭示诚意。伯玉说——蘧伯玉（就以这种态度把怎样给太子当老师的道理和做法）做了说明。⑤临深履薄——面临着深渊，脚踏着薄冰。比喻谨慎小心。教太子——（就应该这样来）教太子（读书）。临：面临；深：指深渊；履：践踏，走过；薄：指薄冰。⑥顺水推舟——比喻顺势或乘便行事。此指顺应太子的意愿行事。无灾磨——（这样做）就不会遭受灾祸和磨难。据载，蘧伯玉对颜阖说："给太子当老师，一定要小心谨慎，要顺着他去做，千万不能触犯他。这样，灾祸才不会降到你头上。"⑦顿开茅塞——一下子解开了心里的疙瘩，懂得了某种道理，有了某种知识。此指颜阖一下子明白了给太子当老师的做法及其原因。顿：立刻，一下子；茅塞：像茅草阻塞道路。颜领悟——（因为）颜阖领会悟出了（其中的道理）。颜：指颜阖。⑧螳臂当车——螳螂举起臂膀企图抵挡车子前进。后用以比喻不自量力。此指颜阖领悟了蘧伯玉的忠告，不顺应太子行事犹"螳臂当车"。

据载，蘧伯玉对颜阖说："汝不知夫螳螂乎？怒其臂以当车辙，不知其不胜任也。"意思是说，你不知道那螳螂吗？怒气冲冲地张开两臂来阻挡车轮前进，却不知道它的力量不胜任。即是阻挡不了的，硬阻挡必然被辗得粉身碎骨。力单薄——（因为它的）力量太弱小了。成语"螳臂当车"即由此而来。

螳 螂 黄 雀

贪心妄想吴王昏①，**秣马厉兵楚国吞**②。
有害无利不准劝③，**孤高自许下狠心**④。
鸟语花香晨园去⑤，**形迹可疑遇一人**⑥。
螳螂黄雀故事讲⑦，**豁然开悟不发军**⑧。

【说明】 成语"螳螂黄雀"，也作"螳螂捕蝉，黄雀在后"，见于汉代刘向所著《说苑·正谏》中的一个成语故事。

【串讲】 ①贪心妄想——一心贪求着无法实现的事。吴王昏——（春秋时）昏庸的吴王（便是这样）。②秣马厉兵——喂好马，磨好兵器。指做好战斗准备。秣：喂；兵：兵器。楚国吞——（吴王想要）吞并楚国。③有害无利——只有害处，而无好处。不准劝——（尽管这样）却不准许别人劝他（不做征楚之事）。④孤高自许——清高，自命不凡。下狠心——（吴王就是这样）下定决心非攻打楚国不可。据载，吴王下令说，凡胆敢阻止他出兵者，一律斩杀。这时，吴王手下有一个年轻人则想出一个劝谏的妙计，每天早晨拿着弹弓，带着弹丸去王宫后园徘徊。⑤鸟语花香——鸟啼鸣，花飘香。形容大自然的美好景象，多指春天风光。晨园去——（吴王）也在这样的早晨去到他的后花园散步。⑥形迹可疑——举止和神色令人怀疑。遇一人——（吴王）在园内遇到一个（这样的）年轻人。据载，吴王一连三个早晨都在园内遇上此人徘徊，衣服湿透，形迹可疑，好奇地问：你这是在干什么？⑦螳螂黄雀——螳螂正要捕捉知了，却不知它身后黄雀正要捕捉它。比喻只贪图眼前利益，却不知自己已处在危险之中。故事讲——（此年轻人则对吴王）讲述了（这个）故事。据载，年轻人说："园中有树，其上有蝉，蝉高居悲鸣饮露，不知螳螂在其后也；螳螂委身曲附欲取蝉，而不知黄雀在其旁也。"吴王听后怎么样呢？⑧豁然开悟——一下子开通领悟了某种道理。此指吴王对不该去攻打楚国的道理"豁然开悟"。不发军——（于是吴王决定）不出兵征楚了。成语"螳螂黄雀"或"螳螂捕蝉，黄雀在后"即由此成语故事而来。

鞭 长 莫 及

以强凌弱楚伐宋①，岌岌可危宋请援②。
救困扶危晋欲允③，揆时度势伯宗拦④：
不可造次楚强盛⑤，鞭长莫及遵古言⑥。
顺天应时景公醒⑦，按兵不举骗宋完⑧。

【说明】 成语"鞭长莫及"，见于《左传·宣公十五年》中的一个成语故事。

【串讲】 ①以强凌弱——指凭借强力欺凌弱小。楚伐宋——（公元前五九五年）楚国攻打宋国（即如此）。据载，楚国出使齐国的使者申舟因路过弱小的宋国未打招呼而被宋国杀害。楚国强大，于是发兵讨伐宋国，宋都被围。②岌岌可危——形容极其危险。岌岌：危险貌。宋请援——（于是）宋国（向晋国）请求救援。③救困扶危——救助困难危急的。扶：救助，扶持。晋欲允——晋国（国君景公）想要答应宋国的请求而出兵。④揆（kuí）时度势——估量时局，审察形势。伯宗拦——伯宗（于是）阻拦出兵说：⑤不可造次——不能匆匆忙忙地进行。形容要慎重。造次：急遽，匆忙。楚强盛——（因为）楚国现在强大而繁盛。⑥鞭长莫及——即使鞭子很长，也不应当打马肚子。原比喻不能把力量用到不该用的地方去。后比喻力量达不到。此为前者比喻义。遵古言——（所以我们应该）遵照这样的古语来行事。据载："宋人使乐婴齐告急于晋。晋侯欲救之。伯宗曰：'不可。古人有言曰：虽鞭之长，不及马腹。天方援楚，未可与争。'"⑦顺天应时——指上遵天命，下合时机。顺：顺从。应：适应。景公醒——晋景公（听了伯宗的劝阻）而醒悟过来。⑧按兵不举——控制军队不发或不予伸援。按：控制。骗宋完——欺骗宋国（说已经出兵了）就算完事。据载，宋军虽未得到晋国救援，但仍在拼力抵抗，楚军难以攻入。数月后，双方签定和约，宋归附楚国，与晋断交。成语"鞭长莫及"即由此成语故事而来。

翻 云 覆 雨

胸有大志唐杜甫①，树功立业居长安②。
宦海浮沉时间久③，静观默察感悟尖④：
世道不古轻薄现⑤，冷暖人情不堪言⑥。
翻云覆雨写诗表⑦，管鲍之交今无谈⑧。

【说明】 成语"翻云覆雨",见于唐代诗人杜甫《贫交行》诗中,它涉及一个成语故事。

【串讲】 ①胸有大志——胸中有远大的理想和抱负。唐杜甫——唐朝(大诗人)杜甫(即是如此)。②树功立业——树立功勋与创建事业。居长安——(所以杜甫)居住在(唐朝都城)长安(以为官来实现其抱负)。据载,杜甫所生活的时代正处于李唐王朝由极盛走向衰颓的时期,社会动荡加剧。③宦海浮沉——指官场生涯曲折复杂,变化不定。时间久——(杜甫这样的经历)时间很长。④静观默察——冷静思考,默默地反复观察。指客观而仔细地察看事物或现象。感悟尖——(因此杜甫对世事)有了尖锐的感悟:⑤世道不古——指社会风气不如古代淳朴。轻薄现——出现了(世人)轻薄的丑相。⑥冷暖人情——指在别人得势时就奉承巴结,失势时就不理不睬。不堪言——(这种社会现象很普遍也很严重)简直没法说了。⑦翻云覆雨——手向上翻时是云,手向下翻时是雨。比喻反复无常,玩弄手段和权术。写诗表——(杜甫对这种丑陋的社会现象)通过作诗表露出来。⑧管鲍之交——原指春秋时管仲与鲍叔牙之间无论贫贱还是富贵都保持深厚的友谊。后泛指相知极深的情谊。无人谈——(对这样的情谊)现在已经没人再谈论了。据载,杜甫《贫交行》原诗为:"翻手作云覆手雨,纷纷轻薄何须数。君不见管鲍贫时交,此道今人弃如土。"成语"翻云覆雨"即由此而来。

覆 水 难 收

春诵夏弦朱买臣①,时乖运蹇官未临②。

家无斗储妻离去③，**矢志不屈梦成真**④。
服冕乘轩为太守⑤，**悔过自责妻登门**⑥。
江心补漏乞复旧⑦，**覆水难收买臣云**⑧。

【说明】 成语"覆水难收"，也作"泼水难收"，出自西汉一个传说故事。

【串讲】 ①春诵夏弦——本指应按季节不同而采用不同的学习方式。后泛指读书。此指后者。朱买臣——（西汉时）一个叫朱买臣的书生（在整年读书以求做官发财）。②时乖运蹇（jiǎn）——时运不济，处境困难不顺利。时：机缘，时机；蹇：劣，不顺利。官未临——（所以）官职（一直没有）降临（于他）。据传，朱买臣已经读到四十多岁，仍未做上一官半职。③家无斗储——家中没有斗粮之储。形容生活贫困。妻离去——（于是）他的妻子（崔氏）便与他离婚而走了。据传，崔氏为朱买臣读书，经常以上山打柴和给他人洗衣服赚点钱维持生计，生活十分困难。满指望有出头之日，但朱买臣到四十多岁，还是个穷书生，她实在忍受不下去，便讨得休书而走了。④矢志不屈——立志决不屈服。此指朱买臣立志读书做官决不向贫困屈服，即继续苦读，追求功名。梦成真——（后来）梦想终于变成了现实，朱买臣做官了。⑤服冕乘轩——戴着达官显宦的礼帽，乘坐贵人用的车子。形容做官后飞黄腾达。为太守——（因为朱买臣被派往会稽）当上了太守。据传，会稽是朱买臣的老家。这时崔氏另嫁的那个男人已经死了，她听说朱买臣当上大官回来了，便心有所动。⑥悔过自责——追悔过错，谴责自己。妻登门——（朱买臣的）前妻崔氏找上门来。⑦江心补漏——船到江心才补漏洞。形容错失时机，已无济于事。乞复旧——（尽管这样，崔氏）还是乞求恢复原来的婚姻。⑧覆水难收——已泼出去的水难以收回来。比喻事成定局，不可挽回。

买臣云——（这是）朱买臣回话的意思。据传，崔氏恳求朱买臣收留自己，朱买臣则让手下人泼一盆水于地，然后对崔氏说："你能把泼到地上的这盆水再收回到这盆里，我就收留你。"崔氏知道无望，便上吊自尽了。成语"覆水难收"也便由此而产生。

覆巢之下无完卵

恃才矜己汉孔融①，文擅雕龙笔力锋②。
冷讥热嘲犯操怒③，招灾揽祸全家坑④。
驹齿未落儿同捕⑤，身做身当融求情⑥。
覆巢之下无完卵⑦，大势去矣儿说清⑧。

【说明】 成语"覆巢之下无完卵"，见于《世说新语·言语》中的一个成语故事。

【串讲】 ①恃才矜（jīn）己——自恃才能，骄矜自负。汉孔融——东汉（献帝时曾任北海相的大臣）孔融（即如此）。汉：指东汉。②文擅雕龙——文章写得极好。笔力锋——（这是因为孔融的）文笔有力度而又锋利。③冷讥热嘲——尖刻的讽刺和嘲笑。此指孔融的文章言辞辛辣，冷讥热嘲。犯操怒——（因而有些地方）触犯了曹操而使他发怒。操：指曹操（人名）。④招灾揽祸——自己招来灾害，引来祸端。全家坑——（同时因受株连，孔融）把全家人都坑害了。据载，孔融触怒了曹操，曹操便以"无须有"的罪名加害于他，挟主行令，对孔融抄家问斩。⑤驹齿未落——幼马的乳齿未换。比喻年幼。儿同捕——（孔融这样年幼的两个儿子）同时被逮捕。据载，孔融的长子九岁，次子八岁，逮捕时正在玩耍。⑥身做身当——自己做事自己承当。融求情——孔融（以此为理由向捕吏）求情（不要抓他的两个儿子）。⑦覆巢之下无完卵——鸟巢被翻下，就没有一个完好的蛋。比喻灭门之祸，无一幸免。⑧大势去矣——形容事情无法挽回了。儿说清——（所以孔融的）儿子（用覆巢之下无完卵的话对他的父亲把这个道理）说明白（不让他再求情了）。据载："融谓使者曰：'冀（希望）罪止于身，二儿可得全不？'儿徐进曰：'大人，岂见覆巢之下，复有完卵乎？'"成语"覆巢之下无完卵"即由此而形成。

靡 靡 之 乐

谄媚奉迎卫灵公①，灯红酒绿献琴声②。
靡靡之乐晋公醉③，前车之戒旷止中④。
莫名其妙公问故⑤，亡国之声旷阐明⑥。
沉迷不悟不听阻⑦，神昏意乱命短生⑧。

【说明】 成语"靡靡之乐"，见于《韩非子·十过》中的一个成语故事。

【串讲】 ①谄媚奉迎——形容为了讨好而低下地巴结、迎合别人。卫灵公——（春秋时很小的卫国国君）卫灵公（对待大国晋国国君晋平公即是如此）。据载，卫灵公为了巴结晋平公，特意带礼物前去进献，晋平公则摆酒设宴招待他。②灯红酒绿——红灯绿酒交相辉映。形容夜饮宴饮的景象。今特指奢靡腐化的生活。此为原意。酒绿：泛着绿光的酒。献琴声——（在此种气氛下，卫灵公又向晋平公）献上一曲琴声。据载，卫灵公来晋国路过濮水边，夜闻非常好听的乐曲，便让琴师师涓记录下来，今晚让他乘兴演奏，献给晋平公听。③靡靡之乐——原指亡国的音乐，现指颓废、色情、低级趣味的音乐。此为原义。靡靡：柔肠，萎靡不振。晋公醉——晋公（听此乐）则沉醉其中了。④前车之戒——前面的车子翻了，后面的车子应引为教训。比喻先前的失败，可引为后来行动的教训。此指商纣王的亡国应引以为戒。旷止中——（所以晋国乐师）师旷在演奏中间就让停止下来。旷：师旷（人名）。⑤莫名其妙——不能说出其中的奥妙。形容事情奇特，使人无法理解或表达。此指无法理解师旷让演奏停止。公问故——（于是）晋平公问（师旷）这是什么缘故？⑥亡国之声——指国家将亡之际充满悲愁哀思的音乐。也指淫靡的音乐。此为前者。旷阐明——师旷（把这其中的道理）阐述得很清楚。据载："（卫灵公）乃召师涓，令坐师旷之旁，援琴鼓之。未终，师旷抚止之，曰：'此亡国之声，不可遂也。'平公曰：'此道奚出？'师旷曰：'此师延（纣王乐师）之所作，与纣为靡靡之乐也。'"⑦沉迷不悟——形容不知觉悟。不听阻——（这便是晋平公）他不听师旷劝阻（继续听）。⑧神昏意乱——神志昏沉，心意烦乱。命短生——（晋平公）活的寿命很短（不到三年就病死了）。成语"靡靡之乐""亡国之声"即由此而产生。

夔 一 足 矣

反复推敲鲁哀公①，夔一足矣义不明②。
敬若神明孔子问③，合情合理子释清④：
能者为师一夔用⑤，足足有余乐正承⑥。
望文生义非一脚⑦，一夔已足正视听⑧。

【说明】 成语"夔（kuí）一足矣"，也作"一夔已足"，见于《韩非子·外储说左下》中的一个成语故事。

【串讲】 ①反复推敲——多次琢磨，以作出正确判断和选择。鲁哀公——（春秋时的）鲁哀公（遇上难题即如此）。②夔一足矣——有夔这样一个人也就足够了。指只要是真正的人才，有一个就足够了。义不明——（不过对它这种）含义（鲁哀公尽管反复推敲）仍然弄不明白（还以为夔只长一只脚呢）。③敬若神明——敬奉那个人，就如迷信的人信奉神一样。形容对人十分崇拜。孔子问——（于是鲁哀公则）向孔子请教。据载，哀公问于孔子曰："吾闻夔一足，信乎？"④合情合理——合乎情理。子释清——孔子（就这样把这个问题）解释清楚说：⑤能者为师——知识、经验、技艺等丰富的人，就可以当老师。一夔用——（所以在音乐人才方面）任用夔一个人（就可以了）。⑥足足有余——形容充足、宽余，支用不完。此指用夔一人就足够了。乐正承——来承担乐正（这个管理音乐的官职）。⑦望文生义——只看字面而做出不恰当的解释。指不求确切了解文字的含义。非一足——（所以，说夔长一只脚）并不是真的长一只脚。⑧一夔已足——有夔这一个人就已经足够了。指只要是真正人才，有一个就足够了。正视听——（以此）来纠正（夔只长一只脚）这种社会舆论。视、听：看和听。泛指社会舆论。据载，孔子回答鲁哀公说："夔，人也，何故一足？彼其无他异，而独通于声，舜曰：夔一而足矣。使为乐正。故君子曰：夔有一足，非一足也。"成语"夔一足矣""一夔已足"即由此而来。

囊 萤 照 书

志陵云霓少车胤^①，笃学不倦夜读书^②。

家无儋石灯不点^③，不避劳苦萤虫逐^④。

聚少成多抓袋内^⑤，囊萤照书夜长读^⑥。

孜孜以求成大器^⑦，博识多通为尚书^⑧。

【说明】成语"囊萤照书"，见于《晋书·车胤（yìn）传》中的一个成语故事。

【串讲】①志陵云霓（ní）——志气磅礴，直升上天。形容志向远大。少车胤——（晋代）车胤少年时（即如此）。②笃学不倦——专心好学，不知疲倦。夜读书——（他）每天夜晚都读书学习。③家无儋（dān）石——指家中没有余粮。形容生活窘困。儋：古代容量单位，两石为一儋。灯不点——（所以晚上因无油）而不点灯。怎么办呢？④不避劳苦——不怕劳累，肯吃苦。萤虫逐——去追逐萤火虫（将它抓住）。⑤聚少成多——一个一个的聚集，就会由少到多。抓袋内——（把这些萤火虫，共有几十个）都抓到（白绢）袋里。⑥囊萤照书——夏夜把萤火虫收集到绢袋里，用以照着读书。形容家境贫寒，勤苦读书。夜长读——（车胤就这样）长夜地读书学习。据载："车胤恭勤不倦，博学多通，家贫不常得油，夏夜则练囊盛数十萤火以照书，以夜继日焉。"⑦孜孜以求——不知疲倦地探求。孜孜：勤奋刻苦的样子。成大器——（终于）成为能担当大事的人才。大器：贵重的器物。比喻能担当大事的人才。⑧博识多通——学识广博，精通多方面的知识。为尚书——（车胤为官）做到（礼部）尚书。据载，车胤为官清廉，政绩卓著，曾两次被朝廷封爵，去世后被追封为忠烈王。成语"囊萤照书"即由此成语故事而来。

蠹 众 木 折

改辕易辙秦商鞅①，论道经邦谏君王②：
蠹众木折人无奈③，隙大墙坏力难当④。
社稷之臣须牢记⑤，视民如子国力强⑥。
鸡鹜相争民不顾⑦，作威作福不久长⑧。

【说明】 成语"蠹（dù）众木折"，是先秦时一句谚语，见于《商君书·修权》中的一个成语故事。

【串讲】 ①改辕易辙——改变车辕的方向，走新的路。指改变做法或态度。此为二者兼而有之，即指统治者必须改变治国做法和对老百姓的态度。辕：车辕；辙：车行痕迹。秦商鞅——（战国时）秦国宰相商鞅（即提出这样的变法主张）。②论道经邦——讲论治国之道，并用以管好国家。原指周代三公的职责，后也泛指宰相大臣的职责。此指这是宰相商鞅的职责。论：讲述；道：指治国的道理；经邦：管理国家。谏君王——（所以宰相商鞅则以此为内容）在向秦孝公进谏。③蠹众木折——蛀虫多，木头就会折断。比喻为害者多，必定造成灾祸。蠹：蛀虫。人无奈——人们（对它）一点办法也没有。④隙大墙坏——缝隙大，墙就会倒塌。比喻为害的因素扩大了，就会造成祸患。力难当——（这是）人力难以抵挡的。⑤社稷（jì）之臣——旧指辅佐君王安邦治国的栋梁之臣。此指辅佐秦孝公安邦治国的朝廷重臣。社稷：古代帝王、诸侯所祭祀的土地神和谷神，又常作国家的代称。须牢记——

（对这个道理）必须牢牢记住。那应该怎样呢？⑥视民如子——把百姓看得像儿子一样。形容爱民。国力强——（大臣们只有这样做）国家的力量才能强大起来。否则会怎样呢？⑦鸡鹜（wù）相争——鸡子和鸭子争食。比喻小人互争名利。此比喻如果大臣们互相争权夺利。鹜：鸭子。民不顾——而不去顾及老百姓（的死活）。⑧作威作福——原指统治者专行赏罚，独揽威权。后来形容妄自尊大滥用权势，横行霸道。此指后者。不久长——（如果大臣们这样做，统治）就不会长久。据载，商鞅向秦孝公进谏说："谚曰：'蠹众而木折，隙大而墙坏。'故大臣争于私而不顾其民，则下离上（那么老百姓就会摆脱统治者而反叛）。"并指出这样下去定会统治不长，导致国家灭亡。成语"蠹众木折"即由此而来。

后 记

（修订）

　　《中华成语诗六百首》顺利出版了，并多次印刷，这就实现了我人生最大心愿和价值，甚感欣慰与自豪。

　　怎么会想起创作成语诗呢？这主要是和本人长期从事高中语文教学密切相关。在教学实践中，我深刻认识到能让学生掌握大量成语和成语典故知识对提高其语文能力、知识水平和思想境界是极为重要的。于是突发奇想，欲写一本能快速高效集中学习成语和成语典故知识的成语诗集供人们阅读，这不仅实用于学生，也同样实用于社会各界人士。

　　经过多年酝酿，终于在1993年开始创作成语诗了。说起此事，还应感谢我的至交学友、著名辞书学家、文献考据学家、《辞源通考》著者田忠侠教授，因为是在他的关心和鼓励下我才开始创作成语诗的。记得在动笔之前，田君就曾多次来信鼓励我能在繁忙的教学之余写一点东西，"以不负多年夙愿，这是我衷心的希望"。田君的肺腑之言和他取得的惊人成就，无疑是对我的巨大鼓舞和鞭策，激起了我多年来就想创作成语诗的欲望而不可抑制，于是决定创作成语诗，并试着写了几首。为决策的正确，我则给田君去信，说明创作意图，并附《刻舟求剑》成语诗一首，向他征求意见，他则很快回信说："创意新颖，实用性强，定能成功。"因而更坚定了我的信心与决心，从此便正式开始了成语诗的创作。对田君如此至爱至诚的关心与鼓励，我深表谢意，没齿不忘。

创作成语诗，其难度是很大的。首先得弄清每个成语故事的原文内容，切实弄明白标题成语是怎么从故事中来的，并能抓住故事的主要内容和主要故事情节。在此基础上，要大胆发挥合理想象，仔细揣摩、体会并把握住故事中人物的行为、心理和性格特点。然后带着对故事中人物的爱憎、好恶、褒贬不一的强烈感情去选择那些最能表现人物性格特点和最能概括故事情节的恰当成语，并将它们分别与被选用的其他恰当词语相搭配来构建成符合故事内容要求的连贯诗句，其中包括注重诗的韵律。这样，再经过反复诵读修改，最后才能完成一首句句选有恰当成语、语言精练形象、人物性格鲜明突出、故事梗概完整、韵律和谐整齐、具有诗的意境和美感的七言八句成语故事叙事诗的创作。如此苛刻的创作要求，其难可知矣。不仅如此，更难的是创作603首成语诗，既要做到句句选有恰当成语，又要不能重复使用成语，全书要选用4802个不重复使用的成语，谈何容易？但我坚信，"只要工夫深，铁杵磨成针"，知难而进，方显出创作本色。于是，我则像钻进深山探宝一样，精心挑选那些最适合于各个不同诗句要求的恰当成语用在最恰当的地方去。就这样，一首一首地写下去。写得愈多，其难度愈大；但也因难见巧，妙境奇出。每当完成一首新成语诗的创作，都大有"山重水复疑无路，柳暗花明又一村"之感，"其乐也融融"。

这样，经过二十多年时停时续的精心创作和反复修改，分阶段增加新作而累计出版了《中学生成语歌诀200首》《成语诗三百首》《中华成语诗五百首》和这部《中华成语诗六百首》。这就如同另辟蹊径、披荆斩棘、徒步登泰山一样，攀上一个高峰，又攀上一个高峰，再攀上一个高峰，终于登上泰山之巅，可以"一览众山小"了。真乃天高地迥，心旷神怡，美不胜收。

为什么我能写出《中华成语诗六百首》呢？这主要是与我的平生经历和努力奋斗密不可分。

1938年10月10日，我出生于黑龙江省呼兰县（今哈尔滨市呼兰区）石人乡古城村一个佃中农大家庭里。除父母外，还有爷爷奶奶、二叔二婶、三叔三婶和一个姑姑。我是长子长孙，倍受家人宠爱，尤其是奶奶格外疼爱我，时常单独给我烧鸡蛋吃。我父亲赵家声读过三年私塾，又能打一手好算盘，在当时农村，那可称得上是识文断字、能写会算的能人了。所以，解放后我父亲就当上了村农会文书，村里公文、账目、开路条、开介绍信等文字事宜全归他管。在家里，我父亲是当家人，家中大事都由他做主，我二叔、三叔就是在我父亲运筹安排下去哈尔滨工作的。从我记事起，父亲就教我数一百个数，然后就教我打算盘，背加减乘除法则，并应用在打算盘上。所以，在我未上小学时，就会打珠算了。记得在土改时，父亲曾领我去和他人一起给分田的农户打地亩（计算田地亩数），受到大人们的夸赞，说："这孩子真聪明，这么小就会打算盘。"我听了很是得意。

我的家乡是1945年日本投降就解放了，经过斗地主、搞土改等一系列社会变革，到1947年才有学校可读书，所以我九岁才上学。学校在我们屯西南面的关家屯，叫关家初级小学，距我们屯有一公里。学校有两名老师，两个教室和一间办公室。老师在一个教室给两个年级上课，叫复式班。教室中间有一条前后过道把两个年级分开。老师给左边一年级上课，则让右边的三年级预习；一年级的课讲完，则留作业当堂写，再给右边的三年级上课，然后留作业下课。另一教室是二年级和四年级，与此相同。两位老师一位姓刘，一位姓张，各负责一个教室两个年级，课程全包，既教语文，又教算术，而且教得都很好。所以，我学的也很好，考试成绩总是名列全年级第一或第二。在四年级时，我曾参加过由六个学校（一个教学点）各选拔三名学习尖子在一起的算术会考，我居然考了第二名而受到嘉奖，有文具盒、铅笔、作业本等奖品，为学校和老师争了光。

就这样我读完四年初小，于1951年7月以优异成绩考入石人乡完全小学五年级。我被任命为班长，学习努力，成绩优秀，仍为全班学习尖子。

在石人完小读完五年级第一学期，过了春节第二学期刚开学，我三叔赵家满就回来给我转学去哈尔滨读书。班主任范老师不愿放我走，但又不好误了我的前程，就放下狠话说："转学可以，但入不上学可就不能回来了。"想以此话让我自动放弃转学。可我三叔很坚定，毫不犹豫地说"可以"。就这样上午开了转学证，就跟我三叔坐了两个多小时火车到达哈尔滨；吃过中午饭，又跟我三叔去南岗花园小学，见到教导主任一说转学之事则立即遭到拒绝。教导主任说："转学的事，开学前已经通过考试录取结束，现在已开学三天，不办了。"我听到此话，如雷轰顶，心里非常害怕，这可怎么办呢？我三叔更是着急，苦苦哀求，说自己不懂，办晚了，请原谅；请无论如何也要把这孩子收下，如不收就没书念了，就要失学，原来的学校把话说得很死，转出来就不能回去了，求得教导主任的同情。教导主任走到哪里，我三叔就跟到哪里，从下午两点钟一直哀求到五点钟，老师都下班了。精诚所至，金石为开，教导主任被我三叔磨得没办法，就说："这样吧！我给他出两道算术题，能答上来就收下，如答不上来可就别怪我们不收了。"我三叔说"好"，就把我一个人留在教师办公室里答题。这是两道文字题，一道是行程问题，一道是水流问题，这在五年级算术里是最难的文字题，但对我来说则不在话下，因为我算术学得最好。经过认真审题后，我列好算式，熟练运算，在规定的15分钟内把两道题做完，还检查了一遍。教导主任看过我的试卷，笑着对我三叔说："答得挺好，明天让他来上学吧！"我高兴得几乎要跳起来，终于转学成功了。第二天早晨我来到学校，一进老师办公室，就看见教导主任正和几位老师看我的试卷，问哪个班愿要，结果是都抢着要，后来教导主任说，就去五年五班吧！五班班主任姓龚，是算术老师，就领着我来到五班教室，向同学们介绍了我的名字，安排了座位，从此开始了我城市的学生生活。刚来到这个班，同学们好像有点瞧不起我，看我是农村来的，剃光头，穿对襟衣服很土气，似乎不愿理我。可是我学习成绩好，他们也不得不服。第一次算术测验我就考了100分，全班第一名，一下子全震住了。算术老师即班主任对我特别看重，课堂提问，别的同学答不上来，总是叫我回答，一答一个准。那时我很爱举手发言，胆量也大。有一次算术老师讲文字题例题，列式列错了，我就举手说这样列算式不对，应该怎样列才对。老师听了我的意见认为说得有道理，当即做了改正。老师不但没生气，还表扬我善于思考，号召同学们向我学习。由于我期末考试各科成绩都优秀，加上各方面表现也好，转学第一学期就被评为三好学生，直到小学毕业，我都是三好学生。

1953年7月我小学毕业，升初中是考试录取，录取率为百分之五十，两个取一个。我是在当时哈尔滨铁道学院参考的，一人一桌，考语文、算术、自然常识、政治四门课程。监考人员都是中学老师，考场很严肃。四门课程考完，我感觉考得都挺好，等发榜时果然不错，我被录取在哈尔滨市第三中学。报到当天就分班，第一个念到的名字就是我，为初中一年级一班1号。班主任姓王，是音乐老师，当天开班会就宣布任命我为班长，接着叫我站起来让同学们认识一下，然后说："赵德顺同学成绩优秀，小学升初中考试是咱们新生六个班300人的第一名。"立即召来惊异的目光和赞叹声，从此开始了我的中学学习生活。初中念完一年，我们初一一班全班被划拨到新成立的哈尔滨第十七中学。无论是在三中，还是在十七中，我一直是班长，学习拔尖。平时测验、期中期末考试，各科成绩大都为5分（5分制，5分满分），有一科为4分，那也是很偶然的事。所以，我年年是三好学生。正当我踌躇满志，准备初中毕业考高中将来考大学时，意外的情况发生了。那是初三第一学期期末考试刚结束，班主任宫老师就找我谈话说："现在有一个很好的军工保密学校招生，每个班可推举三名拔尖学生保送入学，不知你是否愿去？回去跟家长商量一下，春节后开学告诉我，如果你不去我再推举别人。"对这突如其来的情况，我着实拿不定主意。我本来是想升高中考大学的，尤其是想考哈工大，因为当时我对佩戴"哈尔滨工业大学"校徽的学生特别美慕，梦想有一天自己也能戴上这枚校徽。可是现在又有一个军工学校，神神秘秘地，不知是学什么，连校名都不知道，还保送入学，很有吸引力。可以说，这是大多数同学想去都去不成的，如果不去，怕失掉这个好机会。这可如何是好呢？只能由家长来做主了。经过我三叔和我父亲商量，认为还是去这个学校为好，这么好的机会失去了太可惜。世上的事就是这么奇怪，越是神秘，人们越是往里钻。我当时甚至幼稚地想，也许这所军工学校比哈工大还好，于是就答应去了。

1956年2月，我去这所军工学校报到。校址在原黑龙江省政府斜对面（和兴路与中山路在此交汇）。在当时来说，大楼威严气魄，门口有军人站岗，没挂校牌，确有军工学校之气派。报到后才知道这个学校叫"哈尔滨航空工业学校"。校名很响亮，很是令人美慕。如果从心里就想上中专的话，这所学校确实是最好的学校。然而对于一心想上哈工大的我来说，则如坠深渊，如入火海，学校再好也是中专哪！毕业后照样是中专待遇，感到自己的前途全毁了，怪自己一时糊涂而步入歧途，真是后悔莫及，痛不欲生，连自杀的念头都有了。于是大病一场，高烧不退，体温在38～41℃之间徘徊。我去哈尔滨医科大学附属医院就医，医生说我是斑疹伤寒，用救护车把我送到传染病院，一人一屋，吃饭从窗口递入。教授还领来一帮哈医大实习生，白衣白口罩，很是吓人。打开我的衣服，说我身上有斑点；过两天，斑点没了，又说我不是斑疹伤寒，准许家人来护理。于是我三叔请假来护理我十来天，一共高烧十四五天才逐渐下降，等体温正常便出院了。这场大病前后耽误一个多月，出院后身体虚弱，加上心情不好，无心上课，便办理了半年的休学手续。休学在家，我本想自学初三下学期课程，准备考高中，可是户口、学籍都在航校，无法报考；如果办退学手续，一旦高中考不上，就无学校可上了，太冒险。经过反复的思想斗争，自己终于认命了，还是把哈尔滨航空工业学校念下来吧！

1956年8月末，我回航校报到，被分配在六专科（航空发动机机械加工专业）36班，简称636班。由于心里想通了，也就安下心来学习，经过三年苦读，终于以较好的成绩毕业了。不过，这期间我的人生志向发生了根本改变。在这个班我遇上一名爱好文学的田忠侠，他读书多，见识广，善言谈，他经常与我谈艾青、郭沫若、普希金、巴金、鲁迅、高尔基等诗人作家及其创作，使我深受其影响，也课外读一些文学作品和练习写点小东西，因而认为搞文学要比搞工更有作为。尤其我念的是工科中专，无法搞出大成就，还不如搞文学，争取将来写出鸿篇巨制，成为作家。于是决定弃工从文。所以，毕业分配时，我第一志愿报的就是哈尔滨航空技校，目的是当老师有时间多看书。这是我人生又一次重大选择，因为学工的都愿去工厂当技术员，当工程师，哪有愿去当老师的呢？只有我自己能理解我自己。

1959年8月，我毕业后就去哈尔滨航空技校报到。这是一所培养技术工人的学校，三年制，我作理论教师。第一学期，我教一年级数学，第二学期改教金属材料学。等新学年又招新生，则开设语文课。当时学校无语文老师，领导知道我爱好文学，就让我教语文，我非常高兴，欣然接受。因为这样可以教学相长，快速提高我的语文能力和文学修养，这和我的奋斗目标完全一致。我当时还是很勤奋的，尽管教学任务重，还当班主任，但我仍然抓紧时间读书，读古文、背唐诗，学现代汉语语法等。在我尚未结婚住独身宿舍时，学生六点钟上早自习，我也是六点钟到办公室自学，然后吃早饭。就这样，我打下了一定的语文功底。功夫没有白费，机会终于来了，1964年6月，东北师范大学招收以中文大专毕业水平为基础的函授生，经三年函授学习达到中文系本科毕业，发本科毕业文凭。我不是中文大专毕业，由学校开证明，以具备大专同等学力水平报考。一共考四门课程：古代汉语、现代汉语、中国文学史和政治。我觉得考得还不错，但不敢说有把握能考上，因为录取率太低了。据东北师大招生老师讲，在黑龙江、吉林两省共招本科函授生300人，而报考者竟达3000多人，10个取1个，比高中毕业生考正规大学都难。所以，到8月末我收到录取通知书时，激动得热泪盈眶，引吭高歌，终于圆了我的大学梦。虽然是函授，但也是大学呀，而且是重点大学。同时也证明我具有中文大专水平，本科文凭指日可待，真可谓春风得意呀！

对待函授学习，我极其认真，一丝不苟。无论是做作业，还是写论文，我都是高质量按时完成，大都获得"优"的评语。寒暑假去长春东北师大学校面授，我都积极参加，从不缺席，很好地完成学业。1966年9月，因文化大革命而学习中断。后来依据中央有关文件，我们按1966届本科函授生处理，我拿到了1966届东北师范大学中文系本科函授毕业文凭，我名正言顺地有了国家承认的大学本科学历。

1966年文化大革命开始，学生造反，停课闹革命，一切都被打乱了。闹了半年多，开始复课，后来接到航空工业部的命令，将我们哈尔滨航空技校改为中专，叫滨江航空工业学校。随着学生一届一届地毕业而又不招新生，学校已无学生可教，这时上级下达命令，将学校改为工厂，代号522厂，生产摩托车和飞机起落架。不久，到1969年末又接到上级命令，将整个工厂搬迁到江西景德镇，与哈尔滨伟建厂分迁的人员一起组建一个新的航空企业，叫昌河飞机制造厂。我是1970年3月来到景德镇到工厂报到的，先是分到十六车间当铣工、当工艺员，后又调到政治部宣传科当理论学习干事，讲《国家与革命》等马列著作和开办一些如评《水浒传》之类的讲座。实事求是地讲，我授课还是很受欢迎的，无论是在原技校教课，还是后来在宣传科讲课，都得到广泛的好评，称赞我授课声情并茂、清晰易懂、释义精准、重点突出。1977年国家恢复高考，1978年我就去到昌河子弟中学当老师了。

在昌河中学任教，直至1998年末退休，这是我平生工作时间最长、最有成就的时期。从1981年9月起到1990年8月止，我连续九年当重点班班主任，兼教高中语文课。送出1984、1987、1990三届高考毕业班，均有一多半的学生考入高等院校，这在当时公费培养录取率只有百分之十左右的情况下，是相当可观的。例如，1984届所带的高三（2）重点班，全班55人，考上武汉大学、复旦大学、浙江大学等重点大学15人，普通大学8人，大专8人，共计31人，还有16人考上中专。就语文单科成绩而言，高考全班平均分为84.2分，而全省平均分为72.9分，超省平均分11.3分；最高分为108分（120分满分），夺得高考语文与他人并列全省单科第一名。并与所任班主任班级的其他任课老师共同培养出理科高考总分全市第一名（1987届）和第二名（1984届）的拔尖学生。不仅如此，我还开创了中国成语诗这一史无前例的诗歌文体，为中国诗歌增添了一个崭新品种，并取得一定创作成果。退休后继续创作，终于以这部72万字的《中华成语诗六百首》出版宣示大功告成，可以说是实现了我年轻时的鸿鹄之志吧！

这是何等地令人感慨呀！回忆起我此生所走过的人生道路，似乎这一切都是天意之安排。如果我中小学成绩不优秀，就不会保送入中专；如果不上中专，就不会因后悔而大病一场；如果不大病一场，就不能休学半年；如果不休学半年，就不会遇到下一届的田忠侠；如果不遇到田忠侠，就不会改变我的人生志向，弃工从文；如果不弃工从文，就不会当老师；如果不去当老师，就不会考东北师大函授中文本科；如果我没有中文本科文凭，就不能教高中语文；不教高中语文，我就不能把大批学生送入高等院校；如果我没有这样的教学成绩，就不能教学相长而造就自己的文学功底；如果没有这样的文学功底，怎能用四千八百多个成语创作出六百多首成语故事叙事诗呢？看来，真是天意成就了我呀！于是作新古体诗一首以记之：

吾 生 有 感

少童努力学拔尖，三好学生历数年。
保送入学中专上，前程自毁心不甘。
弃工从文老师任，教学相长绩优先。
成语为诗六百首，登峰树帜吾心欢。

可见，《中华成语诗六百首》的出版，乃是我平生经历的产物，是我自强不息、努力奋斗之结果。登上成语诗高峰，独树一帜，我心里真快活呀！

《中华成语诗六百首》的出版面世，不但我为之高兴，就是全家人也都为之欣悦有加。因为他们对我能持之以恒、殚精竭虑地搞创作都由衷地敬佩，称赞我是"老骥伏枥，志在千里"，并在行动和精神上都给我以大力支持和鼓励。尤其是妻子李成谦（又名吴宝珍）对我更是全力以赴、鼎力相助。她始终如一、经年累月地承担全部家务而辛劳受累，使我有时间、有精力专心致志搞创作。可以说我的成就有她的一半，功不可没。所以，当我的成语诗之集大成者《中华成语诗六百首》而今出版之时，全家人怎能不为之心花怒放而喜跃抃舞呢？如果《中华成语诗六百首》能产生良好的社会效益，能在广大读者中开花结果，那么，我和我的家人都会感到无比欣慰。正所谓"待到山花烂漫时，她在丛中笑"也。

另外，对那些支持我创作、出版和帮助我推广成语诗教的老师、领导和诸方朋友一并致以崇高敬意和衷心感谢。

"盖文章，经国之大业，不朽之盛事。年寿有时而尽，荣乐止乎其身。二者必至之常期，未若文章之无穷。"（曹丕《典论·论文》）但愿永不过时的《中华成语诗六百首》能留传后世，光照千秋。若能为世人提高语言素质、知识能力和思想境界而发挥其社会作用，若能为传播中华传统文化、弘扬华夏文明做出一点贡献，若能为培养高素质创新人才尽一点微薄之力，那也就足够了。日月经天时无尽，世代相传映后人。

《中华成语诗六百首》的创作，错误与不当之处或恐难免，诚望广大读者不吝赐教，批评指正，鄙人不胜感激。

著者　赵德顺

2024 年 1 月 18 日于景德镇

成语总表词目索引

小心翼翼	716	天下为公	652	无可奈何	600	丰功伟业	391
小国寡民	415	天下为家	578	无可救药	537	丰功盛烈	434
子曰诗云	404	天下第一	83	无可置疑	53	木人石心	79
尸位素餐	58	天女散花	479	无边风月	170	木已成舟	538
飞鸟依人	56	天不作美	525	无动于衷	158	木鸡养到	80
飞扬跋扈	57	天长日久	208	无休无止	575	五日京兆	87
飞针走线	114	天长地久	308	无地自容	703	五花八门	711
飞黄腾达	6	天从人愿	606	无地可容	718	五谷丰登	246
飞禽走兽	495	天夺之魄	1	无坚不陷	279	五更三点	374
习以为常	722	天衣无缝	97	无名小卒	519	五短身材	112
马不停蹄	603	天年不遂	224	无名小辈	676	韦编三绝	127
马不解鞍	354	天违人愿	137	无言以对	17	不入虎穴,	
马龙车水	576	天灾人祸	110	无补于时	151	不得虎子	81
马革裹尸	67	天府之国	681	无补于世	724	不以为然	421
马瘦毛长	153	天香国艳	24	无忧无虑	489	不分好歹	196
四画		天昏地暗	303	无知无识	427	不分皂白	727
〔一〕		天官赐福	476	无法可施	548	不分胜负	366
王公大人	363	天经地义	449	无所不知	573	不平则鸣	348
王公贵戚	130	天怒人怨	408	无所不能	495	不甘示弱	383
王侯将相	685	天高地迥	317	无所忌讳	267	不甘雌伏	638
开山祖师	519	天真无邪	446	无所顾忌	693	不可一世	605
开门见山	125	天真烂漫	706	无所顾惮	216	不可向迩	433
开门延盗	650	天涯海角	296	无所畏惧	280	不可思议	61
开门揖盗	86	天崩地坼	308	无所适从	191	不可造次	742
开云见日	183	天寒地冻	600	无济于事	388	不可救药	95
开天辟地	90	天假良缘	353	无耻之尤	174	不打自招	239
开怀畅饮	180	天缘奇遇	61	无根无蒂	512	不由自主	323
开国元勋	508	天缘凑巧	469	无能为力	527	不出所料	382
开卷有益	91	天潢贵胄	425	无能为役	412	不成体统	454
开诚布公	647	天翻地覆	147	无理取闹	390	不在话下	570
开诚相见	739	夫贵妻荣	614	无庸讳言	490	不厌其烦	404
开宗明义	493	夫唱妇随	206	无影无踪	545	不伦不类	415
开科取士	121	无人之境	113	无懈可击	231	不夷不惠	604
开基立业	614	无人问津	680	云开见日	665	不约而同	720
开基创业	54	无了无休	7	云起龙骧	516	不足道矣	334
开疆展土	726	无中生有	172	云消雾散	681	不求甚解	108
开疆拓土	54	无从下笔	683	云谲波诡	236	不识大体	274
元元本本	220	无计可生	146	专心一志	599	不识时务	499
艺高胆大	30	无计可施	193	专心一意	556	不吝赐教	115
天上人间	532	无计奈何	137	专心致志	93	不攻自破	242
天下大定	573	无为而治	465	专权跋扈	146	不择手段	285
天下太平	680	无风起浪	642	专横跋扈	144	不明底细	179
天下为一	662	无可比伦	189	专精覃思	127	不明真相	297

五画 [丶] [一] 六画 [一]   · 773 ·

成语	页	成语	页	成语	页	成语	页
言外之味	327	沧海横流	553	穷愁潦倒	627	妙手丹青	543
言外之意	297	沉吟不语	502	良工心苦	596	妙手回春	199
言必有中	621	沉吟未决	632	良师益友	469	妙笔生花	399
言出法随	6	沉思默想	607	良药苦口	359	妙语惊人	112
言归正传	214	沉迷不悟	747	良莠不分	687	妙语解颐	436
言过其实	332	沉湎酒色	537	词人才子	39	妙喻取譬	596
言而无信	484	沉湎淫逸	149	词正理直	367	妙趣横生	685
言而有信	514	沆瀣一气	548	词严义正	441	妒功忌能	420
言近旨远	49	忧心忡忡	41	词严义密	320	妒贤嫉能	344
言听计从	319	忧心如焚	360	词清义明	37	忍无可忍	197
言听计行	401	忧形于色	567	识多才广	161	忍尤含垢	153
言听谋决	60	忧国忧民	509	识时达务	433	忍气吞声	642
言约旨远	363	忧国爱民	44	初出茅庐	329	忍俊不禁	436
言事若神	277	忧国恤民	686	初露头角	445	忍辱含羞	733
言和心顺	232	忧国忘身	598	初露锋芒	131	忍辱负重	355
言语道断	702	忧国忘家	96	补过拾遗	635	忍辱含垢	601
言短情长	57	忧深思远	151	社稷之臣	751	鸡犬不宁	322
言简意丰	354	忧患余生	458	[一]		鸡犬不惊	272
言简意赅	74	怅惘若失	467	灵丹妙药	469	鸡犬升天	321
言简意深	218	怅然若失	177	灵机一动	512	鸡犬皆仙	582
言酸刻薄	169	怀才不遇	719	君子固穷	476	鸡鸣狗盗	341
应对如流	330	怀恨在心	659	君命无二	16	鸡鹜相争	751
应有尽有	359	怀刺漫灭	343	君仁臣直	222	纬地经天	421
应付裕如	123	怀璧其罪	341	君圣臣贤	593	纲纪四方	117
应答如响	572	快马加鞭	510	即景生情	9	纵横捭阖	123
忘乎所以	371	快步如飞	136	尾大不掉	303	纵虎归山	726
忘恩负义	207	完璧归赵	368	层峦叠嶂	681	纷纷扬扬	589
灼见真知	315	牢不可破	279	张三李四	230	纷至沓来	533
闷闷不乐	57	宏图大志	220	张甲李乙	443	纹丝不动	666
闲情逸致	711	穷凶极恶	129	张牙舞爪	156	纸上谈兵	313
闳宇崇楼	149	穷凶极逆	286	张袂成阴	113	纸短情长	430
冷心冷面	264	穷乡僻壤	464	改天换地	44	纸醉金迷	635
冷讥热嘲	746	穷鸟入怀	283	改头换面	174	孜孜不倦	323
冷若冰霜	736	穷当益坚	248	改弦更张	288	孜孜不懈	127
冷窗冻壁	179	穷则思变	7	改弦易辙	340	孜孜以求	750
冷暖人情	743	穷兵极武	456	改柱张弦	452	八画	
冷嘲热讽	519	穷兵黩武	336	改恶从善	659	[一]	
冷嘲热骂	582	穷追猛打	631	改朝换代	170	奉公执法	546
冷酷无情	172	穷理尽性	118	改辕易辙	751	奉公守法	117
沐猴而冠	362	穷源竟委	74	阿谀逢迎	78	奉天承运	557
泛滥成灾	104	穷侈极欲	306	陈师鞠旅	557	奉为至宝	121
沧桑之变	669	穷奢极欲	13	妙不可言	647	奉令承教	50
沧海桑田	352	穷奢极侈	214	妙手天成	423	奉行故事	690

凄风冷雨	98	宽大为怀	282	通情达理	584	萧郎陌路	467
海中捞月	65	宽仁大度	220	通幽洞微	134	萧墙之危	24
海阔天空	317	宾至如归	690	通儒达识	536	萧墙祸起	96
海晏河清	264	宾朋满座	576	能人巧匠	495	萎靡不振	635
浴血奋战	602	宾客盈门	49	能文善武	123	教导有方	404
消患未形	650	害群之马	573	能近取譬	558	彬彬有礼	39
涉笔成趣	9	窈窕淑女	597	能征惯战	503	桴鼓相应	97
涉海登山	513	调兵遣将	732	能者为师	748	梦见周公	75
浩浩荡荡	468	调虎离山	370	能者多劳	212	梦笔生花	323
流水高山	423	请君入瓮	546	能诗会赋	292	梦想不到	165
流水落花	532	谄词令色	464	能言舌辩	698	梦寐以求	389
流芳千古	659	谄媚奉迎	747	能言善辩	26	硕学名儒	103
流芳后世	186	谄媚取容	550	能说会道	675	硕学通儒	138
流言蜚语	551	谆谆告诫	433	能屈能伸	654	硕彦名儒	340
流离颠沛	391	谈古论今	4	桑榆暮景	14	接二连三	411
流离转徙	380	谈空说有	399	难以预料	227	接风洗尘	636
浪迹萍踪	283	谈议风生	34	难以置信	736	接连不断	530
涤瑕荡秽	263	谈吐风生	317	难分难舍	165	接踵而来	595
酒后无德	180	谈吐如流	683	难舍难分	295	接踵而至	686
酒池肉林	537	谈虎色变	555	难解难分	28	授人以柄	320
酒足饭饱	554	谈笑自若	562	继天立极	286	掩人耳目	123
酒酣耳热	464	读不舍手	666	继志述事	567	掩为己有	721
酒囊饭包	454	读书得间	91	继踵比肩	116	掩目捕雀	598
酒囊饭袋	582	冥思苦想	60	继踵而至	570	掩耳盗铃	608
悦色和颜	572	冥顽不灵	510	绣花枕头	315	掩罪饰非	594
悃愊无华	551	烘云托月	223	绠短汲深	571	捷足先登	450
悔之晚矣	183	烛影摇红	670	十一画		捷报频传	187
悔过自责	745	烜赫一时	582	[一]		排斥异己	78
悔过自新	538	烟霞痼疾	152	理之当然	725	排忧解难	165
宴安鸩毒	544	袖手旁观	527	理正词直	544	掉以轻心	621
宴安鸩酒	635	拳打脚踢	259	理直气壮	368	掠地攻城	328
剜肉补疮	320	[一]		理所当然	472	推己及人	584
家无斗储	745	剥肤椎髓	336	理固当然	198	推心置腹	592
家无担石	267	陷身囹圄	29	理所必然	471	推本溯源	199
家无儋石	750	弱骨丰肌	338	理屈词穷	677	推身于陆	549
家弦户诵	478	通力合作	548	聊以塞责	692	推陈出新	312
家贫如洗	98	通才练识	665	黄台之瓜	595	推贤让能	652
家学渊源	188	通文达理	555	黄袍加身	617	推诚布信	20
家破人亡	104	通同一气	53	黄道吉日	121	推诚相见	69
家徒四壁	640	通观全局	567	黄梁一梦	627	推诚爱物	354
家徒壁立	258	通权达变	494	著书立说	10	推诚置腹	48
家道中落	211	通达语练	583	营私舞弊	646	推崇备至	568
家道消乏	353	通时达务	57	萧规曹随	546	推敲推敲	632

勤俭持家	248	摇身一变	1/8	错彩镂金	477	鹏程万里	700
勤勤恳恳	233	摇尾乞怜	500	锥刀之末	671	煞有介事	19
鹊巢鸠占	125	辒轩之使	237	锥处囊中	92	煞费苦心	10
蒙在鼓里	243	[丨]		锦上添花	10	[丶]	
蒙冤受屈	556	鉴貌辨色	123	锦上铺花	273	意切言尽	51
蒙混过关	694	嗜痂有癖	424	锦衣还乡	362	意气相投	452
楼台殿阁	519	嗤之以鼻	315	锦囊佳句	115	意气轩昂	584
蓝田生玉	685	鄙夷不屑	173	锦囊佳制	345	意出望外	136
楚囚相对	686	鹍鹏得志	638	锦囊妙计	209	意在言外	738
楚材晋用	341	愚不可及	719	愁山闷海	133	意兴索然	666
楚河汉界	1	愚公移山	677	愁肠百结	669	意兴盎然	593
楚歌四起	377	愚妄无知	92	愁眉苦脸	289	意忧心烦	353
献可替否	251	愚昧无知	389	愁眉泪眼	730	意味深长	497
颐指如意	610	愚眉肉眼	569	辞严义正	618	意领神会	418
颐养天年	347	嗓长三尺	683	辞严气正	47	意料之外	287
颐神养气	399	睹物兴情	690	辞喻横生	434	意得志满	305
颐神养性	675	睚眦必报	698	辞简意足	348	意想不到	569
颐神养寿	100	睡眼惺忪	75	辞简意赅	737	意懒心灰	719
碍难遵命	652	暗中摸索	676	鼠目寸光	301	慈眉善目	276
碌碌无为	626	暗箭伤人	703	鼠窃狗盗	586	慈悲为本	651
感人心脾	299	照本宣科	636	微言大义	490	慈悲为怀	225
感人肺肝	225	照章办事	56	遥遥相对	616	誉满天下	267
感人肺腑	586	照猫画虎	415	腾云驾雾	156	痴人说梦	672
感天动地	296	路人皆知	158	觥筹交错	158	新发于硎	647
感今怀昔	669	路不拾遗	680	魁梧奇伟	181	廉明公正	540
感慨万千	540	路在口边	573	触手可及	548	廉能清正	718
感慨系之	603	路绝人稀	639	触目伤心	158	廉泉让水	693
感恩图报	514	蜂目豺声	687	触目如故	103	廉洁奉公	603
感恩戴德	408	蜂拥而来	462	触目皆是	22	满怀希望	133
感激不尽	648	遣兵调将	509	触目惊心	32	满怀信心	630
感激涕泗	62	遣将调兵	483	触物伤怀	377	满城风雨	692
感激涕零	375	蜀犬吠日	681	触类旁通	459	满面羞惭	1
雾里看花	375	置之不理	151	触景生怀	324	满载而归	32
雷厉风飞	545	置之度外	673	触景生情	14	满脸杀气	366
雷厉风行	684	置若罔闻	168	触禁犯忌	498	满腔热忱	379
雷电交加	393	罪大恶极	626	解甲释兵	198	满腹文章	483
雷轰电掣	411	罪有应得	538	解衣推食	689	满腹经纶	283
雷霆万钧	702	罪逆深重	594	解铃还须系铃人	697	满腹牢骚	256
摆开阵势	214	罪恶昭彰	609	解疑释惑	118	溜之大吉	440
摆尾摇头	610	罪恶如山	618	歃血为盟	609	溯本求源	700
摸棱两可	701	罪魁祸首	729	颖悟绝人	495	滥竽充数	694
摇头摆脑	443	罪孽深重	197	颖悟绝伦	655	滔滔不绝	313
摇头晃脑	465	[丿]		腹有鳞甲	244	慎重其事	215

瓷 城 风 貌（三首）

赵德顺

市 区 瓷 景

瓷都美誉不虚言，景市市容即可观。
铜象制瓷陈广场，青花灯柱列街边。
飞龙摆尾游瓷柱，驾雾腾云升九天。
瓷城百业犹龙起，列队天街展壮颜。

昌 江 广 场

广场舒心夏夜凉，休闲人众往为常。
灯光旖旎临仙境，乐曲悠扬舞梦乡。
漫步湖边风送爽，徐行林径草飘芳。
花池坐赏享生态，景市宜居换绿装。

广 场 立 交 桥

人民广场立交桥，十字斜跨两路交。
中立天柱承桥固，外支八梯撑地牢。
桥上行人接踵过，桥下流车各扬镳。
车堵人塞成过去，畅通无阻看今朝。

[注] 本诗于2010年8月6日发表在《瓷都晚报》，后入选于《瓷城之光》一书。前二首还入选中华诗词学会《2010年度会员入会作品集》。

附 二

"听说读写"究竟以什么为核心

赵德顺

中学语文教学的主要目的，是培养学生的听说读写能力，这一点，现在恐怕无人持有异议了。但对这四种能力的培养究竟以什么为核心，却是众说纷纭，至今未有得到统一认识。有人主张以"写作"为中心，有人主张以"阅读"为中心；近几年来，又有人提出"培养学生听说读写能力是以思维为核心"的新观点，其影响甚广。

对于前两种提法的错误，已经受到多方批驳，此处不再赘述。

那么，"思维"核心说，是否就正确呢？我认为也是不科学的，既犯了片面性的毛病，又犯了混淆概念的毛病。此说成立，势必把语文教学引到不正确的轨道上去。

提出"思维"核心说的主要理由是："听说读写都离不开思维，所以思维是核心。"

这一理由乍听，似乎很有道理；但仔细琢磨后，就经不起实践和理论的检验了。

我们知道，"听说读写"固然离不开思维，但这种离不开并不是由"听说读写"行为本身决定的，而是由表述"听说读写"内容所使用的工具是语言来决定的。听的，是语言；说的，是语言；读的，是语言；写的，也是语言。只不过"听说"用的是口头语言，"读写"用的是书面语言罢了。应该说，"听说读写"首先离不开的是语言。而语言的本质，它既是交际的工具，又是思维的工具，二者是统一而不可分割的。所以"听说读写"每个行为里所使用的语言都具有交际和思维两种作用。"听读"，是听话人或阅读人运用语言这个工具来理解对方所表达的思想；"说写"，是说话人或写作人运用同样的语言工具来表达自己的思想。"听读"，是接受；"说写"，是发表。但无论是接受，还是发表，都是在运用语言进行交际，同时，也是运用同一语言进行思维。否则，就谈不上接受对方的思想和发表自己的思想了。

所以，"听说读写"从其实质上讲，就是运用语言这个工具进行交际和思维。而交际和思维尽管同处于彼此不能分离的语言运用的同一体中，但毕竟不能互相代替，因为二者的作用是各自不同的。这就是说，思维绝不等于交际，思维能力绝不等于交际能力。"听说读写"既然是语言运用，当然就都存在着思维和交际两方面的内容，而且又不能互相代替。比如以"说"而论吧，"说"的思维能力强，不等于"说"的交际能力强。平时不是有这种现象吗，同一篇演讲稿，让表达能力相差很大的两个人来讲，表达能力强的演讲效果就好，而表达能力弱的演讲效果就差。两个人讲的文字一模一样，可以认为思维能力是一致的，但为什么会出现差异悬殊的演讲效果呢？这不能不说是由于表达能力相差悬殊所致。表达能力是什么？实际就是交际能力。"听读写"也是这样，在同等思维状况下，都存在着会听不会听，会读不会读，会写不会写的交际能力的高下之分。因此，在"听说读写"能力里，就都含有这样两个既互相统一又不能互相代替的交际能力和思维能力的同时存在，怎么可以单独抽出"思维"为核心，而丢掉"交际"于不顾呢？

再说，语言和思维尽管相依为命，彼此不能分离，但毕竟是两种不同的社会现象。思维是人脑的一种机能，是人脑反映客观世界的过程，而语言只不过是思维的工具罢了。这就是说，思维是人脑的机能，那么凡是正常的人，无论他属于哪个民族，他的大脑都应当有这种机能，所以，思维是没有民族性的。而语言则不然，它是多种多样的。

语言是一定的社会集体为了满足自己的需要而创造出来的，因此，语言是有民族性的。正因为这个缘故，我们可以利用英国人编的英文《逻辑学》学好逻辑，我们却不可以利用英语教科书去学好汉语。我们现在谈的语文教学，当然是指汉语的语文教学；培养"听说读写"能力，当然是指培养汉语的听说读写能力。尽管汉语和其他民族语言一样，也可以作为人类的思维工具，但汉语毕竟有它自身的特点和规律，这不仅有别于其他民族的语言，更有别于人类共同存在着的有着同一规律和特点的"思维"现象。怎么可以拿与语言本身是两种不同社会现象的人类共同具备的规律和特点相同的"思维"，作为培养具有汉语语言特点和规律的"听说读写"能力的核心呢？

如果说，通过听说读写能力的训练，培养了运用语言进行交际和思维的能力，也就是培养了运用语言的能力，那倒是符合实际的。

关于这一点，叶圣陶先生已经说得很明确了。他指出："经常留心自己的语言，经常观摩人家口头说的笔下写的语言，哪是好的对的，哪是不好的不对的，都要仔细辨别，这样可以提高对语言的敏感。"（叶圣陶《语文教育书简一二》）这里说的"提高对语言的敏感"，实际说的就是提高对语言的运用能力。这个能力怎么提高？只有通过经常的听说读写训练来提高。叶老所说的"经常留心自己的语言"，自然是指"说"和"写"；"经常观摩人家口头说的笔下写的语言"，当然是指"听"和"读"。"仔细辨别"这些语言"哪是好的对的"，"哪是不好的不对的"，这就提高了运用语言的交际能力和思维能力。经常这样做，就可以"提高对语言的敏感"，即通过经常的"听说读写"训练提高了语言运用能力。提高语言运用能力干什么？当然还是为了提高"听说读写"能力，也就是提高运用语言进行交际和思维的能力。就以"写"来说吧，叶老就勤练笔指出："勤于动笔实际上不仅是动笔而已，同时也是勤于动脑筋，在运用语言写出某些质料这件事上动脑筋。"（叶圣陶《语文教育书简一二》）很明显，人在写作的时候，不仅用语言表达自己的思想，即交际；同时也是动脑筋，即思维。而思维靠什么？也只能同时靠语言这个工具，因为"人不能虚空无凭地想，必须凭着语言来想"（叶圣陶《论中学国文课程的改订》）。所以，"在运用语言写出某些质料这件事上动脑筋"，就是在运用语言进行思维。只是"思维"用的是无声无形语言，而用文字固定下来，就成为书面语言了。可见。运用语言能力强，既包括运用语言进行交际的能力强，也包括运用语言进行思维的能力强。从"写"的角度来说，这两者最后体现在"写"的能力强上。"听说读"和"写"的情形完全相同，都存在着一个交际能力和思维能力的问题。所以，对提高语言运用能力，不要以习惯的偏见，只看成是提高交际能力，应该看到同时也是提高思维能力。这两种能力则最后体现在"听说读写"能力上。

事实不也正是如此吗？在我们生活中，在我们所教的学生中，运用语言能力强的人，往往也正是运用语言进行交际和思维能力强的人，也往往是听说读写能力强的人。如数理化及各门课程都拔尖的学生，往往也正是语文拔尖的学生。这并不是说数理化等课程学得好，促进了语文能力的提高；恰恰相反，是运用语言的能力强，即运用语言进行交际和思维的能力强，也就是听说读写能力强，才开发了他们的智力，培养了他们的能力，使其成为学习尖子的。

所以说，语文学科培养"听说读写"四种能力，实际上是培养学生运用语言进行交际和思维的两种能力，说到底，就是培养语言运用的一种能力。所以，我认为培养学生听说读写能力，可以不讲以什么为核心；如果要讲的话，那核心只能是"语言运用"。

所以，从这个意义上讲，语文学科是以"语言运用"为核心，培养交际能力和思维能力，即培养"听说读写"能力的学科。

[注] 本文于1988年3月被景德镇市教育学会中语教研会年会评为一等优秀论文；同年又被江西省中学语文教研会年会评为二等奖。